博雅撷英

王汎森 著

权力的毛细管作用

清代的思想、学术与心态

（修订版）

北京大学出版社
PEKING UNIVERSITY PRESS

著作权合同登记号　图字：01-2014-6738
图书在版编目(CIP)数据

权力的毛细管作用：清代的思想、学术与心态(修订版)/王汎森著.—北京：北京大学出版社,2015.9
（博雅撷英）
ISBN 978-7-301-26148-4

Ⅰ.①权… Ⅱ.①王… Ⅲ.①学术思想—思想史—研究—中国—清代 Ⅳ.①B249.05

中国版本图书馆 CIP 数据核字(2015)第 178012 号

本书中文简体字版由联经出版事业公司授权出版，原著作名《权力的毛细管作用：清代的思想、学术与心态》。

书　　　名	权力的毛细管作用：清代的思想、学术与心态(修订版)
著作责任者	王汎森　著
责 任 编 辑	刘　方　陈　甜
标 准 书 号	ISBN 978-7-301-26148-4
出 版 发 行	北京大学出版社
地　　　址	北京市海淀区成府路 205 号　100871
网　　　址	http://www.pup.cn　新浪微博：@北京大学出版社
电 子 邮 箱	编辑部 wsz@pup.cn　总编室 zpup@pup.cn
电　　　话	邮购部 010-62752015　发行部 010-62750672
	编辑部 010-62767315
印 　刷 　者	北京中科印刷有限公司
经 　销 　者	新华书店
	965 毫米×1300 毫米　16 开本　37.75 印张　468 千字
	2015 年 9 月第 1 版　2024 年 11 月第 9 次印刷
定　　　价	128.00 元

未经许可，不得以任何方式复制或抄袭本书之部分或全部内容。
版权所有，侵权必究
举报电话：010-62752024　电子邮箱：fd@pup.cn
图书如有印装质量问题，请与出版部联系，电话：010-62756370

目　次

修订说明　　　　　　　　　　　　　　　　　　　　　　　　*1*
序论　　　　　　　　　　　　　　　　　　　　　　　　　　*3*

第一章　清初思想中形上玄远之学的没落　　　　　　　　　　1
第二章　清初"礼治社会"思想的形成　　　　　　　　　　　36
第三章　清初的讲经会　　　　　　　　　　　　　　　　　　78
第四章　何以三代以下有乱无治？
　　　　——《明夷待访录》　　　　　　　　　　　　　　176
第五章　明末清初的人谱与省过会　　　　　　　　　　　　196
第六章　日谱与明末清初思想家
　　　　——以颜李学派为主的讨论　　　　　　　　　　　238
第七章　从曾静案看18世纪前期的社会心态　　　　　　　　298
第八章　权力的毛细管作用
　　　　——清代文献中"自我压抑"的现象　　　　　　　345
第九章　对《文史通义·言公》的一个新认识　　　　　　　443
第十章　程廷祚与程云庄
　　　　——清代中期思想史的一个研究　　　　　　　　　469
第十一章　清代儒者的全神堂
　　　　——《国史儒林传》与道光年间顾祠祭的成立　　　499

第十二章　道、咸以降思想界的新现象
　　　　——禁书复出及其意义　　　　534

附录　从东亚交涉史料看中国　　　　572

修订说明

趁着本书再版的机会,我请助理将全书再次校读一遍,并核对全部引文及研究资料,同时也增添了若干新的研究信息,对少数内容做了修订。本来曾考虑加入新发表的文章,最后也打消了念头。所以,全书基本上仍然维持原貌,作为自己过往学术工作的记录。因为我对本书主题"权力的毛细管作用"的相关问题仍然持续关注,并陆续撰写新的文章,希望未来能够出版本书的"续编",对这个问题做更全面而深入的研究。

序　论

　　这一本书的编选经历过两个全然不同的阶段。

　　大概十年前,有一位热心的朋友发动了一个计划,希望在大陆出版一套台湾学者的论著选集,每本约四十万字,当时我毫不考虑地答应下来。但是这件工作拖了十年仍未交差,最重要的原因是我认为应该多收新作,而不只是把曾经集结出版的文章再集结一次。

　　然而我一直在准备这个选集。最初的设想是要收入我从明清到近代思想学术方面的文章。我以这样的面貌规划了很长一段时间,而且连导论《史家的逻辑与事件的逻辑》也都写好了。最近当我决定应该为这件工作做一个了断时,一种完全不同的编辑概念浮现在我脑海中,亦即缩小范围,只收集与清代有关的文章。

　　依我个人观察,清初以降逐渐形成四股力量的齐旋,一股是晚明以来已发展到相当成熟的生活逻辑、城市化、商业化、逸乐、流动,以及日渐复杂化的生活形态;一股是道德正统主义的力量,这股思想是认为即使当时的现实并非如此,但理想上应该朝道德正统主义迈进;一股是经典考证回向古代的势力;一股是因为异族统治者的不安全感所带来的政治压力。这四股力量往往交织在一起,像"风"一样吹掠而过,形成无处不在的影响。这种影响像毛细管作用般,在最微细的、最日常的、最私密的空间中也发挥了意想不到的力量。而这本书中有多篇文章都与前两股力量有关。几经思考,我决定用书中篇幅最长,且从未发表过的《权力的毛细管作用》为书名,并加上一个副标题[1]。以"权力的毛细管作用"为题,并不表示它涵盖了本书每一篇文章的意旨,这是首先要声明的。

一

我之所以迟迟未将《权力的毛细管作用》一文完成,原因很多。我在写成这篇文稿之后,发现前前后后有若干问题是应该同时解决的。预想中的题目包括《晚明遗献的复活》等文,但是我始终没有时间好好将这些长文写成。

本书中与"权力的毛细管作用"相关的几篇文章,我稍后再说。此处先介绍这本选集最开头的几篇文章,它们分别讨论形上玄远之学的没落、经典考证及回向古代之势、道德意识之转化、政治思想的转换,以及"礼治理想"之兴起。这五个方面正好是明清思想转型的几个主轴。我在《晚明清初思想十论》中还有若干篇文章与"转型"有关,有兴趣的朋友可以参看。

第一篇文章是《清初思想中形上玄远之学的没落》,该文以"去形上化"为主轴来讨论清初学术思想的一个特色,因为有这一个特色,所以清初思想家看社会与自然的眼光皆产生了变化。该文分成五个部分:第一部分借"宝珠"或"种子"两种观念来说明先天预成式的人性论之式微。第二部分是以四书(特别是《大学》《中庸》)地位之下降说明此一现象。第三部分是以江浙心学社群之去形上化来说明这一段历史。第四部分则由朴素的原始儒家哲学的兴起来说明形上玄远思想之没落。第五部分则由清初程朱陆王两派皆显现的"去形上化"来证明

---

[1] 收在本书的文章只有《日谱与明末清初思想家——以颜李学派为主的讨论》,与我多年前出版的《晚明清初思想十论》重复,其余都未收入我的任何论著中。

这一趋势的普遍性。

《清初"礼治社会"思想的形成》一文,主要在谈明末到清初"礼治理想"的兴起。我认为这不纯是一个思想史的问题,而是一个社会文化史的问题;不纯然是学术的运动,而是有其现实的社会背景。晚明以来四民社会秩序的动摇、士风的败坏和高度商业化后高下标准的变动,使得士人感到必须要有一套新的理想、标准来矫正,儒家的"古礼"便成为士人标举的规范。

17世纪,一群又一群的在地文人发动了一场以"礼"为主轴的清整运动,写作各种纠正风俗的小册子,希望赋予各种身份恰当的行为举止与规范,或可称之为举止的一场行为革命。"礼治"运动中,除了呼吁及阐发礼治理想之外,也有许多人深入基层,编纂及推广各种实用性的参考册子,可见当时人们认为"心性之学"在建立秩序方面已经失灵,他们关心的是如何以新的"行为主义"来建立新的社会秩序。"礼治社会"的理想,有光谱的浓淡之别,以回到"古礼"为最浓的一端,较淡的一端则是朱熹的《家礼》。礼教运动还有一个目的,是希望与佛、道化的礼仪,或受其沾染的礼仪对抗,其中以丧礼最为显著。文章的内容在强调清初三礼学研究的兴盛,以及礼学学术社群的形成,与上述现实社会的背景是分不开的。

《清初的讲经会》一文则是对清初浙江甬上地区讲经会之形成、思想脉络、进行方式、会友、治学风格,以及其影响所作的研究。这篇文章论证讲经会之形成与明代后期道德价值的混乱失序、社会政治上的颓败,以及异族入侵的压力、改朝换代后对社会政治问题的反省等都有关。该文以相当的篇幅讨论,何以在刘宗周及黄宗羲心学传统力量最大的地方反而产生了讲经团体。同时也描述了讲经会前后几个时期,以及它如何由宁波地区的一个讲经团体扩大其影响力到北京、并透过北京的讲会影响了聚集京师的官员及士人们。最后,也讨论该会与清学兴起的关系。

此文还有另一层次的关怀,即"某种政治语言之所以可能"的问题。在这个经典运动之前,政治思想的主流论述与此后是很不一样的。这个运动牵引出一套新的政治、思想、语言,使得一些原来在明代文化中不存在,或是边缘性的、没有重要意义的语言反而成为核心,并在清初的时代氛围中发挥了重大的作用。从此有一套不同的语言、思想、概念来想象政治、社会与日常生活。过去我们总认为那一套语言,或使用那一套语言的政治形式是自古已然的,但事实上,某种传统并非自然而然传下,"继承"传统需要努力,就好比不刻苦学习拉丁文就没办法继承古代拉丁传统一般。

关于明清之交道德意识的转化,包括了两篇文章:《明末清初的人谱与省过会》《日谱与明末清初思想家》。这两篇文章是想展示道德意识呈现的方式与转化、道德理想如何影响日常生活的实践,而以人谱、省过会等修身册籍及团体组织为例来说明。

这两篇文章同时也说明了道德权力的毛细管作用。我认为权力不只是以政治权力的方式展现,事实上道德自我要求的强大力量,也像毛细管一样作用于个人及社会的各个层面,《明末清初的人谱与省过会》及《日谱与明末清初思想家》是两个很显然的例子。

《明末清初的人谱与省过会》一文说明,即使在最乐观的人性论下,仍可能存在着极强的道德紧张,明代的阳明学也不例外。本来,迁善改过即是阳明格物说的一个主要部分,到了明季,随着社会风俗之败坏,在部分王学信徒中,省过、改过便成为一个很热烈的论题。但阳明的"心即理"学说主张在省过、改过的过程中,人们一己之心不但要作为被控诉者,同时也扮演着反省者与控诉者,故而对根器较差的人而言,"心"同时作为一个被控诉者和控诉者,殆如狂人自医其狂一般;因此有一部分人转而主张:在省过改过时,应该有第三者扮演客观的监督与控诉的角色,因而有省过会之类的组织产生。当然,省过组织的产生与运作方式也受到乡约中公开彰善纠过仪式的影响,而此一现象亦同时象征着在道德实践中"心即理"学说所面临的理论危机。

有一点必须强调的是,这一类省过会或修身日记的传统,虽有宽、严之别,却是此后士人世界一个强劲有力的传统。尤其当社会失序或国家混乱之时,人们往往祭出这个办法,强力地把自己与流俗区隔开来,有系统、有方法、有步骤地组织自己散乱而没有中心的生活,锻炼自己成为"道德化政治"的先锋队、把自己铸造成像曾国藩那样旋乾转坤的人物。而这个传统,是道咸以降思想界的一个重要力量。

《日谱与明末清初思想家》一文旨在说明四事:第一,晚明通俗宗教及善书的流行与明末清初修身日记的大量涌现;第二,修身日记反映出17世纪思想界的几种变化,包括由玄转实,由悟转修的倾向;第三,在晚明那种知识分子群体性活动风起云涌,动辄千百人的讲会逐步消歇,老师与学生当面印证的场合渐次减少之后,日记所扮演的角色、规过会的兴起,以及它们反映的道德严格主义的气氛;第四,修身日记的流通仍局限在士大夫阶层,与功过格等那样普及群众的善书不同。我们也可以从日记的内容中看出社会救济色彩的淡薄,以及天与被罪等宗教色彩的开始等现象。

这两篇文章是我试着联系"思想史"与"生活史"两个领域之作[2]。柯林伍德(Robin G. Collingwood,1889—1943)说,"一切历史都是思想史"。我理解这句话的意思是说历史是由思想造成的,所以思想之于人们的日常生活,像是微血管般周流全身。试想如果不是政治思想一次又一次的改变,人类政治怎么可能从法国大革命一路演变到今天?

---

[2] 相关论点,请参见王汎森,《思想史与生活史的联系——"五四"研究的若干思考》,《政治思想史》,第1期(天津),2010,页16—31。

反过来说，生活、制度或现实当然也塑造人的思想，这两者相互激荡，成为推动历史发展的巨大力量。我认为"思想史"与"生活史"的联系，开启了一片广大的研究天地，如两者之间联系的节点，如思想的传布与扩散，如介于两者之间的各种文本、修辞，如思想通俗化的过程，如通俗文本中的思想元素，如思想与各种眼光、观点的形成等等，都是值得我们关注的课题。

这一组文章的第四篇《何以三代以下有乱无治?》，原是为一部中国经典系列丛书中《明夷待访录》一书所写的导论，我之所以将它收在这里，是为了说明17世纪政治思想方面的重大变化。本文除了讨论《明夷待访录》的几个思想主轴，还特别提出该书的一个重要特质，即它一方面严厉批判古往今来因为君权之私而导致制度、社会的败坏，并指出三代以下各种制度设计中潜藏了帝王之"私"的性格，而黄氏主张统治者应该以"公"的原则来规划合乎三代理想的制度，这个原理几乎贯串《明夷待访录》一书中所有的层面，使得它在17世纪政治思想的新发展中变得相当特别。

本文也讨论了《明夷待访录》一书在清代的流通，说明它虽然从未出现在各种禁书目录中，但很快地被政治禁制"涟漪效应"波及而销声匿迹，目前得见的少数本子中甚至有以明夷卦的卦画作为书名以逃避政治忌讳的。这也部分说明了该书为何不像卢梭的《社会契约论》那样在问世之后不断扩大影响力，形成巨大的历史动能。文中并且提到它在道光之后屡次重刊的过程，正好可以与经世实学思想的崛起，以及我接着介绍"禁书复出"那一篇的内容相互关照。

二

本书的另一组文章主要是在讲"权力的毛细管作用"，这个观念来自福柯（Michel Foucault，1926—1984）。福柯对权力的了解有非常大的贡献，他不像过去的人只注意权力在公开的大场面上的展现，例如制度、政策、暴力、处罚、拘捕、阅兵等。他同时也注意到权力在微小的、隐秘的空间中作用的状况。所谓"权力的毛细管作用"，是说权力像水分子的毛细管作用一般渗入每一个角落，每个日常生活的角落都可能受其影响。我借用这个观念来说明我廿年前所做的一个清代的政治与文化的研究，该文讨论在清代的政治压力下，文化领域中无所不在的自我压抑、自我删节的现象。

在"权力的毛细管作用"这一个主题下，原先是一个比较大规模的写作计划。但目前我只完成了三篇，即《从曾静案看18世纪前期的社会心态》《权力的毛细管作用——清代文献中"自我压抑"的现象》《道、咸以降思想界的新现象——禁书复出及其意义》。这三篇是一个连环套，它们讨论清代的政治压力，一方面是官方的禁制政策；另一方面是造成一种无边的氛围产生权力的毛细管作用。在"风"吹掠的当头及以后，人们秘密地调整自己、压抑自己。在《从曾静案看18世纪前期的社会心态》一文中，我已提到各地对这个案件"创造性"的反应，包括不由自主的猜测、衍绎、自我压抑等。而在《权力的毛细管作用》中我则借用包括写作、出版、藏书等等难以想象的许多案例，说明在庞大政治压力下文化活动的进行。自我压抑的现象在过去的研究中被过度忽略了，事实上这类事例之多，远非文字所能形容。我认为我们讨论清代历史，尤其涉及思想、学术、政治等方面，如果不把这个方面考虑进去，是不可能对政治压力所形成的无处不在的潜在性剥削有比较完整的解释的。而且我也注意到过去二三十年间的研究者，倾向于回避这个主题，或对之视而不见。我在《道、咸以降思想界的新现象——禁书复出及其意义》一文，则是讨论一个人们先前不怎么注意的现象，即这些被禁毁，或是在肃杀空气之下消失无踪的书籍，如何又成群地回来。

在后面我还要结合晚清历史,比较详细地讨论一下这个现象。本书的第四组文章主要是在讲清代中期思想学术史。

清代中期考证学如日中天,在这个时期,学术思想世界到底是"黄茅白苇,一望皆是",或是在训诂考证之外,还有若干值得我们注意的发展?《程廷祚与程云庄——清代中期思想史的一个研究》《对〈文史通义·言公〉的一个新认识》两篇文章是我在这方面的尝试。

《程廷祚与程云庄——清代中期思想史的一个研究》一文讨论了几个较为复杂的问题:第一,本文处理一个胡适所留下的难题。胡适一直想了解一位神龙见首不见尾的思想人物——程云庄,程氏对明末清初以来的思想界有相当大的影响,但史学界却又始终无法了解他的面目。胡适曾经将这个问题请教明清史权威——孟森,却未得到任何解答。本文利用了日本内阁文库收藏的孤本《程氏丛书》,试着解答胡适在七十几年前所提出的学术公案,即程廷祚(1691—1767)与明末清初的思想家程云庄(1602—1651)之间的思想关联。第二,近三百多年来,不断有人提及程云庄,但因为不曾读过他的文集,所以对他的思想内容掌握不确,本文透过《程氏丛书》厘清其思想之大概。第三,本文将程云庄与程廷祚之思想交涉作一梳理,认为在瓦解邵雍、朱子的形上体系这件工作上,程廷祚受了程云庄之启发而展现清代中期思想的一个特色——即"寻找平实、浅近的圣人"。同时也对考证学盛行时,学术界的另一种动向,即清代宋学之特质提出一个定位。第四,本文也对胡适当年建立"颜李→程廷祚→戴震"这一思想系谱时的若干成见作了检讨。

至于《对〈文史通义·言公〉的一个新认识》一文,主要是认为章学诚在乾嘉考证学如日中天的时代,对古代著述之实况提出了相当具有前瞻性的论断。章学诚一方面受当时考证学的影响,同时也孤明先发,揭露了古代著作及知识流传的实况,并对作者、著作权等问题,提出了许多新的见解。譬如他说古代不认为著作是"私"的,知识是为了公共之用。古人不忌讳抄录他人文字，倘能致用，根本不在乎原来的作者是谁。他说古代的著作是以"篇"为单位，而不是以"书"的方式流通，而许多"书"事实上是"文件集"。同时章氏的著述观念也支持了他"君师合一""道、学、政合一"的理想；这个政治思想的提出，与清代中后期的社会情状有密切的关系。章氏揭露了古代的知识是以合乎道而施于用为贵，他认为后世为了凸显个人的见解或创获所形成的作者观及智财观念远离了古代的情状。这样的观点对乾嘉考证盛世时期"著书满家"的情况，也是一种极具针对性的批判。章氏对于古代著作观的论点，在清代及民国时期并不受人注意，但像余嘉锡这样敏感的学者在《古书通例》中即大幅继承了章学诚的论点。章学诚、余嘉锡的这些见解，多已被近代出土的文物所证实。

本书的第五组文章，讨论嘉庆、道光、咸丰年间思想界的变化。大概从嘉庆后期一直到道咸年间，也就是1800—1850年之间，是晚清的一个重大变化期。我注意到许多清代思想史、学术史，往往是在写完考证学之后便接着写洋务运动及西学东渐，但是夹在两者中间大概有半个世纪的时间，却是一个重要的变化期。在西方，1800—1850年也是一个重要的段落，达尔文的《物种起源》的出版、马克思的《资本论》第一卷的准备都在这个时期。所谓"道咸以降之学新"（王国维），在何种意义下为"新"，"新"的学术思想现象包括哪些成分，都是一个尚未被深入探讨的问题。《清代儒者的全神堂——〈国史儒林传〉与道光年间顾祠祭的成立》及《道、咸以降思想界的新现象——禁书复出及其意义》这两篇文章，是在举例说明洋务运动、西学渐入之前，帝国内部士人群体的新胎动。

《清代儒者的全神堂——〈国史儒林传〉与道光年间顾祠祭的成立》一文，是为讨论一个我关心的历史现象，即道光二十三年（1843）之后成立的顾祠会作铺垫。

道光年间（鸦片战争之后），北京有一大批官员发起了祭拜顾炎武的活动，这个祠祭活动持续了七八十年。本文是以顾炎武祠的建立为引子，借《国史儒林传》成书过程，重新检讨嘉、道年间思想文化历史中，顾炎武乃清朝第一儒者的论断是如何形成的；同时也讨论了在形成顾炎武崇拜的过程中，士大夫圈如何编织了一个似有若无的"全神堂"。而官方功令、政治忌讳之逐步松弛与士人世界相应的变化，以及官方意识形态、学术、思想、社会几种力量互相交织、转变的情形。

为什么选择一种祭拜仪式作为了解这一段历史的入口？人类学家格尔茨（Clifford Geertz，1926—2006）认为"文化"有部分是由一批模块或格式所组成。人们用它们来理解、诠释社会经验，人们也用它们来表演自己给自己看的仪式。维持这些模块、格式的稳定而又能表达个别之意思，是维持一个社会或文化秩序稳定的要素。人们往往透过对套语、格式的再现，及在其中所作的细微改变，来说出自己的语言，其情形一如戴维斯在《档案中的虚构》（Natalie Davis, *Fiction in the Archives: Pardon Tales and Their Tellers in Sixteenth-century France*）中所说的，犯人大多不识字，大多是由他人代为撰写认罪书（Pardon Tale），而认罪书有一定的故事模式，所以犯人们是用一些原先即已存在的故事模式在认罪，并乞求宽恕[3]。

在清代文化中也有一些格套、模式，对它们一再地运用与诠释，是表达士人心曲的重要方式之一。在存在高度政治压力的时代，如何把握人们思想情绪上可能的变化呢？我们可以从人们一再诉诸的格套、模块，或故事题材中，从他们对那些看来老套的东西的衍绎，了解他们如何表达许多隐秘、奥妙的情绪与思想。

---

[3] 以上参考了 Peter Burke, *What is Cultural History?* (Cambridge: Polity Press, 2004), ch. 3, ch. 4。

祭拜白居易、黄庭坚、苏轼等题材即是这种模块或格套之一。人们一遍又一遍地重述、感喟、祭拜这些历史人物，并透过这些行动曲折地表达自己的心绪。而道光二十三年之后的顾炎武崇拜即是其中一个重要的例子。

本书的最后一篇文章是《道、咸以降思想界的新现象——禁书复出及其意义》，前面已大致提及，在这里，我想多费一些篇幅把我对这个问题的想法作一个比较详细的交代。

我认为一部又一部禁书的复出是一个又一个的温度计。首先它们得以复出，至少反映了两面事态：一方面是反映了政治压力松弛的历程，一方面是曲折反映了清代后期一波接一波新的关心的议题（这些关心不一定会坦直地表达出来），同时也道出了若干意识形态世界的重要趋势及转折。

从清初到乾隆时代都进行过大规模的禁毁书籍的工作，而以乾隆编修《四库全书》为高峰，关于这方面的著作已经相当多，连当时办理这件工作的相关档案也已整理出版。但是一般人似乎只注意到许许多多的文献被禁、被毁，却很少注意到有许多文献在清代后期又重新回到历史的舞台上来，并扮演相当吃重的角色。

在大规模禁书运动之后，大量的知识与记忆被压抑下去了，尤其是已经刻印的书，但事实上还有不少从未刊刻的稿本，一些碑铭、画像、遗址或带有纪念意味的实物也因压抑而消失，或进入不被人知的角落。故整体的结果是一种大规模的、刻意的集体遗忘，人们的知识与记忆空间被重新规范了，使得二百多年中占据人们思想意识世界主要位置的是另一批知识与记忆。

官方对于书籍的信息所知仍然有限，故在官方的禁书目录之外，还有许多"有问题"的书也悄然地隐入历史的角落，我们如果披读周作人、郑振铎、黄裳等人的藏书序跋及许多藏书志，即会得到一个结论，有许许多多的文献,因为政治空气的紧张,或者是官方的大规模禁毁,即使并未列名禁毁书目中,也自动地销声匿迹二百多年。所以这是一个"涟漪效应",向湖心丢下一颗石头,它的涟漪会一圈一圈往外扩散,使得"敏感"不只限于官方所认定的范围,而是广大百姓心中对此"敏感性"的扩大诠释。我在《权力的毛细管作用》中已将这些林林总总的自我压抑现象作了交代。

但是禁毁及自我压抑,并未根除所有"有问题"的书,随着我们对这方面知识的增加,尤其是近年来几部套书的出版,我们可以知道,大部分的书其实都还有少量的遗留。同时,还有刻印书籍的流通管道与抄本的流通管道之分,前者可能因事涉敏感而停止流通了,但后者因为简便而且带有秘密性,仍以比较私密的方式在某些地区流传。

保留这些文献的,尤其是提供重印的保存者,最大的来源是原著者的家族后裔。我并未作过精确的统计,不过就印象所及,这样的例子占绝大多数。从这一点可以看出家族的力量。它们在帝国发动大规模的清洗书籍运动时,或出于有意,或出于无心,保留不为帝国正统所容的东西。家族像一个深不见底的囊袋,留存了各式各样的东西,它们似乎说明帝国穿透力的局限,到了家族的层次,帝国常须透过协议的方式进行控制。

在《道、咸以降思想界的新现象——禁书复出及其意义》一文中,我已提到过,乾隆四十一年,皇帝决定褒谥明末忠烈之士,使得许许多多被禁抑的文献可以借着朝廷奖励忠义节操的名义,重新刊印。不过有一点值得注意,通常在重刊这些文献时,会先做一番加工,将明显有违碍的地方删除或改动。此外,《四库全书总目提要》中对某些禁毁文献的评论,通常也被用来作为重刊某书的保护。不过我有一种感觉,即使有上述几道护符,人们在重刊时仍然战战兢兢,从他们为这些书所写的序文可以闻出一种戒慎恐惧的味道,而且还有不少被皇帝公开褒谥者的文集,当时并未见有人重刊。

当然还有不少人是为了学问上的兴趣,或根本是爱好新奇,重新发掘被禁抑的文献。除了前述的忠臣烈士的遗集外,最早出现的一批书与文学有关,它们通常是忌讳最少,也是政治禁抑的力量逐渐松弛后,最早因人们的文化、学术上的兴趣及商业利益而重新出现在历史舞台上。

《道、咸以降思想界的新现象——禁书复出及其意义》一文中,我也提到了道光年间重刊的书最多,而这个时期重现的书大抵经世意味浓厚,尤其是有关边疆、兵略、经世济民,或实用性的书,它们分别反映了道光以来经世风潮的兴起。为了重振家族名声或洗刷家族之名誉,也是重印禁毁书的重要动机,像李清《三垣笔记》的重刊即是一例。

到了晚清,当文字狱的压力变小时,某些家族后裔会以自己家族曾经拥有过某些历史名人或忠义之士而感到光荣,以刊印遗献,作为取得"社会声望"的途径之一。在某些个案中,我们还可以看到有些寒门子弟借着献上遗集给关心文化的地方官,以获得他们的重视,通常他们还以请地方官写序来拉拢关系,或以地方官的序来加重自己在地方上的地位[4]。

太平天国及捻乱之后,重刊禁书的基调已有改变,由"经世"转向"忠义名节",许多人为了重新振发人们的忠义之气以对抗太平天国及捻乱而重刊禁毁书籍,而有些人则是为了唤起种族意识而重印禁毁书籍——不过这一次的种族之别不是汉人与满人,而是中国与西洋,过去禁抑不敢言,动辄惹祸的言论,这时有了全新的看法和意义,尤其是当西方列强入侵,西方的物质文化大举渗入,许多士人觉得传统生活及社

---

[4] 有些出钱刊书的人并不完全懂得这些书的内容及意义,像广东盐商伍崇曜刊印的《粤雅堂丛书》中,有一些被禁毁的集子,伍氏刊印这些书,纯粹是为博得自己"贾而好文"的社会声誉而已。

会秩序遭到侵蚀，士大夫在这些明末的书籍及事迹中，找到了一帖救时的解药。

最后一波，则是反映晚明多元文化的书籍重新出现在历史舞台。这些书包括两方面，一是思想有异端倾向的书，如李贽、唐甄等人的著作。二是晚明的戏曲、小说、笔记、杂书等，反映生活情趣及真实感受的书也陆续重现。这一批书有许多并不在禁抑的范围，但是因为清代官方意识形态及学术主流气氛之影响而"压在箱底"。在清末民初，因为思想解放及文学革命，抒发性灵及人生真实感受的风气，再加上晚清以来解放平民、重视平民生活的风气，许多晚明的书籍重新获得重视，成为藏书家及书商的宠儿。

把"禁书复出"这一议题放在比较宽广的历史脉络来看，我们可以发现历史记忆的复活大抵经历了几个阶段。在清代政权相对强势时，以高度的政治压力介入文化领域，使得文化呈现"去政治化"的现象，但是在内外动荡时，文化领域又开始"政治化"了。嘉庆后期以后，通俗文学主题由不大与政治相关，开始出现大量与政治有关的主题，姑且名之为"文化的政治化"，它与当时思想界经世思潮的兴起同步，而且关系密切。

晚明清初遗献的复活，使得原先几乎已经合体的，再度二分，可是这个二分如果要转化为具体的汉族自觉意识与满族对抗，必须是经历了日常生活中无数的挫折感之后才会成型。这里涉及一种"历史意识"，"这种历史意识包括一种感觉，即不仅感觉到过去的过去性，而且也感觉它的现在性"，意识到过去的与今天的构成一个"同时存在的整体"，"组成一个同时存在的体系"[5]。晚清的困境启动了这种"历史

---

[5] 艾略特，《传统与个人才能》，李赋宁译，《艾略特文学论文集》（南昌：百花文艺出版社，2010），页2—3。

意识",使得过去的痛史与当今的处境组成一个同时存在的体系并发挥作用。也就是说不但有一大批原先隐没的知识重新浮现在知识界,而且因为清廷对内、对外不断的挫败,国亡无日的沉痛与恐慌使得人们将挫败与异族的历史记忆串合起来。因为现实的挫折,人们开始用这些历史的记忆来诠释日常生活中的经验,经验与历史记忆互相套叠,相辅相成。所以光是记忆还不够,记忆与挫折的经验相加,才能将历史的记忆转译成现实的华夷种族意识。

经过二百多年的禁抑之后,较上层的士大夫已经紧紧跟随着官方的意识形态,所以并不认为华夷之间有任何的问题,可是,在一般乡村的百姓中,因为代代相传的口传文化中,仍旧保留着对明清之间汉族挫败史的历史记忆,所以仍然清清楚楚地知道满汉之鸿沟。

全国性的信息网络及信息来源,与地方性的信息网络及信息来源虽非截然划分,但显然有所出入。在这里,全国性的网络主要是靠官员的流动,还有书籍的流通造成的,而地方性的网络主要还是靠抄本、口传、遗址、实物、惯习的传递。在清代很长的时间内,大量明末清初的文献被禁绝流传,全国性的信息网并不活跃。在地人的信息来源则不然,禁书若收藏在原作者的后人或当地人士手中,虽然不敢公开流通,但是在地人往往知道它们的存在,有时甚至还私下传抄,除此之外,遗址、实物、坟墓、碑碣等是在地人日常接触的一部分,它们虽然可能因社会、政治气氛而被忽视或是视而不见,但毕竟是日常生活的一部分,加上地方上口传的传统,形成了一个若有若无的在地信息网络,在遭逢多故的时代,开始活跃起来,形成"国论"与"乡评"二分的情势。张继在清末流连徘徊于孙承宗祠,是因为祠堂在他的乡里;苏曼殊流连于金堡的遗迹,也是因为乡里的缘故。所以里巷之间与士大夫之间有所出入,"国论"与"乡评"之间,遂产生了某种程度的分裂。

被禁抑的书籍之历史记忆重新回返,对清末的历史发展有若干影响——当然，它们是作为清末历史环境中整体结构的一部分在产生影响。第一，是种族意识的形成，它们对于1911年的革命有直接的作用。国学保存会、南社等团体所从事的大量发掘、刊印禁毁文献的工作常常与他们的革命行动有关。在日本发刊的革命杂志，也从日本的图书馆中从事这种发掘工作。文献之外，历史遗址产生的现实感染力也很大，访墓（如冒广生）、访遗迹（如南社之于虎丘）、访祠堂（如张继）都为革命行动增加了动力。第二，是重新划定"正统"文化的疆界，重新复活了对晚明思想、文化、文学之兴趣，同时也包括对所谓"异端思想"的重现。第三，是重新建构明清之间的史事。在清末，这一门学问与政治行动密切相关，在1911年革命成功之后，它成为一门显学，在袁世凯等复辟势力活跃之时，这些文献工作仍有非常现实的作用，这种收集整理及重建史事的工作一直要到1930年代才慢慢退潮。

三

在清理这本论文集时，我发现拙著涉及几个问题。在若干篇章中，我所关注的重点是地方人士、小读书人如何转动整个学术及思潮的变化。例如在《清初的讲经会》一文中，几乎大部分的关键人物都是地方人物，是由地方人物发动进而带动了国家的思想、学术的新动向。

另外，在与"权力的毛细管作用"有关的那几篇文章中，我的重点并不放在中央的政策与作为，而是放在"受众"。我在文章中强调受众、被影响者、被支配者们隐秘的、无所不在的消极性的创造力。从中可以看出每一个"影响"不见得只是单纯的由上而下的支配而已，它们往往既是"支配"，又是一个又一个"创造"或"再制造"。人们也可能尽其所能地"创造性"地减少或回避影响与支配，而其最终的结果却每每吊诡地扩大了官方政策的实际作用，形成一股席卷每一个角落的旋风。此外在《清代儒者的全神堂》一文中,我也提到士人及百姓们的"想象""传言"或"猜测",往往是官方政策为人们所了解、发挥其影响力的方式之一。

第二,我想把握的毋宁是每个时代的价值观。什么是人们认为最有价值、最值得去做的?以何者为高、以何者为值得追求?俗话说,"爱美才会美",每一个时代所推崇、所爱,或认为高尚的价值,一直不停地变动着,这些正面价值将推动着人们往那些方向热烈地追求。

譬如,现代台湾的产业以效率生产为主脉,但是经过十几年来的舆论论述,人们开始认为代工、制造不但不是上位的价值,甚至是应该被抛弃的,而因为这个价值观的改变,也将剧烈改变台湾的产业政策及资本投入,甚至倾向丢掉事实上目前仍然获利最多的产业。姑且不论将来的结果如何,但这个新价值现象之出现,便是一个值得研究的"风"。

第三,我个人认为思想史研究的重点之一是 intellection 之历史,是思想像微血管般交织在生活世界、交织在社会的各个角落的历史。所以一方面应探索思想家深微的思想世界,另方面要关注思想与日常生活世界的联系,观察思想的流动、接受、扩散。于是要问:人们为何接受一种思想?除了思想是否高明与是否具有说服力之外,情境的仿佛性、现实的需要与个人利益都不可忽视。思想、学风与现实利益,有时并不互相排斥,思想、学风常常靠着现实利益而伸张,思想常常乘着现实之翼而前行。当然还有模仿及竞争,我们疑问的是为何每个竞争者都号称要"区隔化",但最后却是激烈的竞争使得一个时代的思想愈来愈相像。

最后谈到"风"。"风"究竟如何形成?如何作用?我预计未来将在《执拗的低音》一书的相关篇章中对此有比较详细的讨论。我们可以确定的是思想的主旋律一旦形成,就会像"万形而无形"的风吹向各地,这时候史学工作者不能局限于单线的因果关系来考虑思想的授受。譬如五四新文化运动,它是一股吹向四面八方的大风,它不只吹向青年,连在佛寺中读经修行的僧侣都受其鼓动;譬如太虚法师便在这股大风中,既吸收又反击,努力摸索新方向。因为新文化运动批评佛、道与现实人生不发生关系,太虚乃提出"人生佛教"。此外,他抓到几个新观念,在实际生活中胡乱应用,如在金山寺的斗争,批评原来的方丈"专制",而欲"革命"之,即是一例。有时候"风"是以"铜山崩而洛钟应"的方式发生作用,有时候"风"只是开启了一个"机",从这个"机"出发乃生出无限的新境。

最后我认为我们应该进一步考察:这个国家最有创造力的读书人们,究竟被什么问题所纠缠,想成为什么样的理想的士人?整个国家的自我形象及意欲是什么?想成为什么样的国家?这样的文化理想与国家的自我形象,和当时欧洲各国有何异同?儒家的意识形态以及当时国家的自我形象,与明代中晚期以来戏曲小说所反映的日常生活世界显然是不一致。这个分裂的现象显示一个社会同时存在许多股缠绕在一起的势力往前进行,犹如互相绞绕的纤维丛般,有的互相竞争或竞合,有些互斥,有些互不相涉,而这些多元并进的势力,在某一时段中孰居主流,孰居边缘,或以何种方式在化合、激荡、转化、流转、相互建构,正是给史学工作者最美好的习题。

《权力的毛细管作用》一书原由台北联经出版公司于 2013 年出版,第一版在几个月内便销售一空,接着于 2014 年发行修订版。简体字版则由北京大学出版社根据修订版印行。目前为止,我的研究主要集中在 15 世纪到现代,本书收录了有关清代的十二篇论文,将来我准备把这三十多年著作中涉及"明清思想转型"的部分,另外合成一书。

第一章　清初思想中形上玄远之学的没落

明末清初思想界出现两种趋势:第一,心性之学的衰微;第二,形上玄远之学的没落。这两者几乎同时发生,它们动摇了宋明以来思想传统的两大支柱。关于第一点,我在《"心即理"说的动摇与明末清初学风之转变》[1]中已经大致讨论过,基本上认为当时因为心性不再作为道德之最高依据,故中国思想有一种"外转"(turning outward)的倾向[2]。本文则想对第二点,即先天预成论式思维,及形上、玄远之学的衰落作一粗略的探讨。这个现象的产生至少有两方面的原因,最先是思想内部的发展,但是愈到后来愈与明末清初社会政治上面临的挑战有关,人们逐步发现要能不脱离现实、正视社会的失序与危机,必须摆脱形上学的色彩,用朴素平实的思想态度去逼近社会与自然。形上思想之没落使得过去那种把日常生活世界所见到的一切当成另一个更高境界的附属品、并以为世俗的认识事物的方式是靠不住的想法产生变化,也使得过去那种认为只有形上的才是关乎本质的想法产生动摇[3]。不过这

---

[1]　王汎森,《"心即理"说的动摇与明末清初学风之转变》,《历史语言研究所集刊》65.2(1994),页333—373。

[2]　这是相对于刘子健先生的两宋之际中国文化"内转"(turning inward)而说的。参见 James T. C. Liu, *China Turning Inward* (Cambridge: Harvard University Press, 1993)。

[3]　清初形上玄远之学的衰落也大量反映在自然科学上,这方面的材料相当丰富,但因作者对科学史并无把握,故有关这个问题,此处无法讨论。

里必须声明两点:首先,本文重在描述去形上化之现象,而少及其成因。第二,当时思想界的变化异常纷纭,故此处所举的只是其中较为重要的面相,并不足以尽赅其余,而且也绝不意味着当时大部分思想家皆有此趋向。不过,这一股新兴的力量,后来发展成为历史的主流。

近儒熊十力(1885—1968)说:"形上化"是北宋诸儒建立理学时最重要的事业[4]。这一方面是为了在人世昏浊纲纪颓坏的时代,提出一个具有超越性的道德、政治、社会标准,引导人向上追求,另方面也是为了对抗佛家的威胁——佛家有一个形上的世界,而儒家没有。所以北宋诸儒试着提出一个不变的境界作为保证。原来儒家思想中平铺直叙的境界,现在都被分成两个境界,而且认为形上的追求才是究竟之义。而我们在明末清初思想界所见到的一个特色是前此奠定下来的形上基础逐渐动摇,这不但发生在当时具主流地位的王学,也发生在逐步复兴的新朱子学。

我想借几个例子间接点出它们所蕴含的"去形上化"的现象。文章分成五个部分:第一,"明清嬗代之际,蕺山一派独盛",所以,在对王学的转变之分析中,我主要是以浙东地区的转变为例子。在这方面,首先我想以黄宗羲(1610—1695)与陈确(字乾初,1604—1677)的思想交涉看宋明理学的最重要基设,即先天预成论式人性论之衰歇[5]。第二,以"四书"中,特别是《大学》《中庸》地位之下降为例,说明形上玄远之学的衰退。第三,我要以潘平格(1610—1677)等人的出现,及他

---

[4] 熊十力,《十力语要》(台北:洪氏出版社,1975),页285。关于理学中形上学之问题,还可参考景海峰的《简议"新理学"的形上学系统》以及陈来的《"新理学"形上学之检讨》,在陈岱孙等著,《冯友兰先生纪念文集》(北京:北京大学出版社,1993),页209—219、220—232。

[5] 王汎森,《〈中国近三百年学术史〉中的一件公案——再论黄宗羲与陈确的思想交涉》,《钱宾四先生百龄纪念会学术论文集》,《新亚学术集刊》,第14期(2003),页241—260。

们何以迅速席卷一批年轻的刘、黄之学的崇拜者(如万斯同),并且迅速与一批在"去形上化"的工作上有所建树的学者结合在一起,如万斯同(1638—1702)和李塨(1659—1733)、王源(1648—1710)、胡渭(1633—1714)、阎若璩(1636—1704)之交往及相互欣赏为例,说明这一种深刻的变化。第四,我要讨论当时一股回到朴素的儒家哲学的趋势。第五,对清初程朱陆王阵营"去形上化"的变化之观察。

一、人性是"宝珠"还是"种子":
先天预成式人性论之式微

明末心学发展出种种疑团与矛盾,其中有三点与本文有关。第一,人们对理学原来的一些预设信心动摇,譬如天理人欲的问题,是不是人欲净尽后才是天理流行?还是天理可以从人欲中见?过去那种二元对立的工夫,是不是应该摄归于一?第二,如果将所有工夫都归于一心,则"身心意知物是一件"[6],那么《大学》中格物、致知、诚意、正心、修身等次第便成了问题,则《大学》一书是否仍可作为指导性经典?第三,"性"是否像宋明儒所主张那样是先天预成的,"学"与"知"对它是否能有发展扩充之力?善是否先天所固有,复性是否即是善,或人性是在实践锻炼中才可能日益完善化[7]?

刘宗周(1578—1645)对第一个问题有决定性推展,但是,一直到刘宗周死前,他对自己的心得仍不敢自安,内心充满着紧张,故著作多以"疑"为名,如《大学古文参疑》《存疑杂著》。故黄宗羲说:

---

[6] 王守仁,《传习录(下)》,在《王阳明全集》(上海:上海古籍出版社,1992)上册卷三,页90。

[7] 萧萐父,《含英咀华,别具慧解——蒙文通先生〈理学札记〉读后》,收入蒙默编,《蒙文通学记》(北京:三联书店,1993),页94。

> 先师蕺山曰:"予一生读书,不无种种疑团,至此终不释然,不觉信手拈出,大抵于儒先注疏,无不一一抵牾者。"[8]

因为心学将一切收归于心,过去循序的修养工夫到此皆被认为是支离琐碎,那么刘宗周将工夫归摄于一元,便是很自然的发展。他说:

> 从来学问只有一个工夫,凡分内分外,分动分静,说有说无,劈成两下,总属支离。[9]

又说:

> 夫道,一而已矣。"知""行"分言,自子思子始。"诚""明"分言,亦自子思子始。"已、未发"分言,亦自子思子始。"仁""义"分言,自孟子始。"心""性"分言,亦自孟子始。"动""静""有""无"分言,自周子始。"气质""义理"分言,自程子始。"存心""致知"分言,自朱子始。"闻见""德性"分言,自阳明子始。"顿""渐"分言,亦自阳明子始。凡此皆吾夫子所不道也。呜呼!吾舍仲尼奚适乎?[10]

《存疑杂著》中对宋明儒分析支离之说,皆统而一之[11]。把二分的境界慢慢沟合为一,把各种"循序工夫"合为一事,全部吸摄到一心中。虽然刘宗周的本意是想将形上世界内化于形下世界,但是在实质上,宋明理学二分的传统已一步一步消退了。

宋明理学尽管有种种纷歧,但基本上是以先天预成论式人性论为

---

[8] 这是黄宗羲为陈确写的墓志铭开头语。黄宗羲,《陈乾初先生墓志铭》,收入《陈确集》(北京:中华书局,1979)首卷,页4。

[9] 刘汋辑,董玚编次,《年谱》,收入刘宗周,《刘子全书》(台北:华文书局,1968)卷四〇,页3666。

[10] 同前书,页3666—3667。

[11] 姚名达,《刘宗周年谱》(上海:商务印书馆,1934),页316—317。

主[12]。主张性原为善,只要能复性即为善,但复原返本的途径却有所不同。大抵程朱以即物穷理为入手方法。[13]《朱子语类》卷十二说:

> 人性本明,如宝珠沉溷水中,明不可见;去了溷水,则宝珠依旧自明。自家若得知是人欲蔽了,便是明处。只是这上便紧紧着力主定,一面格物。今日格一物,明日格一物,正如游兵攻围拔守,人欲自消铄去。[14]

至于阳明(1472—1529)则认为只要人人现成具足的良知呈现作主即是善,因而有"满街皆是圣人"之弊。前面说过,阳明与朱子(1130—1200)都是以人之初生性原为善,故认为能复还原本,即是圣人。但这两种思想都有困境:依朱子"格物穷理"之说,则一草一木之理如何格得尽,何时格得尽,格到何种地步才可以"一旦豁然贯通","众物之表里精粗无不到"?而且,自然世界与人的内在道德世界有何关联,物理与吾心如何能一,如何能因格草木之理"而吾心之全体大用无不明"?若依阳明的良知说,则知识、道德规范与习俗究竟应摆在什么样的位

---

[12] 关于宋明理学在先天论(或预成论)方面的思想,蒙文通有精要的分析,参见蒙文通,《理学札记与书柬》,《中国哲学》,第五辑(1981)。蒙文通说他年四十时"乃知朱子阳明之所蔽,端在论理气之有所不澈:曰格物穷理,曰满街尧舜,实即同于一义之未澈而各走一端"(页370),又说"宋明儒者虽持论各别,然其囿于先天论则一耳"(页370—371),"孟子言火之始然、泉之始达,苟不充之,以知扩而充之言性;谓苟为不熟,不如荑稗,以熟言仁;曰养吾浩然之气,曰苟得其养,无物不长,以养言气;皆以发展言之。宋明儒非不知此,但其整个思想体系中未予以应有之地位,于是一曰即物求理,一则曰满街尧舜,皆因一弊以走两端耳"(页371),他并追究此种先天论的来源,说"宋明儒皆辟禅,但其弊处(如强调先天论)亦正自禅来"(页371)。

[13] 朱子在《大学》的《格物补传》中说:"所谓致知在格物者,言欲致吾之知,在即物而穷其理也。盖人心之灵,莫不有知,而天下之物,莫不有理,惟于理有未穷,故其知有不尽也。是以大学始教,必使学者即凡天下之物,莫不因其已知之理而益穷之,以求至乎其极。至于用力之久,而一旦豁然贯通焉,则众物之表里精粗无不到,而吾心之全体大用无不明矣。"

[14] 黎靖德编,《朱子语类》(北京:中华书局,1986)卷十二,页207。

置？难道人可以完全不要知识的陶养、不理会外在客观世界所形成的种种规范而成为一个道德人吗？

此外在现实生活上也有种种的疑难。人是不是可能完全回到本然之性？回到本然之性后，是不是就是成德君子？如果心是纯善无恶的，则恶从何处来？道德与知识之关系如何？修养工夫是有止境的吗？是不是只要恢复到儿童般纯洁之心便是究竟之义，还是"有赖于修养，由晦而明，由弱而强，犹姜桂之性老而愈辣"[15]？

先天预成式人性论之流弊以明季阳明学为最厉害，阳明本有只求本体而遗知识之病，承阳明之学者，多认为"何思何虑"是最高状态，才学，便多了。把"学"与"知"排除在外。北方王门的尤时熙（1503—1580）甚至说"今只要做得起个没用的人，便是学问"[16]。阳明固可以用成色分两说解决不学的愚夫愚妇也可以成圣的问题，但是一个学说不可能只重成色之纯，而不重视分两之量，不可能以全天下皆能作愚夫愚妇为满足。"而学阳明的人，心里却早有一倾向，他们并不甘为愚夫愚妇，他们都想成大圣大贤。……固须从锻炼成色，不失为一愚夫愚妇做起，但亦不该只问成色，只在愚夫愚妇境界。他还须注意到孟子所谓的大人之事。不应尽说只是洒扫应对，便可直上达天德。"[17]

如何在保留性善论的基础上，又能摆脱先验论的困扰，强调"学"与"知"等累积发展的成分对扩充人性中善端的必要性[18]。也就是说，性善论是否可能与先天预成的人性论分开，这个问题考验着后来的思想家，而同时它也逼向对"本体"的反省，对"习"的功能之发现与阐

---

[15] 蒙文通，《理学札记与书柬》，《中国哲学》，第五辑（1981），页369。

[16] 黄宗羲，《明儒学案》（北京：中华书局，1985）卷二十九"北方王门学案"，页645。尤时熙还说"扩充是去障碍以复本体，不是外面增益来"（卷二十九，页642）。

[17] 钱穆，《湖上闲思录》（台北：自印本，1969），页35。

[18] 萧萐父，《含英咀华，别具慧解——蒙文通〈理学札记〉读后》，页94。

释,以及种种后天人性论的说法。人们逐渐得到一种看法:"性"是历史形成的,是可变的,是发展的,必须在实践锻炼中才可能自觉完善。明季思想家如黄宗羲"心无本体,工夫所至即其本体"的说法,即是不只追求"成色"之纯而注意加重"分两"的新趋势。但是"心无本体"的"无"字并不是真正的"无",而是为了强调工夫的重要性。他们是想对治王阳明讲即用见体,却又专重体的弊端,认为人性有生成发展的过程,最后仍旧要有"本体"。

在打破先天预成论上最有贡献的人是陈确。他说"本体"二字是佛教的东西,是要不得的,正如黄宗羲在为陈氏写的墓志铭中所提到的"又曰,'本体'二字,不见经传,此宋儒从佛氏脱胎来者。故以为《商书》'维皇降衷'、《中庸》'天命之性'皆指本体言,此诬之甚也"[19],而把"本体"抹煞掉,正是陈确思想之独特处,也是他的同门黄宗羲感到不能认同之处。

陈确认为心不是矿物,所以心是可以发展的。他这方面的言论甚多,譬如《性解》中他以"谷种"来比喻"性",认为要经过后天的培养才能成其种子之美,故主张扩充尽才而后见性,他说:"盖人性无不善,于扩充尽才后见之也。如五谷之性,不艺植,不耘耔,何以知其种之美耶?"[20]又说:"是故资始、流形之时,性非不具也,而必于各正、葆合见生物之性之全。孩提少长之时,性非不良也,而必于仁至义尽见生人之性之全。继善成性,又何疑乎?"[21]陈确的同门师兄弟们对他这方面的见解非常不能同意,力争不已,因为他们了解这些论点动摇了几百年来根深柢固的先天预成论。然而,这不只是陈确一人独有的思想,晚明

---

[19] 黄宗羲,《陈乾初先生墓志铭》,页6。
[20] 陈确,《性解》,《瞽言》;收入《陈确集》别集卷四,页447。
[21] 同前文,页449—450。

东林后劲钱一本(1539—1610)的思想中也有此消息,只是他未像陈确般深入发挥,而黄宗羲对钱一本也一样持批判态度。钱一本说:

> 但知生之谓性,而不知成之为性,即同人道于犬牛,而有所弗顾。[22]

黄宗羲在《明儒学案》中综述他的思想说:

> 先生之学,得之王塘南者居多。惩一时学者喜谈本体,故以"工夫为主,一粒谷种,人人所有,不能凝聚到发育地位,终是死粒。人无有不才,才无有不善,但尽其才,始能见得本体,不可以石火电光,便作家当也"。[23]

钱一本"成之为性"的想法,与陈确扩充尽才而后见性的观点甚似,而且连以"谷种"比喻"性"的说法都相同,不过,虽然思想上是一路的,却没有陈氏那样激进。而黄宗羲对钱一本的评论也与对陈确的批评相近,他说钱氏:

> 此言深中学者之病。至谓"性固天生,亦由人成,故曰成之者性"。夫性为自然之生理,人力丝毫不得而与,故但有知性,而无为性。圣不能成,愚不能亏,以成亏论性,失之矣。[24]

黄氏曾说陈确之说"深中诸儒之病者有之"[25],而此处亦说钱一本"此言深中学者之病"。此处说"圣不能成,愚不能亏,以成亏论性,失之矣",而在批评陈确时则坚持孩提少长之时其性"已自弥纶天地"[26]。

---

[22] 黄宗羲,《明儒学案》卷五十九"东林学案二",《御史钱启新先生一本》,页1444。
[23] 同前文,页1436。
[24] 同前注。
[25] 黄宗羲,《陈乾初先生墓志铭》,页7。
[26] 同前注。

由钱一本与陈确之论可以看出这一种反对先天预成式人性论的思想在当时已渐出现,后来王夫之(1619—1692)对这个问题还有进一步的发挥。而黄氏对钱、陈二人的态度都是一样,既能同情,又持批判态度——既认为深中当时只重本体不讲工夫者之病,但又认为讲工夫过重竟致持发展的人性论是张皇过度。在同情与批判之间,都可以看见一代学风微妙变化。

二、形上玄远之学的衰落与四书中心主义之动摇

明末清初出现几种质疑《大学》《中庸》是否为圣人之书的观点。这些激烈论点是两种思潮汇集形成的,一是心学理论对古典文献的挑战,一是对形上玄远之学的不满。

首先,在"心即理"的前提下,因为心是一个,所以以前理学范畴中那些二元对立的、具有本体论意味的修养境界,如人心、道心、理与气等分别逐渐泯灭。不断向心滑落的结果,心只是此一个心,在心中的活动中并无何等阶段顺序可以划分,所以心学家强调格致诚正皆是一件工夫,心身家国天下皆是一件事,故不能同意《大学》八步之类的架构,同时也对朱学分别顺序、阶段的道德修养论感到不满。第二,对静坐观心,以及"一旦豁然贯通,则众物之表里精粗无不至"的"格物"方式不满。同时认为心性或知识的探索是永远无穷无尽的工作,不相信有一个"知止"的境界。因为要求实践实行,故对过去只局限于道德、哲学性知识的传统不能满意。希望不再只专论一个人内心的锻炼修养,而走向整体,走向社会群体的实践。第三,当时有一种离开形上追求而返回到日用实事实行的要求,认为《大学》《中庸》所揭示的一些道德修养方法与境界,实际上是无法做到的玄远之论。

陈确的《大学辨》是清初理学发展史中最石破天惊的著作之一。

因为它居然大胆宣称这一部理学传统中最重要典籍与圣道无关。陈氏辨此书分"理""迹"也就是内容及文献证据两部分。但因与《大学》有关的文献证据非常之少,所以他主要是从思想上来讨论何以《大学》"层分缕析"的性格,不符合圣人平铺直叙的世界。

在说明《大学辨》之地位前,必须先解释《大学》一书的重要性。《大学》一书可以说是宋明理学传统中最重要的典籍。它除了提供一套系统的修养工夫外,还提供了"国身通一"的政治思想体系,使一个人从一己的修身到治国平天下连成一个系统[27]。

对于忧虑修身与治国平天下呈分裂状态的人而言,"国身通一"的理想极具吸引力。耶律楚材(1190—1244)在《寄用之侍郎》中说"穷理尽性莫尚佛乘,济世安民无如孔教"[28],宋孝宗(1127—1194)则说"以佛修心,以道养生,以儒治世"[29],这两个例子大略暗示了修身与治国平天下是无法结合的,个人安身立命的部分是庄、佛之事,至于维系伦理与政治秩序则是儒家的工作,这两个领域不大相关联。而宋学却一举消除这一不联系状态,将个人安身立命的要求与仁义忠孝的社会道德打通,天理虽然是个人生命的根源,但也可以直接成为治理天下国家之原理,其中没有丝毫隔绝或不联系之处。

在朱子之后,模仿《大学》的架构来讲从个人到治国平天下的治平之书甚多,像《大学衍义》《大学衍义补》都是。一直到晚明,广东陈邦彦(1603—1647)尚以诸生上一本《中兴政要》,为纲有八,目卅有二,这一基本架构即是《大学》的,谢国桢形容它是"包《大学衍义》一书而简

---

[27] 陈寅恪在《书世说新语文学类钟会撰四本论始毕条后》一文便略道及此,收入《陈寅恪先生论文集》(台北:九思出版社,1977),页1300。

[28] 耶律楚材,《湛然居士集》(《四部丛刊初编》本)卷六,《寄用之侍郎》,页15a。

[29] 志磐,《佛祖统纪》卷四十七;见《大正新修大藏经·史传部》,第49册,页430。此条承黄进兴兄赐告。

练其精要,其于恢复大计,兵饷战守之机宜方略,皆凿凿可见行事,粹然儒者有用之言"[30]。

由于《大学》具有如此独特的价值与地位,它吸引无数思想家的注意,这些思想家常以自己的思想状态去与《大学》相对照。又因朱子曾为《大学》加上《格物补传》,并移易经文,所以有些人一旦发现自己的思想状态与《大学》的文本有重大出入时,辄想对它的文本作某种程度的移易,种种《大学》改本便因此而起。

当心学思想崛起后,心一元论的系统逐渐变得与《大学》积不相容起来。譬如朱子表彰《大学》特别注意它的循序工夫,朱子说:"'知至而后意诚',须是真知了,方能诚意。知苟未至,虽欲诚意,固不得其门而入矣。"[31] 后人也觉得这是他的特色之一,如李颙(1627—1705)在《二曲集》卷四《靖江语要》中说"朱之教人,循循有序"[32]。这些特色都在心学将所有工夫收归一元时消解掉了。

在阳明以前,围绕着《大学》一书的争论,主要仍是针对格物的解释,以及《大学》文本顺序的问题。但在阳明的道学革新运动之后,八步问题出现了。因为八步中的身心意知物在王阳明看来皆是"一件",格致诚正修也不是分开的五个步骤而是"一事",在阳明与罗整庵(1465—1547)的信及《大学问》等许多地方都反复说明这一点。《传习录》里答陈惟濬:"只要知身心意知物是一件。"陈氏问:"物在外,如何与身心意知是一件?"阳明答说:"耳目口鼻四肢,身也,非心安能视听言动?心欲视听言动,无耳目口鼻四肢亦不能。故无心则无身,无身则无心。但指其充塞处言之谓之身,指其主宰处言之谓之心,指心之发动

---

[30] 谢国桢,《增订晚明史籍考》(上海:上海古籍出版社,1988)卷十九,《文集题跋上》,页877。

[31] 黎靖德编,《朱子语类》卷十五,页302。

[32] 李颙,《二曲集》(北京:中华书局,1996)卷四,《靖江语要》,页36。

处谓之意,指意之灵明处谓之知,指意之涉着处谓之物:只是一件。"[33] 既然是"一件"、是"一事",那么便与《大学》的分成"八步"有所扞格了。

此外,《大学》上说"欲诚其意者先致其知,致知在格物",但阳明怀疑:何以诚意须以格物穷理为前提,为何格物穷理之后,意便会诚？在阳明后学身上,这也始终是一个无法调和的矛盾。这层矛盾一直到明季刘宗周还未解决,在刘氏殉国前三月,他为自己的《大学古文参疑》写了一段自白：

> 呜呼！斯道何繇而明乎？宗周读书至晚年,终不能释然于《大学》也,积众疑而参之,快手疾书,得正文一通……[34]

刘宗周是晚明思想界的关键人物,他的《大学古文参疑》一书充分显露了思想与文献之间互相拉扯的紧张性。刘氏继承阳明《大学》是一贯血脉的思想,并认为"诚意"是《大学》的专义,所以他主张在知本、知止之后,紧接着便是诚意章,而反对在其间加一《格物补传》,因为加此《补传》之后知本与知止便不再与诚意相联。刘氏也反对朱子将《大学》中的"此谓知本,此谓知之至也"在《补传》中更改为"此谓物格,此谓知之至也"。一个是向内反求自家原有的道德资源,另一个是向外格物致知,在知识与道德问题上,处于相对的态度。因此,他强调《格物补传》不必补[35],为了证成这一点,他甚至不惜相信当时已有许多人怀疑的丰坊(约1500—1570)《石经大学》,只因这一文献提供了类似"考古证据",证明了《大学》原无《格物补传》。刘氏虽然东挪西补地作了许多工夫,但是他并未解决自己的疑惑,不过他也从未想过怀疑

---

[33] 王守仁,《传习录(下)》,《王阳明全集》上册卷三,页90—91。
[34] 刘宗周,《刘子全书》卷三十六,《大学古文参疑》,页3298。
[35] 同前文,页3303。

《大学》这一部书的可靠性。

刘宗周的学生陈确就不一样了,他将《大学》与宋明理学传统分开,故说程子之言主敬,阳明子之言致良知,刘宗周之言慎独,虽"皆圣人之道",但是一旦求合于《大学》,则方枘圆凿——"以之说《大学》,则断断不可合"[36]。陈确认为问题不是出在这个理学传统,而是出在想将这个传统与儒家古典文献牵合而产生的矛盾,所以这是先秦传统与宋明理学传统的决裂;而且认为这不只是王、刘诸人的难题,也是理学家共同的难题。陈确认为刘宗周抱怨"前后言格致者七十有二家,说非不备也,求其言之可以确然俟圣人而不惑者,吾未之见",其实问题并不出在前后疏格致的七十二家,而是出在《大学》:"惟《大学》之诬而不可以理求焉故也。"[37] 所以他大胆写了《大学辨》,认为《大学》非圣人之书,并坚决主张将《大学》与圣学彻底分开。

比陈确晚一代的姚际恒(1647—1715?),是另一个值得注意的人物。过去人们留心他辨伪方面的成绩,较少注意到他的许多疑伪工作在思想史上是有所承袭的,尤其是黄宗羲、阎若璩、万斯同、毛奇龄(1623—1716)等人,而且他们工作的共同特点是去形上化。《四库全书总目》子部杂家类存目六《庸言录》条便这样说:

> 际恒生于国朝初,多从诸耆宿游,故往往剽其绪论。其说经也,如辟图书之伪,则本之黄宗羲;辟《古文尚书》之伪,则本之阎若璩;辟《周礼》之伪,则本之万斯同;论小学之为书数,则本之毛奇龄。而持论弥加恣肆。至祖欧阳修、赵汝楳之说,以《周易》十翼为伪书,则尤横矣。其论学也,谓周张程朱皆出于禅,亦本同时

---

[36] 陈确,《大学辨(甲午六月三日作)》,《大学辨》;收入《陈确集》别集卷十四,页556。

[37] 同前文,页557。

颜元之论。至谓程朱之学不息，孔孟之道不著，则益悍矣。[38]

姚氏疑伪作品中特别值得注意的是疑《大学》与《中庸》，而其理由皆与反对形上玄虚之理有关。对于《大学》，他说：

> 圣贤之学，知行并重，未有惟言知而遗行者。今云自知止而后定、静、安、虑而得之，则一知字直贯到底，便已了毕，全无所用其行，则其所得者果何物耶？非忽然有省，摸着鼻孔乎？[39]

又说：

> 圣门之学，未有单重知而遗行者，……皆实地用力，未有空言致知者。空言致知，非佛氏离语言文字，一惟明心见性之学而何？[40]

这一段话强调"实地用力"是针对"明心见性"之学而发，也符合清初重视"习行"的学风。姚氏对《大学》"格物"二字的苛评，则是攻击宋明理学传统中最核心的思想：

> 以格物言之，此二字晦涩之甚，物字不知指何物？格字不知是何义？圣贤教人，从无鹘突语，况为大学之首功，为平天下之要务，而顾用格物二字，岂可通哉？[41]

清初学风由明代的追求本体转向着重平实，所以要追问所"格"何"物"。"格物"这一流行几百年的关键词，在这里被轻轻地以"晦涩"

---

[38] 永瑢等撰，《四库全书总目》（北京：中华书局，1965）卷一百二十九，"子部·杂家类存目六"，页1109。

[39] 简启桢辑佚，江永川标点，《礼记通论辑本（下）》，收入林庆彰主编，《姚际恒著作集》（台北：中国文哲研究所，1994），册三，页437。

[40] 同前书，页440。

[41] 同前书，页440—441。

二字带过。从姚氏的批评中,我们可以看出,在由形上转向平实、平庸的过程中,《大学》成了一个靶子,人们将新思潮发展投射到它身上。姚际恒所做的工作与所持的理由与陈确的《大学辨》都有其相似性。他们的工作都反映了清初心性之学转变很大,使得原来尚可与《大学》勉强相容的,变得不能相容了。

姚际恒除了攻击《大学》之外,在《礼记通论》中还批评《中庸》近于二氏之学,是"伪《中庸》":

> 予分出此帙以为伪《中庸》者,盖以其为二氏之学也。然非予之私言也,实有左验。[42]

姚氏列许多证据证明历史上提倡《中庸》之学的多近于禅学,然后说:

> 然则好禅学者必尚《中庸》,尚《中庸》者必好禅学。《中庸》之为异学,其非予之私言也,不亦明乎?[43]

姚氏说在牵合禅学与《中庸》的人物中,朱子是最关键人物,但是他又发现,提倡《中庸》最力且为《中庸》作章句的朱子,私下里并不特别推崇《中庸》:

> 如《中庸》一书,自宋以来,为尊信之尤者,非朱仲晦乎?而世所共尊信者,非因朱仲晦之尊信而尊信之乎?乃阅其文集,《与蔡季通》曰:"费隐之说,今日终日安排,终不能定。盖察乎天地,终是说做隐字不得,(百种计较,再说不来。)且是所说不知、不能、有憾等句,虚无恍惚,如捕风系影,圣人平日之言恐无是也。"……吁!其平居所私疑如此,乃作为《章句》之书,不露所疑之意,阳为

---

[42] 简启桢辑佚,江永川标点,《礼记通论辑本(下)》,页315。
[43] 同前书,页316。

15

尊信以示天下,岂非所谓失其本心哉?[44]

大抵姚氏处处用"伪《中庸》"三字,是因为他认为《中庸》的意旨过于高远,非实用实事,且不切日用,若依《中庸》行去,则学为圣人是一件非常困难之事:

> 《中庸》子思之言曰:"君子之道,辟如行远必自迩,辟如登高必自卑。"今伪《中庸》所言,无非高远之事,何曾有一毫卑迩来?与子思之言不啻若冰炭。[45]

又说《中庸》专讲不睹不闻,无声无臭,不是平实可依的道理,且大悖圣人从日用事物上启迪人的方法:

> 圣人教人,举而近之;伪《中庸》教人,推而远之。举而近之者,只在日用应事接物上,如孝弟忠信以及视听言动之类是也。推而远之者,只在幽独自处静观参悟上,如以不睹不闻起,以无声无臭终是也。[46]

又说:

> 学者依孔孟所教,则学圣人甚易,人人乐趋喜赴,而皆可为圣人。依伪《中庸》所教,则学圣人千难万难,茫无畔岸,人人畏惧退缩而不敢前。[47]

姚氏认为在"四书"中,《论》《孟》与《学》《庸》的宗旨其实是相对抗的。自宋以后《学》《庸》日盛,而《论》《孟》日微,"宜乎伪道学日益多,而真圣贤之徒日益少也",并认为《学》《庸》与《论》《孟》之升降是"古今世

---

[44] 简启桢辑佚,江永川标点,《礼记通论辑本(下)》,页327—328。
[45] 同前书,页316。
[46] 同前书,页317。
[47] 同前注。

道升降一大关键"[48]。姚氏认为《学》《庸》张而《论》《孟》绌,也就代表实事实行日用平常之道的衰退,而玄远高虚之说的跃升,故说:

> 《语》《孟》之言极平常,而意味深长,一字一句,体验之可以终身行之而无尽。伪《中庸》之言,弥六合,遍宇宙,细按之,则枵然无有也。[49]

宋儒讲《中庸》时发挥最多的是"喜怒哀乐未发之中",而姚际恒竟易"中"为"空"字:

> 喜怒哀乐之未发谓之中,予谓不谓之中,谓之空可也。……尧舜"允执其中"之中,指理言,此以未发为中,指心言。指理言,则共之于人,故孔子言"舜用其中于民"。指心言,则独用之于己,合眼低眉,参悟而已,于他人有交涉耶?[50]

足见他所不满于《中庸》喜怒哀乐未发之中,至少有两个原因:第一,因为"中"是一己之"心",所以致力于此则只是致力于一己之事,非客观共循的规范,而且为了追求这个"中",必须"合眼低眉参悟",不是在日用事务中去求得。至于"致中和,天地位,万物育"也是几百年来理学家最常标举的境界,姚氏却驳为"说大话":

> 致中和,天地位,万物育,此所谓说大话,装大冒头者也。其实皆禅也。何则?禅则其理虚无,故可以任意极言而无碍。若吾儒则事事切实,岂可言此?言之,则中和未致,天地万物将不位不育耶?中和既致,天地万物如何位如何育耶?此非虚无而何?[51]

---

[48] 简启桢辑佚,江永川标点,《礼记通论辑本(下)》,页317。
[49] 同前书,页318。
[50] 同前书,页322。
[51] 同前书,页323—324。

"大话"是与"事事切实"相对比的。他说因为禅学讲的都是空的道理,所以可以"极言而无碍",在儒家的道德实践中,则没有"致中和"或"位育天地"这种话。《中庸》的"赞化育,参天地",被姚际恒说为是"同为一种大话,圣贤从无此语"[52]。姚氏所用以批评《大学》或《中庸》为禅学的论据,基本上都与陈确等人相近,也就是不再把圣人之道定义为本体的追求,或"幽独自处""静观参悟",而是重新定义为"日用应接事物""卑""迩""近""平实""习行"等最普通平常的道理,而他们对《大学》《中庸》的批判,也反映了后一种新意识的兴起及它与过去数百年理学传统的决裂。与整个宋明理学传统相对照,陈确、姚际恒等人的工作是相当令人震惊的。《大学》与《中庸》这两本理学最高经典竟相继被斥为"禅学",不能不说是一件学术史上重大的事。

在"四书"中,《论》《孟》二书倒是未受到批判。前面已经说过,姚际恒认为《论》《孟》与《学》《庸》是对抗的,《论》《孟》所代表的平实道理是应该受到表彰的。不过,如果不单看《论》《孟》,而是以"四书"作为一个整体来看,则它的地位也在逐渐下降,而"五经"的地位正逐步崛起。但这并不是说先前无人研究"五经",而此后无人读"四书"了;其实整个清代,科举考试仍是以"四书"为主,有关"四书"的私人著述更是成千累百。所以这里是相对于宋明理学占据主流之时"四书"的地位而说的。

"四书"地位的下降,原因除了前面已讨论过的一股将《大学》与《中庸》斥为伪学的潮流之外,还有两点:第一是朱子《四书集注》地位的下降,第二是"四书"作为一个独立的总名,开始遭到质疑。

《四书集注》地位之下降,不是明末清初突起的现象,王学兴起后,劝人莫读朱子的《四书集注》的话便常见到,如张岱(1597—1679)在

---

[52] 简启桢辑佚,江永川标点,《礼记通论辑本(下)》,页332。

《琅嬛文集》的《四书遇序》中说"幼遵大父教,不读朱注"即是。张岱不只不读《集注》,而且在《四书遇》中对《集注》"或校定句读,或诠释字句,或调整章次,或订正学脉,计有三十来条"[53]。但是《四书遇》所驳者只有三十几条,而稍后毛奇龄的《四书改错》,便激烈无比,认为朱子"无一不错","真所谓聚九州四海之铁铸不成此错矣"[54]。清初这一类著作不在少数,如《四书证误》《四书考异》等等,不一而足。本来,在清初反宋儒的空气之下,驳宋儒经说的风气就相当普遍,但因为《四书集注》过去地位极高,所以攻驳《四书集注》之现象也特别值得注意。此外,清初学者攻驳《集注》的方式也值得分析。清儒不但在义理上批评《集注》所代表的宋学,而且从考证角度论证《集注》"无一字不错",是转而以考证历史的态度去衡量《四书集注》之价值。将《集注》作考证书看,而不是作为说解义理的书看待,除了会把《集注》看得一无是处外,也意味着阅读态度上的重大转变。

"四书"作为一个总名是否应该成立,也逐渐遭到质疑。《大学》《中庸》原是《礼记》中之二篇,而《孟子》在南朝时犹在诸子之列,自朱子始将它们与《论语》放在一起,编为"四书"。此后"四书"乃自成一个范畴,譬如《明史·艺文志》便专门为有关的书列"四书"一门。但是,明季陈确主张将《大学》《中庸》"黜还戴记",朱元弼的《礼记通注》中亦反对将《大学》《中庸》离《礼记》而单行。不过,朱元弼因为误信了丰坊的《大学石经》为真,所以主张将《大学石经》还回《礼记》,而不是《大学》本文[55]。这些议论开清人之先河。清初朱彝尊(1629—1709)的《经义考》在"四书"一门之前,立了"论语""孟子"二目以示分

---

[53] 朱宏达,《张岱〈四书遇〉的发现及其价值》,《杭州大学学报》15:1(1985),页44—45。

[54] 尝于普林斯顿大学葛斯德东方图书馆读《四书改错》,雍正刊本,惜未留笔记。此处引自钱穆,《中国近三百年学术史》(台北:台湾商务印书馆,1968),页230。

[55] 李纪祥,《两宋以来大学改本之研究》(台北:台湾学生书局,1988),页141。

辨。而黄虞稷(1629—1691)之《千顷堂书目》中则说凡《大学》《中庸》之书皆附于《礼》。这个态度与陈确、朱元弼之主张将《大学》回归《礼记》相近。

"五经"与"四书"的优先顺序也改变了。在理学传统中,"四书"自然优于"五经"。朱子对"五经"的态度很可注意,他说不敢对它们下太多文献批判工夫,免得倒了"五经"[56]。至于"四书",则说读"四书"乃要立一尺度权衡,以便由此出发去读诸经、订诸史,以及百家之书[57]。此后儒者,有的认为只要能熟读"四书",其他书虽不读亦无憾;有的认为能读"四书",诸经才可得而治;有的说"四书"是发明"六经"之精义、明千圣心法的著作[58]。然而明末清初居然出现将"四书"一名取消的言论,即使仍旧研读它们,相对于宋明理学中"四书"的地位,不能不说是一个极激烈的变动。

总而言之,《大学》《中庸》这两部六百年中最有力量的经典不约而同地被判为非圣人之书,代表着心学在清理了宋学之后,最后连整个宋明理学的根据地——"四书"中最重要的两部书也动摇了。理学在退潮,所以过去唯我独尊的"四书",现在转而成了怨府。"四书"作为一个整体而言,其地位明显地衰落了,它标志着六百年学术传统的崩溃。

---

[56] 钱穆,《朱子新学案》(台北:三民书局,1982)册一,页181—182。

[57] 朱熹,《朱子语类》卷十一,页188、195。

[58] 熊十力,《读经示要》(台北:乐天书局,1973),页103。以下诸人的论调可以为证:元许衡在《与子师可》中则说:"小学四书,吾敬信如神明,自汝孩提,便令讲习,望于此有得,他书虽不治,无憾也。"在《许鲁斋集》(《丛书集成新编》;台北:新文丰出版公司,1985)卷四,页50。元虞集说:"若夫四子书者,实道统之传,入惪之要,学者由是而学焉,则诸经可得而治矣。"见《济宁李氏校梓九经四书后》,《文集》卷二十五,收入《虞文靖公道园全集》(《丛书集成续编》;台北:新文丰出版公司,1989),页13b。明曹端亦说:"夫四书者,孔曾思孟之书,所以发六经之精义,明千圣之心法也。"见《四书详说序》,《曹月川集》(《景印文渊阁四库全书》;台北:台湾商务印书馆,1986)卷一,页21a。

此外,由"四书"中心主义到"五经"中心主义的过渡,标志着人们由以"四书"来决定"五经"的诠释传统解放出来,也标志着人们由专重修身的传统中解放出来。

三、江浙心学社群的变化

这里要以黄宗羲弟子万斯同一生的几次变化为例,说明江浙心学社群如何逐渐远离道德心性与形上玄远之学。

康熙十二年(1673),万斯同三十六岁时,他突然被浙江慈溪潘平格的思想所吸引。潘氏曾于康熙八年到鄞,与陈夔献(1627—1687)辩论于证人书院,当时万氏在会稽授经,未能与闻其事。后来,他到慈溪访潘氏,录其所著《求仁录》归。他的同门毛文强从万氏处读到此书时,也深被吸引。证人学友轰言万氏叛其师黄宗羲,黄氏亦怒。万氏遂决定从此以后"不谈学而专穷经史"[59]。

潘平格这个人物的出现,以及他之所以吸引大批刘宗周门生,主要原因之一,便是他拒斥了宋明理学中形上的思维[60],而主张将"道"归于平实卑近之日用事为。潘平格说"朱子道,陆子禅",是将整个宋明理学的两派一起撕破。他主灭气、灭心、灭体,实是将宋明儒所斤斤置辩的论题加以瓦解,指出这些问题全是无聊之谈,学问的本质应该是平实的社会政治实践。潘平格吸引了黄宗羲几个最忠实的门生,像万斯同、郑性(1665—1743)。当万氏的同门师兄弟向黄宗羲举发万斯同被潘平格吸引并代为传播之时,黄氏移书切责,但万氏似无真正悔意。他

---

[59] 陈训慈、方祖猷,《万斯同年谱》(香港:香港中文大学出版社,1991),页110—113。
[60] 潘平格,《潘子求仁录辑要》,收入《四库全书存目丛书·子部·儒家类》(台南:庄严文化事业有限公司,1995)第十九册。

只是说，关于理学的争论太纷繁，所以今后希望改治经史之学，追求脱离形上争论的学问。万氏晚年又被李塨（1659—1733）所吸引。而且李氏吸引他的是《大学辨业》一书，也就是批判《大学》重知遗行，并提倡实践习行的哲学。足见万氏脱形上化，转讲日用习行之学的痕迹。

当时人认为经史之学是讲日用实行所不可缺。他们讲事，而不是讲理，所以由性理转向经史。万斯同虽从事于经史之业，但并未停止对理论的兴趣，尤其是对主张脱离形上的追求，并转而追求日用实学的理论。万斯同一生最大的一个负担即是当他信服潘平格时，其师黄宗羲的批驳。万氏的思想学问启自黄氏，可是限制也来自黄氏，在黄氏痛驳之后，遂不敢再往前走。当他遇到李塨时，黄宗羲早已故去，过去的限制已不复存在，可以自由自在地发展自己的想法，而这时最大的发展即是对"格物"之重新理解。"物"到底是什么？此时万氏决定接受颜李之解释，认为"格物"即"学六艺"——"格"即"学"，"物"即"六艺"。而且认为六艺是"礼乐射御书数"，不是"六经"。

李塨在认识万斯同时，万氏已名动京师公卿，与他地位悬绝。李氏之所以拿他讲格物最重要的作品《大学辨业》向万氏请教，是为了怕将来出版时遭其讥弹。与其出版后被骂，不如先行请教。显见当时他并不了解万氏真正的态度。没想到万氏一读，竟"下拜曰：吾自误六十余年矣"[61]，同时也突然说及三十年前与潘平格的一段往事。此时此地而联想及潘氏，足见问题有其一贯性：

> 某少受学于黄梨洲先生，讲宋明儒者绪言，后闻一潘先生论学，谓陆释朱羽，憬然于心。既而黄先生大怒，同学竞起攻之。某遂置学不讲，曰：予惟穷经而已。以故忽忽诵读者五六十年。今得

---

[61] 陈训慈、方祖猷，《万斯同年谱》，页210。

> 见先生,乃知圣道自有正途也。[62]

他此处所说的圣道之正途,虽与潘平格有关,但仍有不同。其差异处见之于他为李塨《大学辨业》所写的序:

> 后之儒者,不知物为《大学》之三物,或以为"穷理",或以为"正事",或以为"扞格外诱",或以为"格通人我",纷纷之论,虽析之极精,终无当乎《大学》之正训。非失之于泛滥,则失之于凌躐。将古庠序教人之常法,当时初学尽知者,索之于渺茫之域,而终不得其指归,使有志于明亲者,究苦于无所从入,则以不知"物"之即三物也。[63]

这段引文中所批判的"穷理""正事""格通人我",正是朱子、王守仁、潘平格对格物之解释,而他本人也正是从朱、而王、而潘,最后才到颜、李;由形而上的玄理追求,到人与人之间的社群关系(格通人我),到最朴素的以"物"为"乡三物"、以"格物"为学六艺,则所识之"物"便是礼乐兵农名物制度,是家庭、社会、国家之事。"物"从内在的、玄远的,转变为实际的、平实的、社会生活的事物,也就是他在浙江讲经会及在北京所举办讲会中所讨论的内容;是"使人实事于明亲之道"[64],而不是玄虚的形上之理。所以此时他处处用"实""实事"等字眼来形容学问,而颜、李的格物新解,正把他讲经究史几十年的工作,作了一个哲学的概括[65]。

---

[62] 陈训慈、方祖猷,《万斯同年谱》,页210。

[63] 同前书,页211。

[64] 同前注。

[65] 李塨《大学辨业》所讲的是"乡三物"——六德、六行、六艺,以"三物"之"物"为"格物"之"物",意在切实可行,而不讲原理的部分,所以刊落所有形上的观点。李塨的学生江苏阳湖恽鹤生撰《大学正业》,也是顺此一路去解释《大学》,以"物"为"乡三物"。中国科学院图书馆整理,《续修四库全书总目提要·经部》(北京:中华书局,1993),页886。

万斯同之所以对潘平格思想还不能满意，主要原因应该就是李塨所说的潘氏"置礼、乐、兵、农不讲，则力行人伦日用亦只自了，而所谓悲天悯人者，何具以救之"[66]。在李塨看来，潘氏置礼乐兵农不讲，仍只是自了汉。而潘平格所没有触及的，正是颜、李所提倡的。万斯同在读了李塨以乡三物为"物"，以学习为"格"后叹息起立，李氏告诉他：

> 昨有人诘予云：子谓农工商亦非士分业，然则《大学》尚有遗理乎？予曰：明德亲民，德行六艺，何理不具？然理虽无所不通，而事则各有其分，如冉有足民，岂不筹划农圃之务，而必不与老农老圃并耒而耕，而安得兼习胼胝之业与？且言此者，以学乃实事，非托空言，空言易为，实事难备，故治赋为宰，圣门各不相兼，况学外纷琐者乎？不然，心隐口度，万理毕具，然试问所历，亦复有几？则亦徒旧无用而已矣。[67]

足见李塨的理论中把礼、乐、兵、农等实事提到关键的地位，是吸引万斯同的地方，而这些其实是先秦儒家原有的一些素朴的想法。

万斯同思想最后的阶段，是一步步发掘理学以外的儒家传统。这一个传统是朴素的、不涉及玄远究竟之理的，所以他能欣赏阎若璩的《古文尚书疏证》、胡渭的《易图明辨》。

阎若璩、胡渭的工作在清初学术史上的意义，早经余英时先生精彩地论证了。他们为了解决程朱、陆王的争论，而打破对方的思想依据，如阎若璩《古文尚书疏证》其实是打破心学的根据地——虞廷传心的十六字诀"人心惟危，道心惟微，惟精惟一，允执厥中"。而胡渭《易图

---

[66] 冯辰、刘调赞，《李塨年谱》（北京：中华书局，1988），页165。

[67] 陈训慈、方祖猷，《万斯同年谱》，页210。

明辨》则是打破程朱阵营先天、后天之分的思想架构[68]。不过，我们也同时发现，这两个敌对阵营石破天惊的工作，与那一代人怀疑《大学》《中庸》，有一个共同的思想动机，即脱离形上化的要求。不管十六字心传之分"人心""道心"或易图之分"先天""后天"，皆是一种形上的理论，非清初由玄转实的学风之所喜。万斯同为胡渭《易图明辨》所写的《序》上说：

> 予初读《易》，惟知朱子《本义》而已，年垂三十，始集汉魏以后诸家传注，与里中同志者讲习，乃颇涉其津涯，因叹朱子笃信邵子之过，而《本义》卷首之九图为可已也。[69]

万氏早年读易只知朱子之《易本义》，这是宋明理学的旧径。他三十岁时改变态度，搜集汉魏以来旧注。万氏三十岁那一年，正是他与一群黄宗羲的学生开始创立讲经会之年，而广搜宋以前传注正是讲经会之宗旨。他挣脱理学传统对《易经》所得到的新理解是：过去几百年被看作天经地义的一些使《易》带有高度形上色彩的说法，如"河图、洛书、先天后天、羲文八卦、六十四卦，方圆诸图"，乃邵子一家之学，以之为邵子之《易》则可，以之为伏羲、文王之《易》则不可[70]。既然原来的《易》没有这些东西，那么分别"先天""后天"便不是圣贤之本意。他比他的老师辈们更为激进，前一辈学者们如黄宗羲等还为"后天"是否比"先天"重要而再三争论着，万氏则根本认为不应有"先后天"这两个思想范畴存在：

---

[68] 余英时，《清代思想史的一个新解释》，《历史与思想》(台北：联经出版公司，1976)，页121—156。

[69] 万斯同，《易图明辨序》，收入胡渭撰，《易图明辨》(《丛书集成初编》据守山阁丛书本排印；上海：商务印书馆，1935)，页1。按，万氏《石园文集》(《四明丛书》四编)中未收此文。

[70] 同前注。

> 此不特先天二字可去,即后天二字,亦必不可存。[71]

所以,他与顾、黄、王那一代人不同的地方是他将过去仍斤斤置辩的问题取消,认为一旦跳出宋明理学传统来看中国思想传统,则原无此等问题存在。而取消问题这个举动,其实即代表过去数百年的思想传统到了这一步已进入尾声。

四、回到素朴的儒家道德哲学

在"去形上化"的趋势下,对道德哲学有相当不同的看法,基本上可以一言以蔽之,即将先秦儒家最朴素最普通的内容,作为一种"哲学突破"。我们发现新一代思想家中最受人瞩目的思想,都是先秦儒家传统中最普通的内容;一批新的词汇支配了当时思想界,而这些词汇都是平实素朴,卑之无甚高论。以下我将以几个趋势来描述这一个转变。

新一代思想家由虚玄过渡到实质的言论非常之多,可以在各家文集中随处发现。像陆世仪(1611—1672)的排斥"精微"之学;像王夫之欲尽废古今虚妙之说而反之实;像费密(1623—1699)"斥空理而尚事实"等等[72]。他们服膺《论语》中"夫子之言性与天道不可得而闻"一语,致力将儒家由虚玄转向平实。

首先是古代儒家六艺之学的抬头。儒家的六艺,原本是最为寻常的东西,但此时当作全新的思想来看待。它代表一种日用实行、治国平天下之学,不再是宋明以下的形上之学。李塨在一篇《醒荇文集序》中追溯这一股将"六艺"重新放在思想重心的现象,并认为那是使颜元

---

[71] 万斯同,《易图明辨序》,《易图明辨》,页1。
[72] 小岛祐马,《费密遗书》,收入马导源译,《日本汉学研究论文集》(台北:中华丛书编审委员会,1960),页140—142。

(1635—1704)提出以"乡三物"为格物之"物"的思想背景。他说颜氏提出乡三物之后"而海内之有识者,亦遂刮目怵心,谓圣学自堕地高举,群聚异之"〔73〕。我们试看"乡三物"的内容,哪一条不是古代儒家思想中最平常的东西,可是在人们习于把"物"当作人的内在世界的时代,对颜氏之论却觉得极为震惊,譬如后来成为颜元信徒的王源(1648—1710),回想起他第一次听到"乡三物"时,说是"此昔年闻声而詈为异端者"〔74〕。

前面已经提到过他们所讲的"六艺",不是指"六经",而是指"礼乐射御书数"。把"六艺"与"六经"分开,也等于是要人们从局限于文献知识的传统中解脱出来。在他们看来"道"是礼乐、是兵农、是政事体制,现实的"事"压倒了抽象的哲学,他们所留意的是兵法、是经济、是水利、是治平天下,所希望成就的是将相,甚至退而求其次作佐幕也可以,但绝不是从事心性玄远或一意著述的学者。他们日日讲求的是修己治人,明德敦民〔75〕。

顾炎武(1613—1682)则批评以明心见性之空言代修己治人之实学的风气,他认为,为人君止于仁,为人臣止于敬,为人子止于孝,为人父止于慈,与国人交止于信,即是"格物"。这些思想无甚特别之处,但因它与阳明不同,与程朱亦异,所以在清初思想界便变得非常独特,同时对许多人而言也非常有说服力。顾氏在《答友人论学书》中说:"窃

---

〔73〕 李塨,《恕谷后集》(《丛书集成初编》据畿辅丛书排印;上海:商务印书馆,1936)卷十三,页162。

〔74〕 冯辰、刘调赞,《李塨年谱》,页91。

〔75〕 这一方面的材料在颜元、李塨的文字中出现太频繁了,兹引几条李塨的话为例:
"而古圣明德亲民之学,名遵实亡,遂二千年于兹,颜习斋先生出,大声疾呼。揭三物以教人,谓六德即四德,行为六行,六行即五伦,事为六艺,六艺即孔门兵农礼乐也,率弟子分日习礼习乐习射御习书数。"见《恕谷后集》卷十三,《醒荠文集序》,页162。
"道者,人伦庶物而已矣。"同前书,卷十二,《原道》,页156。

以为圣人之道,下学上达之方,其行在孝弟忠信;其职在洒扫应对进退;其文在《诗》《书》《三礼》《周易》《春秋》;其用之身,在出处、辞受、取与;其施之天下,在政令、教化、刑法;其所著之书,皆以为拨乱反正,移风易俗,以驯致乎治平之用,而无益者不谈。……其于世儒尽性至命之说,必归之有物有则,五行、五事之常,而不入于空虚之论。仆之所以为学者如此。"[76] 顾氏一再说的都是一些最为普通的德目,如博学于文、行己有耻,如辞受取予、洒扫应对,但是,相对于晚明具支配性地位的思想而言却是新的东西。禅学化的王学学者认为心的最高状态是"空",儒家最根本的仁义礼智以及名节等,被认为不是究竟的境界,而顾氏正想将这些最普通的东西找回来。

潘平格提倡的则是孝弟仁义。他说:

> 今人无志于学,往往视圣贤为高远。[77]

他认为圣贤之学只是人伦日用,只是"爱亲敬长"[78],是至近、至易之事[79]。他又说:

> 性空之旨,虚无之教,非吾儒之脉络也。[80]

又说:

> 道在迩而求诸远,事在易而求诸难,在孟子时已然,又何怪乎后世。今日诸友毋忽视某之言浅近而不足为也,吾性见在日用,有何深远?爱亲敬长,事事至道,有何不浅近?……若厌浅近、慕高

---

[76] 顾炎武,《亭林文集》卷六,《答友人论学书》;收入《顾亭林诗文集》(北京:中华书局,1959),页135。

[77] 潘平格,《潘子求仁录辑要》卷六,《孝弟》,页621。

[78] 同前文,页623。

[79] 同前文,页623。

[80] 同前文,页628。

远,则背圣道入异端矣。[81]

　　尽性只是尽孝弟之性。[82]

　　三代之学,皆明人伦,以此为学,即以此为教。[83]

以上种种可以用他的一句话加以涵括,即"学道如是而已耳,岂奇特事乎"[84]。而他对"道"最平常的阐释竟被同时人认为是"中风狂走"者之论。

　　前述的"明德亲民""修己治人""礼乐兵农""古庠序之教"等,都是很陈旧、很平常的词汇,但在当时却很新、很吸引人,而着力阐发它们的顾炎武、颜元、李塨、陆世仪、潘平格等人,也都成为天下人仰望的新思想领袖。尤其是陆世仪,更为许多人所敬慕,他的《思辨录》一书也成为当时最引人注目的书,该书包括了修己到治人最为有用的知识。在今人看来《思辨录》并不是一部非常新颖刺激的书,但是在当时却因为它符合一种新的风气,所以马上成为一部里程碑式的著作。

五、清初程朱、陆王去形上化的例子

　　"去形上化"这一个趋势也同时表现在康熙中期的陆王与程朱学派。在程朱方面,一种新的行为理想兴起了,"庸言庸行"成为许多思想家所提倡的标准,清初的程朱学者,如张履祥(1611—1674)、熊赐履(1635—1709)、李光地(1642—1718)、汤斌(1627—1687)、徐乾学(1631—1694)、魏象枢(1617—1687)[85],如带有王朱混合倾向的孙奇

---

[81]　潘平格,《潘子求仁录辑要》卷六,《孝弟》,页 623。
[82]　同前文,页 624。
[83]　同前文,页 623。
[84]　同前文,页 629。
[85]　张舜徽,《清人文集别录》(北京:中华书局,1980),页 15。

逢[86]（1584—1675）都持相似的观点。李塨歌颂孔子是"庸德之行，庸德之知，不言性天，下学达之"[87]，这股潮流使清初空气由晚明的瑰奇归于平实，但也使得讲奇节的骨鲠之臣，不再成为一种理想的人格。值得注意的是有伪学之称的熊、魏等代表官方正统意识形态的学者，与民间思想家张履祥、孙奇逢、李塨等在这一点上合流了；这股思想在相当程度上也方便了清代异族的统治。在陆王阵营方面的变化可以拿当时江浙心学代表人物邵廷采（字念鲁，1648—1711）为代表。一般认为邵廷采是在康熙年间，将浙江理学中曾经对立的"证人会"与"姚江书院"再度统合起来的人。由邵廷采《学校论》两篇中可以看出他所代表的思想风格是想要回到原始儒家素朴的思想。在《学校论》第一篇中，他要求"息讲学而务返其本于孝弟忠信，则人心渐醇"[88]。"孝弟忠信"是儒家最平常最普通的道理了，而这一代人却一再费唇舌宣扬，足见避玄理而究实质，对他们而言不是顺顺当当的事。想不游心于性理之乡，必须经过一番奋斗。邵氏在《学校论》第二篇中，又说：

> 黄道周亦教学者先读孔门言论，求之躬行，毋早读宋儒书，启助长揠苗之病，是即引而不发，无轻语上之意也。今之讲学者，患在喜于语上而所以由之者疏，故吾欲以夫子之四教纠而正之。自宋以后，语录诸书，一切且束勿观，而惟从事于六经孔颜曾孟之教，行之二十年而故习渐忘，……期于实行实用，……尤我者必以为道之不明，自不讲学始也。……然与夫斷斷于朱陆之间，纷拏于石渠天禄之论者，孰为去名而实存也哉。[89]

---

[86] 张舜徽，《清人文集别录》（北京：中华书局，1980），页3。

[87] 李塨，《恕谷后集》卷九，《孔子赞》，页105。

[88] 邵廷采，《思复堂文集》（《绍兴先正遗书》据清光绪十九年会稽徐氏铸学斋刊本影印；台北：华世出版社，1977）卷八，《学校论（上）》，页8b—9a。

[89] 同前书，卷八，《学校论（下）》，页10b—11a。

反对"语上",也就是不要讲性与天道。他要人循黄道周之论,不要早读宋儒书,"惟从事于六经孔颜曾孟之教";他要人们将理学的"故习"渐渐忘去,只从事于"实行实用"。邵廷采还有一段颇有代表性的话:

> 程朱深探其本,欲穷其弥近理而大乱真之窟,故说之不得不精,语之不得不详,既精且详,则人多驰入于幽深惝恍之途。[90]

深探其"本",穷其理窟,都是宋明理学所最自负的部分,邵氏则劝人不要在这一路上努力,这等于是想取消宋明儒学中最关键的部分。邵氏又说:

> 学术至孔孟程朱无以复尚,而不意人心之伪,即流伏于孔孟程朱之中。[91]

"人心之伪,即流伏于孔孟程朱之中"是极不寻常的控诉,而竟出自江浙学术殿军的邵廷采,其意味长矣。

在程朱方面,近人曾将17世纪官方编成的《性理精义》与明代的《性理大全》相比较,发现17世纪的《性理精义》有几种特色:由抽象转具体,下学先于上达,将实务置于玄谈之上,对太极亦已失其探玄之兴趣,舍太极而倾向于庸常,凡程朱涉及形而上学的讨论,不是被搁置就是占不重要位置[92]。足见当时官方的程朱之学亦表现一种摆落形上玄远之谈的倾向。

此外,王白田(1668—1741)的《朱子年谱》及几篇考异的文章,及他与朱止泉(1666—1732)的往复辩论中,也凸显非官方的程朱阵营中有一种潜在而不自觉的改变,它说明清初"新朱子学"——也就是"去形上化"后的朱子学,如何从文献考据上将他们所觉得不安的部分删

---

[90] 邵廷采,《学校论(下)》,页10a。
[91] 邵廷采,《学校论(上)》,页8b。
[92] 陈荣捷,《性理精义与十七世纪之程朱学派》,《朱学论集》(台北:台湾学生书局,1982),页385—420。

去,证明它们实际上并非出自朱子之手。

王白田是清代朱学骁将,与李光地、熊赐履等官方色彩浓厚的儒者有所不同,他的《朱子年谱》用力甚巨,搜罗极富。除《年谱》外,白田对朱学最大的贡献厥有如下数端:一、考证《易本义》的九图,认为它们绝非朱子所作。二、辨《家礼》非朱子之书。三、反对朱子曾有太极以上更有无极的思想。四、认为朱子不主静,对"世之名朱学者,其居敬也,徒矜持于言貌,而所为不睹不闻者"进行批判[93]。

明初大儒薛瑄(敬轩,1389—1464)极端墨守朱学,已有对朱子文献作细密考订之意。王白田宗朱,亦欲一展考证长才为朱子效劳。不过,白田始意虽善,而其所得却每适得其反。他考证的路线,实在将拖累朱子名誉的部分,用文献考证工夫加以切除。而这些被切除的部分有一大部分便是朱子塑造形上系统的工作,白田的初意固是尊朱,但其所作为正好是重新塑立朱学面目以附和时流[94]。

---

[93] 以上见钱穆,《王白田学述》,《中国学术思想史论丛》(台北:东大图书公司,1990)册八,页203。

[94] 王白田(懋竑)辨家礼非朱子所作意义甚为重大,但因与主题无关,故附此讨论。朱子殁后,《家礼》一书颇为盛行,一直到明末清初遵行者还相当多。不过,《家礼》后来却成为朱子的病累,尤其是以颜习斋的炮火最烈。习斋《年谱》说他居丧时因服行《家礼》而骤得重病,从此认为朱子学说不能遵行(见《颜元年谱》[北京:中华书局,1992],页22,戊申[1668]三十四岁条)。案:《朱子家礼》将古礼"初丧,朝一溢米,夕一溢米,食之无算"中的"无算"二字删掉,习斋"遵之,过朝夕不敢食,当朝夕,遇哀至,又不能食,病几殆"。见戴望的《颜氏学记》(《丛书集成续编》;台北:新文丰出版公司,1989)卷一,《习斋一》,页1。

《家礼》本非朱子所作,但托朱子而行已久,至清初成为攻朱者之口实,白田对此考证甚多,《白田草堂存稿》卷二便有《家礼考》《家礼后考》《家礼考误》等三篇。白田提出的证据是:朱子的文集、语录皆言祭说,祭仪成于壬辰以前,而其后亡之;若家礼则未有一语及之,其为附托无疑。这条证其实很勉强(钱穆说"此辨则甚大胆",见《王白田学述》,收入氏著,《中国学术思想史论丛》第8册[台北:东大图书公司,1980],页198),但白田反复再三、一意坐实,实可反映他护朱的心情。见徐世昌,《清儒学案》(台北:世界书局据1938年天津徐氏刊本影印,1962)卷五二,"白田学案",《家礼考》,页10b—12b。

首先,朱子《易本义》九图,一向最为清初大儒所诟病,胡渭《易图明辨题辞》上说:

> 安得有先天后天之别?河图之象,自古无传,从何拟议?洛书之文,见于《洪范》,奚关卦爻?五行、九宫初不为《易》而设,《参同契》、先天太极,特借《易》以明丹道,而后人或指为河图,或指为洛书,妄矣!妄之中又有妄焉!而刘牧所宗之龙图,蔡元定所宗之关子明易是也。此皆伪书,九十之是非,又何足校乎?故凡为易图以附益经之所无者,皆可废也。[95]

胡渭排易九图之志如此之坚,必欲去之而后心安,而朱子亦因九图而备受非难,故王白田起而有开脱之作。他说:

> (九图)断断非朱子之作,而数百年以来未有觉其误者。盖自朱子既没,诸儒多以其意改易,本传流传既久,有所篡入,亦不复辩。[96]

> 《易本义》九图非朱子之作也,后之人以《启蒙》依放(仿)为之,又杂以己意,而尽失其本指者也。朱子于《易》有《本义》,有《启蒙》,其见于文集、语录讲论者甚详,而此九图,未尝有一语及之。九图之不合于《本义》《启蒙》者多矣,门人岂不见此九图者,何以绝不致疑也?[97]

照王白田的说法,胡渭之辨九图是错怪了朱子,但从另一面看,亦即是承认胡氏对易九图的抨击。值得注意的是清代朱学中人或推衍先天之理、或传述朱子九图之义,但都不把九图列出,虽明白表示不背朱子,但实际

---

[95] 胡渭,《易图明辨题辞》,《易图明辨》,页1。

[96] 王懋竑,《朱子年谱》(台北:台湾商务印书馆,人人文库[特127]版,1971),附录《考异》卷二,"周易本义成"条,页283。

[97] 同前文,页282。

上已等于暗中删去此图[98]。此外,王白田完全反对"无极""太极"二分,可是朱熹是主张二分的,白田的所作所为,竟是随众流以赴壑,帮着大家攻击朱子了。连清代最为正统的朱子学者都不认为形上的部分是朱子系统的一个部分,则程朱阵营中"去形上"的工作基本上便已完成了。

白田为朱子文献所作的考订工作,其动机毫无疑问是"尊朱",但值得玩味的是:他所考辨的结果,是把过去数百年间一般公认是朱子思想特色的成分切除掉,经他这番大手术之后,朱子学的本来面目全非,反过来是认同了晚明以来去形上化的潮流。

六、结　论

清初思想中去形上化的倾向表现了几种特色。首先,他们不再静坐冥想、不再求本体,同时他们也发现在静中培养出的本体常常会在行动时出差错。接着,他们关照现实的社会人生,不再以形上玄远的追求为最高目标。他们并非不再谈理,但却不好谈形上的天理。正因为眼光是从超越形上的世界重新放在现实的社会人生,而现实的社会人生是包罗万象的,所以他们不再一味追求宰制一切的理,而将注意力放在"万殊"的世界,直面正视现实人生的实践,着重日用常行。因为他们不再戴着形上的眼镜去看这个世界,所以在对自然、对事物的观察与理解上,都有新的发展。

既然讲究现实社会人生,他们也就特别注重礼乐兵农制度等实实在在、与现实政治社会人生有关的东西,从而在研究先秦古典时,也是以这方面的事实为主要的范围。我们固然不可以说,宋明理学心性论与政治无关,但前者毕竟处于优先地位,而在"去形上化"的思潮下,政

---

[98]　张丽珠,《清代学术中的"学""思"之辨》,《汉学研究》14:1(1986),页71,注45。

治却优先于道德修养。即使是讲道德修养,也是将人群之间的伦常道德置于个人的心性之先,将客观的人伦规范置于主观的道德之前。

"去形上化"的倾向表现为重视事实、重视实践,以"四书"讲论为中心的"义",被讲事实的"五经"所取代,对于"五经"中的历史事实的考证成为一个主流。

然而,形上玄远之学的消逝,却也使得宋明儒家思想中的超越性逐渐渺于无形,超越的、理想的、批判的道德形上力量不再具有支配性,对清代士大夫的思想与行为也产生了莫大的影响。

第二章　清初"礼治社会"思想的形成

明清之间思想的转型,包含的层面相当广,考证学的兴起是大家所关心的层面,相关的著述也特别多。在这篇文章中,我则想讨论另一个主题,即"礼治社会"理想的兴起。但这并不意味"礼治社会"的理想在清初已被充分落实,应该说这一思想蕴含着一个新的价值层级,以礼治为其高点,说服人们理想上的秩序应该如此,并时时以能实践这个理想为目标,鼓舞人们向它趋近,因而形成了一种风潮。

"礼"的意涵极广,很难定义。若取较狭之定义,则指日常生活中的礼仪;若取较广的定义,则近人章太炎(1869—1936)《检论》中说:"礼者,法度之通名,大别则官制、刑法、仪式是也。"[1] 皮锡瑞(1850—1908)《经学通论》的《三礼通论》中说:"六经之文,皆有礼在其中。六经之义,亦以礼为尤重。"[2] 是以如果采较广的定义,"礼"不只限于礼仪,"礼"也不仅限于《三礼》,而是六经之文都有"礼"在其中。至于柳诒徵(1880—1956)《中国文化史》则更进一步认为礼是整个古代文明之总称,说:"故中国古代所谓礼者,实无所不包,而未易以一语说明其定义也。"[3]

---

[1] 章太炎,《检论》(台北:广文书局,1970)卷二,《礼隆杀论》,页9b。
[2] 皮锡瑞,《经学通论》(台北:学海出版社,1985)三,《三礼通论》,页81。
[3] 柳诒徵,《中国文化史》(上海:上海古籍出版社,2001),第十九章"周之礼制",页196。

第二章 清初"礼治社会"思想的形成

明代士人并非不讲"礼"。以心学家为例,心学家当然也讲礼,《明儒学案》中到处可以见到"礼"字,但大多强调"礼"是"天理之节文",只要良知作主,合乎天理,则动容周旋,乃至一切仪文度数就自然合"礼"。心学家中提倡《家礼》或古礼的例子并不乏见,但总括而言,他们最关心的仍是合乎天理的节文,而非仪节。

李贽(1527—1602)这位激烈的思想家在他的《四勿说》中说:"盖由中而出者,谓之礼,从外而入者,谓之非礼;从天降者,谓之礼,从人得者,谓之非礼;由不学不虑不思不勉不识不知而至者,谓之礼,由耳目闻见,心思测度,前言往行,仿佛比拟而至者,谓之非礼。"[4]他把"礼"是由"内"而"外"的思路用最极端的方式表达出来了。而清初礼学家张尔岐(1612—1678)的一段话正好与他相对立,张尔岐所讲的是礼没有"外"即无"内",他说:"克己复礼为仁,仁不得礼无以为行,并无以为存也。"[5]

此外,明代礼学著作从清代考证学的标准看来往往是不及格的,所以《四库》著录及存目中,明代礼学的论著极少,但是归在《四库》的杂礼类的礼书,不被清代考证学者所重视的,事实上即是明代流行的礼学,它们是以朱子《家礼》为基础,配合着现实,不断改编以合实用的各种本子。像丘濬(1418—1495)的《家礼仪节》,便是添入各种实际的仪节,使之合于实际应用。朱熹(1130—1200)的《家礼》以"家"为场合,明代另有一部分人以"乡"的场合,在"乡约"的架构上添加各种礼仪,形成一套系统,黄佐(1490—1566)的《泰泉乡礼》即是一例[6]。所以

---

[4] 李贽,《焚书》(《传世丛书·子库·诸子》,册6;海口:海南国际出版中心,1996)卷三,《四勿说》,页43。

[5] 张尔岐,《蒿庵集》(《四库全书存目丛书·集部》,册207;台南:庄严文化事业有限公司,1997)卷一,《中庸论上》,页11a。

[6] 小岛毅,《明代礼学の特色》,收入林庆彰、蒋秋华主编,《明代经学国际研讨会论文集》(台北:中国文哲研究所筹备处,1996),页373—392。

我们可以说，明代的礼学往往为了现实实践的需要而加入许多发挥创造，甚至加入风水迷信之说，以形成一个合于实用的新系统。

在晚明社会文化最多元、最活泼，或是用另一种方式说，最为失序的时代，"礼"的呼声及实践也始终没有中断过[7]。但从晚明到清初，"礼"被刻意提倡，标举为思想及社会的核心价值，而且希望在日常生活的整个精神上符合"礼"的精神，或合乎《家礼》、古礼。此外，大体而言，宋、元、明时代以《仪礼》为主的古代儒家礼仪研究非常少，而且几乎未曾被提到实践的层次来。

清初"礼治理想"的兴起是一个社会文化史的问题，而不纯是思想史的问题。王夫之（1619—1692）引晏子一句总括的话："惟礼可以已乱。"[8]所谓"乱"至少有几个方面：一、士人风气败坏，不拘行检，需要一个清整运动。二、民众叛乱、抗租、奴变，需要"礼以别之"。三、儒家原先对风俗、礼仪等方面的支配性受到威胁。在一些高度商业化的社会中，贫或富隐然成为划分等级的标准，消费品味的雅或俗有时也成为高下的区别，有一套新的标准隐隐然蠢动着要取代儒家原有的上下尊卑的分别。在新的秩序中，财富或在市场中的位置是鉴别高下的重要因素，使得儒家原来乐观天真、相信事事物物有其天然秩序及内在价值（intrinsic value）的想法有所松动，同时造成士人阶层的危机感。四、佛道的礼仪，威胁或篡夺了儒家礼仪对冠昏丧祭等生命礼俗的支配。

上述种种问题在16世纪至17世纪的文献中到处可以发现，同时明代中晚期风俗颓败、社会秩序动摇是敏感士人一个普遍的感知。

---

[7] 何淑宜，《明代士绅与通俗文化：以丧葬礼俗为例的考察》（台湾师范大学历史研究所专刊30；台北：台湾师范大学历史研究所，2000）已经以葬礼为例，说明了这一点。

[8] 王夫之，《礼记章句》（收入《船山全书》，册4；长沙：岳麓书社，1988—1996）卷四，页255—256。

因为上述种种牵涉到全部社会国家,所以这一次礼治运动不是针对特定的冠昏丧祭之礼节,而是认为整个社会国家都要纳入"礼"的轨范。所以这一波礼论不可能只是拘泥于生命礼仪,而有更广大的关怀。

据我个人观察,这一波礼论并没有一个一致的方向。最严格的原教旨主义者呼吁回到儒家的古礼,居于中间的是回向《家礼》,或《家礼》与古礼的混合[9],光谱中最淡的一端则是风俗整顿论者依照自己的信念所编纂的种种带有规范性或仪节性的书。

一、在新的基础上建立社会规范

讨论晚明思想时,一般都注意到一个新现象:在宋明理学中原先被排斥的"欲""气""利""习""后天之性""气质之性",都得到一定程度的新重视。会有这样的发展并不奇怪,因为晚明是一个商业发达、城市文化发展、社会风俗发生巨大变化的时代,许多心学思想家就在这样的环境下成长、生活,他们很自然而然地受这个变化的影响,并希望解决这个巨大变化所带来的种种恼人问题,他们的思想体系一方面呼应思想内部的关怀,一方面关联呼应着时代,对"欲""气""利""习""后天之性""气质之性"的新讨论有非常清楚的现实意义。他们从社会强大的渗透力量很自然地得到一种新认识,"自我"不是一个天生的、封闭的系统,必然受到生活世界深刻的影响,人们应思考如何在肯定私人欲望、利益的前提下,为道德建立一个新的基础。

---

[9] 设非如此,恐怕也无法解释 Patricia Ebrey 对清代简明版《家礼》出版数量的统计数目之大。参见 Patricia Buckley Ebrey, *Confucianism and Family Rituals in Imperial China:A Social History of Writing about Rites*(Princeton, N.J.:Princeton University Press,1991), pp. 231-235。

充分正视人性的社会构成面,是商业社会强大的习染力量所带来的新发展,宋明理学中那一批对举的概念:形上、形下;先天、后天;天理、人欲;道、器;义理之性、气质之性等,原先都是前者居于统摄或优先性的位置,可是到了晚明,思想家对它们的优先性及分两的轻重,开始有不同的看法,往往是在肯定前者的前提下,充分标举后者,承认那些属于社会的、物质的、甚至欲望的成分的重要,认为没有后天便没有先天,没有气质之性便无义理之性,想要提出一种"后天"的"先天性"[10]。他们对原先的若干范畴作更仔细的分疏,如在"欲"上区分"私欲"与"公欲"(例如:何心隐,1517—1579);或承认无"习"不足以成"性",但要"慎习复性"(陈确,1604—1677);或是用苏格兰启蒙运动中的话说,要发展出一种"enlightened selfish"。用非常精微的分疏以及修养工夫,以便在一个社会习染力量强大的时代,一方面观照着时代的脉动,一方面守住道德的分寸。

　　从"后天"中的"先天性",在一个新的基础上建立新的社会规范,既要能适当地表达现实的生活世界,但又不能过分;讲的是"天理中的人欲",而不是"人欲中的天理";是秩序下的欲望,而不是欲望中的秩序;而这个分寸的拿捏是非常困难的。这一类的困难使得很多人转而想寻找另一种更稳固的标准,我称之为由"内心的轨则"转向"规范的外在化",或是"后心性时代的轨约主义",在这个新发展中,可以明显看出一种"心迹"与"外在行为规范"相对立的思路。

　　晚明心学产生一种特殊的心理特质,这个心理特质形成了两个极端,一是各执意见以为天理而纷争不断、一是行为上权宜主义,而这两

---

[10] Manfred S. Frings, *Max Scheler: A Concise Introduction into the World of a Great Thinker*(Milwaukee, Wis.: Marquette University Press, 1996), pp. 71-107 及江日新,《马克斯·谢勒》(台北:东大图书公司,1990),页133—140。

者都出为同一个根源,即诠议"心迹"而忽略了外在行为的标准。明季党社之争势如水火,其重要原因之一便是各自以动机的纯洁与否判断他人,且因自认动机纯洁而把自己的意见当作天理,弄得天下皆是自负的圣贤,连《笑林广记》中都常以道学家的各执意见以为天理作为笑料[11]。

客观道德准则的松动,使得道德判断往往只能出于自己。裴德生教授(Willard Peterson)用"权宜主义"来形容这个时期晚明心学家的行为方式[12]。罗汝芳(1515—1588)的三件事最常被引用来说明这种行为特质:第一是罗汝芳路过一间失火的房子,见一妇人号泣呼喊,因为她的小孩在屋内,罗汝芳随手捡起一个石头说,谁能救出小孩,即以等重的黄金相赠,果然有人冲进去将小孩救出。第二是为一个妇人设法将她的先生从监狱中释出。妇人之夫可能确有冤狱,加以援救在动机上是适当的,问题是以行贿官府的方式来救人是有问题的。第三是他收取贿赂,再用这些钱来济助百姓。对罗汝芳而言,上面几件事在"心迹"上都站得住,故自信而是、断然而行[13]。罗汝芳的前辈王畿(1498—1583)早已说:"真达性真,恶名埋没,一世弗恤。"[14] 刘塙(生卒年不详)也说周海门(1547—1629)是"然流俗疾之如雠,亦以信心自得,不加防检,其学有以致之也"[15],这一段引文中"其学有以致之"一

---

[11] 游戏主人,《笑林广记》(《笔记小说大观》,4编10册;台北:新兴书局,1989)卷一,《儒医》,页3b—4a。

[12] Willard J. Peterson, "Confucian Learning in Late Ming Thought," in Denis C. Twitchett and Frederick W. Mote eds., *The Cambridge History of China*, Vol. 8. *The Ming Dynasty* (New York: Cambridge University Press, 1998), ch. 11, pp. 716-770.

[13] 黄宗羲,《明儒学案》(北京:中华书局,1985)卷三十四,泰州学案三,《参政罗近溪先生汝芳·语录》,页805。

[14] 同前书,卷二十二,江右王门学案七,《胡子衡齐·续问》,页518。

[15] 同前书,卷三十六,泰州学案五,《太学刘冲倩先生塙》,页872。

语尤值注意,表示这种行为特质与心学有关。

清初陆陇其(1630—1692)这样说:"自阳明王氏目为影响支离,倡立新说,尽变其成法,……天下靡然响应,皆放弃规矩,而师心自用,学术坏,而风俗气运随之。"[16]放弃规矩、师心自用,行为上容易出问题,人们因此找到一个客观的、非个人的道德准则"礼"来校正,顾炎武(1613—1682)说:"古人与稽,以求其是非之所在。"[17]在他看来,风俗必须要以礼乐为规范才能无所失。

清初顾炎武强调"出处、去就、辞受、取与"[18],吕留良(1629—1683)也说:"今示学者,似当从出处、去就、辞受、交接处画定界限,扎定脚跟,而后讲致知主敬工夫,乃足破良知之黠术。"[19]晚明各种党争中,人们在论断君子、小人时,所用的词汇及概念往往是心学的,重在诠议人的"心迹"。可是前引顾炎武、吕留良强调的都是最确切可观察的行为,他们讲究先秦儒家一些最素朴的德目,在判定君子小人之别时不再只是诠议"心迹",而是以外在行为的表现为断。他们认为念头的好坏是藏在心中,没有人看得见的,一个号称自己满腔"不容已"的人,其实可能包藏着祸心,所以"心迹"靠不住,"行为"才靠得住。

过去二元对举时,"天理"与"人欲"如怨家相对,两者之间有较大的紧张,但是现在却说天理要从人欲中见,则如何能再维持一个外在监督者的角色,成为当时一个很大的问题。儒者若不反求天理,将用什么

---

[16] 陆陇其,《三鱼堂文集》(清老扫叶山房藏版本)卷五,《上汤潜庵先生书》,页4b—5a。

[17] 顾炎武,《亭林文集》(收入《顾亭林诗文集》;香港:中华书局,1976)卷四,《与人书一》,页94。

[18] 同前书,卷三,《与友人论学书》,页43。

[19] 吕留良,《吕晚村先生文集》(《续修四库全书》,册1411;上海:上海古籍出版社,1995)卷一,《复高汇旃书》,页10b。

来克己？如果没有全知全能的良知作主，那么那一套繁复的克己之学如何进行？另外一路即是"复礼"，清初湖南王夫之便说："克己而不复礼，其害终身不瘳"[20]。山东张尔岐也不约而同地朝这方向发展。我们如果细读他的《中庸论》，便可以发现其中有一微妙之处，即他认为言中庸者，必须指名其"物"，所谓"物"又是什么呢？他说是"礼"[21]。张履祥（1611—1674）《年谱》中说《论语》不讲"头脑"，只讲"谨言慎行"，把良知家所爱讲的"头脑"与"言行"对举，也是规范外在化的一种表现[22]。

当时出现一种"礼"要先于一切的口号。提出这个口号的人，分别处在各地，却不约而同地提出相近的论点，值得注意。魏裔介（1616—1686）提出"以礼治心"的口号[23]，这句简洁的口号代表了一个新趋向。王夫之不但主张"礼"要先于一切，甚至认为"礼"要统摄"经"。王夫之说，读经"必约之以礼"，以免对经书作出任意的诠释，所谓"约之以礼"就是先在心中存着古代礼意，"皆以肃然之心临之，一节一目，一字一句，皆引归身心，求合于所志之大者，则博可弗畔，而礼无不在矣"[24]。他们认为放弃"礼是天理之节文"之类的说法，从最平实的、可观察的、可评估的行为方式入手，才能评判一个人道德的良窳，这是一种规范由"内"向"外"发展的新趋向。

清初思想家讲规范的外在化最极致的是颜元（1635—1704）、李塨（1659—1733），他们用严格的"礼容"来规范人们的行为。颜元强调"礼"比"心性"更有助于道德质量的养成，这种由外打进的路数，表现

---

[20]　王夫之，《俟解》（收入《船山全书》，册12），页477。
[21]　张尔岐，《蒿庵集》卷一，《中庸论上》，页8—10a。
[22]　张履祥，《杨园先生全集》，附录，《年谱》，页1505。
[23]　魏裔介，《静怡斋约言录》（《四库全书存目丛书·子部》，册20），内篇，页30a。
[24]　王夫之，《俟解》，页478。

在下述的言论中：

> 人持身以礼，则能得人之性，如吾庄肃，则人皆去狎戏而相敬，是与天下相遇以性也。[25]

以是否有"礼"来决定其人是否得其"性"，正是以外在可见的行为来决定内在道德修养境界的意思，他又说：

> "修身"不是悬空说修，须如夫子"斋明盛服，非礼不动"，方是。[26]

李塨主张"学者当肃其九容，使身心修整，祛妄戒昏，则天君湛如"[27]，其命意与他的老师颜元的"人持身以礼，则能得人之性"是相同的，是由外在的行为是否合"礼"来测量其内在的修养水平。他们师徒两人恐怕是当时最严格的"礼"原教旨主义者，凡是碰到礼方面的疑难，往往要查古书做决定。譬如李塨查贾谊《新书》以确定古人如何规定"立容""坐容""行容""旋容""趋容""乘容"[28]，即是一例；而且随时率领学生及家人习礼、行礼，并深以不能随时保持礼容而感到羞耻；因为身体衰弱，以不能在夏天整天穿着正式的衣冠而自责，感叹"昔年盛暑能终日衣冠，而今不胜也"[29]。像颜李所提倡的严格礼制主义，并不是一般人所能实行的，但是他们到处有信从者，而且学派影响力持续相当久，足见其力量不能小觑。

---

[25] 钟錂编，《颜习斋先生言行录》（收入《颜元集》，下册；北京：中华书局，1987）卷上，《言卜第四》，页633。

[26] 钟錂编，《颜习斋先生言行录》卷上，《学人第五》，页638。

[27] 戴望，《学正李先生塨》，收入冯辰、刘调赞，《李塨年谱》（北京：中华书局，1988），附录二，页238。

[28] 冯辰、刘调赞，《李塨年谱》，页105。

[29] 同前书，页109—117、123。

二、社会的重建——以礼抗俗

明末清初有一群人开始鼓吹以礼治社会来对抗失序的社会——失序的范围非常广泛,从个人、家族以至整个社会国家,而"礼治社会"的提出是想把每一颗螺丝放回它们恰当的位置并锁稳。

针对世俗失序而发,大概从东林、复社之后,开始出现一种士人的"自我撤离意识"[30](the "withdrawal" of high from popular culture)。我用"自我撤离意识"是指明末中国出现了一群士人,发展出一种愈来愈强的自认为趋向古代儒家理想的倾向,而且自觉地以有别于受佛、道浸染而比较纯粹的儒家经典知识作为凭借,把自己与通俗文化或流俗区分开来,进而逐渐形成一种清整、批判流俗的运动。所谓士人的"自我撤离意识"即指他们自觉地以儒家经典知识为凭借,将自己从流俗文化"撤离"开来。前述这种"撤离"或自觉的运动表现在许多方面,而"礼治社会"的提出是其中一个面相。

风俗成为他们面对的第一个大问题。人们对风俗的衰败产生一种前所未有的紧张,这方面的言论见之于许多著作中[31],人们动辄说正、嘉或隆、万以前如何如何,正、嘉或隆、万以后又如何如何,到了清初,风俗整顿论又与明廷之衰亡联系在一起。当时严肃反省风俗者相当之多,归纳起来,他们对宗族群体尊卑淆乱、四民混淆、奢侈、逾制、身份混淆等深感不满,而提出以"礼"抗"俗"之主张。

---

[30] 关于"自我撤离意识",请参考 Katharine Park & Lorraine J. Daston, "Unnatural Conceptions: The Study of Monsters in Sixteenth-and Seventeenth-century France and England," *Past and Present*, no. 92(August 1981), pp. 20-54。

[31] 如董含,《三冈识略》(《四库未收书辑刊》,四辑 29 册;北京:北京出版社,1997)卷六,《三吴风俗十六则》,页 27b—32b。

抗"俗"劝"俗"的主张在晚明已经有人提出，譬如明季耿定向（1524—1597）、管志道（1536—1608）、缪昌期（1562—1626）再三致意于时代风俗之败坏，而比他们晚一辈的人则得出一个结论，认为只有恢复礼教才能对抗流俗。刘宗周（1578—1645）在整顿宗族时，即清楚提出要"去世俗之礼"[32]，认为"先王之礼虽不尽行于后世，而犹得行之一乡一家之近，以为移风易俗之机"[33]，即已意会到要以儒家之礼对抗世俗之礼。

顾炎武《日知录》中论风俗的地方相当之多，其他的著作像《天下郡国利病书》中涉及的也不少。他的讨论有两种策略，一方面是尽情批评当代的风俗，一方面是尽情宣扬东汉风俗之美，阐扬东汉风俗之美即是为了批判当代风俗之陋[34]。

讲清整风俗的同时，则提倡重"名"或"名节"。明代有些心学家声称自己不好名，不希望自己被"名"所束缚，但顾炎武却随处强调"名"及"名节"之重要，讲名教、名节，要以它们来维系社会，他引范仲淹语说"不爱名则圣人之权去矣"[35]。《日知录》中反复讲风俗、人心之重要，重流品、重耿介，反对似是而非，反对人们嗜读《世说新语》，反对讲"新"求"新"[36]。《亭林文集》卷四《与人书九》中则说："目击世趋，方知治乱之关，必在人心风俗，而所以转移人心，整顿风俗，则教化纪纲为

---

[32] 黄宗羲，《子刘子行状》卷下；收入沈善洪主编，《黄宗羲全集》（杭州：浙江古籍出版社，1985），册1，页257。

[33] 刘宗周，《刘宗周全集》（杭州：浙江古籍出版社，2007），册4，文编六，《按察司副使累赠资政大夫太子少保兵部尚书乌石吴公家庙记》，页137。

[34] 顾炎武，《原钞本顾亭林日知录》（台北：文史哲出版社，1979）卷十七，《两汉风俗》，页377—378。

[35] 同前书，卷十七，《名教》，页386。

[36] 同前书，卷十七，《廉耻》《流品》《重厚》《耿介》，页387—391；卷二十，《朱子晚年定论》，页538。

不可阙矣。"[37] 另方面是到处提出"礼"来。例如：

> 礼者，本于人心之节文，以为自治治人之具。[38]

> 今之学者生于草野之中，当礼坏乐崩之后，于古人之遗文一切不为之讨究，而曰礼吾知其敬而已，丧吾知其哀而已，以空学而议朝章，以清谈而干王政，是尚不足以窥汉儒之里，而何以升孔子之堂哉？[39]

> 其行在孝、弟、忠、信，其职在洒扫、应对、进退，其文在诗、书、礼、易、春秋，其用之身在出处、去就、交际，其施之天下在政令、教化、刑罚。[40]

> 至于悯礼教之废坏，而望之斟酌今古，以成一书，返百王之季俗，而跻之三代，此仁人君子之用心也。[41]

顾氏说："比在关中，略仿横渠蓝田之意，以礼为教。"[42] "值此人心陷溺之秋，苟不以礼，其何以拨乱而返之正乎？"[43] 他提出要"以三礼为经，而取古今之变附其下，为之论断，以待后王，以惠来学"[44]，顾炎武引晏子的话："君令臣共，父慈子孝，兄爱弟敬，夫和妻柔，姑慈妇听，礼也。"[45] 也就是说把所有人依其相对身份，摆在最应当之地位，以最合适之道德行为为"礼"。顾氏这些看似简单的话，其实是针对一个失序

---

[37] 顾炎武，《亭林文集》卷四，《与人书九》，页97。
[38] 同前书，卷二，《仪礼郑注句读序》，页34。
[39] 顾炎武，《原钞本顾亭林日知录》卷八，《檀弓》，页168。
[40] 同前书，卷二十，《内典》，页527。
[41] 顾炎武，《亭林文集》卷三，《答汪苕文书》，页63。
[42] 同前书，卷六，《与毛锦衔》，页148。
[43] 顾炎武，《蒋山佣残稿》（收入《顾亭林诗文集》）卷二，《答汪苕文》，页200。
[44] 顾炎武，《亭林文集》卷三，《答汪苕文书》，页63。
[45] 顾炎武，《原钞本顾亭林日知录》卷十，《未有义而后其君者也》，页206。

的时代而发。

顾炎武特别提出《仪礼》,说"三代之礼,其存于后世而无疵者,独有《仪礼》一经"[46]。但《仪礼》自古以来号称难读,他说此事之难,朱子尝欲为之而不能成,何况又在四五百年之后?他说自己少习举业,多用力于四经,而三礼未尝用力,年过五十,"乃知不学礼无以立之旨,方欲讨论,而多历忧患,又迫衰晚,兼以北方难购书籍,遂于此经未有所得"[47]。顾氏提倡礼治的言论很广,影响很大,但他本人并没有什么三礼方面的专门著作,然而上面那些礼治言论,已足够他成为一位最有力的礼治社会的宣传者。潘耒(1646—1708)《遂初堂集》中的《日知录序》形容顾氏的贡献之一,即提出礼教以对抗当世的风俗,他说顾氏对经义史学、官户吏治、财赋典礼、舆地艺文等方面一一疏通源流,考证得当,贡献卓著,而"至于叹礼教之衰迟,伤风俗之颓败,则古称先,规切时弊,尤为深切著明"[48]。

黄宗羲(1610—1695)是另一位"以礼抗俗"的宣扬者。在《明夷待访录·财计三》中,他论风俗说:

> 何谓习俗?吉凶之礼既亡,则以其相沿者为礼。婚之筐篚也,装资也,宴会也;丧之含殓也,设祭也,佛事也,宴会也,刍灵也。富者以之相高,贫者以之相勉矣。[49]

值得注意的是,黄氏也由对当世风俗的严重不满出发而走向"礼"论,说"故治之以本,俾小民吉凶一循于礼"[50]。他的礼论影响了清初礼

---

[46] 顾炎武,《亭林文集》卷二,《仪礼郑注句读序》,页34。
[47] 同前书,卷三,《答汪苕文书》,页63。
[48] 潘耒,《遂初堂文集》(《续修四库全书》,册1417)卷六,《日知录序》,页4a—b。
[49] 黄宗羲,《明夷待访录》(收入《黄宗羲全集》,册1),《财计三》,页40。
[50] 同前书,页41。

学的前驱——万斯大(1633—1683)的《仪礼》研究。万斯大《与陈令升书》说:"黄先生传尊指授某仪礼图,俾之句读,且令发明"[51],即是一证。

王夫之也是一位"以礼抗俗"的提倡者。他痛恨苟简、嗜利等时代风俗,主张以"礼"来对治。他在《礼记章句》中痛责"苟简嗜利"之风是造成种种恶俗的主要原因,说"世降礼坏,夷狄之习日移,而三代之法服,几无可传焉"[52]。他指出人之异于动物,其为人所独有而禽兽所必无者是"礼",而将"礼"付诸实际不能只靠天机乍现的良知[53]。

清初三大儒之一的孙奇逢(1584—1675)则说,世人如能以"礼"为食、为色,则天下治;如果不能以"礼"为食、色,则天下乱。他说:"世之治也无他,食以礼而已矣,色以礼而已矣,……而礼之重于天下也,此何待言也。世之乱也,亦无他,食不以礼而已矣,色不以礼而已矣。"[54] 他又提出一个当时相当普遍的观点,即认为惟有礼可以保护家族,并说子弟能学礼者,往往能够杜绝奢侈之诱惑,也才能保护家族,"故子若孙鲜克由礼,不旋踵而坏名灾己,辱身丧家"[55]。上面这层意思其实也是耿定向《先进遗风》[56]、张履祥《近鉴》[57]等书中的结论。《先进遗风》及《近鉴》记录许多富厚人家败散的实例,而败散的直接理由几乎

---

[51] 万斯大,《仪礼商》(《景印文渊阁四库全书》,册 108;台北:台湾商务印书馆,1983),附录,《与陈令升书》,页 4a。

[52] 王夫之,《礼记章句》卷十三,《玉藻》,收入《船山全书》,册 4,页 723。

[53] 王夫之,《礼记章句》卷一,《曲礼上》,页 18。

[54] 孙奇逢,《孙徵君日谱录存》(清光绪十九年兼山堂补刊本)卷九,"顺治十三年丙申七十三岁十月初八日"条,页 43b。

[55] 孙奇逢,《夏峰先生集》(《四库禁毁书丛刊·集部》,册 118;北京:北京出版社,2000)卷十一,《杂著·家规》,页 9a。

[56] 耿定向,《先进遗风》(《笔记小说大观》,38 编 4 册;台北:新兴书局,1985),第七十帙,页 1—7a。

[57] 张履祥,《杨园先生全集》卷三十八,《近鉴》,页 1023—1040。

都是因为那些家族出现徇俗废礼的败家子弟。

陈确也是提倡"以礼勘俗"而著名的思想家。他向往的显然是一个反商重农的理想社会[58],从到处看出毛病、不满高度商业化的社会习俗,而得出"欲使天下知习俗之必不可循"这样激烈的结论[59],并写出《俗误辨》那样激烈的文章[60]。

陈确的文字中经常透露一层紧张,一方面反复说要努力使天下人知道他们的习俗"必不可循",另一方面反复强调有一个理想中"礼"的社会应该追求,并想从丧礼改革作起。他的一群师友也有意于此,他的同门祝开美(名渊,1611—1645)自杀前交代痛革一切恶俗,丧葬悉遵《家礼》[61],即是一例。

他们对从士人到百姓日常生活中佛、道礼仪近乎无所不在的支配地位感到不满,故想和佛、道竞争对日常生活礼俗的支配权,而以儒家的礼制来取代它们。其中有一派是宣传以文公《家礼》来取代佛道的礼仪。《家礼》是宋代理学家提出的一部日常生活礼仪的规范,但是在17世纪有不少人觉得《家礼》不够正统,所以提倡回向古礼。因为儒家的古礼没有受过佛、道的沾染,这样才可能站在一定的高度上与佛、道礼俗相对抗,是对抗使得这些激进派主张拔高到古礼的高度。然而古礼中有许多是千年不行之物,所以这个礼仪运动是日常生活世界的大逆转,有一大部分古礼只存在书本上,想在考证的层次上将它们弄清楚都已经不容易了,更何况是想在日常生活中实践它们。当时便有许多人评论他们所做的是几百年来所不曾有的举动。

---

[58] 陈确,《陈确集》(北京:中华书局,1979),文集卷十一,《古农说》,页268—269。

[59] 同前书,文集卷十二,《老友许元五小传》,页272。

[60] 同前书,别集卷八,《俗误辨》,页506—512。

[61] 同前书,文集卷十二,《祝子开美传》,页278。

三、士人世界的清整运动及四民秩序之再确立

王夫之说"惟礼可以已乱",此处所指的"乱"包含很广。对我们现代人来说,晚明以来的天下多彩多姿,但对正统观念较强的士大夫来说,他们认为当时的天下是乱哄哄的。"惟礼可以已乱"有多层次的意义,首先是以礼整饬士阶层的风习。关于明末士人风习之横恣,刘咸炘(1896—1932)的《明末三风略考》有如此生动的指述:

> 明末有三风,为他时所无,一曰山人,二曰游侠,三曰绅衿横恣。三者互为因果,而皆原于士大夫之骄侈,沿唐人科第之风而怙权势,袭宋元名士之习而好玩戏,招纳门客,以遂其欲,而山人游侠皆出其中。士大夫中复分为二,曰乡绅,曰士子,而游侠之劣者则为棍徒。乡绅凌虐平民,而民或起而抗之,士子、棍徒则或佐乡绅,或佐平民。至于将亡,其斗争益显,社盟、门户斗于内,外国、盗贼攻于外,而内复有此病,故鱼烂而不可收拾。[62]

刘咸炘描述明季士习乱哄哄的情状,对当时一些有心之士而言,觉得触目惊心。顾炎武、王夫之等礼治论者一再提出"礼"的首要目标是纳人人于"轨范"之中,如能纳人人于"轨范",上面所说的"山人""游侠""绅衿横恣"所形成的闹哄哄的局面才可能停止下来。

"惟礼可以已乱"的第二层次是厘清四民之间的混淆。晚明社会交往互动的关系趋向多元化、复杂化,在我们今天看来是一种"现代性"的表现,但是当时人们则常用"混"之一字来形容,也就是说原来比

---

[62] 刘咸炘,《推十书》(上海:上海科学技术文献出版社,2009),甲辑贰册,右书七,《明末三风略考》,页530。关于当时人对"流品"的讨论,参见赵园,《明清之际士大夫研究》(北京:北京大学出版社,1999),页130—145。

较清楚,或是人们想象它原来是比较清楚的界限(boundary)变得模糊混淆起来。但是我个人认为在科举制度之下,当时的新兴阶层(包括商人在内)并未严重威胁士在政治方面的领导地位,他们混淆、威胁的是"士"的社会身份及儒家文化对日常生活社会的主导作用。

商业力量的影响很大,它给人一种社会是以财富,而不是以学问或其他标准来区分的感觉。原先的四民的秩序严重动摇,"古者四民分,今者四民混"还只是最温和的感叹而已;"金令司天,钱神卓地"[63]是比较贴切的描述——钱的力量动摇了原先以"士"为中心所建立的尊卑与地位。

士身份的危机感表现在许许多多方面,譬如说现实上有许多家族因为受奢侈之风的影响而挥霍败落,张履祥的《近鉴》记载了许多这样的例子[64]。而明末江南的奴变使得高下变易,士族面临了前所未有的威胁感[65],而以上的共同结果便是归庄(1613—1673)所说的"世家巨族,破者十六七"[66]。

前面已经说过,三礼以"士"为中心,因此在以三礼为核心的礼治社会中,"士"毫无疑问地是所有社会文化的中心,并以此中心将每个阶层的身份、行为再确定下来。在实际生活上,人们很难将古礼的细节付诸实行,但是如果整个社会在理念上又回到这个框架,则自然而然地要以"士"为中心去厘定社会蓝图。

---

[63] 顾炎武,《天下郡国利病书》(台北:广文书局,1979)卷三十二,江南二十,《歙县风土论》,页29b。

[64] 改朝换代也使得许多世家巨族迅速衰败,参考叶梦珠,《阅世编》(上海:上海古籍出版社,1981)卷五,《门祚一》《门祚二》,页114—134。

[65] 傅衣凌,《明清之际的"奴变"和佃农解放运动:以长江中下游及东南沿海地区为中心的一个研究》,收入氏著,《明清农村社会经济》(北京:三联书店,1961),页68—153;谢国桢,《晚明奴变考》,收入氏著,《明清之际党社运动考》(北京:中华书局,1982),页209—236。

[66] 归庄,《归庄集》(北京:中华书局,1962)卷三,《王奉常烟客先生七十寿序》,页251。

第二章 清初"礼治社会"思想的形成

所以在讨论清初礼论之兴起时,不能忽略士人们用"礼"将士人与商人区别开来的现象。我的观察是,清初有一批新士人用礼仪、规矩,甚至是用俭约、贫穷而不是奢华、享受,来炫耀自己躬行礼教,而不是以美丽的建筑或漂亮的衣服来将自己与商人区别开来。他们以"礼"为思想资本或识认标记,广泛地进行区别,强烈主张应依"四民"——士、农、工、商重建社会秩序。有科举功名者的一袭青衿当然可以把自己与商人区分开来,套用小说中的一句话:"衣着这物件,极是抬举人的。"[67] 在清初,我们还看到一群人走向当时流行价值或流行形式的反面,以表现得更为俭朴,或是以牢守所谓儒家礼仪形成一种自我超越感。方苞(1668—1749)的《李苕斋墓志铭》说"自余客京师,见贵游素封子弟求名称者,必务为寒士容,而众终以富人目之"[68],这段话多少说明了当时的情境。守"礼"成为一种新的界线,靠着合"礼"与否的行为方式,而不是靠财富或消费来区分自我,与商人区分开来。一个显著的变化是由"雅"vs."俗"变为"礼"vs."俗"。以拒绝流俗形成一种身份上的自觉与优越感,可以从当时一些士人描写自己的俭朴、贫穷或"以礼饬躬"时所透露的骄傲感看出。"以礼饬躬",刻意与物质享受区别开来的新风气往往始于一小群人,而终于成为一个新的标准。孙奇逢的一个例子或许可以用来说明这个现象。孙奇逢在苏门山与亲族学生实行古礼,有一次有商人来拜访他,学生问孙奇逢面对"俗子"时可以以"礼"与他周旋吗?孙奇逢回答可以[69]。从这一答一问中,可以曲折地看出"礼"在他们心中的新地位。

---

[67] 华阳散人,《一枕奇》(《古本小说集成》,册112;上海:上海古籍出版社,1990)卷二,第一回,页197。

[68] 方苞,《李苕斋墓志铭》,收入《方望溪遗集》(合肥:黄山书社,1990),页99。

[69] 孙奇逢,《孙徵君日谱录存》卷十三,"顺治十七年庚子七十七岁正月二十二日"条,页6b。

顾炎武说缙绅之士能否"以礼饬躬",关系整个社会文化及国家的命运:

> 自万历季年,搢绅之士不知以礼饬躬,而声气及于宵人,诗字颁于舆皂,至于公卿上寿,宰执称儿,而神州陆沉,中原左衽,夫有以致之矣。[70]

顾炎武认为一旦士不能"以礼饬躬",则会导致与各种流品的人混杂,"声气及于宵人"等等一连串不堪的行为,最后至于"中原左衽"。顾氏《日知录》中一再讲"流品",也是要士人把自己跟其他流品的人区分开来的意思。用我们今天的角度看,"诗字颁于舆皂"或"四民混"正是社会平等的表现,但顾氏的理想不是这样一个世界,而是每一个人在传统儒家秩序中位分确定、行为方式确定的礼治社会。顾氏与他的同志们正是要用"以礼饬躬"把百年来已经混淆的界域重新划分开来,而且主要的工作落在"缙绅之士"身上,言下之意,是"缙绅之士"而不是商人,应该确定自己在社会文化上的领导地位。

王夫之的著作中也常夹杂着一些今人看起来不甚合适的话语,譬如他一再以"禽兽"之类的字眼比喻庶民与流俗[71]。这类观念与王阳明(1472—1529)及其弟子所强调的"百姓日用之谓道"有所出入,而如果我们了解他的思想是以恢复宋代张载(1020—1077)所提倡的礼教为主轴,借以重新确定各种身份秩序,便对他那看来非常反动的思想有

---

[70] 顾炎武,《原钞本顾亭林日知录》卷十七,《流品》,页389—390。

[71] 王夫之,《俟解》中说:"人之所以异于禽兽者,君子存之,则小人去之矣,不言小人而言庶民,害不在小人而在庶民也。小人之为禽兽,人得而诛之。庶民之为禽兽,不但不可胜诛,且无能知其为恶者,不但不知其为恶,且乐得而称之,相与崇尚而不敢逾越。学者但取十姓百家之言行而勘之,其异于禽兽者,百不得一也。营营终日,生与死俱者何事?""庶民者,流俗也。流俗者,禽兽也。明伦、察物、居仁、由义,四者禽兽之所不得与。壁立万仞,止争一线,可弗惧哉!"页478—479。

深一层的理解。

王氏一再强调同、异、贵、贱、差别,说"圣王所以正天下之性,效阴阳之位"[72],又说"上下之分相绝而无能陵"[73],他与顾炎武一样强调"流品"之分的重要,认为那是一种"天秩",甚至引用了《管子》"士之子恒为士,农之子恒为农"的思想[74]。而且激烈反对士人从商,说"人主移于贾而国本涸,士大夫移于贾而廉耻丧"[75]。王夫之的宗旨除了是要将"士"与"商"严格区分开来以维持"士"对国家社会的指导地位外,更重要的是认为这样可以重整失序的社会,用"礼"而不是贫富或其他任何标准,将社会中每个分子依礼治社会的精意重新稳定下来。

王夫之盛赞刘宗周在担任顺天府尹时,能"申六条饬冠昏丧祭之礼"[76],但是他不满意刘宗周的诚意之学[77],他的意思是光靠内心意诚并不够,要严分礼数,他在《俟解》一书中举过一个例子,证明"圣人自有定式之可学"。他说有一次陈白沙(1428—1500)与庄昶(定山,1437—1499)一同渡江,船中有一名恶少知道两人的身份,故意用种种淫秽的话挑辱他们。这个时候庄定山怒形于色,陈白沙则神色甚和,若不见其人,不闻其语;庄定山因此而佩服陈白沙为不可及。但是王夫之认为问题的关键在于这两人不应该与众人同乘一舟。他说当时陈白沙已入翰林,庄定山已官主事,按照古礼,则孔子说"以吾从士夫之后,不可徒行",那么渡江时应当自雇一舟,不至于和恶少交臂而坐,也就不会受到侮辱了。王夫之说:"圣人不徒行,但循乎礼制之当然,而以远

---

[72] 王夫之,《黄书》(收入《船山全书》,册12),《慎选第四》,页520。
[73] 王夫之,《读通鉴论》(收入《船山全书》,册10)卷七,《后汉安帝·殇帝附》,页288。
[74] 同前书,卷十,《三国》,页375。
[75] 同前书,卷三,《汉景帝》,页123。
[76] 王夫之,《噩梦》(收入《船山全书》,册12),页561。
[77] 王夫之,《思问录》(收入《船山全书》,册12),内篇,页412。

狎侮者,即此而在。"[78]

前面已经提到,王夫之屡屡把士人与匹夫匹妇区别开来。《读通鉴论》中说士人应该不苟同于"匹夫匹妇已有定论之褒贬",主张"流俗之所非,而大美存焉"[79],凡异于流俗便是有价值的[80];又说"天下之锢人心,悖天理者,莫甚于俗"[81],都是表达他想标举以士人为主体的礼治社会来对抗晚明以来的世俗生活世界。除上述诸人外,黄宗羲感叹"公卿皂隶,俄顷易位"[82],陈确说"故士有所以为士,农有所以为农,商有所以为商"[83],颜元说以"非类相从"为"失身"[84],皆应该放在同一个脉络下来理解。

上述这些话都让我们了解到,他们在发动一场以礼为主轴而牵连及于四民秩序、国家前途的清整运动——士人应该以礼自饬,四民秩序应该重新确立,士人应重建"礼"的价值,取代晚明以来社会风俗中被物质所左右、随贫富而变动的陋习。

四、与佛、道生命礼仪对抗

"惟礼可以已乱"的第三层次,是以礼来回应佛、道对儒家文化的挑战。晚明三教合一式的学术与思想的风气,在比较激烈的时候,其实已

---

[78] 王夫之,《俟解》,页484—485。

[79] 王夫之,《读通鉴论》卷末,《叙论二》,页1176。

[80] 王夫之,《俟解》,页485:"凡但异于流俗,为流俗所惊叹而艳称者,皆皮肤上一重粗迹,立志深远者不屑以此自见。"

[81] 王夫之,《读通鉴论》卷二十二,《唐玄宗》,页836。

[82] 黄宗羲,《南雷文案》(收入《黄宗羲全集》,册10)卷三,《旌表节孝冯母郑太安人墓志铭》,页329。

[83] 陈确,《陈确集》,文集卷一,《与吴仲木书》,页83。

[84] 钟錂编,《颜习斋先生言行录》卷上,《理欲第二》,页622。

经取代儒家的正统地位,佛化或道化的士大夫往往在文化世界居于领导地位,这种高下变易的现象引发了一种危机感。而当时佛、道在思想及生活世界的巨大力量也严重挑战了儒家的支配地位,一批儒家正统的捍卫者认为应该用更纯粹,更不受佛、道沾染的文化遗产,来把儒与释、道区分开来,使得儒家的本义得以彰显于社会,并决定应该由儒家来规范一个理想的社会的标准。

近世西方批判日常习俗或中古时代相沿的神学时,主要凭借乃新兴的自然科学,而清初批判流俗及佛、道的是一群古典学家。他们建立一个他们认为比较符合"三代"的理想的文化,以之批判流俗,同时将佛、道、流俗贬为第二义的或是异端。

"士"阶层靠着儒家的"礼"与僧道区别开来,他们为了与僧道在思想及生活礼仪方面竞争,在猛烈地批判佛、道及深受佛道浸染的思想及生活文化的同时,致力于建立"真正的"先秦儒家传统,但是因为魏晋以来佛、道之说已渐渐渗入儒家,为了与它们作更深刻的区分,他们发掘甚至创造更为纯粹的传统,以确立自己的独特性。"士"阶层这种追求纯粹的、好古的、强调儒家独特性的倾向,好像比赛爬竹竿一样愈爬愈高,思想亦日益趋古,行为方面则要求回到古代儒家礼仪,他们以严谨的文字训诂、文献考证来建立一个更忠于原始本义的儒家传统及生命礼仪,以之与佛、道或流俗思想文化与生命礼仪相竞争,甚至企图加以取代。关于这个现象,我将在下节谈到。

五、整合宗族及其他

由万斯大《仪礼商》及当时江浙一带士人讨论礼制的文字,即可以了解三礼考证之学与现实的实践有非常密切的关系。周启荣《清初的礼教主义》已用了几个实际的例子说明礼学研究之兴起与重新整合家族、恢复社会秩序之间密切的关系,此处不赘[85]。

晚明除了社会失序触动士人敏感的神经之外,他们还面对一个天灾频仍、人民四散流离的时局。"山之东、燕之南,赤地千里,流民载途,炊人以食,析骸代爨","江南……蝗蝻魃鬼,屡亦相侵,县邑之被灾者,日渐见告"[86],天灾、兵祸、流民,互为循环,更加凸显传统政治结构中,无力处理地方社会诸多问题的弊端。针对传统政治制度中缺乏对县以下社会的经营,清初部分士人的对治之方是提倡一种在"乡"的层次,以儒生自发性的组织担负起下层社会工作的路线[87],而另一个路线则是透过"宗族"。

清初的士人往往对举三代之治与郡县制的差异,借此凸显宗族补充政府职能,统合人群的重要性。张履祥即说:

> 古者建国,必先立宗,……当是时,虽有矜寡,不哀无告,虽更丧乱,不轻流亡。后世政教不修,人情涣散,其事已不能望诸朝廷,而《萃》《涣》之责专于家族。[88]

顾炎武更将秦汉之后的分居、别籍异财之风视为"衰世"的象征[89]。如果我们拉长时间脉络来看,张履祥与顾炎武的想法在近世以后讨论宗族的言论中,并不特别突出。但是如果将这些想法与他们希望重整地方社会的政治理念并观,不难看出组织宗族也是包含在这套制度设计的架构之中,而且正如周启荣所说,宗族是地方社会中超越任何财富、地

---

[85] Kai-wing Chow, *The Rise of Confucian Ritualism in Late Imperial China: Ethics, Classics, and Lineage Discourse*(Stanford, Calif.: Stanford University Press, 1994), pp. 71-161.

[86] 陆世仪,《论学酬答》(《丛书集成三编》,册 15;台北:新文丰出版公司,1997)卷二,《答曹尊素避乱书》,页 23b。

[87] 王汎森,《清初的下层经世思想》,《大陆杂志》98:1(1999.1),页 1—21。

[88] 张履祥,《杨园先生全集》卷十六,《沈氏族谱序》,页 480。

[89] 顾炎武,《原钞本顾亭林日知录》卷十七,《分居》,页 406。

位差别的理想组织[90]。所以顾炎武说:"自三代以下,人主之于民,……凡所以为厚生正德之事,一切置之不理,而听民之所自为,于是乎教化之权常不在上而在下。"修祠堂、聚宗族的目的就在于由地方社会重掌教化之权,进一步去除"积污之俗",改变那个举世"滔滔"的社会[91]。

当然,以聚族来组织人群并不是清初士人的新发明,方苞即注意到三楚、吴、越、闽、广山区之间,遍布着聚族而居的宗族[92],他自己的家乡安徽桐城也有不少巨姓大族。但是现存的这些宗族离清初士人理想中的形态仍有一段距离,方苞指出:"后世家无恒产,人无常业,……而欲大宗之收族,不亦难乎?"他因而感叹现世这些聚居的乡里豪族,"宗法无一能行"[93]。他主张应该恢复"古宗法",用以改造现在的家族组织。方苞所谓的"古宗法"包括严立宗子主祭之制[94];为了解决士人无世禄的问题,成立模仿范氏义田的宗族共同财产[95],以及力行族葬之法[96]。他不仅时时与同僚、学生讨论祭丧之礼以及古宗法[97],晚年退休回乡后,更开始依照自己的理想建立宗祠、设置祭田、考定祭礼、制作祠规,他自述斟酌祭礼的原则在于"以愚心之所安,依古礼经而准以众人所能行"[98]。

---

[90] 顾炎武对宗族的想法,与他的封建论息息相关,详细讨论可见 Kai-wing Chow, *The Rise of Confucian Ritualism in Late Imperial China：Ethics, Classics, and Lineage Discourse*, pp. 83-88。

[91] 顾炎武,《亭林文集》卷五,《华阴王氏宗祠记》,页 114—115。

[92] 方苞,《方望溪全集》(台北:世界书局,1965)卷十四,《赫氏祭田记》,页 204。

[93] 同前注。

[94] 他说:"礼有百世不迁之宗,以收族也。……宗子非有大过不废,废则以子承,无子支子以序承。虽有贵者,别为小宗,不得主祭。"同前书,卷十七,《家训·己亥四月示道希兄弟》,页 231。

[95] 同前书,卷十四,《仁和汤氏义田记》,页 205—206。

[96] 同前书,卷十七,《家训·己酉四月又示道希》,页 237。

[97] 同前书,卷十四,《赫氏祭田记》,页 205。

[98] 同前书,附录,《年谱》,页 458,"乾隆七年壬戌"条。

方苞虽然提倡恢复"古宗法",但是除了坚持必须设立宗子之外,他并不执守古礼的仪文。然而,在当时我们确实能看到另有一批士人坚持一种更纯粹、不与习俗妥协的礼仪,如稍早于方苞的陈确、张履祥即是如此。陈确对宗族礼仪的关注,来自于对抗风俗的强烈心态[99]。他在《道俗论》中标举出绝对对立的道与俗,即使是冠、昏、丧、祭等日用之礼,也不容含糊放过[100]。他提倡族葬的方法,配合祠堂的各种祭仪,以求解决宗族的礼俗之失[101]。同时,陈确的友人张履祥也在家训中训示子孙"宜仿族葬法"[102]。尽管族葬法在现实上并不容易实行,但是在这些清初士人的心中,这种以葬地联合族属的方式,与祠堂、祭田,共同成为绾合宗族,进而安定地方的重要凭借。

当然我们也不能忘了清初礼教的复兴在种族方面的可能意涵。明亡之时殉难之人有一些遗命以古礼殓葬的例子,说明当时确有人希望以古礼来维持其汉族的文化认同[103]。顺治二年(1645)南京陷落,清廷下令薙发时,桐城医者杨案山急急忙忙为其子行冠礼,也是一个有意思的例子[104]。前面提到当浙江张履祥到处宣扬恢复古礼时,他的同乡便说张氏及其同志是"不降社"[105],就是认为他们是借提倡古礼来与

---

[99] 此外,陈确也十分重视宗族所能提供的济助族人的慈善功能。参见 Kai-wing Chow, *The Rise of Confucian Ritualism in Late Imperial China: Ethics, Classics, and Lineage Discourse*, pp. 93-95。

[100] 陈确,《陈确集》,文集卷五,《道俗论上》,页169—170。

[101] 同前书,文集卷七,《南北坟祭议》《宗祠末议》《四世祭议》,页190—196;别集卷七,《葬书下·族葬五善》,页490。

[102] 张履祥,《杨园先生全集》卷四十八,《家训·重世业》,页1375。

[103] Kai-wing Chow, *The Rise of Confucian Ritualism in Late Imperial China: Ethics, Classics, and Lineage Discourse*, pp. 44-70;赵园,《明清之际士大夫研究》,页349—353。

[104] 钱澄之,《钱澄之全集》(合肥:黄山书社,1998)卷二十二,《杨翁案山墓志铭》,页436—437。

[105] 张履祥,《杨园先生全集》卷三,《答吴仲木十一》,页58。

新成立的清政府划清界限。张氏虽然并不承认这一点,但是当时人的观感确实也值得玩味。

所以我们可以推测,复兴古礼的潜在动机之一是重新发掘、创造一套属于汉人的古代礼仪,把自己和满人区分开来以维持自我的认同,这种心理可能是存在着的。在乾隆年间,朝鲜使者朴趾源(1737—1805)的《热河日记》中记载着朴氏与一位王秀才的对话,朴氏问为何当时妇女缠裹小脚时,王秀才回答说"耻混鞑女"[106]。这个回答颇能反映当时人们把自己习俗文化的一些独特之处刻意突出,或解释成维持一种不能明白说出的深层的种族认同的情绪。

六、宣传礼仪的小册子

在这一节中,我要说明从明末到清初,一群到处宣传、编刊小册子,以宣传建立一种新的礼治社会者的实际行动。他们散处不同地方,彼此之间不一定有联系,却不约而同地朝向"礼"的总方向。他们所提的方案当然有光谱浓淡之别,在同时代人眼中,他们可能是一批怪人,但他们都从风俗整顿论出发,而"礼"是最常被提出的一种药方。第一批人出现在明末清初,他们是通俗宣传册子的作者,他们到处鼓吹人抵抗恶劣的风俗,回归到"本"。

这些小册子有的是以"戒"或"约"为名,像《证人社约》(刘宗周)、《续证人社约》(恽日初,1601—1678)、《余庆堂十二戒》(刘德新,生卒年不详);或是以"训""铎"为名,如《家训》(张习孔,生卒年不详)、《高氏塾铎》(高捂京,生卒年不详);或是以"劝"为名,如张习孔之《七

---

[106] 朴趾源,《热河日记》(台北:中华丛书编审委员会编,1982)卷六,《太学留馆录》,页301。

劝》;或以"谱"为名,如《人谱补图》(宋瑾,生卒年不详)、《新妇谱补》(陈确、查琪各有一本;查琪生卒年不详);或是以"砭"为名,如方象瑛(1632—?)之《俗砭》痛责当时各种流行风俗;或是以"法"为名,如丁雄飞(1605—?)约束乡官的《古人居家居乡法》等,不一而足[107]。明代退休居乡的官员(乡官)风气非常败坏,而且成为一个非常值得注意的历史现象[108],丁雄飞的《古人居家居乡法》显然是针对这一现象而作的。

不管他们宣扬的是什么,基本上都是与当时的风俗针锋相对。如《家训》中要人们"近贫",认为近贫才合"道";认为理想的妇女"不喜邪教,不生是非,不苟訾笑,不见外人";认为末世人心诡诈,要能安分,儒者应以"治生为急",而所谓"治生"指的是务农[109]。又如《高氏塾铎》中力劝子孙不要作商贾,书中鼓吹的治生之道也是读书之暇,即当用力于农事[110]。《余庆堂十二戒》中说"富不如贫","清谈之放,道学之迂,一间耳"[111],这本小册子的作者既不满意晋人清谈,也不满意宋人道学,他表现出一种另求出路的意向,他说自己之立论"乃要诸人情世事之所必至,不但袭道学义理之成语也"[112]。

这些小册子中,有的特别关心"士"应如何维持其精英的身份,认为晚明的商业化社会颠倒了四民的秩序,如《犹见篇》中说"睹流俗之浇讹,痛狂澜之艰砥",痛言士习之变,先前"缙绅群处,所言者皆上关国计,所虑者皆下切民瘼",不像他那个时代之琐屑卑陋[113]。它一再强

---

[107] 以上诸书,皆收于王晫、张潮,《檀几丛书》(上海:上海古籍出版社,1992)。
[108] 刘咸炘,《推十书》,甲辑贰册,右手七,《明末三风略考》,页533—538。
[109] 张习孔,《家训》(收入《檀几丛书》,初集卷十八),页86。
[110] 高捂京,《高氏塾铎》(收入《檀几丛书》,初集卷十九),页92。
[111] 刘德新,《余庆堂十二戒》(收入《檀几丛书》,初集卷二十),页96、98—99。
[112] 同前书,页94。
[113] 傅麟昭,《犹见篇》(收入《檀几丛书》,初集卷二十一),页102、103。

调士为四民之首,并指斥当时衣冠之士无尊卑之分。

有的则用心宣传儒家规范及农业社会的价值,认为晚明社会悖反了这些规范与价值。李日景(生卒年不详)《醉笔堂三十六善》中出现最多的是矫正当时习俗的规范,如:"宴会不流连沉湎,不亵狎优俳","子弟无轻肥斗鸡走狗之习","不盖造花园,不蓄歌儿舞女","谋生不徇市井","衣履正大光明,不求异样华美","不看戏不看曲书","不看戏不听说书","客至黄鸡白酒,不学苏样陈设","妇女朴实,不用金银珠翠,不学城市装扮"[114]。值得注意的是,其中有不学"苏样"一项,那是因为苏州是当时各种流行之中心,"苏样""苏趣"引领各地之流行,人们往往称到苏州为"观赴",即等于到苏州去观摹、体会最新时髦之意。

这些书都是针对日常生活习俗世界的种种细节方面阐发的,其共通旨趣都是想对侈放的时风有所矫正,但是最后总要提出一个方案来。有人归于善书,如《太上感应篇》等[115]。有一部分小册子最后归结到"礼",好像"礼"是对治所有社会风俗弊病的大小总汇。如《俗砭》最后说:

> 四方俗尚不同,要惟轨于礼而已。越礼违礼,总谓之失中。养疴无事,取所见昏丧宴会诸事,略加辨正,非敢谓移风易俗,然从此各知循礼,于人心世道未必无小补也。[116]

尤其值得注意的是此时出现一批礼书,它们类似礼仪手册,但是多本之于三礼,像毛先舒(1620—1688)的《丧礼杂说》是纠正以杭州地区为主、围绕丧祭之礼的种种风俗,而提出的针砭之道[117]。

---

[114] 李日景,《醉笔堂三十六善》(收入《檀几丛书》,二集卷十五),页281—283。

[115] 同前书,页282。

[116] 方象瑛,《俗砭》(收入《檀几丛书》,二集卷十),页261。

[117] 毛先舒,《丧礼杂说》(收入《檀几丛书》,初集卷九),页42—45。该书所附《常礼杂说》则是针对日常生活礼俗而发(页45—47)。

在儒家生活礼仪中,葬礼具有指标性意义,黄宗羲《明夷待访录·财计三》说:

> 故治之以本,使小民吉凶一循于礼,投巫驱佛,吾所谓学校之教明而后可也。治之以末,倡优有禁,酒食有禁,除布帛外皆有禁。[118]

黄氏提出"使小民吉凶一循于礼",其实即是指日常生活中重要的生命礼俗皆应一循于礼。不过黄氏只是指出一个纲领性的想法,并未倡导过任何重要的活动,也未在这方面用力著述,他的最上策是由推广学校之教来达成这个礼治社会的构想,最下策是一些非常激烈的政策——倡优有禁、酒食有禁、除布帛外皆有禁。黄氏在浙江的同乡陈确、张履祥则要把礼治理想付诸行动,他们到处宣传、鼓吹,希望人们做到"吉凶一循于礼"。

当时江浙地区除了有人到处编纂礼仪手册外,另外有一批人则是编纂、刊布行为仪则的小册子,它们在当时被奋发有为的士人所心仪,并且被非常积极地索求。刘宗周的《人谱》[119]、吴仲木(1622—1656)根据《家礼》所分纂的三种仪式[120],或是像《日用饬身仪则》[121]、陈确的《新妇谱补》,曹射侯(生卒年不详)的《规训》[122]《阃仪》[123],还有《日新说》《家诫》《葬亲之约》《丧祭杂说》等都是[124]。对抗风俗、复兴

---

[118] 黄宗羲,《明夷待访录》,《财计三》,页41。
[119] 张履祥,《杨园先生全集》卷三,《答吴仲木三》,页45。
[120] 同前书,卷三,《与吴仲木十》,页57;卷二,《与吴仲木十五》,页64;卷三,《与吴仲木九》:"三仪之作,修身以是,善俗以是矣。"(页55)。
[121] 同前书,卷十六,《饬身仪则序》,页478。
[122] 张履祥写信给曹氏说其友叶静远,"适于海滨见尊刻规训之书,……并欲请板印刷几十册,以惠乡党后贤"。同前书,卷三,《与曹射侯二》,页171;卷三,《与吴仲木九》,页55。
[123] 同前书,卷三,《与吴仲木九》,页55。
[124] 同前书,卷三,《答吴仲木三》,页45;卷四,《与唐灏儒三》,页78;卷五,《与何商隐十八》,页121。

第二章 清初"礼治社会"思想的形成

礼教是编辑上述那些小册子的主要宗旨,张履祥在《饬身仪则》的《序》中劝告人们家家都要置备这本书:

> 百余年来,学术横决,礼教荡然,生心害政之祸,日日以加。吾愿海内士君子,致礼以治身心,庶几内外一于恭敬,不使放心邪气奸于其间,于以视民,俾得则而效之。慎毋踵曩昔放恣之敝,推波助澜,以贻生民之烈祸于无穷。[125]

这篇序中处处以"礼教"治心,以为解决百年来家庭、社会、国家种种生民烈祸之良方。

当时《人谱》常被用来对抗《功过格》[126]。此外便是重刊一些前人的规训之书,如朱子的《近思录》《童蒙须知》《白鹿洞学规》,司马光(1019—1086)的《居家杂仪》,吕大钧(1029—1080)兄弟所立之《吕氏乡约》,还有宋儒的各种箴铭[127]。此外,当时还流行一类书,它们是以当时实际的事迹来说明一个人或一个家庭循"礼"或循"俗"所造成的重大差异。这类书中比较常被提到的有《先进遗风》《近鉴》《近古录》等[128],以《近鉴》一书为例,该书所记录的大多是张履祥所及身接闻的乡里之事,重要的是张履祥如何解释这些祸身败家的故事,他认为它们都是因为循俗悖礼才落得如此的下场[129]。

---

[125] 张履祥,《杨园先生全集》卷十六,《饬身仪则序》,页478。

[126] 同前书,卷五,《与何商隐九》,页117。参见我的《明末清初的人谱与省过会》,《历史语言研究所集刊》63卷3分(1993),页679—712。收入本书第五章。

[127] 同前书,卷五,《与何商隐二十二》,页123;卷三,《与吴仲木三》,页44;卷十,《与吴裒仲十六》,页300。

[128] 同前书,卷五,《与何商隐八》,页117;卷十六,《近古录序》《近鉴序》,页486。

[129] 同前书,卷三十八,《近鉴》,页1023—1040。

七、丧礼改革运动

自唐代置凶礼于五礼之末以来,丧礼之学渐衰,一直到清代才又复兴[130]。清初礼教运动中,丧礼改革是最大的题目,我们甚至可以说当时有一个丧礼改革运动[131]。而礼教改革所针对的最主要对象是佛、道的生命礼仪[132]。这种改革呼声始终存在,如明末吕坤(1536—1618)在《宁陵吕氏儒葬图碑》中提倡丧事遵四礼而行,不动鼓乐、不作佛事、不闹丧或请客、不祓除镇压以及从一切邪说俗说以坏家法[133],他采取相当激烈的手段来实行回到纯正古礼的政策。但是在明末,吕坤实是一个比较特殊的例子。

清初的丧礼改革运动者为数不少,其中陈确是一个代表性的例子。陈确感叹"世道交丧,吾辈无一可措足处,亦无一可开口处"[134],他非常关心丧礼的改革,在《养生送死论》下篇说:"学独行之士不若学守礼之士"[135],"盖非礼之俗,虽力所优为者,必不可从"[136]。

---

[130] 林存阳,《清初三礼学》(北京:社会科学文献出版社,2002),页186。徐乾学原请万氏纂《读礼通考》。参见全祖望,《鲒埼亭集》卷二十八,《万贞文先生传》,收入《全祖望集汇校集注》(上海:上海古籍出版社,2000),页519。

[131] 张寿安,《十七世纪中国儒学思想与大众文化的冲突》,《汉学研究》11:2(1993),页70—80;何淑宜,《明代士绅与通俗文化:以丧葬礼俗为例的考察》,页202—212。

[132] 如许三礼倡行《家礼》中的哭奠上食之礼,来对抗民间招请僧道作佛事的习俗。参见许三礼,《读礼偶见》(《四库全书存目丛书·经部》,册115)卷下,《增行哭奠家礼仪注说》,页48b—54a。

[133] 吕坤,《去伪斋文集》(《四库全书存目丛书·集部》,册161)卷八,《宁陵吕氏儒葬图碑》,页31b。吕坤还著有《茔训》斥责地理风水之说。参见吕坤,《去伪斋文集》卷八,《茔训》,页32b—34b。

[134] 陈确,《陈确集》,文集卷二,《寄刘伯绳书》,页112。

[135] 同前书,文集卷五,《养生送死论下》,页157。

[136] 同前书,文集卷二,《寄刘伯绳书》,页112。

陈确到处找机会去"振行久废之礼",所以他到处注意亲友之间是否有婚丧等事,并到处劝人利用这些难得机会推行礼治。他以自己为例,说:"自夫礼教不明,人心尽汩",所以连他自己也陷溺其间而不自知,以佛道之仪办理其先人之丧,未能依照儒礼,他后来稍知痛悔,但支离补救,无何裨益。一听说朋友查石丈(名嗣琪,生卒年不详)有母丧,马上认为这是实行古礼的好机会,说"区区之心,不啻如大旱之望时雨,谓自此得振行久废之礼,提撕既死之心,于人心风俗大有拯救"[137]。在《谏查母许硕人文》中又说"俗流失,世败坏,而先王之礼之不可复行于后世也,非一日矣",他希望借此丧事实践《家礼》,"非《家礼》之所行勿行,非《家礼》之所止勿止。使吾乡得一改陋俗之观,而式于先王之礼教者,自硕人之丧始"[138]。陈确对于能够成功劝说查石丈行礼,欣喜之情溢于言表。没想到后来查氏轻听妇人之言,"于七终之日,暂用酒肉,友朋谫集",陈确对此大表遗憾[139]。

陈确到处反对人用礼忏[140],甚至认为不能守礼即"自夷于禽兽"[141]。他自己的女儿因为听从了陈确的礼论,虽然母亲临终前一再交代死后要请僧众礼梁王忏,但她不从,于是陈确代女儿拟了一道告母文:"虽然,儿岂敢以生死异心哉!惟义之从而已。……今母言俗也,父言礼也,故从父言而不礼忏。"[142] 在这里很清楚的一个是"俗"、一个是"礼",两者之间在斗争,而陈确的女儿选择了以"礼"抗"俗",否定了母亲的遗命。另外,他也反对人们实行墓祭,在《士祭议》一文中主

---

[137] 陈确,《陈确集》,文集卷一,《答查石丈书》,页78。
[138] 同前书,文集卷十四,《谏查母许硕人文》,页328。
[139] 同前书,文集卷一,《答查石丈书》,页78。
[140] 同前书,文集卷十三,《为董女告阿母文》,页314。
[141] 同前书,文集卷十四,《谏查母许硕人文》,页329。
[142] 同前书,文集卷十三,《为董女告阿母文》,页314。

张革墓祭,"春秋扫拜,归祭于寝,祧主之墓,拜而不祭",他说:"墓祭不革,则宁惟四世,虽数十世而上,凡有墓者,并得与春秋之祭,而尚何祧之有乎?滥也甚矣。"[143]

陈确与一群江浙友人四处宣扬应该回到"礼",其友人祝开美死前交代革一切恶俗,丧葬悉遵《家礼》[144],他的朋友蔡养吾(1607—1665)也说"丧礼勿从俗,但依陈子家约可也"[145],并表示自己在明清鼎革之后,对于亲知吉凶之事往往失礼,感到无限抱愧[146]。

此处要举另一位比较代表性的人物张履祥为例。浙江桐乡的张履祥是一位穷困而且不太出门的学者,却成为一个很有影响力的思想家。张氏在甲申那一年(崇祯十七年,1644)由桐乡前往山阴拜刘宗周为师,不久刘氏殉国,所以他实际从师的时间不长,可是他此后长期研玩刘氏的著作,并深心服膺;刘氏是王学殿军,所以张氏可以算是广义的王学中人,但他后来激烈批判王学,可以说是出于王而后来痛斥王的代表性人物。张履祥读书不特别多,著述中也不常见到新奇之论,但他在当时代表了一种新的学问风格,这种风格迥异于晚明士大夫,可以说他代表着一群有意识拒绝晚明思想与生活风格的人。他的断然态度,使他逐渐汇聚了很大的影响力。

张氏以空前严厉的笔调批判王学,斥责王学"生心害政",流毒百年;认为信良知者,自信横决,行为乖张。在明亡之后他受到何商隐(名汝霖,1618—1689)的嘱托准备评《传习录》,可是当他把材料准备妥当开始动笔时,却发现每读一字,则"头目皆痛",评不下去,只好作罢。

---

[143]　陈确,《陈确集》,文集卷七,《士祭议》,页198。

[144]　同前书,文集卷十二,《祝子开美传》,页278。

[145]　同前书,文集卷十二,《蔡养吾子传》,页295。

[146]　同前书,文集卷十二,《妇丧约》,页282。

张履祥刻意拒斥明代的著作,认为除了寥寥几本外,明代大部分的书都不必读。有时候他态度稍稍缓和,则说明代最后一百年没有一本书值得读——"三百年以来,诐淫邪遁之书,真不啻汗牛充栋,究竟不可少者,几种而已","稍觉无益,概欲屏去,勿令徒乱人意也"[147]。张氏坚决选择拒绝明代的传统,代表了一种新的思想态度。

在生活风习方面,张履祥说"百余年来,士大夫人品学术希足师法"[148]。他坚决提倡"庸言庸行",与晚明人的庄老或魏晋式的生活方式针锋相对。他与顾炎武等人一样反对城市生活,认为一旦进入城市就有堕落的可能,在他的笔下,所有堕落的行为都可以找到一个共同的根源——城市。而理想中的社会是耕读,是守住农人的本分,是牢牢地守住程朱、四书五经中所昭示的道理。张履祥花了许多力气在奔走呼号,劝人家以"礼"来检束生活,这方面的文字真是引不胜引,他与陈确等人一样,以宗教般虔敬的精神到处宣传一种新葬礼,而所谓新葬礼,其实是《家礼》与古礼的混合体。因为当时民间久已不知古礼,故人们对张履祥的宣传感到非常惊骇。

他们立"葬社",到处鼓吹别人仿行,在当地颇有一些人被说服。当吴仲木(名蕃昌,1622—1656)丧亲,决定依古礼实行葬礼时,里民至为骇惊,吴仲木接着生病;张履祥在一封给吴氏的信中表示非常希望他尽快复元,以免当地人认为他是因为不遵习俗举行葬礼而遭到报应[149]。语溪的沈韬斯(生卒年不详)欲以古礼葬亲人,"语溪之人竟以为蜀之日矣,群非群挤"[150]。

新葬礼所针对的,主要是风水、停寄等习俗,以及佛、道教的生命礼

---

[147] 张履祥,《杨园先生全集》卷五,《与何商隐四》,页115。
[148] 同前书,卷五,《与何商隐五》,页115。
[149] 同前书,卷三,《与吴仲木二十》,页70。
[150] 同前书,卷六,《与凌渝安七》,页179。

仪,而这些都是人们长期以来所熟悉的。张履祥及他的同志们所提倡的新礼制,在当时可说是一种生命礼俗的革新。他们奉为模范的新礼仪是《家礼》为主,参酌古礼,以实用为主。

八、清初三礼学

前面花了许多笔墨讨论清初"礼治社会"的提出,最初并不是一种纯学问的兴趣,主要是为了整顿晚明以来社会的失序及风俗的颓败所形成的一套新理想;反过来说,社会文化的大潮也影响了学术的发展,清初的三礼研究就与"礼治社会"理想的提出息息相关。

我们或许会认为清代的三礼之学是一种简单的复兴或复活,这个观念是错误的;正如颜元说的,这是千年不行之礼、是宋以后早已衰微之学。譬如像士相见礼、乡饮酒礼,朱子已谓今不可行,而清代的朱轼(1665—1736)乃欲一一复行之[151]。《四库全书总目》卷二十《仪礼述注》说:"三礼之学,至宋而微,至明殆绝"[152],陈澧(1810—1882)说:"明儒乃无一人治《仪礼》者矣"[153],大抵是合乎实情的。故当清初儒者想要考证古代礼仪时,马上发现他们是处在双手空空无一物的状态,黄宗羲曾感叹说:"以余之固陋,所见……三礼颇少。"[154]以《仪礼》为例,山东张尔岐准备致力研究《仪礼》时,未能见到朱子的《仪礼经传通

---

[151] 朱轼,《仪礼节略》(《四库全书存目丛书·经部》,册110),《凡例》,页2a。

[152] 永瑢等,《四库全书总目》(北京:中华书局,1965)卷二十,经部仪礼类二,"仪礼述注",页163。

[153] 陈澧,《东塾杂俎》卷十,收入氏著,《陈澧集》(上海:上海古籍出版社,2008),册二,页627。

[154] 黄宗羲,《万子充宗墓志铭》,收入万斯大,《经学五书》(台北:广文书局,1977),下册,附录,页1。

解》,而坊间的仪礼《考注》《解诂》又多谬误[155],他的朋友顾炎武研究《仪礼》时,也发现当时最普遍的本子——万历监本《十三经注疏》中的《仪礼》经文脱误两百余字之多[156]。

以《礼记》为例,宋代卫湜(生卒年不详)的《礼记集说》,集汉郑玄(127—200)以下一百四十四家注疏,历三十年才编成。因为几百年来礼学衰微,而明代通行的《五经大全》中所用的《礼记》注疏是以内容简略的陈澔(1260—1341)《礼记集说》为主,卫湜之书遂逐渐淹没难寻,在徐乾学(1631—1694)所编《通志堂经解》尚未问世之前,卫氏之书世间罕传[157]。清初黄宗羲与吕留良绝交的原因之一便是为了争夺一部卫湜的《礼记集说》。而这样一部保存大量注疏的书,带给新兴的礼学家的帮助是难以估量的。清初礼学开山万斯大研究《礼记》,最得力于此书,他说:"俄而或以其本至,取而雠之,则凡栎斋之所有者,无不在,后乎此者,倍之。"[158] 方苞研治《礼记》,原先也只见到陈澔的书,后来也因卫湜《礼记集说》而成果大有进步[159]。

关于清代礼学的研究已经有几种著作做过深入的讨论。大体而言,清初礼学有两派:一派充分了解文献之间存在许多不同的时间层次,而主张以严格的考证重建古礼;一派是仍然相信今人可以揣摩圣人制礼之心思(如治《仪礼》的方苞),不斤斤计较于登降进反之仪,服物乘色之辨,而是希望由此体会三代之治与圣人仿佛之意[160]。这两派对清代三礼之学都有贡献,而以前者影响较大。

---

[155] 张尔岐,《蒿庵集》卷二,《仪礼郑注句读序》,页3b。
[156] 顾炎武,《亭林文集》卷二,《仪礼郑注句读序》,页35。
[157] 林存阳,《清初三礼学》,页180。
[158] 全祖望,《鲒埼亭集外编》卷二十三,《礼记辑注序》,页1179。
[159] 林存阳,《清初三礼学》,页266。
[160] 同前书,页267。

三礼学的研究是清代经学考证兴起的最重要一环。清代经学研究的兴起，有一个必要的心理距离或时间距离感。在明代，人们把经书当作生活世界的一部分，读者的世界与经书的世界之间是一个连续体，可以毫无任何异样地用。清代经学考证的前提是认识到：我们生活的时代与古代极为不同，两者之间有极大的鸿沟，所以我们并不真正了解古人；如果想好好地了解古人，就必须透过严格的文字考证训诂之学才能加以重建。我认为当时人极力主张"以经注经"，同时回避以己意注经，即是认识到"今—古"之间的距离。毛奇龄（1623—1716）及万斯大的两段话可以作为佐证。毛奇龄《西河文集·经义考序》：

> 予之为经，必以经解经，而不自为说。苟说经而坐与经忤，则虽合汉、唐、宋诸儒并为其说，而予所不许。是必以此经质彼经，而两无可解，夫然后旁及儒说。[161]

至于万斯大的治经风格，根据万经（1659—1741）《先考充宗府君行状》中的归纳：

> 人皆以己意释经，吾但以经释经，故虽多立异之处，而实非穿凿附会者比。[162]

在回到古代礼仪世界的巨大热忱之下，人们往往发现古礼离今人的生活非常之远，如此难解，往往查了再查、考了再考，仍然得不到要领；用黄宗羲的话说是"礼经之大者，为郊社、禘祫、丧服、宗法、官制，言人人殊，莫知适从"[163]。

前面已经说过，"礼治社会"包含甚广，而且提倡者总是将它与整

---

[161] 毛奇龄，《西河文集》（上海：商务印书馆，1935）卷二十九，页583。

[162] 万经，《先考充宗府君行状》，收入万斯大，《经学五书》（台北：广文书局，1977），附录，页21。

[163] 黄宗羲，《万子充宗墓志铭》，页1。

个国家的治乱兴衰联系起来，他们感兴趣的不只是特定的礼仪而已。不过我们仍可发现在三礼中有关仪文的《仪礼》最受到当时人的重视。

当时对《仪礼》有正反两派意见，它们正好反映了"由外而内"或"由内而外"两种主张的分歧。反对《仪礼》者认为它的礼文太繁，是自绝于天下后世——孙奇逢说："窃自有《仪礼》以来，学士大夫之家相传为鼎彝，宝玩之而弗用，非天下后世之罪，则礼之文也繁也，自绝于天下后世耳。"[164] 李光地（1642—1718）《榕村语录》卷一《经书总论》则说：

> 《仪礼》虽亦圣作，但在仪节上讲，何尝不是道德性命所发见，毕竟略隔一层。[165]

李光地是清初礼学提倡者之一，但是他基本上是偏在"由内而外"的一派。拥护《仪礼》者如顾炎武则是"由外而内"的一派，他在《仪礼郑注句读序》中说："三代之礼，其存于后世而无疵者，独有《仪礼》一经"，并把《仪礼》提高到开后世之太平的高度，故说当时专治《仪礼》的张尔岐"如稷若者，其不为后世太平之先倡乎？"[166] 万斯大也属于这一派，他说："伏念《仪礼》一经，与《礼记》相表里，考仪文则《仪礼》为备，言义理则《礼记》为精。在圣人即吾心之义理而断著之为仪文，在后人必通达其仪文而后得明其义理，故读《礼记》而不知《仪礼》是无根之木，无源之水也"，又说"礼数之未知，何足以明礼义"，也就是离开行为层面就谈不上了解"礼意"。他认为："私谓礼教弘深，学者务使礼经与诸经传逐节关通，……庶有以得乎恭敬、辞让之原，而因以见先王制礼之义焉。"[167]

---

[164] 孙奇逢，《夏峰先生集》卷四，《家礼酌序》，页7a。
[165] 李光地，《榕村语录》（北京：中华书局，1995）卷一，《经书总论》，页2。
[166] 顾炎武，《亭林文集》卷二，《仪礼郑注句读序》，页35—36。
[167] 万斯大，《学礼质疑》，收入《经学五书》，《自序》，页1b。

清初礼学"由外而内"及"由内而外"两派皆有拥护者,不过发展到后来,"由外而内"一路显然成为主流,而以后来凌廷堪(1757—1809)"以礼代理"作为最突出的代表[168]。

清代考证学中,三礼学成果最为丰富,只要对《皇清经解》与《续皇清经解》稍作统计即可得知。对于清代三礼学的研究已有成果,因其内容异常繁富,非此处所能综述[169]。我们可以比较确定的是,清初"礼治社会"思想的崛起是清代礼学兴起的一个重要动源,可以说是由一场社会思想文化转化成为学术运动,可是到了后来,人们在学术上工作得太入神太有兴趣了,反而有些遗忘了礼学运动最初的经世热忱。

九、结 论

此处有必要对前面的讨论作一个综述。"礼治"社会之兴起主要是对晚明思想界及社会秩序的不满,希望有所整顿并提出一个新的、理想的、儒家社会的愿景。"礼治"遂被提出来成为一个新蓝图,而亡国之痛,也给这种反省与决心提供了一个重要的支点。接着归纳前述为如下几点:

(一)在17世纪,有一群又一群的在地文人形成了一个道德规范的清整运动,他们写作各种纠正风俗的小册子,希望对各种身份赋予恰当的行为举止与规范,引导人们举止恰当,以合乎宽松定义的礼教。

还有一些人以传教士般的热情到处推展礼仪改革运动,尤其是

---

[168] 张寿安,《以礼代理:凌廷堪与清中叶儒学思想之转变》(台北:近代史研究所,1994)。

[169] 请参见 Kai-wing Chow, *The Rise of Confucian Ritualism in Late Imperial China: Ethics, Classics, and Lineage Discourse*;张寿安,《以礼代理:凌廷堪与清中叶儒学思想之转变》;林存阳,《清初三礼学》。

丧礼改革,陈确、张履祥、孙奇逢、颜元、李塨等思想家都是热烈的礼教运动者。此外值得注意的是,在三礼中,人们对《仪礼》一经最感兴趣[170]。而由此经独占鳌头可以看出人们相当关心如何以"行为主义"而不是以心性之学为主轴,来建立新的社会秩序。

(二)"礼治"社会运动中,有些人只停留在呼吁及阐发道理的层次,但也有人深入基层,编纂及推广各种实用性的参考册子[171]。清初以来三礼之学蔚为大宗,如果我们把这波运动放在长时段的历史中审视,会发现在此之前几百年,三礼之学并不是那么兴盛的学术题目。人们基于学术兴趣或实用上的需要,往往在三礼的内容及细节上争论不休,万斯大《礼学三书》等书中来往争论的信件可以为例。而在每一次的争论中,为了求胜于对手,人们无不以严肃的态度,使用坚实可靠的证据,希望弄懂古代礼制的实况,最后形成了一个重要的研究领域。

当时有两批学者,一批是像万斯大、张尔岐,另一批是像李光地、孙奇逢、方苞;两批人虽然在提倡礼学这一点上宗旨相同,但前者重仪文度数的考证,后者受宋学之影响而较为重视礼的大义。这两波力量虽有出入,但都汇聚成为一个礼学的运动。

官方对礼制的重视也有一定的推动作用。朝廷碰到一些场合时,屡兴大礼,对礼学的推动起了重要作用;而清廷把礼治作为官方正统思想,则使礼获得了制度性的支持,熊赐履(1635—1709)在这方面贡献很大,《大清集礼》《大清会典》等典制性的书的出现可以作为代表[172]。

(三)所谓"礼治社会"的理想,有光谱浓淡之别。回到"古礼"当然是此时的一个理想,但是并不是所有礼教运动者都想回到古礼,像陈

---

[170] 《礼记》之学之前不绝如缕,并未中断,对《周官》一经则历来意见不一,反对者不乏其人。

[171] 可由书名中常有"酌"或"折中"看出其"准古酌今"的特色。

[172] 林存阳,《清初三礼学》,页303—310。

确、颜元、李塨那样鄙弃朱子《家礼》并一心一意要回复古礼者,究非多数。而且他们常常发现,想将古代礼节仪文考证得清清楚楚是一件非常困难的事,想在日常生活中实践古礼的细节更是不易。事实上因为明代礼学不兴,所以研治古礼的条件是很不足够的,由张尔岐校订《仪礼》版本时所碰到的种种困难就可以看出这一点。当时较多数人是呼吁人们能在儒家的理想中,各种身份、场合都有恰当的规范与标准,或是实行朱子的《家礼》。所以在"礼"这个口号之下究竟归向何处,实有光谱浓淡之别,较淡的一端是朱子《家礼》,最浓的是古礼。而颜元追复"古礼"的意向,往往是为了与佛、道礼仪或受其沾染的礼仪相对抗,而节节向上追溯到未受佛道影响前的古礼。同时我们也不能忽略,许多对古礼的研究不是为了照搬,而是用它来对照现实、批判流俗。譬如张履祥考深衣之制,即是用来批判当时衣饰不伦的风气[173]。

(四)礼治理想究竟对现实生活产生多大的改变是一回事,它所造成的新的理想标准又是另一回事。"礼"与"俗"的对抗所真正发挥的作用并不是"礼"彻底消灭了"俗",那样的事在中国历史上可能从未发生过,而是造成了一个在日常生活文化当中高下的区分,使得"礼"成为高尚的、理想的、新的标准,如果可能,人们"理想上"应该守礼,而应尽量使其实现,因而微妙地改变了人们认为日常生活及行为世界"应该"追求的目标。

所以明代后期以来的通俗文化并没有因礼治社会的提出而消失,它们有的是被归纳到较低的层次,或以不同的意义及方式存留下来。我们甚至会发现,提倡礼教的士人的日常生活中也可能看到他们所批判的流俗的成分,但是他们并不愿意公开宣扬这一部分。

这个新发展把百年以来不大截然区分的日常生活世界区分开来,

---

[173] 张履祥,《杨园先生全集》,附录,《年谱》,页1491。

至少分成两层:一方面是以"古"、以"礼"为理想,一方面是习俗的世界。从17世纪中期以来,"俗"每每成为被勘正或改革的领域,即代表着这种分道扬镳之势。

所以礼治社会的理想带动了一种思想运动,使得礼治理想跻身思想舞台的中央,成为新价值层级的最高点。经此鼓吹,人们内心中多多少少都认为即使不能马上做到合"礼",也应尽可能摆脱晚明以来人们所沾沾自喜的习俗与行动,尽力向礼治理想趋近。一方面是批评、摒弃旧的,一方面是趋向新的。在"礼治理想"之下,华衣华服、鲜车怒马不再是突出自我的最好办法,穿着朴素的布衣、行为有度成为另一种突出自己或自我优越感的来源。所以这个思想运动的提出带动一种再分类,同时因为这一个思想运动并不可能改变所有人的行为方式,所以我们千万不能误以为它已经普遍实行。事实上,到处都有违礼、背礼的例子。

(五)清初礼学的提倡者在最开始时并非多数,而且提倡礼治的人也不一定真正对三礼进行过系统而深入的研究工作(如顾炎武),但是他们的大声疾呼,却有助于三礼学研究之兴起。

他们的热忱宣传固然促发了三礼学研究,对三礼学研究有疑问的人也起而与之辩难,这些人或考证某书为伪、或争论某礼不可行,在往复的论辩中推波助澜,创造了一种共同的论域(discourse),同时也形成了学术的社群,清代三礼学的兴盛与上述背景是分不开的。

第三章　清初的讲经会

　　明代后期文人结社的内涵及意义异常丰富,目前为止,仍待深入研究。本文讨论清初浙东的"讲经会",探讨为何一个以研究经书为目标的团体竟出现在江浙一个心学最为发达,刘宗周(1578—1645)、黄宗羲(1610—1695)思想影响力最大的地区。两者之间的传承关系,是否代表着明季道学的修正运动与经学研究之兴起有着密切关系？原先认为上述两种学风是互相排斥的观点,是否需要重作解释？刘宗周的思想原先都被认为是心学走上绝路的象征,何以在这个地方却有了新的发展？而讲经会与清代学术的关系也是值得评估的,究竟在何种程度上它可以被视为经典考证学的前驱？在何种程度上它仍是宋明理学典范的延续？同时我们也要问,这种讲经团体究竟只是浙江甬上地区独特的产物,还是也可以见于当时中国其他地区？如果也可以见诸其他地区,那么为何这些讲经社团同时并起？它们与明季风靡一时的应社、复社有何关联？此外,在这篇文章中还想问:万斯同(1638—1702)与讲经会的关系究竟如何？一般观念中,万斯同的主要贡献是为纂修《明史》奠下一个坚实的根基。可是我们又从当时人的评价中得知,他们认为万氏透过甬上与在北京的讲经会,对新一代知识分子产生巨大的影响。那么,我们是否应在史学之外,也从经学影响的层面上去看万氏？

　　诚如前面说过的,讲经会与清代学术之间的关系是本文所欲加以讨论的。在讨论清代学术兴起时，似应有几个前提。第一，它是连续变化的结果，不只丢弃旧典范、建立新典范两个阶段而已。如果说清代考据学兴起是一个革命，那么它不是在一次改变中形成的。我们所熟悉的考证学是一个长期革命的结果，而清初讲经会所代表的是初期的一个阶段，他们在整体的大立场上标定了一个方向，但等这门学问成熟时，后来者又会觉得在细节上他们不够严密，有疏陋之处。

第二，在研究新典范的形成时，内部解释与外部解释并不互相排斥。诚如库恩(Thomas Kuhn, 1922—1996)所说的，在典范更迭之时，外在的文化及社会等各方面的环境具有非常关键性的影响；可是一旦典范确立，进入常规运作时，由专业学者所组成的次文化群形成，问题和答案、读者和作者、评判标准与程序，都在这个次文化群中，那么内在的逻辑就变得很重要了[1]。这个研究所探讨的正是一种新学风的初始阶段，所以要观察当时在什么样的社会文化环境中形成了考经论史的基本方向。也就是说考证学的"先行结构"(pre-structure)是如何产生的？那一代士大夫被什么所吸引？学问方向的形成有时候并不直接受某种专门学术的影响，而与文化、政治有关。这里我想先谈晚明文人最为热心的结社活动，以及当时领导性社团的文化主张。

一、明末清初社集中转向经史之学的倾向

我们不可以忽略晚明社事对清学开山祖师的影响。顾炎武(1613—1682)、黄宗羲、阎若璩(1636—1704)等早年都是党社人物，黄

---

[1] Thomas Kuhn, "History of Science" and "The Relation between History and History of Science," *The Essential Tension: Selected Studies in Scientific Tradition and Change* (Chicago: The University of Chicago Press, 1977). pp. 105-164. 又可参见吴以义，《库恩》(台北：东大出版公司，1996)，页172。

宗羲更是整天东奔西跑,参加浙江地区最有名气的一些社集。当时最有力量的复社及它的一些次级团体有一股转向古代的趋势,而且他们与明代两次文学复古不同,偏重的是经学。"应社"又称"五经应社","复社"则是"兴复古学"的意思。在陶冶新一代读书人的思想趋向上,声势烜赫的文社风气起过相当大的作用。

明季出现的读经或读史的团体,它们大多有几个目的。第一是反对当时空疏佚荡的学风及文风。第二是反对嘉靖、隆庆以来古文的剽窃之习。第三是针对当时内外的危机,想以儒家经典重建社会秩序。第四是想以儒家注疏的传统取代当时流行的以佛家思想对儒经进行的诠释。当时的经史社团,也常与经世济民的关怀相联,表现出回到经、史与现实经世济民的密切关系[2]。

黄宗羲在《万祖绳墓志铭》中有一段话说:

> 君(万斯年)从钱忠介公学为制义,是时伪子之后,黜者返之于经,然而钞撮经语,仍不异于伪子,君独本之《大全》而纡洄以出之。[3]

这一段用来写万斯年(1617—1693)的话,也不断出现在黄氏的各种文字中,应略加疏释。明代前后七子的古文运动,他们标榜"文必秦汉,诗必盛唐"。后来艾千子(1583—1646)出而反对,主张由欧阳修(1007—1072)、曾巩(1019—1083)入手[4],把文章写得清楚,不要用

---

[2] "经社"一名并不必然是研读儒家经典,也有可能是讲佛经的团体,如明代李士龙(字一山),便曾立经社以讲佛经。见黄宗羲,《明儒学案》(北京:中华书局,1985),下册卷三十二,"泰州学案一",页721。但此处所举的,都是讲五经的团体。

[3] 黄宗羲,《南雷诗文集》(在沈善洪主编,《黄宗羲全集》,第10册,以下简称"全集10";杭州:浙江古籍出版社,1985—1994),《万祖绳墓志铭》,页473。

[4] 黄宗羲,《思旧录》(全集1),"张自烈"条,页359。

支离的文句和烦琐的典故[5]。而张溥(1601—1641)又出而反对艾氏,并惋惜何、李倡导古文时,只讲文章,不曾劝人读经。张溥主张复兴古经,并大量抄撮经语[6]。

张溥模仿六经谶纬的文字,一般人反而读不懂了,跟前后七子的摹古相差不远,这也就是为什么黄宗羲说他所引领的文风是"钞撮经语,仍不异于伪子"。但张溥尊经复古的基本方向对当时士人有绝大影响。他发起复社时(崇祯二年,1629),有非常明显的道德及政治上的理由。他在宗旨上清清楚楚地表明想复兴经术,并以此作为治平天下之基础:

> 自世教衰,士子不通经术。但剽耳绘目,几幸弋获于有司;登明堂不能致君,长郡邑不知泽民;人材日下,吏治日偷,皆由于此。溥不度德、不量力,期与四方多士共兴复古学,将使异日者务为有用,因名曰复社。[7]

在当时无数的文人结社中,这是一篇相当具有指导性的纲领。

---

[5] 谢国桢,《明清之际党社运动考》(台北:汉苑出版公司,1975),第七章"复社始末上",页124。

[6] 譬如张氏的《房稿表经序》中有这样一段文字:"经之为重于天下,不待今日而明之也。……今则经文忽彰,而圣人作焉,治气之感,证效不惑,顾念向时之言有其预者,未尝不相对以怡也。然而人之为言,命意在彼,则尽于彼;命意在此,则尽于此。以今日而言经,所谓在此者也,言经而底于为人,所谓尽此者也。试以经质之于人,观乎字形,不离三才,则知其无邪矣。观其拟言,不逾五伦,则知其近人矣。故尝谓使今日有武健之子,日取五经,摹而书之,左右周接,无非钜人之名,大雅之字,趋而之善也疾焉,矧相渐于意,尤有神明者哉。然则为之若是其易,而人与文俱难之,何也?盖其始病于作法之异,而其既危于疑人之甚,则言有不能入者焉。抑知善无不可为,经无不可学,即人之好名者,而实其所用,慕君子而从之,初而事其话言,久之而其行是焉,又久之而性情无非是焉。若夫学者之通经,繇奇以反平,因辞以达本,其道亦犹是也。"张溥,《七录斋集》(一名《七录斋诗文合集》)十六卷,收入《续修四库全书·集部·别集类》,第1387册,上海:上海古籍出版社,1995),古文存稿卷之五,《房稿表经序》,页28a、29a—30a。

[7] 陆世仪,《复社纪略》(《明代传记丛刊》,第7册;台北:明文书局,1991)卷一,页554。

复社是继承了应社"尊经复古"的宗旨的传统,而又有所改变。应社已规定每经立一社,这开启了后来讲经团体中"分曹治经"的传统。他们提倡一人专治一经,然后集会讨论,既分工合作又相互贯通,譬如杨彝(1583—1661)、顾梦麟(1585—1653)主《诗经》,杨廷枢(1595—1647)、钱旃(1597—1647)主《书经》,张采(1596—1648)、王启业主《礼经》,张溥、朱璁攻《易经》,周铨、周钟(1614—1644)主攻《春秋》。应社的活动也不忘提倡"遵遗经,砭俗学",如崇祯元年(1628)利用士子参加会试的机会,在北京召开的"成均大会"便提出这一个主张。张溥则感叹天下士人为了应付考试只"习一经而舍其四经,忘远图而守近意,亦云已矣。即一经之说多有未举,将若之何"[8],他自然也不满意于每经立一社的五经应社。他曾想编三部经解,自周迄唐为《古解》,宋元为《通解》,明朝的为《国朝经解》。他对经书与科举之学的主张,基本上主导了后来对此问题的论述:

> 经学之不明,讲说害之也。予心恻焉,意欲废讲说而专存经解。……夫注传之学盛于汉,疏义之学盛于唐,南宋以后,道学盛兴,注疏稍屈。……成弘以来,学者尊尚《大全》《兼通》,注疏等为闲书。久而讲说滋烦,人便剽记沦弃,《大全》亦复不论,是故道隆而隆,道污而污。[9]

明末清初读书、谈经或读史的社团逐渐出现,原因虽还不能完全确定,不过必与前述风气有关。

郭绍虞(1893—1984)在《明代的文人集团》中说,明人结社在"洪

---

[8] 张溥,《七录斋集》,古文存稿卷之五,《易文观通序》,页13a。

[9] 同前书,古文近稿卷之二,《〈五经注疏大全〉合纂序》,页5a、6a—6b。按,以上关于张溥及复社,参考了张显清,《张溥"兴复古学、务为有用"的经世思想》,收入陈鼓应等编,《明清实学简史》(北京:社会科学文献出版社,1994),页414—419。

武以后、景泰以前,只是兴趣的结合,不管是窗下切磋用以攻文也好,或是林下逍遥用以娱老也好,总之既无党同伐异之见,更不论及国事。这是第一期,而以后各期中仍延续着这种情形。天顺以后、万历以前,派别渐滋,门户亦立,于是始成为主张的结合"[10]。在各种因主张而结合的社团中,以读书、谈经,或读史为社名的团体,是明季以前所极罕见的;它们在明季大量出现,是一个全新的文化现象,尤其是相对于王学不重读书的风气,更是如此[11]。分析这些社团的名字,有两个重点:第一是强调读书,有的是一开始便以读书为名,有的是逐渐修改其名字,最后才强调读书。第二是强调读经或读史,而且读经、读史又都与经济有关。以下便是我对这些同时而起的社团的一些探讨。

当时有一些受应社、复社影响的社团进行了研治经学的活动,如淮安阎修龄(1617—1687)、靳应升(1605—1663)所创之望社,以作诗和研究三礼之学为其宗旨,清初考证学开山的阎若璩即其成员[12]。浙江龙山也有"经社"。全祖望(1705—1755)提到钱光绣(1614—1678)前前后后参加的许多社团中,其中有一个即是龙山的"经社"[13]。

---

[10] 郭绍虞,《明代的文人集团》,氏著,《照隅室古典文学论集》(上海:上海古籍出版社,1983),上编,页531。

[11] 参见郭绍虞的《明代文人结社年表》及《明代的文人集团》(两文均收入《照隅室古典文学论集》),乃至于最近出版的一些研究古代中国之"社"与"会"的书籍,如陈宝良《中国的社与会》(杭州:浙江人民出版社,1996)所罗列的社团名字。在明季以前,都不曾大量出现过这一类名字,而这些名字皆代表其社团的一种主张,那么它们不可能不含藏重要的讯息。按,陈宝良的书在这方面提供了许多宝贵的材料。

[12] 谢国桢,《明清之际党社运动考》,第十章"大江南北诸社",页175引阮葵生《茶余客话》:"陈碧涵先生为望社名诸生,专精《三礼》之学,淮士治《礼经》者多从之游。"

[13] 全祖望,《鲒埼亭集·外编》(台北:华世出版社,1977)卷十一,《钱蛰庵徵君述》,页797:"是时社会方殷,四方豪杰俱游江浙间,因尽交天下诸名士。先生年甫及冠时,而宿老俱重之。硖中则有澹鸣社、萍社、彝社,吴中有遥通社,杭之湖上有介社,海昌有观社,禾中有广敬社,语溪有澄社,龙山有经社,先生皆预焉。"

以"昌古""读书"作为名称的社团亦以次渐起。江南著名藏书家丁雄飞(1605—?)与千顷堂主人黄虞稷(1629—1691)结的古欢社,专以考据为乐。山阴祁承㸁(1565—1628)组"合辙社",专治经学[14]。余姚诸士奇与诸来聘、符士龙、诸如锦、魏涝、周肇脩等在崇祯七、八年(1634—1635)间与里人合组的"昌古社"[15],其内容不得而详,只知其"效云间几社之文"[16],则知它基本上是受几社之影响,但特别重视经、史,而且重视"佐王之学"[17]。昌古社在当时余姚"以熟烂时文龥骸场屋"的风气中是颇特殊的。黄宗羲在《两异人传》描写昌古社的领袖诸士奇在两京既覆之后,弃诸生,"载《十三经》《二十一史》,入海为贾"[18]。有意思的是诸士奇即使想入海为贾,船中载的竟是《十三经》《二十一史》。

当时许多地方有读书社的组织,而与黄宗羲关系密切的是杭州孤山的读书社。在崇祯六、七年(1633—1634)间杭州有所谓读书社之立,"以文章风节相期许,如张秀初(岐然)之力学,江道闇(浩)之洁净,虞大赤(宗玫)、仲皭(宗瑶)之孝友,冯俨公(惊)之深沉,郑玄子之卓荦,而前此小筑社之闻子将(启祥)、严印持(调御)亦合并其间。是时四方社事最盛,然其人物,固未之或先也"[19]。这个会主要

---

[14] 谢国桢,《明清之际党社运动考》,第十一章"浙中诸社",页181。

[15] 黄宗羲,《南雷诗文集》(全集10),《敬槐诸君墓志铭》,页397。

[16] 黄宗羲,《南雷杂著稿》(全集11),《两异人传》,页53。

[17] 同前书,《诸硕庵六十寿序》,页65。

[18] 同前书,《两异人传》,页53。按,诸士奇后来至日本,三十年不返。尝有人以为他是朱舜水,也有人反对。主张他是朱舜水者甚多,如顾廷龙,他在跋《两异人传》的手稿时便引汤寿潜《舜水遗书》《序》中所说的"太冲记两异人,甚至讳'朱'作诸",见《学术集林》(上海:上海远东出版社,1995)第五卷,页1—3。我个人认为诸士奇不是朱舜水,因为黄宗羲没有必要讳其名。

[19] 黄宗羲,《南雷诗文集》(全集10),《郑玄子先生述》,页566—567。又可参同书之《郑元澄墓志铭》《查逸远墓志铭》,页477—478、366。

是张岐然(1600—1664)开始的,社员多是他过去的学生,且"几尽一乡之善"[20]。照黄宗羲的说法,读书社社员后多为禅门网罗而去,不过,当该社盛时,其治学风格中有一路是提倡训诂考据[21]。黄氏又在《高古处府君墓表》中说"武林读书社,多通经学古之士,如张秀初、江道闇、郑玄子、虞大赤、仲皜","君(高克临)读书横山,与密友孙武书之所考索者,皆经生之不讲者也"[22]。以读书社为名的,还有丁奇遇等人的读书社。丁奇遇在《读书社约》中解释:"社曷不以文名而以读书命,子舆氏所称文会,正读书也。今人止以操觚为会,是犹猎社田而忘简赋,食社饭而忘粢盛,本之不治,其能兴乎?"故其社约是"一定读书之志,二严读书之功,三征读书之言,四治读书之心。"[23]明亡之后还有陆世仪(1611—1672)等人的"水村读书社"[24]。

---

[20] 黄宗羲还说:"其后交道益广,东浙则陆文虎、万履安,禾中则薄子玉、魏子一,江上则沈眉生、沈崑铜、梅朗三、赵雪度、吴次尾,江右则舒芑孙、刘孝则,蜀中则刘墨仙。"黄宗羲,《南雷诗文集》(全集10),《张仁庵先生墓志铭》,页443。

[21] 黄宗羲说:"仁庵之读书,茧丝牛毛,访核异同。余时读《十三经注疏》,刻意于名物象数,江道闇以为不急,曰:'注《尔雅》者必非磊落人。'独仁庵与余同志。余疏《汉地理志》,仁庵亦疏《左氏》地理。余著《律吕数义》,仁庵与薄子珏、魏子一,取余杭竹管肉好均者,截为十二律及四清声,吹之以定黄钟。又仿区田之法,试之于山中。仁庵之笃于好古如此。其于《易》《诗》《春秋》,皆有论著,不尚雷同。凡先旧诸家盘滞之处,显发开张,使昭然可了。即游方外,尚穷《六经》。"同前书,《张仁庵先生墓志铭》,页444。

[22] 同前书,《高古处府君墓表》,页265。

[23] 转引自郭绍虞,《明代的文人集团》,《照隅室古典文学论集》,上编,页599。

[24] 陆世仪在《水村读书社约序》中说:"既壮,有志于圣人之学,应务之暇,博览先儒语录。窃见有宋诸大儒德业并隆,人己同治,或聚良友于山水之乡,或即所居为乡约之会,优焉游焉。盖无往而不得所为三代也。不觉喟然叹曰:'用世避世之道,其举在兹乎?治乱世也,而所以为治乱者,人之心也。人心不治,虽全盛,吾忧其不免焉。不然,一国之人心不亡,则一国之福未艾也;一方之人心不亡,则一方之福未艾也;虽有兵革,不入善人之乡,吾为天道信之。用是又与同志数人相约为讲学之会,一意读书,自丁丑迄今盖七、八年于兹矣。……石隐曰:'讲学之实可以避世,讲学之名不可以避世,请易之以读书,可乎?'予曰:'唯唯。'"(转下页)

读书社之外，还有征书社，吕留良（1629—1684）的《孙子度墓志铭》："崇祯十一年戊寅（1638），余兄季臣会南浙十余郡为澄社，杂沓千余人中，重志节，能文章，好古负奇者仅得数人焉，孙君子度其一也，越三年（1641），子度择同邑十余人为征书社。"[25]

另外一些社团则直接标明读经或读史。在讨论读经社团兴起前，有必要将明代科考的内容稍为说明一下。明代科考基本上以四书为主，五经很少人过问，本经也只需习一种经即可，而且到后来，在所习的一部本经中还删去一些篇章不考。顾炎武（1613—1682）《拟题》中有如下描述：

> 予闻昔年五经之中，惟《春秋》止记题目，然亦须兼读四传。又闻嘉靖以前，学臣命《礼记》题，有出《丧服》以试士子之能记否者。百年以来，《丧服》等篇皆删去不读，今则并《檀弓》不读矣。《书》则删去《五子之歌》《汤誓》《盘庚》《西伯戡黎》《微子》《金縢》《顾命》《康王之诰》《文侯之命》等篇不读，《诗》则删去淫风、变雅不读，《易》则删去《讼》《否》《剥》《遯》《明夷》《暌》《蹇》《困》《旅》等卦不读，止记其可以出题之篇，及此数十题之文而已。[26]

因为向例只习一经，所以当福建颜茂猷（1578—1637）以文兼五经而蒙皇帝诏特赐进士，以其名别为一行，刻于试录第一名之前时，成为前所

（接上页）陆世仪，《桴亭先生文集》（收入《陆子遗书》，又名《陆桴亭先生遗书》，第3册；清光绪二十五年刊本）卷三，页7b—9a。丁丑是崇祯十年（1637），写此《会约》时应该是1644—1645年之间，此时国家刚亡，所以语气间颇多暧昧之处。

[25] 吕留良，《吕晚邨文集》（《景印岫庐现藏罕传善本丛刊》；台北：台湾商务印书馆，1973）卷七，《孙子度墓志铭》，页6。

[26] 顾炎武，《原抄本日知录》（台北：唯一书业中心，1975）卷十九，页476—477。

未有的特例,而且也造成了一些影响,"五经中式者,自此接迹矣!"[27]如陆世仪观察到,清初人蔡仲全年"十七、八,见闽中颜茂猷以五经中式,遂奋然欲效之,力通五经"[28],看起来这在当时是一件相当震动人心的事。颜茂猷以五经中试是在崇祯七年(1634),他的举动是否影响到讲经团体,尚待研究。不过,我所见到的几个讲经社,仍是以"分曹治之"的方式研经,所谓"分曹治之",即是每一经有一班人研治之意。譬如钱谦益(1582—1664)《常熟县教谕武进白君遗爱记》中提到的"五经社"即"分曹治经":

> 万历癸丑(1613),毗陵白君绍光以进士乙榜署常熟学教谕,疏秽订顽,缉文厉行,立五经社,分曹课试,四方名士,翕然来从。[29]

白绍光是唐荆川(1507—1560)之外孙,钱氏认为他是推本唐荆川之学以教邑之子弟,据钱氏说,他们所想发扬的荆川之学的特色便是"繇经术以达于世务"[30]。

在陕西则有左懋第(1601—1645)于崇祯四年(1631)左右在韩城知县任上[31],与当地士人组成的尊经社。依照他的《重修文昌祠碑

---

[27] 颜茂猷以五经中式事,见酒井忠夫,《颜茂猷の思想について》,在鎌田先生还历纪念会编,《鎌田博士还历纪念历史学论丛》(东京:东通社出版部,1969),页261。颜氏后来成为功过格有力的提倡者。另外谢正光、范金民编,《明遗民录汇辑》(南京:南京大学出版社,1995),下册,页1207"谭贞良"条,记谭氏崇祯癸未年以五经中式,死前嘱其子曰:"我死,题墓石曰:'明五经进士谭某之墓'。"

[28] 陆世仪,《桴亭先生文集》(收入《陆子遗书》,第5册)卷六,《毗陵蔡仲全先生小传》,页23b。陆世仪又说:"庚子(1660)徒步三百里访予于娄,娄中诸贤与仲全接席者无不咋舌称叹,仲全归,益以绝学自任,其族人靖公进士聚友数十人从之讲五经同异,仲全南面踞高座,言如河汉,听者俱屏息。"(同前文,页24a—b)

[29] 钱谦益,《初学集》(台北:文海出版社,1986)卷四十三,页1120。

[30] 同前注。

[31] 依《明史》卷二百七十五,《左懋第传》,左氏崇祯四年(1631)进士,授韩城知县,页7048。

记》所载:"余与韩诸生为尊经之约,五经应制科者居一,外必业一经,月朔核之,一经通,复进一经,期三年,五经俱乃已,二年以来,通三经者彬彬矣。"[32] 在《尊经社序》中,左懋第又说"夫圣人之道备于六经,……而后之学者,守一经以为足,与读诸经而不返于躬者,皆无以观乎文之大全者也"[33]。韩城地在西北,而已濡染当时江南社集尊经之风气,而他们与五经应社分曹治经的方式已经不同,更像是后来甬上的讲经会,以人人皆能通习五经为目标。

江西瑞金的杨以任(1600—1634)也几乎在同时,于南京组了一个五经社。我们从他生平所组过的几个社团的名字可以看出其关怀之转变。他早年是与同邑朱敬之、谢士芳、谢子起、杨汝基等结社论文。《启祯野乘》说:"自江右以至吴楚燕齐,无不向风,所谓赤水六隽是也。"[34] 但是后来国家动乱,闽广寇起,杨氏与其兄集父老豪右为文告城隍,激以大义,倾囊守城。寇至,则斩其渠帅,焚其营垒而重挫之。可见他是一个留心经世实务的人。他与郑鄤(1594—1639)见面,郑氏说:"余犹记与公坐谈,先埽去时事不可为一语,凡公于经世,皆有实著,此其一班也。辛未(崇祯四年,1631)第南宫,遂来白下,以造就人材为任,立五经社、经济社,以射礼久废,又立纬社,有苏湖之风颜。"[35] 杨以任组五经社、经济社,又组纬社以练习弓箭,足证研读经书与其现

---

[32] 左懋第,《左忠贞公文集》(《乾坤正气集》求是斋刊光绪七年印本)卷四,《重修文昌祠碑记》,页4b。

[33] 左懋第,《左忠贞公文集》卷三,《尊经社序》,页2b。

[34] 邹漪,《启祯野乘》(《明代传记丛刊》,第127册)卷七,《杨学博传》,页10a—b(总页273—274)。

[35] 郑鄤,《峚阳草堂文集》(收入《峚阳全集》民国二十一年刊本)卷十二,《南京国子监博士杨惟节墓志铭》,页8a。

实应世之关系[36]。

在山东,有张尔岐(1612—1677)的"经学社"。张氏以《仪礼郑注句读》闻名,顾炎武闻张氏与人谈《仪礼》,指画古代宫制、礼仪,谈乡射、大射、乡饮酒、燕礼、歌乐、饮馔等事,"冲口鬯臆,而辞罔不顺",顾炎武大为惊异,遂与订交[37]。这是因为张氏治礼的风格表现了一种与明人不同的地方,即不讲"旨""义",而是在对礼经的名物度数作细部的历史还原。张氏组有"经学社"(年代不详)。他在《经学社疏》中说"大人之学首先格物,格物莫切于穷经"[38],但因为一般人只以科举为念,故虽"托业于诗书",却并未想好好地了解六经。他说:"然当势穷理极之会,必有力挽之人。凡此含知负觉之身,谁无斯道之责?每中夜而抚心,敢抗声于吾党:各蠲旧累,力振前偷。业不计其生熟,经不限乎大小,分曹而治,计月为程,循环紬绎,浸灌优游。务取益于身心,不旁参以功利。……顾兹暮景,尚希少进;共厉交修,是赖同人。傥获丽泽之资,愿载前茅而导。拟于冬至之次日,汛扫荒斋,申明约束。程课章条,具之别议。"[39]此处提到"经不限乎大小,分曹而治,计月为程,循环紬绎"似乎表示,除了每人专治的一经之外,还期待能与他人共同参详其他的经书。

除了讲经团体外,明季以来亦兴起了一些读史社。明季山阴大藏书家、澹生堂主人祁承㸁(1565—1628)创有"读史社"。谭昌言

---

[36] 当然也有例外的,如涂仲倩等人组成之五笥社,看不出有任何应世的色彩。见黄端伯,《瑶光阁全集》(清嘉庆乙亥年刊本)卷十,《摩虹草序》,页7a:"仲倩湛于经术,不屑为流俗之谭,程古立言,情深韵远。余尝从五笥社内望见诸君子之文章,包山而带海者,其形文也;铿金而戛玉者,其声文也;穷理而尽性者,其情文也。元韵白心,与道为际,其空千古而独行者乎。"

[37] 徐世昌,《清儒学案》(台北:世界书局,1979)卷十六〈蒿庵学案〉,页1b。

[38] 张尔岐,《蒿庵集》(济南:齐鲁书社,1991)卷三,《经学社疏》,页142。

[39] 同前文,页142—143。

(1571—1625)也组有"读史社"[40]。而钱谦益为诸生时的好友昆山王志坚(1576—1633),也结有"读史社"。钱氏说他"深鄙嘉、隆之剽贼涂墼者,以为俗学",后来在南京的车驾司时,乃邀诸同舍郎为"读史社","九日诵读,一日讲贯,移日分夜,矻矻如诸生时。少闲,借金陵焦氏藏书,缮写勘雠,盈箱堆几,……而其读书,最为有法,先经而后史,先史而后子集。其读经,先笺疏而后辨论;读史,先证据而后发明"[41]。

《千顷堂书目》作者黄虞稷(1629—1691),康熙十八年(1679)举博学鸿辞,后荐修《明史》,召入史馆,食七品俸,分纂列传及艺文志,后来参与徐乾学(1631—1694)的一统志局。黄氏家藏八万卷,与江左诸名士约为"经史会"[42]。黄氏重经史态度甚至还促成清初一种重印古书的运动,最后落实为《通志堂经解》的刊刻(详后)。

五经社之类名称的使用与流行,本身即意谓着一种由四书为中心的观点转移到以五经为中心的趋势;基本上也是从关心自身的修心养性,到关心治平天下以及社群的规范和秩序的转变。所以它们之中有许多虽然仍因袭文社或理学讲会的某些形式,甚至脱离不了准备科考的性质,但其内容已有所转变。

可惜这些社团都没有充分的史料可以作深入的分析,不过,从它们治经的内容似可以分成两类(或是两个阶段):一种是仍以某人专研某经为主,一种是五经兼治。此外,这些讲经、讲史的团体,逐步脱离了文社的性质,目标放在经济社会上。在这个时期人们的政治哲学是认为经史才是理想的政治蓝图的根源,所以眼光是放在古代,而不是现代。

---

[40] 朱彝尊,《静志居诗话》(北京:人民文学出版社,1990)卷十六,"谭昌言"条,页493。

[41] 钱谦益,《初学集》卷五十四,《王淑士墓志铭》,页1351—1352。

[42] 徐世昌,《清儒学案》卷三十三"健庵学案",附录"黄先生虞稷",页27。

顾炎武把"六经之旨"与"当世之务"视为一体[43]，黄宗羲说"经、史，才之薮泽也"[44]，陆世仪则说"天下不可不以三代之治治也"[45]，万斯同则一再说"师古"[46]。这是当时许多人共同的想法，所以我们一再地看到他们想致力"经济"，致力"佐王之学"，以经术来经世的想法。对他们来说，一群人在一起研究经史，是为了研究治国平天下的方策。

深受这一波经史社团影响的黄宗羲是本文的主角。黄氏在明季党社中这一股广读经史的风气下成长，早年参加武林读书社时期便开始读《十三经》及《二十一史》，甚至读各种星历算数之书[47]。这使他后来深研刘宗周思想并复兴证人讲会时，能用自己的学术素养去重新诠释老师的思想，使其学说得到新的生命；也使得他与刘子其他门生，如主持山阴证人书院的张奠夫（1591—1681?），风格大不相同。而甬上证人书院也在此思想领导下，很快地由证人会改为五经会，或讲经会。

二、如何克服道德相对主义：刘宗周与"越中旧说"之对抗

影响甬上讲经会形成的一个重要因素是刘宗周的思想。刘氏的思想体系极为繁博，但与讲经会之形成比较有关系的，有下列几点：第一，

---

[43] 顾炎武，《亭林文集》（收入《顾亭林诗文集》；北京：中华书局，1959）卷四，《与人书三》，页91。

[44] 黄宗羲，《南雷诗文集》（全集10），《蒋万为墓志铭》，页479。

[45] 陆世仪，《治乡三约》（收入《陆子遗书》，第18册），《自序》，页1a。

[46] 如万斯同，《石园文集》（《四明丛书》民国二十四年四明张氏约园刊本）卷七，《与从子贞一书》，页8a—b。

[47] 他回忆其弟黄宗会（泽望）说他自己初读《十三经》正是在武林读书社时："余初读《十三经》，字比句栉，《三礼》之升降拜跪，宫室器服之微细，《三传》之同异，义例、氏族，时日之杂乱，钩稽考索，亦谓不遗余力，然终不及泽望之精。冥搜博览，天官、地志、金石、算数、卦影、革轨、艺术、杂学，盖无勿与予同者。"见黄宗羲，《南雷诗文集》（全集10），《前乡进士泽望黄君圹志》，页293。

他极力辩驳晚明心学中识认本体的一派,并极度强调工夫,使得成圣不再是"想象本体"那种恍兮惚兮、无从下手、不可捉摸、又无从保证的事。这一思路影响了黄宗羲,所以黄氏在《明儒学案》的一篇《序》中会说"心无本体,工夫所至即其本体"。第二,是将心提到前所未有的高度,心外无物,心涵一切山河大地。但是刘氏颠倒"心即理"为"理即心",同时又将"意"提高到凌驾宋明理学系统中一切层分缕析的范畴之上,使得所有宋明理学中争论得津津有味的层分缕析失去意义,而心遂能直接认识外在世界,不必再到内在心性种种繁琐的分别上打转。第三,刘氏的两篇《读书说》,使得他思想中"心"与"六经"的关系与王阳明(1472—1529)思想中"心"与"六经"的关系,出现一个逆转。心不再优先于六经,心的内容反而应该由六经所决定。而这几点又都是刘氏和当时浙中禅学化王学长期搏斗后所产生的结果,所以此处先述当时浙中两派思想之歧异与对抗。

当时浙中思想空气中占主流地位的是王学禅学化的一路,浙中王学从王畿(1498—1583)下来,以周汝登(1547—1629)、陶望龄(1562—1609)及陶奭龄(1571—1640)兄弟,以及陶氏的一批学生为代表,他们有意识地谨守浙中王门之传统,并认为这才是王门的真传。尤其是在受到东林的攻击之后,对于他们的正统性特别敏感[48]。

而刘宗周正是受东林学派影响,从外面回到浙中的学者,他所带回来的思想气质正好处处与当地浙中王学传统相矛盾。当时人屡有拿

---

[48] 发生在1598—1605年的几件事可以说明之:1598年顾宪成与管志道辩无善无恶之说;1599年周汝登、陶望龄共祭阳明祠,务相发明守仁遗教;1601年周汝登与友生五十余人,宴于天泉桥,并语及昔年阳明与门人证道之事;1605年周汝登《圣学宗传》著成,陶望龄序之。以上见麦仲贵,《明清儒学家著述生卒年表》(台北:台湾学生书局,1980),上册,页230—237。

"越中之旧说"与刘氏学说相对照,即是在指这两种思想间之对立[49]。

为什么刘宗周一派对"越中旧说"会如此敌视?主要是当时禅学势力极大,而越中王门又是禅学化最厉害的地方,黄宗羲的观察是:

> 崇祯间,士大夫之言学者尚广大,多以宗门为入处。[50]

又说浙中王门的几个代表人物与禅家的关系是"如肉受串""同其义味":

> 万历间,儒者讲席遍天下,释氏亦遂有紫柏、憨山,因缘而起。至于密云、湛然,则周海门、陶石篑为之推波助澜。而儒、释几如肉受串,处处同其义味矣。[51]

孙静庵并说:"石梁陶文觉公之学盛行姚中,沈求如、史子虚,其高弟也,顾颇参以禅悟。"[52]黄宗羲对此当然是极为不满的,一再抱怨"禅门之草,植于吾庭"。后来,连明显属于"越中旧说"这派后嗣的邵廷采(1648—1711)也这样说:

> (天)启(崇)祯之际,(陶石梁)与蕺山刘子分席而讲,悦禅者皆从陶。[53]

"旧说"与新说的争执,当以刘宗周与陶石梁之间的争执为最。后人读

---

[49] 如黄宗羲铭刘汋时说:"而山阴慎独宗旨,暴白于天下,不为越中之旧说所乱者,先生有推陷廓清之功焉。"见黄宗羲,《南雷诗文集》(全集10),《刘伯绳先生墓志铭》,页306。

[50] 同前书,《朝议大夫奉敕提督山东学政布政司右参议兼按察司金事清溪钱先生墓志铭》,页341—342。

[51] 黄宗羲,《南雷诗集》(全集10),《张仁庵先生墓志铭》,页443。

[52] 孙静庵,《明遗民录》(杭州:浙江古籍出版社,1985)卷八,"邵以贯"条,页65。

[53] 邵廷采,《思复堂文集》(台北:华世出版社,1977)卷一,《王门弟子所知传》,"陶望龄、陶奭龄"部分,页51b。邵氏甚至说陶望龄自己承认是深受禅学影响:"(陶望龄)其学与海门同时,尝言吾自悦禅,从此得力,何能顾人非议耶?"同前文,页51b。

黄宗羲等人的记载很容易产生误解,以为刘氏讲学在前,而陶石梁的门徒随而干扰之。其实浙中本来盛行的便是周海门以下的禅学化王学,至于刘宗周则属于另一路。刘氏既与东林顾宪成(1550—1612)、高攀龙(1562—1626)同讲学于首善书院,提倡名节、倡有善无恶,又问学于许孚远(敬庵,1535—1604),而许氏正是与周海门反复争辩"九谛""九解"的人[54],一个讲"有",一个讲"无",论点针锋相对。

刘氏回到浙中与陶石梁联讲,其实是闯入敌人的大本营。浙中陶望龄兄弟,除了以讲学而名重当时外,同时也是余姚显绅。但是刘宗周这时也有不能小看的经历,他当时五十四岁,甫从京兆府尹卸任,任上治绩可观,京师百姓呼之为"刘顺天"。他在1631年(崇祯四年)二、三月间遇陶奭龄,谋会同志而讲学,以衍文成公良知一脉[55],陶奭龄欣然赞成,遂在纪念陶望龄的陶文简公祠(即石箦书院)联讲,与会者有两百余人。联讲是在陶氏的大本营进行的,但是从一开始,刘、陶二人便对许多问题有了歧见,尤其是重躬行或致知之争(按,此处所谓致知是指心体的解悟)。到了这一年十一月,两人有关工夫与本体的争论正式开始,而且缠斗甚久,这是刘、陶两派第一个重大歧异。刘氏主张:"学者只有工夫可说,其本体处直是着不得一语。才着一语,便是工夫边事。然言工夫而本体在其中矣。大抵学者肯用工夫处,即是本体流露处。其善用工夫处,即是本体正当处。若工夫之外,别有本体,可以两相凑泊,则亦外物而非道矣。"[56] 而陶石梁在会讲中却总令学者自识本体,主张:"识得本体,则工夫在其中。若不识本体,说恁工夫?"刘

---

[54] 关于这个争论,参黄宗羲,《明儒学案》,下册卷三十六,"泰州学案五",页854—868。

[55] 姚名达,《刘宗周年谱》(上海:商务印书馆,1934),"崇祯四年辛未(1631)先生五十四岁"条,页174—175。

[56] 同前条,崇祯四年十一月,页186—187。

宗周反驳说:"但既识本体,即须认定本体用工夫,工夫愈精愈密,则本体愈昭荧。今谓既识后遂一无事事,可以纵横自如,六通无碍,势必猖狂纵恣,流为无忌惮之归而后已。"[57] 争论一直持续到隔年(崇祯五年,1632),宗旨既不相合,讲会遂告分裂,拥陶奭龄的王朝式、秦弘祐等奉陶氏,集同志数十人另外在白马岩居。过了不久,刘宗周也离开陶石篑祠,另会于古小学及阳明祠。

不过此后两派人士仍续有往来,恐怕还常在一起讲学,刘宗周甚至劝拥护他的学生莫存芥蒂,并曾主动荐举陶氏。在陶氏死后,刘氏率门下士哭,且私谥之。尽管如此,他与陶氏或其学生(如秦弘祐)的争论不曾断过,一直要到明亡刘宗周自杀为止[58]。譬如1634年,刘氏与秦弘祐讨论"九谛""九解"之争论;同年八月,秦宏祐记刘、陶二人会讲语录时说"陶先生言识认本体,识认即工夫",刘宗周却说"识认终属想像边事,即偶有所得,亦一时恍惚之见,不可便以为了彻也。且本体只在日用尝行之中,若舍日用尝行,以为别有一物,可以两相凑泊,无乃索道于虚无影响之间乎"[59]。就在陶、刘的这一次争论后,刘宗周着手著《证人小谱》,后改名《人谱》。这场争论与《证人小谱》的成书相联是有深意的。刘宗周既然攻击陶氏"索道于虚无影响之间",那么,到底应该"索道"于何处呢?如何在日用常行间求本体呢?《人谱》中所揭示的改过之法是一条路,另一条路是读圣贤的经书。

除了本体与工夫之争论外,陶石梁一派"借路葱岭"之事也是刘宗

---

[57] 姚名达,《刘宗周年谱》,"崇祯五年壬申(1632)先生五十五岁"二月条,页189—190。

[58] 如《证人社语录》中,刘、陶两人所写的《题辞》便对识认本体一事互别苗头,刘氏质问陶氏"便欲识认个怎么"。见刘宗周撰、冈田武彦解说,《刘子全书及遗编》(京都:中文出版社,1981),遗编卷一,"证人社语录",《题辞》,页1b(总页966)。

[59] 刘宗周,《刘子全书》(台北:华文书局,1968)卷十三,《会录》,页21b(总页790)。

周这一派所极力反对的第二个主题。1636年(崇祯九年丙子),刘宗周答陶氏书中说:"顾今天下谈新建之学者,未有不借路葱岭,……高明之士,谈性宗而忽彝伦;卑暗之士,乐猖狂而恶名检。"[60] 1638年(崇祯十一年戊寅)十一月,在答王朝式(金如)书中他还责备陶氏门人说"诸君子言禅言,行禅行,律禅律,游禅游,何以道学为哉"[61]。1642年,刘宗周为陶氏的《今是堂文集》作序,说"或疑先生学近禅,先生固不讳禅也"[62]。

陶、刘两派的第三个差异是:石梁一路,强调的是个人的证悟,周海门说:"自心缺陷,世界缺陷;自心满足,世界满足。不干世界事。"[63] 而蕺山一路,尤其是黄宗羲,受到现实社会政治的刺激,强调的是社会的事,故对"知"及格物的"物"字有不同的解释。黄宗羲说:"家国天下固物也,吾知亦有离于家国天下之时?"[64] 而且认为应该读经,不再局限在个人道德修养的关怀,而是强调社会性、政治性的关怀。何以为了治平天下,必须读经?首先,为了维持社群中的礼教秩序,经书提供了人人共遵的常道。关于这一点,黄宗羲的后人黄嗣艾有这样一段概括性的观察:

> 公既阅桑海,趋变博观,晚年诲后进年少,辄专以读书为第一义,谓学者不穷究经术,则几无立身余地。身之不守,国遑恤欤?

---

[60] 刘宗周,《刘子全书及遗编》,遗编卷五,《与石梁二(丙子)》,页20b—21a(总页1014—1015)。

[61] 刘宗周学生中有十七位不信禅者,包括王业洵、王毓蓍、张应鳌、黄宗羲等,上书刘氏,请别为讲会,而先生拒绝之。但隔年,沈国模、管宗圣、史孝咸、史孝复等创半霖义学于余姚,是为姚江书院之滥觞,从此一在绍兴,一在余姚,两派的距离更形遥远了。刘宗周,《刘子全书》卷十九,《答王金如三》,页32b(总页1368)。

[62] 刘宗周,《刘子全书》卷二十一,《陶石梁今是堂文集序》,页35b(总页1600)。

[63] 黄宗羲,《明儒学案》,下册卷三十六,"泰州学案五",页856。

[64] 黄宗羲,《南雷诗文集》(全集10),《答万充宗论格物书》,页194。

> 盖勘透理路，事无小大，乃有把握。素中国行乎中国，素夷狄行乎夷狄，古来相传礼教两字，就是当路之准的。……然则兴亡之枢机，允在礼教之隆替。既认得此症结，岂复容自作聪明哉！彼从政作制，胥有因革。若言立国大原，殆舍礼教外无一是处。[65]

足见重建可以众人共遵的道德行为标准，也就是所谓"礼教"，是黄氏提倡读书讲经的一个重要理由。

为了治平天下不能只有原理而无内容，而要有内容，则必须攻习诗书礼乐。这是当时许多人共同的想法。如与黄宗羲年辈相近的太仓陆世仪在《思辨录》中有这样一段话：

> 后世但有大学之道，无所谓大学之法，故成就人才较难。何谓大学之法，诗书礼乐是也。[66]

如只有大学之道，则只有原理而没有内容。他们认为仅治理学而不通经史，是空有原理而不足以应付现实，故不是有用的道学。从发起讲经会诸子的变化，也可以看出由原理转向实质的痕迹。以万氏兄弟为主的一批青年，在经黄宗羲转手得闻蕺山刘氏证人之学时（康熙六年，1667），原先所读的是程颐（1033—1107）《定性书》、朱熹（1130—1200）《中和说》、周敦颐（1017—1073）《通书》、张载（1020—1077）《西铭》等，也即是蕺山所辑先儒粹言，这是原理的部分。但接着他们便"改证人之会为五经讲会"，要讲内容及方法。他们之所以专意搜讨六经，是因黄宗羲教人必先通经，尝曰"故受业者必先穷经，经术所以经世，方不为迂儒之学"[67]，又说"人不通经，则立身不能为君子；不通经，则立

---

[65] 黄嗣艾，《南雷公本传》，收入《全集》，第12册，页100。

[66] 陆世仪，《思辨录辑要》（清光绪三年江苏书局刊本；台北：广文书局，1977），前集卷二十，页1a。

[67] 全祖望，《鲒埼亭集》卷十一，《梨洲先生神道碑文》，页136。

言不能为大家"[68]。"迂儒""不能为大家",都是指空有原理、没有实质的人说的。关于这一点,当时人还有如下的观察。全祖望在《甬上证人书院记》说:

> 先生(黄宗羲)始谓,学必原本于经术,而后不为蹈虚,必证明于史籍,而后足以应务,元元本本,可据可依。[69]

其中"蹈虚"或不足以"应务",也都是指只空谈原理,而没有内容或方法。《黄氏续录·失余稿》说:

> 府君(黄宗羲)谓学问必以六经为根柢,空腹游谈,终无捞摸,于是甬上有讲经会。[70]

除了原理,还要有内容才能应务,这个教训也深深铭刻在讲经会的弟子中。如郑梁(1637—1713)曾引述阳明的话,反驳阳明对读书的鄙视:

> 阳明先生曰读书只要晓得,如何要记得,晓得已落第二义,只要明得自家本体。[71]

可是郑梁认为,如果不晓得、不记得,自家本体里面是空空洞洞的:

> 暇时合眼一思,胸中了无一字,何况千百年帝王贤圣谟训功烈,礼乐文章,海阔山崇,岂能言其崖略。因思圣门身通六艺之学,决不如此。阳明谓如何要记得,亦是一时口快,非笃论也。[72]

---

[68] 李邺嗣,《杲堂文钞》(收入《杲堂诗文集》;杭州:浙江古籍出版社,1988)卷三,《送万充宗授经西陵序》,页448。

[69] 全祖望,《鲒埼亭集·外编》卷十六,页880。

[70] 黄百家,《黄氏续录》(清道光四年余姚惇伦堂刊本),书藏余姚黄梨洲文献馆,未能借读。转引自陈训慈、方祖猷,《万斯同年谱》(香港:香港中文大学出版社,1991),页88。

[71] 郑梁,《五丁集》(收入《寒村诗文选》;《四库全书存目丛书·集部·别集类》第256册;台南:庄严文化事业有限公司,1997)卷一,《书读书杂记稿前(己未)》,页35a。

[72] 同前文,页35a—b。

除了经书之外,黄宗羲还极力主张钻研其他各种学问来充实自己。万经(1659—1741)说丁未、戊申(康熙六年,1667;康熙七年,1668)之间,他目睹讲经会的情况是"维时经学、史学以及天文、地理、六书、九章,至远西测量推步之学,争各磨砺,奋气怒生,皆卓然有以自见"[73]。他们认为依照其师"一本万殊"的原理,本来就应该开展各种学术。所以当万斯同转向专治史学时,他在一封给同学的信中说"诚留意于此,不但可以通史,并一代之制度,一朝之建置,名公卿之嘉谟嘉猷,与夫贤士大夫之所经营树立,莫不概见于斯,又可以备他日经济之用"[74]。为了避免只懂理学的一些空泛原则而流为"陋"而无用,万斯同认为应该专力史学,探讨历史上的制度、建制与嘉谟嘉猷,以备他日经济之用。

陶、刘思想上的第四种歧异是:陶派步趋禅学化的心学,认为心的最理想状态是"空",但刘、黄认为心的理想状态是以儒家道德传统作为内容。以"空"作为最高境界是当时流行的看法,管志道(1537—1608)说"空"是孔子学说的大本即是一例[75],不管他们实际行为上如何,既讲"空",则在理论上,一切人伦庶物之理皆足以为我之障,都应该蔑弃之。反对他们的人则认为儒家的理想境界应该是"实"——实之以仁义礼智,实之以六经中正之道理。刘宗周批评道:

> 佛氏止言一心,心外无法,万法归空,依空立世界,何等说得高妙?乃其教门,则忍情割爱、逃亲弃君,……则佛氏之言心,可谓丧心之极。[76]

---

[73] 万经,《寒村七十祝辞》(康熙五十六年慈溪二老阁刊本),《寒村七十寿序》,原书不得见。转引自陈训慈、方祖猷,《万斯同年谱》,页88—89。

[74] 万斯同,《石园文集》卷七,《寄范笔山书》,页5b。

[75] 管志道,《惕若斋集》(日本内阁文库藏明万历二十四年序刊本;东京:高桥情报,1990)卷一,《奉复天台耿先生笔示排异学书(甲申)》,页9b。

[76] 黄宗羲,《子刘子学言》(全集1)卷二,页322。

两派思想的第五个分歧是"改过"思想。"改过"是明季思想之大题目，即使在这个问题上，两派也有分歧。晚明功过格极为流行，它虽然有浓厚的功利思想，可是毕竟让从事者有确切明白可循的方法。功过格在浙中王学圈中相当流行，故后人有云：

> 文成之学，至海门、石梁，直以莲池放生文、云谷功过格为圣学筌蹄，而诸先生皆为所魅，不能觉也，二史为尤甚。[77]

不但是"二史"史孝咸(子虚，1582—1659)、史孝复为功过格所"魅"，石梁门人秦弘祐也仿功过格而作《迁改格》，刘宗周因而作《人谱》以对抗之，认为在修养过程中只有过、没有功可言，斤斤计算功过是功利之心。因为人人天生便是一个圣人，所以道德修养过程中，应该注意的是如何尽可能地把过错消除掉。而且，改过之事不能等过错已经造成后再去记录、反省，理想上应该是在意念尚未发动之先，便先贞定纯善的"意"，使恶的念头不致发生，否则只是皮面补缀的工夫。

以上五点是当时刘宗周一派与陶石梁一派争执的论题。陶、刘二派的争执非常激烈，有彼消我长、彼长则我消之势，后来的人也能充分了解刘子的证人社与周海门一派的紧张关系[78]，全祖望的《蕺山瞻云楼上有大士焉駴而去之》诗即为一证：

> 安得证人昌坠绪，海门弟子息狓猖。[79]

其实除了上述的种种思想差异之外，陶、刘二派还牵涉到政治斗争。在

---

[77] 李慈铭，《越缦堂读书记》(台北：世界书局，1975)，上册，"《国初人传》同治己巳(1869)十月十三日"条，页430。

[78] 如全祖望注意到刘宗周讲学的解吟轩后来为比丘尼所居，足见作为宁波当地人的他，始终视这两者为互相对立的阵营。全祖望，《鲒埼亭集·诗集》卷八，《朱绵之解吟轩当蕺山之左念台先生主讲地也今为比邱所居》，页1579。

[79] 同前书，卷八，页1578。

魏忠贤(1568—1627)垮台之后,浙东不少魏党余孽回到当地,却依然作威作福。他们对黄宗羲之父黄尊素(1584—1626)的墓地及祠堂万般阻挠,黄宗羲认为这是因"浙中之为禅学者,以为忠义、名节无关于理学",所以对于阉党格外巴结,对于忠臣横加打击[80]。这一段观察基本上并未掺杂黄宗羲个人的意见。当时远在北方的刁包(1603—1669)便觉察到阉党的支持者利用周汝登《圣学宗传》打击东林志士的情形,他在《与王燕山宗伯书》中说:

> 梁溪(高攀龙)倡道于珰祸方烈之日,一时言官群起而攻之,而学道者公然以周海门《圣学》一书递相唱和,盖沦肌而浃髓也。[81]

远在湖南的王夫之(1619—1692)也有类似的观察,他说王学末流是"为刑戮之民,为阉贼之党,皆争附焉,而以充其无善无恶,圆融理事之狂妄,流害以相激而相成"[82]。刁、王二人一在河北、一在湖南山区,得到的印象如此相近,那么当时禅化的王学与东林反阉党运动之争是相当清楚的。黄宗羲的好友高斗魁(1623—1670)的一段观察,说明了某些阉党与浙中王学互相倚附,以至于当地气节风俗败坏,而黄宗羲、万泰(1598—1657)、刘瑞当(?—1648)等人与之相抗的情形。高斗魁并无文集传世,在稀见的《濠梁万氏宗谱》中收有他的一篇《悔庵万先生行状》说:

> 时珰焰方炽,乡里缙绅多附之者,先生(万泰)与文虎极口诋之,耻不与交。四明僻处海滨,闻见固陋,前辈鲜知崇尚气节,支派

---

[80] 黄宗羲,《子刘子行状》(全集 1)卷下,页 260。
[81] 刁包,《用六集》(《四库全书存目丛书·集部·别集类》,第 196 册)卷一,《与王燕山宗伯书》,页 12—13。
[82] 王夫之,《序论》,收入张载撰,王夫之注,《张子正蒙注》(台北:广文书局,1970),页 8—9。

> 相承,沿习莫解,海内砥砺名行之士视四明为异域而不之齿。先生慨然思一雪其耻,以移易人心为己责,与慈溪刘瑞当、姚江黄太冲先生兄弟激扬风节,扶掖后进,孑孑乎其如恐不胜也。[83]

足见黄宗羲与其好友们在当地形成了一个维持道德气节的圈子,与附和阉党的士大夫相抗。这种态度一直到黄氏子弟陈锡嘏(1634—1687)也没改变过。在罕见的陈氏《兼山堂集》中便有这样一段话:

> 佛氏欲举天地人物彝伦日用而悉空之,以自私其所为虚灵圆觉者,至于弥近理而大乱真,而要皆不忠不恕为之本。[84]

黄氏本人在《思旧录》中的记载如果可信,则他已明白说出袒护阉党的是沈国模(求如,1575—1656)、管宗圣、史孝咸等禅化王学的学人:

> 先生(刘宗周)于余有罔极之恩。余邑多逆党,败而归家,其气势不少减,邑人从而化之,故于葬地祠屋,皆出而阻挠。其时,吾邑有沈国模、管宗圣、史孝咸,为密云悟幅巾弟子,皆以学鸣,每至越中讲席,其议论多袒党逆之人。先生正色以格之,谓当事曰:"不佞白安先生之未亡友也,苟有相啮者,请以螳臂当之矣。"戊辰(1628)冬,先生来吊,褰帏以袖拂其棺尘,恸哭而去。[85]

黄宗羲说禅学化王学认为"忠义、名节无关于理学",在政治上采取权宜主义,所以在魏忠贤的问题上,沈国模、管宗圣、史孝咸"其议论多袒党逆之人"。而刘宗周"正色以格之",特意在崇祯元年(1628)吊唁黄

---

[83] 高斗魁,《悔庵万先生行状》,在万斯大辑,万经增辑,万承式,万福纂修,《濠梁万氏宗谱》(清乾隆壬辰辨志堂刻本;北京:北京燕山出版社,2006)卷七,页5b(总页376)。

[84] 陈锡嘏,《兼山堂集》(《四库全书存目丛书·集部·别集类》,第247册)卷一,《一贯忠恕说》,页17a。

[85] 黄宗羲,《思旧录》(全集1),页338,"刘宗周"条。

尊素时，"褰帷以袖拂棺尘，恸哭而去"[86]，以表达他的态度。其实禅学化的王学者在立身处世上亦多有严正刚方者，但因为他们的思想中未替忠义名节安排任何位置，所以易于被利用来作违犯名节忠义之事。在现实上曾受阉党欺压的刘宗周、黄宗羲特别留心在理学思想中为名节忠义安排一个地位，而且也要在人心中筑起一道看得见的堤防，让求心性之学的人知道在行为上要能持循忠义名节才是达道，否则，即使悟得本体，在行为上不能持忠义、名节，仍是枉然。刘、黄的著作中遂刻意要谈名节。刘宗周《会语》说：

> 先生谓祝渊曰："人生末后一着，极是要紧。尽有平日高谈性命，临岐往往失之。其受病有二：一是伪学，饰名欺世，原无必为圣贤之志，利害当前，全体尽露。又有一种是禅学，禅家以无善无恶为宗旨，凡纲常名教，忠孝节义，都属善一边，指为事障、理障，一切扫除而归之空。"[87]

《会语》中另有一则，记："有友问：'三代之下，惟恐不好名，名字恐未可抹坏。'王金如云：'这是先儒有激之言，若论一名字，贻祸不是小小。'"[88] 王金如即王朝式，是陶奭龄的门人，他认为名是理障。但不好名，就不受名节之拘束，这是刘、黄所反对的。

刘宗周与黄宗羲强调工夫、强调礼教名节、强调有用之学，他们逐渐觉得不能不在思想体系中为六经三史安排一个位子。

---

[86] 黄炳垕(1815—1893)，《黄梨洲先生年谱》(北京：中华书局，1993)卷上，页13，"崇祯元年戊辰(1628)公十九岁"条。姚名达，《刘宗周年谱》，页129，崇祯元年条："九月，先生闻奄党正法，党祸已解，遂裹粮渡钱塘，遍吊死难诸友之丧。无锡则高攀龙，苏州则周顺昌，江阴则缪昌期、李应昇，桐城则左光斗，吴江则周宗建，余姚则黄尊素。或登堂就位而哭，或拜哭于墓门，其道远者如杨涟、周起元，并遣使吊之。"

[87] 黄宗羲，《明儒学案》，下册卷六十二，"蕺山学案"，页1546。

[88] 同前文，页1540。

(一) 刘宗周的新心学运动

刘宗周思想影响甬上讲经会的实况,不能纯从刘氏思想来看,而应从甬上弟子们对他的学说所留下的印象来判断。李邺嗣(1622—1680)在《原旨书后》中有这样一段观察:

> 子刘子之书,功在万世者,在壹其学于心也。……但由正心以前,诚意以慎心之动,致知以廓心之明,二者而已,是皆壹之于心也。孟子亦曰:求心之外,无他学问焉。然则天下至微至精至一至中之道,诚无有尚于心者也。及战国以来,学术不壹,而人始纷纷言性。不知性者心之所生也,非离心而二之也。今乃使方寸之官,而名号蜂起,诸儒日聚议其中,今日而举一性焉,明日而举一理焉、一气焉,翻使心失其官,以让为冥漠之舍,其离析已甚。而胡广、杨荣辈,复揭揭然尚其所集之书曰"性理",而天下益共謹言性矣。某固心疑之,第未敢倡其说也。迩者子刘子之书既已大出,而黄梨洲先生更以《原旨》一编相授,得伏而读之,始若涣然释然,悦于中心,至忘寝食,因为刻之塾中,以公于吾党,使后来学人惟反求于吾心,各有其至微至精至一至中者在,而不烦冥求诸不可闻之性,然后天下之学,始得尽归于壹矣。斯其功在万世者夫![89]

当时刘门弟子及讲经会诸子所接受到的印象,都是刘氏提倡"壹其学于心",而且认为刘氏的心学思想很新鲜。他的弟子陈确(1604—1677)说:

> 先生每云"无心外之性,无心外之理,无心外之学",而归其功于慎独,可谓破末学之藩篱,造羲、姚之堂奥矣。[90]

---

[89] 李邺嗣,《杲堂文钞》卷五,《原旨书后》,页499。
[90] 陈确,《大学辨》二,《与刘伯绳书》;收入《陈确集》(北京:中华书局,1979),下册,页576。

又说：

> 惟当反求诸心，即山阴先生"无心外之性"之旨也。……以见所谓天、命、性皆不越吾身吾心之外，学者毋徒驰骛于荒忽不可知之域。[91]

"壹其学于心"的思想，看起来殊无异于阳明等人，但对当时思想界却有肃清作用。"壹其学于心"是将天、命、性等，全部交归心来管，由心来决定它们的内容，所以不必在天、命、性上探求以致"驰骛于荒忽不可知之域"。

刘宗周反对将"心"作为求学目标的话随处皆是，如《子刘子学言》中说：

> 吾人有生以后，此心随物而逐，一向放失在外，不知主人翁在何处。一旦反求，欲从腔子内觅归根，又是将心觅心。惟有一敬为操存之法，随处流行，随处静定，无有动静显微前后巨细之歧，是千圣相传心法也。[92]

黄宗羲也赞同这一个论点，在《孟子师说》中说：

> 千古性学不明，只是将做一好题目看，故或拘于一处，或限于一时，……朱子以未发言性，仍是逃空堕幻之见。性者生而有之之理，无处无之。如心能思，心之性也；耳能听，耳之性也；目能视，目之性也。[93]

他又引其师的话：

> 识得夫子言性处，方可与尽性。后人皆以性求性，妄意有一物

---

[91] 陈确，《大学辨》三，《与张考夫书》；收入《陈确集》，页584。
[92] 黄宗羲，《子刘子学言》（全集1）卷一，页264。
[93] 黄宗羲，《孟子师说》（全集1）卷三，"道性善"章，页78。

可指,终失面目。[94]

至于将"心即理"倒转为"理即心",也有一个发展的过程,高攀龙已经发过"理即是心"之类的言论了。高氏在给刘宗周的一封信上说:

> 理者心也,穷之者亦心也,但未穷之心,不可谓理,未穷之理,不可谓心。[95]

> 今人说着物,便以为外物。不知不穷其理,物是外物,物穷其理,理即是心。[96]

> 心即理,理即心,理散见于六经,闻见狭而心亦狭,非细事也。[97]

> 格物穷理,皆所以致其良知。[98]

正因为心是认识天地万物的,所以"心体"即是天地万物,不是别有一物。"心体"只在日用常行,不是别有一物。求心体正是要求诸日用常行及天地万物,而不是渺茫恍惚、无可捉摸之处。刘子这一类的话甚多,兹引数则如下:

> 一心也,统而言之,则曰心,析而言之,则曰天下、国、家、身、心、意、知、物。惟心精之合意、知、物;粗之合天下、国、家与身,而后成其为心,若单言心,则心亦一物而已。[99]

> 心以物为体,离物无知。今欲离物以求知,是程朱所谓反镜索照也。然则物有时而离心乎?曰:无时非物。心在外乎?曰:惟心

---

[94] 黄宗羲,《孟子师说》(全集1)卷三,"道性善"章,页78。
[95] 高攀龙,《高子遗书》(清康熙二十九年刊本)卷八上,《复念台二》,页27a。
[96] 同前书,卷一,《语》,页3b。
[97] 同前书,卷八上,《与子往二》,页54a。
[98] 同前书,卷八上,《与泾阳论知本》,页14b。
[99] 黄宗羲,《子刘子学言》(全集1)卷一,页286。

无外。[100]

> 只此一心,……阴阳之为《易》,政事之为《书》,性情之为《诗》,刑赏之为《春秋》,节文之为《礼》,升降之为皇帝王伯,皆是也。只此一心,散为万化,万化复归一心。……[101]

> 心无体,以意为体;意无体,以知为体;知无体,以物为体。[102]

这些话明显地为读经及外求诸天地万物的知识安排了位置。此外,他也将他的观点与佛学作一比较,说:

> 释氏之学本心,吾儒之学亦本心。但吾儒自心而推之意与知,其工夫实地却在格物,所以心与天通。释氏言心便言觉,合下遗却意。无意则无知,无知则无物,其所谓觉,亦只是虚空圆寂之觉,与吾儒尽物之心不同。[103]

刘氏说过"天者,万物之总名"[104],那么此处所谓"心与天通"其实即是心与万物通。

那么我们也可以了解为何黄宗羲"盈天地皆心也"这样看来极端唯心的思想,竟会发展成为研究经书、天文历象、文学辞章、沟渠水利之学?何以极端唯心的思维之中又透露出唯物的倾向?心学与经学,原是看来完全矛盾的东西,何以会有逻辑的关联?心学之后何以接着便是实学?《明儒学案·序》说:

> 盈天地皆心也,变化不测,不能不万殊。[105]

---

[100] 黄宗羲,《子刘子学言》(全集1)卷一,页278。
[101] 同前书,卷一,页263。
[102] 同前书,卷一,页288。
[103] 同前书,卷一,页265。
[104] 同前书,卷二,页304。
[105] 黄宗羲,《明儒学案》,上册,《原序》,页9。

又说：

> 故穷理者，穷此心之万殊，非穷万物之万殊也。[106]

因为心是认识万物的主体，而不是被认识的对象，所以这两段看似唯心色彩极为浓厚的话，其实饱含玄机。刘、黄皆将"心即理"转换为"理即心"，而这一个转换也必须等到将心的内容看成是万殊，而非一成不变，才有可能。否则是万理应从属于心，而不是心从属于万理。谁主谁客极为关键。如果说"心即理"是唯心主义，那么"理即心"就几乎是相反的东西了。

(二) 刘宗周、黄宗羲对经学的新看法

从蕺山"理即心"的学说，发展出他的前后两篇《读书说》。第一篇作于1627年（天启七年丁卯），是为了给他儿子刘汋（1613—1664）读的；第二篇则作于1632年（崇祯五年壬申）。这两篇提倡读书的文字，并不是为读书而读书，而是为了明心而读书，也就是后来黄宗羲的"以书明心"，所以他们并未完全脱离心学的矩矱。他们为读经书所找到的理论依据是因为圣贤之心即吾心，所以欲明白自己的心，便要了解圣贤的心；而学者如果想窥见圣贤之心，则舍四书五经无由。

首先应该谈阳明心学体系中，经书与心体的关系。阳明的经学与心学观点，以《稽山书院尊经阁记》为主。他说：

> 六经者非他，吾心之常道也。[107]

阳明又说：

> 是常道也，以言其阴阳消息之行焉，则谓之《易》；以言其纪纲政事之施焉，则谓之《书》；以言其歌咏性情之发焉，则谓之《诗》；

---

[106] 黄宗羲，《明儒学案》，上册，《原序》，页9。

[107] 王守仁，《王阳明全集》（上海：上海古籍出版社，1992）卷七，《稽山书院尊经阁记》，页254。

以言其条理节文之著焉,则谓之《礼》;以言其欣喜和平之生焉,则谓之《乐》;以言其诚伪邪正之辩焉,则谓之《春秋》。[108]

刘宗周在《读书说(示儿)》中将上述的命题作了相当巧妙的转换。这是一篇相当重要的文字,所以我将大段征引:

> 人生蠢蠢耳,此心荧然,喜而笑、怒而啼,惟有此甘食悦色之性耳。迨夫习于言而言,习于服室居处而服室居处,而后俨然命之人,则其习于学而学,亦犹是也。人生而有不识父母者,邂逅于逆旅,亦逆旅而过之。一旦有人指之曰:此尔父母也,尔即子也,则过而相持,悲喜交集,恨相见之晚也。吾有吾心也,而不自知也,有人指之曰:若何而为心,又若何而为心之所以为心,而吾心恍然,吾心恍以为是矣。……由是而及于天下,其是是而非非也,不亦随所指而划然乎?夫书者,指点之最真者也。前言可闻也,往行可见也,多闻,择其善者而从之,多见而识之,所以牖吾心也。先之小学以立其基,进之《大学》以提其纲,次《中庸》以究其蕴,次《论语》以践其实,终之《孟子》以约其旨,而所谓恍然于心者,随在而有以得之矣。于是乎读《易》而得吾心之阴阳焉,读《诗》而得吾心之性情焉,读《书》而得吾心之政事焉,读《礼》而得吾心之节文焉,读《春秋》而得吾心之名分焉。又读《四子》以沿其流,读《纲目》以尽其变,而吾之心无不自得焉。其余诸子百家泛涉焉,异端曲学诛斥之,可也。于是乎博学以先之,审问以合之,慎思以入之,明辨以晰之,笃行以体之。审之性情隐微之地,致之家国天下之远,通之天地万物之大,而读书之能事毕矣,儒者之学尽于此矣。故曰读书,儒者之业也。自后世有不善读书者,专以记诵辞章为学,而失之以口耳,且以为济恶之具有

---

[108] 王守仁,《王阳明全集》卷七,《稽山书院尊经阁记》,页254。

之。于是,有志之士始去而超然即心证圣,以闻见为第二义,而佛老之徒益从而昌炽其说,其究至于猖狂自恣以乱天下。[109]

后面这几句话完全是针对阳明而说的。阳明《大学问》中激烈批判专以记诵辞章为学,甚至以之为"济恶之具"的人,而刘宗周虽然并不反对阳明的话,但是他也指出阳明之说本身就是"猖狂自恣以乱天下"的开始,尤其是"即心证圣"一语。那么依刘宗周的意思,应该用什么来"证圣"呢?——六经。应该"读《易》而得吾心之阴阳焉,读《诗》而得吾心之性情焉,读《书》而得吾心之政事焉,读《礼》而得吾心之节文焉",这正好是阳明读书观的大逆转。阳明说"六经者,吾心之记籍也","礼"只是吾心之条理处,吾心处于优先的地位。现在却反逆过来,心的内容还得要等六经来证定与规范。

阳明认为"尊吾心之常道,即所以尊经",故说:

> 君子之于六经也,求之吾心之阴阳消息而时行焉,所以尊《易》也;求之吾心之纪纲政事而时施焉,所以尊《书》也;求之吾心之歌咏性情而时发焉,所以尊《诗》也;求之吾心之条理节文而时著焉,所以尊《礼》也;求之吾心之欣喜和平而时生焉,所以尊《乐》也;求之吾心之诚伪邪正而时辩焉,所以尊《春秋》也。[110]

这一段话刘宗周也常援用,不过他反过来认为尊经即是尊吾心之常道,而不是尊吾心之常道即尊经,在这关键之处刘宗周与阳明有极大不同。他是主张要读《易》才能得吾心之阴阳,读《诗》才能得吾心之性情,读《书》才能得吾心之政事,读《礼》才能得吾心之节文,读《春秋》才能得吾心之名分。阳明主张人心中有自家无尽藏,故反求诸心即可得经,但

---

[109] 刘宗周,《刘子全书》卷八,《读书说(示儿)》,页7b—8b(总页472—474)。
[110] 王守仁,《稽山书院尊经阁记》,页255。

刘宗周认为心与常道的关系是像从小失散的儿女与父母之关系,即使在路上遇见了也认不得,必须有人从旁指点,而指点的人即是"六经"。

六经是看得见的,写得清清楚楚的。遵照六经,则什么该做与什么不该做都比较确定,可是如果一切以心来判断,就捉摸不定了。刘宗周在《读书说(示儿)》中又举张居正(1525—1582)夺情事为例说:

> 余尝从阳明子之学,至拔本塞源论,乃以博古今事变为乱天下之本。信有然乎,充其说,必束书不观而后可。夫人心不敢为恶,犹博此旧册子作尺寸之堤,若又束之高搁,则狂澜何所不至。旧偶阅一书,江陵欲夺情,尽指言者为宋人烂头巾语,此事惟王新建足以知之。夫江陵欲夺情,不管新建不新建,何至以新建之贤而动为乱臣贼子所藉口,则亦良知之说有以启之。[111]

这一段引文中"犹博此旧册子作尺寸之堤"一语特别值得注意。"旧册子"之所以能作尺寸之堤,是因它不是可以任心称意去发挥的东西,它写得清楚而不能变更,像成文宪法般。而张居正之认为"夺情"一事只有王阳明能同意,便是因为如果照心即理的道理,人应随着境遇之不同而变,只要心之所安,便可以做了。张居正是否真说过这样的话,还待考证。要紧的是刘宗周认为阳明的话可以被如此利用,而且曾经被如此利用。依刘氏的意思,为了挽救这一弊病,必须提出一套确定可见而客观共认的知识系统来规范心的内容。心原来是裁决者,现在反而在相当程度上是被裁决者。

如果照着这一思路,则阅读及诠释经书的方式及态度也要大加改变:要一反明代理学家拿经来发挥哲学,或拿经来讲自己一套义理的方式,把经变成比义理哲学更优位的东西,由它来决定心的内容,不是由

---

[111] 刘宗周,《读书说(示儿)》,页9b(总页475)。

心决定它的内容,所以客观地了解圣人原来的意思变成了解圣贤之心——也就是我之本心的不二法门了。刘宗周并未说出这一层,不过,"以书明心"的路子基本上已经定下来。

刘宗周在另一篇《读书说》中又说:

> 学者诚于静坐得力时,徐取古人书读之,便觉古人真在目前,一切引翼提撕匡救之法,皆能一一得之于我,而其为读书之益,有不待言者矣。昔贤诗云:万径千蹊吾道害,四书六籍圣贤心。学者欲窥圣贤之心,遵吾道之正,舍四书六籍无由。夫圣贤之心即吾心也,善读书者,第求之吾心而已矣。舍吾心而求圣贤之心,即千言万语无有是处。阳明先生不喜人读书,令学者直证本心,正为不善读书者舍吾心而求圣贤之心,一似沿门持钵,无异贫儿,非谓读书果可废也。先生又谓,博学只是学此理,审问只是问此理,慎思只是思此理,明辨只是辨此理,笃行只是行此理,而曰心即理也。若是乎,此心此理之难明,而必假途于学问思辨,则又将何以学之问之思之辨之而且行之乎?曰古人诏我矣。读书一事,非其导师乎?即世有不善读书者,舍吾心而求圣贤之心,一似沿门持钵,苟持钵而有得也,亦何惜不为贫儿。昔人云,士大夫三日不读书,即觉面目可憎,语言无味,彼求之闻见者犹然,况有进于此者乎?惟为举业而读书,不免病道,然有志之士卒不能舍此以用世,何可废也?吾更恶夫业举子而不读书者。[112]

此段引文中有极可注意之处,他一方面并不完全脱离王阳明心学的传统,可是又处处在与他争持。阳明认为世间有不善读书者"舍吾心而求圣贤之心",并讥之为"沿门托钵效贫儿"。刘宗周反驳说,如果是这样而

---

[112] 刘宗周,《刘子全书》卷八,《读书说》,页 15a—b(总页 487—488)。

有所得,"亦何惜不为贫儿"。他甚至说士大夫之"求之于闻见者"还觉得三日不读书则面目可憎,那么求道者怎能不更汲汲讲求闻见之知?

刘宗周虽然指出了读六经以明心的路,可是甬上证人讲会的弟子们之所以走上"讲经"一路,主要是透过黄宗羲的诠释与发挥。

黄氏当时所发挥的议论,我们必须从参与讲会的弟子们的记录中推测,才算得其情实,不应由黄氏一般的哲学理论中去看。前面已经引用过黄百家(1643—1709)《黄氏续录·失余稿》中说的一段话:"府君谓学问必以六经为根柢,空腹游谈,终无捞摸。"百家是当日参与讲会的人,他的记录定是当日亲闻之辞,所谓必以六经为根柢否则"终无捞摸",可以解释作:如果只是谈心,是恍恍然空空洞洞的,没有准则也没有内容。另一位讲经会弟子李邺嗣在《送范国雯北行序》中说:

> 先生尝叹末世经学不明,以致人心日晦,从此文章事业俱不能一归于正。[113]

这几句话可以解释为因为人们不能以六经明心,每个人任心以为理,以致道德纷歧、价值混乱,故"从此文章事业俱不能一归于正"。后来的全祖望在记甬上的证人书院时,作了非常有名的归纳:

> 不知自明中叶以后,讲学之风,已为极敝,高谈性命,直入禅障,束书不观。……先生始谓学必原本于经术,而后不为蹈虚;必证明于史籍,而后足以应务。元元本本,可据可依,前此讲堂锢疾,为之一变。[114]

全氏又在《梨洲先生神道碑文》中归纳出黄宗羲是主张"读书不多,无以证斯理之变化"——

---

[113] 李邺嗣,《杲堂文钞》卷三,页445。
[114] 全祖望,《鲒埼亭集·外编》卷十六,《甬上证人书院记》,页880。

> 公谓明人讲学,袭语录之糟粕,不以六经为根柢,束书而从事于游谈。故受业者必先穷经,经术所以经世,方不为迂儒之学,故兼令读史。又谓读书不多,无以证斯理之变化,多而不求于心,则为俗学。故凡受公之教者,不堕讲学之流弊。[115]

他们认为,理是在人心中,可是它并没有形迹,空空荡荡,如果不读书,无从证知其内容。就好像刘宗周所说的,一个幼年与父母失散的人,在路上见了也互不认识,一定要到别人指证时,才知道是自己的父母。过去以心证圣是行不通的,应该要用书来明心。

以礼学为例,在心学的理论系统中,圣人是可以即吾心之义理,发而为合乎圣人经典上所记之礼的。但问题出在我们不是圣人,一般人不一定能做到这一步,所以必须倒过来做,先明仪文才能得其义理。黄宗羲门生万斯大(1633—1683)说了几句看似平淡,其实很有深意的话:

> 在圣人即吾心之义理,而渐著之为仪文;在后人必通达其仪文,而后得明其义理。[116]

所以他们讲三礼之学时强调《仪礼》。[117]

(三)何以"圣人必可学而至"

黄宗羲在《明儒学案》的《姚江学案》中曾说:"自姚江指点良知人人现在,一反观而自得,便人人有个作圣之路。"不过一反观而自得其本体,毕竟是非常主观而没有保证的事;即使得到,不一定真实,即使真

---

[115] 全祖望,《鲒埼亭集》卷十一,页136。

[116] 万斯大,《仪礼商》(收入万斯大撰、黄宗羲点定之《经学五书》上册;台北:广文书局,1977),附录,《与陈令升书》,页99—100。另参见小野和子,《清初的讲经会について》,《东方学报》36(1964),页650。按,小野和子这篇文章是关于此会很重要的前驱之作。

[117] 万斯大说:"故读《礼记》而不知《仪礼》,是无根之木,无源之水也。"同(万斯大)前文,页100。

实,不一定能保持勿失。明儒杨慎(1488—1559)批评说,道学、心学"使人领会于渺茫恍惚之间,而无可着摸,以求所谓禅悟,此其贼道丧心已甚"[118]。刘、黄二人则想将之从渺茫悠忽、无可捉摸之境拉下来,用最普通可行的方法去铺设这一个"作圣之路"。

当时甬上这一批年轻人在初见到由黄氏转手的刘宗周著作时,第一个反应是非常乐观地认为成圣是一件可能做到的事,而且有方法、有步骤,很容易下手。他们的乐观情绪有以下诸例,郑梁《生朝自述》:

> 天幸丁未(1667)夏,遇师甬江浒,得闻蕺山传,不觉志气鼓。慎独谈何易,读书勇可贾。[119]

又《上黄先生书》:

> 去年五月十三日,获见先生于鄞郊,……始翻焉知圣贤之必可为,而学之不可以不汲汲也。[120]

陈锡嘏说:

> 一时不下十余人,……而皆以为圣人必可学而至。[121]

本来圣人是否可学而至,是中国思想史上的大问题[122]。在这里,他们的乐观气氛有其背景:即刘宗周所许诺的,人人可以成为圣人,而且不必像浙中王门那样悬空讲本体、求证悟,才能成圣。成为圣人的方法很容易,一是改过,一是读书。

刘氏的改过思想,使得接触到他的学说之人马上相信上圣可达。

---

[118] 杨慎,《杨升庵文集》(明万历十年张士佩重编刊本)卷七十五,《道学》,页15a。
[119] 郑梁,《五丁诗稿》(收入《寒村诗文选》)卷一,《生朝自述》,页5b。
[120] 郑梁,《寒村杂录》(收入《寒村诗文选》)卷二,《上黄先生书》,页28b。
[121] 陈锡嘏,《兼山堂集》卷四,《陈母谢太君六十寿序》,页24a—b。
[122] 参见汤用彤,《谢灵运辨宗论书后》,氏著,《魏晋玄学论稿》(北京:人民出版社,1957),页112—119。

黄百家提到宋子瑜对他说"今世学者多用空言,蕺山《人谱》最为切实,若能循此而行,圣域真不难到",百家同时又说:"《人谱》一书,真有途辙可循,不患不至上达。"[123]我们应注意其中"途辙可循""不患不至上达""圣域真不难到"三语,因为遵循《人谱》就像会计师记账一般,内在世界成德转化的情况,完全可以从簿记中一览无遗;但它与功过格不同,只记过不记功,故只要在日用常行中消除过错,便是工夫、便是本体呈现、便可成圣人,此之谓"有途辙可寻"也。另外一种工夫便是读书。刘氏的两篇《读书说》及《证学杂解》皆将读书与成圣的关联说得相当清楚。总之,刘氏的《人谱》与《读书说》及《证学杂解》都有步骤、有方法,只要能刻刻改过、刻刻不放过,只要能勇于读书,即可成为圣人。比较起来,这是对当时浙东思想界以求悟本体为达于上圣的思想空气的革命。黄宗羲则突出"读书"而少谈"改过"。他的文章谈改过的不多,一再强调的都是以六经为作圣根柢,在黄氏看来,要想"捞摸"到"本体",最重要的工作便是读书了。在他的影响下,浙江甬上出现了"讲经会"。

三、甬上讲经会之形成与进行

讲经会弟子中关于万斯同的史料最多,我们便以他作为个案,分析

---

[123] 黄百家,《学箕初稿》(收入《南雷文案》附录;《四部丛刊初编·集部·缩本》,第341册;台北:台湾商务印书馆,1965)卷一,《〈人谱〉谱图序(代)》,页12。但是陈锡嘏后来却著有《汇纂功过格》,似乎后来觉得刘子《人谱》的办法仍不似功过格般简便易行。陈锡嘏之《汇纂功过格》系1828年刊本,但陈氏《兼山堂集》中并未言及他曾著有此书。此书现存日本,见 Cynthia J. Brokaw, *The Ledger of Merit and Demrit* (Princeton: Princeton University Press, 1991), pp. 178-183, 184, 186, 191, 192-200, 208-214。陈氏并非特例,山阴张际后来也有相似的发展,见(清)徐元梅等修,(清)朱文翰等辑,《嘉庆山阴县志》(清嘉庆八年修民国二十五年校刊铅印本;台北:成文出版社,1983)卷十六,页3b:"际辰习闻证人之学,……既尝受《人谱》于师,后复悟谱学主修不主验,乃盟诸神祇,力行所谓《太微功过格》者,意主于修省,无邀福想。"

讲经会逐步形成的过程。大抵万氏的为学经历,即是与他相友善的一批甬上青年如何一步步走向讲经会之历程。他们的第一个阶段是"共郡中故家子弟二十九人为文会"[124],这一段时间的风格是"相聚剧谈史书治乱古文歌辞,视世路贿利之事如土芥"[125]。这已是顺治十三年(1656)的事,虽距清廷禁社(顺治十七年,1660)还有四年,但因文网日严,其父深以结社为禁忌,故在《祖训录》中训示说:

> 读书人不知古今,与聋瞆等耳。会考立社,但须集同志十许人,以四书为面会,以经为奥会。闻汝等聚集多人,如同闹市,此无益有损,万万不宜。[126]

1660年清廷禁社,过了三年(1663),季野参与的文会亦罢散。隔年(康熙三年,1664),他常与澹园社成员陈赤衷(1617—1687)、陈锡嘏、陈自舜(1634—1711)、董允瑫(?—1679)、董允璘(1636—1671)、范光阳(1630—1705)等相过从[127]。接着万斯同等人在1665年(康熙四年)组策论之会,会中骨干主要便是上述诸人再加王文三(1640—1707)、钱鲁恭、张九英(?—1675)、张士埙(1640—1676)。此会"煮酒论文、诗歌唱和,赫然以为不可一世"[128]。由文会到策论之会,标志着他们治平天下之志的萌兴。也就在1665年春天,甬上的万斯大、万斯同、陈锡嘏、陈赤衷、董允瑫、董道权(1630—1689)、董允璘、仇兆鳌(1638—1717)等二十余人,到余姚向黄宗羲问学[129]。1666年(康熙五年),万

---

[124] 陈训慈、方祖猷,《万斯同年谱》,"1656年清顺治十三年丙申十九岁"春季条,页53。
[125] 同前注。
[126] 万斯大辑,万经增辑,万承式、万福纂修,《濠梁万氏宗谱》卷十三,《祖训录》,《昌一府君训子家书》,页9a(总页733)。按,依《宗谱》卷七,十二世"昌一府君"即为万泰。
[127] 陈训慈、方祖猷,《万斯同年谱》,"1664年清康熙三年甲辰二十七岁"条,页68。
[128] 同前书,"1665年康熙四年乙巳二十八岁"年初及初夏条,页71—72。
[129] 黄炳垕,《黄梨洲先生年谱》卷中,"康熙四年乙巳(1665)公五十六岁"条,页33。

斯同被一个重大的问题困扰着——即修己与治人是否互相矛盾。他在《与从子贞一书》说：

> 历观载籍以来，未有若是其憔悴者也。使有为圣贤之学，而抱万物一体之怀者，岂能一日而安居于此。夫天心之仁爱久矣，奚至于今而独不然？良由今之儒者皆为自私之学，而无克当天心者耳。吾窃不自揆，常欲讲求经世之学，苦无与我同志者。……夫吾之所为经世者，非因时补救如今所谓经济云尔也。将尽取古今经国之大猷，而一一详究其始末，斟酌其确当，定为一代之规模，使今日坐而言者，他日可以作而行耳。若谓儒者自有切身之学，而经济非所务，彼将以治国平天下之业非圣贤学问中事哉！……吾窃怪今之学者，其下者既溺志于诗文，而不知经济为何事；其稍知振拔者，则以古文为极轨，而未尝以天下为念；其为圣贤之学者，又往往疏于经世，见以为粗迹而不欲为。于是学术与经济遂判然分为两途，而天下始无真儒矣，而天下始无善治矣。[130]

这一个重大的困惑后来逐渐被黄宗羲所转手的蕺山理学所解决（详后）。

万氏等人的第三阶段开始于两年后（康熙六年，1667）的正月，也就是斯同三十岁时。他们由策论转向理学的追求，与里中前述诸人，再加上其他共二十六人，至余姚黄竹浦，正式执贽于黄宗羲[131]。甬上年轻士人之所以受教于余姚黄宗羲，除了地缘接近外，这个教育圈的形成与明季东林党也有关。黄宗羲的父亲黄尊素（1584—1626）早年从师于甬上，且曾客于当地大族董氏。后来还与此地陆符（文虎，1597—1646）、万泰（1598—1657）相友善，并同游刘宗周之门。而且他们都是

---

[130] 万斯同，《石园文集》卷七，页8a—9a。

[131] 陈训慈、方祖猷，《万斯同年谱》，"1667年清康熙六年丁未三十岁"正月条，页77。

支持东林反阉党的同志。万、陆既殁,黄宗羲还有二三故人在甬上,故常乘小舟循甬江到甬上。所以万、董两家子弟领着里中后起诸贤向黄氏请业,也不是全无渊源可言[132]。

黄宗羲于1667年(康熙六年丁未)前来甬上[133],一个月后,他们决定改策论之会为证人之会,由名称的改变可见他们开始以刘宗周的后学自居。这时所研读的都是理学书籍,尤其是刘宗周的文字[134]。

万氏与友人的第四个阶段发生在同年(1667),他们改称证人之会为五经讲会[135]。由他们当时之文字可看出从证人到讲经有一脉相承之迹。譬如李邺嗣便说:"既在梨洲黄先生门,得读蕺山遗书,始涣然冰释,为大道不远,惟当返而求诸六经,……立为讲经之社。"[136] 来年(1668),黄宗羲在讲经会的骨干上创甬上证人书院[137]。

(一)讲经会与证人会的重叠与思想承袭之迹

细察证人会与讲经会之间,有一段模糊的重叠地带。一般提及两个社名时,也都语带含糊,似乎有一段时间这两个会是一个会,这两个名字也可能同时并用。这一段模糊重叠之迹,说明了当时理学的发展与经学之间的沿承关系,而不是截然两个对立面。

刘宗周思想随着黄宗羲第一次系统地被介绍到甬上。刘宗周在世及死后不久,主要是以节义而闻名,一般士大夫学者对他在思想史上的地位

---

[132] 以上参李邺嗣,《杲堂文续钞》(收入《杲堂诗文集》)卷二,《黄母叶淑人六十寿序》,页625。

[133] 黄宗羲黄竹浦老门口,正是三江——甬江、剡溪、姚江交会处。由郑梁的"遇师甬江浒"诗句看来,黄氏是循甬江而来的。参见注119。

[134] 陈训慈、方祖猷,《万斯同年谱》,"1667年清康熙六年丁未三十岁"五月条,页80。

[135] 同前书,页83。

[136] 李邺嗣,《杲堂文续钞》卷二,《陈太母谢太夫人七十寿讌序》,页627。

[137] 陈训慈、方祖猷,《万斯同年谱》,"1668年清康熙七年戊申三十一岁"三月条,页85。

并无确定的了解。邵廷采在《答蠡吾李恕谷书》中,便将这一实况点出:

> 孔孟以后集诸儒大成无粹于此,特全书未经刊布,世多传其节义,至其为承千圣绝学,尚罕有知之者,向读孙徵君《理学正传》一编,写蕺山才百余字。[138]

而一般也都承认发扬刘子思想,并将它介绍到甬上来,是黄宗羲绝大的功劳。

黄宗羲与刘子遗书之关系值得细加厘清。黄氏早年受父命从学于刘宗周,但是诚如黄氏所自言的,他虽久侍刘氏[139],但当时只留心科举时文,四处参加文社,后来又致力于抗清,东奔西走,根本不曾仔细体会刘氏之思想。其子黄百家也说黄氏"顾是时,心力旁溢,既业制举,复骋诗文。就试南都,凡一时四方知名之士无不交,远近时文诗赋之会无不赴;选《文统》于东浙,就盟会于三吴,故虽得子刘子以为之师,尝自谓'先师梦奠以前,痛掌血痕,不沾牛革'"[140]。

他开始用心体会刘氏遗书是奉其母避居山中时,"大启蕺山书,深研默究,以为世知蕺山之忠清节义而已,未知其学也"[141]。其子黄百家也说,在"奉王母避之山中"之时,黄氏才"大发箧衍,默体遍勘,始悟师门之学,为集儒先之大成"[142]。黄氏避居四明山,居处甚多,不过此时应是在化安山,也就是黄尊素墓旁的丙舍[143]。不久后因为山兵起,才又迁入余姚城中。奉母山居在顺治三年(1646),离开时是顺治六年

---

[138] 邵廷采,《思复堂文集》卷七,页10a。

[139] 黄宗羲,《南雷诗文集》(全集10),《续师说》,页639。

[140] 黄百家,《先遗献文孝公梨洲府君行略》,收入《南雷诗文集(附录)》(全集11),页422。

[141] 邵廷采,《遗献黄文孝先生传》,收入《全集》,第12册,页62。

[142] 黄百家,《先遗献文孝公梨洲府君行略》,页422。

[143] 黄宗羲,《南雷文钞》(全集11),《家母求文节略(癸丑)》,页26。

(1649)。李邺嗣在《黄先生六十序》中说"先生抱蕺山之遗书,伏而不出,更二十余年,而乃与吾党二、三子重论其学"[144],大抵年代是符合的。黄氏在摩挲蕺山遗书二十多年后,才于丁未年(康熙六年,1667)与姜希辙(定庵,?—1698)在绍兴复兴证人讲会,开始系统讲述蕺山之学[145]。

刘宗周的遗著原先是在其独子刘汋手中,黄宗羲并未能窥其全豹。这时候因为刘汋去世,黄宗羲得以透过他的女婿[146]——刘汋的长子刘茂林,取得原先掌握在刘汋手上最完整的刘氏遗稿。甬上讲经会的弟子便记载,1667年是刘子遗书由黄宗羲大量发露并带到甬上的时候。

> 始从黄先生所,得读子刘子遗书。[147]
> 而子刘子之遗书,亦以次渐出。[148]
> 上溯蕺山,以为绝学宜传。[149]

甬上讲经会是黄宗羲意外的收获[150],因为他的讲学事业原先是在绍兴。黄氏在《姜定庵先生小传》中说:

> 先生归为乡邦领袖,越中丧乱之后,人不说学。先生率二、三老友读书谈道,重举证人社会。每遇三之日,先生入讲堂,释菜先师。士子之有志者,云委景从,始知场屋之外,大有事业。[151]

---

[144] 李邺嗣,收入《全集》,第12册,页207。
[145] 黄宗羲,《南雷诗文集》(全集10),《董吴仲墓志铭》,页453。
[146] 黄尊素因批评阉党被逮时,刘宗周曾饯别他,并约为婚姻,故后来刘氏长孙刘茂林娶黄宗羲之女。
[147] 李邺嗣,《杲堂文续钞》卷二,《黄母叶淑人六十寿序》,页625。
[148] 李邺嗣,《杲堂文钞》卷二,《黄先生六十序》,页435。
[149] 同前书,卷三,《送万季野授经会稽序》,页450。
[150] 黄宗羲,《南雷杂著稿》(全集11),《寿徐掖青六十序》,页63:"时余四方之交游方息,其所以慰寂寥者,赖有甬上也。"
[151] 黄宗羲,《南雷诗文集》(全集10),《姜定庵先生小传》,页609。

绍兴是刘宗周故乡,有不少旧日弟子在此,黄宗羲显然不能太自由地阐发他自己的想法。绍兴讲会材料不多,看来是以"读书谈道"为主,但并未特别标举讲经。刘宗周临死前曾将讲会付托给他的大弟子张奠夫,后来黄氏也将绍兴证人讲会交给张氏,这里的讲会办得不太有起色,所以黄宗羲形容该会"五年汶汶"[152]。甬上的讲经会就不同了,甬上所传的蕺山思想是经黄氏诠释发挥过的,黄氏所倡的穷经读史,旁及文学、历算、地理,皆是刘子思想中所未触及或未充分发挥的内容。甬上的年轻人在听了黄氏所传的蕺山之学后,确立了以读经为通向"大道"之路。李邺嗣说:

> 既在梨洲黄先生门,得读蕺山遗书,始涣然冰释,为大道不远,惟当返而求诸六经。[153]

(二)讲经会之进行

提议创办讲经会的人是陈赤衷。他从1665年(康熙四年乙巳)起便向黄宗羲问学。黄氏后来在回忆陈氏所创讲经会时,曾认为讲会可以弥补科举学校养成人才之不足:

> 制科盛而人才绌,于是当世之君子,立讲会以通其变,其兴起人才,学校反有所不逮。[154]

黄氏又说士之为经义而立社者,有几社、读书社等,并将甬上讲经会列入这一波经学社团的潮流中,但又强调它与几社、读书社、复社不同:

> 逮阳明之徒,讲会且遍天下,其衰也,犹吴有东林,越有证人,古今人才,大略多出于是。然士子之为经义者,亦依仿之而立社,

---

[152] 黄宗羲,《南雷诗文集》(全集10),《寿张奠夫八十序(辛亥)》,页655。
[153] 李邺嗣,《杲堂文续钞》卷二,《陈太母谢太夫人七十寿讌序》,页627。
[154] 黄宗羲,《南雷诗文集》(全集10),《陈夔献墓志铭》,页439。

> 余自涉事至今,目之所睹,其最著者,云间之几社,有才如何刚、陈子龙、徐孚远,而不能充其所至;武林之读书社,徒为释氏之所网罗;娄东之复社,徒为奸相之所訾謷。此无他,本领脆薄,学术庞杂,终不能有所成就。丁未(康熙六年,1667)、戊申(康熙七年)间,甬上陈夔献创为讲经会,搜故家经学之书,与同志讨论得失。[155]

我推测黄宗羲之所以批评几社、读书社、复社"本领脆薄,学术庞杂",是因为它们没有理论背景;但讲经会不一样,他们有整套刘宗周思想作为基础,所以不致为释氏所网罗。

讲经会主要是讲经书,但也攻习古文词。讲经的办法是一部经沿一部经讲,每月聚讲两次。当讲论某经时,全体会友都攻习这一部经典,最后当然是期望能尽通所有经书。故他们与五经应社以来"分曹而治"或明代科举之只治一经不同。他们先从《易经》开始,设主讲,"每讲一经,必尽搜郡中藏书之家,先儒注说数十种,参伍而观,以自然的当不可移易者为主。而又积思自悟,发先儒之所未发者,尝十之二三焉"[156]。足见他们不但在所有尽可能找到的先儒注疏中,择取最"自然的当不可易"之说外,还有十之二三是自己研探的心得。讲经会(或称五经会)前后共持续八年之久,"自《大易》至《春秋》以次毕讲"[157]。后来因为几位核心会友中举,而万斯同又应聘赴北京修史而罢。

讲经会进行的程序大致是这样的:他们先从黄宗羲所授说经诸书,各研其义,然后集讲。每次讲会,一天的行程是:"先期于某家,是日晨而往,抠衣登堂,各执经以次造席。先取所讲覆诵毕,司讲者抗首而论。

---

[155] 黄宗羲,《南雷诗文集》(全集10),《陈夔献墓志铭》,页440。黄氏认为陈赤衷之所以独特,是因为他对科举、对佛法都看破了,故说:"夔献以学问之道,非场屋所可究竟,乃人天井山,与苦节名僧,屡淹星鸟,春然冰解;归而返求之六经,近理乱真之说,始不足以惑之。"(页441)

[156] 同前书,《陈夔献偶刻诗文序(己未)》,页28。

[157] 李邺嗣,《杲堂文续钞》卷二,《陈太母谢太夫人七十寿讌序》,页627。

坐上各取诸家同异相辩折，务择所安。日午进食，羹二器，不设酒，饭毕，续讲所乙处，尽日乃罢。诸家子弟自十岁以上俱得侍听。揖让雍容……"[158] 黄宗羲并不常住甬上，可是如有疑问，可以等他到时，"则从执经而问焉"。

以讲《礼经》为例，他们是"大略合之以《三礼》，广之以注疏，参之以黄东发（名震，1213—1281）、吴草庐（名澄，1249—1333）、郝京山（名敬，1558—1639）诸先生书，而裁以己意，必使义通。中有汉儒语杂见经文，则毅然断之，务合于圣人之道。至专经治举业家闻之，率其生平诵解所不及，茫然不知所说为何经也。诸贤各相诘难，俱在言论，而充宗（万斯大）独尽载之笔疏。凡诸家之说，各有所长，则分记之；吾党所说，有足补诸家所不足，则附记之"[159]。所谓"中有汉儒语杂见经文，则毅然断之"，也就是说他们只取《易》《书》《诗》《春秋》及《左》《国》《公》《穀》，此外，如汲冢竹书之类，"非古而托之于古，附会多而确据少，置而不道"[160]。足见他们有相当严格的断代及文献批判观念，将年代可疑的古文献尽行剔除。

讲经会的会友还在所规定的几部经书之外发展自己的兴趣。如陈赤衷也集讲《资治通鉴》[161]，而万斯同很快地转向明史。

除了讲六经、探求百家之学之外，他们特意标榜气节，所以说：

> 今海内皆知甬上，精综六籍，翱翔百氏，危儒行，标清议，一切夸诞猷骸之习击去之。[162]

---

[158] 李邺嗣，《杲堂文钞》卷三，《送范国雯北行序》，页445。

[159] 同前书，卷三，《送万充宗授经西陵序》，页448。

[160] 万斯大，《学礼质疑》（收入《经学五书》，上册），《自序》，页3。

[161] 李邺嗣，《杲堂文续钞》卷二，《陈太母谢太夫人七十寿讌序》，页628说"集诸生阐春秋义兼司马公鉴本"。

[162] 黄宗羲，《南雷诗文集》（全集10），《陈夔献五十寿序》，页661。

参与讲会诸人其实已形成一个生活社群,婚丧之事互相扶持[163]。

关于讲经会的参与者,始终没有一个确定的数目,也始终没有一份令人满意的名单,有说是二三十人,有说是四十余人,但有时也出现百余人的说法。依我的推测,这几个数目分别代表几种意义。三十几人应该是指黄氏的学生。四十几人,可能还包括讲经会友携其子弟前来旁听,也就是汉代所谓的"门生"。至于百余人,可能是活动进行得最盛时参与的听众。

有关讲经会友的材料,多寡至为悬殊,譬如万斯大与万斯同,因为是清学在经、史两方面相当重要的开山人物,所以有关他们的传记资料相当之多。至于其他人物,则可以分成两群。曾经获得一定科名的,通常有墓志铭留下;至于一些地区性知识分子,相关史料就很少了。讲经会的会友名单,依我目前考证所得如下:万斯同、万斯大、万斯选(1629—1694)、万斯备、陈赤衷、陈锡嘏、李文胤、陈自舜、范光阳、董允瑫、董允珂、董允玮、董允璘、郑梁、仇兆鳌、钱鲁恭、张九英、张士培(1603—1687)、张士埙、张汝翼、张九林、李开、王之坪、董允霖、万言(1637—1705)、董道权、董孙符、董胡骏、董元晋、陈汝咸(1658—1714)、陈汝登(1670—?)、董雩、万经、范廷谔(1654—1719)、张锡璜、张锡璁(1662—1731)、张锡锟、陆鋆。讲经会友基本上包括两个世代:他们或系黄宗羲的门生,或系门生的子弟。主要出自甬上的几个大家族,如万氏、董氏、张氏、范氏。大部分会友的事迹非常隐晦,我在全祖望的《续甬上耆旧诗》中发现其中多人的小传,由于内容比较零碎,所

---

[163] 譬如说:"康熙庚戌(1700)五月十五日,鄞县高鼓峰先生卒于家。同邑友李文胤、陈赤衷、万斯选、范光阳、董允瑫、万斯大、董道权、陈紫芝、陈锡嘏、陈自舜、董允玮、董允璘、万斯同、万言、王之坪、张九英、钱鲁恭等既各为文奠之矣。六月二十有二日,慈溪冯政、郑梁来吊,同人复相与会哭,而因属梁以公奠之文。"郑梁,《见黄稿》(收入《寒村诗文选》)卷一,《祭高鼓峰文(庚戌)》,页42a。

以另作一表,放在本文的《附录》中。

此外,还有仇云蛟、陈和中等人一时无法考得其生平。毛文强、颜曰彬亦为讲经会初期弟子,但是潘平格(1610—1677)来到甬上挑战证人之学时,二人被潘氏所吸引,从此成为潘氏弟子,而且是潘氏学说最主要的捍卫者[164]。讲经会友中为黄宗羲所推许者十六七人。所习范围包括《易》《书》《诗》《礼》《春秋》,未毕《春秋》而止。会友中以万氏兄弟及董氏兄弟为著。当时万斯同虽年少,却已为学友所推崇。1669年(康熙八年己酉),也就是讲经会开始一两年后,万斯同发生一个变化,他因授经姜希辙家而得观大批明代史料,乃开始转向明史学,准备以史学备他日经济之用。

如果从全祖望《续甬上耆旧诗》的记载看来,讲经会友中留有文集的并不少,但是可能多未刊刻,所以除了万氏兄弟之著作、陈锡嘏的《兼山堂集》、范光阳的《双云堂文稿》之外,在经过多方寻找之后仍无所得。

从讲经会友的履历中可以看出:讲经会不能解释为是改朝换代或排斥科举的产物[165]。讲经会大部分的会友仍追求科举功名,而且希望以功名来证明讲经是正确的路子。黄百家在一篇文章中便得意地说:

> 丙午(1666)之荐,陈子非园隽,己酉(1669),董子在中、郑子禹梅隽,今年(康熙十四年,1675),国雯与陈子介眉、仇子沧柱复隽,而介眉为荐首,万子贞一亦举副荐,于是向之笑者,始讶然疑,向之疑者,亦稍稍信,以为古学之士,非惟不妨于进取,或反有助于

---

[164] 见潘平格,《潘子求仁录辑要》(《四库全书存目丛书·子部·儒家类》,第19册),《序》,页1—2;卷十,页29。

[165] 讲经会的人非但不放弃科举,像黄宗羲还要透过选《浙东文统》一书来和思想对立的陶石篑、石梁兄弟相抗。参见黄炳垕,《黄梨洲先生年谱》卷上,"崇祯十二年己卯(1639)公三十岁"条,页18。

进取矣。[166]

在他们身上,充分体现了"遗民不世袭"的事实。他们没有老师黄宗羲早年那种华夷紧张或是否该仕新朝的问题。相反,如何在清朝追求功名,是大部分人共同的关怀。康熙十一年(1672),万言、王文三、张梅先、黄百家等应试省城,而董允璘又于去年(1671)过世,讲经会开始中衰[167]。康熙十四年(1675),陈锡嘏、范光阳、仇兆鳌皆中乡举,陈锡嘏为榜首,万言为副榜。张士埙至京候补行人,万斯大在杭州,张九英卒,甬上证人讲经会诸子或散或卒,讲经会遂罢[168]。

(三)讲经会对当时学风之刺激

我们要评估甬上讲经会所产生的震动前,必须先了解当时的读书风气。第一,以四书为主,而且连朱子的集注也都不太读,承学风极敝之后,有"矜《集注》为秘录"之情形[169]。第二,即使读经书,也只读应付科举考试的一经。即使是一经,也不读《五经大全》中的注,能读《五经大全》中一两行小注,便可以高谈阔论了。万言在《郑禹梅制义序》中说:

> 而又无识等辈,粗涉《大全》小注一二行,便欲高谈性命,偶记伊雒弟子一二氏,便欲远附支流。[170]

应试士子与讲学家一样,摘索不出一卷之外,自一经四书以外都不读,而且相戒不应该读,甚至认为读本经以外的经书有害于科举考试。李

---

[166] 黄百家,《学箕初稿》卷一,《范国雯制义稿序》,页9。
[167] 陈训慈、方祖猷,《万斯同年谱》,页110,"1672年清康熙十一年壬子三十五岁"条。
[168] 同前书,页117,"1675年清康熙十四年乙卯三十八岁"条。
[169] 黄宗羲,《南雷诗文集》(全集10),《陈夔献五十寿序》,页661。
[170] 万言,《管邨文钞内编》(《丛书集成续编·文学类》,第190册;台北:新文丰出版公司,1989)卷一,页43a—b。

邺嗣说：

> 自海内不尚古学，学者治一经四书外，即能作制义、中甲乙科。后生有窃看《左氏传》《太史公书》，父兄辄动色相戒，以为有害，遂使举俗尽若避世中人，初不知曾有汉晋，……凡今日拥盖食梁肉，炤耀里门，俱治一经四书人也。[171]

科考须严守功令，所以读书人不敢越出有司之尺度，不敢超出官方所颁传注说话：

> 科举之学，限以一先生之言，……信传过于信经，所谓有司之尺度也。……数百年以来，推明其义者，《大全》以外，蔡虚斋之《蒙引》，陈紫峰之《浅说》，林次崖之《存疑》，其书独传。以其牛毛茧丝，于朱子之所有者无余蕴，所无者无挽入也。[172]

> 自科举之学兴，以一先生之言为标准，毫秒摘抉，于其所不必疑者而疑之，而大经大法，反置之而不道。[173]

> 今日科举之法，所以破坏天下之人才，唯恐不力。经、史，才之薮泽也，片语不得搀入，限以一先生之言，非是则为离经畔道，而古今之书，无所用之。言之合于道者，一言不为不足，千言不为有余，限之以七义，徒欲以荒速困之，不使其才得见也。……三年之中，一岁一科，士子仆仆以揣摩主文之意旨，读书更在何日？[174]

《五经大全》久为学者所诟病，认为它将古注全行刊落。但是在晚明"讲堂极敝"之后，即使能读《五经大全》也是大不容易了。黄宗羲称赞

---

[171] 李邺嗣，《杲堂文钞》卷五，《戒庵先生生藏铭》，页512。
[172] 黄宗羲，《南雷诗文集》(全集10)，《顾麟士先生墓志铭》，页416—417。
[173] 同前书，《万充宗墓志铭》，页405。
[174] 同前书，《蒋万为墓志铭》，页479—480。

万祖绳能读《大全》,是"当时未之或先"的例子[175]。

和上述学风相比,讲经会的治学风格——每读一经必尽可能求古今各种注疏汇而观之,以求"立一哄之平",是相当独特的。首先,讲经会对不少会友本身的治学态度产生了深刻的影响。如郑梁,他说自己原先不但不认为六经是道,而且直以为是"糟粕",是"糠秕"。郑梁在《环村诗文偶刻序》中说:

> 环村子之志于道也,寂乎其无闻,茫乎其无见,闉乎其无可言,浩浩落落乎其中,如有所得。其视六经,直糟粕而糠秕之也。[176]

又说他自己最早因受心学的影响,故认为六经非道之所在("始以为六经非道也")[177]。他既想闻道,可是又不知从何处下手,最后是讲经会终止了他的彷徨:

> 已闻梨洲先生之教而变焉,讲《易》、讲《诗》、讲《三礼》、讲《尚书》《春秋》《通鉴》,穷一经,综万事,汇众说,质一心。[178]

蒋学镛也说范光阳的改变:

> 自言文体凡三变,少之时驱策六朝,为应世之文;壮之时,考辨典故,为用世之文;及从梨洲先生游,始知拨华存实。[179]

---

[175] 黄宗羲说:"壬申(1632)之冬,余始交文虎、履安两先生,是时祖绳年十六,读书西皋,盖所谓翠竹碧梧鸾鹄停峙者也。从钱忠介学制艺,称为高第弟子。场屋气习,不用力古作,而更窜易于时文;不订论史本处,而求故事于时文。祖绳求理于《大全》,求法于大家,原原本本,当时未之或先也。"黄宗羲,《南雷诗文集》(全集10),《万祖绳七十寿序》,页672。

[176] 郑梁,《五丁集》卷一,《环村诗文偶刻序(己未)》,页29a。

[177] 同前文,页31a。

[178] 同前文,页29a。

[179] 蒋学镛,《鄞志稿》(《丛书集成续编·史地类》,第258册)卷十五,"文苑传下",页23b。

当时人认为讲经会所提倡的治学风格是"闻所未闻",万言在《与诸同学论尚书疑义书》中说:

> 自家叔辈与诸君设为讲经之会,言时客袁州,闻之亟归,共业《毛诗》《戴记》,追随朔望,遂得闻所未闻。[180]

李邺嗣也说讲经会的治经风格是"率其生平诵解所不及":

> 至专经治举业家闻之,率其生平诵解所不及,茫然不知所说为何经也。[181]

也有的说是"绝学初兴","惊世骇俗"[182]。当时人也敏感察觉到,黄梨洲及他所领导的讲经会是能使"五经复兴"的关键。李邺嗣说:

> 盖五经复兴,尽在黄氏矣。[183]

李邺嗣在《与万贞一书》中又说:

> 而先生(黄宗羲)因授诸生以所传蕺山慎独之学,发古今说经诸书为世所未传者,点定西汉、唐、宋及先辈大家文钞,不烦探索而坐辩千载,是非较然明白,……使五经季兴,复续文章之统,此真今日事也。[184]

而黄宗羲本人也说:

> 甬上讲学之事,数百年所创见。[185]

在当时风气下,以经史古文教馆的人是很不受欢迎的。万言记自己的

---

[180] 万言,《管邨文钞内编》卷一,页1a。
[181] 李邺嗣,《杲堂文钞》卷三,《送万充宗授经西陵序》,页448。
[182] 孙静庵,《明遗民录》卷二十八,"盛敬"条,页215。
[183] 李邺嗣,《杲堂文钞》卷四,《寄黄晦木先生书》,页468。
[184] 李邺嗣,《杲堂文续钞》卷三,页653—654。
[185] 黄宗羲,《南雷诗文集》(全集10),《董吴仲墓志铭(壬子)》,页453。

经验说：

> 近世父兄师友之教，惟以时艺速化为工，谓经史古文之书可以束而不观。而家大人立教之法，务使之研穷乎经旨，综核乎史要，沉醉乎古文诸家之言，而后发为艺词，可望其声实之俱茂焉。然一时场屋虚声之士，从之者如水赴壑，而吾父子书笈所至，讲坐殊落落。[186]

所以当张梅先在讲章制艺之外，还收藏经史之书时，便是当地前所未见之创举了：

> 士大夫仕宦未成，而架有《十三经》《二十一史》《通典》《通志》《通考》诸编及唐、宋大家文集，实自张君始。乘未选之暇，发而读之，与余辈从事讲经之会，彼此辨难，务得其解而后止。[187]

当时有不少人认为这种学问风格不利场屋。万言说：

> 不意悠悠之口，遂以余辈欲立异同，笑讪杳兴。有为余辈惜者曰："凡人之为理学为诗文者，类不利于场屋，诸子信多才，亦何乐而为此？"其与余辈仇者则曰："岂惟不利于场屋，行将寒饿之莫救，趑趄以终其身，正复不足恤也。"虽吾党之素称杰然者，往往因而疑之。[188]

所以科举与讲经之间存在紧张关系，在记述甬上讲经会时，常可见到一段这样的话，"其有奋心笃志、穷经学古者，乡里之人群轰然而笑之，而古学与时文不啻冰炭矣"。当讲会开始时，"其乡之士莫不窃窃然曰：是殆不欲以进取为事者乎？是殆将为蓬蔂之老生以终者乎？是殆与博

---

[186] 万言，《管邨文钞内编》卷一，《朱天木寿序》，页61a—b。
[187] 万言，《管邨文钞内编》卷三，《雪汀诗钞序》，页40b。
[188] 同前书，卷一，《郑禹梅制义序》，页43b。

弈好饮、不顾父母之养者同为臧谷之亡羊乎？"[189] 由于甬上当地旧派人士对讲经会相当敌视，陈赤衷起了很大的护法功用，甚至准备以打斗来解决。许多人的文字中不约而同地提到这一点，黄宗羲说：

> 方会之初立，闻见之徒，更口靳故，鸱鼓害翼，犬呀毒啄，会者不惮益虔。里中有以骂坐自喜，胜流多为所绌，间出违言，夔献大声叱之，揎袖将搏，其人沮丧避去。故凡僻经怪说撼其会人者，夔献必析义秋毫，恳痛以折其角。盖未几而同学益进，不啻山鸣而谷应也。向之靳故者，皆咋舌嗟叹。[190]

四、甬上讲经会之特色

讲经会的风格同时也是对旧讲会的一种革新。明儒讲会的一般风格，可以拿刘宗周的证人会的讲学记录为例。证人会每次开会，是由与会者举四书或经书中的一章，然后由老师说明，再由会友轮流发挥其旨，所举的题目及所发挥的内容，大致就围绕着修身问题上转[191]。这与禅宗举公案的方式相当近似。讲经会的进行方式显然不同，所要讨论的文本由偏重四书转向五经。除了修身之外，讨论更多的是古代历史、礼乐制度及治国平天下之道，所以范围宽阔许多。讨论的重点也不再是如何向着修身的方向去体悟，而是了解经文在古代的真正意义是

---

[189] 黄百家，《学箕初稿》卷一，《范国雯制义稿序》，页9。

[190] 黄宗羲，《南雷诗文集》（全集10），《陈夔献五十寿序》，页661。此外，甬上地区的一些家长们认为他们的年轻子弟和黄宗羲、李邺嗣这一类遗民来往，是有害前程的事："若余辈山林失职之人，更斥为不祥，禁勿与通名纸。一时后辈，见里中诸君子师事姚江、过余门，辄背笑曰：此数人尚图进取，何至与废人周旋？"李邺嗣，《杲堂文钞》卷三，《徐遂生六十序》，页456。

[191] 参考《刘子全书及遗编》证人社十一次讲会的记录，在遗编卷一，"证人社语录"，页1a—30b（总页966—980）。

什么,制度的真实情况是什么,最后才引向自身的实践。所以由一个讲会之微的变化,可以看出一代风气之变。

刘宗周证人社的讲会留有相当完整的开会记录,有时候连一些很小的细节也写进去。而黄梨洲指导的讲经会虽无记录,但是万斯同所主导的甬上讲会,却留有一份《讲经口授》[192]。只要比较一下证人会与讲经会的主题与内容,便可了然在几十年间,即使同一学派的内部,所重视、所探讨的主题已经有了革命性的变化。心性方面的问题逐步被抛弃,而礼乐兵农成为后来人最重要的关怀。

(一)刻意讲求名物度数及文献之可靠性

从一些蛛丝马迹中可以看出,当时讲会中人已相当刻意地将"合理"与"事实"分开,也就是将以理推测的和实测的作风相对比,如黄百家的《哀张梅先辞》中描述他们第一次见面时之情景:

> 犹忆余之见梅先在丁未(1667)岁,是时余读书甬上,梅先过访万子季野,意气轩翥,余在座,梅先初不相识,视之蔑如也,有顷抗声问季野春王正月,文定之冠夏时,此不易之论矣。何以必欲谓之改月改时乎?余曰:此不可以悬虚臆断也。梅先始愕然,问余于季野,季野为道余姓,梅先曰:此得非即黄先生之世兄主一乎?季野曰然,因始向余致寒温,且问何以为断始不悬虚。余曰:此必明于历始知之。盖吾家大人有《春秋日食历》,推之于改月时者,无不脗合,而推之夏时,则不啻河汉也,至于诸经之证佐,则篁墩诸人固又辨之详矣。当是时,梅先为学锐甚,其自许亦甚高,因数至余家质疑于家大人,其时甬上知名士慕戴山之源流,同梅先而来问学

---

[192] 万氏在北京时期的讲会,有温睿临随场记录,可惜不得见。参李塨,《恕谷后集》(《丛书集成·初编》,第2488—2490册;上海:商务印书馆,1936)卷六,《万季野小传》,页71。

者,不啻二十余人。[193]

张梅先与黄百家偶然见面论经的丁未年(康熙六年,1667),正是讲经会酝酿之时。张氏听了黄百家对其父经学的描述后,对自己原来那种纯粹从文辞表面去推理的作法感到不足,并开始对黄氏的经学感兴趣,而"数至余家质疑于家大人"。历法本来就是黄氏的专长,而且黄氏研究经书的办法是把经的全体当作整个的问题进行研究,这与张梅先原先所熟悉的风格相当不同。

讲会治经的风格是刻意讲求名物度数,并讲究文献可靠性。黄宗羲早年在武林读书社已经培养出此一风格了:

> 余时读《十三经注疏》,刻意于名物象数。[194]

在讲经会中,人们对经文字句异同的校勘工作甚为讲究,《鄞志稿》中说"同学为讲经会,于字句间多异同",但会友董允璘并不能同意,认为"学当鞭逼近里,从得力处做工夫,区区训诂,同亦可,异亦可"[195]。其实"纷然于字句异同之间"正是他们与明代经学风气大不相同之处。我们当然不敢说明代经学中无人从事这类工作,不过,大体而言,他们主要是借经学谈理学,立足于哲学而假途于经典,只要义理讲得通,并不太讲客观文献的精确性。刘师培(1884—1919)《经学教科书·序例》中说,"宋明说经之书,喜言空理,不遵古训"[196],大抵是正确的评估。相对于这样的风格,则"纷然于字句异同之间"便是相当新的作风了。

由于经比心优先,心从属于经,而非经从属于心,所以如何求得经

---

[193] 黄百家,《学箕初稿》卷一,《哀张梅先辞》,页24。
[194] 黄宗羲,《南雷诗文集》(全集10),《张仁庵先生墓志铭》,页444。
[195] 蒋学镛,《鄞志稿》卷十五,"文苑传下",页13a。
[196] 刘师培,《经学教科书》(收入《刘申叔先生遗书》,第4册;台北:大新书局,1965),《序例》,页1a。

的真正意义成为首要课题。因此经被客体化,成为被研究的问题,而不是讲哲学的津筏。持这个态度的人,首先是将经当成一个整体,研治一经或任何一段经文,都不是孤立地看,探究经的义理时也必须放在整体中,不能随意抽取一段经文,如同禅宗举公案般孤立地发挥[197]。这种将经当作整体的问题研究之精神,在黄宗羲为万斯大写的墓志铭中有恰当的描述。万斯大是讲经会中治经最有成绩的人:

> 充宗生逢丧乱,不为科举之学,湛思诸经。以为非通诸经,不能通一经,……充宗会通各经,证坠缉缺,聚讼之议,涣然冰泮,奉正朔以扺闰位,百注遂无坚城,而老生犹欲以一卷之见,申其后息之难,宜乎如腐朽之受利刃也。[198]

值得注意的是,顾炎武等人也是这样说的,如他讲到治《易经》时说:

> 是故尽天下之书皆可以注《易》,而尽天下注《易》之书,不能以尽《易》,……《诗》《书》、执礼之文,无一而非《易》也。下而至于《春秋》二百四十二年之行事,秦、汉以下史书百代存亡之迹,有一不该于《易》者乎?[199]

(二)"发古今说经诸书为世所未传者"

讲经会的会友尽可能地"发古今说经诸书为世所未传者",黄宗羲说:

---

[197] 张岱《四书遇》(杭州:浙江古籍出版社,1985)便是像解公案般解四书。张岱在《四书遇》的《自序》中表达了对古来注释的不满,认为它们限制了对经文的发挥,见页1:"六经四子自有注脚而十去其五、六矣,自有诠解而去其八、九矣。故先辈有言:六经有解不如无解。完完全全几句好白文,却被训诂讲章说得零星破碎。"马一浮(1883—1967)说:"明人说经,大似禅宗举公案,张宗子(岱)亦同此血脉。"见马一浮,《四书遇题记》,收入《四书遇》,无页码。

[198] 黄宗羲,《南雷诗文集》(全集10),《万充宗墓志铭》,页405—406。

[199] 顾炎武,《亭林文集》卷三,《与友人论易书》,页42—43。

> 于是为讲经会，穷搜宋、元来之传注，得百数十家，分头诵习。[200]

似乎讲经会的主要特色便是"穷搜宋、元来之传注"。陈锡嘏也是这样主张的。黄氏在《翰林院编修怡庭陈君墓志铭》上说：

> 先是甬上有讲经之会，君与其友陈赤衷等数十人，尽发郡中经学之书，穿求崖穴，以立一哄之平。[201]

这也是万斯大的风格：

> 季野第六兄充宗，博通经学，每读一经，辄尽集古今先儒诸说经家。间有得自梨洲黄先生，多世所未传，充宗录其言尤精者，率蚊脚细书，岁积至十余卷。[202]

更是万斯同的风格。李邺嗣《送万季野北上序》说：

> 余家苦无书，季野遍从里中大家借得异本，数童子往来道中。一时诸君欲叩经史疑义则造季野，欲论古文词则造余。[203]

李邺嗣又说他们的工作特质是：

> 发古今说经诸书为世所未传者，点定西汉、唐、宋及先辈大家文钞，不烦探索而坐辩千载，是非较然明白。[204]

以《易经》为例，在讲会一开始时是从《易》卦着手的[205]，而他们当时搜

---

[200] 黄宗羲，《南雷诗文集》(全集10)，《陈夔献五十寿序》，页661。
[201] 同前书，《翰林院编修怡庭陈君墓志铭》，页433。
[202] 李邺嗣，《杲堂文钞》卷一，《历代史表序》，页406。
[203] 李邺嗣，《杲堂文续钞》卷三，《送万季野北上序》，页642。
[204] 同前书，卷三，《与万贞一书》，页653。
[205] 依郑梁在《记南凡先生遗事》中所追述的："丁未(1667)，余随同志会讲鄞城，每会讲易卦若干。"《见黄稿》卷一，页4b。

集各种《易》注以供参考的情形,可以从《昭代名人尺牍》中万斯同致董道权的一封信看出。信上说:

> 数日不见,甚思一晤。……《易》书必须借弟一看,多多益善。[206]

这些经学活动的意义,必须放在明代心学盛行、蔑视经典的脉络下看,才能得其正解。前面已经提到过,心学家对待经典有两种特色,第一是纯从心的理解出发解经。第二是以禅理解经。钱谦益在《赖古堂文选序》中批评明代经学:

> 以臆见考诗书,以杜撰窜三传,凿空瞽说。[207]

也就是说一切全凭心的理解,而不管客观训诂的纪律,钱氏用"臆见""杜撰""凿空瞽说",都是相当重的话。当时人说经,基本上强调的是在电光石火般一闪中悟出某种妙解,而不是忠于古人心思的训解。经书的文本只是"学"的过程物,而不是"学"的目标,张岱(1597—1685?)《四书遇》或冯梦龙(1574—1646)《麟经指月》等书都是好例子。即使到了清初,李光地(1642—1718)这样严肃的理学家也还沾染明季遗习,动辄用解公案来比喻解经书[208]。

明儒解经的另一特色是大量以禅理来解经。譬如寇慎的《四书酌言》释《论语·公冶长篇》的"弗如也;吾与女弗如也"两句为"尽夺前尘,忽渡彼岸";解《论语·八佾篇》的"始可与言《诗》已矣"一句为"入无上妙明";解《论语·为政篇》的"知之为知之,不知为不知,是知也"为"知原在知不知外理会,其他学问不过此知中之法尘。此处扫除,乃

---

[206] (清)吴修编,《昭代名人尺牍》(光绪七年杭州亦卣斋刊本)卷十一,《万处士斯同》;转引自陈训慈、方祖猷,《万斯同年谱》,页92。

[207] 钱谦益,《牧斋有学集》(《四部丛刊初编·集部》,第349—351册)卷十七,页155。

[208] 李光地,《榕村语录》(北京:中华书局,1995),上册卷一,《经书总论》,页2:"四书中公案有极难解处。"

为径机,又扭来补缀"[209]。类似这种解经著作,数量相当之多[210]。

在上述的风气下,解释经典最重要的根据是心的理解,如果违背心之理,经典的文本是可以怀疑的,所以"非章句化"本身,带来了"心"与"文献"之间的紧张关系,是文献来迁就心或心来迁就文献? 而明季经学,尤其是晚明王学禅学化,显然是心的权威压过文献,那么恢复宋、元以来甚至更早的古注疏运动,以及尽可能恢复原始儒家学说作为诠释经书的根据,并以之取代佛学的诠释,在当时是很新的尝试。提倡读经,并提倡将古注疏带到诠释的中心位置,一方面是追寻儒家经典中的理想世界,另方面是对浮泛发挥,或是相对色彩过于浓厚的诠释风气,立一个限制。

(三) 宋元注疏的复兴

讲经团体基本上还针对当时另一种学风,即奉功令传注为不刊之则。顾起元(1565—1628)《金陵社草序》中有一段话说:

> 嘉隆之际,谈秋者尊传注为法,令士曾不得如国初之文,旁搜古注疏及《大全》所载诸儒之言,况敢远及诸子史百家之瑰琦者,采其精而用之,以当张皇斧藻之盛乎?[211]

所谓"尊传注为法"是指遵《四书集注》或《五经大全》,也即是黄梨洲所说的:

> 于朱子之所有者无余蕴,所无者无搀入也。[212]

---

[209] 转引自何耿镛,《经学简史》(厦门:厦门大学出版社,1993),柒"元明经学",页215。

[210] 如荒木见悟,《四书湖南讲について》,氏著,《明代思想研究》(东京:创文社,1972),页292—328。

[211] 顾起元,《懒真草堂集》(台北:文海出版社,1970),文部卷十四,页2554。

[212] 黄宗羲,《南雷诗文集》(全集10),《顾麟士先生墓志铭》,页417。

《五经大全》基本上是在宋、元注疏中选取一些作为定论,如果奉行《大全》和《集注》,其实是奉官定的诠释系统于一尊。

明代后期有一股恢复古注疏的运动,想打破这个局面。杨慎(1488—1559)认为应复汉、唐的注释,并菲薄宋代的解经之书是"议论",反对"近世学者往往舍传注疏释便读宋儒之议论,盖不知议论之学自传注疏释出,特更作正大高明之论尔"[213]。他并举了不少例子说明古注之所以"不可轻易"的理由[214]。

杨慎的态度是比较特殊的。在心学大盛之后,一般论者并不一定主张非回到古注不可,他们甚至也不认为非广搜宋元注疏不可,而是认为在一般人连《五经大全》及《四书集注》都不读时,只要能恢复《大全》或《集注》以取代异端的解经就够了[215]。如吕留良(1629—1683)分析理学惑乱之局的源头时说:

> 而其原,则从轻看经义,不信章句传注焉始。[216]

他主张牢守《集注》就可以了。清初朱学复兴健将陆陇其(1630—1692)说嘉靖、隆庆以来"异端纷出,持身者流入于晋魏,讲学者迷溺于佛老,以方正为迂阔,以传注为尘腐",并认为这种学风的直接后果是"教弛俗败,而宗社随之"[217]。"以方正为迂阔"则"持身者流入于晋魏","以传注为尘腐"则"讲学者迷溺于佛老",他想要根绝以佛老诠释

---

[213] 杨慎,《杨升庵文集》卷七十五,《刘静修论学》,页13a。

[214] 如"不日成之"一语,"古注,不设期日也。今注,不终日也。愚案:不设期日,既见文王之信,亦于事理为协,若曰不终日,岂有一日可成一台者?此古注所以不可轻易也。"同前书,卷四十二,《不日成之》,页26b。

[215] 清初叶梦珠的《阅世编》(台北:木铎出版社,1982)卷八,《文章》,页183说,当晚明"子史佛经,尽入圣贤口吻"时,"六经四子,任意诠解,周、程、朱注,束之高阁"。

[216] 吕留良,《吕晚邨文集》卷一,《答叶静远书》,页29b。

[217] 陆陇其,《三鱼堂外集》(收入《陆子全书》清光绪十六年刊本)卷四,《道统》,页5b。

儒经之风,故到处宣扬要一字一句地牢守住《四书集注》。

讲经会友们既不像杨慎那样高远,也不像吕、陆那样保守。他们当时想到的,是怎样先广搜宋、元注疏,把它们与《大全》《集注》等书放在一起看,然后选取可从的,以"立一哄之平",也就是"广以注释,参以宋元明诸家之书,而裁以己意"。他们要广泛地、跨时代地搜集各种经注,从各种说法中裁定一种较为适恰的解释,以免被《四书集注》《五经大全》中"一先生之说"所拘束,他们要:

> 足破从来训诂。[218]
> 破坏训诂陋。[219]

而一般形容黄宗羲及讲经会弟子中对经学最有研究的万斯大时,也是强调他们这一个特点。全祖望《跋黄梨洲孟子解》:

> 梨洲于书无所不通,而解经尤能辟前辈传注之讹……[220]

郑梁《万允诚诗稿序》:

> 充宗埋首六经,破从来传注训诂之陋。[221]

如何破传注之陋呢?万斯大有一套办法:

> 以为非通诸经,不能通一经;非悟传、注之失,则不能通经;非以经释经,则亦无由悟传、注之失。何谓通诸经以通一经?经文错互,有此略而彼详者,有此同而彼异者,因详以求其略,因异以求其同,学者所当致思者也。何谓悟传、注之失?学者入传注之重围,

---

[218] 郑梁,《安庸集》(收入《寒村诗文选》)卷一,《怡庭陈先生行状(丁卯)》,页5a。
[219] 黄宗羲,《南雷诗历》(全集11)卷二,《寄陈介眉兼怀万贞一》,页282。
[220] 全祖望,《鲒埼亭集·外编》卷二十七,《跋黄梨洲孟子解》,页1041。
[221] 郑梁,《五丁集》卷一,《万允诚诗稿序(己未)》,页32b。

第三章　清初的讲经会

其于经也无庸致思,经既不思,则传、注无失矣,若之何而悟之?[222]

他们不是乾嘉考证学正盛时期的学者,他们所面对的是一个一切以官方功令为依据的时代。顾炎武抱怨那一个时代是"一时人士尽弃宋、元以来所传之实学"[223]。他们极力想冲破"传、注之重围",而不再以官方钦定的注解为圭臬,以便得到客观的正解。罗聚宋元各种注疏是破传注重围的第一步,而第二步便是在广泛比较之后,裁定一种较合理客观的注解。

相对而言,宋元注疏要比明人的经解高明。宋儒解经也有种种问题,譬如朱熹解经好以理度之,有时将认为不合理的删除或加以合理的解释[224],或是违背古代的本义而以理学的体系随意掉换[225],而遭清儒之讥刺。但是一般而言,比起明季儒者,宋元经学家要更忠于事实,而宋儒的学问其实是清学的重要前驱。持此说之人甚多,譬如傅斯年(1896—1950)说"清代朴学家之最大贡献,语学耳(兼训诂音声),至于经学中之大题,每得自宋儒"[226],近人张舜徽(1911—1992)也有如下之观察:

---

[222] 黄宗羲,《南雷诗文集》(全集10),《万充宗墓志铭》,页405—406。

[223] 顾炎武,《原抄本日知录》卷二十,《四书五经大全》,页525—526。

[224] 譬如春秋夹谷之会,孔子曾令斩优倡侏儒,照《穀梁》及《史记》,还有将其人"手足异处""异门而出",先儒多疑此,而朱熹将这故事中"莱兵劫鲁侯,优施舞幕下"这一节删去,令宋代以后读《春秋左氏传》时,竟不再见此节,而明清考据家似亦认为合理,并不加以驳诘。以上见李璜,《葛兰言与社会学方法》,氏著,《法国汉学论集》(香港:珠海书院,1975),页96—97所述法国汉学家葛兰言(Marcel Granet, 1884—1940)对此的研究。

[225] 戴望,《颜氏学记》(《丛书集成续编·哲学类》,第42册)卷三,《习斋三》,页12b:"孔子讨陈恒,而料其民不予,会夹谷而却莱兵、反汶田,圣人之智勇也。乃宋儒仅以明理解智,去私解勇,其气运之陋哉?"

[226] 傅斯年,《性命古训辨证》下卷,第二章"理学之地位",《傅斯年全集》(台北:联经出版公司,1980),第2册,总页727。

> ……大氐清儒治学,名虽鄙薄宋人,实则多所剿袭。戴东原说《诗》,即多本朱传,其明征也。他如段若膺注《说文》,多阴本小徐《系传》之言,掠为己有。……况有清一代朴学,实两宋诸儒导夫先路。[227]

近人汪辟疆(1886—1966)也有清学出于宋学之说[228]。他主张在清儒考证学的正统尚未确立之前,有过一段不成熟的时期,是以宋元经学为主:

> 大抵康、雍之间,学术渐趋正轨,而明季余习,尚未湔除。故治经主宋、元,语史喜明季。……其时丛书著闻于时者:如张潮《昭代丛书》、纳兰成德之《通志堂经解》……皆此时期丛书之魁垒也。[229]

汪辟疆说《通志堂经解》是当时流行之书,这一观察相当有意思。《通志堂经解》所收的正是宋元注疏,其中有不少是讲经会友们所特别推重的书。

在当时,许多宋元注疏虽然保存在某些藏书楼中,但因为它们不是学者普遍使用的书,所以大部分未曾印刷通行。当它们再度成为学者关心的重点时,人们便用种种办法借、钞。我们不敢说所有"钞书会"或流通古书的约定[230],都有相同的思想动机,不过在黄宗羲及讲经会诸子身上倒是表现得相当清楚。以黄宗羲为例,当时人对他印象最深

---

[227] 张舜徽,《清人笔记条辨》(北京:中华书局,1986)卷十,页394。又参同书,页391。

[228] 见汪辟疆,《读常见书斋小记》,《清学出于宋学》;收入《汪辟疆文集》(上海:上海古籍出版社,1988),页749—750。

[229] 汪辟疆,《丛书之源流类别及其编索引法》,氏著,《目录学研究》(台北:文史哲出版社,1983),页99。

[230] 如丁雄飞的《古欢社约》,在严灵峰编,《书目类编》(台北:成文出版社,1978),第91册,总页41017—41018。又如曹溶,《流通古书约》,同前书,第91册,总页41015—41016。

的事,除了"授诸生以所传蕺山慎独之学"外,便是"发古今说经诸书为世所未传者"[231];又如万斯同,人们说他"遍从里中大家借得异本,数童子往来道中"[232];黄宗羲说到万斯年时说"余于经史诗文,多所钞节,君必借之手录,至于等身;未见之书,余或失其原本,反从君处钞之"[233];谈到张士埙时,则说"里中有讲经会,……同邑范氏多藏书,余偕同学借抄,日计君所手抄,过于佣书者;君不特抄之,而且发之为诗"[234]。

《清稗类钞》中说:"梨洲晚年益好聚书,所钞者为天一阁范氏、丛桂堂郑氏、静惕堂曹氏、传是楼徐氏之书。"[235]宁波天一阁在经典兴起的过程中,具有相当显著的地位。天一阁自范钦(1506—1585)以来照例不许外人登阁,但是黄宗羲及李邺嗣、全祖望等却是例外。而黄氏及其弟子破例登阁之年,恰巧也正是讲经会进行得很热烈的时候[236]。

黄宗羲和他的弟子们在搜集宋元经注的过程中,也有一些不愉快的插曲。黄宗羲急买山阴祁氏澹生堂的藏书,特别看重的就是宋元经注,尤其是卫湜《礼记集说》。当时他的学生万斯大正在排纂《礼记辑注》,黄氏乃刻意为他搜集:

> 吾乡万先生充宗湛于经学,六经自笺疏而下,皆有排纂,《三礼》为最富,三经之书,其成帙不一种,《礼记》为最富。方昆山《通

---

[231] 李邺嗣,《杲堂文续钞》卷三,《与万贞一书》,页653。按,此信亦附在万言的《管邨文钞内编》,册首《序》,页3b。

[232] 同前书,卷三,《送万季野北上序》,页642。

[233] 黄宗羲,《南雷诗文集》(全集10),《万祖绳墓志铭》,页473。

[234] 同前书,《进士心友张君墓志铭》,页388。

[235] 徐珂编辑,《清稗类钞选》(北京:书目文献出版社,1984),上册,《黄梨洲好聚书》,页94。

[236] 范光文(1600—1672)、范光燮(1613—1698)准许他们登阁之事,"范光文"事见蒋学镛,《鄞志稿》卷十,"列传十",页1b;"范光燮"事见骆兆平,《天一阁丛谈》(北京:中华书局,1993),页15、81。

志堂经解》之未刻也,栎斋之本,世间流传颇少,先生求之不可得。会姚江黄徵君,自山阴祁氏书阁见之,遽售以归,踔急足告先生,而中途为书贾窃去。先生曰,以吾所见,未必较栎斋为少。乃自注疏,暨陈马方陆而下,错陈而贯穿之,豪钞摘抉,衰然成编,俄而或以其本至,取而雠之,则凡栎斋之所有者,无不在,后乎此者,倍之……[237]

而这一次买书过程中的意外事件,所谓有书"而中途为书贾窃去"者,即卫湜《礼记集说》及王称(1370—1415)《东都事略》。黄宗羲认为是吕留良中途差人偷走,引起黄、吕二人终生的争隙[238]。

---

[237] 全祖望,《鲒埼亭集·外编》卷二十三,《礼记辑注序》,页968。

[238] 同前书,卷十七,《小山堂祁氏遗书记》,页892。按,黄宗羲与吕留良为了购买澹生堂遗书而起哄之一事,已有不少讨论,可是似乎未曾有人留意过,他们所争的书在当时思想史中有何意义?黄宗羲在当时以拼命购书有名,当桑海之交,许多故家大族的藏书大量散出,他每天派遣仆人四处访购,傍晚再回到住所清理。这种收书行为其实是智识主义兴起的象征。在先前心学盛行之时,不需如此搜书,尤其是沉浸禅学之人,更视书为土苴。最直接的例子便是澹生堂藏书之所以散出,即因它的主人参禅学佛。吕留良在买得澹生堂藏书三千余本示其子吕无党时的诗:"阿翁铭识墨犹新,大担论勋换直银。说与痴儿休笑倒,难寻几世好书人。宣绫包角藏经笈,不抵当时装钉钱。岂是父书渠不惜,只缘参透达磨禅。"最后两句即是说澹生堂继承人信禅,任令僧人卖其藏书之事。此诗在《吕晚邨家训真迹》(据清康熙四十二年家刊本影印;台北:广文书局,1975)卷五,《得山阴祁氏澹生堂藏书三千余本(示大火)》,页1a。而这次买书行动中,黄宗羲在《天一阁藏书记(己未)》中自记所得为"经学近百种,稗官百十册,而宋元文集已无存者。途中又为书贾窃去卫湜《礼记集说》《东都事略》"(《南雷诗文集》[全集10],页113)。经学近百种特别值得注意,而引起两人冲突的卫湜《礼记集说》则与梨洲思想有关。全谢山为万斯大的《礼记辑注》写《序》时也曾提起。见《鲒埼亭集·外编》卷二十三,页968。黄、吕二人冲突之后,吕氏在各种诗文信札中攻击黄氏,其刻毒程度,令人咋舌,而绝交之后,吕留良与万斯大及梨洲之弟黄晦木,感情仍相当不错。晚邨可能将卫湜《礼记集说》借与或录副本给万斯大。而我们应注意的是,万斯大之辑《礼记辑注》,其实即是黄氏讲经会宗旨下之工作,甚至是黄氏原本为各经作辑注的计划之一,后来由万氏接手。

当时出现了一些钞书团体[239]，这似乎反映一个事实：因为心学风气笼罩太久，许多旧书并未印行，故极不易得，而须以钞写方式获取。这个现象提醒我们，他们是在与一个断绝的传统重新接上线。宋、元经疏后来被大量重印，也必须在这一思想动机下去理解。讲经会友们在描述当时宋、元注疏日渐出版的现象时，常用过去渴求而未得、现在终于可以到手那样急切的口气。万言的一段话可以为例：

> 宋、元来经学未见之书，吴中成刻已久，余方将求之以归，与诸子辨论商榷，所得当有异于前日者。[240]

又如全祖望把"今秋从书贾得吴草庐《春秋纂言》"[241]当作一件大事在记，可见这些书之稀贵不流通了。

值得进一步注意的是，《通志堂经解》的刊印过程也与这一波搜求宋、元经疏的风气有关。一般认为《千顷堂书目》的作者黄虞稷（1629—1691）是最早提出这一构想的人，而黄氏也正是"经史会"的发起人，该会之宗旨活动不得而详，或许他也是因穷搜宋元经注之书的经验，才发起这样一个出版计划。《昭代丛书》中有黄氏的《徵刻唐宋秘本书目》，列黄虞稷与周在浚（1640—？）两家家藏罕传本一百多种，希望有力量的人，能各刊刻一两种或数种以广流通。赞成他们的有纪映钟（1609—？）、钱陆灿（1612—1698）、朱彝尊（1629—1709）、魏禧（1624—1681）、汪楫（1636—1699）五人，他们联名公布了一份《徵刻唐宋秘本书启》，张芳（1612—？）写了一篇《徵刻唐宋秘本书论略》，曹溶

---

[239] 关于清初钞书与学风之关系，钱穆的《中国近三百年学术史》（台北：台湾商务印书馆，1968）有不少例证，如页144、157。

[240] 万言，《管邨文钞内编》卷三，《登高什序》，页43a。值得注意的是此序作于1693年，而徐乾学刻《通志堂经解》编刻时间应为1673到1680年。

[241] 全祖望，《鲒埼亭集·外编》卷四十四，《奉九沙先生论刻〈南雷全集〉书》，页1336。

(1613—1685)作了《流通古书约》,倪灿(1626—1687)和周铭合写了《徵刻唐宋秘本藏书例》,后来受他们影响的徐乾学为纳兰性德(1655—1685)编刻《通志堂经解》时,将上述启事中所列的二十二种经部的书都刊刻了[242]。

最后,在讨论讲经会的特色时,不能忘了躬行刘蕺山的道德哲学是他们一开始便立下的主要目标。郑梁说他们这一批会友向梨洲学习是"总期师法姚江以显蕺山之道于将曚"[243]。《人谱》一书尤其为许多人所奉行,郑梁还说:

> 余方读子刘子《人谱》,知书画古玩好之亦同于希名竞利。[244]

戊申是1668年(康熙七年),也正是讲经会进行之年,郑氏当时因为读《人谱》而心中产生了变化,开始觉得书画古玩之好是坏习惯,由此一例可以看出他们注重道德修养的情形。他们也认为外在的诵读最后要与内在的心性合一,而不可以见外而遗内,所以经席辩论也是为了身心性命。这也是为什么万言在多年后回忆说:

> 怡庭展册之际,回思已往之年,事事皆成陈迹。而惟姚江请业,经席辩论之时为有益于身心性命焉,则所以独擅其千古者,当必有在矣。[245]

不过后来讲经的分量大大超过了身心性命,许多人可能忘了读经是为了明心,所以我们一再看到会友之间互相警告的话。万公择说"吾党

---

[242] 以上见王重民,《千顷堂书目考》,氏著,《中国目录学史论丛》(北京:中华书局,1984),页188—190。

[243] 郑梁,《见黄稿》卷一,《祭高鼓峰文》,页42b。

[244] 同前书,《还望云图诗序(戊申)》,页20a—b。

[245] 万言,《管邨文钞内编》卷二,《八景诗序》,页52a。按,此序写于康熙二十四年乙丑(1685)立夏前二日。

今日讲经之会已称极盛,但尚须语语验之躬行"[246],也有人警觉到讲经会友们在经典文献中枒比字求,恐怕会忘了体验于身心的要务[247]。但从万斯同及万斯大后来的发展可以看出,"以书明心",合"内""外"的理想逐渐遗落了。万斯同后来所欣赏的,都是摆落心性之谈、实讲礼乐制度的思想家,他本人也不再谈什么心性问题了,"外"与"内"不再合一,而清学中讲考据而抹煞心性的风格已然成形了。

讲经会友不但穷经读史,事实上也旁及文学、历算、地理,这是黄宗羲"一本万殊"思想所决定的[248]。当时讲经会子弟们想分别继承其师之学,所以常选择专攻其中一门[249]。万斯同决心发扬其师的史学,他在《寄范笔山书》中说"吾辈既及姚江之门,当分任吾师之学。今同志之中,固有不专于古文而讲求经学者,将来诸经之学,不患乎无传人。惟史学,则愿与吾兄共任之"[250]。万斯大则发扬其师之经学。一般都承认他们两人是开启清初学风的关键性人物。

万斯大撰有《经学五书》,内容相当繁复,这五部书是讲经会的直接产品。由于甬上讲经会并未留下任何记录,所以从这几部经学著作可以间接推测讲经会的内容,像《学礼质疑》即是参与讲会的一项成果。万斯大的《自序》这样描述该书,"自丁未(1667)学礼以来,心有所疑,取其大者条而说之,而质之吾师梨洲先生者也"[251];李邺嗣也在《答溧阳周二安书》说,"即如足下所见万充宗《学礼质疑》,谓以其读

---

[246] 李邺嗣,《杲堂文钞》卷三,《送万公择授经石门序》,页446—447。

[247] 蒋学镛,《鄞志稿》卷十五,"文苑传下",页13a董允璘的批评。

[248] 黄宗羲有关一本万殊的思想主要见于《明儒学案·序》、《孟子师说》的《题辞》,及《移史馆论不宜立理学传书》中。可参李明友,《一本万殊:黄宗羲的哲学与哲学史观》(北京:人民出版社,1994),第六章。

[249] 万经,《寒村七十寿序》,转引自陈训慈、方祖猷,《万斯同年谱》,页88—89。

[250] 万斯同,《石园文集》卷七,《寄范笔山书》,页5a—b。

[251] 万斯大,《学礼质疑》(收入《经学五书》上册),页3。

《礼》所疑质诸黄先生也,足下既已见甬上经学一派矣"[252]。方祖猷先生已撰有专文,将《经学五书》作过分析,此处不赘[253]。

黄宗羲在讲经会中原有一套"大修群经"的计划,但没有任何的成果。后来赖着万斯大将《春秋》的部分继续下去。《鲒埼亭集·外编》有一篇文章说:

> 《春秋》笔削之旨,如高山深谷,不易窥探,故有为三传之所不得,而啖赵见之者;有为啖赵之所不得,而宋元诸家迭相诘难而见之者。甚矣夫会通之难也。往者,姚江黄徵君,以经学大师,倡教浙东西之间,尝欲推广房审权、曾穜、卫湜诸君之绪,大修群经,而首从事于《春秋》,先令其徒荟萃大略,辑为丛目,只篇首春王正月一条,草卷至五大册,犹未定,徵君笑曰,得无为秦延君之说《尚书》乎?度难以成编而止。万充宗先生者,徵君之高弟也,不以为然,退而独任其事,取其重复者去之,繁芜者删之,分别门户,芋区而爪畴,辑成二百四十卷,一夕,为大火所烬。[254]

光是从"只篇首春王正月一条,草卷至五大册,犹未定"一语,可见它是汇集古今多少注疏而成。但是这部大书后来被大火烧了。

万斯同在史学上贡献很大,尤其是为明史奠基之功,最为显著。事实上,当一个朝代初亡,关于这个朝代史实的内容、轻重、主要节目、史料分辨、史事考订等,都是启榛莽辟蚕丛的难事,在这个时候搭起大架构,是一件极困难的工作,所以万氏花费很大的工夫在这上面。但是这一部分的工作并未及身完成。万斯同在甬上及北京,特别是在北京之

---

[252] 李邺嗣,《杲堂文续钞》卷三,《答溧阳周二安书》,页658。

[253] 方祖猷,《万斯大的经学及其历史地位》,《万斯同评传》(南京:南京大学出版社,1996),页323—382。

[254] 全祖望,《鲒埼亭集·外编》卷二十三,《春秋辑传序》,页968—969。

讲会,几乎全以史学为主,尤其是想以史学来定一代长治久安之大经大法,这基本上是推展其师黄宗羲所谓不学史无以应务的思路。

五、五次讲经会

(一)从甬上讲经会到北京讲会

事实上讲经会前后共有五次,主持人也有不同。第一次是甬上讲会,前后共持续约八年,从 1668 到 1675 年(康熙七年戊申至十四年乙卯),这个阶段主要是由黄宗羲指导。第一期讲会因同志星散,作官的作官,早逝的早逝,有些则以教塾维生,最后则是因为陈锡嘏到北京作官而告终。第二次讲会是始于 1678 年(康熙十七年戊午)秋天,由陈锡嘏重举的第二次甬上讲经会。当时自北京告假回到故乡的陈锡嘏觉得他有义务在家乡振讲经会[255],可惜陈氏《兼山堂集》中并未提及这期讲会的情况[256]。

1690 年(康熙二十九年庚午),郑梁曾在北京约万斯同重回甬上再举讲会,但未成功。万氏虽未能南回甬上重开讲会,但是同年便接受昔日讲经会友仇兆鳌(1638—1717)与大明一统志局的同仁之邀,开始了北京讲会。

---

[255] 黄宗羲为陈锡嘏所写的墓志铭说:"自君出,而诸子亦散,至是复集,甬中多志行之士,由此会为之砥砺耳。"在《南雷诗文集》(全集 10),《翰林院编修怡庭陈君墓志铭》,页 433。

[256] 而陈氏本人后来也不能牢守蕺山之教,除了为刘宗周最为反对的功过格作了进一步的编辑工作之外,在格物的问题上则走向朱子的老路,见黄宗羲的《南雷诗文集》(全集 10),《翰林院编修怡庭陈君墓志铭》,页 433—434:"君从事于格物致知之学,于人情事势物理上工夫不敢放过。……凡君之所以病,病之所以不起者,虽其天性,亦其为学有以致之也。夫格物者,格其皆备之物,则沓来之物,不足以掩湛定之知,而百官万务,行所无事。若待夫物来而后格之,一物有一物之理,未免于安排思索,物理、吾心,终判为二。故阳明学之而致病,君学之而致死,皆为格物之说所误也。"

在北京讲会中,万氏从田赋、兵制、选举、乐律、郊禘、庙制、舆地、官制等方面进行讲论,每月三次,听者常数十百人。杨无咎(1634—1712)的《万季野先生墓志铭》说:

> 季野志在国史,而其有功于后学,则讲会之力为多。……其北游也,则月凡三举,益以田赋、兵制、选举、乐律、郊禘、庙制、舆地、官制诸论说,凡宜因宜革,皆勒成典,则实史事之权衡也。朝而设席,向晚而退,如岁寒书屋、梅花堂、浙江江南会馆,皆其讲经史处也。[257]

十天一举的讲会可能是利用官员旬休的那一天进行的[258]。讲学之地有岁寒书屋、梅花堂及浙江江南会馆等,讲会是从早到晚进行的。当时的人在回忆他的贡献时说,万斯同虽然为修《明史》花了几十年的时间,但若论及他对后学的启迪,在北京所办的讲会要远远超过修《明史》。讲会的内容以探讨古往今来的礼乐制度为主,所以用今天的话说就是中国制度史的讲授,并期望从中得出各种制度之优劣,何者当采、何者当舍,与黄宗羲写的《明夷待访录》甚为相近。北京讲会是由仇兆鳌发动的,可惜的是,在宁波天一阁所藏的仇氏《尚友堂自编年谱》中,只有康熙二十九年(1690)条提到他与一统志局中同仁邀请万斯同举讲会之事,而别无其他材料[259]。

万氏北京讲会中,与会者的身份与甬上的两次讲会大有不同。它是以京师的公卿大夫及举子为主,不再局限于浙东士子。万氏在北京

---

[257] 收入《石园文集》卷首,页 2b—3a。参考陈训慈、方祖猷,《万斯同年谱》,页 171,"1690 年清康熙二十九年庚午五十三岁"条。

[258] 杨联陞先生认为自唐至元的旬休或旬假制度,在明清时代被削减,甚至完全废去,见杨联陞,《帝制中国的作息时间表》,氏著,《国史探微》(台北:联经出版公司,1983),页 63。但是如无旬休,何以京官可以在每月十、二十及最末一日前来讲会,俟考。

[259] 仇兆鳌,《尚友堂自编年谱》(宁波天一阁藏抄本),无页次。

讲会中,结识了胡渭(1633—1714)、阎若璩、李塨(1659—1733)、王源(1648—1710)等一批来自各地,在思想界颇为活跃的士人。

在康熙三十年(1691)秋天到达北京的方苞(1668—1749)便深受万斯同的影响而暂辍他拿手的古文之学转研经义。方苞在《梅徵君墓表》说梅文鼎(1633—1721)的历算之学,好者甚稀,但万斯同的经史讲会则车水马龙:

> 季野承念台刘公之学,自少以明史自任,而兼辨古礼仪节,士之欲以学古自鸣及为科举之学者皆辕焉,旬讲月会,从者数十百人。[260]

由前面这段引文看来,除了制度史外,古礼仪节也是万氏的重要讲题。大概从康熙三十四年(1695)起,他的讲会由温睿临进行记录,陈正心说万氏:

> 奋袖抗谈,问难蜂起,应之如向。温子从旁记其语,归而考证诸书为文,其词今所著《讲会录》是也。[261]

由这一段记录足见北京的讲会仍与甬上讲经会一样,不只是一人演说,主讲者和与会者也进行公开辩论。可惜温睿临的《讲会录》已经不存,无以窥见讲会之详。钱名世(1660—1730)与温睿临是万氏这个时期的两个记录员,钱名世记其明史方面的见解,而温睿临记其讲会中的谈辩。温氏后来辑《南疆逸史》也是受万氏影响[262]。

在北京讲会进行了八年之后(康熙三十七年戊寅,1698),万氏乘回乡之机,在甬上重开第四次讲经会。这次讲会前后只持续了数月,便

---

[260] 方苞,《方苞集》(上海:上海古籍出版社,1983),上册卷十二,页335。

[261] 陈正心,《序》,在万斯同,《历代纪元汇考》卷首;转引自陈训慈、方祖猷,《万斯同年谱》,页185。

[262] 温睿临,《南疆逸史》(香港:崇文书店,1971),《凡例》,页3。

因万氏回北京而罢。可喜的是,这九回讲会的记录《讲经口授》的抄本被保留在浙江图书馆[263]。浙图的《讲经口授》可能是一个乾隆年间的传钞本[264],其中有一些地方仍生动地记载了万氏当时的口语。

第一会是□月□日,讲田赋。

第二会是三月十九日,再讲田赋。

第三会是三月二十九日,复讲田赋。

第四会是四月初九日,讲兵制。

第五会是四月十九日,再讲兵制。

第六会是四月二十九日,复讲兵制。

第七—十回讲会缺。

第十一会是六月廿九日,讲宫庙祭祀。

第十二会是七月初八日,讲庙祀。

第十三会缺。

第十四会是七月二十四日,讲律吕。

---

[263] 在浙江图书馆所藏这份《讲经口授》的抄本前,有伏跗室主人冯贞群(1886—1962)的一段跋文,认为这是万氏北京讲会的记录,钞者是温睿临。方祖猷先生认为这应该是错的(《万斯同年谱》,页195),方先生的证据是《口授》的目次与张锡琮《赠别万季野先生北上四十二韵》(《续甬上耆旧诗》卷一百十二。)中所记康熙三十七年(1698)万氏在甬上讲会的内容相符。我个人赞同方先生的判断,并认为还有几个证据可以支持这个论断。首先是《口授》中记第二讲是三月十九日(第一讲日期空着,应是三月九日),而最后第十四讲是七月二十四日。万氏在是年春天南归,则三月九日起讲甚为合理。他在这年秋天偕钱名世北上,则七月底罢讲也合理。第二,《讲经口授》中一再特别强调历史上鄞、明州、宁波的史事,其中有一条,谈明代卫所时,特地"附说"明代宁波府的四个卫,从《口授》的语气看来,是离题发挥的。他很明显地是针对甬上的听众而发,如果是北京的讲会,听众来自全国各地,便不会如此强调本乡的史事了。第三,《讲经口授》应是张锡琮所记的,否则他在《赠别万季野先生北上四十二韵》中不会说"执卷随人叩,载笔独予许"。我因为方祖猷先生的帮助而得读《口授》,附此致谢。

[264] 此钞本中凡遇"弘"字皆缺笔,故可能是乾隆的钞本。

这些讲会基本上都是制度沿革史的讲述。虽然他基本上不讲经,不过必然仍以讲经会为名,否则记录的名称就不会是《讲经口授》了。从这份记录看来,除了《明史》以外,他对从古以来的历史都非常精熟,对于经部之书亦极娴悉。在讲授过程中,他自然而然地将相当的注意力放在检讨明亡的原因上面,并常征引《明实录》来谈明代史事。

在讲演中,万氏主要是就制度演变之大段落处作客观的讲述,很少下个人的意见,不过整体而言,也有一些个人的分析在里面,此处我仅举田赋及兵制两个讲题为例作一介绍[265]。万氏讲田赋时有几个重点,首先是讨论三十税一的理想为何不能维持,且一步一步地变化。接着讨论征银的沿起,以及征银对国家的祸害。除外他也讨论明末三饷征收之过程及对百姓所造成的负担。他总结明亡之因为用银及重赋,说:"从古无征银者,至明而征银。从古民间无用银者,至明而用银。从古加赋无如此之重者,至明而极重。生民之苦极矣,国欲不亡得乎?"[266]万氏主张禁止百姓用银,违者处死。万氏反对用银、征银的态度与当时一大批知识分子相同[267]。

此外,在谈田赋时,他评论了王安石(1021—1086)改革,说"行青苗之罪小,而废三仓之罪大"。他也评论了一条鞭法,说自一条鞭之法行,先前的雇役遂归正赋,"其余零星杂徭皆役贫苦小民,此役法之不得其平也"[268]。他并针对苏松田赋之重,作了历史的考察,指出苏松重

---

[265] 方祖猷,《万斯同评传》,页122—137。
[266] 《讲经口授》,页15。
[267] 如顾炎武的《钱粮论》上,《亭林文集》卷一,页17—19。
[268] 《讲经口授》,页17。

赋由于官田,对于官田形成的几次原因作了清楚的剖析[269]。

在谈苏松重赋之后,万氏并特谈明初宁波一府粮米十七万石,此外别无征收,至正统后,仅鄞一邑便有折色七万余石,其粮数之重一至于此。他之所以特提鄞县征赋之重,想必与讲会听众是鄞地士大夫有关。

接着再以万氏讲兵制为例。他主要是以政府是否需耗费大量金钱养兵来判断一代兵制的良窳。他说:"自汉至隋唐,天子俱无养兵之费,养兵自宋始,故国贫而民赋重。"[270] 他也感叹唐代兵制之逐步变坏,引欧阳修的话说,"唐文三变,每变而上;唐兵三变,每变而下"。他与明末清初许多士大夫一样皆主张封建,而且是从养兵方面去看这个问题的。他认为在封建制下,封君必然尽一切力量去经营自己的小封国,

---

[269] 此处即详引这段文字以明《讲经口授》之一斑:"苏松田赋之重,由于官田。官田之所以多者,其一,由宋贾似道因国用不足,制为关子,仿交子会子之制,以鬻民田。其时两浙江西皆行,而平江(即苏州)独多。时包恢知平江府最酷,制炮烙之刑,勒民鬻田,故其田入官者独多,此官田之一也。其二,元初封大功臣大十人谓之十投下。元世祖既定天下,以江南田赐大功臣,故苏松之田皆属十投下,十投下各令其家臣收租。又多买民田为己田,亦名曰达鲁花赤,此官田之二也。其三,张士诚割据扬州,苏、松、杭、嘉、湖、绍等处,其宗族亲戚尽买苏松之田,及明太祖灭士诚后,其田尽入于官,此官田之三也。其四,明太祖初年,以此田赐功臣为庄田,及功臣诛戮后,并其自置田尽入于官,此官田之四也。其五,苏松豪强兼并之患最多,明太祖起家寒微,深恨豪强之家,即位后,籍没沈万三、倪云林等田,尽入于官,此官田之五也。有此五者,苏松强半皆官田矣。又加以太祖恶吴民为张氏坚守,故其田赋敛仍张苛政之旧,不与减租,建文欲减而未行,永乐以建文变法,兴靖难师,故即位后不变租制。洪熙有轻赋意,而在位日浅,及宣德时屡诏轻苏松重赋,而户部不行,五年(1430),有诏切责户部,令其举行,时各省有按布而无巡抚,江南系留都,并布按无有,止有知府,得以自专,时特命六臣巡抚天下,而南直得周忱,苏州知府况钟,相与减苏州之粮额。先时有二百七十万余石,减去七十万石,时民田之粮,每亩仅三四升,官田自三斗以至二石不等。况钟减赋,官田止于三斗,此虽周、况二公奉行之善,而实由宣宗之德音也。周忱之后(忱为巡抚二十三年),相继为巡抚者邹来学、李秉、崔恭皆名臣,渐均官田之最重者,加于民田之最轻者。至嘉靖年间,巡抚欧阳铎、知府王仪尽均官、民田之粮,时宰相顾鼎臣在朝,常曰此法一行,吾家骤增粮千石,然岂可以我一人而废永远之利,故其法得行。"《讲经口授》,页17—19。

[270] 同前书,页23。

故能充分足其兵食:

> 唐封建之制,自春秋战国以及唐藩镇割据,皆各君其国,各子其民,欲以自强,无不尽地力,以足其兵食。一归郡县,则土地荒芜而兵力衰矣。[271]

万氏在讲演中强调,宋代"朝廷多养兵之费而不得其用"[272]。不过,他认为宋召募之制虽多养兵之费,却也还有一些优点:

> 然召募之制,朝廷虽多养兵之费,而民间晏然,否则,如唐府兵之制,虽其法最善,而一人为兵,则六家尽受其累,倘有缺少,又须补足,父母妻子皆愁苦太息,是以唐时塞上从军之曲,最为伤情。[273]

万氏甚至认为处在宋代,输岁币给敌国也不失为一个可行办法,因"岁币所费无几,边防得以休息者实赖其力,观明季之兵饷则可见矣"[274]。足见他最关心的还不一定是国家尊严,而是民间是否"晏然"及百姓是否"愁苦太息"。万氏在讨论兵制时,仍将相当多注意力放在明代。他比较明代的卫所制与唐府兵制,说卫所制即府兵制,"其异者,唐府兵派于民间,每六家出一人。明卫军则世为之,而复屯种。唐十六卫调于各府,明五府出于召募"[275]。

在甬上的讲会中,他除了纵论赋役、兵制外,还谈官制、选举、礼乐、历法、明史等,并强调苛税及科举是古今两大弊端。《续甬上耆旧诗》卷一百十二《张太学锡璁·赠别万季野先生北上四十二韵》对当时的

---

[271] 《讲经口授》,页30。
[272] 同前书,页32。
[273] 同前书,页33。
[274] 同前书,页33—34。
[275] 同前书,页37。

演讲做了精要的归纳：

> 昔日谈经会,都讲先生主。秋郊送别来,廿年云散聚。今岁暮春归,两度见乡土。讲堂得重开,生徒喜欲舞。首论赋役法,则壤溯神禹。井田不可复,限田亦虚语。惟有租庸调,唐制颇近古。两税一条鞭,救患患仍巨。次论古兵制,田赋寓卒伍。汉唐调发多,府兵法可祖。宋乃专召募,遂受养兵苦。明世军兵分,北都劳御侮。季年成土崩,加饷祸由部。继及选举条,宾兴德行取。用吏昉秦政,设科起汉武。中正法久弛,诸科弊难杜。下逮王氏学,至今流毒蛊。前代惟制科,庶几得人普。终乃礼与乐,津津听挥麈。郊社与禘祫,群疑融水乳。律吕通历法,妙理入渊府。灯火有余闲,绘图纪寰宇。蛟川十日游,官制详缕缕。《明史》及东林,约略倾端绪。腹笥便便盈,三筐何足数！执卷随人叩,载笔独予许。中有两要言,可作《三通》补。白金供正赋,贪风成蛇虎。治道不古若,大半由阿堵。科目取人才,登进杂枯窳。假令孔孟生,岂由场屋举！二者利名根,斩断须利斧。奇快论不刊,勃崒气暂吐。倘得此言行,如暮日重午。敢云即至道,齐变乃可鲁。空抱王佐才,谁识名世辅。史馆羁渊云,笔墨日纂组。[276]

万斯同于1698年（康熙三十七年）秋天重回北京。两年后（1700）再度在仇兆鳌的鼓倡下,举行第五次讲经会。北京讲会不断地有新的会友加入,尤其是在康熙三十九年（1700）十月,朝廷平三藩之乱后,因为天子奖励学习,故讲会中翰林、部郎及一般士人四五十人环坐听讲,而且

---

[276] 全祖望辑选,《续甬上耆旧诗》(民国四明文献社排印本) 卷一百十二,《张太学锡璁・赠别万季野先生北上四十二韵》,页21a—b。

讲会的准备工作皆由显官供张[277]，在京师引起莫大的轰动。当时会友李塨记万氏讲说时，"不翻书，每会讲一事，口如瓶注，温睿临札记。何代、何地、何人，年月日事起讫，豪厘不失也"[278]。

我们大致归纳北京讲会的主题如下：

> 田赋、兵制、选举、乐律、郊禘、庙制、舆地、官制、礼乐源流、典章沿革、国书历象、河渠边务、三代及元明制度、地理、河渠、仓库、政刑。

这只是就当时人的零星记载归纳而成，有的只是概略的名字，有的则是相当确定的主题。其中有些与万氏回甬上举行的第四次讲会主题相类似，有些是随着北京讲会的持续进行，又陆续开辟的新主题。从讲会的题目看来，心性探索或"以书明心"这一类主张已经不见了。这时他欣赏胡渭、李塨等人对心性及形上之学的攻击，并反对过去宋明理学对"格物"的"物"字之解释太过偏向内在的探索。此时他同意颜元（1635—1704）、李塨之以"乡三物"解"格物"的"物"字[279]，而所谓的"乡三物"——"六德""六行""六艺"——全是与治平天下有关的实务。

（二）影响

1668年（康熙七年戊申）讲经会正在甬上展开时，声势一定不小，以致当时正在外地的万言闻讯赶回参加，高斗魁（旦中）还觉得未能参与是一大遗憾。该会在浙东一地有相当大的影响，陈锡嘏《兼山堂集》说"东浙学者为之一变"[280]，黄宗羲也说讲经会"不及十年而能转浙河

---

[277] 陈训慈、方祖猷，《万斯同年谱》，页208，"1700年清康熙三十九年庚辰六十三岁"十月条。

[278] 李塨，《恕谷后集》卷六，《万季野小传》，页71。

[279] 万斯同，《石园文集》卷七，《大学辨业序》，页12a—13b。

[280] 陈锡嘏，《兼山堂集》卷四，《陈母谢太君六十寿序》，页24a。

东黄茅白苇之风,概使之通经学古"[281]。即以个别会友的成就而言,像万斯大,陈锡嘏便说:"海内名士如豫章彭躬庵、吴郡顾景范,皆叹经学不如充宗。"[282]

在甬上讲经会影响下也出现了仿行的讲经团体。譬如陈锡嘏的学生顾諟(在瞻,1653—?)在山阳所举行的:

> 陈介眉教授里中,书舍至不能容。其时顾在瞻来学,介眉称其为后来之秀,……未几,返于淮海。岁辛酉(1681),万公择自淮归,言在瞻倡率其里人为经史之学,不殊甬上。[283]

所谓"率其里人为经史之学,不殊甬上",应即是模仿甬上讲经会的一种组织。而顾在瞻当日受学于陈锡嘏时,陈氏再三叮嘱他的正是刘宗周以经明心的思想,其《与门人顾在瞻书》云:

> 盖博文约礼二者不可缺一,阳明子又从而合之,曰博文是约礼工夫,则为学之功,其不可不从事于读书穷理也,明矣。夫必博学而后可以审问、慎思、明辨,必多闻多见而后可以阙疑阙殆,则读书穷理,其不可保残守缺、孤陋寡闻,妄言内求之功、希心顿悟之学也,明矣。[284]

陈锡嘏又说:

> 文以载道,求道者不得不取证于文,颜子亲见圣人,尚口口说博我以文,而孔子之赞回也,亦曰择乎中庸,则以天命之性,虽不待外求,而要不可不辨别众理以求其至善之所在,况我等去圣千载,

---

[281] 黄宗羲,《南雷诗文集》(全集10),《陈夔献五十寿序》,页662。
[282] 陈锡嘏,《兼山堂集》卷四,《万充宗五十寿序》,页22a。
[283] 黄宗羲,《南雷诗文集》(全集10),《顾君荣生六十寿序》,页673。
[284] 陈锡嘏,《兼山堂集》卷三,页12a—b。

> 苟欲证明其心，舍昔人阅历有得之言，其亦从何而入乎。读书之法，六经其渊源也，次而及于先儒之语录文章，足以发明义理，又次而及于历代之正史，足以开通闻见。[285]

这一段文字强调因为我们去圣人千载，如果想"证明其心"必须读经书、正史等。他又说：

> 夫吾心之理，诚未有出于孔孟所言之外也，然恐生之所见为孔孟者未必得孔孟之微言精义，而欲专求之于一心，几何而不流于扣盘扪烛之讹耶？夫先儒之说诚不能无支离，然此是彼非，必参稽博考而后可以归于一。[286]

因为我们心中之理不可能出于孔孟所言之外，所以要求我们心中之理，反而需要把孔孟之言弄清楚才行。陈氏又说：

> 故我见不足恃，必考之于先儒；先儒一人之言不足恃，必博考之于诸儒；诸儒之言不足恃，必返证之于吾心；如此乃谓之心得，犹未已也。义理无穷，进一步更有一步，做得到方见得到。[287]

陈锡嘏强调"我见不足恃，必考之于先儒"，但是这样还不够，应该要"博考之于诸儒"才行。最后，他强调非读经读史不可：

> 读书之法，经固为主，而史其佐之，不可偏废者也。从来无不读书、不穷理、不博古通今之圣贤也。书之所在，学之所在也。[288]

虽然黄宗羲曾说甬上讲经会这一批弟子是他最得意最有收获的门生，可是我们仍不可将眼光局限于该处。在甬上讲经之后，黄氏曾讲学海

---

[285] 陈锡嘏，《兼山堂集》卷三，页 12b—13a。
[286] 同前文，页 13a。
[287] 同前文，页 13b。
[288] 同前文，页 15a。

昌，受到海宁知县许三礼（1625—1691）的欣赏，曾命当地士大夫聚会听黄氏讲学。黄氏在海昌讲学时，"每拈四书或五经作讲义，令司讲宣读，读毕，辨难蜂起"[289]。海昌的学生也曾模仿甬上讲经会的规模立"经会"，因为材料甚少，我们只就当时随父在海昌的黄百家《学箕初稿》中的记载窥其内容。百家在《赠陈子文北上序》中说：

> 去年（康熙十五年丙辰，1676）春，家大人讲学海昌，得同志者十余人，而陈子子文抗心问学，以为文章不本之经术，则学王、李者为剿，学欧、曾者为伪。学问不本之经术，非斜《集注》为秘经，则援作用为轲传，于是将与同志创为经会，以崇实学。[290]

他们"创为经会"之后实际如何进行，并无进一步史料。黄百家只说首事的陈子文（1648—1709）是"慕蕺山之源流，务经术为宗主"，而当陈氏北行时，行囊中所带的书是《仪礼》与《周礼》注疏。黄百家期望他到北京时能与甬上讲经会友陈锡嘏讨论经书，尤其是《三礼》之学[291]。

目前无法建立万斯同北京讲经会的会友名单，所以其影响不易评估。不过，从方苞前后的转变可以看出一二。全祖望的《前侍郎桐城

---

[289] 黄炳垕，《黄梨洲先生年谱》卷下，"康熙十六年丁巳（1677）公六十八岁"条，页40。

[290] 黄百家，《学箕初稿》卷二，页1b。

[291] 同前文，页2说："顾子文穷经之志未尝少懈，检其行囊累累，则《仪礼》与《周礼》之注疏也，其言曰：今人讲《礼》往往窒碍，则以不熟读《仪礼》与《周礼》故也，舟中清寂，余将以三千里之程毕此愿力。"又说："余友陈子介眉，纵横经库，酉戌（1681—1682）之间，课业至《三礼》，余尝聆其辨论，通贯详瞻，今在中秘，子文于舟中有所悟而独得者，有所疑而未释者，试与讨论焉，必能有以相赏而相晰也。"乾隆年间有一位不知名的作者写《国初人传》，以后来人的眼光对甬上讲经会的影响有如下评价："有云自先生（黄梨洲）倡甬上讲经之会，天下始蔚然向风，皆知崇本经术，究圣人本旨。"参见李慈铭《越缦堂读书记》，上册，"《国初人传》同治己巳（1869）十月十三日"条，页432。又，《李塨年谱》第98页记康熙四十二年（1703）毛奇龄（1623—1716）欲举讲学会说群经，或许也受一时风气之影响。冯辰、刘调赞，《李塨年谱》（北京：中华书局，1988），页78。

方公神道碑铭》对方氏与北京讲会的关系,有这样一段描述：

> 公少而读书,能见其大,及游京师,吾乡万徵君季野最奇之,因告之曰:勿读无益之书,勿为无益之文。公终身诵以为名言,自是一意穷经,其于通志堂徐氏所雕九经,凡三度芟薙之,取其粹言,……诸经之中,尤精者为《三礼》,晚年七治《仪礼》。[292]

全氏所记三读《通志堂经解》一节甚确,但治《仪礼》次数似有误。据方氏《答陈榕门书》是"弟虽衰病,九治《仪礼》"[293],方氏在信中也不时与人谈《三礼》[294],且屡屡道及自己全力治经的情形[295]。而方氏治经专力于《通志堂经解》,一方面可证明清初学者专力宋、元经学著作的情形,同时也与万斯同所传甬上讲经会重视宋、元注疏的学风有关。

六、结　论

本文是对清初讲经会之形成背景、思想脉络、进行方式、会友、治学风格及影响所做的研究。

本文认为甬上讲经会的形成,是两大思潮交叉而成。而这两个思潮的形成与明代后期道德价值的混乱失序、社会政治的颓败及异族入

---

[292]　全祖望,《鲒埼亭集》卷十七,页203—204。

[293]　方苞,《方望溪遗集》(合肥:黄山书社,1990),《答陈榕门书》,页64。吴孟复序云其"十治仪礼"(页1)。

[294]　例如《方望溪遗集》第33页的《与沈立夫书》:"仆病且衰,《三礼》未尽之绪,于贤者重有望焉。"

[295]　方苞在《与闽抚赵仁圃书》表示"自分此生恐无缘更毕志于经学";在《与黄培山书》说"告归五年,求一好经书识名义者,与之共学,竟未见其人";收于《方望溪遗集》,页38、页65。方苞后来想为平生最为亲密的友人建一"敦崇堂",所谓"敦崇堂四友",其中李塨、王源即北京讲会时之友。见《与黄培山书》,同前书,页65。

侵的压力都有密切的关联。首先是晚明文人社集转向经史实学的倾向。文人及文社在知识界转向经史的运动上扮演了鼓动风潮的角色，定下了新一代士人关心的大方向，方向既定，深入的研究与枝节问题的精细化，则是后来的事。这些提倡转向古学的文人，对经史并未有严谨精密的研究，但是受他们影响的下一辈，则陆续出现了一批清学的前驱者，如黄宗羲、顾炎武、阎若璩等都是。本文也花了相当大的篇幅析述刘宗周如何一步一步走向强调读书的重要性，而且最要紧的是读书成为他改造心学的一个关键。本文描述了刘宗周与"越中旧说"的对抗，及他的工夫观如何一步步地激烈化，到最后则认为工夫愈昭荧则本体益显豁，甚至于本体由工夫所决定，而工夫即是读书和改过；一个是读经书，一个是照《人谱》计算过错，它们都是平易可行的办法。本文同时也指出这两派思想的对立与当时的政治斗争有关，尤其是东林与魏党在浙东一地的倾轧；刘宗周与黄宗羲认为浙中禅学化的王学间接给阉党提供了理论武器，使得他们认为名节与道德规范必须在心学体系中有坚确的地位，因而促使他们对阳明以来的心学进行改造，欲引六经作为心之堤防。但刘宗周基本上还在心学的矩矱中，故他本人一生并未在经史之学上有突出的表现。但是他所开启的以读书、改过这两件人们可以掌握的工夫，作为达到圣人境界的方法，便将当时追求本体之学，从浙中王学的凭空识认本体拉下来，与后来的读书运动相契合。所以他的思想经过黄宗羲的诠释后，甬上的一批士人会兴奋地觉得"圣人必可学而至"，并说"慎独谈何易，读书勇可贾"，以读书（尤其是读经书）作为成圣的一条重要途径。由于甬上讲经会基本上由上述两条脉络交织而成，所以它的特色是一方面奋厉读书，一方面也讲修身。他们所期望的境界不是为读书而读书，而是黄宗羲所强调的"以书明心"，内外合一，期望心中本有的与圣贤书中所有的能相凑泊。

本文的第二个部分是析述讲经会的会友，以及他们所呈现出的学术特色。由于讲经会大部分的会友并不具全国性知名度,且多无著作留传下来[296],所以本文只能尽可能勾稽他们的事迹,尚无法对他们的生平及著作进行深入的分析。但是有几个特色是值得注意的:他们多是当地缙绅之子弟,晚明以来讲会听众中常常发现的商人或农人,在这里并不存在。他们是"遗民不世袭"的最好体现者,他们竭诚效忠新朝,尽管他们斥责当时时文科举的弊病,却仍积极参与科举,甚至刻意要以考场上的胜利来证明讲经的成果。

本文中也将讲经会的治学特色加以介绍,他们的主要贡献有三:第一是恢复经书的地位。第二是复兴宋、元注疏,以破除朱子功令之学对经义的独占。第三是对经书之态度上,反对把经作为心之解悟的津筏,而是把经书作为研究的客体,从事精密客观的研究。研究经书的目标不仅是为了开发心中的义理,而是想好好地了解古代圣贤和礼乐制度。

最值得注意的是他们重新接续了宋、元注疏之传统。这个传统基本上因为几个原因而断绝了。第一是明代考试由《五经大全》及《四书集注》支配的学风,对四书、五经的诠释是定于一尊的。而后来心学盛行之时,士子索性连《大全》与《集注》都摆落不读,甚至以禅佛思想直接解释经书。讲经会一方面打破了《大全》《集注》一元之说对四书、五经诠释的垄断,并在各种诠释间衡量拣择,选取一个最为合乎经书原意的解释;同时,这些经学活动的最高目标,是想断绝佛老思想对儒家阵地的侵占。心原本是"空中四达"(刘宗周语[297])之物,如果没有一套思想加以充实、贞定,则空中四达至虚至灵的心可以被任何义理所盘据。晚明清初思想家多认为刘宗周的最大贡献是"绝葱岭之传",这与

---

[296] 全祖望的《续甬上耆旧诗》往往在讲经会友的名下注该人所著书稿的名字,以明他取材的来源,但是这些书稿率多不存。

[297] 黄宗羲,《南雷诗文集》(全集10),《先师蕺山先生文集序》,页51 对其师刘宗周思想之叙述。

他纯善无恶的"意"的哲学,及将六经重新在心学系统中定位有关。

清儒考证之学的最先源头便是宋、元经学注疏。这与讲经会所代表的一代治学风气有密切的关系,《通志堂经解》的刊刻便是这一风潮下的产物。不过,由于他们真正想了解的并不是宋、元儒的注释,而是经书中的义理,所以很快地便发现宋、元儒的注疏尚有不足。从清初以来,注经的风气便如拾级而上,越翻越高,由宋元而魏晋隋唐、而两汉、而先秦。

讲经会当然不只带起一个广泛的风气而已。在讲经治学气氛下培养出来的万斯同与万斯大,便是对清代学术有重大开山之功的两位学者。万斯同在史学及礼学方面的开山工作,及万斯大在经学(尤其是《三礼》)方面对18世纪汉学的前导之功,前人已有恰当的评价[298]。在万斯同与万斯大的经学著作中,我们已经可以看到清代考据学的规模,及戴震(1724—1777)、阮元(1764—1849)训诂注疏之学的嚆矢了。

甬上讲经会的后续活动也是本文所特别注意的。本文叙述了在第一次讲经会持续七八年而中歇之后,陈锡嘏曾一度由北京回到故乡主持第二次讲经会,万斯同在北京受仇兆鳌鼓励而举行的第三次讲会,万斯同回到甬上的第四次讲会,以及万氏回到北京后,持续多年的北京讲会。这些讲会之间也有变化的痕迹。大抵到了万斯同手里,讲会的内容已由经转史,所以有人甚至称之为"讲史会"[299]。甬上讲经会中经学与修身兼重,最后以内外合一为最高理想的宗旨,也渐渐起了变化。万斯同本人始终留意修身,可是他的讲学内容中,心性之学的成分愈来愈淡,甚至于不提,而完全关注于治国平天下的事业。这种现象也凸显

---

[298] 如梁启超的《中国近三百年学术史》、侯外庐的《中国思想通史》第五卷第二编十章。

[299] 见吴德旋,《初月楼闻见录》(台北:台湾商务印书馆,1976)卷四,页3b。

出清学发展的一个特色,即心性之学的内在之路逐步结束,而对外在礼乐制度的探讨逐步兴起。

至于讲经会的影响,也不应以黄宗羲所指导的甬上讲经会为限。从第二次到第五次讲会,都对江南及北京知识界产生影响,可惜我们并没有较丰富的资料加以评估。整体而言,这五次讲经会有两方面的影响:第一,在道德修养方面,甬上及其附近地区兴起了一股砥砺志行的风气,黄嗣艾在《南雷学案》中不无夸张地说"至是南中多志行之士,由斯会(讲经会)砥砺之耳"[300]。第二,在经学典范的开启方面,不只是"不及十年,而能转浙河东黄茅白苇之风,概使通经学古",乾隆年间的一位士人甚至认为"天下始蔚然向风,皆知崇本经术"。从甬上讲经会到万斯同在北京的讲会,前后断续进行近三十年,对浙东及来自全国各地的士子、京官之影响,更值得将来进一步评估。

附录　甬上讲经会的会友

甬上讲经会的会友显晦不一,此处拟大致勾稽他们的生平。除了仇云蛟、陈和中等人一时无法考得其事迹,而毛文强、颜曰彬后来已转向潘平格,故未予列入外,对其余诸人,皆作一简短的描述,为了整齐起见,此处尽量引用全祖望《续甬上耆旧诗》中的材料:

万斯同(1638—1702),字季野,号石园,万泰(1598—1657)第八子。及梨洲之门,得闻蕺山之学,博通经史,尤熟明代掌故,撰明开国以后至唐桂功臣将相内外诸大臣年表,荐博学鸿儒,力辞。以布衣参史局,不署衔、不食俸。《明史稿》五百卷皆出其手。万氏当时年纪虽轻,

---

[300] 黄嗣艾,《南雷学案》(《清代传记丛刊》,第26册;台北:明文书局,1985)卷七,"陈怡庭先生"条,页457。

但已是讲会中的灵魂人物。不过他后来转向史学，兄万斯大则专力经学。他们一史一经，充分追随其师黄宗羲的不以六经，则为蹈虚；不以史学，则不足以应务的思想。不过万斯同早年在讲经会中培养的经学根柢后来也曾得到发挥，而为时人所重。《新世说》说"万季野初至京师，时议意其专长在史，及徐尚书乾学居忧，请公纂《读礼通考》，自国恤及家礼，十三经之笺疏，二十一史之志传，汉唐宋诸儒之文集说部，无或遗者，又以其余为《丧礼辨疑》四卷，《庙制折衷》二卷，乃知公故深于经术者"[301]。万氏的著作有《补历代史表》《纪元汇考》《庙制图考》《儒林宗派》《石经考》《周正汇考》《宰辅汇考》《宋季忠义录》《南宋六陵遗事》《庚申君遗事》《群书辩疑》《书学汇编》《昆仑河源考》《河渠考》《石园诗文集》。

万斯大（1633—1683），字充宗，号跛翁，万泰之第六子。专治经学，尤精《春秋》《三礼》，著有《经学五书》(《学春秋随笔》《学礼质疑》《仪礼商》《礼记偶笺》《周官辨非》)。又辑《春秋》三百四十卷，毁于火，晚年复辑，绝笔于昭公。其说《春秋》，不似元明学者之专注意于书法义例，而是以礼制为基础，故别开生面。其礼学著作排纂说礼之言，持论精核，多发明前人所未发。为人刚毅，尝游武林之玉龙山，见张缙彦（1599—1660）神主，击碎之，观者咸辟易。（按，张缙彦曾在明清政权更迭之时出卖抗清义士。）

万斯选（1629—1694），字公择，万泰之第五子。刘宗周死难之后，其遗书由万公择为之收藏，全祖望称之为子刘子功臣。李邺嗣云"粹然有得，造次儒者，吾不如公择"。年六十卒。黄宗羲认为甬上从游弟子中，能振蕺山之绝学者，惟有万斯选一人耳[302]。

---

[301] 易宗夔，《新世说》(《清代传记丛刊》，第18册)卷二，"文学"，页252。

[302] 黄宗羲，《南雷诗文集》(全集10)，《万公择墓志铭》，页504。

万斯备,字允诚,一字又庵,万泰第七子也。"乱后隐居不试,婿于李氏,妇翁呆堂先生爱之。……呆堂尤称其五律搜索意匠,疏理血脉,一字一句,无不雕磨,且自以为不如。……先生书法极工,兼精篆刻。……所著有《深省堂集》。"[303]

陈赤衷(1617—1687),字夔献,曾入天井山向苦节名僧问道,对于释氏名理有深入的了解,然而终感不满足,遂"归而返求之六经,近理乱真之说始不足以惑之"[304]。讲经会之名为陈氏所取[305],他同时也是讲经会最重要的护法——"方会之初立,闻见之徒,更口訾故,鸱鼓害翼,犬呀毒啄,会者不懈益虔。里中有以骂坐自喜,胜流多为所绌,间出违言,夔献大声叱之,揎袖将搏,其人沮丧避去。故凡僻经怪说撼其会人者,夔献必析义秋毫,悬痛以折其角。盖未几而同学益进,不啻山鸣而谷应也。"[306]

陈锡嘏(1634—1687),字介眉,号怡庭,是甬上讲经会创始者之一。"先是甬上有讲经之会,先生与陈赤衷等数十人,尽发郡中经学书籍,穿求崖穴,冀平一哄。自先生出而诸子亦散。至是南中多志行之士,由斯会砥砺之耳。"[307] 陈氏虽是讲经会的核心,但论格物与其师黄宗羲不合。陈氏于康熙乙卯(1675)年举浙省榜首,来年登进士第,改庶吉士,曾奉命纂修《皇舆表》《鉴古辑览》。陈氏后来由北京告假回甬上,重理讲经会,卒于康熙丁卯(1687)年。

李文胤(1622—1680),"字邺嗣,……别号呆堂。……直兵革之

---

[303] 全祖望,《续甬上耆旧诗》卷七十七,页 3b—4a。
[304] 同前书,卷九十八,页 1b。
[305] 同前书,卷九十八,页 1a。
[306] 黄宗羲,《南雷诗文集》(全集 10),《陈夔献五十寿序》,页 661。
[307] 黄嗣艾,《南雷学案》卷七,"陈怡庭先生"条,页 457。黄宗羲撰有墓铭。郑梁撰有行状,见《安庸集》卷一,《怡庭陈先生行状(丁卯)》,页 3a—10a。

际,睢眦触死,仪部(按,李文胤之父李枫,崇祯年间曾官礼部仪制司主事)下省狱,先生亦驱至定海,缚马厩中七十日,事得解。……遂绝意人世。……集《甬上耆旧诗》。"[308]

陈自舜(1634—1711),"字小同,其年稍晚出,甚愧其父(按,其父为御史陈朝辅,乃阉党之一员)之所为,以是颇不欲人称为公子。梨洲先生讲学甬上,小同从之。终日辑眷经学,兀兀不休。其人强毅方严,于名教所在,持之甚笃。……一日,梨洲座上,或言天启时某官以某物赠奄,即御史所为也,小同为之数日不食。喜购书,其储藏为范氏天一阁之亚。"[309]

范光阳(1630—1705),"字国雯,学者称为笔山先生。康熙戊辰(1688)进士,以庶常改户兵二部曹,出知延平府。先生与慈水郑丈寒村(按,郑梁)最善,同游梨洲之门,砥砺甚笃。寒村先得售,随从稍盛,先生以书戒之,其古道如此。又曰,吾党当自期以振古之豪杰,不徒语言文字间。……先生不欲以文名,然梨洲甚称先生之文,其诗亦淡雅,间涉道学语,要不堕横浦偈颂一派也。"[310]

董允瑫(?—1679),字在中,董天鉴之长子。康熙己酉(1669),举于解试,因得交京师公卿,深为叶方蔼(?—1682)所欣赏,叶氏因董允瑫而知其师黄宗羲,故荐黄氏为博学鸿儒,康熙己未(1679)年卒。全祖望说:"予观先生所取舍亦与梨洲有不同者,梨洲于邓豁渠(邓鹤,

---

[308] 黄宗羲,《南雷诗文集》(全集10),《李杲堂先生墓志铭》,页399—400。李氏乃讲经会核心人物,但与黄宗羲在师友之间,其《杲堂诗文集》颇能传当日讲经会之实况。

[309] 全祖望,《鲒埼亭集·外编》卷十二,《七贤传》,页821。郑梁,《息尚编》(收于《寒村诗文选》)卷四,《陈君尧山墓志铭》,页4—7a。

[310] 全祖望,《续甬上耆旧诗》卷九十六,页9b—10a。朱汝珍辑,《词林辑略》(《清代传记丛刊》第16册),页61。范氏系会元,著有《双云堂文稿》《诗稿》。郑梁,《息尚编》卷四,《范笔山先生墓志铭》,页13—15。

1498—1578?)、颜山农（颜钧,1504—1596）、林三教（1517—1598）辈,虽不甚许,然皆有取于其言,先生则力斥之,以为无忌惮之尤,盖梨洲意在博采其长,而先生防其流弊。"[311]

董允珂,董天鉴之次子,"字二嘉,一字莪山,……徵君（董天鉴）四子,（董）在中（允瑶）最英厉刻苦,（董）吴仲（允璘）亦负异才,而莪山和平大雅,介于其间,孝弟之行,克相埒之,所著有《莪山集》。"[312]

董允玮,字俟真,董天鉴之三子,事迹不详。

董允璘（1636—1671）,字吴仲,董天鉴之四子,其学从阳明入手,后读刘宗周《学言》而疑之,乃有《刘子质疑》之作,但经黄宗羲解释后,自署"蕺山学者"。全祖望说:"梨洲述其师说,以意为心之所存,世多未达,先生为解之曰,存固存而发亦存也,问者始释然。先生在讲社,梨洲倚为御侮之友。有挟异说以至者,先生必敌之。梨洲叹曰,使吾恶言不入于耳者,吴仲之力也。先生见社中诸子纷然于字句同异间,笑曰,学者但当鞭辟近里以上圣贤之路。……若字句之间,不过口头上见解,非正学也。"[313]

郑梁（1637—1713）,"字禹梅,慈溪人,康熙戊辰（1688）进士,选庶吉士,改户部主事,升郎中,出知高州府,有政声。尝学于南雷,闻蕺山绪论,工文艺,南雷序其稿云:禹梅深于经术,而取材于诸子百家仁义之言,质而不枯,博而不杂,如水之舒为沧涟,折为波涛,皆有自然之妙。"[314]

仇兆鳌（1638—1717）,"字沧柱,鄞县人,康熙乙丑（1685）进士。

---

[311] 全祖望,《续甬上耆旧诗》卷九十五,页1b。
[312] 同前书,卷九十八,页4b。
[313] 同前书,卷九十七,页18b。
[314] 徐世昌纂,《清儒学案小传》（《清代传记丛刊》,第5—7册）,上册卷一,页117。按,郑梁传记甚多,此不备载。

廷试策问官方及海禁,先生言:官方有保举徇私之弊,开海宜捐利以与民。读卷官杨雍建(1631—1704)大称赏之,改庶吉士,授编修,预修《一统志》,复预修《明史》,直南书房,后乞假归。"[315] 仇氏以批选科举时文闻名,陆陇其讥其讲学则从梨洲,讲举业则宗朱。仇氏另以《杜诗详注》一书而有名于天下。

钱鲁恭,字汉臣,一字果斋,知临江府(钱)若赓曾孙也。学于梨洲之门,梨洲尝语人曰,"汉臣学三年可以大成",不幸年二十七而卒[316]。

张九英(？—1675),"字梅先(先一作仙),刑部郎(张)翼之子也。诸生,负奇气,妇翁为栖霞令陈治官,梅先视之蔑如,酒后谓曰,莫道先生为泰山,吾以为冰山耳。栖霞失色,然爱其才更甚。同社万季野最博学,梅先不为之下,季野尝示以诗,曰弱笔奄奄耳,而季野心折之愈甚。……梅先学于梨洲之门最浅,乙卯(1675)覆舟姚江而没。"[317]

张士培(1603—1687),"字天因,梨洲先生之高弟也。其父(张)遐勋曾参豫冰槎幕府事,倾家输饷,先生与有力焉。已而事败,新朝进士范某构衅欲害先生之父,几被五君子之难,及先生兄弟出补诸生,而又多方以灭其迹,遂得免。先生屡试不售,因佐父货殖,不数年,三致千金,则其才可知矣。有别业在西郊,曰墨庄,即梨洲讲学之所,其诗与弟雪汀齐名,随作随弃,故无足本。"[318]

张士埙(1640—1676),"字心友,一字雪汀,康熙甲辰(1664)进士,将任司理,值汰冗,改选大行,寻卒,年仅三十有七。梨洲黄先生铭其墓且序其诗,称其恂恂孝友,锐志实学,才谞敏达,一惟经世是图,手录经

---

[315] 徐世昌纂,《清儒学案小传》(《清代传记丛刊》,第5—7册),上册卷四,页568。
[316] 全祖望,《续甬上耆旧诗》卷九十八,页11b。
[317] 同前书,卷九十八,页9b。
[318] 同前书,卷九十七,页9b。

史子集几至等身。"[319]

张汝翼,"字旦复,一字学斋。"[320]"少善读书,母叶氏授以《大学衍义》,由是有志于圣贤之学,孝友益著,称名诸生,南雷之甬上,遂请业焉。讲经之会诸人谈锋起,徐以一言折之,闻者皆意慊,南雷每称之曰:张旦复笃行君子也。"[321]

张九林,"字璧荐。"[322]

李开,"字锡衮,一字子实,训导(李)如玉子也,粹然长者,以副车贡太学。"[323]

王之坪(1640—1707),"字文三,一字忝堂,知县(王)之坊弟也。"[324]

董允霖,"字扉云,一字梨山,诸生(董)应遵孙也。……以明经知临漳县,……所著有《笨言》。万编修九沙(经)曰,扉云生平重然诺,慎取与,性忼直而不诡于道,真可订久要者。"[325]

万言(1637—1705),万斯年(1617—1693)之子,字贞一,号管村。自言:"余少习举业,弱冠出与郡中诸大家子为文会,于时会者城南沈氏四人、城东李氏九人、月湖徐氏二人、比闾黄氏五人,其他高氏、葛氏、傅氏、水氏、陈氏各一人,及家叔充宗、允诚、季野,凡二十九辈,皆年少勤学,更十日或十五日一会,会试二义,必剧饮尽欢而散,郡中传为盛

---

[319] 全祖望,《续甬上耆旧诗》卷九十七,页11a。李放纂,《皇清书史》(《清代传记丛刊》,第83—84册),上册卷十五,页484云张士埁"善书,喜购古碑名迹"。另黄宗羲撰有张氏之墓志铭。

[320] 同前书,卷九十八,页2a。

[321] 徐世昌纂,《清儒学案小传》,上册卷四,页568。

[322] 全祖望,《续甬上耆旧诗》卷九十八,页11a。

[323] 同前书,卷九十八,页10a。

[324] 同前书,卷九十八,页9a。郑梁,《息尚编》卷一,《文学王君忝堂墓志铭》,页17—20。

[325] 同前书,卷一一一,页3b—4a。

事,即他邑多闻而效之者。"[326] 但他当时已不满于只是作文会饮,故接着又说:"余独念吾辈相慕而友,岂仅以文字为事。固宜敦气谊,重然诺,如古书传中所称始为无负,察其可语于斯者,因以告之,其人多心喜余言。"后来文会因主要成员李重明卒而罢[327]。"稍长学举业,初治《周易》,继治《礼记》,既复治《尚书》,顾其解皆讲章训诂,虽习其说,意殊未惬。尝欲旁求诸家解经之书而贯通之,自家叔辈与诸君设为讲经之会,言时客袁州,闻之亟归,共业《毛诗》《戴记》,追随朔望,遂得闻所未闻。"[328] 万言后于康熙十八年(1679)以副贡召修明史,授翰林院纂修官,旋改授编修,成《崇祯长编》百余卷,列传若干卷,复出为五河知县。

董道权(1630—1689),"字秦雄,一字巽子,号缶堂,浙江鄞县人,有《缶堂》《炳烛》《墨佣》诸集。先生既以诗名,尤以孝著,其没也,同人私谥为贞孝先生。好交方外,挂履洗钵,有巽子诗便增颜色。"[329]

董孙符,"字汉竹,一字桃江,诸生,(董)道权长子也。江北董氏自明季显,次公户部称北董,别以天鉴户部为西董。及两家子弟在证人讲社,亦以西董北董别之,至是盖三世矣。桃江称北董,而天鉴长孙旦庵称西董,于通家兄弟中二人最长,各有诗名。"[330]

董胡骏,"字周池,一字南田,诸生(董)道权次子也。……顾舌耕者四十年,而晚岁卒以贫死,图书散失,少弟孙龠收其遗诗。"[331]

---

[326] 万言,《管邨文钞内编》卷一,《李重明墓志》,页35a—b。

[327] 同前文,页35b。

[328] 同前书,卷一,《与诸同学论尚书疑义书》,页1。

[329] 张维屏辑,《国朝诗人徵略初编》(《清代传记丛刊》,第21—22册),上册,卷五,页254。按,董氏另有《缶堂说诗》,黄宗羲撰有董氏之墓志铭,郑梁有其传,见《安庸集》卷一,《贞孝先生传(己巳)》,页55a—57b。

[330] 全祖望,《续甬上耆旧诗》卷一〇九,页11a。

[331] 同前书,卷一〇九,页15b。

第三章　清初的讲经会

董元晋,"字靖之,一字旦庵,举人(董)允瑫长子也。"[332]"梨洲先生为证人之集,其高座皆得携其子弟听讲,或有以生徒来者,所谓受业者为弟子,受业于弟子者为门生也,其中有声于时者,自董太学元晋而下复有文学(董孙符、董胡骏)兄弟。"[333]

陈汝咸(1658—1714),"字莘学,一字悔庐,翰林(陈)锡嘏子也。大理(汝咸)少随父讲学于证人社中,心领神悟,多所自得,梨洲尝谓人曰,此程门之杨迪、朱门之蔡沈也。……尤得力于慎独之旨,验其功于修己治人之间。……曰,梨洲黄子之教人颇泛滥诸家,然其意在乎博学详说以集其成,而其究归于蕺山慎独之旨,乍听之似骇而实未尝不纯。"[334] 陈氏于星纬律历方舆之说,无所不究[335]。李光地曾欲罗致于门下,为陈氏所拒,"方公谢安溪之学,或疑其以师传之异,不肯苟为授受。及当湖陆清献公稼书所著出,公亟喜而梓之,当湖亦与梨洲有异同者,乃知公之非墨守也。"[336]

陈汝登(1670—?),陈汝咸之堂弟,"南雷公讲学甬上,诸高弟各率其子姓来听,先生因编有《证人讲义》。后听于万季野之门,又续编有《证人讲义》。"[337]

董雱,"字山云,一字复斋,诸生(董)应遵孙也。由太学生知房县,累官知永昌府致仕。"[338]"少从万徵君季野游,得闻证人之教。"[339] 同时亦参与讲经会。

---

[332]　全祖望,《续甬上耆旧诗》卷一〇九,页1a。
[333]　同前书,卷一〇九,页1a。
[334]　同前书,卷一一〇,页1。
[335]　全祖望,《鲒埼亭集》卷十六,《大理悔庐陈公神道碑铭》,页191。
[336]　同前文,页196。
[337]　黄嗣艾,《南雷学案》卷八,"陈南皋先生"条,页502。
[338]　全祖望,《续甬上耆旧诗》卷一一〇,页8a。
[339]　同前书,卷一一〇,页9b。

万经(1659—1741),万斯大之子,字授一,号九沙,"少随诸父读书,南雷黄子方移证人书院于鄞,申明蕺山之学,公择先生兄弟最称高座,公剑负侍于席末,预闻格物传心之教。"[340] "增补充宗先生《礼记集解》,又数万言。《春秋》定、哀二公未毕,又续纂数万言。少尝取从兄《尚书说》辑成一编,至是又整顿之,以成万氏经学。从兄《明史举要》未毕,续纂二十余卷,又重修季野先生《列代纪年》,以成万氏史学。"[341] 自著有《分隶偶存》。

范廷谔(1654—1719),"字质夫,一字讷斋,知延平府(范)光阳长子也,少有干略,以管、乐自命,延平案牍多出其手。其后知泰宁县,称能吏。泰宁有画网巾先生墓,……讷斋以其地洼湿,改葬之城东,建忠义亭,且立碣焉,论者以为不愧姚江黄氏之传。……其在讲社中,别成一格,所谓不羁之才也。"[342]

张锡璜,"字志吕,一字渔豀,大行(张)士埙(士埙,1640—1676)长子也。……其于讲社,得闻证人之教,而能致力于淡泊宁静者已深也。"[343] 有《送万季野先生北上》诗,描述万氏重回甬上所闻讲经会之实况。

张锡璁(1662—1731),"字岂罗,一字韫山,大行(张)士埙次子也。……盖梨洲黄氏再传高弟,能以善人之资成君子之养者也。"[344] 有《赠别万季野先生北上四十二韵》,述万氏重回甬上所开讲经会之题

---

[340] 全祖望,《续甬上耆旧诗》卷一一一,页1b。

[341] 同前书,卷一一一,页2b。

[342] 同前书,卷一一一,页26a。邓之诚,《清诗纪事初编》(北京:中华书局,1965),页855云:"师事郑梁学诗文,……后遂游食四方,晚始以捐纳知县,选授福建会宁知县,康熙五十八年卒于官,年六十六。撰《讷斋诗稿》八卷,……别有《边防要略》《海防议》《律例笺注》,……今不传。"

[343] 同前书,卷一一二,页1a—b。

[344] 同前书,卷一一二,页20a—b。

目及内容甚富。

张锡琨,"字有斯,一字过云,又自号四青山人,诸生(张)天因之子也。所著有《箓猗阁集》,梨洲先生序其诗又志其墓。"[345]

陆銎,"字鉁侯,一字双水。……学于梨洲之门,以明经终。"工诗[346]。

---

[345] 全祖望,《续甬上耆旧诗》卷一一二,页27a。

[346] 同前书,卷一〇〇,页1a。

第四章　何以三代以下有乱无治？
——《明夷待访录》

《明夷待访录》是一部奇书，其中有许多震人心弦的思想。它是黄宗羲(1610—1695)从其复国的艰难辛苦中得出的道理，其中有许多指涉17世纪的具体问题，也有不少具有长远价值的政治提议，是清季言民权、宪法、平等的张本。

《待访录》共有廿一篇，讨论的主题有十三个：《原君》《原臣》《原法》《置相》《学校》《取士》《建都》《方镇》《田制》《兵制》《财计》《胥吏》《奄宦》。其中《原君》《原臣》《原法》《学校》等篇最为近人所注意，且让我摘述《原君》篇中触人心弦的段落。

《原君》篇说生民之初，人人各顾一己之私，人人各为自己之利，对公共有利之事没人去办，对公家有害的事没人去除，于是有这么一个人出来，不专为个人一己之利益而愿意使天下之人皆受其利，不考虑自己的损失而让天下免祸，于是人们推戴他为领导者。可是后世的领导者相反，他们"以为天下利害之权皆出于我，我以天下之利尽归于己"，而且使得天下之人没有自己的"私"，没有自己的"利"。统治者"以我之大私为天下之公"，一开始还觉得难为情，久而久之便不以为意，视天下为莫大之产业，传之子孙，享受无穷。于是黄宗羲区分两种政治形态，"古者"是以天下为主，君为客，后来是以君为主，天下为客。黄宗羲强烈地说："凡天下之无地而得安宁者，为君也"，"然则为天下之大害者,君而已矣!"如果没有君,"人各得自私也,人各得自利也",就因为有君,天下人才没有自己的"私"与"利","今也天下之人怨恶其君,视之如寇雠,名之为独夫,固其所也",但是"小儒"们却以为君臣之义无所逃于天地之间。

在《原臣》篇中,他又以天下为公为出发点,重新厘定君臣关系,说因为天下太大非一人所能治,故君臣分工以治之,"故我之出而仕也,为天下,非为君也;为万民,非为一姓也",而世人却错以为天下之臣民为人君囊中之私物,于是他接着说出"盖天下之治乱,不在一姓之兴亡,而在万民之忧乐"这样的话。这些篇章中动人心魄的文字正是《明夷待访录》最引人注目的部分。

无独有偶地,在同一个时代也出现若干与此相近的言论,像唐甄(1630—1704)《潜书》中说:"杀人之事,盗贼居其半,帝王居其半。……盖自秦以来,屠杀二千余年,不可究止。嗟乎!何帝王、盗贼之毒至于如此其极哉。"(《全学》)又说"周秦以后,君将豪杰,皆鼓刀之屠人"(《止杀》)、"自秦以来,凡为帝王者皆贼也"(《室语》)。足见这些思想在当时并不是孤例。

一、"明夷"何以称"待访"

1980年代,《黄宗羲全集》的编者在浙江宁波天一阁发现了黄宗羲的《留书》五篇,那是宁波冯贞群(1886—1962)伏跗室的旧藏,后来移交给天一阁。这五篇文稿的出现,印证了几百年前全祖望(1705—1755)《跋明夷待访录》内所说的"原本不止于此,以多嫌讳弗尽出"。有趣的是,这五篇文章后面所附的一张字条,还生动地说明了五篇稿子的来由。它说明了黄氏在顺治十八年(1661)已开始写《留书》,"留"是要"留传后人"的意思。康熙元年(1662),黄氏开始写《待访录》时,已将这五篇文章的内容部分吸收到新书中,但是他也把五篇文字中大量涉及华夷之别,意思极为强烈的文字,删削殆尽,读者不再看到"以中国治中国,以夷狄制夷狄,犹人不可杂之于兽,兽不可杂之于人也。是故即以中国之盗贼治中国,尚为不失中国之人也"(《史》篇)这一类的见解。故《留书》是"种族版",《明夷待访录》是"新朝版"。

从《留书》仅存的五篇看来,黄宗羲早先种族意识极强,他的一些政论即是以最决绝的种族意见为基础[1]。康熙元年(1662),当他收到桂王被处死的消息之后[2],知道复明运动已经没有希望,便开始写《明夷待访录》[3]。"明夷"是《易经》的一卦,离下坤上,土在上火在下,表示火冒出来却被土遮蔽,暗主在上,明臣在下,不敢显其明志,或等待天亮之意。"待访"二字可能是等待新朝君王之下访,他又说如果依照秦晓山十二运之说,"向后二十年交入大壮",也就是预言新朝将有隆盛的局面。这个书名曾经引起不少人的质疑与不满,尤其是那些曾经追随他东奔西跑复明抗清的人们。

17世纪出现过一批比较成规模的政论,如顾炎武(1613—1682)《日知录》,外表看起来是学术的,但实际上同时也是政治的;如王夫之(1619—1692)的《读通鉴论》中大量的按语,也是政论,当然他的《俟问》《搔首问》等也是。唐甄的《潜书》、王源(1648—1710)的《平书订》、陆世仪(1611—1672)的《思问录辑要》等,也都是政论。在这一批

---

[1] 譬如他主张"方镇",认为如此一来,即使亡国了,仍可亡于同为汉族的军阀之手,不至亡于异族之手。

[2] 司徒琳的《南明史》对桂王被杀前后的历史研究甚详。见司徒琳(Lynn A. Struve),《南明史》(上海:上海古籍出版社,1992),第七章。

[3] 全祖望:"万西郭(承勋)为余言:徽君自壬寅前,鲁阳之望未绝。天南讣至,始有潮息烟沉之叹,饰巾待尽,是书于是乎出。"见全祖望,《鲒埼亭集·外编》,收入《全祖望集汇校集注》(上海:上海古籍出版社,2000)卷三十一,《书明夷待访录后》,页1390—1391。

书里,《明夷待访录》之所以有突出的地位,我个人认为不单是针对君臣、学校、兵制、田制、财政等提出这样或那样的看法,他与上述诸书最大的不同是有一套系统性的原则贯串于大部分的政论中。

二、思想渊源

谈《待访录》一书最富挑战性的部分,是探究它的思想渊源,我在《待访录》中读出一种 contended schizophrenic,即它不是明代文化特质的简单进一步发展,而是 16 世纪末以来的一种回向经典时代的胎动,是两者互相辩证的产物,是一种二律背反,而这也是历史上许多重要突破的主要资源。唯有这样才能理解何以看似一方面发扬明代后期之新思潮,一方面又表现了若干我们现代人看来有点"荒谬"的复古言论。

《待访录》全书提倡公天下的思想。在先秦典籍中,实不乏以天下为"公"的想法,譬如《吕氏春秋·贵公》篇中说:"天下非一人之天下也,天下之天下也。"《逸周书·殷祝》篇说:"天下非一家之有也,唯有道者之有也。"这些话在后汉以后基本上消沉不显,在过去并未被充分重视,但在明末清初得到一种新的转变与新的生命力。乾隆年间陕西一个不知名的儒士也发出"古帝王之治天下也,其心公,与贤士共之;后世帝王之治天下也,其心私,与亲属私人共……"又说:"以天下之贤理天下之民而不私为己有"[4]。足见这一思路在当时黄氏兄弟师友之间并不太陌生。日本学者沟口雄三(1932—2010)说得很有道理,古老"天下非一人之天下也,天下之天下也"的公天下观念在 17 世纪以前是对皇帝提出的,作为其应具有的政治态度与道德标准,不是为主张百

---

[4] 李源澄,《张萝谷先生学术思想之特色——读张萝谷先生文集》,在《李源澄著作集》(台北:中国文哲研究所,2008),页 1452—1453。

姓的权利而提出的。但是17世纪初出现之私（私有财产）、欲（生存欲、所有欲）的主张，始转换由上面恩赐而来，以天下之公转换为百姓的"私"或"欲"的集积或调和状态的公[5]。

从《待访录》中也可看出《孟子》书中若干学说的落实或激烈化。《孟子》书中讲"君一位，卿一位，大夫一位"（《孟子·万章下》），这类话在明末清初也得到新的诠释，譬如顾炎武《日知录》中论爵禄时，即是透过史料考证大谈"班爵之意，天子与公侯伯子男一也"，这不是天上地下之悬绝的道理，而是各自之间只有一位之差[6]。这个意思也贯串在《待访录》中，书中凡是讥斥"小儒"如何如何的，多数是认为"小儒"故意拉大君臣之间的距离，使它成为天上地下之差别。

我们从黄氏的《孟子师说》，也就是他从自己的老师刘宗周（1578—1645）的著作中所整理出来，认为可以反映刘氏对孟子的诠释来看，其中有七八段话的意思与《待访录》的观点相近[7]，可见其师对孟子思想的激烈化或现实化理解对他是产生了一定的影响。

---

[5] 沟口雄三，《公私》，井口静译，在《在历史的缠绕中解读知识与思想：学术思想评论》（长春：吉林人民出版社，2003），第十辑，页570—571。

[6] 顾炎武即说："为民而立之君，故班爵之意，天子与公侯伯子男一也，而非绝世之贵。代耕而赋之禄，故班禄之意，君卿大夫士与庶人在官一也，而非无事之食。是故知天子一位之义，则不敢肆于民上以自尊；知禄以代耕之义，则不敢厚取于民以自奉。不明乎此，而侮夺人之君常多于三代之下矣。"顾炎武，《日知录集释》（长沙：岳麓书社，1994）卷七，《周氏班爵录》，页257—258。

[7] 谈到天下不为个人私产私利，与《孟子师说》中《伊尹曰》章相近："后世之视天下，以为利之所在，故窜夺之心生焉"（《黄宗羲全集》，册一，页156）；谈到君臣之礼时与《孟子将朝王》章相近："由是，天子而豢畜其臣下，人臣而自治以佣隶，其所行者皆宦官宫妾之事，君臣之礼几于绝矣。"（《黄宗羲全集》，册一，页72）又如谈到税制时与《二十而取一》章相近："然当时田授于上，故税其十一而无愧。今以民所自买之田，必欲仿古之什一，已为不伦。且封建变为郡县，苟处置得宜，以天下而养一人，所入不赀，则二十取一，何为不可！汉氏三十而税一，未见其不足也。"（《黄宗羲全集》，册一，页146—147）参见黄宗羲，《孟子师说》，收入《黄宗羲全集》（台北：里仁书局，1987）。以上材料承方祖猷教授见赐，附此志谢。

第四章 何以三代以下有乱无治？

明代是二千年来专制体制的弊病达于高峰的时代,到了 16、17 世纪,反省、批判君主的言论相当普遍[8],而且在各种文体中都有表现,譬如《明武宗实录》《明神宗实录》字里行间居然也批评起皇帝来。至于明代被允许"风闻奏事"的谏官们动辄对皇帝尖酸刻薄的批评,更是屡见不鲜。这种情形与清代形成重大对比。

《待访录》中最受人瞩目的君权批判思想有明显的前驱,就晋朝鲍敬言的《无君论》,清末革命学者刘师培(1884—1919)《鲍生学术发微》大力阐发其无君思想[9]。而唐末五代《无能子》及宋元之际邓牧(1247—1306)《伯牙琴》中,也都表达了清楚强烈的"非君"思想。自然状态下的"平等"观是这一些异端思想家的潜在基础。但是对于历史上零星出现的无君思想与《待访录》之间的关系,人们有若干的观察,但并无确证[10]。不过,黄氏与上述的"非君论"有所不同。近人冯天瑜认为上述"非君论"主要鼓吹无政府状态,而黄宗羲并非如此,黄氏并不想废君,黄氏是想在君权的格局之下,作一件更困难的工作,重新定义君臣应当怎样？国家、臣僚、百姓之间应有的关系为何？

黄宗羲深受晚明心学及万历以降士风之熏陶。明代心学中有解放的一个面相,如王阳明(1472—1529)在《答罗整庵少宰书》中说如果求诸自己的良心,而发现不妥当,则"虽其言之出于孔子,不敢以为是也,而况其未及孔子者乎！求之于心而是也,虽其言之出于庸常,不敢以为非也,而况其出于孔子乎！"李贽(1527—1602)在其《藏书》的《世纪列传总目前论》中说,三代之后汉、唐、宋千百余年之所以没有是非,并不

---

[8] 晚明人的文章中动辄要检讨国君与人民的关系(如程云庄)。
[9] 刘师培,《鲍生学术发微》,收入刘师培,《刘申叔先生遗书》(台北:华世出版社,1975),第三册,总页 1766—1767。
[10] 冯天瑜,《〈明夷待访录〉思想渊源考》,《武汉师范学院学报(哲学社会科学版)》,1983 年第 4 期,页 42。

是人们都没有是非，而是因为"咸以孔子之是非为是非，故未尝有是非耳"。这一类思想早在黄宗羲之前已有相当大的影响。故虽然黄氏批判李贽相当严厉，他仍然脱不开时代风气的影响而不自知。

在审酌种种因素之后，我认为明代思想中对"公私观念"有一种相当普遍性的看法起了关键的作用。在宋明理学中"公"是好的，"私"是不好的，化"私"为"公"是一件应该努力的事。晚明以来思想中对公、私问题的看法，则比先前灵活，只要有一种合适的关系，"公"是好的，"私"也可以是好的。一方面解除了"公""私"的对立，彰显"私"的正面意义，另一方面出现了"遂私以成公"的思想，认为"公"是由个别的"私"汇合而成的，这一思想进一步发展为政府的"公"是在天下百姓各个人的"私"得到保护之后，才算是总体地完成了的新思想。此外，也有人提出所谓"公欲"的主张，如何心隐（1517—1579）认为私欲只要能符合公众的利益，即为"公欲"。在这个新思想基础上形成了一种政治观，即政府是"公"，但此"公"是由能满足天下个个百姓的"私"所形成的，故一方面君王应该以天下为"公"，政府施政要能"公"，要能时时顾及"公论"，另方面要能为天下庶民百姓保有生存、财产等权利之"私"，保护天下百姓每个人那一份应得的"私"是政府的最高责任。顾炎武说"用天下之私以成一人之公而天下治"（《郡县论五》），维护所有人民的"私"，即成就天下之"公"，即是这一种新锐思想的具体例证，这一思潮在《明夷待访录》中也起了决定性的作用。

三、两种政治原理之争

我认为最能用来贯串《待访录》各篇大意的是两种政治原理之对立，而他之所以敢在全书的第一句就说这本书是想说清楚何以"三代以下有乱而无治"这个大问题，是因为他掌握了这个欐柄：究竟三代以后的君臣关系、制度设计、法律、兵制等林林总总的议题,是从哪一种原理出发的,是"以天下为天下之天下"这个原则出发,还是从以天下为帝王之私产出发的?

黄宗羲回答这个问题最直接的答案是认为被他理想化了的"三代以上"与"三代以下",是两种政治原理之争,一种是天下是天下之天下,是公的、万民的、百姓的,并从此原理出发去思考、规划一切制度,在《待访录》中对君臣、方镇、封建、法律等重大问题的新思考,都是从这个原理出发的。与它相对的是"三代以下"之原理,即以天下为帝王"一家之私"为出发点的思考,对一切事物防之又防、密之又密,而最后归于无效。正因为两种政治原理截然相异,所以黄宗羲要求全变,而不是小小变革,要求有治法而后有治人,即要从原理出发,重新检视两千年来一切的政治设计与政治实践。

四、一切从国家而不是从君之私产出发

就从基本原理的差异,产生了重大的不同,譬如他认为"君"与"天下""国家"不能等同为一,而且"天下""国家"优先于"君",又因为"天下""国家"是由许许多多百姓所构成的,所以"百姓"又优先于"君"。在《原君》与《原臣》篇中,黄氏提出一个类似我们现代人所了解的股份公司的国家观,这个看法在晚清经梁启超(1873—1929)等人进一步扩张诠释而盛极一时,他们主张君王是总经理,全国国民才是业主或董事长。

在这种国家观中,臣与君是分工的关系,故臣不是为君曳木之人,而是"君与臣共曳木之人"也(《原臣》)。臣的工作不是君之所授,而是以其才能与君合作共同为国家服务。故臣道是公的,非私的,臣是君之"师友"。

在法律方面,法究竟是君王之家所拥有还是天下人所共有,也是一个重大的不同。因为三代以下之法是一家所拥有,所有法条的内容及重点,往往是为了保护君主一己之利益而设,而不是为天下人共有之秩序而制定[11]。所以黄氏说"天下之法"与"后世之法"相对,"后世之法"是"藏天下于筐箧者也"(《原法》),天下之法是"刑赏之权,不疑其旁落"(《原法》)。

《置相》篇最开头一句"有明之无善治自高皇帝罢丞相始",是传诵久远的断语。黄氏认为"废相"问题之所以值得再三讨论,除因它确实是明代政治的一个重大分水岭外,还因为它牵涉到一个基本的政治原则。黄氏说天子之子不皆贤能,赖贤相加以补救,明代废相,则连必要的补救机制都没有了。而且,这个议题与前面提到的"公天下"或"家天下"之分别有关。如果以天下为一家之"私产",便会产生一种矛盾心理,既要宰相帮忙处理大政,却又不愿宰相"分享"其大权,但是如果以天下为天下之天下,就不会有上述的矛盾。黄氏又说如果以国家为天下所公有,则不会像三代以下之各个朝代视天子之位为"天",以为君民之间是"天""泽"之别,故他强烈地说天子只比宰相高一阶,不是到了天子便截然没有等级,这一点与《日知录》中的讨论相近。在帝制中国,这是何等大胆的言论!此外,他认为只有公天下的想法。帝王也不可能有"遂谓百官之设所以事我"(《学校》)这样狂妄的想法。

从政治制度之设计也可以看出重大的分歧,三代之封建是"天下"的,三代以下"郡县"制度则是为帝王一家的。为了国家整体的利益,在军事要地设"方镇",并容许镇帅世守其地,传之子孙,世代相守。他

---

[11] 故黄宗羲于《原法》中反复说:"三代之法藏天下于天下者也,……法愈疏而乱愈不作,所谓无法之法也","后世之法,藏天下于筐箧者也;……故其法不得不密,法愈密,而天下之乱即生于法之中,所谓非法之法。"《黄宗羲全集》,册一,页6—7。

说"封建"之害是王命不行,而郡县之害,是战争之害无已,欲去两者之弊,是在沿边设方镇,可以"以一方之财自供一方",而不必等到事起时"竭天下之财供一方"。这是在以"天下"为"天下之天下"的思维下才可容忍之设计。如果以天下为帝王一家之私产为出发,则"外有强兵,中朝自然顾忌"(《方镇》),国中有国,在国中容许"方镇"这种强大的半独立势力是不可想象的。

以资源的调取为例,如果以天下为天下人之天下,则"山泽之利"绝非帝王之家的私产,也就不能禁止人民取山泽之利。

用人亦然,如果天下为天下人之天下,则用人出于公,出于国家公共利益之考虑。如果是帝王之私产,则用人首先考虑对方是否忠心于我。

《待访录》中常常出现"教""养"二字,认为这两者是统治者最应全力以赴的工作,并慨叹三代以下专制帝王不能"教""养"人民。三代以下帝王苛求租税,也是因为他们不能以天下为天下之"公"出发去考量。黄氏说,如果圣人以"恻隐爱人"(《置相》)为出发点去设计制度,则帝王要授田与民才能收田税,要养民才能收丁税。黄宗羲认为三代以下有一种潜在的错误政治思维,忘了税赋不是帝王自然而然就能征收的,统治者必须先尽授田养民等责任才有权收税。

上述两种政治原理的重大差异,也可以从《待访录》中讨论舆论、监督、制衡、学校等议题时看出。黄氏认为,以天下为私产,则帝王不容许独立舆论存在,如以天下为百姓所共同拥有时,则舆论、监督、制衡皆是国家所当有之事,非帝王私人所得而操纵。在此状态之下"天子之所是未必是,天子之所非未必非,天子亦遂不敢自为非是,而公其非是于学校"(《学校》)。黄氏严厉批评朝廷必欲以其权力与学校、书院争胜,故刻意突出学校及儒士之权,认为他们才应该是社会势力的中心,而且其地位应该高于官员——譬如说国子监祭酒的地位应该与宰相相等或是应该以退休的宰相担任祭酒等。黄氏以学校为一种制衡机关，相对于行政机构而言，既拥有考试权又有监察权，我颇怀疑章太炎（1869—1936）清末民初所提出的行政、考试、监察"三总统"说，是受到这类观念的影响。黄氏在《学校》篇甚至主张可以依学校的公议驱除不适任的地方官员，儒士在学宫讲学时，他们的地位应该高于县令，在乡饮酒礼中，读书人的地位亦复高于地方官员。他的种种提议，皆是以天下为"天下之天下"这一思维的系统发挥。

当然，朝廷之是非与学校、书院之是非相敌对的思想，也相当生动地反映了晚明东林党势力最盛时的实况，当时他们成为士论的领导者而与政府形成抗衡之势，以至于有人形容说是："庙堂所是，外人必以为非；庙堂所非，外人必以为是。"[12]

黄宗羲在讨论科举制时，前述两种原理之异仍然表现得相当明显。黄氏说三代以上进人之途宽（可以透过许多不同管道登进），用人之道严，后代进人之道只出于"科举"一途，而用人之道非常随便，考课赏罚非常松散。在检讨这种不合理性时，他责备说因为三代以下之帝王以用人为一人之恩宠，故读书人"亦遂以朝廷之势利一变其本领"（《学校》）。

在讨论"建都"问题时，黄氏说："昔人之治天下也，以治天下为事，不以失天下为事者也。"如果以治天下为事，则首都理应建在天下财赋所聚集的核心地区，如果以失天下为事，则考虑就完全不同了。他认为明代舍南京而移都北京，便是因为成祖想把首都迁到他的势力范围内以保安全，是一个帝王以他的私心左右建都大事最明显的例子。黄氏进一步说建都失算，则不可救，所以反对都于北京，远离江南财赋之所

---

[12] 顾与沐，《顾端文公年谱》，收入《续修四库全书》（上海：上海古籍出版社，1997），553 册卷上，页 20a，万历十四年九月。

在,以致为了将粮食通过漕运运到北方,"江南之民命竭于输挽,大府之金钱靡于河道"。

在讨论"兵制"时,黄氏主张卫所制度是可行的;他又认为士人本应兼理文武,但是后来文、武分途,而明代后期帝王又过于相信武人,大量任用武人典兵,导致明代兵事不可闻问。黄氏说,明末投降敌人的大部分是武将,而非典兵的文人,可见文人领兵有许多优点。在"兵制"的讨论中,黄氏也涉及一个重要问题:兵制的安排究竟是以天子一人之私以防下为出发,还是以国家之公共安全为出发? 如果不是以防下为念,则不至于"文臣之督抚,虽与军事而专任节制,与兵士离而不属。是故莅军者不得计饷,计饷者不得莅,节制者不得操兵,操兵者不得节制。方自以犬牙交制,使其势不可为叛"(《兵制》)。

在论及"奄宦"时,他认为明代奄宦数目特多,有一个根本之因,即"人主之多欲也"。同时也因为"人主以天下为家",故大量用近身的奄宦来帮忙管理其家产,而不信任官吏之治理。黄氏又说人主爱奄宦之道,恶师友之道,故他进而认为明代"一世之人心学术为奴婢之归者,皆奄宦为之也"。

黄氏对明代宦官之祸再三致意。《待访录》中论《取士》有两篇,论《田制》《兵制》《财计》各有三篇,而《奄宦》居然也有上下两篇。《奄宦》篇第一句就痛斥奄宦之祸,历汉、唐、宋相寻无已,"然未有若有明之为烈也",汉唐宋的宦官要乘人主昏庸才能得志,明代的奄宦则充分建制化,"格局已定",即使英烈之主也不能舍之。而最根本的原因就是"视天下为娱乐之具。崇其宫室,不得不以女谒充之;盛其女谒,不得不以奄寺守之"。也就是说问题出在帝王以天下为私产、为"娱乐之具"。

在讨论到后宫妃嫔之多时,黄氏也提到人主之所以需要一百二十个妃嫔,除为了宣泄欲望之外,主要还是因为担心子嗣不够——"唯恐后之有天下者,不出于其子孙,是乃流俗富翁之见"(《奄宦下》),也就是后宫妃嫔数目的问题,也与是否以天下为个人之私产密切关联。

总之,《待访录》中所讨论的十三个重大主题,或显或隐都与两种政治原理的根本差异环环相关。他在书中反复用"筐箧(家中物)"一词,认为三代以下之君主以天下为其个人之"筐箧",对其他所有人防之又防,条规密之又密,而最后一切防备都终归无用,是从其根本原理处的错误所造成的。

前面已经将我认为《待访录》中最为关键的原理作了陈述,并且尽量联系《待访录》各章的内容立说。由于《待访录》的文章并不难读,我就不拟再说明各章的思想。

以下将进一步陈述黄宗羲在《待访录》中表现出若干重要的思想倾向,譬如"士人中心主义"。黄氏在《学校》篇中主张"必使治天下之具皆出于学校"。学校是一个国家之总发电机,"盖使朝廷之上,闾阎之细,渐摩濡染,莫不有诗书宽大之气。天子之所是未必是,天子之所非未必非,天子亦遂不敢自为非是,而公其非是于学校。"学校兼有智库、议会的监督、制衡、主持舆论之权,清季湖南的"南学会"便隐隐然落实了《学校》篇的意思。黄氏在《学校》篇中还提出"毁庙兴学"的主张。另外,他又认为士人不但高于官员,应为社会之中心,而且应该担任所有积极任务,如领兵作战,以解决武人专擅之弊;如担任胥吏,以解决胥吏把持之弊等。《胥吏》篇说:"古之胥吏者一,今之胥吏者二。"古代是办事的人都是同一群人,后来将政府工作分成士途与胥吏两个世界,则百弊丛生。此外,"儒家中心主义"也使得黄氏积极反对佛、老之学,而且为了维护儒家正统思想之纯粹性,公然主张烧书——烧掉与正统思想无关的一切书,如"时文、小说、词曲、应酬代笔"等(《学校》)。

有人认为黄氏这种"士人中心主义"可能影响到吕留良(1629—1683)及曾静(1679—1735)等人。清朝雍正帝曾经引用曾静所著《知新录》《知几录》,其中有这样一段话:"皇帝合该是吾儒中学者做,不该把世路上英雄做。……春秋时皇帝该孔子做,战国时皇帝该孟子做,秦以后皇帝该程、朱做,明末皇帝该吕子(按:吕留良)做。今都被豪强占据去了。吾儒最合做皇帝,世路上英雄他那晓得做甚皇帝。"吕留良与黄宗羲一度非常亲近,他的思路确实可能直接启迪了吕留良并间接影响到曾静。

《待访录》的篇章中常显示一种不害怕地方力量,认为资源应该尽量配置在地方的想法。他认为如此一来,地方可以有力量照顾自己,而当地方有力量时,才可能抵抗各种变乱,敌人也不会像满洲兵入侵中国一样,一路势如破竹如入无人之境。唐甄的《潜书》中主张保护地方上的富室,以他们作为地方的中心,也有同样的意思。

此外他与顾炎武等许多当时有名的知识界领袖一样,倾向反对商业中心主义(请参见巫宝三《中国经济思想史资料选辑·明清部分》中所收录的材料),而且对商业社会的种种衍生现象,譬如对当时不征收实物税而以银为税的办法即表示激烈反对,甚至也反对用铜铸币。他在《田制》篇中主张恢复孟子所说"三十税一",主张恢复井田,主张如有"王者复古",必将"重定天下之赋",将天下之田定为"下下"之田来起征才算合理。他认为"钱"不是"田赋",故主张征收实物税以免农人受通货膨胀之苦。而且他从中国赋税史之发展看出历代层层叠加上去的税收,比古人心目中所想象的合理征收额度相去甚远,是对百姓"潜在的剥削",而百姓亦被潜在剥削而不自知。黄氏认为从明代卫所屯田制度中,便不难看出井田可以复行于当代。他在本篇中还作了相当仔细的计算,认为明代天下之田足够像井田时代那样分配给每一个人。不过,计口授田与计户授田两者间毕竟有很大的差距,黄宗羲的计算是有问题的。另外,他在《财计》篇中说圣王如欲使天下安定,必须禁止以金银交易,钱是坏东西,主张一种"崇本抑末"的节约主义,禁倡优、禁酒肆、"除布帛外皆有禁"。前面已提到他主张工商皆"本",但是基本上只是主张不要刻意压抑商业,但是绝不鼓励,他坚决认为农业才是国家经济之本。

五、百年以上无闻,不代表思想之中断

哲学史与思想史的一个重要区别,是后者不只要问出现何种成系统、论证清楚的思想,还要问那些论点在历史上造成何种实际的影响。《待访录》于1673年初刻,顾炎武、汤斌(1627—1687)等人很快对它有所评论[13],其中有些评论非常正面,但也有一些浙江的地方人士对他还想"待"满人之"访"感到遗憾[14]。然而从17世纪后期到19世纪后期,将近两百年的时间,我们并未见到对《待访录》一书公开评述或进行明显的讨论,而且有相当长的时间也未见到印本。在明清时代,尽管印刷大行,但抄本的流传力量仍然相当之大,所以我推测该书抄本隐隐地在流传[15],但公开的宣扬是见不到的,所以这部奇书中对君权的新定义,以人民为本位的思想,并没有什么实际的影响。

许多学者因此不假思索地说《明夷待访录》是一部禁书,但我遍查手中的禁毁目录,并未见到此书的踪影,近人也已指出它不是禁书[16],

---

[13]《汤子遗书》卷五《与黄太冲书》:"戊午入都,于叶讱庵处读《待访录》,见先生经世实学。"收入《景印文渊阁四库全书》(台北:台湾商务印书馆,1983),第1312册,页526。恽敬《大云山房文稿》中有《明夷说》两篇,但所谈与《待访录》并无直接关系。

[14]《续耆旧》卷百三十二,"诸韦布诗之一"诗前的题辞:"尝与予读《明夷待访录》,曰:是经世之文也。然而犹有憾。夫箕子受武王之访,不得已而应之耳。岂有艰贞蒙难之身,而存一待之见于胸中者?"全祖望辑,《续耆旧》,收于《续修四库全书》,第1683册,页1b。

[15] 宫崎市定,《明夷待访录当作集》中举了一大堆《待访录》道光印本的错误,我推断是由抄本转成印本之流通。《东洋史研究》第24卷,第2号(昭和40年9月30日),页85—88。

[16] 吴光,《"〈明夷待访录〉是禁书"一说缺乏文献证据》,《北京日报》理论周刊,2008.7.21。

第四章　何以三代以下有乱无治？

其中原因我们目前尚无法断定。然而由于黄宗羲的《南雷文约》列入浙江禁毁目录中(抽毁)，因为"涟漪效应"，使得不必确实列在禁书目录之中，而只要"沾亲带故"的各种书也将连带隐入晦暗中。因为《待访录》一书内容敏感，又因为黄氏的《南雷文约》遭到查禁，所以他的《待访录》沉晦了一百多年，直到道光十九年(1839)才再度出现刊本(指海本)。

不过，因为《待访录》内容敏感，而且书名"明夷"二字容易引起误会，所以我们可以看到一些特殊的遮掩手法。"明夷"本身是《易经》中的一卦，但是一般人未必知道，或是即使知道，仍然认为这两个字容易有夷狄之联想，并触犯忌讳，所以清代有的传本被撕去封面，也有刊本的封面书名部分的"明夷"二字是直接作䷣，成了《䷣待访录》[17]。

前面说到过，《待访录》在晚清经过梁启超等人鼓吹，如火山爆发般，掀动一代风潮。立宪派梁启超在《清代学术概论》中说他与谭嗣同(1865—1898)等人为了提倡民权共和之说，曾将其书节抄，大量印行，秘密散布，因而"信奉者日众"，"于晚清思想之骤变，极有力焉。"[18]我推测梁启超等所能读到的《待访录》可能是道光十九年以来陆续出现的各种重刊本之一。这部书在沉寂百年之后，突然陆续出现了一批重刊本，而且最为敏感的《原君》等篇并没有什么删窜、隐瞒，我个人对于这个现象是有些吃惊的——在1840年左右的大清帝国出现这样强烈攻击君权的文字是极不寻常的，而且出现之后并未被查禁或引起公开非难。但是我也并不完全吃惊，因为那个时代正是大清帝国经历内乱(白莲教乱等)及外患(鸦片战争等)的巨大冲击而重新调整其思想

---

[17]　陈鸿森兄告诉我，李详《愧生丛录》卷三："黄梨洲《思旧录》缪艺风藏有迻抄戴子高校本。其中《明夷待访录》，'明夷'两字作䷣象地火，以表其字，并避国初忌讳。"李详，《李审言文集》(南京：江苏古籍出版社，1989)，页483—484。

[18]　梁启超，《清代学术概论》(台北：台湾中华书局，1980)，页32。

动向,有许多关怀现实的旧书得以重印[19],同时也因为内乱外患让清廷无暇筛检与钳制思想言论,一些过去被查禁而长期伏匿不出的文本,不但得以重新被传抄或刊印,而且并未遭到官方制止。当然,这些重刊本有的被暗暗地作了某些删改。《待访录》在道光年间重现,反映了上述两种时代情势:如果不是当时文网渐宽,这本书是不可能出现的。如果不是人们强烈的关怀现实,《明夷待访录》之类的书也不大可能重现。

前面所引梁启超的那一段话并未提及道光以来的各种刊本,口气中俨然他们是最早重印此书之人,这当然不是事实。但是与旧刊本之只印一两百或两三百部,清季拜新式印刷之赐动辄印个成千上万本,其影响力完全不可同日而语。依我目前的了解,道光年间《待访录》的实际影响相当有限,不易看到强烈响应或极端批判的文字。一直要等到清季,《待访录》这个小册子才成为思想界的炸药库。

《待访录》一书本身的内容与这本书后来的命运一样重要。因为这是一本极富刺激性的著作,它对君权的定义,对君臣关系的厘定,对"万民"地位的肯认(recognition),对"国家"与"天下"的区分,对古代的理想政治与当代龌龊失败的政象的对照等,提出非常前卫而犀利的论点。不但比自古以来批判君权的文字更为激烈,如果单独抽出激烈的篇章,更让读者触目惊心。但是我们不能忽略一个重大事实,即从这本书的流传史及书籍史的角度看来,上述思想在清初非但不曾有过重要影响,而且此后一直到清末,它几乎不曾被热烈讨论过。有一百年左右的时间,它也并未被再度刊刻过。

这个事实提醒我们,新思想的出现与否是一回事,它们是否引起热烈讨论并在思想世界生根、实现,是另外一回事。1902 年梁启超在《黄

---

[19] 还有许多先前触犯忌讳之书重刊。关于这个问题,我有长篇的文稿讨论,《中国史新论》"思想分册"中《道、咸以降思想界的新现象——禁书复出及其意义》,亦收入本书第十二章。

梨洲绪论》中说"欧洲一卢梭出,而千百卢梭接踵而兴,风驰云卷,顷刻遍天下。中国一梨洲出,而二百年来,曾无第二之梨洲其人者。卢梭之书一出世,再版者数十次,重译者十余国。梨洲之著述,乃二百年来湮沉于训诂名物之故纸堆中,若隐若显,不佚如缕。"[20]这段话已充分道出前面的事实。

不过《明夷待访录》的命运虽然如前所述,但是它在晚清的命运却符合了王安石(1021—1086)的"人间祸故不可忽,箧中死尸能报仇"这一首诗的意思。只要这个文本还在,在激烈环境的激荡之下,它便随时可能像火山爆发般喷薄而出,对现实产生重大影响。

"道假众缘,复须时熟"一语正好用来说《待访录》。虽然在道光本中,所有讥斥君权的刺目语言都历然在目,但是当时"众"尚未"熟",当时的时风众势还不足以鼓动人们对此等言论的敏锐感受。

一般都知道《待访录》经清末的梁启超、谭嗣同的大量印发之后,对"民权共和"产生风雷破山海的影响。梁启超的陈述加上革命派章太炎在《非黄》一文中对黄氏的抨击,使人们隐隐然认为散布《待访录》的主要是清季的立宪派,所以当发现《明夷待访录》节刊本不只是梁启超,连革命派的孙中山(1866—1925)或他的盟友也刊印散发[21],甚至孙中山本人对《待访录》也非常推崇时,人们无不感到讶异。但是我对此并不觉得惊奇。黄氏的突破性言论,对当时的革命、立宪两派都有意义。后来革命派之所以"非黄",与章太炎等人的思想变化有关。

当时革命派内部有两派,一派偏向革命,一派偏向光复。光复派认为一切都是种族问题,不是政制问题,故反对全盘改变传统的政治制

---

[20] 收入夏晓虹辑,《饮冰室合集集外文》(北京:北京大学出版社,2005),上册,页128。

[21] 朱维铮,《在晚清思想界的黄宗羲》,《天津市工会管理干部学院学报》第9卷第4期(2001年12月),页58。

度,尤其对代议立宪相当排斥,所以对带有民权宪政意味的《待访录》渐取批判态度。

清末立宪、革命两派提到《待访录》时皆言节刊、节选,大概就是把《原君》《原臣》《原法》《学校》等篇节出刊印成书。不过我们不能忽略一点:《待访录》中有许多篇章往往在我们意想不到的地方产生了影响。譬如晚清有一些政论家模仿《待访录》的篇章、主题写政论文章(如郑观应,1842—1921)。譬如康有为(1858—1927)在戊戌时期提出的"毁庙兴学",其议论的来源即是《待访录·学校》中的话。

历史理解,尤其是涉及价值判断时,往往有一个参照的框架。每一位史学家的参照框架不一,有时来自其思想信仰,有时来自某一种传统。以近代大史学家钱穆(1895—1990)为例,我就觉得他的评判框架的一个重要支柱便是《明夷待访录》。《国史大纲》及《中国历代政治得失》等书中对历史上税制演变之评判、对建都问题、对中央与地方等问题的看法等,都受到《待访录》的影响。

六、清末两种政治思想之实践

一般都注意《待访录》在清末宪政革命风潮中的推动力,比较忽略当时反对派的言论。譬如朱一新(1846—1894)、李滋然(1847—1921)两人,他们的时代不同,且毫不相关,但是有些议论居然相当近似,显示他们代表当时一般旧士大夫的想法。

这些旧士大夫显然受到清代一种君权观的影响。乾隆常说的"乾纲独断","万机决于一人",乾隆的《御批通鉴辑览》连篇累牍地灌输一种君权观:皇帝的意志凌驾于天下臣民之上,有时甚至高于儒家思想所认可的是非、善恶标准,而且认为牢守这一君权观对天下臣民有益无损。当《待访录》大行之时,强烈加以反对的李滋然便不知不觉抱持这个观点。

李氏是四川人,光绪十五年进士,他在宣统元年(1909)出版了《明夷待访录纠缪》,对黄书中重要部分逐段反驳。譬如"公""私"之分,李氏的论点与黄氏完全针锋相对,他说:"后世人君特患不能以我之大私为天下之公,视天下之大为己之产业耳",又说:"而以治家之法治国,未有不治者也"(驳《原君》语)。李氏的意思是帝王如能真以天下为自己的私产,则必然会用尽心思去治理,则国家没有不治的。这正好表现了与《待访录》截然相反的政治原理。

李氏为了反驳《待访录》,对孟子及上古史事作了许多新解释,譬如反驳孟子的"闻诛一夫纣也",说"诛"不是"杀","武王亲为纣臣,断不敢以独夫名纣也"(驳《原君》语),他认为黄氏口口声声孟子,"至谓士之委质为臣,非以为君而专为万民,非为一姓而兼为天下,则于圣人言君臣之义显悖"(驳《原臣》语)。他认为黄宗羲所要动摇的是绝对性的君臣关系,这正是儒家政治原理中最有永恒价值的部分,他说臣事君"如人载天,仁暴不易其人","而天下竟无一君,尚复成何世界?"(驳《原君》语)

天下如果没有君王,"尚复成何世界",李氏认为如果彻底实现与黄氏完全相反的政治原理,天下将有治而无乱。我们现代人读到这些言论时或许会觉得他的思想荒谬无稽,然而李滋然的议论正是当时广大士大夫的代表,这是我们重温这段历史时所不能不注意的。

第五章　明末清初的人谱与省过会

本文旨在探讨明末清初士人道德意识的呈现与转化,而以人谱、省过会等修身册籍及团体组织为例来说明。由于明代中晚期思想界是以阳明(1472—1529)学为主流,故本文所论亦以与王学直接或间接相关者为主。

本文首先说明,即使在最乐观的人性论下,仍可存在着极强的道德紧张,明代的王阳明学说也不例外。本来,迁善改过便是阳明格物说的一个主要部分,到了明季,随着社会风俗之败坏,在部分王学信徒中,省过改过便成为一个很热烈的论题。

但由于阳明的"心即理"学说假设:在省过、改过的过程中,人们一己之心不但要作为被控诉者,同时也是反省者与控诉者。在阳明看来,这对良知时时呈露作主的上根之人来说,并不成问题。可是上根者毕竟太少,而中、下根器者太多。故当王学广行,而又产生许多"非复名教所能羁络"的信徒后,人们逐渐认为:"心"同时作为一个被控诉者和控诉者,殆如狂人自医其狂;故有一部分人转而主张,在省过改过时,应该有第三者扮演客观的监督、控诉角色,因而有省过会之类的组织产生。而此一现象亦同时象征着在道德实践中"心即理"学说所面临的理论危机。

王阳明的"心即理"是明代中期以下最具势力的思想,在此脉络之下,对人性的乐观达到前所未有的高峰,它一方面造成王学末流的侈荡之风,但另一方面,在其他人身上亦可能因目睹当时风俗隳败的恶况,而表现为严格的道德修养。

因为王阳明认为人天生是纯善的,任何道德修养只是为了恢复心的原始状态,因此道德修养的过程主要便是如何去除过错的过程,故"改过"这个源远流长的传统也就成了王学最重要的课题之一。加上当时佛教的提倡,传统中原有的各种省过方式亦在晚明恢复其活力。但王学主张"心即理",强调整个修养过程中都是"自","主人翁只是一个",故使得其省过讼过方式相当独特,在整个过程中控诉者与被控诉者都是同一个"心"。但是人心本是善恶交杂的,而且看内心中的善与恶非但不是永远分别的,有时候甚至还互相掩护欺瞒,所以,由善恶交杂的心去反省善恶交杂的人,常常是有如狂人自医其狂,因而有不能认识潜习锢蔽或是"认贼作子"的困境。为了解决这个困境,逐渐发展出两种办法:第一是省过会之类的组织,借助于会友的帮助来认识,纠举自己的过错。这类组织可能也同时受到乡约中彰善纠过方式的影响。第二是不再只是从内在心性上的锻炼下手,因为内在于人心的道德境界是无法看见的,而且只从心性上下手,其效果常是不能持久的,所以人们愈益相信只有从表现在外的行为下手,由外而内才能奏效。故一方面有省过会这类会友互相彰善纠过的组织出现,另方面是作为道德行为外在规范的礼学日渐发达。这两者也导致对圣贤经传的重视,以便能以古代圣贤言行作为道德修养中客观共认的标准。本文便试图追溯并铺陈这一发展的过程。由于王学内部"左""右"派思想上的歧异与争执,讨论者多,故本文从略。

一、"满街都是圣人"与"不为圣贤,即为禽兽"

阳明说:"人胸中各有个圣人,只自信不及,都自埋倒了。"[1]难怪他的弟子王畿(1498—1583)、董沄(1457—1533)会说出门所见,发现"满街都是圣人"[2]。"满街都是圣人"之说,应与阳明的"成色分两说"合观。阳明认为人天生都是至善的,如果以黄金为喻,圣人与凡人都是精金,其成色都是百分之百,仅在分两多少上有所不同,圣人是万镒之金,而凡人则是百镒之金或十镒之金[3]。阳明对人成德的可能性如此乐观,与朱子(1130—1200)显然有所不同。

朱子认为从天命之性来说,人固然没有偏全之分,但从禀受天命之性的具体人、物来说,却有着偏、全之分。在《朱子语类》卷四中有一段话说:"人之性皆善,然而有生下来善底,有生下来恶底,此是气禀不同。"[4]又说:

> 都是天所命。禀得精英之气,便是为圣为贤,便是得理之全,得理之正,禀得清明者便英爽,禀得敦厚者便温和,……禀得衰颓薄浊者,便为愚、不孝、为贫、为贱、为夭。[5]

朱子并强调"人之为学,却是要变化气质,然极难变化"[6]。朱子主张一心可同时产生善与恶,王阳明却主张:所谓恶,乃吾人情欲之过当者,

---

[1] 王守仁,《传习录》,《王阳明全书》(台北:正中书局,1975),页77。
[2] 同前书,页97。
[3] 同前书,页26。
[4] 黎靖德编,《朱子语类》(北京:中华书局,1986),册一卷四,页69。
[5] 同前书,页77。
[6] 同前书,页69。

若不过当,则情欲本身亦不是恶[7]。所以从对人成德的可能性这一点来看,王阳明是比朱子乐观的。由于对成德的可能性极度乐观,所以阳明刻意降低了圣人的标准,认为愚夫愚妇也得以成道入圣[8]。同时,因为他主张心安即理,认为只要自信得过自己心中当下的良知,便是"自家底准则"[9],如此"实实落落作去",便是圣人了。这使得许多凡夫自负为圣人,难怪王门后学中会出现了黄宗羲(1610—1695)所描述的玄虚而荡,"非复名教所能羁络"的情形[10]。观诸泰州学派几位人物的言行,便可知梨洲所言并不过分。陶望龄(石篑,1562—1609)就说过:

> 妄意以随顺真心,任诸缘之并作为行持。[11]

他相信只要能随顺真心便无不是之处了。难怪他会说"学求自知而已,儒皆津筏边事"。他所标举"自知"是顺应自己的真心,"任缘"正是不要任何名教的标准,故自然会以儒家为津筏边事了。又如李贽(卓吾,1527—1602)说"出入于花街柳市之间,始能与众同尘矣"[12]。罗汝芳(近溪,1515—1588)则借禅宗捧茶童子之说宣称:童子只要把茶水捧好亦是圣人。罗氏为了替一妇人救其丈夫,甚至不惜行贿官府[13]。

---

[7] 参见冯友兰,《中国哲学史》(香港:太平洋图书公司,1970),页693。王阳明的看法见《传习录》,页81。

[8] 《传习录》,页97。阳明甚至认为"苏秦张仪之智,也是圣人之资……但用之于不善尔",同前书,页95—96。

[9] 同前书,页77、89。

[10] 《明儒学案》,"泰州一",页62,黄宗羲识语。过去学者多认为"满街都是圣人"只与道德堕落相关联,如梁启超《清代学术概论》(台北:台湾中华书局,1987),页7。

[11] 《明儒学案》,"泰州五",页75。

[12] 李贽,《焚书》(北京:中华书局,1961),增补一,页261。

[13] 参见嵇文甫,《晚明思想史论》(重庆:商务印书馆,1944),第三章及第五章,页34—47、58—61。

他们一样是相信人人皆可成圣的，但是他们认为只要能随顺真心去做，动机纯洁，则手段上是不必拘于名教之樊篱的。

不过，性善论也是具有道德强制性的，我们也不能忽略了在人人皆是圣人这一个对人性极度乐观的态度下，也可能导出极为严格的道德要求。这大致可以分成两个方面来说：第一，阳明说人人胸中各有个圣人，固然可能使放荡不拘的人自认为圣人，但如果从另方面看，他等于也把"成圣"规定为每个人责不可卸的义务。因为每个人天生便是圣人，所以一旦无法成圣，便是自暴自弃。也就是人天生就有绝对力量来控制自己所有的行为，故如果人在道德修养上软弱无力或变化无常，那绝不是因为任何天生的缺陷，而是自己努力不够，完全无处可委过，因而在道德修养上的紧张情绪，也就非常强烈。第二，因为对人原具的天性太过乐观，故认为善才是正常状态，也就愈求纯化意识，从而对现实生命中昏暗与陷溺的层面也愈为敏感，甚至有通身都是罪过的感觉。因此，我们一方面在王门后学身上看到一些俗人自负为圣人，同时也看到一些对人性近乎无知地乐观，却又对自身罪过极深刻自觉与自责的例子，他们常常挂在嘴上的口头禅是"如其非人，即是禽兽"[14]。

本来孟子便说过"人之所以异于禽兽者几希"（《离娄》下），而像"日堕于夷狄禽兽而不觉"[15]这类的话也是阳明所常说的，在阳明弟子身上，我们也不时可以看到这一类的话。例如王畿，他的两篇"自讼"文字便显得格外沉痛[16]。阳明后学罗洪先虽为现成良知问题与王

---

[14] 陈确，《陈确集》（北京：中华书局，1979），页399。此处参考了张灏先生对幽暗意识深入的分析，见《幽暗意识与民主传统》（台北：联经出版公司，1989），页21—27、69—73。

[15] 《传习录》，页33。阳明又说"若违了天理，便与禽兽无异"，同前书，页86。

[16] 王畿，《自讼长语示儿辈》及《自讼问答》，《王龙溪全集》（台北：华文书局，1970）卷十五，册四，页16—28。

畿反复争论,但同有"吾辈一个性命千疮百孔,医治不暇"之语[17]。明季的刘宗周更是主张"万性一性也,性一至善也"[18],"人虽犯极大罪,其良心仍是不泯,依然与圣人一样,只为习染所引坏了事,若才提起,此心耿耿,小明火燃,泉达满盘,已是圣人"[19],但也正因他相信心本至善,故认为人的行为一旦稍有不善,即是自暴自弃的禽兽[20]。崇祯四年(1631),刘宗周五十四岁,他在证人书院第一次讲会上说:"此学不讲久矣,文成指出良知二字,直为后人拔去自暴自弃病根,今日开口第一义,欲信我辈人人是个人。"他又画龙点睛地说:"人便是圣人之人"(《年谱》崇祯四年条)[21],所以"证人"二字是证人人可以成为圣人,而"人谱"二字是求所以达到圣人之法,这个方法便是省过与改过。在《人谱》这部省过书中,刘氏对道德修养的严格规定到了空前的高度,他把道德实践分成六关,从闲居慎独,到克治灵魂深处的念头,到容貌辞气之间的当然之则,到尽五伦之道,到推天地间皆吾父子、兄弟、夫妇、君臣、朋友[22]。他说如未做到上述的"凛闲居以体独""卜动念以知几""谨威仪以定命""敦大伦以凝道""备百行以考旋"这几关,则"通身都是罪过",但是即使通过这几关,"通身仍是罪过",必须时时刻刻无一息或停地从内心深处到推善行以及天地间,做到"迁善改过以作圣"才是究竟[23]。这种通身是罪过的感觉,使得他认为人的道德修养的过程就是如何把"过"减到最少的程度,绝无任何"功"可言。所以

---

[17] 罗洪先,《与何善山》,《明儒学案》,"江右三",页36。见引于张灏先生,前引书,页71—72。

[18] 刘宗周,《人谱》,《刘子全书》(台北:华文书局,1968),册一卷一,页162。

[19] 同前书,页180。

[20] 同前书,页163。

[21] 刘汋,《刘宗周年谱》,在《刘子全书》,册六,页3575。

[22] 如《人谱》中讲"丛过"的部分,《刘子全书》,册一,页177—179。

[23] 同前书,页170。参考张灏,前引书,页73。

他主张以严格的省过改过作为通往圣人的唯一途径。刘宗周的弟子陈确(1604—1677)亦相信人心浑然是善,即使是气质亦不可谓非善,但同时也常常提到不为圣人即为妄人禽兽[24],并说"要穷就穷,要死就死"[25],在道德修养上非但不能有任何放松,而且处处流露出一种深刻的紧张。故似不宜因看到陈确主张气质之无不善,便认为他提出"接近自然人性论的命题"[26]。正因陈确主张气情才无不善,故不能成圣的人不能借口于气情才上的先天缺陷,而纯属自暴自弃。关于这一点,此处拟再深入一层讨论。

陈确彻底反对宋儒把人性分为气质之性与义理之性两部分,在《气情才辨》这篇相当重要的文章中,他说:

> 一性也,推本言之曰天命,推广而言谓之情、才,岂有二哉!由性之流露而言谓之情,由性之运用而言谓之才,由情之充周而言谓之气,一而已矣。性之善不可见,分见于气、情、才。情、才与气,皆性之良能也,天命有善而无恶,故人性亦有善而无恶,人性有善而无恶,故气、情、才亦有善而无恶。是知气无不善,而有不善者,由不能直养而害之也。曰"平旦之气",则虽梏亡之后,而其所为善者,固未始不在也。……且孟子兢兢不敢言性有不善,并不敢言气、情、才有不善,非有他意,直欲四路把截,使自暴自弃一辈无可藉口,所谓功不在禹下者。宋儒既不敢谓性有不善,奈何转卸罪气质,益分咎才、情。情、才、气有不善,则性之有不善,不待言矣。……只多开门径,为下愚得自便耳。[27]

---

[24] 《陈确集》,页422、587。

[25] 同前书,页426。

[26] 李泽厚,《中国古代思想史论》(北京:人民出版社,1985),页263。

[27] 《陈确集》,页451—452。

陈确的这段话不啻是说:假定我们指出某些道德生活上陷溺或软弱的人是由于遗传,或其他先天的决定性因素所引起,那么这个道德上有缺陷的人便无须为他的陷溺负责了。陈确说,孟子正好是要指出人天生全是善的,包括气、情、才也都无不善,所以人们如果道德上有陷溺,绝不是因为某些先天的生理或心理缘故,而是因为他的自暴自弃使他自己成为一个道德上的懦夫,一切责任都应由其自身承担。故提出性、气、情、才无不善,等于是"四路把截",把所有将后天的不善推给天性中的不善的路完全封住,使得自暴自弃之人完全无处躲闪。所以在陈确的解释下,孟子的性善论是充满道德修养之强制性的。陈确说宋儒纷纷言气、才、情有不善,正好与孟子的"乃若其情,则可以为善矣,乃所谓善也,若夫为不善,非才之罪也"(《孟子·告子章句》)彻底相违背[28],而使得"自暴自弃"之辈有卸责之处。陈确认为王阳明正是孟子性善论最忠实的继承者[29],至于那些纷纷言气质之性为恶者,是"助纣为虐","正告子意中之言",为修养上自暴自弃之徒找到了好借口。故他说:

> 告子之说似中正,然大有便于愚不肖,孟子之说似偏执,然大不便于愚不肖。此圣学异学之别也。[30]

又说:

> 君子立言,务使贤者益于善,而不肖者咸悔其恶,斯可耳,胡乃旁引曲证,以深锢不肖之路?若曰"皆天之所限,人何与焉?"不亦冤甚矣哉!孟子道性善,正为象、虎一辈言之,真是大不得已。孟

---

[28] 《陈确集》,页474。
[29] 同前书,页442。
[30] 同前书,页452。关于孟子"才"与"情"无不善的思想,请参黄彰健先生,《释孟子公都子问性章的"才"字与"情"字》中的疏释,收《经学理学文存》(台北:台湾商务印书馆,1976),页227—240。

> 子之意,以为善人之性固善,虽恶人之性,亦无不善,不为,非不能也,谓己不能则自贼,谓人不能则贼人。……不责心而责性,不罪己而罪天,天与性不任受也。[31]

主张性有不善的人是不罪己而罪天,为不肖之徒预留后路,故他说言性善或言性有不善,实"关系世道人心不小",说人性有不善,是使"彼下愚者流皆得分过于天"[32]。道性善,则"使自暴自弃一辈更无处躲闪"[33]。

我们接着再看陈确的"人亦尽圣也"[34],这个前提,可以导致多么深刻的道德紧张。陈确郑重地说:

> 则人之未至于圣者,犹人之未完者耳。人之未完者,且不可谓之人,如器焉,未完者亦必不可谓之器也。[35]

他的意思是,凡不能成为圣人者,皆不能算是"人"。这不由得使我们回想起他的老师在解释"人"时所说的——"人便是圣人之人"。把作为"人"的起码条件定为圣人,那么自然会得出"人之为圣人也,直不为禽兽已矣"[36]及不为圣人即为"人之未完者","不为圣人,直为非人而已"[37],"不为圣人,即为乡人,无中立之势"[38]这类的结论来。如此严格的道德要求竟然是从"人亦尽圣也"这样乐观的前提得出来的,那么我们看到陈确思想中对道德修养的问题如此紧张便不必感到意外

---

[31] 《陈确集》,页451。
[32] 同前书,页448。
[33] 同前书,页447。
[34] 同前书,页151。
[35] 同前注。
[36] 同前注。
[37] 同前书,页152。
[38] 同前书,页543。

了。陈确说：

> 学圣人而未至于圣人，即其去乡人而未远于乡人，有至危之机。则夫吾之仁未至于舜，至易知也，我之礼未至于舜，所共见也。仁未至舜，即不可谓之仁，……礼未至舜，即不可谓之礼。[39]

他在日常生活的每一个细节中都看到圣人的典型，且都认为应该用圣人的标准来衡量自己，道德要求如此之高，便极易有处处是错，通身是过的感觉，难怪陈确会积极发起省过会了（详后）。早于陈确大约七十年的吕坤（新吾，1536—1618），虽不是王门弟子，但他受到王学之影响却是彰彰可见的。他在为自己所写的墓志铭《大明嘉议大夫刑部左侍郎新吾吕君墓志铭》中说，他之所以要作《呻吟语》一书，是因感于：

> 一身罪过，都是我心承当，五官百体无罪。两间无过，都是我身承当，天地万物无罪。[40]

正因"一身罪过，都是我心承当"，"两间无过，都是我身承当"，所以自己所有的过罪完全无法躲闪推诿，既不得委过于天地万物，也不得推托给五官百体等先天或外来的因素。和陈确一样，这样的思想使得他自觉身心所应承担的道德责任特别沉重，对一己身心之罪亦特别敏感，因而对自己一生在修养方面的缺憾，有痛苦一至于"呻吟"之感[41]。年辈稍晚于陈确的李颙（二曲，1627—1705），他致力于融合朱、王，非常乐观地在《观感录》序言中指出人人心中有个仲尼，他说：

> 先儒谓个个人心有仲尼，盖以个个人心有良知也。良知之在人，不以圣而增，不以凡而减，不以类而殊，无圣凡无贵贱一也。试

---

[39]《陈确集》，页543。

[40] 侯外庐编，《吕坤哲学选集》（北京：中华书局，1962），页84。

[41] 吕坤，《呻吟语》（台北：河洛图书出版社，1975），《序》，页1。

> 征之，孩而知爱，长而知敬，见孺子之入井而知惕，一切知是知非，知好知恶之良，凡与、圣与、贱与、贵与，有一之弗同乎？[42]

李颙相信不管圣凡贵贱都是天生的圣人，所以他的《观感录》中特别记载了泰州学派的樵夫朱恕、陶匠韩乐吾、田夫夏叟成德的事迹，以证明他们并不因地位卑贱而丝毫影响成德的可能性。可是在主张"个个人心有仲尼"的同时，李颙也自责说："颙本昏谬庸人，千破万绽，擢发难数"[43]，且自号为"多惭夫"，这样深刻的罪恶感与如此乐观的成圣希望非但不相违背，而且正是密相联结的。因为"个个人心有仲尼"，所以若不成仲尼，即是自弃，则对于自己的生命自会有"千破万绽"之感。他在《悔过自新说》中说："其所为有不远于禽兽者，此岂性之罪哉？然虽沦于小人禽兽之域，而其本性之与天地合德，日月合明者，固未始不廓然朗然而常在也。"连已经沦于小人禽兽之域者其本性也仍是"与天地合德"，这一方面是把回到圣人的机会许给每一个陷溺之人，另方面则是说明了，不能从小人禽兽的起步自我振拔便是自己"轻弃之"[44]。他说：

> 君子小人，人类禽兽之分，只在一转念间耳，苟向来所为是禽兽，从今一旦改图，即为人矣。[45]

一转念间便可能由圣人堕为禽兽，一转念也可能由禽兽变为圣贤，一切都决定于一念之间，若欲不堕为禽兽，则连一念差错也不行。故他对成德如此乐观的同时，也对堕于禽兽的可能性无比悲观，因而察觉到，如果要想成为圣人，必须刻刻反省，时时改过。二曲在关中提倡"改过自

---

[42] 李颙，《观感录》，《二曲集》（台北：台湾商务印书馆，1973）卷二十一，页1a。

[43] 《二曲集》卷十三，页8b。

[44] 同前书，卷一，页1b。

[45] 同前书，卷一，页2b。

新"之说,便主张"必至于无一念之不纯于理,无一息之或间于私,而后为圣人之悔过"[46],其严格周密的程度几乎与南方的刘宗周不相上下。他在《悔过自新说》的"小引"中强调,为使每一念都纯于天理,务必无时无刻不悔过,才能"或脱禽兽之归"[47]。在他的思想中,悔过与成德正好是一线相连的。所以二曲引其友人樊巘的话说:"先儒有言,满街都是圣人,余谓满街能悔过自新,安见满街之不可为圣人。又云个个人心为仲尼,余谓个个能悔过自新,安见个个之不可为仲尼。"[48]

二、大量"省过簿"的出现

前面已经谈过,在"人人胸中皆为一个圣人"的思想下,所带来的影响是两方面的:阳明既把成圣的可能性许给每一个人,所以可以发展出像李卓吾等所宣称的"人都是见见成成的圣人,才学,便多了"[49],也可以发展出前面所谈及的"千疮百孔","通身皆是罪过"的感觉。不过在这两个侧面中严肃而紧张这一面的扩展,主要还与明季社会风气的恶化[50],以及目睹王学末流狂禅的佚荡之风而生的警醒有关。如此严重的道德紧张加上如此乐观的成圣思想,可以通过任何形式的省过

---

[46] 《二曲集》卷一,页8a。

[47] 同前书,卷一,《小引》,页3a。

[48] 同前书,《悔过自新序》,页2a。

[49] 此条转引自容肇祖《明代思想史》(台北:开明书店,1978),页243。这原是顾宪成《当下绎》引史际明语。本所所藏《顾端文公遗书》(明崇祯年间刊本)中只存《当下绎》之目而无文。

[50] 相关论述不少,如徐泓,《明代后期华北商品经济的发展与社会风气的变迁》,收于《第二次中国近代经济史会议(论文集)》(台北:经济史研究所,1989),页107—176,及《明代社会风气的变迁》,收于《第二届国际汉学会议论文集》(台北:"中研院",1989),页137—159。刘志琴,《晚明城市风尚初探》,收于《中国文化研究集刊》,第一辑,页190—208。

方式来帮助成德，其中最有趣的现象是大量的省过改过书的出现。譬如日鉴篇（如高攀龙）、日史（如杨应诏、刘宗周、陈瑚）、自反录（如顾宪成）、自监录、记过簿等都是[51]。借着这些道德生活的日记，他们一方面可以更有系统地诊断自己的功过，另方面因他们对自己是否已经成圣毫无把握，故借着计算功过，多少可以解除内心的紧张。

"改过"是中国思想中不断出现的主题，不过，在王阳明的思想系统，道德修养上更倾向"改过"一路，因为阳明一再强调人天生即是纯金的圣人，所以任何修养工夫只是去蔽去过，使归返心的原初状态，而不是在心上添加些什么。这是为什么阳明说："吾辈用功，只求日减，不求日增"之故，阳明文字中遂不断强调自讼。

但是，自讼式的省过方式起源是相当早远的，而且绝不限于儒家[52]。孔子要人"内自讼"，宋代的杨简也主张内讼，并自号其居为"内讼斋"[53]，明初的吴与弼也立"日录"[54]，用以记录自己生活上的成过。陈白沙门下便设有"日录"以记同门师友之过，也有"自罚帖"来报告自己的过错。白沙文集中有一条记："读一之自罚帖，所谓喜三代之饩羊犹存也，此举虽过，然究其为心，盖亦可悯，且自罚之辞甚实，其进固未可涯也。若夫久居师席，不能致门人于无过举之地，此则老夫之罪，请附此于日录，算一过，诸君其志之。"[55]而与阳明并世的黄绾，显然在还没有受到阳明学说洗礼前，便已开始分天理、人欲两项来计算自

---

[51] 参见麦仲贵，《明清儒学家著述生卒年表》（台北：台湾学生书局，1977），表中的1585年、1592年、1611年、1637年条。

[52] Pei-yi Wu,（吴百益）"Self-Examination and Confession of Sins in Traditional China," *Harvard Journal of Asiatic Studies*, vol. 39（June, 1979）, pp. 5-38.

[53] 杨简，《慈湖遗书》（文渊阁四库全书本）卷二，《内讼斋记》，页2。

[54] 容肇祖，《明代思想史》，页18—22。

[55] 孙通海点校，《陈献章集》（北京：中华书局，1987），页78—79。

己的功过[56]。这些零星的例子都足以说明省过书的来源是很久远的，而且材料相当之多，非此处所能俱引。但是晚明王学的省过风气却相当突出，除了是受当时民间宗教提倡功过格之激荡外，与阳明学自身实有密切关联。

改过在阳明思想中的地位既有如前述[57]，此处想谈他的后学弟子们在这方面的言论。像江右王门的邹守益便说过"迁善改过，即致良知之条目"[58]。北方王门第二代健将孟化鲤（叔龙，1545—1597）在《三子记过簿序》这一篇文章中便强调"过亦圣人所不能无"[59]，更何况常人？他勉励学子设置记过簿，"吾有过，吾纪之，庶几睹斯簿也，怵目惕心，赧颜汗背，将有言也，将有为也，监于覆辙，不致复犯乎，斯亦昔人分豆识念之遗意！"[60]"分豆识念"是《续高僧传》中所载禅僧记过之法。孟氏在《初学每日用功法》中便具体地规定学生每夜省过的方式[61]，这套方法曾在关中地区广泛流传，张维新《余清楼稿》便把这套规定原原本本照抄下来[62]。而且设置这类省过书的人已不仅限于理学思想家了，有些辗转受到他们影响的人也起而效法，明末在嘉定殉国的黄淳耀（蕴生，1605—1645），年轻时为督责自己，便著一书叫《自监录》（四卷），"每日所为，夜必书之，兼考念虑之纯杂，语言之得失"[63]。

---

[56] 依照《明儒学案》，"浙中三"所记，黄绾在南京任官时始受学阳明，而他立册计天理、人欲是少年时事，见页280。

[57] 《教条示龙场诸生》的第三条即是"改过"，见《王阳明全书》（台北：正中书局，1954），册一卷一，页124—125。

[58] 黄宗羲，《明儒学案》，"江右一"，页57。

[59] 孟化鲤，《孟云浦先生文集》（明万历年间刻本）卷四，页12a。

[60] 同前引。

[61] 同前书，卷六，页19—21。

[62] 张维新，《余清楼稿》（明万历刊本）卷二十四，页51—53。

[63] 黄淳耀，《自监录》，收《黄陶庵先生全集》（清乾隆年间刊本）补遗，册六卷一，页1a。

他的《自监录》是从崇祯四年（1631）三月十一日起[64]，也即是他廿六岁时。他谈到自己之所以会立册自监，是因受到明代理学家张邦奇（常甫，1484—1544）《观颐录》每夕记过之影响[65]。张氏虽非王阳明门人，但黄宗羲在《明儒学案》上说他"受阳明之益多矣"[66]。张邦奇自谓每日晨起"便焚香拜天，取易书诗要语，……对天嘿诵数过"，以省察自己是否违失这些经典的教训[67]。而黄淳耀的《自监录》则是日记式的，或反省自己生活，或记前人在道德修养上的精警之语。值得注意的是，在写《自监录》的过程中，黄氏另辑了一部《吾师录》（1632年始），取古人言行之可法者[68]，辑成卅二类作为自己的借镜，并告诉看此书的人说："初学入门，不得不如此，若到纯熟地位，一彻尽彻，头头是道，此录犹筌蹄耳，子等勿轻传也。"[69]他可能一方面认为在理想上，省过时只要照着自己当下那一点真诚恻怛的良知，便可自知何者为是，何者为过，不必借助于任何外在的榜样或道理格式。另一方面同时也察觉到，如果在初学入门时，便不以圣人为榜样而只靠自己的良知，则是不容易把握分寸的。

像年辈稍早于黄淳耀的瞿式耜（起田，1590—1650），是永历年间守桂林的名臣，他于崇祯九年（1636）写成《愧林漫录》这部自我省过之书，分"在位""规家""处世"等十项，从日常生活的每一个方面去反省自己。他自称立册自省是受到江右王门罗洪先的"一失人身，万劫难

---

[64] 黄淳耀，《自监录》，页1a。
[65] 同前书，页10。张邦奇生平及思想略见《明儒学案》卷五十二。
[66] 黄宗羲，《明儒学案》，"诸儒六"，页30。
[67] 黄淳耀，《自监录》，页10。
[68] 黄淳耀，《吾师录》，《小引》，收《黄陶庵先生文集》补遗，册六，页1a。
[69] 同前书，页17b。

复"之语的影响[70]。在《漫录》中,瞿氏是围绕着一个"愧"字在记录自我反省的成果,他说:

> 人生有身,下对天日,中副君亲,下育子姓,闲居杂处,言笑宴宴,孰非天监人随,福善祸淫之地,刻刻引愧,惟恐出则沦斁冠裳,居则流毒桑梓。[71]

瞿式耜"刻刻引愧"的精神正与自称"多惭夫"的李颙前后辉映。一称"愧林",一称"多惭",都充分体现了他们道德修养的紧张性及对自己一身过错无比的敏感。瞿式耜因此写成《愧林漫录》,李颙则把省过当成"关中书院"全体学生日常生活的一部分[72],并再向他们强调能改过者是人,不能改过是禽兽[73]。

同一时期的颜元(1635—1704)虽反对整个宋明理学的传统,但他早年实是王学信徒,在程朱与陆王之间,他仍是偏向陆王的,尤其笃信阳明成色分两说。《颜氏学记》中记了一段他的话:

> 性之相近,如真金多寡,轻重不同,而其为金相若也。[74]

这段话显示相信每个人原本都是真金圣人,并感到后天的种种习染是使人堕落的根源,因而对生活中的每一个细节在道德上的从违加以最严密的监视。他在五十五岁那年自订"常仪功",严格规定自己每日省过,"每日习恭,时思对越上帝,谨言语,肃威仪,每时心自慊,则○;否,

---

[70] 瞿式耜,《愧林漫录》(明崇祯九年序,清刊本),"自序",册一,页1b—2a。
[71] 同前书,页2b。
[72] 《二曲集》卷十三,页8。
[73] 同前书,卷十三,页9。
[74] 戴望,《颜氏学记》(台北:台湾商务印书馆,1970)卷一,页4。颜元在《存性编》中力斥其友张石卿之"傻人绝不能为尧舜"之说,见颜元,《四存编》(北京:古籍出版社,1957),页5。

则●,以黑白多少别欺慊"[75]。在这"常仪功"中,规定之严格及奉行之谨,都足以令人惊诧。颜元的学生李塨(1659—1733)也受其师影响,自订了一份《讼过则例》[76]。但是以上所说诸例,不管是王门后学,或与他们间接相关者,毕竟不足以用来说全部王门,更不可用来说明当时全体士大夫的倾向。事实上,王学内部放浪形骸者不在少数,而一般士大夫中,特别是顾炎武(1613—1682)指为"文人"者,更多不检细行之辈。所以上述诸例,只可用来说明王门内部的一种转向之趋势,而不可概其余。

在这许多提倡省过改过的理学家中,刘宗周的《人谱》特别值得重视。他对过去理学家省过的方式并不满意,尤其反对当时许多士大夫也奉行的《功过格》。本来省过改过的精神是可以借用各种方法来进行的,所以在明代民间或士大夫中早就流行着佛道家的《感应篇》《功过格》之类的书,而且明代的一些理学家在省过工作上也毫不忌讳地借用它们[77]。东林学派的高攀龙就是一个好的例子。当有一位厉姓人士重刊《感应篇》时,他便曾写过一篇《重刻感应篇序》加以鼓吹,他说有人因《感应篇》近于佛氏因果之说而讳言之,其实"佛氏因果之说,即吾儒应感之理。圣人以天理如是,一循其自然之理,所以为义,佛氏

---

[75] 李塨,《习斋先生年谱》卷下,己巳五十五岁条。收《颜李丛书》(台北:广文书局,1965),册一,页30。

[76] "常仪功"收在《颜习斋言行录》中。《言行录》所记平日处世方法,极为严格,见《颜李丛书》,册一,页90。李塨《讼过则例》收于《颜李丛书》,册四,页1323—1324。

[77] 关于功过格在明代流行的情形,酒井忠夫的《功过格の研究》叙述甚详。收于《中国善书の研究》(东京:国书刊行会,1960),页356—403。他认为汉代考核朝廷官吏的"功过殿最",以及汉代到六朝的太山信仰,葛洪的减算、纪算功过思想,以及道教戒律中的功过报应思想,都是功过格成立之思想源头。又可参考 Cynthia Brokaw, "Yüan Huang(1533-1606) and the Ledgers of Merit and Demerita," *Harvard Journal of Asiatic Studies*, 47:1(1987), pp.137-191. Chün-fang Yü, *The Renewal of Buddhism in China*(NewYork: Columbia Univ. Press, 1981), pp. 112-124。

以因果如是,慑人以果报之说,所以为利。其端之殊,在秒忽间耳"[78]。高氏的例子显示:目睹风俗败坏的儒士大夫,愿意借取儒学以外的资源来增进道德修养,我们在前面也提到,孟化鲤也说他所提倡的改过之法与过去禅门的"分豆识念"记过法相似[79],在明末南方的王学重镇证人书院中也可以看到相似现象。证人书院由刘宗周与陶石梁共主讲席。此院后来分裂,因为"石梁之门人,皆学佛,后且流于因果"最后分会于白马山,而黄宗羲、王业洵等四十余人,则执贽于刘宗周门下,这两派的分裂大抵代表当时王学的两大支派[80],一派坚守儒家阵营,一派亲近禅佛之说。

陶石梁之兄陶石篑是名僧袾宏(1535—1615)的信徒,而袾宏正是在明季大力鼓吹《功过格》之人,他的省过书《自知录》亦显然沿承此风而写[81]。所以,石梁门生秦弘祐会仿袁了凡(1533—1606)《功过格》改编成《迁改格》,即可能间接受到袾宏的影响。刘宗周对此极不满意,他坚决主张在儒家的改过之学与佛道家的改过之学中间应划清界限。吾人不觉感到好奇:他的《人谱》与《功过格》究竟有何不同?

三、刘宗周《人谱》的特色

首先要谈《人谱》出现的思想背景。阳明"心即理"之说带来了许

---

[78] 高攀龙,《高子遗书》(光绪二年重刊本)卷九上,册七,页43b—44a。

[79] 参见酒井忠夫,《功过格の研究》,在《中国善书の研究》,页401—402。酒井指出这是出自《续高僧传》卷二〇《道绰传》的"劝人念弥陀佛名,或用麻豆等物而为数量,每一称名,便度一粒,如是率之,乃积数百万斛者,并以事邀结,令摄虑静缘,道俗响其绥导,望风而成习矣"。

[80] 《明儒学案》卷六十二,《蕺山学案》,页36,黄宗羲识语。

[81] 袾宏《自知录序》,收《莲池大师集》(台北:净土宗善导寺,1955),页80。袾宏后将功过格删改重刊,题为《自知录》。

多争论，其中最重要的一点，便是心是不是可以永远作一个毫无偏私的客观标准？因为人心是有感性之杂的，阳明良知说所谓的"即于人伦日用，随机流行，而一现全现"[82]，其一现全现者岂真是良知之天理乎？难道没有情识之杂吗？如果有情识之杂，良知自己必定会察觉吗？如果混入情识而又不自知，不正是如刘宗周所说的：

> 今天下争言良知矣，及其弊也，猖狂者参之以情识，而一是皆良。[83]

刘宗周是深深了解到良知会有"猖狂者参之以情识"的危险，故特别重视以严格的自我反省来补偏救弊。由他一生为《人谱》一书所做的各种努力，即可证其重视之一斑[84]。牟宗三说自孔子提出改过这个观念后，一直到刘宗周的《人谱》，始能完整地、彻底而透体地说之[85]，实非夸大之词。刘宗周是相信人人是个圣贤的，《人谱》一书强调"人心自真而之妄，非有妄也，但自明而之暗耳"[86]，故一旦有了过错，只是心的状态有了变化，而不是本质变了，所以只要能改过，"却妄还真"，由暗而明，便依然是个圣贤。

然而，我们不免感到奇怪，何以如此重视改过的刘宗周，竟会严厉批判功过格？刘宗周是从三个方面反对功过格的：第一，反对它的因果观念[87]。第二，反对它只在事后改过，有"落后着"之弊。第三，认为

---

[82] 牟宗三，《从陆象山到刘蕺山》(台北：台湾学生书局，1979)，页452。

[83] 刘宗周，《证学杂解》解廿五，收《刘子全书》卷六，册一，页441。

[84] 刘宗周除了《人谱》之外，还辑有《人谱类记》(台北：广文书局，1971)。根据其子刘汋所撰《年谱》记载，刘氏死前一月还在改订《人谱》。见《刘子全书》，册六，页3699。

[85] 牟宗三，《从陆象山到刘蕺山》，页536。

[86] 《人谱》续篇，《改过说二》，《刘子全书》，册一，页185。

[87] 《人谱·自序》，《刘子全书》，册一，页159—160。《功过格分类汇编》(有福读书堂丛刻续编本)，列功过一如记账，见页22—23。

功过格除了记过之外，还记功，不但有功利之习，而且充分显示出自满的心理。对于王阳明以下的改过之学，他也有所批评，其批评重点也是"落后着"，认为他们只是就念起念灭之处作检点的工夫，一如水上作字，在道德修养上难有圆满效果。因而"落后着"这个问题是他与别人最大的分歧点。此处想进一步讨论，"落后着"何以成为一个最核心的差异[88]。刘宗周是从两个方面对这个问题进行批评与补救的。第一，他分析阳明良知四句教"无善无恶心之体，有善有恶意之动，知善知恶是良知，为善去恶是格物"。阳明是把"恶"的来源放在有善有恶的"意"上，但阳明曾说"尔那一点良知，是尔自家底准则，尔意念着处，他是便知是，非便知非，更瞒他一些不得，尔只不要欺他，实实落落依着他做去，善便存，恶便去"[89]。所以良知是自己过咎的检察官。但是良知之所以能知是知非，其前提是自己的私欲不能欺他，问题是良知既然是全然知善知恶的，又为何容许私欲欺他？如果说私欲会以诡辩的方式骗过良知，那么这个会被蒙骗的良知便不能说是全然知善知恶的。第二，刘氏指出，如果在人欲已重，或是已经形诸行动之后才去知过改过，实际上已经太迟了。他主张应该从更根源之处把恶念化除。而上述两种观点，使得刘宗周提出了他思想中最核心的一个观念。即"意为心之所存，非所发"[90]，也使得《人谱》的改过之学着重"慎独"与"治念"，而与流行的《功过格》《纪过簿》之类不同。

此处再进一步讨论第一点。照着王阳明的说法，良知是无所不知

---

[88] 批评事上检点为"落后着"不是自刘宗周始，邹守益便说过"其谓落在下乘者，只是就事上检点"，《明儒学案》，"江右一"，页57。

[89] 王守仁，《传习录》，页77。

[90] 《学言上》，收《刘子全书》卷十，册一，页613。案：关于"意为心之所存"问题，刘宗周弟子黄宗羲与恽仲升意见严重分裂。见《明儒学案》，"序"，页1。亦可参考陈荣捷，《论明儒学案师说》，《幼狮月刊》48:1(1978.7)，页8。

的,他在《答欧阳崇一》中说:

> 良知之在人心,……不虑而知,恒易以知险,不学而能,恒简以知阻,先天而不违。天且不违,而况人乎![91]

也就是良知之在人心,天、人都不能违它。所以良知虽然不一定能知道每一件事的所有细节,但却能知每一件事的是与非,当然也能分辨什么是善,什么是过。良知在分辨是非与过错时,自然知道它自己在如此做,也就是说良知是知道自己知的,否则它怎么会允许一些正当的需要清楚地在意识中表达出来,而又把不正当的私欲与习气压抑下去呢?所以依照阳明的学说,良知对自己心中的私欲与习心必然有所认知。可是为什么阳明还会说良知有时会被私欲、习心所"戕贼蔽塞,不得发生"[92]?良知既然知道自己的私欲与习心,又无法检制它们,竟使它们顺利通过良知的检查,得以在意识中表达出来,则对于这一个奇怪的现象,可以用一个理由加以解释——也就是理学家们常说的"私欲之诡辩"(借用熊十力[1885—1968]语[93])。刘宗周《人谱》中对此问题已有警发,他在《改过说二》中说:

> 人无有过而不自知者,其为本体之明,固未尝息也,一面明,一面暗,究也明不胜暗,故真不胜妄,则过始有不及改者矣,非惟不改,又从而文之,是暗中加暗,妄中加妄也。……盖本心常明,而不能不受暗于过,明处是心,暗处是过,明中有暗,暗中有明。明中之暗即是过,暗中之明即是改。[94]

"从而文之"一语,充分说出私欲之诡辩的实况,也就是说私欲习心

---

[91] 王守仁,《王阳明全书》卷二,册一,页61。
[92] 王守仁,《传习录》,页84。
[93] 熊十力,《明心篇》(台北:台湾学生书局,1976),页84。
[94] 《人谱》续篇,《改过说二》,在《刘子全书》卷一,页186。

意识到它们自己如果保持着原来的样子，必定会被良知所排斥，所以它们会自我"文之"，乘着良知不备时，借助于良知中出现的相关联因素，把自己化妆成相类似的样子。刘宗周所说的是指私欲很技巧地改换自己，让良知被骗，而使得这些私欲与习心能够通过良知的检查。但是，"私欲之诡辩"仍未解决下面这个问题：良知既然知是知非，天、人都无法违它，无法欺它，那么，私欲和习心在伪装自己的时候，良知又怎会不知？良知既然是知，却又容许它们如此做，那么只能有两种解释，第一，良知实际上并不能完全知是知非，第二，良知偶尔也会自欺。而不管是说良知不能完全知是知非，或良知偶尔也会自欺，则都与阳明的良知说有出入。所以，标举"毋自欺"其良知作为知过改过途径的人，只要再深一层思考，便可能发现只是做到"毋自欺"其良知，而他的良知却不真能知是知非，他也还不一定能成为一个成德君子，更何况一个从事省过的人，到底应该用什么标准判断自己是否已经做到不自欺其良知呢？对于主张不必以孔子之是非为是非、一切标准皆在自己心中的王门后学身上，这个问题便显得更为突出了。因为至少就理论层面来说，良知有可能会是个不客观的监督者，那么自己怎能如实纠举自己的过错呢？

接着谈第二点。王守仁认为"心"含"意""知"两部分，而有善有恶的"意"发动后，便有"知"来加以鉴别：

> 凡应物起念处，皆谓之意，意则有是有非，能知得意之是与非者，则谓之良知，依得良知，即无有不是矣。[95]

在刘宗周看来，良知如果总是在"意"既发之后才去鉴别是非善恶，则它永远"落后着"，只能替恶"意"收拾善后，那么，"知"只是被动的，

---

[95] 王守仁，《王阳明全书》，册二，页55。

"意"才是主动的,"知"只是在"意"发动之后才作检查,并不能预先加以防范,故如果依照良知说,人便没有主动定向的能力,那么道德修养的工作便永远只是皮面补缀。可是阳明又说"意之本体便是知",被动的"知"反而是主动的"意"之本体,这个问题引起了刘宗周的疑虑[96]。所以他改说"意是心之所存"——意不再是心之所"发",而是心之所"存";"心"是方向盘,"意"是针。既然"意"是善的,那么专事鉴别善恶的"知"的功能便不再是那么重要,"意"突出成为主动的定向针。在《刘子全书》卷十二中有一篇《学言》(下)说:

> "有善有恶意之动,知善知恶知之良"二语决不能相入,则知与意分明是两事矣。将意先动而知随之邪?抑知先主而意继之邪?如意先动而知随之,则知落后着,不得为良。如知先主而意继之,则离照之下,安得更留鬼魅?[97]

这是一个相当锐利的质疑:如果良知与意是一件,则主善的良知何以会容许恶的"意"表现出来? 也就是"离照之下,安得更有鬼魅?"良知既然对一切洞若观火("离照"),全然知善知恶,又怎能容得恶"意"欺它? 刘宗周为了补救这个罅隙,遂强调良知是善,意也是善的。可是曾经困扰王阳明的一个问题又出现了:既然知、意皆善,那么人心中的恶从何处来? 这个问题刘氏也考虑过了。他说,有不善的是"念"。"念"的性质与"意""知"不同,它不是心的一部分,而只是"心之余气耳"[98],

---

[96] 关于良知落后着的问题,参考劳思光先生详密的讨论,见氏著,《中国哲学史》三下(台北:三民书局,1981),页581—586。此问题在黄宗羲《明儒学案》亦已言及,见《学案》卷六十二,《蕺山学案》中梨洲案语。但是本文的解释脉络与他们不尽相同。

[97] 《刘子全书》卷十二,册二,页703。

[98] 《学言中》,收《刘子全书》卷十一,册二,页655。

"念有起灭,意无起灭"[99]。"念"随着经验而有起灭、有善恶,但因它只是心的余气,而不是心的一部分,所以即使心中出现恶念,也没有理由说被私欲所蒙蔽的良知是在自欺了。"念"是否只是心的"余气",非此处所能论,不过在刘宗周自己的理论体系中,这倒是可以自圆其说的。

为什么我们在讨论《人谱》时要一路追索刘宗周对"念"的看法呢?——由于刘氏把罪恶的根源归到"念"上,所以改过的重心自然是如何治"念"的问题。他六十五岁时所写的《治念说》中说:

> 予尝有无念之说,以示学者,或曰,念不可无也。何以故?凡人之欲为善而必果,欲为不善而必不果,皆念也。此而可无乎?曰:为善而取胜辨于动念之间,则已入于伪,何善果为?[100]

劳思光先生解释这段材料说:"盖动念始求其善,则自觉心或自我实未真正转化,……转化既未达成,则所谓'为善'亦只是浮面表现,故云'伪'",所以刘氏是更彻底、更根本,希望从根源的主宰——"意根"处着手,使得"意"全善无恶,恶"念"丝毫不能出现,而不是像王阳明在念起念灭上用功[101]。这使得他的《人谱》有了相当独特的风貌。《人谱》的"证人要旨"中首先要人"凛闲居以体独",接着便是"卜动念以知几",要人"就动念时一加提醒,不使复流于过"[102],因为"一念未起之先,生死关头最为吃紧,于此合下清楚,则一真既立,群妄皆消"[103]。而要能在一念未起时彻底解决,则须先"慎独""静存",在"意根"上建立善的主宰,才能培养大根大本。他说:"如树木有根方有枝叶,栽培灌

---

[99] 《答董生心意十问》,《刘子全书》卷九,册一,页541。案董生指陕西董标。此十问为反映宗周思想的重要文献。
[100] 同前书,页505。
[101] 刘汋,《刘宗周年谱》,在《刘子全书》,册六,页3666。
[102] 《人谱》续篇二,《刘子全书》卷一,册一,页166。
[103] 《证学杂解》解二,《刘子全书》卷六,册一,页416。

溉都在根上用，枝叶上如何着得一毫，如静存不得力，才喜才怒时便会走作，此时如何用得工夫。"[104]《人谱》上说："如一事有过，直勘到事前之心，果是如何，一念有过，直勘到念后之事，更当如何，……若只是皮面补缀，头痛救头，足痛救足，败缺难掩，而弥缝日甚，仍谓之文过。"[105]不但追索事前之心，还要勘到念后之事，两路拦截，才可能逼使内心不敢有一念之妄。连一个妄念都不能忍受了，更何况是一个错误的行为。所以当刘氏把省过改过的工作逼到"念"上时，则其道德修养之谨慎与紧张可以知矣。在刘氏看来，动念始求其善，或只在一念上求其善都太过松懈了，若等人欲既成，再用天理去克它，在他看来自然会像移山之难。故他认为朱子以天理制人欲是注定要失败的。至于《功过格》记账式的省过办法，在他看来更是落后中的落后了，即使功再多，过再少，都还只是落在具体行为后的省察，心中并未真正转化，对道德修养毫无助力可言。《人谱》中将人日常生活之过错分成六种，依等级可分成"微过""隐过""显过""大过""丛过""成过"，所包括的条目极多，从任何妄念到"溢喜""牵怒""伤哀""多惧""溺爱"等，到"箕踞""交股""高声""谑笑""摇首""侧耳""当门""跛倚"……其严格的程度到了空前的地步，几乎包括了从内心到日常举止的一切细节。如果依照《人谱》的规定，几乎只有世俗所谓"木头人"才足以符合其道德要求。而且他所列的几百种过错中，许多是针对明代中期以来社会风俗上的弊病而发，在现实上确有所指，亦足见晚明王学内部之转向与现实风俗之急遽恶化有关。

---

[104] 刘汋，《刘宗周年谱》，在《刘子全书》，册六，页3541。

[105] 《人谱》续篇，《改过说二》，《刘子全书》卷一，册一，页187。

四、陈确与省过会

但是不管刘宗周的省过方法规定得如何细密严格,"客观标准"的问题仍再度出现。既然"改过"是道德修养的核心,那么怎样知道自己的过错,又怎样不自欺其过错?

在刘宗周的讼过法中,控诉者是良知,而被控诉的是自己的宿疾和恶念,主告与被告都是自己的心,他写过十首诗,每首诗的首字都以"自"开头,借以强调从警发自己的过咎开始,到或成德或堕落,都决定于自己,他说:"主人翁只是一个,认识是他,下手亦是他,这一个只是在这腔子内,原无彼此。"[106] 而他弟子张履祥的《杨园全书》中除了有《自讼箴》外[107],更立了一百条以"自"开头的箴言[108],也是认为从省察己过到能否成德都系于自己。所以,不管《人谱》中条文如何严密,显然仍没有解决一个关键的问题:良知既然会自欺或是被私欲的诡辩所蒙蔽,那么人心中的良知怎会有能力分辨自己是否在最明澈的状态执行知过改过的任务呢?阳明弟子王畿晚年在自讼时所遭遇的困难正好可以用来说明这个问题。他在《自讼长语示儿辈》中说:

> 自今思之,果能彻骨彻髓,表里昭明,如咸池之浴日,无复世情阴霾间杂障翳否乎?……任逆亿为觉照,则圆明受伤,甚至包藏祸

---

[106] 见《刘子全书》,续编卷一,《证人社语录》及《刘子全书》卷二十七,册四,页2253—2257。刘氏的这十首诗都与道德修养有关,题名分别为"自呈""自求""自判""自勘""自镜""自勖""自病""自慰""自诧""自白"。

[107]《张杨园先生全集》(同治十年江苏书局刊本)卷二十四,册七,页27。此条见引于吴百益文。

[108] 同前书,卷廿,页28—29。

> 心,欺天妄人之念,潜萌而间作,但畏惜名誉,偶未之发耳。[109]

王畿在自讼的过程中发现,良知并不是永远能准确地指出自己的罪咎。由最相信现成良知的王畿自讼时的告白,最可证知良知不一定能永远客观地扮演一个第二人称的客观控诉者的角色。

在宋明理学研究中最早提出在"改过"中"客观控诉者"这角色的是吴百益先生。这也是理学内部长期面临的共同问题。朱子严分"道心""人心",要人让道心作将,人心作卒从[110],天理人欲之间应进行激烈的格斗,一如刘邦、项羽相拒于荥阳、成皋之间,"彼进得一步,则此退一步,此进一步,则彼退一步"[111],就很像吴先生所说西洋古忏悔文学中,良心与灵魂分裂为二,由有神性的良心对有兽性的灵魂进行控诉,所不同的是,基督教的忏悔中有神在鉴临[112],而朱子正好反对这一点。《朱子语类》卷一中说:

> 而今说天有个人在那里批判罪恶,固不可,说道全无主之者,又不可。这里要人见得。[113]

他认为天理与人欲对抗时应该要有一个公正的监视者,所以说"全无主之者"也不行,但又不同意天上有个人在那里批判罪恶。不过因朱子把人心、道心严格分开,所以这个问题似乎比较容易解决。刘宗周虽

---

[109] 《王龙溪全集》卷十五,册五,页17。黄绾后来也对自己早年闭户罚跪自击,并记录自己的行为于"天理""人欲"两块木牌上的方式感到不满,认为应该在知识上讲述才能知道自己错在哪里,故"必有以见当然之理而不容已处,方为有益"。见邱汉生等,《宋明理学史》(下)(北京:人民出版社,1987),页398。

[110] 黎靖德编,《朱子语类》卷七十八,册五,页2012。

[111] 同前书,卷十三,册一,页224—225。

[112] Pei-yi Wu,(吴百益)"Self-Examination and Confession of Sins in Traditional China," pp. 5-38.

[113] 黎靖德编,《朱子语类》卷一,册一,页5。

也常说人心、道心,可是在他看来,道心是人心之所以为心,所以二者还是同一个,绝不是分裂的,因此进行自讼时,是自己的心控诉自己的心,那么对刘氏而言,朱子所强调的那个"主之者"应该到何处去找呢?理学家是不相信有一个人格神在那里计算功罪的,可是这个问题又非解决不可,陶石梁的门人秦弘祐仿行《功过格》,被刘宗周说是"笃信因果",但也许在秦弘祐看来,因果报应的理论中毕竟还假设了一个客观的监察者在那里计算功罪以次赏罚,这个监察者虽然不能自见,可是人们宁可相信它是绝对公正的,而且冥冥中存在着。而较早的高攀龙也说佛氏"慑人以果报之说,因以为利"——那是因为果报之说使人相信冥冥之中有神在计算功过,故即使人们自欺其心,有过不省,仍然逃不过神的监视。高氏之所以说"吾儒应感之理"即是"佛"氏因果之说,主要还是想在省过时安排一个客观的"主之者"[114]。刘宗周为了解决这一难题,安排了一个非人格的天在鉴临[115]。在《人谱》中有一篇《讼过法》,说明了省过的程序:

> 一炷香,一盂水,置之净几,布一蒲团座子于下。方会平旦以后,一躬就坐,交趺齐手,屏息正容。正俨威间,鉴临有赫,呈我宿疚,炳如也。乃进而敕之曰:尔固俨然人耳,一朝跌足,乃兽乃禽,种种堕落,嗟何及矣!应曰:唯唯。复出十目十手,共指共视,皆作如是言。应曰:唯唯。于是,方寸兀兀,痛汗微星,赤光发颊,若身亲三木者。已乃跃然而奋曰:是予之罪也夫!则又敕之曰:莫得姑且供应!又应曰:否否。顷之,一线清明之气徐徐来,若向太虚然,此心便与太虚同体。乃知从前都是妄缘,妄则非真。一真,自若湛湛澄澄,迎之无来,随之无去,却是本来真面目也。此时正好与之

---

[114]《高子遗书》卷九,页43—44。
[115]《人谱·序》,收《刘子全书》卷一,册一,页159—160。

> 葆任;忽有一尘起,辄吹落。又葆任一回;忽有一尘起,辄吹落。如此数番,勿忘勿助,勿问效验如何。一霎间,整身而起,闭合终日。

这个过程与《法华忏仪》有许多相似之处,其中"复出十目十手,共指共视,皆作如是言"显然是从《大学》诚意章的"十目所视,十手所指,其严乎"脱胎而来,在这个自讼仪式中的"鉴临有赫"四字,新本《人谱》中改作"祇祇栗栗,如对上帝"[116],是指有一个"天"在监临整个自讼的过程,使得自己不敢加意隐瞒己过。这一客观控诉者的问题在刘宗周的学生陈确,及关中的李颙等人身上也碰到了。他们希望有另一种解决办法。从孟化鲤及李颙等人的省过规程中可以发现:他们除了自讼外,还希望进一步在师友同处时,将自己的过失向大家坦白,由大家一起来纠察。

明季有不少心学家也许亦感到有必要让朋友帮助自己省察过错,故在心学盛行之后的许多会讲、会约中,有些便规定集会时"自呈己过"。以王阳明的故乡为例,南中王门的查铎(1516—1589)的《水西会条》及《楚中会条》便有这类规定。譬如《楚中会条》中说:

> 今须共立会朝,此会之外,更求同心者常常相会,善相劝,过相规,疑义相质。

这段话有很重的乡约色彩。他另外又说:

> 每月或二会,或一会,就依作文之期,先二日会,至作文日会文,凡与会者辰集,雍雍穆穆一堂之上,就有二代气象,切不可徒说闲话,或各商量近日功夫,或自呈己过,或论家庭难处之事,或论宗族乡党该处之事。[117]

---

[116] 《人谱》续篇,《讼过法》,《刘子全书》卷一,册一,页181。

[117] 查铎,《楚中会条》,页2,4;收在《丛书集成初编》(上海:商务印书馆,1937),第732册。

上述两种会条还影响了不少浙江的讲会,如《稽山会约》《赤山会约》,不过,并不是所有会约中都有"自呈己过"之类的规定,譬如《稽山会约》及《赤山会约》中便不曾出现[118]。而且此处所说"自呈己过,或论家庭难处之事",并不像后来陈确等人的省过会那样规定严密,执行有法。又如《楚中会条》本是沿承《水西会条》的,而且又出自同一个作者,可是后者有"自呈己过"之规定,而前者没有,可能是依个人及地区之不同而有所别。

在《孟云浦先生文集》的《初学每日用功法》中除了说,每夜睡前必须"将此日工夫,不论好歹,细细检点,有过必痛自悔责,期无再犯"之外,更强调"如师友相处,便举出商量"[119]。李颙在订定关中书院的"会约"时,除了说每晚初更必须在灯下静坐,自己"默检此日意念之邪正、言行之得失,苟一念稍差,一言一行之稍失,即焚香长跽,痛自责罚"[120]外,还要求:

> 联五七同志,每月朔望两会,相与考注问业,夹辅切劘,公置一簿,以记逐月同人言行之得失,得则会日公奖,特举酒三杯以示劝,失则规其改图,三规而不悛,听其出会。[121]

也就是说应该由五至七个人组成省过会,由他人帮助观察自己的言行得失,使得省过工作也能外在化、客观化,不只是一个人孤零零地在其内心中自省自改。李颙形容友朋相聚时互相坦白过失又互相纠正的情形,就像病人不自讳疾,"肯将自己病源一一述出,令医知其标本所在"[122],

---

[118] 《楚中会条》,萧良榦,《稽山会约》,页1—2。萧雍,《赤山会约》,页1—15。
[119] 孟化鲤,《孟云浦先生文集》卷六,页20a。
[120] 李颙,《二曲集》卷十三,页13a。
[121] 同前书,页14b。
[122] 同前书,页9。

而朋友也应"就症言症,庶获见症商症,以尽忠言之益"〔123〕。这一类的例子之在晚明颇不少见,譬如周汝登(1547—1629),他是晚明泰州学派的领袖人物,他一方面确信良知的本体妙用,同时是走向援儒入释的代表,但并不就表示他没有道德修养的努力。对心即理的信仰,亦可能使他更感受到除心以外之无客观依据,故其举会以互相规劝过失,亦不令人感到意外。(但并非所有同样思想倾向的人皆有同样的举动。)周汝登在1567年,当他三十岁时,与他的七个学侣组织了一个省过团体,他们共同立下一本《八士会录》来记载会友过错。照《题重修八士会录》上说,他们每月一会,共持续了二十年。1589年时,他们原来的"会录"已填满了,所以重立一簿。根据周汝登的说法,他们希望这个会最

---

〔123〕 李颙,《二曲集》卷十三,页9。省过会可能是自乡约"彰善纠恶"的规定中得到的灵感。宋以来的乡约中彰善纠恶的规条,与我们所见的理学家省过会有相当近似之处,它们之间应有相当密切的关系。明太祖建国以后,有施加纪律于全国的倾向,下令在各地建申明亭(可参《明会典》)。国子监中亦有绳愆厅,甚至于有所谓《彰善瘅恶册》,每年由各地汇送京师,在李晋华所编《明代敕撰书考》中,即收有《瘅恶册》。关于申明亭实施之情况,可以况钟的故事为例。当况钟初为太守时,为整饬地方豪绅,曾在申明亭上记下诸人过错,公诸于群众。乡约中的彰善纠恶规定,及彰善簿、纠过簿等,在许多家谱中也被括入,作为宗族之内实行之依据(见叶显恩,《明清徽州农村社会与佃仆制》[合肥:安徽人民出版社,1983],页167—168)。在晚明,乡约有明显复兴倾向,此亦与社会脱序及风俗靡坏有关。如吕坤《实政录》的《乡甲约》中非常刻意地将吕人临乡约中的纠过部分推衍扩充到极详尽,极严格的条文。关于乡约的研究,如杨开道的《乡约制度的研究》(见《社会学界》,第5期,1931年6月),尤其是页16—27;王兰荫,《明代之乡约与民众教育》(《师大月刊》,21期,1935年),页103—122。至于原始资料,如《王阳明全书》,页279—283,黄佐,《泰泉乡礼》(文渊阁四库全书本)卷三,页20—21等。至于家谱中的材料,如陈师复的《仰止堂规约》,及陈效的《重刊兴化府志》(1500年版)卷卅一,页21—22等。至于小说中之材料,如《儒林外史》(上海:新文化,无出版日期),页208—209等。明代传入中国的耶稣会亦时有类似省过会般的省查良心(examination of conscience)组织,见 Jonathan Spence, *The Memory Palace of Matteo Ricci*(New York: Penguin Book, 1984), p. 77。但此类团体是否由利玛窦引入中国,已无法判断。在清教徒中道德检查日记极普遍,譬如《富兰克林自传》,见 *The Autobiography of Benjamin Franklin* (New York: Washington Square Press, 1964), pp. 103-106。

少能再持续另外三十年,这样,到时新簿也已记满同会八人的功过及道德修养之进展。他们希望能前后保持五十年间的记录,并相信当年纪老耄时,回过头来看这五十年来在道德修养上的努力时能有无憾无悔之感[124]。可惜我们已经找不到资料证实这个"省过会"是否持续到1619年。不过从别的资料可以看出,周氏另外还与其他学侣组织了别的团体。这个团体要求其会员每天晚上记下自己一天之所行。由于大家心中都想着到了晚上得记下这一天的所作所为,那么,白天行事时也就格外小心了[125]。这些记录,想必是要定期出示给会友以相互指正的。

从吕维祺(1587—1641)的文集中,我们亦可发现一些晚明省过团体与文社相混的事例。吕氏建立了一个"伊洛大社",吕氏宣称,他不敢期望所有社友成为孔子,但是孔子的"心"及"理"事实上在每个人心中,只是因为被私欲所缚,以致不得成圣,于是决定设立这个社,让朋友之间互相商证、规劝、提醒[126]。这个社中的社友只在会中口头公开规劝过失,但未设立簿册来保持记录[127]。在"伊洛大社"之前,吕维祺已创另一"芝泉讲会"。他在会中说,如果没有会友规谏过失,人们在日常行为上会有"认贼作子"的危险。所以除了在会中讲究作诗作文外,他们另立两册,一为"迁善簿",一为"改过簿"。不过吕维祺为了维持会友的面子和和谐,规定会友在批判对方错误时要私下进行,只有当对方一再犯错,不能迁改时,再公开将之记入"迁善簿",但并不直接记入"改过簿"。记入前者,是期望他马上改正而马上可以擦拭,而登入后者,则成永久记录。"芝泉讲会"还规定,如能在犯错之后马上自动报

---

[124] 周汝登,《东越证学录》(台北:文海出版社,1970),页755—757。

[125] 同前书,页570—573。

[126] 吕维祺,《明德先生文集》(清康熙七年刊本)卷八,页11。

[127] 同前引。

告"约正"及其他会友,则其过错并不马上被记入"改过簿"。可是如有人连犯三次同样的过错,则不但要被记入"改过簿",而且在会后还得被公开斥责。

有资格进入这类团体是被视为一种荣誉的。故规定只有官僚及读书人可以参加,至于沽名钓誉之商人是被排除在外的,而且每个新会员加入之前还得先在"立志簿"上坦白自己加入此会的真正动机[128]。但是有人与吕维祺争论说,邵雍(1011—1077)与王艮都是平民出身的,所以为何不容一般百姓加入呢?吕维祺仍然坚持说,如果有心向道的农夫、商人、市民想从事这样的活动,他们可以加入本地的乡约,因为乡约的规条与此会大致相似[129]。有些远地之人想前来加入,吕维祺劝他们在当地另组,但可以模仿"芝泉讲会"之规章[130]。

至于刘宗周本人,或许是发现《人谱》中自我省过的种种困难,所以他曾组织"证人社",主要是为召集会讲之用,但他同时立有《证人社约》,严格规定会友互相察过举过。社约立于1643年,已是刘氏生命将尽之前,是否有感于《人谱》的自勘已过的省过方式有所不足,已不得而知。其约条大致分为十则,每则下又分数条,全部为三十条,譬如第一则"戒不孝",下有四条:

　　一、语言触忤、行事自专者,上罚。
　　一、甘旨不供、阴厚妻子者,上罚。
　　一、制中嫁娶、宴乐纳妾者,上罚。
　　一、亏体辱亲、匿丧赴试者,出社。

所谓"上罚",是杜门不准参加会讲两次,到了第三次准许赴会讲时,必

---

[128] 吕维祺,《明德先生文集》卷廿一,页7—8。
[129] 同前书,页10。
[130] 同前书,页11。

须负责供应会友们的汤饼饮食之类。"出社"即开除社籍之意。另外还有所谓"中罚",譬如在"戒奢侈"一则下有两条:

一、衣冠过丽、随俗习非者,中罚。
一、饮食过侈、暴殄无纪者,中罚。

所谓"中罚"是不准其参与会讲一次,等到可以正式与会时,必须捐赠古书一册。如稍加分析这十则的则目——"戒不孝""戒不友""戒苟取""戒干进""戒贪色""戒妄言""戒任气""戒过饮""戒奢侈""戒惰容"[131]——则可发现不少是与《人谱》中所列举的各种过错相重叠的,不同的是《人谱》中列了许许多多只有自己知道,而平时并不表现在外的过错,故《人谱》的省过是着重令人自我主动反省,包括内心所想及行为表现,可说是内外兼有,而《证人社约》偏重在会友们看得见的外在行为举止上。刘宗周可能有意内外夹辅,既有自省的《人谱》,也有会友互相观察日常行为,记录其过差的《证人社约》。

后来在刘宗周弟子陈确所指导下成立的省过会,便针对"内""外"两种方式作一综合,会友之间不但互相观察纠正看得见的行为,而且每个人必须将心中所想的,以及别人看得见或看不见的错误行为一律自动坦白地写在"日史"中,然后在集会时公诸他人,由"直会"来公开纠过定罚。陈确并不讳言这个省过会与刘宗周证人社之源承关系。此下拟对陈确之省过会作一较详细析述。

陈确是彻底奉行知过改过之学的人,在这方面尤受到其师刘宗周《人谱》很大的影响。他说:

吾辈功夫只须谨奉先生《人谱》,刻刻检点,不轻自恕,方有长

---

[131] 刘宗周,《证人社约》,在《丛书集成初编》(上海:商务印书馆,1937),第733册,页7—9。

进，舍此，别无学问之可言矣！[132]

除了刘宗周之外，董沄（萝石）、祝渊（开美）对他也有启发。他说"千圣心法，皆尽此知过改过中"，世人常说"圣人无过"，其实是句妄语，孔子也绝不敢说自己无过，而只敢说无大过，"圣人有苦自知，直从千竞万业中磨练得出圣人人品"，故"学圣人者，舍克己改过何由乎"[133]。他说人若自是、自知便不能勇于改过，不能勇于改过者，便入圣无门了[134]。他说舜就是能不自明、不自察，故无所不明，无所不察[135]。必须是不自明的人才能切实反己，切实反己才能常见己过，在《颜子好学解》一文中，他说"颜子之好学，反己而已矣，……反己，故常见己之过，……彼故时而勿省也，无事而勿省也"[136]。又说："舍迁与改，而又何知之致乎？"[137]陈确认为人们常常内化了这个社会中约定俗成的"习"而不自知，以致浑身是过却无任何不安之感。故他一生致力于批判流俗，常说人如果肯流俗自安，则尽无错处，尽可自安，"苟不仅安流俗而已，则日用动静之间，处处是过，必有怵然不敢一息宁者"[138]。在《坐箴》一文中，他举出了廿种日常周旋不舍的过错，而自己却安之若素，浑然不觉。像下棋看戏，在晚明是最普通的娱乐，可是陈确却认为是很大的过咎[139]。正因他主张人身处处是过，所以反复指评"自是"之人，认为"吾无不是"四字，是害人陷阱，其毒甚深。正因为他深知人喜自是自安，在《自盗

---

[132]　《陈确集》，页 106。
[133]　同前书，页 431—432。
[134]　同前书，页 423。
[135]　同前书，页 547。
[136]　同前书，页 536。
[137]　同前书，页 343。
[138]　同前书，页 109。
[139]　同前书，页 354。

招词》这篇文字中,他借窝藏在自己心中的"盗"的口气说"有子之心,以为我窝主,有子之肝胆肾肠,以为我内党,耳目手足,以为我外党"[140],充分说明了一切过错都是来自自欺自是。"过"既然有自己的五脏六腑作为内党,那么一一警发便不是一件太容易的事。所以陈确也和他的许多前辈一样面临过一个难题:常人的良知并不是能永远有效地监督自己,告诉自己哪些是应该省改的。在顺治十六年(1659)的《与祝凤师书》中,他说:

> 知过改过,便是圣学。下愚不知过,知亦不改;中人不能尽知,亦不能尽改;上智则无过不知,无过不改。圣愚之分,在此而已。但吾辈学力未深,或宥于气质,或牵于习俗,日用动静,何处非过,何时无过,苟不细心体察,亦何由知之?古人所谓认贼作子者,往往而是。[141]

只有上智之人才能"无过不知","中人不能尽知","下愚不知过",可是上智之人毕竟不多,所以他说人们事实上常常"认贼作子",非所安而安,身在过中,却毫不自知。为能免于"认贼作子"的危险,他用了种种办法主动寻求他人的谏诤。顺治十一年(1654)元旦,他与当时不少士人一样在家中厅堂的客人座上贴了一纸告示:

> 确凤以疏顽,猥积罪过,衰老知悔,欲惭惩改,又自以当局之迷,未若旁观之镜,所望仁人君子,闵其无知,以确过差面相倾告,其或下愚之性,终迷不悟,则至于再,至于三,至于征色发声而不舍予焉。[142]

---

[140] 《陈确集》,页255。
[141] 同前书,页122。
[142] 同前书,页380。

他说自己虽然希望惩过改过,可是"自以为当局之迷,未若旁观之镜",所以昭此告示,请求来访的客人尽情指摘他的过失。同年,他又召集了一个"省过会",在会中遵照刘宗周《人谱》实行改过之学[143]。参与这个会的共有一二十人[144],大半是陈确的子侄与学生。侄四人:陈枚(爱立)、陈锡世(潮生)、陈楫世(彭涛)、陈煌世(槎光),学生二人:许全可(欲尔)、许斋(大辛),此外还有查嗣琪、查乐继等[145]。这个会的办法是"每日记个人言行过失之多少而互次其赏罚"[146],也就是由他人担任罪过的控诉者。这个会似乎举行过相当多次,陈确曾写过《诸子省过录序》以记其盛,在这篇序文中,他谈到开会的过程中"……次第陈日史于前,直会廉日史所犯之多寡轻重而差其罚。日史无欺己之言,司罚无阿众之笔"[147]。日史应该毫不隐瞒地记载己过,而与会者应客观地扮演控诉者的角色及处罚的工作。这些规则都是为了补救以心治心时易陷于自欺的流弊。可是它的效果也不应过度夸张,因为不管是公开自我坦白或向大家展示自己的日记,如果自己仍有"欺己"之言,他人还是无法完全觉知。当时参与省过会最力的许令瑜(许大辛之父),在给陈确的一封信上说除了开会互相纠过外,还应提倡读书,助人自识己过:

> 《省过录》极是圣贤路上事,《省过录》叙乃字字指授堕坑落堑处,令人寒毛倒竖。师乎,师乎,凡人百病不能死人,一病乃至不起,此一病直从父母生下时便真带来与他过活,日久不但不以为病,反安乐之。安且乐矣,亦何知其为病而得治之乎?治之之法,无过于读书。读书而后知过,此从染习中来,此从先天杂气中来,

---

[143] 《陈确集》,页69。
[144] 同前书,页615。
[145] 同前书,页228。
[146] 同前书,页343。
[147] 同前书,页228。

皆能历历自详其故,久之义理深,筋骨炼,双眼明,病根自然拔去。《省过录》亦到处体认法,向上人自不可少,而读书更能使体认不错。盖未省过时之过,能自以为过,既省过后之过,将不自以为过矣。各趁一种道理做去,而其实道理之误与私欲之误,相去有不能以寸者,乾初各以一字道破。诸子欲其因病下药,而吾更从治病下药时进之以方。[148]

许令瑜所说的"安且乐矣,亦何知其为病而得治之乎",充分指出人在过错的状态下并不一定能真知。所以他提倡应该要以读书来助人知过。只有借助于古圣先贤的道理,才能在填"日史"时觉知自己心中哪些是习染,哪些是从先天杂气而来。他强调读书能使人"体认不错",并特别提到:"道理之误"与"私欲之误"一样严重。所以如果道理不明,只是一味去私欲,即使作到毋自欺其良知,又何以知道自己是在过错的状态下呢?陈确在谈忠信之道时说:"吾所谓不忠信,非全是虚伪。心不实固非忠信,心实而理不实亦非忠信……理不实即是心不实,即是虚伪也。"[149]这一段话的意思与许令瑜很相近,显示出陈确已充分认识到如果没有知识作为辅助,则"理"不实,即使能不自欺其良知还是可能堕于无知而不自知,所以,只是谈毋自欺还不够,他说"读书事大,今人一言一动,无有是处,只缘不曾读书,……深心读书,自觉自家不是。不读书人,虽有过差,惘然不觉也"[150]。而且会中其他人如果不曾读古圣贤经书,又如何能察觉别人的对错并予适当的纠正呢?书中的道理在这里被提出作为省过时印证从违的依据,足见他们是相信知识与道德修养之间可以密切支援的。而这样的例子也可以帮助说明明

---

[148]《陈确集》,页70—71。
[149] 同前书,页256。
[150] 同前书,页380。

末清初道问学风气的兴起与道德修养之间不但不相排斥，而且可能有密切关联。

满清入承大统后所颁的禁社令，显然未能阻挡那一代知识分子结社以互相督促道德修养之热情。在1662年，当颜元廿八岁时，便与好友郭靖共、王魁楚等十五人设立一会，其最重要目的便是会友相互规过迁善。此会自然也同时有文社的性质。不过，它可能持续了不久，两年后颜元与王法乾又立下规约，天天记录自己所行所为，每十天见面一次，互读日记、互相批判。根据记载，在见面的时候，他们通常疾言厉色地指斥对方道德上的过失[151]。

年辈与颜元大致相当的汤斌也有类似的组织。汤斌（1626—1687）继承并改订冯从吾（1556—1627）的《学会约》而订了《志学会约》，其中规定：

> 一会以每月初一、十一、廿一中午为期，不用柬邀，一一揖就坐，世情寒温语不必多，各言十日内言行之得失，务要直述无隐，善则同人奖之，过则规正。……不许浮泛空谈，亵狎戏谑，凡涉时政得失，官长贤否，及亲友家门私事与所作过失，并词讼请托等事，一概不许道及，违者注册记过。

又说：

> 会中崇真尚朴，备馔多不过八器，围坐、荤不许过素，若人少则四器亦可，饭罢即止，甚勿杯盘狼籍，饮酒笑谑，以伤风雅，违者注册记过。[152]

这些规定大部分是从冯从吾那里抄来的。可是因为明代后期风俗日趋

---

[151] 郭霭春，《颜习斋学谱》（上海：商务印书馆，1957），页4—5。

[152] 汤斌，《志学会约》，在《昭代丛书》，第63册，页1—2。

窳劣,所以新约中有明显的严格取向,如果将之与冯从吾的《学会约》对比,便可发现一点明显的变化,那就是冯约上没有"违者注册记过"的规定,而汤约上增添了这一条[153]。

五、结　论

总之,阳明提出的成色分两说及"人人胸中有个圣人",一方面把圣人的标准降低,以致出现捧茶童子即是圣人之类的论调,但有些人却因为对成德的过度乐观而产生了不为圣人即非人、不为圣人即为禽兽的观点,故极度要求纯化道德意识。我们常可以发现他们一方面主张每个人都是一个潜在圣人,一方面却愈加敏感到觉得自己通身都是罪过,为了系统地诊断自己道德生活的脉搏,遂出现了许多省过之书。本来省过或自讼都是源远流长之事,而且也不是儒家所独有的,但因儒家的改过之学到刘宗周时达到了前所未有的高度,因此《人谱》一书就更值得重视了。在刘宗周看来,过去理学家的省过改过最多只是在念起念灭上作工夫,功过格派更是完全落在事后检点,所以心性未能实际转化。刘宗周乃主张从根源处着手,保持"意"的主动性,在"念"尚未动时下工夫,这使得他的《人谱》比其他的迁改之书更加严格。王阳明要人不必理会外在的道理格式,故良知说下的改过之学显然面临了两个难题:第一,良知有时会被私欲的诡辩所蒙蔽,所以它并不能永远履行客观的自我控诉者的责任。第二,省过者能根据什么标准判断自己的良知是否真在克尽监察官的责任? 为免于陷入有过不知的困境,周汝登、孟化鲤、李颙等主张人们应主动地互相指摘过错,或是组成小团体帮忙他人省过,而刘宗周的弟子陈确等人则倡行省过会,规定由他人来

---

[153] 冯从吾,《学会约》,见《少墟集》,《文渊阁四库全书》本,页123—124。

检查自己的过错。

可是后来王夫之(1619—1692)认为,不管是一个人孤制其心式的省过或是一群人互相纠过的方式仍都有一间不及之处。因为宋明心性之学下"克己"的老路其效果终究不敌由外而内的行为上的锻炼。故说"克己而不复礼,其害终身不瘳"。王夫之认为克治人的非道德不应是只从内转化开始,而是应实践"礼"来对治,故他在《俟解》中说:

> 先儒谓难克处克将去。难克处蔽锢已深,未易急令降伏,欲克者但强忍耳! ……若将古人射御师田之礼,服而习之,以调养其志气,得其比礼比乐,教忠教孝者有如是之美,而我驰驱鹰犬之乐淡然无味矣,则于以克己不较易乎?[154]

夫之认识到人蔽锢极深的习气之不易克治,所以主张由外而内,以礼治非礼。王夫之思想中一方面有许多宋明心性之学的成分,可是又同时超越宋明理学内在心性论的旧径而逐步外转,主张以"礼"来代不可捉摸的"心"及"理"。清初以来礼学的发达以及后来凌廷堪(1757—1809)等人所主张的"以礼代理"大抵是此脉络下的产物。值得注意的是写省心日记或传观日记互相批判的形式并没有随着考证学兴起而消失,清代道咸年间唐鉴(1778—1861)、倭仁(1804—1871)等亦重新复兴了传观日记互相批评的办法。曾国藩在道光廿一年七月十四日的日记上说:

> 近时河南倭艮峰(仁)前辈用功最笃,每日自朝至寝,一言一动,坐作饮食,皆有札记,或心有私欲不克,外有不及检,皆记出。

曾氏当时并未仿行,隔年,他向倭仁请教修身之道,倭仁向他提示了刘宗周《人谱》的传统,并告诉他必须马上写"日课"。这一次他遵照倭仁

---

[154] 王夫之,《俟解·思问录》合订本(北京:中华书局,1956),页1。

的提示写日记,一方面将日记与吴廷栋(1793—1873)、冯卓怀、陈源兖等传观,且送请倭仁批阅[155]。倭仁和其他人也这样做,故目前所存倭仁日记上仍有当时传阅者的批语。此外,在民国初年五四时期的某些社团中我们甚至也都可以看到省过会的影子[156]。

---

[155] 朱东安,《曾国藩传》(成都:四川人民出版社,1985),页19—20。
[156] 如"武昌人社"规定"各人须将自己的过失,丑恶的心理,重行尽情披露,实行人格公开",或是携带日记供社员传阅,并上台坦白自己及社友的过失。见《五四的社团》(北京:三联书店,1979),册一,页138—146。不过,五四时期的省过方式与明末清初之省过会不必然有源承的关系。

第六章　日谱与明末清初思想家

——以颜李学派为主的讨论

宋明理学中修身日记的传统很长,但是,不管是研究宋明思想或是研究日记史的作品中,都未见到过专门讨论它们的作品[1]。研究宋明思想时多注意思想层面的探讨,而少从生活史的层面着手,然而宋明儒学以修身实践为主体,不纯粹从事思想论辩。所以本文试着讨论像日记、功过册、公案、肘后牌在这个以修身为主体的思想传统中所扮演的实际作用。因为材料所限,我的讨论集中在修身日记上[2]。

本文有几个重点:第一是讨论明末清初受到功过格等影响,带有簿记性质的日记大量出现;第二是讨论日记或日谱在修身践履中的功能,以及它们如何在17世纪思想日常生活化,由玄转实、由悟转修、由崇尚颜子的超悟到看重曾子的"吾日三省吾身"时所扮演的角色;第三是日记或日谱中究竟反映了哪些时代及思潮的变化;第四是何以士大夫的日谱或日记不能像功过格那样平民化,它不但始终局限在士大夫,而且随着清学之兴起,在士人中的影响力也消退,一直到清季道光年间才又复兴。

---

[1]　如陈左高,《中国日记史略》(上海:上海翻译出版公司,1990)。

[2]　日记或日谱之间还看不出明显的区别,"谱"是籍、录,所以日谱是每天的记录,日记也是每天的记录,故而我们也常见到两者互换借用的情形,譬如颜元、李塨时而称日谱,有时又称日记。我之所以选定此名,纯粹是因为在我讨论的这个时期"日谱"一词较常使用之故。

一

探讨这个问题时先要说明,在宋明理学中,修身日记不时可见,譬如王阳明(1472—1529)惜阴会中,要求每人立日记、每家立日记、每个地方也有记录,但是本文强调的是明末清初思想变化最为剧烈的这一段时间,一方面是因为当时日记数目骤增,另一方面是其中不少带有系统的、簿记的性质。

讨论日谱必须将它放在几个脉络下来看:第一是宋明理学之中修身日记的传统;第二是晚明的善书运动,尤其是袁黄(1533—1606?)所提倡的《功过格》的广大影响,以及儒家对这个影响深远的运动的反应。

此处先谈直接激荡明末清初修身日记之风的功过格。晚明佛道二氏皆有一种簿记式的日记运动。以佛家为例,冯梦祯(1548—1605)《快雪堂集》中记冯氏:

> 余辛巳(1581)夏,尝与净侣结制拙园,扁其堂曰净业,一事一念之失,必至佛前籍而记之,以验功夫之进退,用心之疏密,目之曰净土资粮,佩之胸前,出入卧起必俱。[3]

这里所谓"净土资粮册"当是一种系统地记载每日念虑云为的记录,与功过格及下面要谈到的日谱有某种仿佛之处。冯梦祯显然认为保持这样一份记录太辛苦了,故他说:"才数月耳,其后渐怠渐弃,并册子亦不知何在。"[4] 不过照他的记载,当时颇有遵行之人[5]。

---

[3] 冯梦祯,《快雪堂集》(《四库全书存目丛书·集部·别集类》,第164—165册;台南:庄严文化事业有限公司,1997)卷三十,《刻净土三经缘始》,页5。

[4] 同前注。

[5] 同前注。

在通俗道教方面,袁黄《功过格》的影响力是异常深远的,他在当时是位里巷皆知的人物。自从《功过格》流行之后,模仿它的作品也相当多[6]。甚至于只要能与《功过格》等善书的想法相共鸣,或是袁黄在《立命篇》中所提到的一些早已湮没不彰的,也重新得到重视,譬如北宋儒者赵抃(1008—1084)原来不是一个引人注目的人,但是因袁黄提到他每夜告天的办法,赵的《守己四箴》[7]乃在明末清初引起了重视[8]。

善书运动的广大影响,对正统儒者的启示与威胁非常大。它不是一些零零碎碎的办法,而是一整套新的行善观念及作法。经《功过格》之类的善书淘洗过后,人们的心灵其实已经重重烙印下一层功过格式的因果报应观。但是正统儒者又想在理论的层次上,反驳或表示对因果报应观念的不同意,这种情形尤其表现在那些早年曾接触过《功过格》《感应篇》的士人们。他们常表现出一种矛盾的心态,在遇到无子嗣或科举失利时,马上觉得必须行善来累积功德,可是不久却又表示这

---

[6] 目前所存的至少还有十几种,见 Cynthia J. Brokaw, *The Ledgers of Merit and Demerit: Social Change and Moral Order in Late Imperial China*(Princeton: Princeton University Press, 1991), pp. 241-242。

[7] 吴德旋,《初月楼闻见录》(台北:台湾商务印书馆,1976)卷七,《黄人闇(修)条》,页2。

[8] 《宋元学案》中曾几次提到赵抃(清献),但都是在赞扬他的清正不苟,亢直敢言。如卷一"安定学案"提到周颖从学安定,与赵清献交,"清献为谏官,先生移书曰:'当公心以事君,平心以待物,无以难行事强人主,无以私喜怒坏贤士大夫。'"收入《黄宗羲全集》(杭州:浙江古籍出版社,1992),第3册,页86。

《宋元学案》卷十二"濂溪学案"中提到"濂溪同调"时,有较详之说明:"赵抃字阅道,西安人,进士及第,累荐于殿中侍御史,弹劾不避权幸,京师目为铁面御史。知成都,匹马入蜀,以一琴一鹤自随。擢参知政事。王介甫用事,屡斥其不便,乞去位。知杭州,改青州,复知成都,以太子少保致仕,卒,年七十七,赠太子少师,谥曰'清献'。"收入《黄宗羲全集》,第3册,页641。

《宋元学案》卷九十二"草庐学案"引吴草庐的话:"昔赵清献公日中所为,夜必告天;司马文正公平生所为,皆可语人,如欲日新乎? 每日省之,事之可以告天,可以语人者为是,其不可告天,不可语人者为非。非则速改,昨日之非,今日不复为也。日日而省之,日日而改之,是之谓'日日新,又日新'。"收入《黄宗羲全集》,第6册,页581。

是不正确的观念,道德与善报不应该如此紧密相连;以善行求好报,也是过度功利的错误观念[9]。

另外有一批是"新功过格"派,大部分成书于明末清初,作者们多在道德与幸福、善行与福报这方面用尽力气想要加以缓和,而且尽力要将此世马上可以得到福报的成分尽可能地冲淡,但是又想保留其劝人为善的种种乐观性,故常见一种既模棱两可,又试图调和的口气[10]。

正统派儒者对此是不能满意的。著文批驳《立命篇》,或是以各种方式非难袁黄的文字多至不可胜数,而且从明末到清初不曾断过。譬如明末的刘宗周(1578—1645)、清初的张尔岐(1612—1677),都有文章批驳袁氏[11]。魏象枢(1617—1687)说他偶与在太原的友人讲孟子"尽心知性"章,他的朋友"于立命有异解,余不敢闻"[12],而晚明流行的《袁了凡斩蛟记》这一短篇小说更是讽刺袁氏的代表作[13]。

这些儒者认为实行功过格实在不能带来真正的道德转化,而且使人沾染功利之习[14],他们的批评不是全无道理的。在晚明小说《金瓶梅》中不无讽刺意味地借西门庆之口说了一段话:只要我多施一些银

---

[9] 陈龙正等人身上都显露过这一个矛盾。

[10] Cynthia J. Brokaw, *The Ledgers of Merit and Demerit*, chapter 4.

[11] 张尔岐的《蒿庵集》(济南:齐鲁书社,1991)卷一有《袁氏立命说辨》,专驳袁黄的《功过格》及《立命篇》之非。

[12] 魏象枢,《寒松堂全集》(太原:山西人民出版社,1992),页923。那是因为袁了凡所用"立命"的观念,最早是从孟子来的,但是他对之加以自己的解释,看来魏氏的太原友人是顺着袁氏的观点解"立命",而不为魏氏所同意的。

[13] 孟森,《袁了凡斩蛟记考》,氏著,《明清史论著集刊续编》(北京:中华书局,1986),页73—80。

[14] 参见我的《明末清初的人谱与省过会》一文,载《历史语言研究所集刊》63:3(1993),页679—712。收入本书第五章。

子救济穷人,则即使强奸了嫦娥,也没有什么关系[15]。这一简短的告白直接道出了晚明善书运动的弱点:功过格式的道德行为,不一定能使人成为一个道德人,因为功过不断相互折抵的思维,确实会使人产生只要施银救助许多人的性命,便能与强奸嫦娥所犯的过错相抵,甚至还有剩余的心态!另一个讽刺性的例子发生在祁彪佳(1602—1645)身上。祁氏热心参与放生会,有一次他买好田螺与会友准备放生,不料被偷了,祁氏为此大怒,准备诉官,因而引起许多人的不满。人们批评放生会的人宁可放生,不肯救饿人之饥,把人命看得比田螺的命还贱[16]。

即使有许多正统士大夫对功过格之类的善书感到不满,但他们却不能否认一点:善书是通俗而有力的,即使不满意,仍然要对它另眼相待。许多有志的儒者,便想以功过格为底本对它进行脱胎换骨的工作。刘宗周(1578—1645)的《人谱》是一个最好的例子[17]。除了《人谱》外,还有一大批不满意功过格、但又受其影响的修身册产生。陈瑚(1613—1675)、陆世仪(1611—1672)早年皆实行功过格,箧中不时放着一本功过格,但他们两人皆或作或辍,因为觉得"德不加进"[18],而且也因为考试失利而感到彻底失望,陆世仪乃"仿了凡意作《格致编》"[19]。因为大部分的书不易见到,所以我们还没有足够的了解,故此处只能从

---

[15] 笑笑生,《金瓶梅词话》(明万历刊本),五十七回,页 9b—10a:"咱只消尽这家私,广为善事,就使强奸了嫦娥,和奸了织女,拐了许飞琼,盗了西王母的女儿,也不减我泼天富贵!"

[16] 夫马进,《善会善堂的开端》,收入刘俊文主编,《日本中青年学者论中国史:宋元明清卷》(上海:上海古籍出版社,1995),页 426。

[17] 刘子《人谱》出现后,功过格才有了竞争者,但是无论如何,《人谱》中的记过格仍是模仿功过格的。

[18] 陈瑚,《尊道先生陆君行状》,在《桴亭先生行状行实》,页 3b;收入陆世仪,《陆子遗书》(又名《陆桴亭先生遗书》,清光绪二十五年刊本),第 1 册。

[19] 陆允正,《显考文学崇祀乡贤门人私谥文潜先生桴亭府君行实》,在《桴亭先生行状行实》,页 16a。

书名及其他零碎史料去判断,当时是出现了一个风潮,可以名之为"儒门功过格运动"。

值得注意的是,科考的焦虑是当时许多士人共同的焦虑,它使得许多人面临了强烈的意识危机,有的转向宗教,譬如科考失利便是杨廷筠(1557—1627)转向天主教的一个重要原因[20];至于袁黄对于科举的焦虑,也是他信仰功过格的重要原因[21]。足见晚明因为参与科举人数与录取名额之间愈来愈悬殊的比例,对士人所造成的焦虑与挫折感,其影响是非常深广的[22]。李塨(1659—1733)是反对《感应篇》的,认为"其言颇荒唐,且以徼福之心为善窒恶,已属私欲也"。可是他四十岁之前尚无子嗣,日夜悬想的是贩夫佣保居然都有小孩,会不会他们的德行胜过自己呢[23]?足见他心理的最深层仍然相信善恶都会得到现世报应。在不自觉的层面,他的想法实在与袁黄没有太大差别。

二

前面已经提到过,我们在讨论宋明理学的历史时,常常忽略了他们的生活史,尤其是他们在从事道德修养时,除了语录与高深的谈论外,究竟还有什么凭借,使得这种基本上是内心世界的转化能够有所保证?

---

[20] 关于杨廷筠,见裴德生、朱鸿林,《徐光启、李之藻、杨廷筠成为天主教徒试释》,收入《明史研究论丛》(南京:江苏古籍出版社,1991),第五辑,页477—497。

[21] 袁黄,《了凡四训白话解释》(台南:无出版社,1979),页7—11。袁氏信仰功过格的另一个焦虑是为了求子。

[22] 参见余英时,《士商互动与儒学转向:明清社会史与思想史之一面相》,收入郝延平、魏秀梅主编,《近世中国之传统与蜕变:刘广京院士七十五岁祝寿论文集》(台北:近代史研究所,1998),上册,页3—52。

[23] 李塨,《恕谷后集》(《丛书集成初编》,第2488—2490册;上海:商务印书馆,1936)卷一,《警心编序》,页5。

自古以来,人们就以各式各样的方式来警醒自己。理学大兴之后,盛行于各地的以一两句修身提醒的书匾、书联、书壁等极为流行。以朱子(1130—1200)为例,他的行踪所经之地所留下的遗迹中,便有大量的这类遗物[24]。但这并不是主要的,理学家生活践履中有以下几种重要的模范或是凭借:

(一)自传:如胡直(1517—1585)、高攀龙(1562—1626)的《困学记》都成了人们从事道德修养的范本[25]。

(二)功案(或"公案"):《陈献章集》中《与贺克恭黄门》一文有一段话:

> 林缉熙此纸,是他向来经历过一个功案如此,是最不可不知。……若未有入处,但只依此下工,不至相误,未可便靠书策也。[26]

陈白沙(1428—1500)指出,从事身心性命之学者如果不知如何下手,可照着林缉熙的"功案"去下工夫,"不致相误"。足见"功案"是一个人道德修养历程中所经过的种种重要关节及转折,记下这些历程,就像一件案子的前因后果,所以称为"功案"。而对于寻找入手工夫的初学者而言,它有点类似基督教的圣徒传记,只要模仿圣徒,照着去做,便不致走错路。陈白沙并特别强调"不可便靠书策",可能因为书策毕竟不像"功案"那样,是一个修养有成之人道德转化过程中搏斗的痕迹,易于循守,而且更得要领。

---

[24] 高令印,《朱熹事迹考》(上海:上海人民出版社,1987),页161—301。

[25] 关于自传,请参看吴百益的研究。Wu Pei-yi, *The Confucian's Progress: Autobiographical Writings in Traditional China* (Princeton: Princeton University Press, 1990)。

[26] 孙通海点校,《陈献章集》(北京:中华书局,1987),上册卷二,《与贺克恭黄门》第二则,页133。

（三）年谱：我们现在通常只将年谱当作某人的生平史料，但在宋明理学的传统中，"年谱"常有实际修身借鉴的功用，参详某人的年谱，便是参详他道德奋斗的历程。以《王阳明年谱》为例，这份成于阳明亲近学生之手的记录，便是许许多多王学信徒求道过程的参考册子，其功用有点像基督教的《模仿基督》（De imitatione Christi）。有一些被认为在道德实践上有所成就的人物常在生前编年谱，多少也是将年谱视为一种教学手册。

（四）肘后牌：李二曲（1627—1705）有"肘后牌"，他曾这样说明它的功用：

> 肘后牌者，佩日用常行之宜于肘后，藉以自警自励，且识之于不忘也。上帝临汝，无贰尔心，其可忽乎！[27]

中医有所谓"肘后方"，表示紧急时不可或缺之方药。此处的"肘后"二字，也有道德修养过程中之肝膈要旨的意思，不过它不只是这样。照李二曲的描述，它是一块木牌上面写着自警自励的话，佩于手肘之处，则每当手肘弯曲之时，便因碰触而自警。李二曲的"肘后牌"上写的是[28]：

<pre>
      恭 默
  修   提   扩
  九   起   善
  容   端

        放
        下

   虚 明 寂 定

   经 絪 参 赞
        化
   无 声 无 臭
</pre>

李二曲用一段话来说明这块木牌上口诀的意义："终日钦凛，对越

---

[27] 李颙，《二曲集》（北京：中华书局，1996）卷十五，附《授受纪要》，"肘后牌"，页134。

[28] 同前注。

上帝,笃恭渊默以思道;思之而得,则静以存其所得。动须察其所得,精神才觉放逸,即提起正念,令中恒惺惺;思虑微觉纷杂,即一切放下,令万缘屏息。修九容,以肃其外;扩善端,以纯其内。内外交养,湛然无适,久则虚明寂定,浑然太极,天下之大本立矣。大本立而达道行,以之经世宰物,犹水之有源,千流万派,自时出而无穷。然须化而又化,令胸中空空洞洞,无声无臭,夫是之谓尽性至命之实学。未至于斯,便是自弃。千万努力,念兹在兹!"[29]

（五）书壁、书门:书于门或书于壁想必是在门上或壁上直书警句或是张挂条幅来警醒自己。此处拟举颜元（1635—1704）与李塨的例子。《颜元年谱》1690年条引颜氏日谱,对"书壁"之功用有所阐发:

> 行中矩,望见壁上书"毋不敬",快然。思敬时见箴而安,怠时见箴而惕,不啻严师争友矣。汤、武逐物有铭,有以哉。[30]

李塨书壁的内容相当丰富,想来是随着年龄与进境而不断更换。1682年他书于壁上的是当时的日课——"一山立、一庄坐、一慎笑、一朗言、一勿作轻佻语姗人、一言事勿急躁、一勿闲言废时、一与人言须待人语讫、一论古人以和平、一戒深言、一戒轻作勉人语、一戒浮态、一勿以盛气加人。"[31] 隔年,因为有一次与颜元讨论改过的问题,而耻昔日改过不力,乃大书于壁曰:"塨,汝改过不力者,天其刑汝!"[32] 1702年,书壁的内容是:"坐如尸,坐时习也;立如齐,立时习也;周旋中规,折旋中

---

[29] 李颙,《二曲集》卷十五,页135。

[30] 李塨,《颜元年谱》（北京:中华书局,1992）卷下,康熙二十九年"庚午（1690）五十六岁"正月二十二日条,页71。

[31] 冯辰、刘调赞,《李塨年谱》（北京:中华书局,1988）卷一,康熙二十一年"壬戌（1682）二十四岁"条,页19。

[32] 同前书,卷一,康熙二十二年"壬戌（1683）二十五岁"条,页20。

矩,趋以采荠,行以肆夏,行时习也;寝不尸,寝时习也;皆习礼也。"[33] 1715年李塨五十七岁,自书于壁的是:"断欲,勿詈人,勿躁,勿言人短长,力肩圣道,表里并尽。"[34] 隔年,书壁云:"高冷暴躁,予之大病,不改之,非夫也。"[35]

(六)书衣:明末清初的盛敬(1610—1685)为了实践"慎独"之训,便将这两个字书于所穿的葛衣之上,以便随时提醒自己[36]。

(七)但是最值得注意的、使用最广泛的,还是日记、日录。

书院弟子立日记,是从宋代一直到清代都还使用的一个办法。虽然目前尚未见到这种日记留下来,不过吾人可以从各种规约中看出,书院要求学生立日记,将所读何书、所见何人记下来,以供山长阅看[37]。至于私人立日记的更是众多,例如陈白沙有日录[38]、吴与弼(1391—1469)有日录[39]、董沄(1457—1533)《日省录》[40]、林光(1439—1519)《晦翁学验》[41]、高攀龙《日鉴编》[42]、刘宗周《日记》[43]、祁彪佳《日记》[44]、

---

[33] 冯辰、刘调赞,《李塨年谱》(北京:中华书局,1988)卷三,康熙四十一年"壬午(1702)四十四岁"条,页89。

[34] 同前书,卷五,康熙五十四年"乙未(1715)五十七岁"六月条,页153。

[35] 同前书,卷五,康熙五十五年"丙申(1716)五十八岁"条,页159。

[36] 葛荣晋等著,《陆世仪评传》(南京:南京大学出版社,1996),页288。

[37] 李国钧主编,《中国书院史》(长沙:湖南教育出版社,1994),页987。

[38] 孙通海点校,《陈献章集》,上册卷一,《手帖》,页78。

[39] 吴与弼,《康斋先生日录》(京都:中文出版社据日本明治三年和刻本影印)。

[40] 黄宗羲,《明儒学案》(北京:中华书局,1985),上册卷十四,"浙中王门学案四",页291。

[41] 容肇祖,《补明儒东莞学案:林光与陈建》,在《容肇祖集》(济南:齐鲁书社,1989),页228。

[42] 该书以德业之敬、忿义,分注于天时人事之下。麦仲贵,《明清儒学家著述生卒年表》(台北:台湾学生书局,1980),"1585年"条,页214。

[43] 麦仲贵,《明清儒学家著述生卒年表》,"1592年"条,页222。

[44] 祁氏有日记多种,见《祁彪佳文稿》(北京:书目文献出版社,1991),第2册。

魏象枢《日记》[45]、张尔岐《日记》[46]、张履祥（1611—1674）《日记》[47]、魏禧（1624—1680）《日录》、朱用纯《毋欺录》、方苞（1668—1749）《省身录》等等[48]，不过这些日记大都没有留下来。他们也不认为有全本保留的必要，最多只是将日记中比较精彩的心得摘抄刊印，譬如朱用纯（1627—1698）的《毋欺录》即是。

修身日记大抵可以分为两种。第一种是比较不具系统的记录，明代吴与弼的《日录》是一个例子。我们今天翻开吴氏《日录》三百多条的记录，既不是系统的、带有簿记性质的记录，也看不出明末清初日谱或日录中那种你死我活式的内在斗争痕迹，而大体是一些生活体验、一些反省、一些悔恨，对于圣贤语言的一些体味[49]。这类日记或日谱数目不少，规模最大的一部是孙奇逢（1584—1675）的《日谱》。

另一种是带有簿记性质的修身册子。它的流行，除了是受功过格影响外，也与当时社会脱序，需要更严格的修身日记有关。当时儒者在个人方面有《人谱》及各种省身录，在社群方面则流行乡约中的彰善纠过，士人也倡组省过改过之会[50]。当时文人悔过、忏过之风甚盛，所以刊刻功过格、《感应篇》[51] 或《人谱》[52] 的风气非常盛行[53]。

当时儒学内部的几种发展也与严密的修身日谱的兴起有关。明代

---

[45] 李塨，《颜元年谱》卷上，"辛丑（1661）二十七岁"条，第9页记习包"研程、朱学，蔚州魏敏果公象枢甚重之，月送日记求正"，不过在《寒松堂全集》中未见到魏氏的日记。

[46] 张尔岐，《蒿庵集》卷二，《日记序》，页73—74。

[47] 苏惇元编纂，《明末张杨园先生履祥年谱》（台北：台湾商务印书馆，1981），页19。

[48] 麦仲贵，《明清儒学家著述生卒年表》，"1703年"条，页424。

[49] 当然，我们现在所看到吴与弼《日录》是选刊，而非全貌。关于《日录》可以参考钟彩钧，《吴康斋的生活与学术》，《中国文哲研究集刊》10（1997），页269—316。

[50] 参见王汎森，《明末清初的人谱与省过会》，页679—712。

[51] 邓之诚，《清诗纪事初编》（北京：中华书局，1965），页551。

[52] 同前书，页837。

[53] 例如乐纯的《雪庵清史》（明万历刊本），其中《清课》一卷，有讲每日忏悔。

后期思想有逐步摆脱现成感悟,而走向日常生活中实践的意味,故道德实践上有一种"日常生活化"的倾向。当心学盛行时,人们所求的是"悟",是"一旦豁然贯通,则众物之表里精粗无不到",所以读书静坐之外,还到处追逐得道大师,听讲、印证、提撕,寻求开示,以求证悟。一旦开悟,还要时时保住勿失。但是后来思想有所变化:第一,主张要从动中实践,从实践中去取得中节。第二,不再是开悟的,而是日常实践的,那么日谱中所记的不应再是一些电光石火般的感悟,而是生活的、全面的,所以日谱就倾向以簿记式涓滴不漏地记载每一举动、每一念虑云为。

我们由清初颜元与李塨两次意见上的差异,便可以看出新旧两种典范不同。1689年李塨三十一岁时,他问颜先生:"近日此心提起,万虑不扰,只是一团生理,是存养否?"颜元的回答是:"观足下九容之功不肃,此禅也,数百年理学之所以自欺也。……盖必身心一齐竦起,乃为存养。"[54]照颜元说,看不见的心与看得见的九容都要合符规矩,故不再是"此心提起万虑不扰"就够了,应该是生活中表现出来的每一细节。另外一个例子也可以看出由操存到习行的变化。李乾行(1646—?)向颜元说:"何须学习,但操存功至,即可将百万兵无不如意。"颜元悚然,"惧后儒虚学诬罔至此!"[55]

他们称呼自己所做的是"日日工程"。颜元六十八岁时,有一天突然忆起"少年最卑污事",遂想起友人的一段话:"鸢飞戾天,一敛翅即落地。"故了解到"自今,不可任此身颓衰,须日日有工程"[56],成德不靠一时的了悟,而是日日要努力的事,只要有一日没有"工程",便会像

---

[54] 冯辰、刘调赞,《李塨年谱》卷二,康熙二十八年"己巳(1689)三十一岁"四月条,页41—42。

[55] 李塨,《颜元年谱》卷下,康熙三十年"辛未(1691)五十七岁"八月条,页78—79。

[56] 同前书,卷下,康熙四十一年"壬午(1702)六十八岁"三月八日条,页98。

高飞的鸢突然收翅般，即刻掉落地上。

在对感悟式的修养观感到失望之后，人们寻找一种可以用务实的方法来达到超越目的的东西。每有一善，便算一件功，每作一件坏事，便算一过，整个灵魂的状态可以像公司的营运状态，用簿记来管理，而且自己可以像一个老练的会计，搬出账本，则公司的本质与营运状况便一清二楚了。自己成德的可能性，以及在成德的路上走了多远，都可以从这些簿记中查得。不再像过去那种求悟的方式，究竟何时可以超悟是不知道的，悟后可以保持多久也是没有保证的。我觉得从孙奇逢《日谱》中的一篇《序》中，可以看出这种由务实的方法达到超越的目的之道路。这篇序强调由日用常行以窥先天未尽、以窥良知，而且是日日慎之、日日记之，终身无不慎、须臾无不慎。所记又是自证自勘，非他人所能识测者。而且这样一件工作是无一人不可为，无一事不可尽，无一时不可学[57]。

因为是在日常生活所有细节上见分晓的，日记遂有两种功用：第一，立日记者规定自己凡是日间所思所行，夜间必须不能遗漏地忠实记录下来，因为时时刻刻想到自己的念虑云为到了晚间必须记录下来，所以许多念头便不敢有，许多事便不敢做。第二，必须对内在心灵的全部活动都要保持记录，而且要将生活中所有的细节都记录下来，以供自勘或请求成德君子代为诊治。这里有点像是西方基督教的传统中对"记忆"的重视。记忆是告解与悔罪传统中相当关键的一部分，如果不能清楚记着自己的云为，也就没办法进行一场完整的告解。所以教会中人发展记忆术，在中国传教的利马窦即以擅记忆术而名噪一时[58]。又

---

[57] 这篇《补刊日谱序》是由沈阳曾培祺撰于光绪癸巳（1893）季夏，距离日谱主人孙奇逢（1584—1675）的年代已有两百多年；见《孙徵君日谱录存》（清光绪十九年兼山堂补刊本），第1册，页1—2。

[58] Jonathan Spence, *The Memory Palace of Matteo Ricci* (New York: Penguin Books, 1984).

如艾儒略(P. Julius Aleni, 1582—1649)的《涤罪正规》中便清清楚楚地写着,想要真正地告解与完整地忏悔,首先必须将所犯的过错尽可能完整地记下来[59]。

明季儒者并未发展记忆术,不过日谱或日记的功用,也相当于西方忏罪过程中的记忆术;而求人评日记,或是在省过会、规过会中互质日记,也颇似向神父告解。所以教人立日记的话中都一再强调两点:一是从最隐微的念头之发动开始记下所有细节;二是功过并录,一字不为锾饰。这两个要点都是为了记下善恶斗争的过程,以求悔过的完整,或为自己及指导者在反省或教导时提供完整的记录。

日谱还提供自己"回勘"的记录,尤其是当自己神智变得较为清醒客观,或是道德修养上更有进境时,再回头翻看,可以更清楚地诊断自己。我们在明末清初的日记或日谱中便常常看到回勘日谱之语。《李塨年谱》有一条:

> 思昔年煤毒、部问二事,心夷然不动,以为学问所就。今回勘日谱,当时大本未立,盖冒认也。[60]

因为生命是一个纵深的历程,所以自己借着"回勘"去发现过去的修养实迹,对于未来工夫的进步也非常要紧。故要尽可能保留奋斗进退之完整痕迹。

除了修养"日常生活化"之外,明代思想的一些变化,也是日谱兴起

---

[59] 艾儒略,《涤罪正规》(香港:纳匝肋静院,1929)卷一,《神忘》,页33—34;"凡欲解罪,当先追想所犯各罪,及其曾犯几次,存记在心,以便吐告。然或日久遗忘,则求所以神助记心者,略有三焉:其一,遵依十诫之序,逐条省察,庶解时陈说不紊;其二,细想从前领洗,与从前解罪以来,先后所居之地,所行之事,所接之人,则能追忆,曾在某地,行某事,接某人,曾有某失。"

[60] 冯辰、刘调赞,《李塨年谱》卷四,康熙四十九年"庚寅(1710)五十二岁"十二月条,页141—142。

的重要原因。宋代理学至朱子而确立了理气二元论,其论人心之疵病,每举"气拘物蔽"。但至陆王一系则不谈气禀,只谈物欲。气禀之拘是天生的,工夫是穷理,以求心之发动及身之行为能越过气禀之拘[61],陆王只论物欲之蔽,既无天生的气禀之拘,则虽蔽固深重,皆由习染积成,而其工夫亦在以自心之明来光照及化除。此外,明代后期,心学家对人性的看法有所转变,认为气质亦不可不谓性,习与性成,倾向一种自然的、发展的人性论。所以必须非常小心地在日常生活的细节中,分辨出对与错来。不过他们基本上认为人内在的光照可以辨别善习与劣习,然后尽可能地把劣习去除。这也是为什么儒门发展出记过而不记功的谱册。

值得进一步说明的是,过错不是孤立的东西,它是一个症状,所以了解过错及改过之前,必须先知道自己的过错只是整个人格的一个痛症,在它之下,有一个广而深的结构。所以将每个念虑行为,最忠实地记录下来,是提供"症候阅读"(symptom reading)的根据。刘宗周说:

> 吾辈偶呈一过,人以为无伤,不知从此过而勘之,先尚有几十层,从此过而究之,后尚有几十层。……谓其出有源,其流无穷也。[62]

这不是刘宗周独有的想法,只是他说得更明白而已。而想对这个前几十层、后几十层的症候加以彻底地了解,必须有最完整、最无隐讳,完全忠于自己的记录。

---

[61] 参考钟彩钧,《王阳明思想之进展》(台北:文史哲出版社,1983),页112—115。

[62] 黄宗羲,《明儒学案》,下册卷六十二,页1541。梁启超,《德育鉴》(台北:台湾中华书局,1972),页93,引了这段话,值得注意。

三

在明末清初的思想圈中,我们观察到一个现象,即日谱除了是自省的凭借外,它还常常是一种教材。日谱之所以成为教学的媒介,与明清两代之间士人社会生活的变化有关。

晚明士人与清代士人的生活形态相当不同。晚明士人的特色之一是知识分子的群体性活动。他们到处游学,到处拜访同气相求的朋友,到处谈论,到处切磋,所以游记中常记载一些重要的思想辩论[63]。而且当时士习嚣张,结党营社的事情极为平常。如果想穷举当时各种性质的群体活动,几乎是不可能做到的事[64]。

而讲会乃知识人群体性活动的一大项目,士人每每跟随一个大师东奔西跑。有些大型讲会,在各省设有道宗,先期通知,传单四发,届时动辄数千或数万人聚集在一起。这类记载非常之多,譬如《关学续编》中提到的几次讲会,与会者多达几千人[65]。当时有几位名重一时的讲家,所到之处,经常吸引几个省份的听众。首先是王阳明。他在会稽建稽山书院,湖广、广东、直隶、南赣、安福、泰和等地来的听讲者多达数千人。在江西讲学时,也是四方学者辐辏,他当时所住的射圃,容不下这些来学的人。如徐阶(1503—1583)为讲会于灵济宫,使欧阳南野、聂双江等分主之,学徒之集者千人。又如颜钧(1504—1596),他一开始讲学,便趁庚子秋闱,出讲豫章同仁祠,榜曰"急救心火","得千五百

---

[63] 譬如罗洪先在《念庵文集》(文渊阁四库全书本)卷五的《冬游记》。

[64] 如方以智即是一个好例子,参任道斌,《方以智年谱》(合肥:安徽教育出版社,1983)。

[65] 冯从吾,《关学编(附续编)》(北京:中华书局,1987),续编卷一,页74。

友"[66]。1541年三月,他闻其师讣音,遂赴泰州祭拜王艮(1483—1541)墓,庐墓三年,并聚友千余,讲论《大学》《中庸》之学[67]。1545年他在泰州、如皋、江都、扬州、仪真等地讲学,广泛传播王艮"大成之旨",未记录姓名者据说有几千几百之众[68]。1553年颜氏五十岁时,还作《告天下同志书》,约聚各方学友于南都讲明圣学[69]。又如罗汝芳(1515—1588),他一生东奔西走到处讲学,吸引无数听众,《明儒学案》称他"舌胜笔"[70],绝非虚语。譬如1576年(万历四年)他六十二岁时在腾越的一场讲会——"遍塞场中不下四、五万众。……虽讲生八、九人据高台同诵亦咫尺莫闻也。"[71]他一生所历讲会中,听众的数目总是非常庞大[72]。他的演讲工作带有到处布道的意味[73],直到他七十岁时远近学生还移家就学[74]。

但是随着国家的灭亡,学风沉静下来了。士人对先前的学风有所反省批判。陆世仪说:"天下无讲学之人,此世道之衰;天下皆讲学之人,亦世道之衰也。"他反对"嘉、隆之间,书院遍天下,讲学者以多为

---

〔66〕 黄宣民编订,《颜钧年谱》,收入《颜钧集》(北京:中国社会科学出版社,1996),"嘉靖十九年庚子(1540)三十七岁"条,页126、128。

〔67〕 同前书,"嘉靖二十年辛丑(1541)三十八岁"三月条,页130。

〔68〕 同前书,"嘉靖二十四年乙巳(1545)四十二岁"条,页131—132。

〔69〕 同前书,"嘉靖三十二年癸丑(1553)五十岁"条,页137。

〔70〕 黄宗羲,《明儒学案》,下册卷三十四,"泰州学案三",页762。

〔71〕 程玉瑛,《晚明被遗忘的思想家:罗汝芳(近溪)诗文事迹系年》(台北:广文书局,1995),页107。

〔72〕 同前书,页108。

〔73〕 同前书,页161。

〔74〕 杨起元在《证学编》说:"先师平生将有所适,则同志预戒以待。及其至也,辄数十人在,同食寝矣。次日多至百人,少亦不下五、六十人,再过一、二日则二、三百人,此其常也。"在《杨复所先生家藏文集》里又说:"近师平生徒足所至便集百十人,多至数百人,绝未尝有意于约戒号召之,而莫知其所由然也。"同书《告同门》中说:"明德先师仕无禄入,悉以待四方来学。"以上三则皆转引自程玉瑛,《晚明被遗忘的思想家》,页211、215、217。

贵,呼朋引类,动辄千人,附影逐声,废时失事"[75]。官方的态度也与他们合拍。顺治九年(1652)清廷下令:"各提学官督率教官、生儒,务将平日所习经书义理,着实讲求,躬行实践,不许别创书院,群聚徒党,及号召他方游食无行之徒,空谈废业。"[76] 当时虽然还有一些讲会,如紫阳讲会仍具相当规模[77],而且还有一些名儒在各处主持书院,但讲会的声气已近尾声。雍正十一年(1733)又有"屏去浮嚣奔竞之习"[78]之诏,讲会便不常再见了。

相应于士人群体活动的消寂,文化活动的形态也有了微妙的改变。以评选文字为例,过去由诗社评文,社盟衰歇之后,出现了新的方式。邓之诚《清诗纪事初编》"徐文驹"条:

> 自社盟禁后,人人可操选政,以言资生,时艺所得过于诗古文者多矣。故吕留良、戴名世、何焯皆甘为选家。[79]

文学活动如此,思想性活动亦相应而变。讲会减少了,像心学大盛时那种动辄几千人,甚至上万人的讲会不再出现,一个老师身边聚有大量学生的盛况也不再见,像过去那种四处出游、先期张贴布告招徕听众的情形也几乎消失了[80]。但是有些卓有声名的大师,仍旧是各地士人们所向

---

[75] 陆世仪,《思辨录辑要》(台北:广文书局,1977),前集卷一,页8b。

[76] 见《大清会典·儒学·学规》(台北:新文丰出版公司,1976);转引自周德昌主编,《中国教育史研究·明清分卷》(上海:华东师范大学出版社,1995),"清代书院的沉寂期",页74。

[77] 周德昌主编,《中国教育史研究·明清分卷》,"明清书院的讲会制度",页102—105。

[78] 《清朝文献通考》(台北:台湾商务印书馆,1987)卷七十,《学校考》,页5504。

[79] 邓之诚,《清诗纪事初编》,页861。

[80] 以讲学为例,在《关学续编》有一则记一位关中学者日与诸生讲论不辍,"或以时方忌讲学之风,有劝非其时者"(卷一,页74—75),我们没有更进一步资料讨论这一句"时方忌讲学之风"究竟是指政治的压力,或是当时学界风气如此,因为事实上,当时政府与士人皆有反讲学、反对士人群体性活动之倾向。

往的。既然少了当面受教的机会,以日谱作为教学媒体的风气乃渐出现。

同时,因为这些大师对成德的看法与前人已有不同。一觉已无余蕴式的思考已经过时,代之而起的是要在日常生活的所有细节中去实践圣人之道。所以千里来见一面、听一席演讲、得一番开示的教诲方式,已经不够了。有些人想到使用日谱,抄送日记求人评论,教人立日记,或要求读他人日记的风气渐盛。譬如魏象枢将日记送请刁包(1603—1669)评[81],孙奇逢《日谱》中有一条说张蓬元寄信索求他的日谱[82]。孙氏的《日谱》这时根本不曾印刷,而竟有人来信要求观览。颜元在与他素未谋面的关中李复元通信时也表示,希望对方将平时所用功及所得力处告诉他,并客气地说"相望千余里,贫儒难以负笈亲炙",即使连信也不能常寄,故摘"功课记"中一纸,寄请对方指正[83]。又如他在给南方大儒陆桴亭的信上也说:"山河隔越,不敢多寄,谨以《性》《学编》各一纸、日记第十七卷中摘一张呈正。"[84]此外,如安徽环山的方启大(1612—1677),在他将死之前,是把自己的日录一篇授予其子,说:"此中聊见尔父所学,他无足念也。"[85]今人认为最私密的日记,在当时竟是类似学报、论文抽印本、讲义,甚至是函授教材的东西。

在颜李的教学过程中,日谱扮演特别举足轻重的角色。而这个现象与整个社会环境的变化有关。颜李不是以读书为满足的人,他们亟思以其学斡旋世运,干济天下;想转世,而不是为世所转;想以其学培养

---

[81] 李塨,《颜元年谱》卷上,顺治十八年"辛丑(1661)二十七岁"条,页9。

[82] 孙奇逢,《孙徵君日谱录存》卷四,"顺治八年辛卯(1651)六十八岁六月二十六日"条,页39b。

[83] 颜元,《习斋记余》卷三,《寄关中李复元处士》;收入《颜元集》(北京:中华书局,1987),页435。

[84] 同前书,卷三,《上太仓陆桴亭先生书》,页428。

[85] 黄容,《明遗民录》卷五,"方启大"条;收入谢正光、范金民编,《明遗民录汇辑》(南京:南京大学出版社,1995),上册,页35。

百万乡官,以落实其全国之政治改革。

但怀抱这样一个理想的人必须要能广泛接触各地士流,才能落实他的弘愿,然而颜元却僦居在河北乡间的一个荒村中,极少有机会离开,与明代心学家那种到处讲学到处劝化的生活方式正好形成激烈的对比。颜元又反对著述,认为诗文字画是"乾坤四蠹",反对人多念书,嘲笑有人开了一份书目劝天下士人诵读三万遍的构想是莫名其妙,甚至认为明代动辄以官爵赏赐领衔修书之大臣为荒谬[86]。那么他要靠什么来传达学说?

颜元认为他学问的特色是实践,所以想承其学的人必须在日常生活中活出圣贤的规模来。如果千里之外的人立志要走他的路子,不必一定要聚会见面,也不必读他的著作,要紧的是赶快模仿他的办法立日记。而当时也确有不少千里之外从未谋面或从未通过任何消息的人,只要发心仿照他的方式立日记,便自称是他的学生。譬如常州孙应榴(1694—1733),是因为在1723年(雍正元年)三十岁时闻恽皋闻(1663—1741)述颜李之学而叹服,便"遥拜先生(李塨)为师,立日记,省过甚严,且分日习六艺"。五年后,他将四个多月间的日记一本托恽氏寄给李塨,李塨读后,觉得其师颜元的学问已经开始南传了。这本日记原先藏在李塨的旧篋中,后来被《李塨年谱》的编修者发现。他们发现孙氏原想北上拜李塨为师,但"因斧资不给,乃北向遥拜先生为师"[87]。由此可知立日记是决心皈依师门的表现,所以在颜李学派中常见有"于是立日记,学先生之学焉"一语[88]。恽氏决心立日记后读到李塨题《王

---

[86] 钟錂编,《颜习斋先生言行录》卷上,《禁令第十》;收入《颜元集》,页655。案据《颜元集》点校者指出,此处之"三万遍"或为"三百遍"之误。颜元反智识之态度可参见余英时先生的《清初思想史的一个新解释》,氏著,《历史与思想》(台北:联经出版公司,1976),页121—156。

[87] 冯辰、刘调赞,《李塨年谱》卷五,雍正六年"戊申(1728)七十岁"二月条,页193—194。

[88] 同前书,页194。

崐绳省身录》一则,"慨然曰:'数载景仰,未得遂愿见先生之志,今以斯言自省,庶几如见也与。'乃逐句分注之日记,订为自省之要。自省心存密否,密则日记书一直画 |,否则书二斜画 ✗,且以画之大小,别存否之久暂。自省视听言动中礼否,中礼则书方 □,否则书马眼 ⬭,亦以大小,别中否之轻重。自省时觉有进否,进则书一圈 ○,否则书一黑子 ●,亦以其大小,别进否之分数。礼乐诸艺,每朔望两考,有加则书环 ◎,间断则书缺 ◌,亦以大小,别加损之多寡。天理所悟,人情所照,经济所阅历,或日新,或仍旧,夜寐而寤,能一一自省,则晨起书一大红圈 ○,昏忘不省,则书一大黑子 ●。每月朔,设案南窗下,省一月之记,某画几,某画几,记过之多少,跪而自讼。"[89]

不过立日记严格省查善过,每月结算,过多善少则跪而自讼的工作,与颜元所痛诟的"半日静坐半日读书"一样,不是平民做得到的。所以,心学盛行时那种平民化的,大量村民、大量农工商贾都被发动起来参与讲会的情形再也看不到了,一般百姓也不可能"立日记",所以由讲会到日谱,多少也可以看出理学中平民精神的萎缩。

四

我们现在所能读到的修身日记并不多。许多立日谱的人,在某一个时期便要焚弃,所以留存的很少,加以刊刻的又更少了。刊刻工作通常是经他人之手。

本文就几种较有代表性的日谱或日记加以讨论:依年代先后,分别是陆世仪《志学录》、陈瑚《圣学入门书》,这两种是明朝灭亡前几年的日谱;接着是明亡前十六个月,黄淳耀(1605—1645)的《甲申日记》;然

---

[89] 冯辰、刘调赞,《李塨年谱》卷五,雍正六年"戊申(1728)七十岁"二月条,页194。

后是由《颜元年谱》所辑得的颜氏日谱；最后是由《李塨年谱》所辑得的李塨日谱。颜李的日谱已下及雍正年间。这些日谱的内容正好见证明末到清初这一段历史。

陆世仪是江苏太仓人，他与同里陈瑚（1613—1675）、盛敬（1610—？）、江士韶等人以道义相劝勉，于1633年（崇祯六年）秋间始行衰了凡《功过格》，后来因为觉得不满意，故作《格致编》，又创立《考德课业录》。《考德课业录》始于丁丑，也即是1637年（崇祯十年），日书"敬""不敬"于册，以验进退[90]。在1639—1640年间，他认为自己所考犹疏，故更为一法，"大约一日之间，以十分为率，敬一则怠九，敬九则怠一，时刻检点"[91]。他把1641年起所作的日谱称为《志学录》，所记更为详尽。足见他的日记有一个发展的过程，愈发展愈严谨，检点的间隔愈来愈紧凑，计算更为准确，所记的事也更详密。

《格致编》未存，《考德课业录》应是他们"考德课业会"会友所立日记的通称，其得名是因他与陈、盛、江等人所创的考德课业会而来。至于《志学录》则是该会中每个人所立日记之通称，但是只有陆世仪的这一份留下来。陆氏的《志学录》甚为简短，从1641年（崇祯十四年辛巳）三月到十二月共十个月之久，特别值得注意的是，此时陆世仪正在服丧。

陈瑚的《圣学入门书》只留下一批表格，没有实际的内容，它依年龄、性别去分，故有小学日程、大学日程、内训日程三种，而且为了照顾不识字的妇女，他在内训日程规定"奉行法"中作了一些特殊的安排[92]，他的条规中也反映了一些意识形态，譬如内训日程规定妇女"岁终总计

---

[90] 陆世仪，《年谱》（收入《陆子遗书》，第1册），"崇祯十年丁丑（1637）二十七岁春"条，页6b。依陆世仪《年谱》页5b，《格致编》作于崇祯九年（1636）。

[91] 陆世仪，《志学录》（收入《陆子遗书》，第13册），见清道光十年（1830）钱敬堂之《弁言》，页1b。

[92] 陈瑚，《圣学入门书》，在《确庵文稿》（日本浅草文库本；东京：高桥情报，1991），无页码。

其数,入夫告天文中一并焚化"[93],即是将妇女视为先生附属之想法。袁了凡《功过格》中也有相同的规定。

殉明名臣黄淳耀的日记甚多,有《自监录》《日省记》等。此处所讨论的是《甲申日记》。

《甲申日记》,一册,起于1644年(崇祯十七年甲申)一月,止于该年三月,是黄氏殉国之前十六个月的日记。第一个月是先以《二程书》《近思录》作为反省的依据。第二个月是分身、口、意三方面自我检省。到了第三个月,他觉得分类检查还不足,故在时间上又分早起、粥后、午后、灯下、夜梦五个时段以自省,"刻刻提撕,不令稍懈"[94]。由以上种种,也可以看出他与陆世仪等人一样,所立日记有愈来愈严、愈来愈紧的趋势。这样的发展基本上符合明清之间思想转变的大致趋势[95]。

---

[93] 陈瑚,《圣学入门书》,在《确庵文稿》(日本浅草文库本;东京:高桥情报,1991),无页码。
[94] 黄淳耀,《黄忠节公甲申日记》(《明清史料汇编》,第72册;台北:文海出版社,1967—1969),《刘承幹跋》,页82。
[95] 本文偶尔提到孙奇逢的《孙徵君日谱录存》可能是此时期中卷帙最为浩繁的一份日谱。孙氏立日谱甚早,不过目前所能见到的是顺治六年(1649)十一月告墓移家起至康熙十四年(1675)止的日谱。在孙氏逝世之后,日谱即已出现过抄本,魏一鳌案头曾有一部,参见常大忠,《孙徵君日谱录存序》,《日谱》,第1册,页21a:"于莲陆魏师之案头见日谱一书。"此书最终得以印出,乃孙氏后人得之于孙氏门生马平泉之后人,它的正式刊印,受到史学家陈寅恪之祖陈宝箴之赞助(见《日谱》第1册光绪十一年[1885]九世孙世玫《纪事》,页24—25),可能印本无多,故到光绪年间仍极罕见。由于这一份日谱的存佚状况始终在若隐若现之间,一直到1980年代,侯外庐等编写《宋明理学史》(北京:人民出版社,1984—1987)时仍不知它的存在,该书在讨论孙奇逢时说他:"写了大量著作,尤其是所作的日谱,据说卷帙浩繁,可惜已经遗佚。"(页703)近年来北京图书馆将其所存善本整理出版时,也把所藏的《日谱》发表了,然而只有不到两卷的残稿。不过在史语所傅斯年图书馆藏有足本的《日谱》,共三十六卷,30册,与北京线装书局2003年出版的版本相同(俱为光绪十九年兼山堂补刊本),而上海古籍出版社1997年出版的《日谱》(《续修四库全书·史部·传记类》,第558—559册)也是三十六卷本。不过因为《孙徵君日谱录存》不是一种系统性的、带有簿记性质的反省日记,所以不在此讨论。

第六章　日谱与明末清初思想家

颜元从1664年开始立日谱。他的日谱未见存留,不过我们非常幸运地从《颜元年谱》勾稽了不少材料。李塨等在《颜元年谱》的《凡例》中表示:在1664年(康熙三年甲辰)三月以前的《颜谱》是本之颜氏自己的追录稿及李塨的传闻,此后一直到1704年(康熙四十三年甲申)颜元死去为止,皆采诸日谱。李塨他们所见的日谱共七十余帙,每岁日记不下七八十页。也就是因为有这么完整的日谱,所以编辑年谱的工作不到五十天就完成了。这部年谱对颜氏一生功过并录,不刻意曲隐[96],所以所抄录的日谱材料极为逼真生动。

李塨的日记现在也不能见到,所以本文全凭《李塨年谱》中所节引自日记者为讨论的根据。我们知道李氏从二十二岁(1680)开始立日谱[97],一直到他在1733年(雍正十一年癸丑)故世为止的五十几年间,日记不断。当李氏弟子冯辰(约当康熙中叶至乾隆初叶人)编他的年谱时,李塨只有五十二岁,距死亡还有二十一年,后来刘调赞(1700—?)在李塨故世后再续完该书[98]。他们所根据的"自庚申七月以后,皆采之日谱,以前,则本之(冯)辰所素闻于先生者"[99],庚申(1680)是李氏始立日谱之年。足见冯、刘二人编年谱时全是根据第一手的日谱资料,其中只有康熙五十、五十一、五十二、五十三年的日谱遗失了[100]。冯、刘编谱也是功过并录,一字不为镘饰[101],所摘录的日谱亦至为直接而生动。

修身日记的记法也各有不同。黄淳耀在殉国前十四年立有《自监

---

[96]　李塨,《颜元年谱》,《凡例》,无页码。
[97]　冯辰、刘调赞,《李塨年谱》卷一,康熙十九年"庚申(1680)二十二岁"七月条,页6。
[98]　刘调赞,《续纂李恕谷先生年谱序》,同前书,页143。
[99]　同前书,《凡例》,无页码。
[100]　同前书,页143。
[101]　同前书,《凡例》,无页码。

录》，他表示自己的记法是"每日所为，夜必书之，兼考念虑之纯杂，语言之得失，自辛未（崇祯四年，1631）三月十一日始"，他还写着"勿忘勿遗，勿示他人"，足见其日记一开始就不准备公诸世人[102]。《自监录》中偶尔也说"日日查己过，刻刻查己过"[103]，"每夕查一日过失"[104]。黄氏这个作法在十三年后的《甲申日记》中基本上是延续着的。

陆世仪记日记的办法在当时相当有名气，这套记法是他长期摸索的结果。陆世仪一开始并不认为记日记时应该善过并录，后来则发展出好几种簿录：《志学录》是记自己之过的，另有一种《纪事录》是记自己之善的，至于《相观录》则记同会会友之嘉言善行。陆世仪在《志学录》中常常后悔自己对过失所记不严，常有有意[105]无意放过之处，而深感痛悔。一如黄淳耀在他的日记中所感喟的："已前所记不严，过失多有放过处，此后务期密之又密。"[106]

陈瑚《圣学入门书》分大人、小孩、女性三种记录本子。大人、小孩的记法是一样的：

> 奉行法：先期斋戒三日，焚香告天，随置一簿，编次年月，每日临卧详记所为，明注善过，不得欺隐，不可间断，半月一小比，岁终

---

[102] 黄淳耀，《自监录》，《陶庵语录》（收入《陶庵全集》清乾隆二十六年宝山学刊本，第6册），《小引》，页1a。

[103] 同前书，卷一，页24a。

[104] 同前书，卷一，页16a。

[105] 陆世仪在《志学录》"崇祯十四年三月初八日"条，页3b—4a有一段话说："途行与（陈）曰夏言纪事例宜纪善而不纪过，曰夏不以为然。乃同至蕃侯斋，出凡例观之。议论少顷，乃是予议。予欲于纪事之外，另订一相观录，纪诸兄嘉言善行。予与曰夏言志学录只须纪过。凡家庭隐微之善皆不可纪，亦不必纪。""崇祯十四年四月初七日"条，页14b有："纪相观录五条。"

[106] 黄淳耀，《黄忠节公甲申日记》，"崇祯十七年二月十四日"条，页42。

一大比,仍斋戒告天,考其善过多寡,自知罪福,不必更问休咎。[107]

由于女性多不识字,所以丈夫必须居于辅导的地位,为之讲解奉行条目,而且女性也不被要求记下内容,只要能用代码即可:

> 奉行法:妇人奉行内训:为夫者将此数条与之讲解明白,随造一册,开明月日,每日临卧详记一日善过,能书者自书某善某过,不能书者每日下开列善过两行,有善则于善下加一、十善加一〇,……如有不明,请命于夫,夫为定其善过之数。岁终总计其数,入夫告天文中,一并焚化。[108]

颜元的日记强调毫不隐瞒地记下每日身心行为的每一细节。颜元三十七岁时,他的夫人曾经向颜氏表示希望"隐过不可记",这里的隐过可能包括闺房之事。颜元却表示:

> 恶!是伪也,何如不为记?且卿欲讳吾过,不如辅吾无过。夫凡过皆记,虽盈册无妨,终有改日也。若不录,即百过尽销,更愧,以终无改机也。[109]

因为是时时反省、时时记录,事事反省、事事记录,所以记录是全面的,尽可能避免自己任意的选择或有意无意的回避。颜元在1666年三十二岁时说:

> 思日记纤过不遗,始为不自欺。虽暗室有疚不可记者,亦必书"隐过"二字。至喜怒哀乐验吾心者,尤不可遗。[110]

"暗室有疚",不便明白说出的,颜元也要用"隐过"二字作为代号,

---

[107] 陈瑚,《圣学入门书》,无页码。
[108] 同前书,无页码。
[109] 李塨,《颜元年谱》卷上,康熙十年"辛亥(1671)三十七岁"正月条,页32。
[110] 同前书,卷上,康熙五年"丙午(1666)三十二岁"正月条,页19—20。

使自己在反省时见字便可以回想起当时所犯的过错了。颜元还发展了一套符码来记录自己的善过：

> 时心在则〇，不在则●，以黑白多少别在否分数。多一言则◌̇，过五则⊗。忿一分则◌̇，过五则⊗。中有✕，邪妄也。[111]

李塨也是每时勘心，不是随兴或想到什么便记什么。李塨说他开始立日记时，便决心每时下一圈，方法是简单的〇✕，✕当然是代表过失，可是为了简要地识别所犯何过，他有一个办法："多言则✕圈上◌̇，过忿则✕圈下◌̇，有贪利心则✕圈右◌̇，有求名心则✕圈左◌̇，有怠心则✕圈中⊗，有作伪心则圈上下左右皆✕◌̇。"[112] 要紧的也是"功过并录，一字不为镘饰。"[113]

在长年的实践中，当时人也有互相观摹日谱的记法。如有一年李塨发现自己因为太受其师颜元的影响，以致"内功"不密时，"乃以陆道威每日敬怠分数自考"[114]。颜元偏重的不是心性隐微的审检，而是礼容的表现，所以李塨想在"内功"方面有所长进时，便想到向南方的陆世仪学习。

记日谱的办法在当时似乎相当新颖，故山东张尔岐（1612—1678）说他到二十三岁时"始得日记之说"：

> 至二十三岁，始得日记之说，盖有合焉，乃效而为之。其法年自为卷，篇题之月，月缀之日，凡有所举，罔不注之。其日篇末计其大凡，而勤与怠可自考矣。傥有所谓日新者耶。且以号于同志，曰：亘古如斯日矣，岂至我而易之？不佞固始于二十三岁之七月，

---

[111] 李塨，《颜元年谱》卷上，康熙八年"己酉（1669）三十五岁"十一月条，页28。

[112] 冯辰、刘调赞，《李塨年谱》卷一，康熙十九年"庚申（1680）二十二岁"九月条，页8。

[113] 同前书，《凡例》，无页码。

[114] 同前书，卷三，康熙三十八年"己卯（1699）四十一岁"条，页72。

而后以终其身之日也。[115]

此文写于 1635 年(崇祯八年乙亥)。值得注意的是,张氏原来并不晓得日记的记法。他所提到的记法显然带有簿记性质,故特别提到每日之末要"计其大凡"。

记日记者通常要立定一些省察科目。除了正常的省察科目外,立日谱者亦每每在日记的册面或明显的地方写下一些警句以提醒自己。如李塨 1699 年决定除了"仪功如常"外,日谱每月下,书"小心翼翼"以自课[116],后来又在小心翼翼之下加"昭事上帝",每日三复之[117]。这种特别加书数字于日记的作法颇为平常。有时自书,有时由评日记的人写。

我们似乎已经很难想象一个人每半日或每天晚上,都要将这一天的所有念虑云为,甚至夜晚梦境一一据实记录下来,在行旅之时,囊箧中也要随时放置日谱。但当时人就是这样做的。李塨《讼过则例》中就记载说他在王余佑的囊中翻到记过格[118]。

后来李塨的儿子李习仁(1698—1721)的行箧中也放着日谱。李习仁英年早逝,其父在《长子习仁行状》的附录《习仁日谱仪功》中这样说:"卒后检其南行箧得之。"[119] 此外我们在其他地方也都可以发现类似的记载。

五

立日谱不是偶发性的行为,而是道德修养的重要课程。此处我想

---

[115] 张尔岐,《蒿庵集》卷二,《日记序》,页 74。
[116] 冯辰、刘调赞,《李塨年谱》卷三,康熙三十八年"己卯(1699)四十一岁"条,页 70。
[117] 同前书,页 73。
[118] "塨少受家学,及长,益以先生长者之训,颇不敢自暴弃,然每愧日省不勤,愆过滋多,一日翻王五公先生秘囊中,见刘念台纪过格,条分缕析,刺血惊心,似专为愚瞆而发者。"李塨,《讼过则例》,收入《颜李丛书》(台北:广文书局,1965),页 1324。
[119] 李塨,《恕谷后集》卷八,《习仁日谱仪功》,页 101。

举陈瑚与颜元、李塨为例,他们一南一北,不约而同地到处劝人立日谱。而且一家有一家奉行的规条。

以陈瑚为例,陈氏只要一有机会,便要推销他的日谱之学,《确庵文稿》中有几篇讲义是他在各处讲会中所作演讲的白话记录,其中便充分反映这一个事实。譬如《时习讲义》:

> 但既说读书,则凡天文地理兵农礼乐十三经二十一史,那一件不当读?既说做人,则凡为孝子,为悌弟,为忠臣,为信友,那一项不当做?然也不是空空去读、空空去做的,须有一个规矩准绳,须有一个法则,当初袁了凡先生有《功过格》,刘念台先生有《证人社约》,文介石先生有《儒学日程》,这都是读书做人的规矩准绳,时习的法则,今不佞又参酌三先生的,定为大学日程,半月一考较,以此治己,亦以此治人。[120]

他在印溪书舍的演讲中,这样介绍日谱在修养中的功用——

> 务期勇猛精进,勿使一念懈怠,一刻虚废,方为自爱,即如日纪,乃策厉进修良法,遵奉纪录,切须诚实,勿事粉饰,以欺父兄师友,欺人实所以自欺,己受其损,于人何与?[121]

陈氏应邀参加陆桴亭的岁会时,回忆他们一群有志闻道者所做的修养工夫时说:"当初吾辈讲学,岁有岁会,月有月会,旬有旬会,季有季会,大家考德课业,严惮切磋,读一句书就要身体力行,遇一件事就要格物穷理,步步操存省察,时时讲习讨论。"[122]

1660年(顺治十七年)夏五月,陈瑚过如皋访冒辟疆(1611—

---

[120] 陈瑚,《时习讲义》,《确庵文稿》,无页码。
[121] 陈瑚,《印溪书舍讲义》,同前书,无页码。
[122] 陈瑚,《白鹿洞规讲义》,同前书,无页码。

1693)等人,集于水绘园中论学,陈氏讲了一章《中庸》作为赠别之礼,陈氏表示要实践《中庸》的道理,须从"致曲"上做去——"前不佞有所著《圣学入门书》,要人迁善改过,原是掇拾诸儒绪余,要人做致曲工夫,……是千圣相传心法。……愚意只从致曲做去,便是即心即事,无有不合。"[123] 前面已经说过了,《圣学入门书》即是日谱的一种。

至于颜李,前面已经说过他们是以日谱作为修身及沟通思想之用。当时士人刊印文字常只刊印一篇,或抄一篇,遇到需要切磋学问之人,则奉上一篇[124]。日谱也好比是一篇论文,如颜元在书信中常提到以日记一纸呈正[125],或说"拙功课记中亦摘一纸"[126],此处所谓功课记即是日谱。李塨也是一样,他到陕西富平讲学,离开时有《富平赠言》,最后便有"附呈恕谷日谱数条",然后开列了一些为学要则[127]。

赠送日记范本,也是常见的事。如李塨于1705年送《讼过则例》给在他处教馆的冯辰,冯辰收到后"遂上书问学",接着并斋宿来拜、问学,李塨教以约心、力行、学经济之后,接着是"命立日记",冯辰遂立日记请李塨评,而李塨也马上出示自己的日谱,请冯辰评[128]。

千里之外不得相见之人或平素不常见面的人,更以互评日记来发挥切磋的作用。如李塨的学生恽皋闻,人在南方,便评李塨的日记曰:

> 近有毁先生于予者,予曰:"久不相见,闻流言而不信,古人之交也。况常相见乎?"毁者遂止。……或者先生恶恶太严,不见和

---

[123] 陈瑚,《水绘园讲义》,《确庵文稿》,无页码。
[124] 如颜元,《习斋记余》卷七,《祭宁晋张公仪文》;收入《颜元集》,页533。
[125] 颜元,《上太仓陆桴亭先生书》,页428。
[126] 颜元,《寄关中李复元处士》,页435。
[127] 李塨,《恕谷后集》卷十,《富平赠言》,页121。
[128] 冯辰、刘调赞,《李塨年谱》卷四,康熙四十四年"乙酉(1705)四十七岁"条,页108。

于流俗也。[129]

李塨与外界的交往活动远多于颜元,他能吸引大量的信徒,令其师颜元刮目相看。李塨把日谱作为教学材料的记载也多些。譬如1681年"深州国公玉来拜,抄先生日谱、《常仪功》及《祭五祀仪》去"[130],又如1728年(雍正六年)二月,当李塨准备与门人往博野祭颜元时,将登车,有人自县城邮寄了一卷日记来,李塨披阅之下,发现是常州孙应榴决心拜颜元为师后所立的日谱。李塨祭罢回家,便开始评乙——"归拭目眵,评乙数日乃讫"[131]。由这段话看来,日谱差不多等于是作业,而评日谱也等于是评作业,而且评日谱不只是在卷末写几句总结性的话而已,不然何以会"评乙数日乃讫"?

日记有时似等于自我介绍,或至少是让别人了解自己思想学问之大概的文字。它成为极私人极隐秘的记录,恐怕是相当后来的事。譬如颜元有一次从博野去蠡城访李明性(1615—1683),"见日记及所辑《性理》《通鉴》诸书,大叹服",回家便将李明性的名字写成一张纸条贴在座上,出入必拱揖[132]。

前面已说过,吾人常在颜李学派的记载中见到把立日记作为"始学先生之学"的字样。譬如李培(李塨弟)"始编日记求教",便是开始拜颜氏为师的意思[133]。甚至到咸丰年间,当颜李之学略有复萌之迹时,程贞(1838—1862)从戴望(1837—1873)得见颜元的著作,说"周孔之学盖在是矣",接着便是"仿之为日谱,纠察身心得失"[134]。此处便

---

[129] 冯辰、刘调赞,《李塨年谱》卷五,康熙五十四年"乙未(1715)五十七岁"八月条,页154。
[130] 同前书,卷一,康熙二十年"辛酉(1681)二十三岁"条,页13。
[131] 李塨,《恕谷后集》卷十一,《孙生日记序》,页134。
[132] 冯辰、刘调赞,《李塨年谱》卷一,康熙二十二年"癸亥(1683)二十五岁"九月条,页24。
[133] 李塨,《颜元年谱》卷下,康熙四十一年"壬午(1702)六十八岁"条,页99。
[134] 戴望,《谪麟堂遗集》(清宣统三年归安陆氏校刻本),文二,《程履正墓铭》,页18b。

将随目所见颜李学生立日谱,或自省录、检身册的作一举例,并将相关材料录于其旁:

李塨	"先生服习斋(颜元)改过之勇,……效习斋立日记自考,自此日始。"[135]
王源	"六月,大兴王源,价(李)塨执贽从学,先生(颜元)辞不受,固请乃受之。曰:'……近又闻因刚主言为省身录,从事身心,尤使仆喜而不寐。'"[136]
王承烈	立日省录。[137]
李元春	作检身册。[138]
叶新	"字惟一,浙江金华人。康熙五十一年顺天举人,从蠡县李塨受业,立日谱自检。"[139]
张琡璋	"立日记,记得失过恶以自考。"[140]
孙应榴	立日记。[141]
刘调赞、林启心	"刘调赞、林启心来,……赞同启心从先生学士相见礼、祭礼,弹琴挽弓演数,分日习之,各立日记,省功过。……维周亦立日记。"[142]
冯辰	"辰斋宿来拜、问学,先生教以约心、力行、学经

---

[135] 冯辰、刘调赞,《李塨年谱》卷一,康熙十九年"庚申(1680)二十二岁"七月条,页6。
[136] 李塨,《颜元年谱》卷下,康熙四十二年"癸未(1703)六十九岁"六月条,页100。
[137] 冯从吾撰,陈俊民等点校,《关学编(附续编)》(北京:中华书局,1987),页114。
[138] 同前书,页117。
[139] 赵尔巽等撰,《清史稿》(北京:中华书局,1977)卷四百七十七,《列传二百六十四》,页13011。
[140] 张琡璋,《颜习斋先生年谱跋一(丁亥)》,收入《颜元年谱》,页109。
[141] 李塨,《孙生日记序》,页134—135。
[142] 冯辰、刘调赞,《李塨年谱》卷五,雍正元年"癸卯(1723)六十五岁"十月条,页180。

	济,命立日记。"[143]
刘焕章	"闻颜习斋先生为圣学,忘年爵来拜。入会,力涤宦习,立日记,以圣贤相规勉者几三十年,至卒不懈。"[144]
恽皋闻	李塨说:"昨读(恽皋闻)来谕,拟自十月朔订日记考身心,且清夜平旦存心之功,已觉有验,为之狂喜起拜。"[145]
黄宗夏	"黄子宗夏,歙人,居于吴,游京师,闻予友王崑绳称予(李塨)学,因与予交,予之学盖得诸颜习斋先生,乃举先生之学相示。宗夏慨然曰:'人不作圣,非人矣。'于是悉铲后学浮文,求礼乐伦物之实,日有所习,时有所勘,仿予立日谱以自考,而其学大进。"[146]
古季荣	"华州古子季荣,以今岁乙未二月来问道于予(李塨),……将予四书传注、小学与礼乐射御书数诸书,皆钞录,其貌虔,其意勤,取与廉谨,衣冠整饬,立日记考课言行,可谓善士矣。"[147]
李长人	"肥乡白宗伊任若,习斋之门人也,……遂出游四方,能举颜李之学告人,人闻多有兴者。今二月又来,先生(李塨)与言圣学。长人(案:李长人是李塨之子)在旁闻之,喜而起,效先生立日谱以自

---

[143] 冯辰、刘调赞,《李塨年谱》卷四,康熙四十四年"乙酉(1705)四十七岁"条,页108。

[144] 同前书,卷一,康熙二十七年"戊辰(1688)三十岁"条,页38。

[145] 李塨,《恕谷后集》卷十一,《复恽皋闻书》,页131。

[146] 同前书,卷一,《送黄宗夏南归为其尊翁六十寿序》,页1。

[147] 同前书,卷二,《送古季子西归秦中序》,页16—17。

修省。先生喜之,为立《日谱条例》。……批长人日谱曰:'此即诚意之功也。立日谱者,欲迁善改过以为圣贤也,果见善如好色,好之必力,改过如恶臭,除之必决,则诚矣。'又曰:'自颜先生、王法乾、王崑绳相继舍我,皋闻南旋,而予伥伥无师友之助矣。今汝有志自修,则吾道近在家庭,圣经有事父几谏之道,况以学相后先,则交修益急。凡见吾过,汝即进言,勿以严而见惮也。'"[148]

立日谱或检身册,对学生确会造成气质上的变化,以王源(1648—1710)为例,他原先是一个粗豪之人,好谈兵略,但在师承颜元并立日谱之后,给朋友信中的口气有非常重大的转变,而且都是传教的口吻,所传的内容不外是劝人立日谱[149]。

此外,颜李学派中亦广泛使用年谱。对他们而言,年谱有圣徒传般的功用。譬如郑知芳是在读了《颜元年谱》后,发现颜氏是不可多得的模范,乃尽心于颜李之学[150]。李塨也不时以其师之年谱作为教材,譬如恽皋闻于1714年前来请教时,李塨便以《颜元年谱》及《四存编》示之。恽氏抚掌称是,"遂尽弃其学,而学先生六艺之学,立日记以省身心"[151]。

李塨也编自己的年谱,作为教学材料。他在五十二岁那年游陕西前便命冯辰编年谱,当时有人表示不应在生前修年谱,他的学生冯辰却认为日谱可以策励习行,年谱亦然,置之几案,可以策励谱主长期保持战兢惕厉之精神。更要紧的是,后学可以因此"观先生(李塨)年谱,少

---

[148] 冯辰、刘调赞,《李塨年谱》卷五,康熙五十六年"丁酉(1717)五十九岁"二月条,页160。
[149] 如王源,《居业堂文集》(《丛书集成初编》第2478—2482册)卷八,《与婿梁仙来书》,页120。
[150] 郑知芳,《颜习斋先生年谱跋(丁亥)》,收入《颜元年谱》,页110。
[151] 冯辰、刘调赞,《李塨年谱》卷五,康熙五十三年"甲午(1714)五十六岁"条,页150。

壮精进如此,有不勃然奋勉,求步其后尘者耶?"[152]

年谱与日谱一样有函授的功用。李塨在《给郑子书》中强调"年谱则论道全迹"[153],并表示如能将其师颜元和他的年谱合观,则能"粗见圣道,……且功过并载,使有志者于二仲外千里万里,得其人观之,去仆过而取仆功,由仆以寻习斋,由习斋以寻周孔。即万一当世不得其人,后世有兴者如之"[154],故对他们而言年谱不只是传记。而年谱也确能发挥教学作用,如李塨《贺赵伟业中举人序》一文中说,程石开曾从金陵寄信给李塨[155],那些信经过三年才到达李氏手中,李塨发现程氏便是读了颜元年谱,才"深幸后儒之痼辙不迷也"[156]。

颜李学派所订的常仪功与宋明理学传统所重视的相当不同,不只是心性之涵养,还有一大堆繁琐的礼仪与容貌举止的规则,所以在居丧或身体病痛之时都不易实行。以居丧为例,1673年五月九日颜元的日谱上记着:"练,惟朔望往哭殡宫。不与燕乐,不歌。复常功,如习书数类。仍废常仪,如朔望拜类。晨谒告面生祠不废。"[157]以病痛为例,如1688年七月朔日,行礼毕,颜元告其夫人曰:"吾与子虽病,但能起,勿怠于礼。"李塨规颜元:"病中郁郁,是中无主也。"颜元即书于册面自警[158]。李塨在1684年十月时,表示先前因为父丧而停止日省

---

[152] 冯辰,《李恕谷先生年谱序》,《李塨年谱》,页1。按,李塨五十二岁命冯辰修年谱,时为庚寅(康熙四十九年,1710)春二月。

[153] 李塨,《恕谷后集》卷十一,《给郑子书》,页130。

[154] 同前注。

[155] 按,程石开即程廷祚(1691—1767)。程廷祚康熙五十三年(1714)致书李塨时,自称"新安后学程石开顿首再拜",但程廷祚自己的文集《青溪集》并未收入该函。后人得见该函,系因其附录于李塨回函《复程启生书》之后,见《恕谷后集》卷四,页42—43。

[156] 李塨,《恕谷后集》卷二,《贺赵伟业中举人序》,页20。

[157] 李塨,《颜元年谱》卷上,康熙十二年"癸丑(1673)三十九岁"五月九日条,页38。

[158] 同前书,卷下,康熙二十七年"戊辰(1688)五十四岁"七月朔日条,页65。

的工夫,这时决定恢复日省功:"以圈为辨,失言黑圈左,失行黑圈右,妄念黑圈中,俱失纯黑,无失则白。黑白者,人禽之介也。"[159] 过了一年多,也就是 1685 年十一月出服,乃决定全面恢复日谱[160],1692 年,他又再度居忧,记日谱的工作中断了六个月才又恢复[161]。

李塨也规定自己不可轻易缺常仪及常功,即使非常匆忙而有所缺,也应补记[162]。颜元则规定自己追录或回勘日谱是时常应做的事[163]。由于日谱是提供省察以增进自我道德修养状态的记录,所以除了每天、每月、每年要总结要自勘之外,平时没事也要回勘。许多自勘的记载至为沉痛,颜元死前最后一次自勘时这样说:"乃年及七十而反身自证,无一端可对尧、舜、周、孔而无惭者,且有败坏不可收拾。"[164] 在定期盘点自己的过错之后,必须进行自责自罚的仪式。自罚跪或自责板[165],是颜李日谱中时常见到的记录。自罚的方式随所犯过错之性质而有所不同。个人侵犯到他人的过错,譬如言人之短,重则罚跪。但是,如果过于与家人宗族有关之事,包括家祭礼仪错误,则罚跪于父祠或宗祠前。如果"过在教人、交友",则罚跪于孔子神位前[166]。

与日谱密切相关的是省过会、规过会。

陆世仪等人组织考德课业会中,设有三种记录。第一是《纪事

---

[159] 冯辰、刘调赞,《李塨年谱》卷一,康熙二十三年"甲子(1684)二十六岁"十月条,页 26。

[160] 同前书,卷一,康熙二十四年"乙丑(1685)二十七岁"十一月条,页 27。

[161] 同前书,卷二,康熙三十一年"壬申(1692)三十四岁"条,页 49。

[162] 同前书,卷一,康熙二十一年"壬戌(1682)二十四岁"条,页 18:"立课即甚匆冗,勿缺常仪功,有缺即书之。"

[163] 李塨,《颜元年谱》卷上,康熙三年"甲辰(1664)三十岁"五月条,页 13。

[164] 同前书,卷下,康熙四十三年"甲申(1704)七十岁"正月十五日条,页 102。

[165] 如冯辰、刘调赞,《李塨年谱》卷二,康熙二十五年"丙寅(1686)二十八岁"条,页 31:"因自省,病浅、病急、病热、病粗,自责三板。"

[166] 钟錂编,《颜习斋先生言行录》卷上,《三代第九》;收入《颜元集》,页 652—653。

录》,记善不记过;第二是《志学录》,记过不记善;第三是《相观录》,专记会友的嘉言懿行。《志学录》是要在考德课业会中交给大家阅读的[167]。

举会之日,分"考德"与"课业"两方面的活动,"考德"是互考《志学录》中的修养记录,"课业"则以研读经书为主,所以当有人向陆世仪提议应该注重五经时,陆氏的回答是他们已经讲求经书多年了[168]。他们通常同时参加几个这种省过团体,譬如陆世仪似乎参加了另一个"直言社",该会也期待在聚会之日,会友能尽情报告自己的过失。直言社比考德课业会晚,而且基本是不同的两批人所组成的,考德会创于1637年(崇祯十年),直言社创于1642年(崇祯十五年),前后有五年之差。据黄淳耀《陶庵全集》中的《陆翼王思诚录序》:

> 壬午春有同志斯道者十余人为直言社,前辈则有高叔英,友人则唐圣举、陈义扶、苏眉声、夏启霖,门生则陆翼王、张德符、高德迈、侯记原、几道、研德、云俱、智含兄弟,暨吾弟伟恭也。平居自考咸有日记,赴会之日各出所记相质,显而威仪之际,微而心术之间,大而君父之伦,小而日用之节,讲论切偲,必求至当之归而后已。……苟一言不合乎道,一行未得乎中,小经指摘,立自刻责,饮食俱忘。[169]

从黄淳耀的话看来,陆世仪一开始并不属于此社,但他后来也不时参加直言社互纠过失的活动。

---

[167] 陈瑚在《圣学入门书》的《序》里说,他们从崇祯丁丑(1637)年始,"定为日记考德法而揭敬胜怠胜于每日之首,格致诚正修齐治平于每月之终"。

[168] 我们在陆氏的《志学录》中也不时可以看到讨论经书的记载,如页7a,"崇祯十四年三月十四日"条。

[169] 黄淳耀,《陶庵文集》(收入《陶庵全集》,第1册)卷二,《陆翼王思诚录序》,页8a—b。

每个人的日记——《志学录》,是要供人家阅读的[170],社友俱集,互阅《志学录》的记载不少[171],这一类修身团体到处都有。就在考德课业会的同时,山阴祁彪佳(1602—1645)也与一群友人在浙东组织了规过会,他们在1637年(崇祯十年)三月初八日"泊舟白马山房,与管霞标诸友习静,晚互纠过失"[172]。1656年(顺治十三年)春,陈瑚参加了一个在庸夫草堂举行的会讲,他便观察到与会诸子"对圣像自书其过",仿佛严师在前,并说他们"谒圣毕,诸君子各书己过,交相劝勉"[173]。

社友们每天要结算,每十日要结算,除此之外,不定何时,大部分是半个月左右,还要反省自己的心理状况。陆世仪参加直言社的会集,经过会友的提撕之后一段时间,觉得有观察自己进退情形的必要,每每以口过、身过、心过多少进行结算。他所结算的东西及单位都值得注意,譬如有一条日记说:

> 自初十日赴眉声直言社至是日,凡半月。总计口过或少,然细检着亦未必能免也。身过则连晨晏起,多怠惰之气,又遇食饮时多不撙节。心过则欲念共起四次,虽起而旋忍,然心已不净矣。其他细数流注不胜其数,惟恶念不生耳。善状无一可举,但自省矜心将尽,识障稍轻,则或者近日寸进在此也。[174]

如果陆世仪对自己心理状态的描写可信,那么,在群体的帮助之下,道

---

[170] 譬如《志学录》"崇祯十四年三月二十三日"条,页10b记:"同蕃侯、圣传至草堂会讲,上午考德业,读志学录。"

[171] 同前书,"崇祯十四年四月十九日"条,页19b记:"午后至虞九草堂,圣传、蕃侯、日夏、尊素俱集,互阅志学录。"另,《黄忠节公甲申日记》"崇祯十七年一月二十五日"条,页29记:"同伟恭赴义扶社集,同社诸君各有精进意,互传日记。"

[172] 祁彪佳,《山居拙录》,在《祁彪佳文稿》,第2册,页1077。

[173] 陈瑚,《不违仁讲义》,在《确庵文稿》,无页码。

[174] 黄淳耀,《黄忠节公甲申日记》,"崇祯十七年一月二十四日"条,页27—28。

德转化的工夫确实有相当的效果,在十五天内,欲念只起四次,而虽起而旋忍。以精确的算术来计算欲念,这是向内探索的心性之学达到了最高峰,但这样精微的内省,也使得他们不可能发展出像功过格那样通俗化的运动。

以上所述的考德课业会、直言社等,俱是明亡前的结社。他们在当时感到最关心的是社会风习的败坏。在明亡之后,陈瑚及他的朋友们也陆续组织规过会,这时他们举会的迫切理由是对国家灭亡的反省以及对天灾人祸的警惕。

陈瑚在1648—1649年(顺治五年戊子至六年己丑)时,在江苏昆山附近的一个小乡村中与诸士倕和一群朋友们实行改过之学。到了1651年(顺治八年辛卯)因为目睹改朝换代、天灾人祸,痛自修省,故决定再约集友人为改过之会:

> 虽然,一家行善,一家必受其福,一人种德,一人必食其报,不言事应,而事应具存,况匹夫匹妇之诚有可以感天地动鬼神者乎!吾友诸鼎甫……自戊子、己丑,予在蔚村,相约澜、漕诸友,为迁善改过之学,月朝十五,则考其进退而劝戒之,鼎甫与焉,亡何,予徙隐湖,诸友各散去,遂以中辍。今春(1651,辛卯),鼎甫感于凶岁,重理前业,名其所日记曰《不欺录》。其自序曰:善事随遇随行,恶念随起随灭,一息尚存,此志不懈。[175]

由上面这段文字看来,诸士倕等人在改过之会中断后,又一度因为凶岁而重理前业,并名其日记曰《不欺录》。可惜我们日前看不到这份日记,或许诸氏的《勤斋考道日录》正是从这份日记中摘出的心得[176]。

---

[175] 陈瑚,《不欺录序》,在《确庵文稿》,无页码。

[176] 诸士倕,《勤斋考道日录·续录》(《丛书集成续编·哲学类》,第42册;台北:新文丰出版公司,1989)。

对规过会提倡最力的是颜李学派。颜元参与的第一个规过会创于1662年(康熙元年),最开始是一个文社,他与郭靖共、汪魁楚等十五人结会,立社仪,社长焚香,同拜孔子,然后"各聚所闻,劝善规过,或商质经史。讫,乃拈题为文"[177]。后来"拈题为文"的部分消失了,成为专门规过的团体。由文社慢慢蜕变为专门的社团是当时常见的一个现象[178]。

颜元回忆1664年正月四日,王法乾(?—1699)来,与颜元二人约定十日一会。会日,焚香礼拜孔子后,主客各就坐,"质学行,劝善规过"。到了三月的时候,这个会又有了发展,他们加进一件新东西——日记,他们觉得光是口头上劝善规过还不够,有立日记以备会质的必要。王法乾说:

> 迩者易言,意日记所言是非多少,相见质之,则不得易且多矣。

颜元回答王氏:

> 岂惟言哉,心之所思,身之所行,俱逐日逐时记之,心自不得一时放,身自不得一时闲。会日,彼此交质,功可以勉,过可以惩。[179]

为了心不得一时放,身不得一时闲,系统而全面地省过,他们决定立日记,然后见面时有书面的根据可以互相规过。

在颜元参与的一些规过会中,也有过波折,有人不习惯公开揭人之过,故"秘授一小封规失"[180]。1672年,王法乾因为接连丧妻、丧子而耽溺于《庄子》,这与颜元所倡的六艺之学严重相违,颜元"乃告以止

---

[177] 李塨,《颜元年谱》卷上,康熙元年"壬寅(1662)二十八岁"条,页9。

[178] 如万斯同等人组织的讲经会最初也是文社。参见王汎森,《清初的讲经会》,《历史语言研究所集刊》68:3(1997),页503—588。收入本书第三章。

[179] 李塨,《颜元年谱》卷上,康熙三年"甲辰(1664)三十岁"正月条,页11—12。

[180] 同前书,卷上,康熙元年"壬寅(1662)二十八岁"条,页9。

会"[181],两个月后,因为王法乾亲自前来悔过,声请复会,乃定仍每月之三、六日行规过会[182]。

除此之外,颜元还与王法乾五日一会,五日一送规过纸[183]。不是会友也可以送规过纸。从颜氏日谱摘录下来的《颜习斋先生言行录》中记载着颜元曾经告诉彭好古,要彭氏每五日投"规过录"一纸给颜元:

> 吾自得张澍而坐庄,得李仁美而冠正,得石孚远而作字不苟简。每当过将发,未尝不思三子也。今后许汝五日投规过录一纸。[184]

这有点像是写论文时到处搜集批评意见了。颜元每作回忆文字,都将他与王法乾共约为五日一见之规过会看成是自己生命史中的转捩点。他说甲辰(康熙三年,1664)以前,也就是遇到王法乾之前,"亦自分枉此生矣",直到与王法乾举规过会才又燃起成德的希望[185]。他在题其徒钟錂的日记中也说:"吾自幼多过,迨康熙甲辰,得交法乾王子,相期以圣人之道,订五日会,各为日记,逐时自检言行课程之得失,相规过而劝善焉。"他说自己将近七十岁而乾能无大过,而且对周孔之学似能有所了解,全是因为过去四十年改过上的努力[186]。

依照《颜元年谱》中所引日谱看来,王法乾常规颜元流于"杂霸"[187],

---

[181] 李塨,《颜元年谱》卷上,康熙十一年"壬子(1672)三十八岁"九月条,页36。
[182] 同前注,十一月条,页37。
[183] 颜元,《习斋记余》卷四,《答清苑冯拱北》;收入《颜元集》,页462。
[184] 钟錂编,《颜习斋先生言行录》卷上,《言卜第四》;收入同前书,页631。
[185] 颜元,《习斋先生记余遗著》,《上廷翁王老伯》;收入同前书,页597。
[186] 颜元,《习斋记余》卷十,《题记前示钟錂》;收入同前书,页588。
[187] 李塨,《颜元年谱》卷下,康熙三十一年"壬申(1692)五十八岁"十一月条,页81。

而颜元总不满法乾好《庄子》,不肯学习真正六艺之学[188],或"不系念民物"[189],此外,交责"为学不实"之记录亦时有所见[190]。足见这是两个相当不同的人,但总是想透过规过的方式将对方招以从己。

1681年十月李塨亦加入每月三、五日举行之规过会[191]。颜元与李塨除了在会日交质外,因为平时见面机会还多,所以订定规约,"以对众不便面规者,可互相秘觉也。云:'警惰须拍坐,箴骄示以睛,重视禁暴戾,多言作嗽声,吐痰规言失,肃容戒笑轻。'"[192]王法乾卒后,颜元对无人能够时时规其过失爽然若失,后来因冯绘升来学,遂与冯氏约一年两会,互相规过[193]。

颜元到处劝人行规过会,认为这是"忘一世之纷嚣,而酿一堂之虞、夏"的要着,譬如乙卯(康熙十四年,1675)《与高阳孙夷渊书》就希望他访求一二朋友,相与结社,演礼歌诗,互相规过[194]。又如河北沧州戴道默(？—1660)尚书致仕,与贫士及乡老结社,五日一会,颜元听到了,写信劝他们应增加互相规过的活动[195]。而颜氏学生子侄也有受其影响而举规过会者。如李塨之弟李培亦效法其兄立日记,逐时自省,"于是(颜)元门下侄修己、尔俨及门人李植秀、钟錂因俱鼓舞,各集册互相纠绳"[196]。

---

[188] 李塨,《颜元年谱》卷下,页36、81。
[189] 同前书,卷下,康熙三十八年"己卯(1699)六十五岁"二月条,页92。
[190] 同前书,卷上,康熙十六年"丁巳(1677)四十三岁"九月条,页47。
[191] 同前书,卷上,康熙二十年"辛酉(1681)四十七岁"十月条,页56。
[192] 同前书,卷上,康熙二十一年"壬戌(1682)四十八岁"九月条,页57。
[193] 同前书,卷下,康熙三十八年"己卯(1699)六十五岁"九月条,页95。
[194] 颜元,《习斋记余》卷四,《与高阳孙夷渊书》;收入《颜元集》,页456。
[195] 钟錂编,《颜习斋先生言行录》卷上,《学人第五》;收入同前书,页635。
[196] 颜元,《习斋记余》卷七,《季秋祭孔子祝》;收入同前书,页526。

李塨与学生们都把握见面的机会互质日谱。譬如他与常州恽皋闻师徒一生没见过几次面，但是每次见面，讨论修身功课时并不以随兴问答的方式进行，因为那带有太大的偶然性、选择性，甚至会互相隐瞒，他们所要做的是把随身携带的日谱拿出来"互质"。如1718年李塨六十岁时，闻恽皋闻到北京，因为蠡城与北京较近，所以李塨前往探视，"相见甚喜，互质日记"[197]。隔年，又在河北故城见面，李塨在日谱中也这样记录着："甚喜，互质日记。"[198]老学生久久不见面，一见面时，也是先看日记。如李塨在1720年曾想与方苞(1668—1749)换田，移家江南，在经过衡水刘邦司家时，也是先观其日记[199]。1709年当李塨五十一岁时，他与学生冯辰订半月一会学[200]。在1717年九月，冯辰来共质日记，互相规过时，李塨规冯辰"贫而怨，则志不卓"，冯氏规李塨"言人议先生力农致富"，李塨解释说自己并非刻意求富，而是因为平生志欲行道，今已迟暮，无所表现，故欲以农事显其"雄杰之余勇也"[201]。由两个人针锋相对之处，可见规过要能全无意气成分，也

---

[197] 冯辰、刘调赞，《李塨年谱》卷五，康熙五十七年"戊戌(1718)六十岁"条，页162。

[198] 关于这次见面互质日记，留有较详细的记录。李塨书皋闻日记后云："详阅大记，省察严，克治勇，所谓欲寡其过而未能也，圣学在是矣。然功力所在，存心应事而已。存心也，或染二氏之说。屏事息念，检摄灵明，一遇事牵念引，复觉昏劳，且梦魂亦为颠倒。不如专从圣学，无论有念无念，有事无事，皆乾乾惕若。敬以直内，所谓修己以敬者，心自有主，身自不扰，梦魂自尔清醒之为得也。应事也，或有周旋世故人情之见，则情故既去，自有懈怠。不如圣言所谓质直好义，察言观色，虑以下人，非以为人，即以成己，虚恭肆应，人自归怀之为得也。"恽皋闻亦书李塨日记后云："伏读大记，刻刻念念，以天下万世为怀。鹤之不肖，不以其顽鲁而弃之，谆谆诱接如此。鹤虽不敏，请事斯语矣。"冯辰、刘调赞，《李塨年谱》卷五，康熙五十八年"己亥(1719)六十一岁"八月条，页167。

[199] 冯辰、刘调赞，《李塨年谱》卷五，康熙五十九年"庚子(1720)六十二岁"十月廿二日条，页174。

[200] 同前书，卷四，康熙四十八年"己丑(1709)五十一岁"条，页128。

[201] 同前书，卷五，康熙五十六年"丁酉(1717)五十九岁"条九月，页161。

是不可能的。

与李塨相互规过的人,不限于其师颜元,或是他自己的学生,像其师之友郭靖共[202]、王崑绳[203]也受李氏规过。规过时对象不拘生熟。李塨在1709年一度应邀游幕,认识三位后进,他也"求三子规己过",而其中两位也不客气地指出他在与他们见面时"有交股一过",李塨表示拜受[204]。

规过会的教诲意味很强。即使是师徒互相规过,看似平等,但实际上也有占主导性的一方。颜元与其生徒互相规过时,生徒多规其性格上的缺失,如杂霸、躁而易怒之类,但颜元规其生徒时,则显然更着重在将自己学说——尤其是六艺、九容,及毋溺于诗文三点,尽可能地灌输给对方[205]。有时当然会出现思路针锋相对的情况。譬如颜元一度规李塨"策多救时,宜进隆古",而李塨则规其师"尽执古法,宜酌时宜"[206]。从这针锋相对的规过内容,也可以看出师徒二人思想宗旨有相当大的不同:颜元认为欲救当世,必须"隆古";而李塨则认为欲救当世,"宜酌时宜"。

在规过会中,互相摘发对方所不察觉或已察觉而不肯改正的错失时,其气氛是肃杀的,但情绪是纯真的。冯辰观察说,每当颜元、刘焕章(1614—1688)、王法乾、李塨四人会学,劝善规过时,是"互无回护,且

---

[202] 冯辰、刘调赞,《李塨年谱》卷二,康熙三十三年"甲戌(1694)三十六岁"条,页51。

[203] 李氏所规与颜元规劝王氏的话甚为相似——"规以养心谨微,倡明正道,斥去虚文。崑绳规先生虚受纳言"。同前书,卷四,康熙四十六年"丁亥(1707)四十九岁"条,页121。

[204] 同前书,卷四,康熙四十八年"己丑(1709)五十一岁"条,页131。

[205] 同前书,页14(1681年塨23岁)"习斋教先生加功九容",页18(1682年塨24岁)习斋"又规先生系心诗文之失"。

[206] 同前书,卷一,康熙二十二年"癸亥(1683)二十五岁"条,页22。

日记详录,不肯隐讳饰观"[207]。李塨在一次与恽皋闻争论的信上也说他们"每会劝善攻过,摘露肺腑,面赤发植不以为甚,以此雷霆斧钺受之熟矣。旁人见之,以为不近人情,而与习斋,直如头目手足互相救援"[208],充分显示出规过者率直认真的情形。

此外,互评日记之风在明末清初也颇为盛行。评者通常是受人敬重的老师,这取代了心学大盛时亲自见面点拨的那些场合。譬如蔚州魏象枢(1617—1687)因为崇敬刁包(1603—1669),所以每月固定送日记求刁氏评论[209]。在颜李学派中评日记之风更是盛行,而且是双向的师徒互评、父子互评[210]。譬如1680年李塨规其师颜元"言躁而长,犹未改",颜元甚为感谢,表示他正赖有良友来扶持,故从此起便持日记求李塨评[211]。隔年颜元在评李塨日谱时,发现其谱中代表善的白圈甚多,便评说"此非慊也,怠也。怠则不自觉其过,不怠则过多矣",颜元并表示自己的日谱中,一岁之中纯白的圈只有数个,他自己总是要到自勘私欲不生、七情中节、待人处事无不妥当时,才觉得满意而下一个白圈[212]。颜元评李塨日谱的记载还很多,此处不能齐论[213]。当王源决定拜颜氏为师时,颜元率源祭拜孔子,希望孔圣能使王氏"成德兴行,有功乾坤",这是先为他立定了人生的方向,接着便评王源的

---

[207] 冯辰、刘调赞《李塨年谱》卷二,康熙二十八年"己巳(1689)三十一岁"十一月冯辰按语,页45。

[208] 同前书,卷五,康熙五十九年"庚子(1720)六十二岁"三月复恽皋闻函,页170。

[209] 李塨,《颜元年谱》卷上,页9。

[210] 师徒互评见《李塨年谱》,页104;父子互评见同书,页183。

[211] 李塨,《颜元年谱》卷上,康熙十九年"庚申(1680)四十六岁"条,页53。

[212] 同前书,卷上,康熙二十年"辛酉(1681)四十七岁"三月条,页54。

[213] 譬如1700年,因为李塨自南方回来,受毛奇龄等南方学者影响,喜欢文字著述之业,颜氏在其日谱中记他评李氏日谱说:"评塨日谱,戒以用实功,惜精力,勿为文字耗损。"同前书,卷下,康熙三十九年"庚辰(1700)六十六岁"十二月条,页96。

《省身录》[214]。

李塨评他人日谱的记录也不少。譬如1703年"陈叡庵为日记,求先生评"[215],"钟錂金若至,求评其日记"[216]。过去是大师所到之处便有识或不识之人前来聆听演讲或受其点拨,现在则常代之以评日记。譬如1728年,李塨前往博野,与博野县令会于县署,署中素不相识的叶姓孝廉(叶新,？—1767)便持日记求评,细问之下,知道他是"闻习斋之学而兴起者也"[217]。

六

从日谱中自省的科目可以看出人格理想上的变化,同时,由日谱所记录的实际生活情形亦可以看到一些士大夫生活史上的变化。

随着商业的发展与习俗之日趋侈靡,明代后期生活有很大的变化,这时士大夫中至少有两种分化:有一类人如屠隆(1542—1605)、冯梦祯等文人,是尽情地享受这个时代;但是,另外有一群人拼命想抵抗这个时代。从日谱中可以看出这些人是以近乎战斗般你死我活的态度在

---

[214] 李塨,《颜元年谱》卷下,康熙四十二年"癸未(1703)六十九岁"六月条,页100;又如颜元评李培的日记时说"既脱俗局而高视远望,再敛空虚而自卑自迹,则可与适道矣"(《颜谱》,页100)。评日记时所根据的标准其实即代表一种理想的人格状态,譬如颜元评李塨日谱,各个阶段评语的重点都有不同。颜元评二十三岁的李塨说"学习多于读作,快甚"(《李谱》,页14);又如评二十五岁的李氏曰"气象多得之五公,亦善取于人矣"(《李谱》,页21);李塨三十五岁时,颜元评其日记说"气象振起,更宜检校身心,无怨无倦"(《李谱》,页50),这一种评语是针对李塨的实际状况而说的,因为这时李塨在日谱中描述自己"自愧放弃,务期心一刻勿放,身一刻勿颓"(《李谱》,页50)。

[215] 冯辰、刘调赞,《李塨年谱》卷三,康熙四十二年"癸未(1703)四十五岁"三、四月间,页96。

[216] 同前注,同年六至八月间,页100。

[217] 同前书,卷五,雍正六年"戊申(1728)七十岁"正月条,页193。

反省自己,如黄淳耀说:

> 灯下气象与午前后不同,如孤军复振,旌旗变色,遂欲鼓行而前矣,但气力尚弱,保住为急。[218]

他们的罪恶感非常深重,觉得处在那样的社会中,自己的生命是非常危险的存在。黄淳耀说:

> 此心一刻在即人也,此心一刻不在即禽也。日用动静间,一提撕,则去者可还也;一不提撕,则存者立亡也。矛头淅米剑头炊,不足喻其险。[219]

他们反省的内容是异常严格的。此处摘引李塨的记录为例:

> 之北街,寒甚,袖手偏,悔曰:"此非所以自强于手容也。"乃端拱。[220]

> 闻卖桃,动嗜心,既而曰:"一桃之微,可以丧身。"止之。[221]

> 人劝饮,加一觥,旋悔曰:"负颜先生教矣。"[222]

> 思昼有得,夜有思,近颇不愧。而入厕搔痒,不忘敬,未若戊寅年也,愧之。[223]

> 定行前视五步,不得流及左右,失则记过。[224]

他们省察的单位是极细微的,譬如陆世仪常说某日有不好念头几个。

---

[218] 黄淳耀,《黄忠节公甲申日记》,"崇祯十七年三月十五日"条,页58。

[219] 同前书,"崇祯十七年正月二十四日"条,页24。

[220] 冯辰、刘调赞,《李塨年谱》卷一,康熙十九年"庚申(1680)二十二岁"条,页9。

[221] 同前注,页7。

[222] 同前注,页10。

[223] 同前书,卷四,康熙四十四年"乙酉(1705)四十七岁"九月条,页109。按,这里的戊寅年当指康熙三十七年(1698)。

[224] 同前书,卷四,康熙四十五年"丙戌(1706)四十八岁"六月条,页117。

省察范围更深及梦境,也就是整个心灵世界全部在省察范围中,完全不容许有阴暗的角落。

他们当时当然没有现代心理学中"潜意识"的观念。不过我们发现,他们对梦与今人所谓"潜意识"之间的关系认识得相当深入,所以几乎每一位日谱的主人都将"夜梦"作为反省的要项[225]。譬如李塨有一天的日录记着如果"夜梦不静止,则黑其圈"[226],足见自我转化的范围要包括梦的领域。而且这个领域是只要心一发动便不自觉地留下痕迹,所以最不会欺骗自己。照他们的想法,潜意识是应该保持全然干净毫无渣滓,一旦梦境有问题,表示心灵的整体状态也有问题,所以李塨有一次说"自勘近梦不清",接着便说"必心不敬也"[227]。他们认为睡眠的时间占每天的将近三分之一,如果真想从事道德转化的工夫,这三分之一的时间自然不能放过。所以他们常说除了白天保持完全纯净,无一毫渣滓沉于心底外,睡时姿势也应当注意,使得梦能保持清正的状态[228]。他们似已相当清楚"潜意识"的渣滓会在夜间趁着意识筛选机制松懈时,乘机窃发。所以记下梦境的作用之一,便是提供人们反省潜意识底层的依据,有如去清除喜马拉雅山的积雪般。

"日有所思,夜有所梦",此时日记中常见的梦,相当程度地代表了人们关心的主题。当陆氏开始摸索《志学录》的记法时,便夜"梦与诸兄言纪事法,朗朗如昼"[229],也就是梦见自己与考德课业会的会友谈记

---

[225] 这当然不是他们所独有的现象。举个例说,明代日本入明僧策彦周明的日记,也是尽可能每天记梦境,所梦何人,梦是否清。见牧田谛亮,《策彦入明记の研究(上)》(京都:法藏馆,1951),其中有关梦境之记载随处可见。

[226] 冯辰、刘调赞,《李塨年谱》卷二,康熙二十七年"戊辰(1688)三十岁"十一月条,页41。

[227] 同前书,卷三,康熙四十一年"壬午(1702)四十四岁"条,页88。

[228] 李塨说:"卧用敬功,梦遂清。"同前注,页88。

[229] 陆世仪,《志学录》,"崇祯十四年三月初五日"条,页3a。

过的方法。这是因为那一天白昼,他"思得纪事法分二部,一纪讲学始末,一纪言行"[230],大概是因为白天想得太过投入,故夜间乃有此梦。这是很特别的梦境。一般而言,他们所记梦境中有几个较常见的主题:第一,梦见受女色诱惑而不动,如黄淳耀"夜梦见一冶女挑挠,不为之动,而亦有强制之意,此偷心未绝之征也"[231]。偷心未绝,是指藏在潜意识中好色的念头,趁着作梦意志松懈时发露出来。第二,梦见自己是忠节之臣或正在力抗异族侵略。有一夜黄淳耀作梦"忆其一乃见靖难时忠臣卓敬,心有敬之之意",他评论说"此亦是平时矜高自许之根所伏藏而偶现者"[232]。黄氏这些梦似乎反映他自己意志中忠诚意识之强烈。第三,梦见与古代圣人周旋,如黄淳耀"梦谒孔林,四顾庭庑云木苍然,思欲厕弟子之末而不可得,泫然垂涕"[233]。这个梦境在宋明儒者相当普遍,吴与弼的《日录》中便反复出现这个主题[234]。至于黄淳耀的第二种梦境,与他在写那一段日记十几个月后殉国成仁的经过,竟相仿佛。

从日谱的记载中也可以看出从"伦理的"到"礼仪的",由"内推外"到"外打进"的转变。明末日记中到处是验看念头之语[235],不但不及礼容,也未见到反省或督促自己从事社会性工作。甚至于国家动乱、边事紧急等大事,也都不大出现在日记上。以陈瑚、陆世仪等人的日谱为例,可以看出他们反省的范围是内倾的,心的状态仍是最重要的反省

---

[230] 陆世仪,《志学录》,"崇祯十四年三月初五日"条,页3a。

[231] 黄淳耀,《黄忠节公甲申日记》,"崇祯十七年三月二十三日"条,页77。

[232] 同前书,"崇祯十七年三月十七日"条,页63。或如"崇祯十七年三月二十四日"条,页77:"梦有贼见劫,胁之以兵,余怒骂曰贼,贼吾岂畏汝者。"

[233] 同前书,"崇祯十七年正月十六日"条,页20。

[234] 吴与弼,《康斋先生日录》,页3。

[235] 如黄淳耀,《黄忠节公甲申日记》,"崇祯十七年正月五日"条,页5。

目标。基本上他们仍然相信念头上正了,外面的行为便没有问题。故常可见到"日间有两个不好念头"[236],或"口杂,身无过,心发一欲念,可恨之极"[237],或"又发一欲念,欲根久而不断,纵有绝欲之事,与不绝等也"[238]的记录。他们在相当程度上仍然相信"要之心正则百物皆正,所谓动容周旋中礼也"[239]。

不过从日谱中吾人也可以看出清初礼容之学已开始有兴起的倾向。陆世仪《志学录》中只偶尔说"坐谈时言容手容不肃"[240];至于颜元、李塨,从他们日谱中的《常仪功》及所记的内容看来,他们处处皆讲"容"。他们也都追溯到明季心学家邓潜谷(1528—1593)提倡九容之学是一项重要的突破[241],足见这在当时以内本论为主的思潮中占有很特别的地位。

九容之学复兴,而且成为日记中反省的主要题目,足见道德修养工夫由抽象的道德准则到日常生活道德之转变。尤其重要的是由内本论向礼的转变,从内在看不见的心灵状态到外在看得见的行为仪节的谨守。这反映了后心学时代的人间秩序,偏重以外在的礼容作为内在心性的基盘。颜李极为讲究古礼,他们的文字中极多古礼细节的讨论,而且他们也尽一切力量,希望将之付诸日常实践。在他们每日省察自己言行的过程中,作为对照的依据也泰半是儒家的古礼,而且其中许多是

---

[236] 如黄淳耀,《黄忠节公甲申日记》,"崇祯十七年三月二十五日"条,页78。
[237] 同前书,"崇祯十七年二月二十日"条,页50。
[238] 同前书,"崇祯十七年二月二十三日"条,页51。
[239] 同前书,"崇祯十七年一月二十五日"条,页29。
[240] 陆世仪,《志学录》,"崇祯十四年三月初一日"条,页1a。
[241] 李塨,《颜元年谱》卷下,康熙三十年"辛未(1691)五十七岁"七月条,页77说:"观邓汝极传,以当时心学盛行,崇证觉,以九容、九思、四教、六艺为多,汝极驳之曰:'九容之不修,是无身也;九思之不谨,是无心也。'先生续曰:'四教之不立,是无道也;六艺之不习,是无学也。'"

两千年所不行的礼文,即使经过仔细考核仍无法重建[242]。

此处要举颜李日谱中的一些记录作为例子,来讨论这一变化。颜元早年有一次静坐,观喜怒哀乐之未发,觉得心情无比和适,"修齐治平都在这里"[243],王源后来不客气地加以批驳,他说心里面的境界,与外在的治平没有关系[244]。在本文前面已经提到过,有一次李塨对颜元说:"近日此心提起,万虑不扰,只是一团生理,是存养否?"颜元回答:"观足下九容之功不肃,此禅也,数百年理学之所以自欺也。"[245] 朱主一有一次也对颜元说:"用习礼等功,人必以为拏腔做势,如何?"颜元正色回答他:"正是拏腔做势,何必避?……拏得一段礼义腔,而敬在乎是矣!"[246] 从师弟的应答之间,可以反映由心性到礼容的转变。

由于颜元始终偏向外面而忽略内面,所以李塨偶尔也感到不满足,李塨南游时将陆世仪的著作返告其师,欲以陆氏的心性存养补师门专讲事功经济之缺憾[247]。但颜元始终不曾加以重视。而李塨《诗经传注题辞》中说:"予自弱冠,庭训外,从颜习斋先生游,为明德亲民之学。其明德功课,则日记年谱所载是也。"[248] 观其日记年谱中所载,其实也不过是对自己是否恪遵礼学的反省,足见其工夫重点之所在。

另外一个值得重视之处是:即使在这个时代已经有人开始质疑

---

[242] 冯辰、刘调赞,《李塨年谱》卷三,康熙四十三年"甲申(1704)四十六岁"条,页102。

[243] 李塨,《颜元年谱》卷上,康熙三年"甲辰(1664)三十岁"五月十五日条,页12。

[244] 同前注,王源按语,页12。

[245] 冯辰、刘调赞,《李塨年谱》卷二,康熙二十八年"己巳(1689)三十一岁"四月条,页41—42。

[246] 钟錂编,《颜习斋先生言行录》卷上,《王次亭第十二》;收入《颜元集》,页665。

[247] 钱穆,《陆桴亭学述》,氏著,《中国学术思想史论丛》(台北:东大图书公司,1980),第8册,页373。

[248] 李塨,《恕谷后集》卷十一,《诗经传注题辞》,页136。

《大学》作为理学核心文献的地位[249],可是,《大学》的八目仍然是指导人们由个人到天下的生命蓝图的重要依据。换句话说,当时儒家士大夫似乎也很难跳出这个格局的限制。陈瑚、陆世仪这个修身团体每十日分八步作一结算[250],但是从日谱的记录可以看出,八步之中超出个人修省的部分,主要是"治平"类,它有一个特色,即包括的范围异常空泛。此处我举陆世仪《志学录》中"治平"类的几条资料作一说明。譬如:

> 作讲学纪事凡例六条。记事式二叶。思以女配亡友遗孤。肃清亡友门庭。思得相观录法。纪诸兄言行八条。[251]

> 应援亲戚。公事谒官长。为友人思得悦亲之道。思辑会讲集说。代同善会作致州尊书。与通侠论理学。与景贤说书义。[252]

> 与周戺工谈理学。[253]

> 不谋钱靖侯私事。[254]

> 与过在苏论学。与虞九晤谈一夕。[255]

> 笃友谊。与孚光讲性善义。[256]

> 平息登善家横逆之事。[257]

> 消弭虞九兄家大讼。[258]

---

[249] 陈确,《大学辨》,收入《陈确集》(北京:中华书局,1979)。参见王汎森,《清初思想中形上玄远之学的没落》,《历史语言研究所集刊》69:3(1998),页557—587。收入本书第一章。

[250] 陆世仪,《志学录》,"崇祯十四年三月十日"条,页5a—6a。

[251] 同前书,"崇祯十四年三月十日"条,页5b—6a。

[252] 同前书,"崇祯十四年三月二十日"条,页9b。

[253] 同前书,"崇祯十四年八月二十日"条,页61a。

[254] 同前书,"崇祯十四年八月三十日"条,页64a。

[255] 同前书,"崇祯十四年九月十日"条,页66b。

[256] 同前书,"崇祯十四年九月二十日"条,页69b。

[257] 同前书,"崇祯十四年十月十日"条,页76a。

[258] 同前书,"崇祯十四年十月二十日"条,页79b。

> 与王原达论儒释。[259]

足见他们认为平息他人家里的讼事或争端，为友人思得悦亲之道，与人论理学、论儒释、谈性善、说书义都可以算是"治平"之学，但是晚明通俗宗教蓬勃一时的社会福利事业、社会救济工作，或是属于公共生活的部分，除了陆世仪在《志学录》中时常提及的"同善会"外，在其他人的日谱中都不常出现。社会福利的性质不强，从事社区或国家经世之务的色彩也不浓厚。比较例外的是陆世仪参与同善会的活动，陆世仪曾把有关同善会的活动列为其"治平"方面的成绩[260]。

在明末清初的文献中，陆氏《志学录》中保留了最多同善会活动的资料，这些资料显示出他们的活动与功过格的实行者有所不同。因为功过格是以个人为单位计算功德，所以善举的特色偏重于个人所从事的社会救济等工作；而陆世仪他们认为善行是不为个人福报的，故从《志学录》看来，似乎更重视的是团体性的救助工作，譬如有一个亲戚前来求助时，陆氏要对方改向陆氏所属的同善会求助[261]。

七

簿记式的日谱主要是受功过格影响而产生的，但又与功过格立异，并且要在道德实践的领域上与功过格争领导权。但是它们之间许多明显的差异，使得日谱无法被广大的下层士大夫或平民所接受，无法形成一个平民运动。

---

[259] 陆世仪，《志学录》，"崇祯十四年十月三十日"条，页82a。

[260] 同前书，"崇祯十四年四月二十日"条，页20b："同善会事一日。"

[261] Joanna Handlin Smith, "Benevolent Societies: The Reshaping of Charity during the Late Ming and Early Ch'ing," *The Journal of Asian Studies*, 46.2(1987), p. 327.

首先是道德与幸福是否能密切关联的问题。在儒家的思想传统中，这两者是不可能密切相连的。孔子基本上是一个俟命论者，孟子则主张修天爵以俟人爵[262]。东汉的思想家王充（27—91）说"偶遇"，东晋的神灭论思想家范缜（450？—515）也有类似的思想[263]。他们都不曾在道德与幸福之间创造一个等号。不过,佛教所传进来的报应观则相当程度地克服了这个问题[264]。宋明理学本身也未提出办法来解决道德与幸福问题。正统的理学家认为,道德行为本身即是它自己的目的,所以不必再去问是否有福报跟随而来,而且认为企求福报的想法是错误的。理学家固然也在相当程度上相信《书经》中的"作善降之百祥,作不善降之百殃",但是通常是在灾祸之后自我警醒,而很少去揣想自己的善行可以立即打开命运的大门。譬如王畿（1498—1583）在遭到大火之后自讼,反省自己是否因为道德修养上的过咎而导致这一场大火,即是一例[265]。

在晚明,功过格等善书提倡"现世报",人们可以借着日常的功德打开自己命运的大门,也可以很快地在道德与幸福之间得到预算的平衡,不必等到来世。袁了凡本人的故事告诉人们,累积了多少善行便可以生子,再积多少可以中进士。有了道德行为,马上可以得到福报。而且,这一次的许诺与保证比佛家更直截了当,不需地狱、不需轮回,而是人活着的时候马上可以得到的"现世报"。在各种功过格的版本中所

---

[262] 傅斯年,《性命古训辨证》,收入《傅斯年全集》(台北：联经出版公司,1980),第2册,页639—640。

[263] 森三树三郎著,萧英彦中译,《中国思想史》(台北：文思出版公司,1981),页18—25、44—45。

[264] 同前注。

[265] 王畿,《龙溪王先生全集》(《四库全书存目丛书·集部·别集类》,第98册)卷十五,《自讼问答》,页26—36。

见到的种种激励人行善的故事,都一无例外地在阐述按照功过格行善之后所能带来的现世幸福,尤其是科举上的成功以及子嗣上的繁衍。甚至连最反对功过格的刘宗周也被拉进去,作为行之有验的一个例子[266]。人与命、道德与幸福,似乎有最紧密的对应关系。这一路思想很能打动广大的人民,影响力非常强大。

"现世报"的思想与袁黄的"立命"思想有密切关系。袁黄的《立命篇》鼓励人可以透过自己的道德行为,决定自己的命运,它对道德带来幸福的许诺是斩钉截铁的。讨论袁了凡的立命说,不能不谈一谈明代心学中最具影响力的一支——泰州学派的"造命""立命"思想。儒家"命"的思想有过无数变化,但孔子的生死有命、尊天命、畏天命始终是主流。正统理学中基本上也是以俟命论为主流,但是王艮(1483—1541)提出了造命说。王艮的造命观可能与其思想中的平民性有关。为了要鼓舞平民百姓,而且为了给信众建立一种乐观的、向上的情绪,相当自然而然地提出"造命"之观点,说服百姓只要能努力,命运便握在自己手中。王艮在《与徐子直》中便说:"我命虽在天,造命却由我。"[267]而罗近溪的老师颜钧在《自况吟》中也吟道:"我欲斯人生化巧,御天造命自精神。"[268]而袁黄正是泰州王艮的信徒。事实上,明代后期两种通俗信仰的提倡者皆与王氏有关,一个是"三教合一"的林兆恩(1517—1598),一是《功过格》的袁黄。林兆恩可以说是王艮的再传弟子,而且吸收了不少王艮的思想。袁黄原来也是王艮学说的信从者[269]。

---

[266] 《功过格分类汇编》(《有福读书堂丛刻·续编》清光绪壬寅年仪征吴氏刊本),"功过格灵验",页4:"刘宗周行此格,刻小谱行世,后为都宪。"

[267] 王艮,《王心斋全集》(京都中文出版社据日本嘉永元年和刻本影印;台北:广文书局,1987)卷五,《与徐子直》,页15b。

[268] 颜钧,《颜钧集》卷八,《自况吟》,页67。

[269] 柳存仁,《和风堂文集》(上海:上海古籍出版社,1991),第2册,页996—997。

但晚明的正统儒家最排斥的,也正是道德能与幸福这样清楚而直接地联起来的想法,那些对功过格进行修改的儒家正统派都刻意强调这一点。但是,一旦没有现世报的成分,它的吸引力便大大降低了,许多人对之感到不满足。最能说明这种不满足的人,是原来遵行刘宗周《人谱》,但后来因为不满于其有"证"无"验",而改行功过格的人。这里想举两个例子:第一个是《嘉庆山阴县志》记张际辰:

> 际辰习闻证人之学,……既尝受《人谱》于师,后复悟《谱》学主修、不主验,乃盟诸神祇,力行所谓《太微功过格》者,意主于修省,无邀福想……[270]

第二个是陈锡嘏(1634—1687)。他原本是刘宗周《人谱》最忠实的提倡者,可是后来却编了一部《功过格汇纂》,由他的转变也可以看出只关注道德修养的《人谱》无法满足一部分人的情形。

试想,如果这个问题不是很严重的话,何以陶望龄(1562—1609)、陶奭龄(?—1640)的弟子们会如此热切地实行功过格,而秦弘祐会模仿立《迁改格》。陶奭龄《功过格论》中说明功过格可以接受,而且应该接受,他说:

> 或曰为善去恶,在心而已,奚必是格?予曰:子读书耳,奚必课程赏罚耳?奚必律令出纳耳?奚必会计哉?不知会计当则盈缩可稽,律令明则趋避不惑,课程立则作止有度,否则勤惰任心,高下任手,有余不足,无从参核也。徒曰我为善,我去恶,曾为几善,去几恶耶?[271]

---

[270] 徐元梅等修,朱文翰等辑,《嘉庆山阴县志》(台北:成文出版公司影印本,1983)卷十六,页3b。

[271] 《功过格分类汇编》,页3。

但是当时儒家思想圈中占上风的,始终是不讲"验"的部分,认为能行善已是心中最大的满足。所以,我们可以说功过格"立命""造命"的性格,在儒者的日谱中完全见不到了,因此也限制它转移世俗的力量。

在袁了凡的《功过格》中,不识字的人也得到了安排,《了凡四训》这样说:

> 余行一事,随以笔记。汝母不能书,每行一事,辄用鹅毛管,印一朱圈于历日之上。或施食贫人,或买放生命,一日有多至十余圈者。至癸未八月,三千之数已满。[272]

袁氏规定:读过书的人应该将日常行事记下来,并记功过,不识字的人可以用鹅毛管打印作为功过的标志。但是在我们所见到的几种日谱中,除了陈瑚的《圣学入门书》之外,并未见到为不识字的人做任何安排,同时也未见到士大夫以外的人立日谱的记载。故王学及晚明善书运动中极为浓厚的平民性消失了,日谱成为纯粹士人修身的记录。

此外,在功过格等善书的科目中,可以看出浓厚的社会慈善、社会福利的色彩,譬如施棺、掩骸、放生、救济等。但是在儒家的种种修身簿籍之中,这个面相越来越萎缩,到了颜李的日谱中几乎看不见这一面;而颜李除了内省之外,基本上关心的是治国平天下之事,以及是否遵照古礼来规范自己的日常生活。所以这些日谱反映了当时士人生活中社会面的消失。

在明末清初那一批模仿功过格的修身簿册以及日谱,都有一个共同的特点:钱不能再折换成道德资本了,而道德资本也不能折换成当世的或将来的福报[273],这是对晚明以来与商业密切联系的道德心态的逆转。值得注意的是,许多研究都指出,明清之间,除了因改朝换代有过

---

[272] 袁黄,《了凡四训白话解释》,页49。

[273] 关于钱财可以折换成道德资本,见 Cynthia J. Brokaw, *The Ledgers of Merit and Demerit*。

一段动荡外,经济情况基本上没有大变化,但是这一辈士人们却不再像晚明士人那样,认为钱能通神了。从日谱中各种反省的条目看来,由金钱的付出便可以称为善行的条目几乎看不见了,连物质上的奉献足以称善的想法也减到最少,所有的条目都回到儒家最正统的德目。

提倡功过格的人相信,有鬼神会在人所不知处监督一切反省的过程,所以人不可能不忠实地写下自己内心世界的所有善过。陶奭龄的《功过格论》将人下笔记录时,觉得鬼神森然满目的心情写得相当生动。他说:

> 或曰:是固然,其如明功隐过何?予曰:子勿虑也,人有明功隐过于人者,未有明功隐过于鬼神者也。我日而为之,夜书而志之,焚香染翰,幽独无侣,四顾森然,鬼神满目,以心莅手,以手莅笔,一点一画,罔敢不诚,而明功隐过乎哉?[274]

但是纯正的理学家基本上认为鬼神只是二气之良能,所以在日谱中并未安排鬼神职司监察之事。不过,他们有两层保证,一个是规过会中会友互评日记,互相规过,他们假设由于会友见面的机会,在相当程度上可以从表现的行为来对照该人日记中的记录。他们有时是规定会友在圣像前切实省过,此处所谓"圣像"是指学堂里的孔子像,足见孔子像有时具有类似佛道神像之功能,代表一个冥冥中的监督者。不过,这一类的记载并不常见。真正扮演把关角色的是"天"。"告天"二字在各种与日谱有关的文字中不断出现,而且都是在最后想求一个客观、全知全能的判断者及监察者时出现,而且告完天之后,通常要将日谱焚去,而得到一种"结案"的感觉[275]。但是,宋明理学以"理"注"天",以鬼神

---

[274] 《功过格分类汇编》,页3b。
[275] 程玉瑛,《晚明被遗忘的思想家:罗汝芳诗文事迹系年》,页9记罗汝芳于嘉靖十一年十八岁时焚《克己日录》。

为二气之屈伸,故不认为有鬼神或人格神的天,那么"天"与鬼神也不易扮演主宰者、监察者的角色了。

最后,罪的被除是许多宗教中相当关键的一环,有的是告解完即被除,有的是靠呕吐来被除,有的是靠书写之后焚烧来被除,有的是在书写之后放在水中漂流,不一而足。中国的宗教里,佛教、道教也都有被除罪过的方式[276]。但是在宋明理学中,过错是无法被除的,即使在谈到如何消除罪过时也都含糊其辞。对他们而言,功罪无法互相折抵,如果在计算之后,发现罪过太多,除了不断自责或是焚香告天之外,实在没有办法可以彻底清除罪感。在本文所讨论的几种日谱中,对罪的被除都没有仪式性的安排。这是一个关键性的缺环,使得遵行它的人无法获得内心的纾解,罪过永远紧紧地跟着自己。

以上几点,都是儒家修身日记的局限,是使它们不能普遍化、平民化的重大局限。此后随着考证学的兴起、内省面的逐渐褪失,修身日记基本上便不流行了。

结　论

修身日记是一个思想史与日记史研究中都被忽略的课题。在这篇文字里,我主要是以明末清初的几种日记、日谱为例,讨论它们大量出现的思想条件。文中指出:宋明理学修身日记的传统,明季功过格运动对儒家士人夫的刺激,理学思想由重悟到重修,及主张在日常生活的实践中达到超越的思想,还有士人对晚明风俗习染的不满,都是激起这一波修身日记运动的重要原因。

---

[276] 如杨联陞的《道教之自搏与佛教之自扑补论》,《历史语言研究所集刊》,第 34 本上册(1962),页 275—289。

第六章　日谱与明末清初思想家

谈到日谱在学术思想活动中所扮演的角色时,我主要是以颜李学派的材料为例,说明在知识分子群体性活动逐渐衰歇之后,心学家原来那种面对面的启悟点拨变得越来越不可能时,日记或日谱所扮演的种种角色。

文中也谈到几种日记中所反映的思想心态:譬如当时士人对纯粹享乐的人生态度感到不满意,有一种愈来愈趋向严格化、纪律化的倾向。同时思想界也出现了一种逐渐"外转"的倾向——重视外在仪节对人生的规范作用,放弃过去那种只要内心了悟便一了百当的想法。这股潮流与清代礼治社会的兴起自然有关。

但是,比起功过格之类的善书,这一波修身日记显然有几点不同。首先,调子越唱越高,有一种内卷化(involution)的倾向,使得它们不可能是浅俗易行的东西,所以它们不是功过格那样平民性十足的运动。而且修身日记中只讲"修"不谈"验",对罪恶感的祓除等问题也都最严守儒家正统的精神,所以它不像通俗宗教运动那样吸引人,基本上只在士大夫圈中流行。这些使得它们在与通俗宗教竞争对平民百姓教化的领导权时,显得有局限性,也使得明代王学泰州学派一支那种士农工商一起共学的风潮逐渐平息。随着考证学兴起,左经右史、喘息著书的生活更是平民百姓所不可能企及的,儒者的学问事业与庶民百姓便形成两条不大可能交会的直线了。

第七章　从曾静案看 18 世纪前期的社会心态

清雍正朝的曾静案,在经过晚清革命志士的渲染后,成了反清倒满的一股动力。几十年来,讨论此案的学术文字并不乏见,尤其是对整个事件的过程大致已有相当详尽的描述。本文则想从几个前人较少着墨的角度来看这个事件:第一,从曾静(1679—1735)酝酿投书的整个过程看民族思想与社会经济失序之间的互动。第二,曾氏是一个不得意的生员,其思想心态多少有助于我们了解沉滞在帝国底层士人的心态。第三,我想以这个案子作为媒介去了解从雍正到乾隆对华夷等问题观点之转变,并探讨何以强调敬天法祖的清廷,在乾隆即位后却马上将其父下令纂辑的《大义觉迷录》(以下简称《觉迷录》)查禁,汇送礼部。第四,从曾静案发到定罪,以及《觉迷录》颁布各级学校定时学习之后,究竟一般士人如何反应,是极值得注意的。但以清代文网之密,涉及此案的材料,保存极少,所以作者希望透过有限的材料探其一鳞半爪。

曾静在成为"弥天重犯"(曾静在《觉迷录》中之自称语)之前,只有两本日记,除此之外,当大吏搜查其宅时,除了口供外,也不曾留下任何文字。不过,雍正(1678—1735)在讯问曾静时,一再引用他的两本日记:"知新录"及"知几录",替我们保留了一些曾静日常的思想状态。此外,如果将雍正由审问人转化为类似人类学调查中的发问人,然后审慎地使用曾静的几十道签供,也可以勾勒出一些蛛丝马迹来。

不过,所有以审讯口供作为重建生活史或心态史的尝试都是踩在地雷

第七章　从曾静案看18世纪前期的社会心态

上的危险工作。勒华拉杜里(Le Roy Ladurie)的《蒙塔尤》(Montaillou),便因以审讯口供为史料而招致一些怀疑[1]。因为犯人在严刑拷打下,不免因恐惧或脱罪而谎骗、扭曲。所以,尽管雍正在曾静案发后便一再叮嘱"不必刑询","前来途中加意照看,勿令受苦",但曾静内心的恐惧必然不可轻忽。不过,曾静在审讯中常坦白述说先前的种种错误想法,然后彻底认错。如谨慎爬梳这些道白,对他案发的思想心态仍能有所了解。

一、湖广填四川

曾静案的最初阶段必须与清代湖广填四川的潮流合看。从康熙朝的前期开始,皇帝便不断地鼓励湖广(包括现在的湖南与湖北)地区的人民移民四川,一般称之为"湖广填四川"。这些移民多是因为天灾人祸以及重税,在故乡难以维生,故大量迁川。到了雍正年间,湖南情况亦无好转,我们常可以看到雍正时,皇帝问起当地米贵的情形[2]。

---

[1] 关于搜查曾宅及雍正下令"不必刑询""勿令受苦",分见《海兰等奏拿曾静张熙谴中翼折》《杭奕禄等奏进曾静等口供及著作折》《杭奕禄等奏曾静等口供及解京日期折》,《文献丛编》(北平:故宫文献馆,1930— ;台北:台联国风出版社1964年影印本),页26、28、29。至于 Emmanuel Le Roy Ladurie, *Montaillou: village occitan, de 1294 à 1324* (Paris: Gallimard, 1975) 一书中所使用口供材料的问题,参考 Peter Burke, *The French Historical Revolution: the Annales School, 1929-89* (Stanford: Stanford University Press, 1990), p. 83; Peter Burke ed., *New Perspectives on Historical Writing* (University Park, Penn.: The Pennsylvania State University Press, 1991), p. 29 and p. 39 note 17。

[2] 关于湖广填四川的问题,参考王纲,《"湖广填四川"问题探讨》,《社会科学研究》3(1981),页83—90;田光炜,《"湖广填四川"的移民过程》,《四川师院学报(社会科学版)》1981:2,页79—82。根据王纲一文,清初有大量湖广人避赋入四川,而康熙四十一至四十六年,以及五十四至五十七年的九年间,在湖北、湖南都发生了大面积的水灾、旱灾、雹灾、蝗灾和瘟疫,引起了普遍饥荒,故大量人民迁往四川。雍正年间,因歉收等问题仍逼使大量灾民逃川。如同治《新化县志》卷一上,页21,说雍正五年因湖南歉收米贵,"相率而迁四川者不下数万"。不过他们有时遇上四川发生大灾害,生活更加悲惨。至于湖南米贵问题,见林毓辉、史松,《雍正评议》,收于《清史研究集》第一辑(1980),页65。

依照现代学者所重构的旱涝资料，在雍正三、四年（1725—1726）间，湖南一地旱涝之灾尤其严重[3]，雍正五年（1727）时，湖南严重歉收、时疫流行，这些灾荒导致数万灾民移往四川[4]。本文的主角曾静便于雍正三年杂在这一批移民潮中。

在曾静准备移民四川的那几年中，四川成都街上有一疯汉卢宗汉大呼："岳公爷带川陕兵丁造反了！"后来卢宗汉被逮。在故宫博物院于1930年代刊布的一件卢氏供状中，卢氏说他原是从湖北黄州移民四川。在审讯中，卢宗汉不断提到"田土""造状""病苦"之类字眼[5]。几种研究湖广填四川的文字中都指出，移民与当地人之间常产生土地所有权的冲突，常有地主声称某片新辟土田是他所旧有，这类事情屡屡导致缠扰不休的诉讼。由前面提到的几个零碎的字眼可以推测卢宗汉大概也是在四川的开垦工作不顺利，甚至卷入与四川当地人的土地纠纷[6]，所以有种种因挫折而起的疯狂举动，在无限的挫折沮丧之下，使他将改变这一切失意的希望投射到当时驻于成都的川陕总督岳钟琪（1686—1754）身上。所以"岳公爷带川陕兵丁造反了！"的狂呼，实代表一种主观的投射。但是，为什么岳氏会成为卢宗汉投射其幻想的目标？首先，岳钟琪是岳飞（1103—1141）的后代。抗金名将岳飞在中国历史上，早已是领导汉人捍御胡人的一个代表性人物，他的故事透过各种通俗小说、戏曲等，久为各层社会所耳熟能详。一般对现实不满而又将之归罪于满族统治的人，可能因岳钟琪出身岳飞之后而有种种幻想。

---

[3] 参考中央气象局科学研究院编，《中国近五百年来旱涝分布图集》（北京：地图出版社，1981），页134。

[4] 王纲，《"湖广填四川"问题探讨》，页89。

[5] 见《四川提督黄廷桂奏卢汉沿街叫说岳钟琪造反折》，《文献丛编》，页104。

[6] 移民与四川当地人的土田纠纷极为频繁，参见田光炜，《"湖广填四川"的移民过程》，页80。

第七章　从曾静案看18世纪前期的社会心态

岳钟琪同时也是第一个成为川陕总督的汉人。由于他的战绩,以及他与雍正合作铲除其上司年羹尧(1679—1726),他很快地在雍正三年被擢为川陕总督,统领十几万名兵丁。由于这是一支庞大的武力,所以大概从那时开始,民间的种种谣言便起来了,说岳钟琪不稳,进奏给皇帝的谤书合起来便有一箩筐之多;同时还说他曾上谏书给皇帝,说了些不合时宜的话,故激怒了雍正。隔年,在四川谣言越传越烈,人们说岳钟琪已经被皇帝处罚,同时他的儿子岳濬(？—1753)已经被逮捕[7]。这些谣言并非全无根据,确有大量满洲官员攻击岳钟琪的奏折,但是满官对他的种种诋谤与汉人对他的种种幻想是基于一样的理由:岳钟琪是岳飞之后,又是第一个打破康熙帝汉人不得为川陕总督禁令之人,手中握有绝大的兵权。其实,岳氏当时君眷正深,而且绝无任何可资上述种种联想的举动[8]。

如果将上述谣言、期望试作重建,大致可以理出这样一条脉络来:当时人想象当汉人遭异族欺压之际,岳钟琪必会如乃祖一样起而领导汉人。而且岳氏对当时传言中雍正的种种失德必有所知,对频仍的天灾所造成的人祸必定不能忍受,故必有措词极强硬的谏书上呈皇帝,导致雍正的勃然大怒,而终致引起他的被罚及其子岳濬的被捕。而且,正因为这些惩罚,岳钟琪极可能要领川陕兵叛变了。

就在卢宗汉狂呼"岳公爷带川陕兵丁造反了"的前两年左右,远在

---

[7] 见《王国栋奏报讯问陈帝西等口供折》及《王国栋奏覆讯陈帝西口供及解京日期折》《陕西总督岳钟琪奏辩谗毁折》,《文献丛编》,页30—32,104—105;并参考冯尔康,《雍正传》(北京:人民出版社,1985),页222—223。

[8] 当时旗人对岳钟琪以汉人而居军事要职之不安,参考徐珂,《清稗类钞》(北京:中华书局,1986),第八册,页3608"岳襄勤交怡亲王条":"岳襄勤公钟琪居京师,怡贤亲王与之纳交。一日,岳以忌之者多,不克保身为忧。王遂于奏对之暇代为陈之,岳不知也。世宗曰:'既如是,可令其改入旗籍,当无敢有撼之者。'"徐珂《清稗类钞》不注出处,故不知此记载来源。但此故事即使非真,也显示一事实:当时传言认为旗人对于岳钟琪握重兵不放心。

湖南的曾静受困于天灾时疫，加上新被褫落生员资格，亦打算前往四川开垦[9]。但当曾静从老家郴州坐船行至长沙时却中途折回，因为在长沙市街上，他看到"五星联珠"的告示。对于这一吉兆，曾静的解释是他几年来心中蕴蓄的井田制理想要得到实现了。他想，一旦井田实行，天下人都有田可耕，故不必迁川了[10]。但他等了两年多后发现井田仍未实行，故派遣他的学生张熙（？—1735）到成都伺机投呈"生员应诏书"给岳钟琪，历数雍正罪状，劝岳钟琪反满。这两年多时间内的转变很值得注意。此下，我想试着利用有限的口供资料，重建曾静的生活史及思想上的转变。

曾静于1679年生于湖南郴州永兴县（大约衡阳南方七十五里）一个叫十九都的小山村中，附近住着不少苗人。曾静年幼丧父，故家中只有老母、妻子陈氏，以及几个小孩。曾静的妻子有一个兄弟，因为穷困而于康熙五十七年（1718）由湖南迁往四川谋生。曾静有一长兄也是因为太穷，所以强迫太太改嫁[11]。科考与教书馆似是曾静生活的重心，但他却从未通过乡试。

由于科考的挫折，曾静后来对雍正抱怨，光是他的家乡永兴县一地，每年便有将近二千四五百童生参加县试，还有将近两千生员参加乡试。曾静说这么大量的举子只能造成大量的无耻之人[12]。作为永兴县两千生员中的一名，如果不是在他五十岁的时候劝岳钟琪谋叛，成了举国震惊的"弥天重犯"，其事迹必永远不为后人所知。

---

[9] 曾静于雍正三年失去生员资格，又于是年迁川，两件事之间必有关联。

[10] 《大义觉迷录》（台北：文海出版社，据1730年版影印），页155—156。普林斯顿大学葛斯德东方图书馆亦藏有雍正年间内府刊本《大义觉迷录》一部，版式内容与此册完全一致，唯缺页数处，如卷二缺页3、26，卷三缺页2，卷四缺页43。

[11] 同前书，页217—218。

[12] 同前书，页157—158。

第七章 从曾静案看18世纪前期的社会心态

如果不是生活困苦，而官员又太苛急，曾静的种族意识不一定会被挑起。从曾氏供词可看出他最大的不满是土田尽为富户所占以致分配不均的问题，所以他对《孟子》中的井田制最为向往。雍正三年这一年是曾静潜意识中的一些念头浮现之关键时期。在这一年，他因参加岁考被黜居五等而褫夺了"生员"的头衔。清代社会绅衿固不如明季之横，但生员在当地社会仍享有某种程度的荣誉，可是曾静现在连这最后一项资产也被褫落了。就在这一年岁考时，他买了一些吕留良（1629—1683）的著作及其所评点之文字。

可是直到此时，曾静对清政权并未失去信心。正如许多革命者行动前的最后一个念头是将希望寄托在最高领导者身上一般，此时他曾想"来京城上书献策"，但因当时社会上对雍正的各种传说使他终究放弃了这个念头。正因当时对清廷尚未失去信心，所以当他在往四川迁徙的途中，见到官府的告示宣称"五星联珠"的祥瑞出现，他仍旧朝有利于清廷的方向解释这个天象，一厢情愿地认为这个天象是在预示满清政府准备进行一系列改革，尤其是实行他所梦寐以求的井田制。他之所以从长沙折回，无非是想既然井田制得行，则到处都是乐土，又何须千里迢迢移民四川开辟新土？但是接下去这一年，曾氏始终未见清廷有何动静，而连续两年洞庭湖的水灾又使包括他本人在内的无数沿湖居民无以度日，加上时疫流行，他想"天心"大概要变了。故到了雍正五年，他对五星联珠的天象又有了另一层解释，那便是井田制是待某一大有德有才之人而行的，并不是等着清廷而行，而他本人的任务将是辅佐这个人完成任务。在他后来被搜出的杂记本上写着：照此异象，不久必有大事发生，而且，如果上天是要让百姓过太平日子，那么曾静认为他本人必将有大贡献于此事。他这样写道，"求人于吴楚东南之隅，舍某其谁"[13]。从这段材料看来,曾静已逐渐将信心由寄托在清廷转移到正统权力结构之外的某个人,或某力量。曾静之所以自夸是洞庭湖以南之大才,还是因为他长兄的妻子曾夸奖他"有宰相之量",而他自己的学生张熙与廖易也"推崇过量,把某看作莫大的人物"[14]。也就在雍正五年,曾静得到一个新结论:满人入据中国就像盗贼掳人家产、住人家室,现在这个家庭的人醒觉了,并以驱逐盗贼为分内事[15]。曾静于是再度在他的杂记册上写着,对付满人的方法"只有杀而已矣,砍而已矣"。[16]同年,他再度读吕留良的著作——其中大部分是他的弟子张熙刚从浙江吕家买回的,发现那些他原先认为"怪"而"疑"的句子,现在都逐渐明白过来,渐而感到亲切,终至全盘信服[17]。尽管在吕留良公开发刊的著作中能挑起种族思想的部分极少,并且是以非常含混的方式表达,可是曾静读时却投进了许多他的不满与想象,尤其是吕氏的"题如是江山图"及"钱墓松歌"等关于元明之际朝代兴亡之感的文字,他也看出了深意。

大抵在这个时候,他开始反刍前些年听人谈起的种种有关新皇帝雍正的传说。在湖南,他听人说新皇帝命令浙江地区鬻卖官爵,并准备用所得的六百万两银子修建西湖,作为自己娱玩之所。他还听说新皇帝醉酒无度,并且准备将全中国的铜搜集起来运往满洲,修建一座铜宫。他并且听说虽然雍正已登基六年,可是从不留心铸币,所以百姓说雍正钱不值一文,得之"即投之沟壑"。曾静又听说雍正帝在卢沟桥设

---

[13] 《觉迷录》,页145、157。

[14] 同前书,页217、168。

[15] 同前书,页174—175。

[16] 同前书,页205—206。

[17] Thomas Fisher, "Lu Liu-liang and the Tseng Ching Case" (Ph. D. diss. , Princeton University, 1975), p. 264.

第七章 从曾静案看 18 世纪前期的社会心态

站收路钱,宛然盗贼封山收费的行径[18]。以上这些,大多是与钱财方面有关的。曾静写给岳钟琪的"生员应诏书"中还指出皇帝在内廷的种种阴谋:第一,谋父。第二,逼母。第三,杀兄(指胤礽之死于雍正二年,怀疑遭雍正杀害)。第四,屠弟,雍正谋杀了两个反对他嗣位最力的弟弟允禔(1681—1726)与允禟(1683—1726)。第五,雍正贪财并滥支国用。第六,雍正好杀。第七,雍正耽酒。第八,雍正好淫。第九,雍正怀疑诛忠。第十,好谀任佞[19]。这几条材料全是曾静从各种传言中拼凑起来的,却成为他用来规劝岳钟琪谋反的理由。他派遣弟子张熙携带着信件,走了四十余日,于雍正六年(1728)十月廿八日,张熙趁岳钟琪访客回衙时,拦舆呈帖。帖上称岳为"天吏元帅",而自称"江南无主游民"。

出乎曾静和张熙意料之外,岳钟琪绝非如外传之不稳。这一点其实是曾静原先曾警觉到的,故在"知几录"中谆嘱张熙一路访问,如所闻与在家所传不合,"即便回来,另作主意"。而张熙到成都后,亦发现事实与传言不合,本想作罢,但因千里而来,仍决定一试。岳钟琪迅即设计诱供,并将此事件报告远在北京的雍正。雍正一开始有些震惊,但是马上决定利用这个机会进行一场对抗种种关于他的流言的宣传。他一方面派员到湖南、浙江调查所有与此事件直接或间接相干的人犯,牵涉范围相当之广。一开始吕留良的后人及门生与此案的牵涉并未特别引起注意,可是后来范围渐圈渐小,最后决定集中在两股人上,一是曾静、张熙等投书预备起事者,一是吕留良之后人门生吕毅中、严鸿逵、沈在宽等(他们只是卖书给张熙,后来可能提供过一些吕留良的未刊笔札而已)。曾静于当年——雍正六年——十二月十五日被拘往长沙,

---

[18] 《觉迷录》,页 64—65、234、242、368—370。
[19] 清代规定悖逆语不入奏折,故以上罪状并不见于曾静案发后各种来往文件中,却是雍正在上谕中自己引述的,见《觉迷录》,页 28—66。

接着押送北京由雍正亲自审问[20]。

二、曾静的内心世界

以皇帝之尊审讯犯人是古往今来所少有的,雍正是否曾与曾静会面已不得而知。依《觉迷录》所载,他的卅七道问题都是以书写方式,由刑部侍郎杭奕禄(？—1748)代转曾静作答。粗加归类,这卅七道问题可分为几种:第一,关于满洲政权的合法性。第二,华夷之辨。第三,关于君臣之关系。第四,关于天灾人祸以及清之失政。第五,关于贫富不均与科举之弊。第六,吕留良思想的影响。第七,也是最重要的,关于曾静对雍正的控诉以及继位之谣言。

《觉迷录》中文字冗赘反复,不过,因为雍正多次征引曾静的两本杂记本来审问他,所以正好为我们保留了这个沉于社会底层的知识分子的心态世界。

这两册杂记分别是"知几录"及"知新录"。曾静告诉雍正,"知新录"是模仿张载(1020—1077)"心有开明"便动笔记下而不管其精粗的办法(案:张载集中并无"知新录"之类标题)[21],至于"知几录"则是派遣张熙做事的备忘录[22]。所以"知新录"事实上即是一部曾氏日常生活及想法的点滴,而"知几录"即是曾氏日常行事计划的一个大概。

前面提到曾氏因考居五等,被褫夺生员资格之事。为了保住生员

---

[20] 关于此案案发后处理过程,请参考陈捷先,《岳钟琪与雍正朝曾静、张熙的文字狱案》,《历史月刊》2(1988),页54—61、前引 Thomas Fisher 的博士论文、冯尔康《雍正传》,以及小野川秀美,《雍正帝的〈大义觉迷录〉》,《东洋史研究》16:4(1958),页95—107。

[21] 曾静大概是模仿张载写作《正蒙》时心有开明即便札记的方式。参见《张载集》(北京:中华书局,1978),页247。

[22]《觉迷录》,页157。

的头衔,曾静必须应付岁试,其压力之大,可想而知。而曾氏又无力考中举人,而长处进退两难之境,故曾氏对科举制度极为不满。在审讯中,他告诉雍正,科考与八股文之害甚于王阳明(1472—1528)哲学;阳明哲学只是害道,而科考却终将毁尽所有人之廉耻[23]。故在"知新录"上,曾静一再记下科考制非废不可。有意思的是,从《觉迷录》中的对话来看,雍正似乎并不太反对曾静的意见,但是,雍正一方面告诉他已经没有更好的甄选人才的办法,并且驳斥曾静:科选并不是清廷选用人才的唯一办法,尚有其他种种途径来弥补遗才之缺失[24]。

曾静的贫穷使他对贫富不均极为敏感,我们可以想象他曾写下过多少这一类的抱怨。他认为贫富不均应归罪于雍正朝的失政。在第五次讯问中,雍正颁了一道上谕,表示贫富不均本属天然,任何人力皆无可挽回,所以曾静没有理由归罪于他。雍正并质问曾静,难道贫富不均是雍正朝之后才有的现象[25]?前面提到过,因对贫富不均强烈的不满,使得曾静对井田制极为心仪。他最初之所以特别被吕留良著作所吸引,不是因为吕著所涉及的种族思想,而是因为大部分人都说井田不可复,唯独吕留良认为可行。所以尽管吕留良死时曾静只有四岁,两人从未见面,但因对井田制的共同想法,使得曾静对吕氏有一份忻慕,遂派遣他的学生前往吕氏故乡搜寻其他著作。

曾氏承认他自幼读《孟子》中有关井田的段落便心生欢喜,因为这个理想与其家无田可耕之窘境对照之下意义更为深刻。依照曾静供词及我们现在所能看到的地理资料[26],曾氏故居永兴县十九都的石枧村

---

[23] 《觉迷录》,页186、190。
[24] 同前书,页187、190。
[25] 同前书,页116—118。
[26] 根据吕凤藻编纂,《永兴县志》(台北:台湾学生书局据清光绪九年刊本影印,1975),页58—59。

是一处狭窄的山谷，故耕地极为有限[27]。永兴县迁往四川的人很多，传话回来说当地土田甚贱，但曾氏认为实行井田制比迁往四川更能解决普天下之问题[28]。

其实雍正自己也试行过井田，而发现其不可能。雍正三年（1725），为了解决部分旗籍家庭之苦境，下令在顺天、保定府属下的几个县施行井田。雍正决定尽可能模仿《孟子》中所描述的井田制，但是一半以上的旗人中途退逃。值得注意的是，康熙时也曾有大臣建议行井田，可是康熙从未试过，而雍正却一直在零星地试着，直到他死时，才由乾隆下令废止[29]。也难怪雍正征引了曾静杂记中关于井田的议论强烈地加以驳斥。

曾静还一心向往乡约制度。曾静对雍正说，在他五十年生涯中，从未见过一次乡约的实际实行。他只知道康熙曾颁发圣谕，但是雍正所写的《圣谕广训》却从未听说过，只有当他被押送北京后才知道。曾静不解，如果照官方文章所说，乡约确在城市与乡村中广泛施行，何以他不知道有《圣谕广训》的存在[30]？曾静向雍正提议，应参照乡约中的"记善籍"中所载当地有德人士来擢用人才，只有如此，才能避免选出只具备应付临时考试的文学才能却缺乏道德修养的官员[31]。曾静也认为，只有透过广行乡约，政令才能尽可能达到下阶层[32]。值得注意的是隔年——雍正七年（1729），皇帝下令乡约必须全国施行，违者治罪[33]。

---

[27]《觉迷录》，页155。

[28] 同前书，页146—147。

[29] 参考魏建猷，《清雍正朝试行井田制的考索》，《史学年报》2:5（1933），页113—126。

[30]《觉迷录》，页233。

[31] 同前书，页232。

[32] 同前书，页243。

[33] 冯尔康，《雍正传》，页370。

第七章　从曾静案看 18 世纪前期的社会心态

曾静也与明末清初许多思想家一样,主张封建制。与顾炎武(1613—1682)的想法相近似,曾静也认为分封是防御外来侵略的有效办法。在郡县制下,因为轮调制度使得官不能久居其职,如此固可以防止割据,可是地方官也便于推卸责任。而且因为任期太短,他们即使有心为百姓谋兴革,也鲜能成事。曾静认为分封不应该局限于皇室成员,而应该从臣民中择其贤良,使他们既可全力照顾百姓,又可从容从事武备[34]。雍正驳斥曾静说,在曾的"知新录"中提到分封是圣人治平天下之道,但是,封建只能行之于疆域未开、圣教未备之时,而绝不可行之于今。雍正说,叛逆之人所以好倡封建,是因为一旦犯罪便于潜逃至其他封国[35]。在雍正七年,陆生楠的"通鉴论案",也是以主张封建制为由而被判斩立决。

在种族问题上,作为一个程朱思想的信徒,曾静以理气之分来解释华与夷之不同。因为汉人生于中土,所以禀气较纯,故生而为人。夷狄生于边陲,禀气不纯,所以生而为禽为兽[36]。这当然不是由曾静首先提出的。曾静在他的杂记上写着:中国自明亡后,实际上八十余年无君,"地塌天荒八十余年"[37]。曾静原先自负对《春秋》有特殊的领会(这也是为什么他后来在忏罪时一再说自己过去"错看春秋",故"一路直错到底"[38]),他认为明季学者未将《春秋》中种族之别高于君臣之义这一点说清楚,以致当异族入据时,广大汉人仍拘执于君臣之义,而未起而推翻异族统治。

雍正对这两件质疑的回答很有意思。他驳斥曾静,如果地理上中

---

[34]　《觉迷录》,页 200—201。
[35]　同前书,页 194—196、198—199。
[36]　同前书,页 108。
[37]　同前书,页 112、182—184。
[38]　同前书,页 116、132、135、176。

枢与边陲之不同可以决定人禽之别，为什么在中国内部有这么多鸡鸭禽豚[39]。他又说五伦才是儒家之最高义，故君臣之别必然超乎种族之异，只要满人有德，即可为中夏之主。他引《孟子》的"舜东夷之人也，文王西夷之人也"的说法证明夷人有德也可以成为圣君[40]。雍正也引用韩愈(768—824)的"中国而夷狄也则夷狄之，夷狄而中国也则中国之"[41]来说服曾静。在整个夷夏辩论中，雍正相当技巧地运用中国传统文化的象征来为异族政权作辩护。最后，雍正怒责曾静，从曾氏祖父起，食毛践土八十余年，何以宣称八十年来实际上没有统治者[42]？

曾静也是传统君师合一理想的信仰者，认为有德者应该有位，所以说"皇帝合该是吾学中儒者做，不该把世路上英雄做"，而历史上的帝王却多为"老奸巨猾"，即谚所云"光棍"[43]。他说："春秋时皇帝该孔子做，战国时皇帝该孟子做，秦以后皇帝该程朱做，明末皇帝该吕子(吕留良)做。""吾儒最会做皇帝，世路上英雄他那晓得做甚皇帝。"[44]在讯问的过程中，大臣奏报，去年(雍正六年)的十一月廿六日，庆云出现在曲阜孔庙的大成殿上，雍正马上派人将此消息告诉曾静。曾静顺着解释说："盖有亘古未有之道德，自能成亘古未有之治功，有亘古未有之治功，斯能备亘古未备之休征。"庆云现于大成殿，即表示"孔子之心即天心，今圣心与孔子之心为一，即是与天心为一，而祥瑞见于曲

---

[39] 《觉迷录》，页 109。

[40] 同前书，页 84—85、101。

[41] 同前书，页 16。

[42] 同前书，页 80。

[43] 同前书，页 162、164—165，同时参考页 166、167、191、193、281。"光棍"即流氓无赖之意，旧时有"光棍律"以惩治无赖流氓。章太炎《新方言》的《释言》说："古谓凶人曰椭柮，今谓凶人曰光棍，其义同也。"见章太炎，《新方言》，收于《续修四库全书·经部·小学类》(上海：上海古籍出版社，1995)，第 195 册，《释言》，页 43。

[44] 《觉迷录》，页 162。

阜"〔45〕。审问至这一步,至少在表面上曾静已完全贴服了。

整个审讯过程中最紧要的自然是关于雍正即位过程之传言。雍正似乎对传言之所自来很在意,故在案发后的来往文移中一再责令巡抚及大臣们追出流言的根源,最后且一无例外地推到允禩及允禟集团。据曾静说,因为他的书馆在湖南安仁县路傍鹏塘地方,故偶听来往路人传出这些话,其中雍正比较关心的有:

> 先帝欲将大统传与允禵。圣躬不豫时,降旨召允禵来京,其旨为隆科多所隐。先帝宾天之日,允禵不到,隆科多传旨,遂立当今。
>
> 圣祖皇帝原传十四阿哥允禵天下,皇上将十字改为于字。
>
> 圣祖皇帝在畅春园病重,皇上就进一碗人参汤。不知何如,圣祖皇帝就崩了驾,皇上就登了位,随将允禵调回囚禁。太后要见允禵,皇上大怒,太后于铁柱上撞死。

雍正的反驳集中在强调他如何受康熙宠重,而允禵(1688—1761)如何受轻贱。雍正说,康熙曾对太后说允禵即使供胤禛作护卫使令,"彼亦不要",又说"而逆党乃云圣意欲传大位于允禵,独不思皇考春秋已高,岂有将欲传大位之人,令其在边远数千里外之理(案:指派允禵为陕西将军)?……只因西陲用兵,圣祖皇考之意,欲以皇子虚名坐镇,知允禵在京毫无用处,况秉性愚悍,素不安静,实借此驱远之意",雍正强调"传位于朕之遗诏,乃诸兄弟面承于御榻之前者"。

至于太后撞铁柱而死之事,雍正也有辩解。他说允禵入京后欲见太后,但太后谕云"我只知皇帝是我亲子,允禵不过与众阿哥一般耳,未有与我分外更亲处也",故不允。后来还是雍正之要求,允禵才与诸兄弟入见等等。并说"允禵之至陵上,相去太后晏驾之前三四月,而云

---

〔45〕《觉迷录》,页279—283。

太后欲见允禵而不得,是何论也"[46]。

在审问过程中,几乎千篇一律地,雍正从"知新录"上找材料,一面问曾静、一面斥驳,然后问曾静经过批驳,他是否仍持前见。曾静则毫无例外地复述他先前的错误想法,并顺着雍正给的线索认错。

曾静脱罪的办法也可以归纳为二。第一,关于雍正个人的部分,雍正总是一面讯问、一面为自己辩解,并将谣言的来源归之于允禩、允禵等反对集团,尤其是该集团几个宦官在被流放到广西的路上所散布的。正因为流言乃出自被惩处的反对集团之恶意捏造,雍正本人即可以顺当地脱身,而曾静也可以"错信谣言"来卸责[47]。第二,至于汉满之别,曾静也总是将责任推给吕留良,说是"误信"吕氏之言,并称他因自幼生于穷山奥壤,家乡附近无一人在朝供职[48],甚至连李自成(1605—1645)的名字都没听过,所以不知道在清人关前,明社早已先亡于李自成,以致不知清"得天下之正"[49]。曾静推说从未听过李自成的名字,后来便引起浙江一个士人齐周华(1698—1767)的怀疑(详后)。

不过曾静虽然一再承认自己过去五十年"不算为人",或"昔为禽兽,今转人胎",但他仍被迫坦白,过去既然说对满人"只有杀而已矣,砍而已矣",何以一时遽变,全力歌颂清廷?到底这种转变是否出自他的良知?

不知是否出于雍正的授意,曾静巧妙地运用理学素养来为自己的前后不一致辩解。曾静自承"我生平讲究程朱性理,见吕晚村拒陆尊朱,直接濂洛之传,心里慕他"。当刑部侍郎杭奕禄在曾静故里调查

---

[46] 以上所引,见《觉迷录》,页350、352—353、356—358、361—363。

[47] 《觉迷录》,页110、112、116、135、206。至于雍正主动将曾静控诉他的内容与允禩、允禵集团所布流言相联,见《觉迷录》,页349—355。

[48] 同前书,页106。

[49] 同前书,页176—177。

第七章　从曾静案看18世纪前期的社会心态

时,发现当地人并无悯惜曾静之意(当时情况下也不容悯惜),而且群指曾氏平日"假称道学"[50]。

由曾氏供讯的文字看出来,曾氏确实相当熟习理学中的某些道理。所以当他为自己前后的不一致辩解时,我们便发现他的理学素养竟成为脱罪之工具。曾静回答雍正时说,"心"与"知"可以分成两部分:

> 盖人身之主宰在心,心之所系在知,知上一错,凡发言行事逆天背理,遂致不可穷诘。[51]

他也以这个分法将其犯罪责任分成两股,一股是他的本心,一股是他所接触到的知识。他尽可以本心非常纯洁,而因外来知识之差,遂一错到底;也可以本心仍旧一丝不变,但因外来知识已变,故翻然悔罪而不失其本心之一贯。所以当雍正一再追问曾静何以后来"翻供乞怜"——"今日称功颂德、极口赞扬,可问他还是要杀(满人)? 还是要砍(满人)?"[52]曾静面对这些压力时,不时祭出其"闻见""义理"二分的心性观来,说他早先的错谬:

> 原不是从弥天重犯本心上说出来的,实因吕留良批"射不主皮"文有云:"弧矢之利,以威天下,圣人何故制此不祥之物,盖有所用也"句,推出这个说话,遂信以为实。[53]

当雍正问及何以曾静当初将道统由孔子推到吕留良,认为吕氏应有天下,而自古至今大部分统治者皆属"光棍",何以现在极口斥吕? 是真

---

[50] 见《海兰等奏拿获曾静等讯出口供折》《杭奕禄等奏进曾静等口供及著作折》,《文献丛编》,页26—27、28。

[51] 《觉迷录》,页176。

[52] 同前书,页206。

[53] 同前书,页206。

斥还是假斥[54]？曾静也是以此二分法答辩：

> 从前之所以心服吕留良者，实无他，为因山野僻性，未有见闻，读书只心服三代的治体治法，……其教养之大者，则有井田学校之制。然世儒多以为不可复，唯吕留良的著述文章内以为可复，与僻性相合，……今日明目张胆极口痛斥吕留良者，实因得见他的遗稿残篇内有大逆不道之语。[55]

所以过去与现在的本心都是不曾变的，变的是所接触到的知识讯息：

> 此心自问毫无别，为皆是从知识闻见上差错起，到今日解出经义，毫不相干。[56]

也就是当他对《春秋》有了新解释后，对清廷的看法全变，但"此心自问毫无别为"，绝不是如雍正所怀疑的"翻供乞怜"。最后曾静在回答刑部侍郎杭奕禄同样的质疑时，也一样说：

> 此则前之狂悖由于无知，后之爱戴出于有见，前后虽异，其实皆发于本心。[57]

曾静并请求速正自己典刑。既求速正典刑，则更可证其翻供不是为求保命。"义理"与"闻见"截然二分的结果，使曾静脱罪时有极为顺当的说辞。

三、"奇料理"

当曾静案发时，雍正曾在给鄂尔泰（1677—1745）的朱批中说："遇

---

[54]《觉迷录》，页207—208。
[55] 同前书，页208—209。
[56] 同前书，页137。
[57] 同前书，页342。

第七章 从曾静案看 18 世纪前期的社会心态

此怪物,自有一番奇料理,卿可听之。"[58] 他的"奇料理"除了包括史无前例地以皇帝之尊与一位"弥天重犯"以笔讯的方式,作了三十七次讯问外,甚至还包括量刑的方式。

雍正将曾静与张熙,以及吕留良的后代与学生分作两股处理。对实际犯罪的曾、张采取完全宽恕的态度,而对间接相关的吕氏一门却处罚奇严。雍正于七年五月廿一日,特下谕旨询问九卿翰詹科道及督抚提督两司,吕留良及其子孙、嫡亲兄弟子侄应照何律治罪。所得到的回答是应照大逆处置。雍正遂于十年(1732)十二月下令将吕留良、吕葆中戮尸枭示,吕毅中斩立决,其孙辈发往宁古塔给披甲人为奴[59]。

这种处罚方式使当时人感到大感不解[60],即使现代史学工作者也觉困惑。冯尔康曾提出,雍正在量刑时实际上具有两种身份:在涉及他个人的行为时,他本人是被告,所以是防御性的角色,因此他选择原宥曾静等人。但是在涉及种族思想时,他变被告为主告,所以严惩吕氏一门,甚至到吕留良及吕葆中之尸首[61]。以上的解释自有相当道理,不过我认为雍正如果将原告诉人曾静等处死,必令人觉雍正恼羞成怒,则他在《觉迷录》中的长篇辩解马上失去信用。由于雍正是透过驳曾静来为自己辩解,而最后说服了曾静,使他写下了《归仁说》;故如果杀掉

---

[58] 见《雍正朱批谕旨》(台北:文海出版社排印本,1965),第 5 册,总页 2845;原始资料编目作"第九函第五册,朱批鄂尔泰奏折,雍正七年四月十五日,页一百六(106a)"。另见台北故宫博物院编,《宫中档雍正朝奏折》(台北:故宫博物院,1978),第 12 辑,《雍正七年四月十五日,云南总督鄂尔泰奏陈逆犯曾静难逃法网折》,页 877。

[59] 陈垣,《记吕晚村子孙》,在北平故宫博物院文献馆编,《文献特刊》(台北:台联国风景印本,1967),页 1—4。雍正并下令拍卖吕氏家产,以佐官用。1956 年在浙江省桐乡县崇福镇的旧货商店里,发现了雍正十三年石门县知县奉旨变卖吕留良田产的一张田契执照,见褚谨翔,《清雍正变卖吕留良田产执照》,《文物》1980:3,页 96。

[60] 尤其是吕留良故乡浙江的士人更感困惑,详后。

[61] 冯尔康,《曾静投书案与吕留良文字狱论述》,《南开学报》1982:5,页 46。

曾静,则臣民必猜想皇帝是为了毁灭自己一手导演整个过程的证据,或曾静并未被说服,只因遭威胁利诱而佯示贴服等等。所以雍正不但选择释放曾氏,而且还要他到浙江、苏州、江宁等地宣讲《觉迷录》,平时则在湖南观风整俗衙门听候差遣。张熙则由史贻直(1682—1763)带往陕西宣讲《觉迷录》。浙江、江苏等地正是明末清初以来抗清行动风起云涌之地,在雍正初即位的几年,又出过欧秀替允禵集团刊刻传单,以及查嗣庭(1664—1727)案等[62]。而在曾静案之后,浙江士人又对吕留良的处置感到疑惑,且有齐周华、唐孙镐等之抗疏救解(详后)。所以雍正将曾静安排在这个地区宣传《觉迷录》是有特殊用心的。张熙之所以被派到陕西宣讲,也是因为川陕地区屡有"岳公爷带川陕兵丁造反"之类的传言,而且整个曾静案便由这个地区爆发,雍正担心此地军民不稳,故作此安排。

但是雍正并不能让人觉得他对这样一件滔天大案无所处置。既然不便杀曾静、张熙,则只好另寻对象,而浙江吕氏一门正符合这样的需要。加上吕留良的种族思想不仅冒犯了雍正一人,而是冒犯了整个满族,所以被告者不是雍正,而是整个满族,因此再严厉的惩罚都无法牵扯上个人恼羞成怒、消灭证据等问题。雍正的公开说辞是:吕留良侮辱的是其父亲,他不能代父原谅吕留良;而曾静侮辱的是其个人,他可以原谅之[63]。雍正的量刑方式与说辞都相当奇怪,但他又想让全国士人公论贴服于他的"奇料理",所以降旨各省学臣询问生监,准予独抒己见,或许具结状具奏[64]。除了浙省齐周华表示异议外,全国士人莫不

---

[62] 停止浙省乡会试(生员岁考照旧举行),便是查嗣庭案引发的,说是由查宅搜出科场怀挟文字数百篇。

[63] 《觉迷录》,页423—425,346—349,377—384。

[64] 周采泉、金敏,《齐周华年表》,收入齐周华,《名山藏副本》(以下简称《副本》)(上海:上海古籍出版社,1987),"附录",页341。

具结赞成取得共识。雍正并于七年(1729)九月下令将有关此案的上谕十道、审讯词,以及曾静口供四十七篇、张熙口供三篇,编辑成书,后附曾氏忏罪的《归仁说》一篇,辑成四卷,刊为《大义觉迷录》,颁发全国各府州县,各贮一册于学宫,每月朔望连同圣谕一起讲解,违者以罪论。

四、乾隆为何查禁《大义觉迷录》?

雍正于十三年(1735)突然驾崩,二十五岁的皇次子弘历即位。弘历不像满清前五个统治者俱得位于争雄之中,他自幼受其祖康熙之宠爱,所以传说康熙曾考虑到因为雍正有此佳异子嗣,故决定将帝位传给雍正,一如明成祖之传位仁宗[65]。无论此说是否属实,弘历十八岁时便已被任命为军机处大臣,参与政事。

乾隆即位后便大改其父苛严之政,并推翻其父的许多处置。乾隆虽然很技巧地将雍正的错误决策推给他的臣僚,但追根究柢仍是直接针对其父而发。在清廷"敬天法祖"的传统下,这种举措实甚奇特。乾隆对雍正一朝宫廷斗争下的种种处置大力翻案,譬如将允禵与允禩的后代重新编入玉牒中。乾隆并贬逐不少其父重用的大臣,以致王士俊(1691—1756)批评说,当时凡是推翻雍正的措施,尽情"翻驳前案"的,"即系好条陈",王氏因此而被乾隆处以斩监候。在这些改变中,对曾静案的重新处置是令人瞩目的举措之一[66]。

---

[65] 冯尔康,《雍正传》,页63—64。
[66] 乾隆大改其父措施事,参考周远廉,《乾隆皇帝大传》(河南:河南人民出版社,1990),页19—29;戴逸,《乾隆初政和"宽严相济"的统治方针》,《履霜集》(北京:中国人民大学出版社,1987),页39—58。乾隆在仍为皇太子时似乎便对其父的种种举措有意见。如果乾隆的话可信,雍正在生命的后期,对允禵及允禩集团的处置,可能亦略具悔意。在乾隆未即位以前的文集《乐善堂全集》中有一篇《宽则得众论》,显然是针对其父刻核之政而写,(转下页)

雍正死后三月，乾隆非但禁缴其父下令编刻的《大义觉迷录》，并立刻将曾静及张熙凌迟至死，他声称沿用的是其父当年处置吕氏一门的理由[67]。几乎没有材料记载这个重大改变的过程，只有透过《实录》及《东华录》等猜测其因。

根据《东华录》，雍正死后两个月，《世宗实录》总裁徐本（1683—1744）便进奏请求查禁《觉迷录》，并得到乾隆的同意（当然徐本也可能出自乾隆的授意）[68]。当徐本动手编纂《世宗实录》时，他与僚属必详阅手头拥有的各种材料，并准备为世宗塑造一个较理想的形象。他们自然注意到《觉迷录》中所录的几道上谕暴露了太多宫廷丑闻。雍正本是要向天下人解释其得位过程之正的，可是为了说明过程，却也无意间告诉天下人太多前所未闻的秘密，以至于《觉迷录》颁下之后，人们越读越糊涂，流言猜测滋长益盛，而内廷之黑暗更加广布人口。这些现象必为人们所熟知，但因雍正在位而不敢公开提出。雍正驾崩之后，徐本等人乃乘修实录之机会，要求查禁《觉迷录》，汇送礼部[69]。

现代学者在详细比较过清世宗《起居注》《实录》《上谕内阁》三种材料后，所得到的结论是"《起居注》记事最接近历史真象，虽然文字不够通达，但史料价值最高，是三书中最好的一部；《上谕》前七年部分叙述的真实性不如《起居注》，却比《实录》强，是次好的书；《实录》窜改

（接上页）说："诚能宽以待物，包荒纳垢，宥人细故，成己大德，则人亦感其恩而心悦诚服矣。苟为不然，以褊急为念，以刻薄为务，则虽勤于为治，如始皇之程石观书，隋文之躬亲吏职，亦何益哉！"尤其是文中最后一段显然是针对其父雍正而发的。转引自戴逸，《乾隆初政和宽严相济的统治方针》，页43。

[67] 其理由即是："曾静只讥及于朕躬，而吕留良则上诬圣祖、皇考之圣德"。《觉迷录》，页445。

[68] 王先谦，《东华续录》（台北：大通书局景印本，1968），"乾隆朝"卷一，页15。

[69] 值得注意的是，我查了《清史稿》《清史列传》《国朝耆献类征》《从政观法录》《汉名臣传》等书中徐本的传记，皆未提徐本与查禁《大义觉迷录》之事。

第七章 从曾静案看18世纪前期的社会心态

历史较多,尽管文字流畅,这不能弥补它的过失,它是最差的一部书"[70]。《世宗实录》不但大量润饰修改文句及事件,而且大量采取回避不写的方式,使得雍正的形象由苛厉变为温和、庄严。由这些回避修改,皆足以显示雍正一生的自我矛盾及与皇帝身份不宜的言行,皆早在其子乾隆的洞瞩中(或许雍正自己后来也发现了,但已骑虎难下)。其中破绽最多的一道上谕说:康熙六十一年(1722)十二月,派胤祯代往天坛祭天,这件事自然也可以解释成康熙对胤祯的信任[71]。在十二月三日凌晨四时左右,病危的康熙突然要诸皇子齐集榻旁。根据这道上谕,当诸皇子及隆科多(?—1728,当时负首都卫戍之责)齐集其旁时,康熙下了一道简短诏旨:"皇四子人品贵重,深肖朕躬,必能克承大统,著继朕登基,即皇帝位。"依据雍正的这道上谕,彼于清晨八时赶到,大约十时进入其父病房,其父对他诉说病势日增之原因。当晚八时左右,康熙驾崩。当时隆科多才当着诸皇子的面告诉胤祯,康熙指定由他继位[72]。一般读过这道谕旨的人马上会有两个疑点:第一,从胤祯赶到其父养病的畅春园以迄宣布皇上驾崩,间隔甚长,为什么不由康熙亲口告诉胤祯他是继位人,而是待死后才由隆科多口传? 第二,雍正说,当康熙下那道简短谕旨宣布其为继承人时,果亲王(1697—1738)在寝宫

---

[70] 冯尔康,《〈雍正朝起居注〉、〈上谕内阁〉、〈清世宗实录〉资料的异同:兼论历史档案的史料价值》,《明清档案与历史研究:中国第一历史档案馆六十周年纪念论文集》(北京:中华书局,1988),页 626。冯氏在比较三种文献后,得出几点结论:有"润色形成的文字差异","内容不同的差异",《〈起居注〉记载而《上谕》或《实录》的失载"等三种情形。《实录》内容上与《起居注》及《上谕》不同之处是:第一,改写雍正参加储位争夺的历史;第二,对允禩政治斗争目标的不同记载;第三,降低反朋党的调子;第四,隐讳雍正帝的权术;第五,改动雍正帝责人不当的言论;第六,改变雍正帝对人评价的记载;第七,改变雍正帝不准确的论事语言。

[71] Silas H. L. Wu(吴秀良), *Passage to Power: Kang-hsi and His Heir Apparent, 1661-1722*(Cambridge: Harvard University Press, 1979), p. 173.

[72] Silas H. L. Wu, *Passage to Power*, p. 183. 吴秀良在此书中相信雍正自述继位故事的真实性。

外等候。可是他自己在《上谕八旗》雍正八年(1730)五月初九的一道
上谕中却说当时果亲王在北京城中值班,闻大事而出,与隆科多相遇于
西直门大街,隆科多告以四阿哥绍登大位,"果亲王神色乖张,有类疯
狂,闻其奔回邸第,并未在宫迎驾伺候"[73]。《世宗实录》的编纂者看
出这些矛盾及罅漏,故刻意避过了果亲王在场与否的问题以及隆科多
代传诏旨这两点。雍正继位过程之实况非此处所敢论,其中必有种种
内幕,但亦无从得知。此处只是就一个寻常读者的角度来看,一个没有
机会读《觉迷录》,而又无法拿它与《上谕八旗》等文献对校的读者,大
概会被《实录》的叙述带着过去,而未注意其间任何闪避之处[74]。其
实,避而不谈是《世宗实录》中处理雍正朝各种夹缠不休的自我辩解时
常用的方法[75]。但是如果把《实录》与《觉迷录》中的上谕对读,则出
入立见。那么编《实录》而顺便去《觉迷录》便是相当顺当的事。

除了雍正的自我矛盾外,还有许多宫廷丑闻是不见于其他任何官
方文献,而唯独见诸《觉迷录》的。譬如,由传位"十"四太子改为传位
"于"四太子[76],以及仁寿皇太后(1660—1723)因为允禵被拘禁而自

---

[73] 依雍正《上谕八旗》中所述,见引于孟森,《清初三大疑案考实》(此处所用是附于
《近代中国史料丛刊》的《大义觉迷录》一书之后的版本;台北:文海出版社,1969),页 76。
《上谕八旗》编于雍正九年。

[74] 《大清圣祖仁皇帝实录》(台北:华文书局,1964)卷三百,页 6b—7a,"上疾大渐,命
趣召皇四子胤禛于斋所,谕令速至,南郊祀典,著派公吴尔占恭代。寅刻,召皇三子诚亲王允
祉、皇七子淳郡王允祐、皇八子贝勒允禩、皇九子贝子允禟、皇十子敦郡王允䄉、皇十二子贝子
允祹、皇十三子胤祥、理藩院尚书隆科多至御榻前,谕曰:'皇四子胤禛人品贵重,深肖朕躬,
必能克承大统,著继朕登基,即皇帝位。'皇四子胤禛闻召驰至。巳刻,趋进寝宫,上告以病势
日臻之故,是日,皇四子胤禛三次进见问安。戌刻,上崩于寝宫。遗诏曰:从来帝王之治天
下……",既不提隆科多口传遗诏的角色,也不提果亲王的事。

[75] 冯尔康,《〈雍正朝起居注〉、〈上谕内阁〉、〈清世宗实录〉资料的异同》,《明清档案
与历史研究》,尤其是页 620—624。

[76] 《觉迷录》,页 352。

杀之说,皆仅见于《觉迷录》[77]。此外尚有许多有关康熙传皇子的丑闻也因雍正的上谕里毫无顾忌的表暴,而广布于世。过去只是不曾印证的流言,或亲信王公大臣才能接触的秘辛,现在透过强迫阅读《觉迷录》,弄得国人不知也不行。而且在《觉迷录》中有时候雍正竟失了皇帝的身份,或与全国臣民起誓,或信口谩骂。例如他在辩驳其继位过程的上谕中说:

> 倘朕言有一字虚捏,是亦如若辈之居心,必遭上天之责罚也。

或谩骂他的兄弟(案:雍正有兄弟二十人):

> 从前储位未定时,朕之兄弟六、七人各怀觊觎之心,彼此戕害,各树私人以图侥幸。

连其父"康熙甚吝"这样的话,还有"永历帝被执时,满汉皆倾心"[78]这类传言,本来未必有其实,一般人可能也不知道,现在经皇帝在此提出,也就弄得天下皆知了。

除了前述种种以外,还有一点促使乾隆觉得此书该禁。从雍正到乾隆,显然对华夷之别及其相关之问题有不同的看法。雍正喜欢以公开辩解的方式对付异论(虽然强词夺理),但乾隆更相信"万言万当,不如一默",直接查禁。对吕留良的几部著作,雍正便主张让其继续流传,以免后世之人因好奇而觅读,但同时也命朱轼(1665—1736)著书驳其《四书讲义》。而到了乾隆,便将吕留良的所有著作禁毁[79]。雍正并不大量禁书,但乾隆禁了三千余种,六七万部[80]。乾隆对"忠"的问题也有新看法。从清定鼎中原到乾隆即位,已过了九十多年,基本上

---

[77] 《觉迷录》,页353—354。

[78] 以上引文皆见《觉迷录》,页390—391、402、432、442。

[79] Thomas Fisher, "Lu Liu-liang and the Tseng Ching Case," p. 289.

[80] 左步青,《乾隆焚书》,《故宫博物院院刊》1980:1,页36。

已不再有明显的反清武装势力。乾隆觉得应着力培养忠于清廷的意识,他的第一个重要步骤便是下令编《贰臣传》,对满清入关之初倚重的降臣重新评估。乾隆认为如果不将这些贰臣的罪愆表暴于天下后世,则后来之人将会因他们对清的贡献而忽略了他们对前朝的不忠。他说:

> 当国家戡定之初,于不顺命者,自当斥之曰伪,以一耳目而齐心志。今承平百有余年,纂辑一代国史,传信天下万世,一字所系,予夺攸分,必当衷于至是。[81]

不过,在《贰臣传》中仍作分别,譬如钱谦益(1582—1664)只能入乙编,以示不得与洪承畴(1593? —1665)之流者为伍。因为乾隆后来在阅读钱谦益的文集时,发现钱氏虽然迎降,但是后来仍心存怨望。乾隆不但把对清有大功的降臣列入《贰臣传》以鼓励人们忠于所事之朝廷,同时也选择性刊刻过一批晚明烈士的文集,以资表扬[82]。这些举措的意思非常清楚地是要鼓励人们尽忠于本(清)朝。也就在修《贰臣传》的同年,乾隆开始大规模的禁书运动。不但是所有晚明书籍中提到"女真"或"建州卫"的字眼都被删去,即使任何可以提供这方面联想的前代文献,亦在删改之列。例如南宋对金之詈斥或明初对元的诟骂[83]。为什么一个清代皇帝在他国力最盛、天下最太平的时候会进行这样大规模的禁书运动,甚且劳心为金、元等朝在历史上的形象担忧[84]?为了提倡忠清意识,乾隆对发生在任何一朝的排斥夷狄思想,以及是否忠

---

[81] 《贰臣传》(上海:上海文艺书屋,无出版年),书前所附乾隆上谕,页2。并参考 Frederic E. Wakeman, *The Great Enterprise: the Manchu Reconstruction of Imperial Order in Seventeenth-century China* (Berkeley: University of California Press, 1985), vol. 2, p. 1098。

[82] 邓之诚,《清诗纪事初编》(北京:中华书局,1965),页307。

[83] 左步青,《乾隆焚书》,页31—32。

[84] R. Kent Guy, *The Emperor's Four Treasuries: Scholars and State in the Late Ch'ien-lung Era* (Cambridge: Harvard University Press, 1987), p. 157。

于该朝的问题都予注意,因为它们都足以对清的臣民造成历史暗示作用。但另一方面,他又一再捍卫满洲统治集团在中国的独占性地位。所以他虽一再说"华夷一家",但同时却又要压制汉人对自己的认同意识,再三强调"清为中夏之主"[85]。一方面要公开鼓励人们相信华夷无别,可是又要满人记得他们是不同的部族,以长保其统治集团的地位。在计划进行《四库全书》之前,乾隆下令,先从事编纂《满洲源流考》等几部官书,旨在追溯满族从姓氏到种族源流如何地不同于汉族[86]。这可能是因为乾隆觉察到当时旗人汉化情形严重,而恐惧长此以往,将来无法保住其部族统治(也就是满族为"中夏之主")之局面。但同时他又要大量删除各种书籍中华、夷之类的字眼。虽然《四库全书》只抄了七部,但清廷可以借此以表示其态度——既要汉人泯灭其种族思想,又要满人突出其种族思想。这一方面是一种双向策略,但同时也反映了乾隆内心的紧张。这些也都表现在他初政时对曾静案的后续处理上。

严格说来,在雍正朝忠清意识已不再是大问题了。有的学者甚至认为在三藩之乱中,因为大部分汉人选择站在清廷这一边,所以某种忠清意识早已经产生[87]。雍正一朝的文字狱大多与权力斗争有关,只是在表面上以华夷等问题缘饰之。雍正一再在《觉迷录》中宣称"夷狄之

---

[85] 安部健夫,《清朝と华夷思想》,《人文科学》1:3(1946),页137—158。

[86] 阿桂等,《满洲源流考》(沈阳:辽宁民族出版社,1988),页86—90。编者把金代女真近百个姓氏和清代满族姓氏相对照,一一列出。诚如新校本整理者在该书《前言》中所说,该书是为证明满族与金同源、与汉人无关,说明清"得天下之堂堂正正";有的为反映满族先世不那么落后,并强调"满洲国自古有之,爱新觉罗氏是天生的国君。联系到当时的社会现实,就是说满族人爱新觉罗氏统治大清国是天经地义的,理所当然受到尊敬"(页15)。

[87] Frederic E. Wakeman, *The Great Enterprise: the Manchu Reconstruction of Imperial Order in Seventeenth-century China*, pp. 1099, 1123-1124.

名本朝所不讳"[88]，并强调因为天心厌弃无德的明朝，所以由"我外夷"继承天命，统治中夏，又自称为"外国人承大统之君"[89]。《觉迷录》中出现了无数次虽然我满族是"外夷"，或是虽然我们是"外国"，可是因为我们有德，故为天命所归的话[90]。这是雍正自认为极有力的辩解，可是在他的儿子乾隆看来，这无异于不断地提醒广大汉人，统治他们的是"外夷"、是"外国"。既然《觉迷录》中自称为"外夷"或"外国"，但又一再说汉人是"履大清之土、食大清之粟"[91]，不是自相矛盾吗？因为此"粟"此"土"本来是汉人的，而为"外夷""外国"所占，则何食毛践土之有？乾隆后来既然连宋明文献中提到的夷狄字眼都要刷除，则他早年不能容忍人们朔望两次宣读到处是"我外夷""我外国"的《觉迷录》，也是不难想象的。

五、时人的反应

在短短五六年之间，《大义觉迷录》一书由"若有不知，必从重治罪"到查禁汇送礼部，改变实在太快，以致许多士人反应不过来。江苏太仓王时翔（字皋谟，1675—1744）便是其中的一个。在他的《小山诗初稿》目录中有《宣讲大义觉迷诗》一诗，可是正文中却已完全划去，形成有目无诗之怪现象。《小山诗》有初稿二卷、续稿四卷、后稿二卷，大约始刊于康熙四十五、六年（1706—1707），迄于乾隆九年（1744）之间，断续成书。而《觉迷录》之禁毁则在乾隆初年，足见王时翔是在《觉迷录》颁下之后，立刻作了应和的诗。可是局面变得太快，几年后便奉到

---

[88] 《觉迷录》，页85。
[89] 同前书，页9—18。
[90] 同前书，页9、14—15、18—19。
[91] 同前书，页80。

第七章 从曾静案看 18 世纪前期的社会心态

查禁该书之令,故在付刊时删去了内容,却忘了删去目录[92]。

不过查禁《觉迷录》并汇送礼部的命令似乎难以执行得彻底,因为在几十年后处理《四库全书》的档案中,我们仍可以看到《大义觉迷录》的书名一再出现在各种没收的"违碍书籍单"中[93]。

曾静案发之后以迄《觉迷录》刊发前,雍正曾下过几道上谕讨论此案。敏感的士人马上觉察到这是一个重大的讯息,投机者便想发表文字引起统治者的注意。以下我所举的福建诸葛际盛讨吕檄文,便是历来研究者不曾注意到的一个例子。

诸葛际盛的年龄、爵里、身世背景,俱无可知,他的檄文亦已不存,但从当时浙江一位士人唐孙镐读了檄文后所发表的反对文字所引,可知诸葛氏竭力攻击吕氏本人及其后代,譬如:

> 吕留良私造日记,捏诬圣德。
>
> 吕留良子孙窝隐毒孽,固结不改。[94]

---

[92] 钱仲联主编,《清诗纪事》(南京:江苏古籍出版社,1987),页 4502—4503。修订时按:二十几年前写这篇论文时,所引用的是邓之诚《清诗纪事初编》。邓之诚所根据的本子是删节过的,但古书版本非常复杂多元,由近年新出《续修》《存目》《禁毁》丛书,我们往往可以看到许多先前所未见的版本。以《小山诗初稿》为例,我们至少还可以看到两种版本:一种是挖空敏感的一部分(《四库存目丛书》),一种是原诗俱在,并未有任何避忌之现象(《清代诗文集汇编》本)。这两种版本并存的情形,告诉我们在政治压力之下,由于刻板的高度灵活性、可改易性,所以呈现出多样性的面目。而这个特性也意味着,对政治压力的反应,随时间、地域、个人的不同而有出入,而且形态各异,有的手忙脚乱,有的可能无知,有的是明显不受影响,同样的情形也发生在本书《权力的毛细管作用》一文中提到的陆陇其《三鱼堂文集》。常见的《四库全书》或《存目丛书》影本,皆已删去与吕留良有关的几篇文章。但也有其他版本未删的,如康熙年间刊印的嘉会堂本。

[93] 《违碍书籍单》,分见乾隆四十四年四月江苏、四十四年九月闽浙、四十三年六月江苏查缴,《文献丛编》,页 195、201、219。

[94] 唐孙镐,《唐孙镐讨诸葛际盛檄》,收入齐周华,《副本》,页 328。上海古籍出版社采用民国九年天台人张翅据家藏本排印的存本而点校,原刻存佚待考。

诸葛际盛的檄文应是起草于雍正七年(1729)五月上谕发往全国以后，因为所有他拿来作文章的材料全是从上谕里抄来的。譬如说吕留良"私造日记"一事，除非阅读上谕，否则无从得知。但檄文又是成于该年十月以前，因为当时大小臣工对如何处罚曾、吕的意见尚未汇达雍正，故唐孙镐在攻击他时说："外僚之奏未齐，廷臣之议未定，自际盛吠声一作，即有一、二敢言之臣亦为之气阻。"[95]

诸葛际盛的动机大概纯为幸进，想趁各直省各学生监尚未完全取具结之前，以更积极的行动附和雍正。据载，他的檄文"皇上览之，几为所惑"[96]。足见皇帝是很欣赏他对吕氏落井下石的檄文，但他是否达到猎官的目的，则无从考知了。

浙江绍兴府唐孙镐当时年仅二十余，他在读到福建诸葛际盛的讨吕檄后，立刻作檄文讨诸葛际盛，其文现存于《名山藏副本》中。《名山藏副本》在有清一代久成禁书，清末民初虽曾重印，但一般皆视为游记而少注意其中几篇有关曾静案的史料，如《唐孙镐讨诸葛际盛檄》。这篇檄文甚长，大约有两千字。起首说：

> 浙江绍兴府会稽县唐孙镐，为小人之丑态毕露，士林之公愤难禁，谨沥冒死之愚忠，以救将丧斯文事。窃惟好善恶恶者，生人同具之良；杀身成仁者，志士独钟之气。孙镐浙江布衣，秉性耿介，……兹者闽奸诸葛际盛，天良丧尽，妄作谤书，上蔽圣聪，下欺士类，几令吾道沦湑，斯文扫地。此诚危急存亡之秋……

唐孙镐显然对雍正处置吕氏一门的方式极为不满，而又对天下官吏及生监同具公结同意雍正的处置更为不满，所以说：

---

[95] 唐孙镐，《唐孙镐讨诸葛际盛檄》，收入齐周华，《副本》，页328。上海古籍出版社采用民国九年天台人张翅据家藏本排印的存本而点校，原刻存佚待考。

[96] 醉苏氏，《吕案纪略》，《副本》，"附录"，页322。

第七章　从曾静案看18世纪前期的社会心态

> ……今也不然,皇上曰可,臣亦曰可;皇上曰否,臣亦曰否。上有忧勤之圣,下无翌赞之贤,此其所以逊于唐虞也。即如吕留良著书一案,皇上降旨之初,尚疑信相参,使公卿大臣举吕留良所著之书而力争之,则崇儒重道之圣心自必油然而动。无如内外臣工,恐干批鳞之咎,因作违心之谈,此曰椎骨、彼曰扬灰,此曰焚书、彼曰灭族,举朝同声附和,而宸衷益增其怒矣。

唐孙镐虽将雍正对吕氏处置之责从雍正身上推给大小臣工,但其不满是一样的。此下我们可以看出唐孙镐对诸葛际盛檄文之鄙夷,其实也正是为表达他对雍正处置之不满。他说:

> 且际盛不见《四书讲义》乎?《讲义》一书,阐扬圣道至精且详,海内之人莫不宗之,圣人复起,不易其言。惜乎皇上日理万几[机],无暇翻阅此书;左右臣工,又因圣怒未解,不敢冒昧进呈。致使吕留良家藏之戏笔日暴日彰,传世之嘉言日隐日没,而谗诡之小人遂乘机而肆其谗谤矣。

文中所指控的,句句针对诸葛际盛,但其实是暗暗针对雍正之不能欣赏吕留良在诠释四书上的贡献,而只惩治其种族思想。唐孙镐是将吕留良功罪两分的,其罪是:

> 留良之罪诚大矣,……当我朝定鼎之初,海氛未静,尚多洛邑之顽民。留良自附前代仪宾之后,不觉误入顽民之列,此则其罪也。

然而其功是有助于清廷所尊之朱子学:

> 至于生平著作,若《讲义》,若《语录》,与夫评选两朝制艺,反复辨论,义理透澈,直能窥圣人之堂奥,兼可启后世之颛蒙,此其功也。虽笔底微劳不足盖弥天之大罪,然看圣人情面,亦应少为

之贷。[97]

他甚至认为假如雍正能在"半月以前,早阅留良《讲义》等书,圣明必为之击节",而宽假其罪。由檄中"半月以前"四字看来,唐孙镐的檄文作于雍正七年十月之后,当在对吕案处置后不久。唐孙镐更在檄文中提议与闽省的诸葛际盛在皇帝面前对质论辩,并说:"是檄也,感悟天心者什之一,身罹法网者什之九;然而与无耻之诸葛际盛并生阳世,曷若与儒雅吕氏父子同归阴府也。"[98]

这篇檄文是雍正八年(1730)由湖北学政代为题奏的,雍正读毕,置而不问,但唐孙镐却因自度该檄"罹法网者什之九",乃于檄发后,即作书别家人亲友,亲自投狱。不久,由臬司提禁武昌候旨,但因久无北京对此事处置的进一步指示,被偷偷囊沙坑死于狱中[99]。唐孙镐的檄文及要求与诸葛际盛辩论的事遂不了了之地结束了。

《觉迷录》是在雍正七年九月由皇帝下令编印出版的,可能次年初便已发出。虽然雍正早在七年九月便下令全国各府州县学必备一部,"如不知此书,即将该省学政,该州县教官从重治罪",而且在每月朔望读圣谕时,兼读《觉迷录》,但我们已没有资料估计它的实际影响力了。这一类官方要求的活动是否可能达到预期的效果是很难说的。田文镜(1662—1733)在雍正八年说过,乡约宣读圣谕事,一开始亦雷厉风行,可是日子一久,大家便懈怠下来[100]。想来讲读《觉迷录》之事亦不可能完全例外。不过我们从故宫所公布的档案里大致可勾勒出,至少在

---

[97] 以上几段引文皆见《唐孙镐讨诸葛际盛檄》,页327—330。

[98] 《唐孙镐讨诸葛际盛檄》,页329—330。

[99] 见无名氏为《唐孙镐讨诸葛际盛檄》所写《后记》,收入《副本》,页330。

[100] 田文镜说:"讲约一事奉行已久,臣为州县时,曾按月按期,实心宣布,遍传齐集,其始虽则有人,其后渐亦稀少。"收于《雍正朱批谕旨》,第6册,总页3477;原始资料编目作"第十函第七册,朱批田文镜奏折,雍正八年四月十三日,页七十九"。

该书甫颁之时是激起相当涟漪的。

在雍正八年(1730)三月廿六日,陕西的岳钟琪已经奉到两部《大义觉迷录》,他立刻上奏谢恩[101]。五个月后,已经可确定在福建汀州府上杭县这样的小地方,《觉迷录》已在学校中广泛讲读,以致县里的一个小童生也略略从各种口传谈论及阅读中,知道了一些书中的内容。这个童生名叫范世杰,当时年廿三岁。他家庭贫寒,读书艰难,有志不能上达[102]。所以当《觉迷录》颁下时,他可能猜测到雍正这一场宣传战的用心,并认为是一个进身的佳机,乃先向福建观风整俗使刘师恕(1678—1756)呈词,其内容虽不得而知,但想必与此下我们将引述的另一篇呈词差不多。不过,呈刘师恕的一篇文字比较简单,是范世杰自作的。刘师恕不够敏感,只批了"忠爱之心可嘉"六字[103],但并不代呈皇帝。范世杰想,刘师恕大概认为他学问不够,不肯代呈,于是又写出"用经传成语凑合而成,所以不一样"[104]的一篇,于雍正八年八月某日,拦路投呈学政戴瀚(1686—1755),并对戴瀚谎称刘师恕亦答应代题。

这篇稀奇古怪、拼凑经传而成的文字,正好帮助我们了解《觉迷录》颁下后,一般人愈宣读却愈糊涂的一个例子。范世杰在文中盛赞雍正得天下是因为他的三哥见他贤明,故以帝位相让,但雍正再三揖让不肯就。戴瀚当时拒收这篇呈词,因为按学政定例,途中公文呈词概不收受,以杜请托。故戴氏再三晓谕,令范世杰于放告之期再投。至期,范世杰果然再来投呈。戴瀚细读,发现这数千言呈词是以颂扬皇上圣德、斥责曾静之悖逆为主,到处杂引经传,并有"予岂好辩哉,予不得已

---

[101]《岳钟琪奏接到〈大义觉迷录〉二部折》,《文献丛编》,页25。
[102]《福建总督刘世明、巡抚赵国麟、学政戴瀚折》,《文献丛编》,页71。
[103]《福建学政戴瀚折》,《文献丛编》,页69。
[104] 同前书,页68。

也"的话,俨然以孟子自况。但是其中有几段文字却背离了《觉迷录》的官定版本:

> 我圣君未登位时,以子道尽之,事父母能竭其力。以臣道尽之,事君能致其身。尽孝之道何其至也。尽忠之道何其诚也。非贤贤易色,安能如此之竭力致身者乎。及是时,传贤传子,三兄有抚驭之才,钦遵父命,让弟居之。而圣君不敢自以为是,三揖三让而后升堂践天子位焉。敬兄之礼,抑何恭也。且兄弟既翕,和乐且耽,济济多士,众皆悦之,雍容揖逊乃如此。吾想仁君之于众昆弟也,亲爱之而已矣。亲之欲其贵也,爱之欲其富也,封之为侯为王,富贵之也,待众昆弟之道又何其隆也,所以家齐而后国治,国治而后天下平。

他又说:

> 从孝弟以推其内本外末之意,好贤易色之心,又何有谋父逼母弑兄屠弟好色贪财之谤哉。

范世杰又为曾静呈岳钟琪词中指控雍正好酒之事辩解说:

> 夫子惟酒无量,不及乱,又曰:不为酒困。圣君即夫子也,则无酗酒也更可知矣。静(曾静)何人斯,无以为也,圣君不可毁也,果有此毁,是可忍也,必不忠也,是无义也,必不仁也,是无礼也,此之谓不知类也,恶得无罪,所谓杀之而不怨,……赦过宥罪,恩免自新,诚曾静不幸中之一幸耳,实生民未有如圣君包涵之大度也。[105]

他并说如果不是因值岁考,则准备携此词稿亲赴北京部堂投呈,但因学政戴瀚到上杭主考,所以呈请代题。

---

[105] 以上引文皆见《范世杰原呈》,《文献丛编》,页69—70。

从这封呈词看来,范世杰对《觉迷录》可能有相当程度的了解,但是他所称颂雍正的,却又都是想当然耳之词,句句引经书上颂扬圣德的文字去比拟雍正,但却在在与《觉迷录》版本相左。《觉迷录》中雍正恶詈其两位兄弟为阿其那、塞思黑(意即"厌烦"),一再驳斥有关他继位的流言以及他逼母弑父等传说。范世杰显然也略略知道这些情节,所以前引颂扬雍正的话也处处有对象,绝非虚发。譬如说雍正至孝,而又亲爱兄弟,封之为侯为王等,显然都是想为雍正辩解的,可是雍正在《觉迷录》中并不隐晦他与兄弟之凶狠斗争,而此呈词的内容却处处在引经书中的圣贤以况雍正,在熟读《觉迷录》的人看来,或竟有讽刺之感。不过范世杰所犯最大错误是在雍正得位这一点的解释上自编自造,严重脱离雍正上谕的版本。由于他说是三兄让位给雍正的,绝非篡夺而来,这使得敏感的大员怀疑,是否有其他版本的谣言在福建一带流传。故后来戴瀚会同其他大员审问范氏时,也一再追问这一点。他们甚至问:"雍正六年十一月内奉颁发上谕一道,内中宣示皇上继统登极之事甚为著明,你可曾见过么?"范世杰答称见过。戴问:"你既见过上谕,就该知道这三兄让位的事是无影响的了,你如何又捏造这些话出来?"范世杰默而不答[106]。范氏大概以为好话不嫌夸张,故明知而故违。不过,他交代了三兄让位及三揖三让之说的来源:

> 小的住在山陬海澨之间,浅见寡闻,此一段总是称颂万岁至德的意思……又闻皇上序居第四,因此小的推想起来,该有三个兄……三揖三让者,总是想万岁德愈盛而心愈下的光景。

戴瀚又问范世杰,范氏说三兄有"抚驭之才","抚驭"二字是有治天下能力的意思,"这三兄确是何等样人,如何见得有抚驭之才?"这是雍

---

[106] 《福建学政戴瀚折》,《文献丛编》,页68。

正最关心的权力斗争问题了。范世杰回答说:"小的只想三兄俱是圣祖皇帝之子,天家的龙子龙孙自然都该是贤才了。"至于"抚驭"二字,是因"小的年轻,不识不知,用错了"。但是戴瀚等熟悉《觉迷录》,领略到雍正对流言之来源特别关怀,故仍追问不休:

> 你先在汀州时供系听见城里人说的,你可将传说这些话之人据实供出来。

范世杰说这是上杭县城内"人人传说"的,"小的叔子范上达回家曾言朝廷家有个三爷,虽然有才,乃是秉性凶暴,做不得人君。小的听了记着,遂用在呈词之内了"。但戴瀚根据审讯范上达的口供问:"你叔子范上达传说不过云三兄虽然有才,……并没有让位之话。这让位的话,还是你叔子说的,还是人传说的?"戴瀚等显然怀疑另有谣言来源,但范世杰仍坚持"并不曾遇着甚么匪类之人、听说甚话来",只是因推想三兄既然秉性凶暴,"就想这样的人自然是做不得天下,就该退让了"[107]。戴瀚等虽在此问题上再三逼问,但后来还是放弃了。雍正对这范世杰案的看法是"无甚悖逆不法之意",所以朱批"押交原籍去",每逢朔望令其宣读《觉迷录》[108]。

  由这一个荒唐的故事,可以推知即使在福建上杭这个地方,下级书办、童生也在议论纷纷,故范世杰说城内"人人传说"。他们有的靠着《觉迷录》一书的内容,有的靠着想象作了种种的添造。

  在广东,当《觉迷录》颁到,经朔望诵读之后,也引发了一点余波。这件事涉及另一位晚明遗民屈大均(字翁山,1630—1696)。

  福建范世杰一案发生之后两个月,广东巡抚傅泰突然进奏,说当他研读《觉迷录》时,发现书中涉及其治下百姓之事。在故宫所刊《清代

---

[107] 以上引文同出《福建总督刘世明、巡抚赵国麟、学政戴瀚折》,页71。

[108] 见雍正在该折上的朱批,《福建总督刘世明、巡抚赵国麟、学政戴瀚折》,页72。

第七章 从曾静案看18世纪前期的社会心态

文字狱档》的《傅泰奏屈明洪缴印投监折》中,傅泰奏云:

> 臣又将历年奉到有益人心世道之上谕,并颁到《大义觉迷录》书,朔望宣讲,并严行各府州县,无论市镇村庄,必须每月讲解,使人人共晓,户户周知。[109]

傅泰先说明他推广《觉迷录》之情形,接着说"及臣近敬看《大义觉迷录》内有曾静之徒张熙供开亦有《屈温山集》议论与逆书相合等语,臣思屈温山与屈翁山字虽有别,其音相似,随即购觅书坊,竟有屈翁山文外、诗外、文钞……"他发现翁山文中"多有悖逆之词,隐藏抑郁不平之气,又将前朝称呼之处俱空抬一字"。接着又说"现有惠来县学教谕屈明洪,系屈翁山之子。臣正密与布政使王士俊商酌拘审之法,适值屈明洪于十月十六日到省,前往布政司缴印,又往广州府投监",因为他"今任教谕,奉到颁赐《大义觉迷录》,宣读之际,知有屈温山姓名,与父翁山声音仿佛,随检查伊父所著诗文,始知伊父乱纪悖常,竟亲自投首投监,请正典刑"。傅泰并"仰恳皇上,严旨敕究,庶边海之地,咸知有尊君亲上之风,而地方卑陋、人民愚蠢,亦可渐明大义矣"。此折于雍正八年十月十九日,也就是屈明洪自首后三日发出。可是今存原折上,雍正非但不曾赞誉傅泰,所批竟是"糊涂繁渎,不明人事之至"。

在故宫所刊文字狱档中,涉及屈明洪一案的只此一折,无法对此批语详细推究。不过,雍正的批语似乎表示,他认为傅泰的折中叙事前后有编造之嫌。正确的版本应该是屈明洪读了《觉迷录》后,发现其父屈翁山的名字与《觉迷录》中屈温山相似,故专程前来广州自首。而傅泰等大员惟恐雄猜的雍正怪罪他们平时不曾尽力访察地方隐事,或不曾细读《觉迷录》,以致未先行发现屈温山实即广东的屈翁山(而相反地,

---

[109] 以上引文皆见故宫博物院文献馆编,《清代文字狱档》(台北:华文书局据北京 1934 年铅印本影印,1969),页 207—209。

远在陕西的岳钟琪却早在此年三月即已注意到屈温山的事[110]）。所以傅泰将他研读《觉迷录》而发现屈翁山事，与屈明洪正好前来自首当作巧合，则一方面可以饰失察之过，一方面也可以报告屈明洪缴印自首之事。实情似当如此，雍正之批语始有着落。

不过，此处并不想追问真相，而只想借着这个余波来说明在雍正八年末，《觉迷录》应已颁及相当广大的地区并被广泛研读，至于其持续时间之长短则不得而知了。

在《觉迷录》的余波中，齐周华一案是比较值得注意的，它反映了此案发生后浙江一地的舆论。

齐周华（1698—1767）是浙江天台人，天台与吕留良子孙所居之石门县相隔四五百里，而齐家与吕氏一门亦不曾有任何关系。可是雍正为了寻求全国士人对其处置此案之共识，所以要天下士人表示意见，如无意见，可以具结。齐周华当时本已随众具结，同意雍正之处置，可是不久后他又表示反对。齐氏撰于雍正九年正月（1731）的《救吕晚村先生悖逆凶悍一案疏》在故宫所刊《清代文字狱档》中并不曾见，也始终未被各种来往文札所引用，这一方面是因为清代规定"悖逆"语不入奏折[111]，一方面可能是因这一通抗疏始终未曾到达皇帝手上，故不可能存于故宫档中。现在我们得以见到原疏，完全是因齐氏自己保留，后来刊附于《名山藏副本》中。

细绎这通疏稿，其意见与一年多前浙江唐孙镐的《讨诸葛际盛檄》甚为近似，无非是颂赞吕留良对"四书"阐释上的贡献，并认为应与吕氏家藏日记中种种不满清廷的话分开来看，而加原宥。齐氏显然大惑于雍正"奇料理"下对曾、吕二宗人处罚宽严之不同，强调曾静嫁祸吕

---

[110] 《岳钟琪奏接到〈大义觉迷录〉二部折》，《文献丛编》，页25。

[111] 单士魁，《清代档案丛谈》（北京：紫禁城出版社，1987），页61。

第七章 从曾静案看18世纪前期的社会心态

氏一门的不当,说:

> 查逆贼曾静,生于今,长于今,既非泯帝之故黎(案:吕留良是明遗民),复非仪宾之末裔(案:吕留良为明宗室之后裔),践土食毛,久享太平之福。乃顿起无良,谋为不轨,及事败祸临,将罪尽嫁吕留良。夫留良以先朝遗氓,华夷之辨托诗书以见志,固属鄙陋之私,实未尝教曾静以叛逆也。……今逆贼曾静,嫁祸吕留良,供云"误读吕书所致",是何异于刺人而杀之,曰"非我也,兵也"。

齐氏的意思是,既然皇上可以因曾氏的《归仁说》一篇忏悔词而开释他,如果吕氏一门能切实忏悔也可能得到原宥,故说:

> 臣思吕留良、吕葆中,逝世已久,即有《归仁说》作于冥冥中,臣已不得而见。第其子孙以祖父余孽,一旦罹于狱中,其悔过迁善,趋于自新之路,必有较曾静为激切者。夫曾静以现在叛逆之徒,尚邀赦宥之典,岂吕留良以死后之空言,早为圣祖所赦宥者,独不可贷其一门之罪乎?

所以齐周华等于是在替吕氏一门构思忏悔之道,以求如曾静般获得宽宥。齐氏大概不曾想到,因《归仁说》而赦曾静罪,只是雍正的饰词,以支持他既不能杀曾、又须赦曾之合理性。

齐周华对于所有涉及此案之人都倾向于要求雍正从宽处置。譬如曾静虽然为他所不齿,但因已"幸蒙皇上如天之仁,臣亦不必再议"。但是,他也指出一点读《觉迷录》后的疑惑:

> 第彼供词数万余言,引古证今,无不淹博,而独不识一李自成,臣之所不解也。

不知李自成是曾静脱罪的一个重大关键,因为雍正在《觉迷录》中沿用了多尔衮(1612—1650)的论证,清是得天下于李自成之手,不是得自明之手,故清是助明平乱,而不是灭明。而曾静在这一点上要认罪认得圆满,只能一再申说因不知李自成构乱于前,而满族是从流寇手中夺过政权,故无以知"本朝得天下之正"。雍正是否派人暗示曾静这条脱罪的线索已无从得知,不过,这至少是清廷同意的脱罪方式,而齐周华竟敢暴露之,无怪乎浙省阅过这通疏文的官员以及北京刑部,皆不敢代题此呈。

对于吕氏一门,齐氏除希望照曾静等获赦外,并答应愿意代清廷化导。疏上说:"令吕毅中等各具改过自新结状一道,尽行释放归里。臣愿为皇上多方化导,使之改过自新,不蹈前辙,俱得重为圣世之良民。"对内外臣工之建议将吕留良、吕葆中父子剖尸枭示,齐氏则建议"竟请免议,俾枯骨长被皇仁"。对于将吕氏日记传给曾静的吕氏弟子严鸿逵、沈在宽、房明畴等,他说虽"罪大恶极,无可解免,但仰赖鸿慈,广为覆载,一视同仁可也"。甚至对于浙省各臣因吕留良案而降革者,也希望开复原职。疏中并有为浙江人辩解之意味,如说:"吕留良产于浙,浙之信从者宜视楚人犹深,而浙之人皆知天经地义之所在、尊君亲上之极诚,未尝有向陕西总督投以叛逆之书也。"[112]

齐周华的文词之间不时透露出他对曾静之憎恨及对吕氏一门之怜惜,兼又为浙省辩解,故前引有"浙之人皆知天经地义之所在"。他虽然在疏中对曾静与张熙之获赦表示"臣亦不必再议",但五年后,当乾隆下令将曾、张凌迟处死时,齐氏在《巨山自记》一文中说:"不胜痛快,惜乎吕氏子孙,犹未赐还也。"[113]

雍正对曾静、张熙的宽贷,及对浙江吕氏一门之酷罚,想是许多人

---

[112] 以上引文均出自齐周华,《天台齐周华救吕晚村先生悖逆凶悍一案疏》,《副本》,"附录",页323—326。

[113] 齐周华,《巨山自记》,《副本》,"附录",页326。

感到震惊的。但由两位出面抗疏的齐周华及唐孙镐俱为浙江人看来，可见浙人对此案之反应较为强烈。这至少有三个原因：第一，晚明浙江抗清义师之规模与持续力几为各省之冠，抗清故事故老相传，当犹为此地人民生活记忆之一部分。第二，吕留良系浙人，以贩书教学评选为业，且影誉极大，尤其当陆王之学逐渐消歇，而程朱之学日上，其评选四书在举子士人之间声誉极高。第三，在曾静案爆发之前，浙江已于雍正四年因查嗣庭（1664—1727）案，被停止乡、会试一年。在传统中国科考功名的社会中，停止乡、会试是极大的处罚，故浙省士人对雍正再度选择吕留良作为打击浙省士人的手段，必较敏感。

雍正确对浙省久怀不满之意，屡思借故整顿。雍正最在意允䄉及允禵集团，所以任何与此集团有关之人，皆为其所恨。而早先为允禵集团刊刻传单的欧秀即是浙人。雍正严办的查嗣庭、汪景祺（1672—1726）两案，主角也都是浙人。雍正整顿浙江的想法，得到当地理学家沈近思（1671—1727）的附和。在汪景祺、查嗣庭事起后，沈近思疏论浙省积弊十事，其中包括如生员举贡有哭庙抬神等事，除将本人严加治罪外，其余同党人士悉行褫革治罪；生员妄递条陈，及连名公呈，俱以褫革治罪；士人逢迎权贵，刊刻诗词歌赋，以为献媚进身之阶等[114]。尤其最后一条显然是针对查嗣庭而发的。嗣庭之罹祸，一般认为系出题不当，其实是因交通宫禁诸王，如其《双遂堂遗集》中"代皇子寿某"诗等，而且他又为隆科多所荐之故[115]。雍正认为沈近思所论十事切中情弊，下令照所请严禁之，并于四年冬十月甲子，宣布设立史无前例的浙江观风整俗使，说：

> 朕闻浙省风俗浇漓，甚于他省，若不力为整顿挽回，及其陷于

---

[114] 李元度，《国朝先正事略》（长沙：岳麓书社，1991），页390—391。

[115] 邓之诚，《清诗纪事初编》，页793。

重罪,加之以刑,实有不忍。朕意专遣一官,前往浙江省问风俗,稽察奸伪,应劝导者劝导之,应惩治者惩治之,务使绅衿士庶,有所儆戒,尽除浮薄嚣凌之习,归于谨厚,以昭一道同风之治。[116]

唐代贞观时设观风俗使以巡省天下,而雍正于观风俗使上加一"整"字,则严厉多了。为了停止浙江的乡、会试这件事,雍正又说:"浙江文词甲于天下,而风俗浇漓,敝坏已极,……浙江风气如此,傥听其颓敝,不加整饬,何以成一道同风之治。"[117] 此后各种来往文书及朱批,无不说浙江"风俗刁诈"。浙江观风整俗使王国栋到任以后,每至一州县,即传集绅衿人等至明伦堂,宣布因为浙省风俗浇薄,所以专派他来整俗。要他们戒绝一切浮狂、诈伪、抗粮、兴讼种种恶习,洗心涤肤,痛自革除[118]。

吕留良一门,早在圣祖朝已被控与一念和尚(？—1708)之乱有关,现在又与曾静案相关连,正是雍正对浙江杀鸡儆猴之机。而且在审讯中,曾静又一再推说他本人住在湖南山区中,前后附近没有一个达人名士,故对圣朝功德一无所知,直到后来从湖南被押解,一路经湖北以抵河南,由河南而到直隶京城,"所过都邑省郡,自野及市",皆甚丰饶[119],所以他自己可以从被捕时在衣服上写的"蒲潭先生(曾静)卒于此"[120]马上变为歌颂雍正与天心合而为一。但是吕留良不同,吕氏生长于江浙人文之乡,而竟于圣朝功绩全然不顾,引起雍正极大的不

---

[116] 《世宗宪皇帝实录》(北京:中华书局,1986)卷四十九,"雍正四年冬十月甲子条",页6。

[117] 《世宗宪皇帝实录》卷五十,"雍正四年十一月乙卯条",页18—19。

[118] 横山裕男,《观风整俗使考》,《东洋史研究》22:3(1963),页94—112,尤其是页98—99。

[119] 《觉迷录》,页115。

[120] 《海兰等奏拿获曾静等讯出口供折》,《文献丛编》,页27。

满,在《觉迷录》中屡次公开责骂浙江:

> 朕向来谓浙省风俗浇漓,人怀不逞,如汪景祺、查嗣庭之流,皆以谤讪悖逆,自伏其辜,……盖浙江士人等习见吕留良之恣为狂吠,……[121]

曾静供词中也说到:

> 今日之所以切齿痛恨于吕留良者,为伊生于明末之季,身处江浙人文之区,于本朝功绩岂有不知,……竟支吾旁引春秋之义以抵当本朝,……今日士子之从事举业文字,晓得他的说话者,胸中未尝不染其恶。[122]

凡此种种,不可能不引起浙人的反感。故齐周华抗疏救吕氏一门的行动,使他很快赢得许多当地士人之同情,而与唐孙镐有"二君子"之号[123]。不过,由于文字狱的禁网太密,所有表现这种情感的文字多付阙如。借着几件轰动的大案,清廷很成功地使一般士人在心中树立一把尺检查自己的作品,而不必等着官方来查禁或修改。譬如雍正办查嗣庭,又让几百人咏诗责骂钱名世为"名教罪人"(1726)后,史申义(1661—1712)的诗集中便划去查嗣庭、钱名世之名[124]。而远在云南的赵河(字燕邻),其《待焚草》中,阙字尚隐隐可辨,邓之诚(1887—1960)推测"必禁书时凡涉怨望及字面可曲解者,皆亟删去"[125]。甚至于到了嘉庆五年(1800),文网已不如是之严时,孙银槎《曝书亭集笺注》二

---

[121]《觉迷录》,页446—447。
[122] 同前书,页456。
[123] 周采泉、金敏,《齐周华年表》,页343。
[124] 邓之诚,《清诗纪事初编》,页503。
[125] 同前书,页961。

十三卷中仍以"友人"二字代替"翁山"(屈大均)[126]。所以勾勒当时浙省士人之反应时,只能透过一些零星的文字,尤其是从齐周华抗疏不成后,浙省士人的同情来看。

齐氏的抗疏原想请浙省地方官代题,但为天台县的训导王元洲所阻。他又到省城杭州抗疏,但当道因吕留良为浙人,而现在抗疏者又是浙人,恐怕贾祸,故不以上闻。齐周华乃徒步北上,行至金陵,因资斧乏绝,乃将所佩古剑质押。抵达北京后,投其词于刑部。刑部推说齐氏作法与雍正上谕不合,故令其回浙,请浙省学政代题。齐氏回浙后,督抚仍执前见,不肯代题,反而将他下狱,前后五年[127]。就在狱中,齐氏将浙省士人对他表示支持或同情之词,汇为《诸公赠言集》一册。其中像浙江新昌的吕抚(字安世)所写《赠天台齐巨山先生序》中回忆雍正九年齐氏被解往监狱时,一路之人忻慕之情:

> 披锁受械,往返长途,寒暑不绝者五年。……往者递解过敝邑,邑门适演传奇。众凤闻巨山才,围绕捧笔乞匾,且言禁用成语,巨山即书"今人作古"四字,众皆叹服。又索联,复书云"一部春秋看不厌,三千礼乐赖犹存",其顷刻应酬者如此。时予甫闻,亟出就见,无如囚车已行矣。由是屡托天台梅友赤霞,代向狱中询候。

从这段追忆文字看来,当时齐周华囚车所过之处(皆在浙省),人们围堵索求墨宝,受到英雄般看待。等到吕抚听说齐氏囚车过境,追出家门时,囚车已行,故只好转托人向狱中致候。吕抚又说,当时齐周华狱室中有奇花,一白凤仙忽中生红窍,众人名之曰"一点丹心",以隐喻他"诚能动物"的义举[128]。

---

[126] 邓之诚,《清诗纪事初编》,页749。

[127] 周采泉、金敏,《齐周华年表》,页342。

[128] 吕抚,《赠天台齐巨山先生序》,《副本》,页300—301。

第七章　从曾静案看18世纪前期的社会心态

浙省鄞县的蒋栻之(季眉)在为《半山学步》(齐周华的制义文集)所写《序》上也说：

> 巨山时以义勇贾祸，名震东南，故群知其人。[129]

足见此事当时在东南引起相当的注意。连齐周华旧日的老师杨汇(景川)在与齐氏分手十余年，回到北京后，听到齐氏抗疏救吕氏一门的案子时也说：

> 而乃一旦轻功名，委性命，强谏纳忠，救时卫道，直抵贤关，欲呼古圣而相质，其风力亦不在孔璋、郭亮下矣。故人或有为齐子讳，为齐子惜，犹予转深为之喜也。[130]

浙江平湖的陆大业(同庵)是与齐周华同时拘禁于浙江仁和县监狱的狱友。当乾隆元年(1736)齐氏获赦时，他在狱中写了《步韵送行小序》，叙述当时狱中人对齐氏之观感：

> 至天台齐君，以累两至，初遇于仁(案：指仁和监狱)，继幽于府(案：指杭州府监狱)，实能以气节、文章雄一世，以不肖厕其间，若鼎峙而三焉。[131]

齐氏表现在抗疏救吕一事上的"气节"显然受到相当的敬佩，故与关在仁和的陆大业及另一关押在钱塘监狱的"淳安吴君"(缺名)同称当时浙省三个监狱中最具声望的犯人。如依一不知名作者所写的《风波集序》，则当齐氏在监狱时，前来狱门致意者便不在少数：

> 故无论吾党谅而悲之，即愚夫愚妇，无不闻而哀之。所以数年间向狱门问讯而涕泣者，皆未尝谋面之人，且半出于未尝学问者

---

[129] 蒋栻之，《半山学步序》，《副本》，页302。

[130] 杨汇，《送天台山人游五岳序》，《副本》，页304—305。

[131] 陆大业，《步韵送行小序》，《副本》，页306。

也。岂非天理人心之不死者乎？

如果这篇序所言可靠,则当时有许多与齐氏原不相识的人,尤其是一些学识水准不高之人,屡来致候。作者又说：

> 巨山生于晚村(吕留良)既殁之后,浙水东西,相隔五百余里,非有葭莩之亲也。未受升斗之禄,非有官守言责也。止以局于有问必对、言必由衷之理,遂甘杀身以自尽。[132]

不过齐氏故里中诋毁他的人亦复不少。故浙江天台的陈溥(南陔)有这样的描述：

> 先是巨山获罪时,里中阛阓少年多有诋毁而非笑之者。而吴越诸知交知其志本无他,特以狂直取罪,因相与咨嗟痛惜,不远千里,折简裁诗,致音问者无虚日。[133]

浙省曾因多事而被停乡、会试,当地官员士大夫不愿生事,"恐干圣怒,波及有司",故当地士人也大有不满意齐氏之多事者,认为他是以此幸进,所以当时虽有"未见其疏章,未悉其原委,贸贸然妄从而和之者",但也有如陈溥所说"诋毁非笑之者"。不知名作者所写的《风波集序》也说："乃里党小人尚有鳃鳃然窃议其后者,或谓其好事也,或谓其希冀功名也,又或谓其好名也。"[134]

乾隆查禁《觉迷录》以后,有关该案的材料虽仍有所见,但基本上日渐稀少。在一般相信定稿于道光年间的《儿女英雄传》的第四十回中,却有几大段叙述。首先,作者燕北闲人借小说读者之口问到底什么是"观风整俗使"：

---

[132] 佚名,《风波集序》,《副本》,页314—315。

[133] 陈溥,《诸公赠言集序》,《副本》,页308。

[134] 佚名,《风波集序》,页313—315。

第七章 从曾静案看 18 世纪前期的社会心态

> 怎的既说放了他(安骥)学政,又道放了他观风整俗使?这观风整俗使,就翻遍了搢绅簿,也翻不着这个官衔。这些不经之谈,端的都从何说起?难道偌大个官场,真个便同优孟衣冠,傀儡儿戏一样?还是著书的那个燕北闲人在那里因心造象,信口胡说诿?皆非也。

又说:

> 却说我大清圣祖康熙佛爷在位,临御六十一年。厚泽深仁,普被寰宇。真个是万民有福,……无如众生贤愚不等,也就如五谷良莠不齐。见国家承平日久,法令从宽,人心就未免有些静极思动。……后来佛爷神驭宾天,雍正皇帝龙飞在位。这代圣人,正是唐虞再见,圣圣相传。因此,一登大宝,便亲制圣谕广训十六条,颁发各省学宫,责成那班学官,按着朔望,传齐大众,明白讲解。无如积重难返,不惟地方上不见些起色,久而久之,连那些地方官,也就视为具文。那时如湖南便弄成弥天重犯那等大案,浙江便弄成名教罪人那等大案,……当朝圣人,早照见欲化风俗,先正人心。欲正人心,先端人望。便在朝中那班真正有些经济学问的儒臣中,密简了几员,要差往各省,责成整纲饬纪,易俗移风。因此,特特的命了这样一个衔名,叫作观风整俗使。……这桩事,但凡记得些老年旧事儿的,想都深知。须不是燕北闲人扯谎。[135]

作者作这段叙述时显然仍有些忌讳,故虽是小说,仍不敢提曾静等人的名字,而只说"弥天重犯"。这两段话有对有错。观风整俗使确是雍正朝之创举,不过并非曾静案发后首设于湖南,而是案发前二年便已先设在浙江了。不过,《儿女英雄传》的叙述必曾深入人心,并极可能是后

---

[135] 文康(燕北闲人),《儿女英雄传》(台北:三民书局,1976),页 604—605。

来大力渲染曾静案的燕北老人《满清十三朝宫闱秘史》的引子("燕北老人"与"燕北闲人"两个笔名的近似性意涵着某种程度的联系)[136]。而到了晚清,这个案子竟激励了不少士人的种族思想,改革派的谭嗣同(1865—1898)以及革命团体中的章太炎(1869—1936)等都是例子,此案遂成为反清倒满的一个助力[137]。

---

[136] 燕北老人,《满清十三朝宫闱秘史》(香港:万象书店,1954)。

[137] 《觉迷录》在晚清影响甚大。参见三联书店编,《谭嗣同全集》(北京:三联书店,1954),页59。

第八章　权力的毛细管作用
——清代文献中"自我压抑"的现象*

清代"文字狱"是一个过去一向被过度重视,而近来却变得过时,愈来愈不受人注意的主题。以至于史家笔下的清代思想或文化的历史,往往有意无意地忽略或降低这方面因素的重要性,而本人所想要阐述的是,清代"文字狱"所导致的政治压力对各方面产生一种无所不到的毛细管作用,尤其是自我禁抑的部分,其影响恐怕还超过公开禁制的部分。在正式讨论清代文化中的自我禁抑现象之前,我仍须介绍清代文字狱的一些基本背景,没有这些人们耳熟能详的文字狱事件所造成的紧张空气,就不会出现无所不在的自我禁制作用。而为了方便起见,我将引述别人的研究来描绘清代文字狱的大致状况。

清代文字狱独多,其中顺治、康熙、雍正、乾隆四朝,一百三十余年,案件总数大约160—170起,比历史上其他朝代都多。其中有些案件牵涉规模之庞大及整肃之残酷颇令人触目惊心。大约顺治四年(1647)发生的函可(1612—1660)《变记》案是清代最早的文字狱,隔年有毛重倬(生卒不详,顺治二年举人)坊刻制艺序案。康熙年间则约有10起文字狱,极被重视的是称为"江浙两大狱"的《明史》案和《南山集》案。

---

* 本文所讨论的"自我压抑"现象,往往是私下发生的,故非常参差不齐,也非常复杂。譬如在同一个时代并不一定同时发生对某种内容进行压抑删窜的现象。即使是同一种著作,呈现的状况也不同,有些文本会受到作者或编辑出版者或读者的删改,但有些也并不存在这种"自我压抑"的情况。这一点要请读者特别留意。

《明史》案始于顺治十八年(1661,时康熙已即位),庄廷鑨(？—1655)购买明末朱国桢(1558—1632)未完成《明史》稿,并召集各方人才,补写崇祯及南明史事。因书中叙及南明史时,奉弘光、隆武、永历年号为正朔,不写清之年号,又提及清人入关前不光彩秘闻等各项罪状而被告发,株连被逮者极众。《南山集》案发生于康熙五十年(1711),因书中写入永历年号,将清朝年号剔除,结果是原刻集中挂名者皆死,后因康熙宽宥,"得恩旨食活者三百余人"。雍正朝有文字狱案25起,如《大义觉迷录》等案。乾隆朝有135起,集中在乾隆十六年至四十八年(1751—1783),其中在《四库全书》编纂期间,查缴禁书的文字狱有48起[1]。

这些文字狱所带来最重要的影响是它们对人们所造成的心理压力,如明清易代之际文人吴伟业(1609—1671)说自己在鼎革之后,闭门不与人来往,可是因为在当时颇有名声,故"每东南有一狱,长虑收者在门,及诗祸史祸,惴惴莫保"[2]。孔尚任(1648—1718)在《答僧伟载》诗中说:"方外亦惧文字祸。"[3]这一类的记载相当多,可以显示出当局打压之酷与形成的"涟漪效应",使得人心极度恐慌,而处处形成"自我压抑"的现象。然而"文字狱"恐怕是任何时代都有的事,而自我压抑也一样发生在所有的时代,即使是在我们日常生活的周遭世界,也有种种自我压抑或回避的现象,但是每个时代的自我压抑内容不同,重点不同,规模不同。相较之下,清代的文字狱及自我压抑的现象,力道特别强,规模特别大,相当值得注意。

清初以来的大小文字狱案犹如龚自珍(1792—1841)所说的"万形而无形"的"风",形成一种无所不在的心理压力与渗透力。不过,文字

---

[1] 以上皆引自张兵、张毓洲,《清代文字狱的整体状况与清人的载述》,《西北师大学报(社会科学版)》45卷6期(2008.11),页62—70。

[2] 吴伟业,《吴梅村全集》(上海:上海古籍出版社,1990)卷五十七,《与子暻疏》,页1132。

[3] 汪蔚林编,《孔尚任诗文集》(北京:中华书局,1962)卷四,《答僧伟载》,页237。

狱或政治压力与自我禁抑之间不一定是按着时间顺序,像银丁扣般一个扣一个发生的。人们对各种文字狱案及禁忌的了解,有些直接得自官方的政令,但是还有许多来自传闻、谣言。它们卷成一个个暴风圈,故有些来源比较明确,有些来自模糊的讯息与想象。

为什么自我禁抑的现象值得研究?过去人们研究这方面的问题,所关心的几乎都是清代官方政策(包括种种上谕及公文书)、文字狱、禁毁目录,及禁毁行动等;但是禁书目录的流传是有限的,官方查禁的人力也是有限的。以编撰《四库全书》过程中的大规模禁毁事件为例,从办理四库全书的相关档案及二手研究看来,为了弥补人力的不足,确实大幅调动佐杂、教官及地方上有初级功名的士人参与搜查,并一直要求藏书者或原作者的后代子孙自己查阅,或请人帮忙查阅家中藏书的内容,自动缴出有所违碍的书物。但是地域、宗族等地缘及血缘关系形成一定的保护网,以当地人查当地书的方式,常常难以完全穿透上述网络。如从官方禁缴记录来看,数目并不是那么庞大。所以讨论清代政治压力对文化领域的影响这个问题,如果仅从官方的种种作为进行了解,必然失之狭隘。

事实上因为官方的种种作为形成一个又一个暴风圈,形成一种看似模糊却又无所不在的敏感意识,每个事件像投石进入池塘产生"涟漪效应",所以许多不曾出现在禁书目录中的书物,人们为了防患未然,也对它们作了庞大的禁抑工作。至于任何真正牵扯到忌讳的物事,自然成为无所不在的自我禁抑的对象。正因如此,自我禁抑的活动有时候无涯无边,有时候却完全出人意表,而这些都是在各种文字狱案或禁毁目录中所从未被提到的,是一种无法捕捉到的、属于"万形而无形"的世界。

故本文是在探讨官方在思想禁制方面的作为所形成的巨大压力,如何形成毛细管作用,深入到各处,以及权力在极小的范围,尤其是在无名的文人心中自行运作的实况。本文重视广大士大夫对这些压力的感受及诠释，及在私密的空间中(譬如在排版房中，或在个人的小书斋中)，权力如何渗透到文化活动，左右它的运作方式与发展。并且着重讨论人们在得到各种政治禁制的讯息之后，如何在心中揣度、发酵、酝酿出一套检制约束自己的标准，然后在别人发现他逾轨之前，自己先偷偷抑制、删改，把可能有问题的地方遮掩得无影无踪。

这一个沉默的内心世界，非常不容易探测，我试着从文献的空白、删窜的痕迹来进入这一个沉默的世界。这些空白与罅隙究系无心，还是有意为之(有时"无心"也是长期熏染之后的结果)，相当费人思量。但是我们可以确定，不管是自觉或不自觉，确实有这样一个世界存在，并且严重影响到他们现实的活动。而这一个自我禁抑的世界的范围是不断改变的，它的边界的消长，与现实政治息息相关，譬如对明清之际史事记忆程度的不同与范围的消长，与后来对满清政权的态度密切联系。

在这篇文章中我想讨论的是悄悄地、主动地，在私密空间中进行的禁抑，是一部全民大合唱。作者、读者、书商，及有关无关的人都在参与的销毁改窜的活动。他们有的是帮助藏匿违碍书物[4]，有的是为了避祸，不管青红皂白，先删涂或烧毁再说，使得政府的禁抑政策透过不知名的广大群众之手帮助扩大执行，扩及官方的物理力量所完全到达不了的地方，而且靠着人们的揣测、想象，发展出许多令人始料未及的作法。

一般所关心的是书物出版以后官方的抄查。本文所关心的是事情发生之前的压抑，是在紧张心情下，写作时种种压抑、闪避，是尚未被发现之前的遮掩或销毁。不是"要其后"，而是"原其先"。

这种潜在性的压抑，究竟对清代思想文化的版图造成什么影响？任何一个时代的思想文化都有特殊的内部零件组合方式及版图的变

---

[4] 这种例子非常之多，但我觉得最有代表性的是王夫之书稿的故事。

化,而因为每一个时代思想、文化版图的组成及知识的边疆难以勾勒出来,所以往往忽略了哪些部分悄悄生出能量,哪些部分悄悄地消失,或由中心遗落到边陲。而此处所提到的"潜在性压抑"——人们应当说什么,不应当说什么,忌讳什么,回避什么等,即严重影响到这个版图的伸缩、升降。在公开的禁制与自我压抑的过程中,许多东西悄悄消失,而身处于几百年后的我们并不觉察,而且经常造成严重的误解[5]。

这个研究有一些内在的困难——自我压抑往往是偷偷地进行,所以大多无法确定时间,或真正的行动者。因为行事秘密,所以往往没有办法说出与个别事件有关的完整故事,在这里我是以"书籍"的生命历程为主,从作者写作的紧张压力,到刻书者的手下,到出版发行,到藏书家,到读者自己的秘密删窜,到书商的偷偷销毁,去勾勒清代的政治与文化的这一个重要面相。

一、清代文字狱概况

历朝皆有文字狱,清代是一个高峰,而且最常发生在康、雍、乾盛世。其中康熙朝不超过十起,雍正朝近二十起,乾隆朝则在一百三十起以上,其中精神病患或偶尔因为文字不慎构成罪案的情形不少,约有二十一起。康熙、雍正朝触犯者多为官僚、乡绅及有名文人,乾隆朝则波及粗通文墨的社会下层,其中诸生有近四十起,平民五十几起。到了嘉庆以后,文字狱案就不怎么再出现了[6]。细究这些案件的内容大部分

---

[5] 章太炎在清末种族意识高涨的时代,阅读当时流通的《日知录》时,总诧异书中竟然完全没有华夷种族思想,同样的情形亦发生在顾炎武的诗中。几百年来的读者未在其中看到任何种族思想的成分,一直到清末,当原抄本《日知录》重影出现,及孙诒让以孙漾的笔名揭出顾诗中以韵目代字时,人们才恍然于过去不但官方压制,私人也帮忙禁抑的情实。

[6] 郭成康、林铁钧,《清朝文字狱》(河北:群众出版社,1990),页34—35、39。

与种族思想或悖逆无关，但处罚之严重则甚为惊人，动辄处斩、凌迟，造成巨大的社会心理紧张。

仔细一点地说，康熙朝触犯禁讳的书多是载述明清易代的史料，以及所谓"诡言邪说，语既不经"的著作，如庄廷鑨《明史》案、戴名世案。庄廷鑨案中，凡题名之士、刻书之工、贩书之贾、列名参校之士与初办此案之官员，株连而死者达221人，犯人妇女供给边人为奴，波及近二千人。而康熙五十年的《南山集》案，则是因戴名世（1653—1713）曾言："今以弘光之帝南京，隆武之帝闽越，永历之帝两粤，帝滇黔，地方数千里，首尾十七、八年，揆以春秋之义，岂遽不如昭烈之在蜀，帝昺之在崖州？"而且在其文集中多采方孝标（1618—1796）[7]《滇黔纪闻》之事。刑部处理此案时牵涉多达数百人，后来康熙以牵连太重，聊为减免，其中三百多人乃得旨获生。[8] 至于所谓"诡言邪说，语既不经"之著作，则有如朱方旦（？—1682）案，因为他提倡"中道在两眉之间，山根之上"，此言被认为"立论怪僻，违悖圣经"[9]。

雍正朝的查办重点是党派人士的相关著作。譬如查禁党派首领年羹尧（1679—1726）、隆科多（？—1728）门下士之著作，当然也有禁毁阐扬汉族民族意识之著作，禁毁违背帝王意旨之著作的案例。雍正朝第一大案当然是雍正四年（1726）的曾静（1679—1735）案，这个案子牵涉种族思想，同时也牵涉到党派斗争。雍正痛斥其兄弟胤禩（1681—1726）、胤禟（1683—1726）为"阿其那""赛思黑"，两人同年死于监所，胤禵（1688—1755）则半生监禁，同时查禁吕留良（1629—1683）的著

---

[7] 方孝标认为永历朝不可视为伪朝，戴名世《与倪生书》说："本朝当以康熙壬寅（即永历帝亡没之年）为定鼎之始。世祖虽入关十八年，时明祀未绝，若循蜀汉之例，则顺治不得为正统。"转引自丁原基，《清代康雍乾三朝禁书原因之研究》（台北：华正书局，1983），页45。

[8] 同前书，页37、42—44。

[9] 朱方旦的话出现在所刊刻的《中质秘书》。同前书，页47—48。

作,更将《大义觉迷录》发给全国各地生监,要求全国生员承认吕留良之罪,官方宣称全国无一人有异同。甚至连已经死了三十余年的屈大均(1630—1696)也被牵扯进来,屈氏的著作入禁毁之列。除此之外,也有几个以涉及种族思想或帝王忌讳为名,但实际上是斗争年羹尧、隆科多门下士的案子,如汪景祺(1672—1726)《读书堂西征随笔》案。汪氏在书中以"宇宙之第一伟人"推许年氏。另外还有雍正四年查嗣庭(?—1727)试题之狱,查氏出题"维民所止",被认为暗示雍正无头。

雍正朝的另一种文字狱之罪状是违背帝王旨意,且混合着党羽之争。如谢济世(1689—1755)曾于雍正四年指斥雍正宠臣田文镜(1662—1733)十大罪状,雍正七年(1729)有人告状说谢氏所注《大学》毁谤程朱,雍正大怒。一般认为雍正觉得谢氏是李绂(1673—1750)与蔡珽(?—1743)之党羽,这也是雍正大怒的原因之一,谢济世被罚当苦差。此外如陆生楠(?—1739)的《通鉴论》案,则是因为当时诸王主张封建,雍正力加裁抑,因为见到陆氏著文为言封建之利,故大怒而加罪[10],最后陆生楠被判军前正法。谢、陆两人,谢济世以注《大学》获罪,陆生楠以论史获罪,虽然背后大多另有原因,但是这些表面的罪状及其处罚之严酷,皆足以让天下人民产生严重的心理紧张。

到了乾隆朝,则至少有如下各种著作被禁:一、未避庙讳、谤议国君;二、涉及清代前期史事;三、反清志士之著作;四、眷怀故国、语涉怨望;五、有亏臣节者之著作;六、幸进大臣之著作;七、议论圣贤之著作[11]。以清代任何一件大案讯息传播之迅速,对当时人心造成的震撼效果,恐非今人所能理解。处罚也非常任意,江西巡抚海成(?—1794)是最卖力的搜缴者,但因《字贯》案发生时,未严厉办理,本人也

---

[10] 丁原基,《清代康雍乾三朝禁书原因之研究》,页100—101。

[11] 同前书,第五章。

被严惩。重点是这些严惩及心理紧张的理由,譬如乱发政论、毁谤程朱、任意著史等等,形成一种指标,使得人们知道要尽量避免涉入相关的禁区,也因此造成思想文化上的重大影响。

(一)乾隆个人的文化倾向

我们现在讨论这个问题的前提是必须知道当时帝王本人的倾向可以对全国造成重大的影响,所以了解乾隆个人的思想倾向相当重要。

乾隆很早就表现出牢守儒家正统的纲常文化的思想特质,他似乎也了解这是他合理化异族统治的最大资本。乾隆对明朝末年的政治、思想、文化都表示相当的不满,他对明季党同伐异之风不满,尤其是对东林党争不满,对明季士大夫的思想风习不满,对钱谦益(1582—1664)这类主持坛坫的文人也不满。他的文化品味是相当正统化的,忠孝不离口,对士农工商四民的次序看得非常重,喜谈重农思想,并以重农、讲武为国家之大经。有学者早已发现,在他的四万多首诗中找不到饮酒歌舞的场面[12]。

乾隆又颇富考证批判的精神。乾隆在位期间的一百三十多起文字狱案中,有12起是因为士人唐突古代圣人而获罪。乾隆虽然不允许百姓侮蔑先圣,但是在自己的著作中却一再批判古书及古代圣人,他对语言相当感兴趣,对地理的考证兴趣也很高,有时候甚至把高官当成他的研究助理。譬如为了改正朱子注的错误——朱子说泾水浊、渭水清,他派陕西巡抚秦承恩(?—1809)亲自到渭水考察,而得出"泾水清、渭水浊"的结论[13]。

乾隆与他的父、祖两代一样,原对理学有兴趣,而且比较清楚地守

---

[12] 戴逸,《乾隆帝及其时代》(北京:中国人民大学出版社,1992),页99。

[13] 清高宗,《御制文集三集》,收入《景印文渊阁四库全书》(台北:台湾商务印书馆,1983),1301册卷十四;《泾清渭浊纪实》,页3b—12a。

住宋代理学的矩矱,认为理在气先,无理则气亦有问题,认为天理与人欲,只争一线[14]。不过他似乎也受了时代学术的影响,在编修《四库全书》的时代,他的兴趣由理学逐渐转向汉学,并微妙地影响到当时士大夫对这两种学问的取舍。依据我的观察,乾隆认为文献考证之学蕴含道德上的严肃性和知识上的苦行精神,汉学这门学问需有严肃的、确切可信的经典根据,而且是忠于先圣先贤的教训。宋明理学的讲学则容易滋生个人意见,进行没有根据的谈论,进而影响社会风气与政治安定[15]。

(二)乾隆对皇权的自我想象

乾隆对皇权的自我想象也值得在此讨论。康熙以来就有一种倾向,即认为自己是以天子兼统治者与教主,用大臣魏裔介(1616—1686)的话是:"以君道而兼师道",李光地(1642—1718)则认为清帝将道、治之统结合起来。乾隆将这个倾向加以强化,乾隆手上有两件武器,一是天命,一是封建纲常,他相当巧妙地运用这两件武器[16]。乾隆一方面想作千古帝王,为千古文化订下标准,一方面想巩固满族统治,他要结合这两者,在汉文化的营养皿中培养满族政权的正当性。他一面讲华夷一家,一面巩固满族统治之正当性,要从各种书中删去任何不利满族,或历史上各种书中可以牵连想象到满族作为异族政

---

[14] 清高宗,《御制诗集初集》,收入《景印文渊阁四库全书》,1302册卷八,《读朱子诗有儆因效其体》,页10。

[15] 夏长朴教授的几篇文章,深入讨论了乾隆的学术态度微妙地影响了四库馆臣原先以支持宋学为主转向支持汉学。相关讨论请见夏长朴,《〈四库全书总目〉与汉宋之学的关系》,《故宫学术季刊》23:2(2005),页83—205;《乾隆皇帝与汉宋之学》,收入彭林编,《清代经学与文化》(北京:北京大学出版社,2005),页156—192。

[16] 王钟翰,《四库禁毁书与清代思想文化普查运动》,收入何龄修等编,《四库禁毁书研究》(北京:北京出版社,1999),页24—25。

权的文字[17]。

乾隆高扬皇权的独断性与任意性,认为国家可以垄断(monopolize)知识与文化。以皇帝作为天下思想文化之评断标准的想法并不新颖。君师合一,"作之君、作之师"本来就是古来的理想,乾隆的父亲雍正颁行《拣魔辨异录》以平禅宗派别之争,又颁《大义觉迷录》以平天下之谤议,都是合"政治"与"文化"两个范畴为一的作法。乾隆对此更加发挥,而且规模更大、范围更广,他要订下一套衡量千古,而且可以行之千古的标准。这一点我们往后还会谈到。

乾隆对皇权还有一种观念,即一种"天子中心论"式的,以此主轴出发压倒种族意识[18]。他用力宣扬以君臣关系为主轴的纲常文化。乾隆常说自己"教万世之为君者,即所以教万世之为臣者"[19],"君者为人伦之极,五伦无不系于君","臣奉君,子遵父,妻从夫,不可倒置也。"[20]《御批历代通鉴辑览》在乾隆二十四年—三十三年(1759—1768)编成,全书即充满塑造以君主为无上中心的忠臣文化。正如乾

---

[17] Evelyn S. Rawski, *The Last Emperors: A Social History of Qing Imperial Institutions* (Berkeley: University of California Press, 1998), p. 37.

[18] 何冠彪认为"乾纲独断"是圣祖、世宗、乾隆以来一贯相承的主张,不但形诸他们撰写的文字,也可以由他们在住处所挂的对联看出,雍正在乾清宫挂的是:"惟以一人治天下,岂为天下奉一人。"乾隆在养心殿东阁挂上他亲书的圣祖圣训,一开头便是"天下之治乱休咎,皆系于人主一身一心。"于敏中等,《国朝宫史》,收入《景印文渊阁四库全书》,657册卷十三,《宫廷三》,页29a。参看何冠彪,《"君主至治"、"君权至上"——论清世宗御书养心殿西暖阁匾联的改变》,《大陆杂志》,101.6(2000.12),页16—26;《乾纲独御、乾纲独断——康熙、雍正二帝君权思想的一个侧面》,《汉学研究》,20:2(2002.12),页275—300。

[19] 傅恒等奉敕编,《御批历代通鉴辑览》,收入《景印文渊阁四库全书》,335册,《序》,页2a。

[20] 清高宗,《御制文集二集》,收入《景印文渊阁四库全书》,1301册,卷一,《经筵御论》,页3b;《清高宗纯皇帝实录》(北京:中华书局,1986)卷二六九,乾隆十一年六月下,页9b。

隆自己说的,"朕为天下主,一切庆赏刑威,皆自朕出,即臣工有所建白,采而用之,仍在于朕"[21]。此外他突出对帝王的"忠义"文化,如将"关帝"由"壮缪"改称"忠义",还有其他历史人物的改称或重新评价,以及乾隆朝大臣谥号中"忠"字特别多[22],都是为了宣扬、树立忠义文化,这个忠义文化也是超越藩篱的。

乾隆皇权观的第三个特质是"春秋,天子之事"。因为是天子之事,所以一切以天子的眼光来看,那么真正要紧的是对当朝的绝对忠诚,以保证本朝统治的正当性及稳固性。这种纲常思想是以君王为中心出发考量,而且是压倒一切的,所以他认为胡安国(1074—1138)的《春秋胡氏传》是"胡说",即因为胡安国的书华夷观太强,压过了君亲之优先性[23]。从前述种种可以看出乾隆把儒家纲常文化巧妙地转换成培植满族统治正当性的营养剂的情形。

(三)清初以来的两条路线

大略陈述了清初以来到乾隆的皇权观之后,接着要讨论一个关键问题,即清初以来如何处理明、清、满、汉的历史。关于这个问题,从清初以来就有两条路线在平行发展着,这两条路线随着时代、社会环境与汉族历史记忆的强弱而有变化,而且与纲常名教、朝代兴替、族群、国家相互纠缠着。理想上,以上几种因素应该处于有机和谐的关系,可是,因为明清易代使得情形变得有些复杂。对于脚跨两个朝代的人而言,

---

[21] 蒋良骐等纂,《十二朝东华录》(台北:文海出版社,1963)卷二,页33b,乾隆三年六月戊午条。

[22] 赵尔巽等撰,《清史稿》(台北:鼎文书局,1981)卷八十四,《礼三》,页2541。

[23] 乾隆对《契丹国志》之处理涉及此问题:"夫大义灭亲,父可施之子,子不可施之父,父既背叛,子惟一死,以答君亲,岂有灭伦背义,尚得谓之变而不失其正?此乃胡安国华夷之见,芥蒂于心,右逆子而乱天经,诚所谓胡说也。"中国第一历史档案馆编,《纂修四库全书档案》(上海:上海古籍出版社,1997),页1418。

"纲常名教"与"国家""种族"之间是矛盾的,尽忠于明,则不能承认清,所以清朝建立不久,便希望尽可能包容这些矛盾的因子,使它们看起来像是一个有机的统合体,既要嘉赏叛明佐清的贰臣,虽然有些例外,譬如清初诸帝俱会褒奖忠明烈士,但基本上也要压制遗民的志节[24]。即使如此,从清初以来,史家对这种含混形成的有机体便有不同的意见,杨椿(1675—1753)、王鸿绪(1645—1723)、汤斌(1627—1687)等人为此与明史馆形成对立。前述诸人比较倾向维持纲常忠义,汤斌曾要求表彰有明殉节诸臣而被驳斥[25]。

到乾隆三十年(1755)时,清朝开国已经一百三十年左右,敏感的明清认同问题较不明显,社会平静、经济富庶,已经有闲情逸致来处理这个棘手问题了。相较于康熙、雍正,乾隆远比他们关心这类问题,而且连篇累牍地加以讨论。乾隆将种种不很搭调的元素组成一个新的有机体,其基本原理就是前面提到过的,在汉人纲常名教中培养忠于满族政权的意识。而其方法之一即是将每一代历史"当朝化"。对于清朝而言,则是将明史"前朝化"。

王夫之(1619—1692)曾经偏激地说,纲常名教的标准只适用于同一个族群中的成员,离开这个族群,欺骗、不忠不义,都不能算错[26]。乾隆当然不曾看过这段话,乾隆所形成的忠义名教观点与王夫之也不相同,但它们之间有近似的逻辑。王夫之以种族作为社群的单位,乾隆则以朝代作为社群的单位,所以他评价任何纲常名教上的问题,都是将之"当朝化"。

---

[24] 本文写成后,读到陈永明先生的《清代前期的政治认同与历史书写》(上海:上海古籍出版社,2011)一书,其中有若干篇章与此主题相关,如《〈钦定胜朝殉节诸臣录〉与乾隆对南明殉国者的表彰》《〈贰臣传〉、〈逆臣传〉与乾隆对降清明臣的贬斥》等,值得参考。

[25] 乔治忠,《清朝官方史学研究》(台北:文津出版社,1994),页227。

[26] 王夫之,《读通鉴论》,收入《船山全书》(长沙:岳麓书社,1996)卷四,页154—155。

第八章 权力的毛细管作用

乾隆与他的父、祖不同,康熙、雍正还没有成熟到自己形成一个自成系统的看法,他们对种族、朝代、明与清之间,仍存在剪不断理还乱的牵扯,一下子要维护这个,一下子又要维护那个。乾隆则清清楚楚地下了一个判断,一切以"当朝"为断——所有人都要模拟自己立身于那个朝代时究竟应该如何作为才符合儒家的纲常名教,不管这个朝代是汉人还是异族所建立。我们已经不清楚乾隆在何时确立了这样的观点,我们比较确定的是乾隆身为太子及执政的早年,还来不及考虑这方面的问题,所以当时文字中对此并没有任何清楚的表示。但到了后来编纂《四库全书》期间,他曾经为了修改自己早年的正统观,下令收缴有自己早年议论的书加以改正然后再行颁发。

这个正统观表现在他后来的各种文章中,《御批通鉴辑览》中涉及明代的部分随处可见,他之所以特别欣赏史可法(1601—1645)等人,亦应作如是观。他刻意搜求史可法答多尔衮(1612—1650)书信,而且还站在史可法的角度来讨论他与多尔衮的来往。这不仅出现在他的许多专论中,同时也具体印证在他对有问题的案件的处置上,譬如王仲儒的案子,他的处置是这样的,王氏生为明人,入清之后并未有任何身份,所以即使著作中有不敬于清的话,也不构成罪状[27]。

在乾隆所形成的这个系统中,第一,本朝人应忠于本朝,所有纲常名教、忠义道德皆应该用于这一个朝代,一旦跨越了"本朝",忠义道德便算是做错了题目的文章,所以即使对满清的从龙功臣,他也要从这个标准出发加以贬抑。

在四库工作进行的过程中,乾隆更于四十年(1775)编《胜朝殉节诸臣录》,大肆褒扬殉明的臣子。乾隆四十一年(1777),他下令编辑《贰臣传》,在这部别出心裁的书中,他把《明史》再三褒誉的一批从龙

---

[27] 中国第一历史档案馆编,《纂修四库全书档案》,页1311—1317。

功臣贬为贰臣,因为他们生于明朝,曾为明官,如果以明朝的标准看,是不折不扣的贰臣。乾隆接着又分别得更细,他认为这些人中还应该分出等第来。凡是从龙或降清之后,忠清到底的,列入《贰臣传》的甲编,而在清代为官,后来却又心怀怨怼的,列入乙编。接着他又觉得不够,所以第三种范畴出现了——《逆臣传》。凡是降清之后却又反叛的,收入《逆臣传》中。

乾隆常说他的历史评论是在为天下万世立其大公至正的标准,而不是在为任何私人发言。这个陈述是值得推敲的。乾隆心中所谓天下万世至公之标准,即是以"当朝化"为标准去评论那个朝代的史事。所以,在说到有关南宋与辽金的正统问题时,他毫不忌讳地捍卫南宋的正统地位。他说自己很清楚金是清之祖先,但是面对正统问题时仍应一秉至公,这也就是既然是评论南宋史事,就应"当朝化",完全站在南宋子民的角度来看历史,在南宋尚未完全灭亡之时就不应该奉金为正统。

上述这种态度自然与其父、祖时代有所不同。而《明史》这一部经历八九十年才完成的书,出版于乾隆四年(1739),这是他的整个历史评论的系统尚未成立之前,反映了其父、祖两代以来虽不一致,但大致可接受的观点。那么,如果我们发现乾隆后来处处不点名地与《明史》的历史评论作对,便不应感到奇怪了。

只是他还有第四个标准,不大明白说出来,即种族——同种族之间的忠诚。所以他在讨论杨维桢(1296—1370)的正统论时,说了一些有时令人摸不着头绪的话。乾隆特地要四库馆臣从载籍中找出他久思一读的杨维桢《正统辨》。他在一篇专文中一方面痛骂杨维桢之人品,一方面却肯定他的正统论,说他生为元人,身为元代官吏,以元朝为正统,暗中以明为非正统,看来有问题,其实是正确的。以元代的制度看,正应该如此方能算得上忠于本朝。可是这篇文章最后却话锋急转直下,说杨维桢还不如钱谦益(1582—1664)。我们知道,钱谦益是乾隆所最看不起，认为不得再称为人类，何以杨维桢还不如他呢？他的话写得很含糊，但其意思是这样的，杨维桢是汉人，他后来继续在汉人的朝代（明）为官，则是在投降异族之后为官，却仍心存不满，但钱谦益所不满的毕竟是异族，而杨维桢所不满的是他的本族，所以杨不如钱[28]。

由此可以看出，在乾隆心目中，"当朝化"是第一个原则，但在此前提之后，如要再深究下去，则"本种族化"也是一个标准，只是他对后者着墨极少。

乾隆作为一个满洲部族的领导者，又是一个汉人帝国的皇帝，他在位期间，既要极力突出满族文化、习俗、语言的特殊的自我认同性[29]，同时又要表示自己是中华正统文化的继承者。所以他一方面要搜缴、毁灭任何对其种族不敬或反对的文字，另一方面，要突出他的种族与汉族是不同的，他的种族是朴质的、尚武的、勇敢的、以游猎骑射为本质的，与汉文化不同。乾隆朝编了不少与满族历史文化有关的书，这些书中提及满人的部分，皆一反其父、祖两代的作风，极力把前人认为落后而应加以掩藏的部分凸显出来。他的父、祖刻意强调入关之前满人已如何进步，乾隆则在《满洲源流考》《皇清开国方略》等书中刻意突出其野蛮、勇武、淳朴的一面[30]。

乾隆在汉文化的正统标准中突出了"忠义"，而忠义是对于当朝，而且限于当朝的，所以生存于清朝，则忠义的标准即是对满洲政权完全的忠贞。他同时承负了两个正统论，而又将两者有机地结合在一起。

乾隆发动《四库全书》这个大规模的"寓禁于征"的运动有两个优先性，第一优先任务当然是要维护满清统治的正当性，所以要压抑、删

---

[28] 清高宗，《御制文集二集》卷八，《命馆臣录存杨维桢正统辨谕》，页2b—5a。

[29] 当然，另外值得注意的是清朝皇帝是满汉蒙回藏的统治者，所以清代皇帝同时又是西域佛教之法王，而热河行宫是皇帝接见这些部族领袖的地方。

[30] 乔治忠，《清朝官方史学研究》，页258—259。

除、禁毁任何不利满族的材料,而且也要把古往今来,凡是可以引起种族意识的文章尽情删改或查禁。然而我们完全不可忽略他同时一心一意要"为万世臣子植纲常"[31]。而且他要借此宣扬正统的学术文化与风俗人心,故他说:"朕辑四库全书,当采诗文之有关世道人心者。"[32]又经常让臣下把"伏思违碍各书,实为风俗人心之害"[33]一类的话挂在嘴边,或说出"今收查遗书一事,乃读书人本分所应为"[34],反复论证禁书乃是为了维持万世风教。

(四)从"稽古右文"到"寓禁于征"

我可能无意间将这篇文章写成是乾隆个人的故事了,不过此处必须强调的是,清代的意识形态运动经历了康、雍两朝,在乾隆一朝到达最高峰,持续时间又长,值得大书特书。

乾隆似乎是一个集自尊与自欺于一身,而且这两者又巧妙地交织在一起的人物。他享受一种在他非凡的领导之下,"天下已经太平"的玫瑰色感觉,这种感受在他的文章或诗歌中时有流露。为了维持这个美好的感觉,他有时会欺骗自己,对任何看起来不利于"天下太平"的征象视而不见,甚至极度愤怒地加以否认[35]。

如果我们详读乾隆十五年以前的历史,确实也可以支持这样一个帝国的自我印象。可是有两件事似乎使得玫瑰逐渐褪色,一是发生在乾隆十六年(1751)的孙嘉淦伪奏稿案,一个是乾隆二十二年(1757)的

---

[31] 中国第一历史档案馆编,《纂修四库全书档案》,页559。

[32] 同前书,页1433。

[33] 姚觐元,《清代禁毁书目》(台北:成文出版社,1978),页39。

[34] 中国第一历史档案馆编,《纂修四库全书档案》,页446。

[35] David S. Nivison, "Ho-shen and His Accusers: Ideology and Political Behavior in the Eighteenth Century," in David S. Nivison and Arthur F. Wright, eds., *Confucianism in Action* (Stanford, Calif.: Stanford University Press, 1959), p. 235.

第八章 权力的毛细管作用

彭家屏案。

乾隆十六年社会上抄传一份假托以正直敢言知名的孙嘉淦（1683—1753）上呈的奏稿。这份伪奏稿流传十几省，直到传到云南土司那里才被发现举报，足证它已经历相当长的时间，流传相当大的地区，而且居然无人发觉检举，这就不能不特别重视了。更要紧的是奏稿中列举乾隆的十大罪状，这些罪状不但攻击到皇帝个人，而且还联系到政权合法性的问题。自从雍正朝的曾静案之后，已经很久不曾出现这样的案子了。乾隆对这个案子进行了连根拔起的追查，但是最后还是不了了之。值得注意的是，查办这个案子时，孔飞力教授书中所陈述的"叫魂案"也在如火如荼进行中。至于彭家屏（？—1757）私藏野史案规模则小得多[36]，这个案子简单地说，是因为河南东部连年水灾，退职家居的高官彭家屏趁乾隆下江南时接驾的机会投诉地方官员隐匿灾情、救赈不力，后来又有人跪于道旁举牌向皇帝投诉。多疑的乾隆敏感地察觉到彭氏可能是地方上不满分子的中心。但事实上是有两位生员资助告状，当县令到其中一位生员段昌绪家里搜捕时，发现他藏有吴三桂（1612—1678）檄文，段氏并在檄文若干攻击清帝的文字下面浓圈密点，表示赞许。

这件事情引起乾隆的震惊，所以他选择奖赏发现此事的当地官员，轻纵他们因为隐匿灾情所应受的惩罚，但重惩私藏野史的彭家屏及生员等人。野史及其他文献可能给人们注入危险思想，或是为对现实不满的人们提供对话、共鸣的材料。这件案子提醒乾隆，他所统治的帝国中可能到处私藏明清之际到三藩时期的野史材料，它们非常危险，是随时可能引爆的火药库。

---

[36] 孟森，《明清史论著集刊》（北京：中华书局，2006），《彭家屏收藏明季野史案》，页202—207。

乾隆下令编纂《四库全书》是要到乾隆三十九年（1774），纂修《四库全书》的最重要目的是要实现与"佛藏""道藏"并立的"儒藏"的构想，是要"稽古右文"，最初并没有文化禁制的目的。而《四库全书》的编纂也不是一开始就已计划充分的工作。至于文献禁毁的部分，一开始也没有明白表示过这样的计划。最开始时，乾隆是为了充实内府的藏书而下令搜罗天下群书，最初各方的反应相当冷淡。不过乾隆并不死心，发了第二波谕旨，表示即使书中有忌讳，也不作任何处罚，而且说他自己办事一向光明正大，要人们相信他。这一道谕旨颁布之后，各方才开始大量缴送书籍。

不管是搜书或是禁书，整个发展过程带有许多偶然性。而且，许多新想法不是出自皇帝本人，而是大臣们在了解皇帝的意图之后，配合执行、扩大处理、挖空心思想出来的点子，是一幕君臣共同完成的大戏。

乾隆三十九年八月五日，皇帝决定搜书之后，在浙江总督钟音（？—1778）面觐时，乾隆密语提到"寓禁于征"这个想法。钟音领旨之后，各省督抚一开始反应极为诧异，从原先纯粹为了"稽古右文"，到一面搜书一面禁毁，他们有哑巴吃黄连又不能不竭诚办理的感觉，在档案中有所反映[37]。李侍尧（？—1788）坦白说：

> 从前臣等止就其书籍之是否堪备采择，行司照常办理，竟未计及明末稗官私载，或有违碍字句，潜匿流传，即可乘此查缴，以遏邪言，实属愚昧。[38]

除此之外，乾隆还透过明发上谕，责问高晋（1707—1778）、三宝（？—1784）、萨载（？—1786）等江南方面大员，何以在大量呈缴的书中，未

---

[37] 中国第一历史档案馆编，《纂修四库全书档案》，页239—240。

[38]《李侍尧德保奏据缴屈大均诗文折》，原北平故宫博物院文献馆编，《清代文字狱档》（上海：上海书店出版社，1986），页198。

第八章　权力的毛细管作用

能觉察违碍的内容。

督抚们何尝不知道乾隆是突然变脸、出尔反尔,但是不好明说皇帝前后不一,所以有的人将错就错,让人觉得好似乾隆原先就要大家注意这个面相,而且自己或多或少正朝着这个方面在做,但现在既经皇帝指出,今后将更加用力去办。对于这种技巧性的将错就错,乾隆亦未加以苛责,双方都保住面子,政策也可以落实推行。

督抚的另一种反应是大梦初醒,向皇帝坦承原来早该朝这方面去着想,但是因为自己的愚昧,而未能早着先鞭,今后将如何尽力落实云云。前面所引李侍尧的话即是一个例子。这样,既未点出乾隆的破绽,也能落实皇上交办的任务。因为这道谕旨完全出乎大家意料之外,所以各地督抚在收到之后,纷纷晓谕原先呈书的藏书家或书铺,要求他们注意搜缴犯忌的书。乾隆所下的命令往往只有一些方向性的指示,所以详细的搜禁标准大多是地方大员在摸索皇帝的意思后从实际的查缴工作中逐步累积而成的。

以下我将讨论三个问题,第一是如何愈缩愈紧,使得任何文献或实物中可能有问题的部分皆可收缴清除。第二是如何愈往愈下,使得山村野奥都能翻查到。第三是如何动员最多可能的人手参与这个运动。

大体而言,四库工作有一个由"买"到"搜",由一点一点的找到全面性的搜查,由原先只注意绅士藏书之家到挨家挨户的过程。因为这是一个由点到面,希望扩及全国的运动,所以尽可能地动员干部,尽可能地成立各种能下探草根的组织,尽可能找场合把搜缴的政策传达下去。

在这个庞大的帝国中,如何将有问题的书尽量缴清?江西巡抚海成提出了一套具有里程碑意义的办法:"传集地保,令其逐户宣谕。"海成的办法深为乾隆所欣赏,并下令各省督抚照办,所以此后我们看到各省纷纷上奏响应海成。各督抚相当清楚乾隆的敏感与严厉,所以他们真的非常卖力[39]。

在相当短的时间内,中国本部的所有省份都进行了"招集地保,逐户晓谕"的工作。在这个过程中,河南巡抚徐绩又发明了另一个办法,就是利用发给河南每户人家门牌的机会,逐户晓谕。到了这个地步,我们可以说这个劝谕收缴的工作已经尽可能深入帝国的每一户人家。唯一没有做的是"逐户搜索"。

大部分地方为了完成任务,动员了帝国最下层的官吏介入这件工作,最常动用的是丞倅、教官、绅士、委员、没有官职的下层士人、藏书家、盐商,并且动员书商(包括书坊、书船、荒摊、旧书铺)[40]。为了保证下层官员尽心办事,还有取印结的规定,即保证此后如果在各人所负责的地区查出禁讳之书,该员必须负责。对没有现代警察体制的帝制中国而言,是很有创意的一种办法。

我目前还看不到一般老百姓的直接反应,虽然经过"逐户晓谕",但是为了怕有些百姓不识字,官方还派员帮忙检阅书本,帮忙清查板片,可以说设想得非常周到。乾隆对查缴工作雷厉风行,一有风吹草动

---

[39] 中国第一历史档案馆编,《纂修四库全书档案》,页313、317—321。

[40] 从档案中可以看出当时动员的人员、组织分别是:由教官到地方坐监,如"谕令佐杂等官于分防本境,同地保逐户晓谕"。或是认为"贡生系在籍候选,较之分发候补之员须回本籍查办者,更为近便"。因此发动恩、拔、副、岁各项贡生。而三宝则说:"现任教职回籍查办,并令试用佐杂人等自行随处设法查缴……一州一县中仅委一人查办,其势实难周也。"所以主张"各州县会同各该学教官,于地方绅士中,慎选素行循谨、端正自持、为闾井悦服者,酌举数人,分派四乡。"各省也多如此进行,三宝还利用闲职人员回到故乡"因亲及友,易于询访,更便代为清查,事本不烦,且励以缴书多寡,即为将来补用名次先后。"另外也有"晓事商总等,因亲及友",或是"分饬委员书贾,遍历城乡市镇,四处踪觅",或者"于湖州书贾书船中遴选谙练者数人,给以银两,令能事教官带同踪寻,详加物色"等等方式。参见中国第一历史档案馆编,《纂修四库全书档案》,页134、136、141、644、734、743、869。Kent R. Guy, *The Emperor's Four Treasuries: Scholars and the State in the Late Ch'ien-lung Period* (Cambridge: Harvard University Press, 1987) 也对此问题有所讨论。

便严厉处置,动辄责问"良心"何在[41]。因为过度敏感,我们也常见到有许多不相干的书被牵扯出来。

除了"逐户晓谕"帮忙清查外,从一开始即要求当长官接见僚属时,要嘱咐其认真访求,或是"刊刷誊黄,宣示晓谕",或是将已经清楚知道可能著有禁讳书籍的著书人的年代、姓名、里居,转饬部属加以访求。但是这些作法并不大见效,所以后来又发展出两种新办法:第一种是要求读书人填写家里的藏书单,也就是趁各郡录试士人云集之时,开造名册,要他们把家藏书籍名字详细填列,以候学臣查阅。同时还将这个办法推广到各府,命令教官在考课学生时,"开单谆谕各生,自行寻检家藏,有即呈缴,并戚邻等家,……随处留心查访"。毕沅(1730—1797)更为聪明,他发展出一种"消去法"——"将各乡城村堡现有书籍内,除六经、正史及家塾通行读本毋庸复查外",其他所有藏书,尤其是明人诗文集及稗官野史、平常不常见之书皆开单送到衙门由他亲自审阅[42]。毕沅大概知道一般读书人家里藏书有限,所以他先列出一批常见书,然后审阅这批常见书单以外的书单。

另一波新发展是审后刊书。三宝下令不准私自刊书,一定要经事先审查。凡有欲刊之书,不管是古人或今人的著作,要先录正、副二本,送给本籍教官转呈提学核定,如果可刊则留存副本,将正本发给著述之人,遵照刊行。他并命令地方官出示晓谕给刻字工匠,凡遇刊刻书籍,必须先查明该书确实钤盖提学的印信才准刊刻。但是后面这个提议并未被接受[43]。

接着我要简短谈一下搜查的文类。最开始是查各种子史文集,可

---

[41] 如韶州府知府高纲为汉军八旗,其子孙藏有陈建《皇明实纪》,就被乾隆严惩。中国第一历史档案馆编,《纂修四库全书档案》,页454—455。

[42] 同前书,页184、238、511、864—865、867。

[43] 同前书,页797。

是慢慢地,查缴的范围更广了,如查族谱,所查缴的重点是在谱中"妄相援引",把古今名人拉进自己宗族的自夸行为[44]。接着查缴地方志,这代表禁毁工作进入了另一个阶段。闵鹗元(?—1797)首先注意到方志中的问题,他发现各省及各郡县之方志在人物、艺文中往往载有禁讳书籍的作者,或是在名胜、古迹门中收入这些人的游历题咏,他说自己阅读《江南通志》及各郡邑志,便发现钱谦益、金堡(1614—1680)、屈大均等人之诗文所在多有,应该斩草除根。乾隆马上降旨说:"于名胜、古迹编入伊等诗文,而人物、艺文门内并载其生平事实及所著书目,自应逐加芟削。"[45]

为了清查各地志书,地方上纷纷设局:如直隶总督接获乾隆谕旨后,"即通行各府州县,将志书俱呈送藩司衙门,遴委通晓文义之人数员,设局分司查阅"。陕甘总督勒尔谨也将甘肃省志及各府州县志全部调集省城,设局委员校勘。如有应禁诗文,地方志内有所采录,并且记载相关的人、事、书者,经复核之后,应行铲削者,即将板片铲削,其已经刷印散布民间者,即将某部某页应行撤出销毁之处,剀切公布,令其呈缴,务期芟除净尽[46]。

清查演剧剧本则代表着禁书运动的一个新阶段。乾隆说,演戏曲本中亦未必无违碍之处,如明季国初之事,有关涉清朝的字句,应当一体饬查。至于与南宋、金朝有关之词曲,"外间剧本,往往有扮演过当,以致失实者。流传久远,无识之徒或致转以剧本为真,殊有关系,亦当

---

[44] 譬如:"于凡例内远引汉裔,妄自夸耀,甚属不合。但汉人积习相沿,每有此等陋见,其实可鄙。……若止于支谱内妄相援引,以为宗族荣宠,亦不过照例拟以不应重律,将所有板片及印存家谱尽行销毁,已足示惩。并令地方官晓谕百姓,务各安分守法,毋得再蹈此等陋习。"中国第一历史档案馆编,《纂修四库全书档案》,页 1215。

[45] 同前书,页 1119、1129。

[46] 同前书,页 1132、1151—1152。

一体饬查"[47]。接着是查空格,因为乾隆发现空格中往往即是违碍字样,读者几乎可以自行填补,危险性仍然存在[48]。到了查印书的板片则是另一个新重点,因为发现有些书商知道官方正在购买禁书缴交上司,所以故意预留板片,不断重印禁书出售给官方[49]。到了后来甚至查乐谱,看看其中所载指法有无错谬[50],这时候的查禁工作已经与是否思想出轨无关,而是要看知识是否正确。后来查及字画,看有无不当题材,或是其他具有不良暗示性的意涵[51]。

接着是查及实物,如碑文、门匾等,那是因为马兰总兵发现地方上祭祀汉灵帝时中郎将孟谧,在明代嘉靖、万历间重修立碑,文内有妨碍清朝之字样,他随即将碑掩埋。后来认为掩埋土中,久了可能被掘出,其字尚在,故认为应将碑文尽行磨去,另拟碑文刊刻,因此乾隆下令沿边地方,如神祠、门堡、隘口所存门匾碑碣,如果上面有违碍字样,"应磨毁者即行磨毁,应改刻者即行改刻"。当时到处都有人在磨碑,尤其边境战地,盛京将军福康安(1754—1796)即奏称:他曾派遣噶尔瑸赴锦州府属各州县,"将应行磨毁及磨毁字迹间有未尽者,眼同该地方官磨毁净尽"[52]。

---

[47] 中国第一历史档案馆编,《纂修四库全书档案》,页1228。

[48] 乾隆读沈炼之《青霞集》,"内篇中凡违碍字样俱行空格,已发交阿桂、和珅查核填补",之后更下令"凡有存留空格书籍,随时呈缴"。同前书,页1231、1296。

[49] 湖广总督郑大进奏称:"不肖者因禁书有给值购毁之事,竟敢暗为留板,以冀得值,均恐难保必无。……若有板片存留,以盈筐充栋,未易隐匿。或缴书之人自无板片,而市贾从出处转贩,未必不尽知板所存处。……饬各官绅实力搜罗外,现仍责令按书新旧,悉心寻访板片。"同前书,页1032。

[50] 譬如有些乐谱用"世俗常用之法,较之钦定雅乐,相去径庭,但所载各谱指法尚无错谬,其翻绎亦皆稳妥。合将原书缴进"。同前书,页1984。

[51] 譬如"两淮盐政征瑞咨送骆愉扬州寓所书籍字画前来,臣等详加查阅",同前书,页1971。

[52] 同前书,页862、863、1052。

查书的最后阶段是江西巡抚何裕城(1726—1790)所发明的新方法,他下令将违碍之书删去有问题的部分,印刷多部,派教官带到各地,遇有相同书籍,即当场换书[53]。最后是把乾隆早年所审定过的几种书籍从全国各地收回来挖改,并且制造充满不信任的气氛,不准在地销毁查禁书籍,必须送京处理,在挖改书籍时,下令将挖改的纸片送到北京[54]。

(五)各种罪状及它们对学术文化之影响

正如前面提到的,这个大规模的禁书运动并不是一开始就有一套完整的标准及一张确定的书单,而是不断查缴,不断透过想象、牵连,逐步形成一张大网。尽管当时许多省份四库馆及军机处都曾陆续依照他们清查所得印行各种禁书目录[55],但是一般人并不一定一本在手随时查核,故多半是道听途说,加上随时透过个人的畏惧与想象而无限扩充(当然也可能因为不识字、无知或不在乎而没事)。然而,当时那一件又一件的禁书或文字狱案例,形成了一套指标,被指涉的种种罪状像是一批风向球,使得人们一望而知哪些是不被鼓励或是应该禁绝,也是此后一段时间在思想文化领域被忌讳,不应该被发展的东西。

---

[53] 何裕城奏称:"饬取改正书板,印刷多部,派委教官一员携赴附省各乡,遍加访问,如有此书者,无论全阙,概令缴出,即时换给新本。"中国第一历史档案馆编,《纂修四库全书档案》,页1932。

[54] 如琼山县民邱镇魁赴县呈缴伊祖前明邱濬所著《大学衍义补》,此书曾蒙乾隆写序,但是当年并未看出问题。而且说自己的书《御批通鉴纲目续编》,"于辽、金、元三朝时事多有议论偏谬及肆行诋毁者"。"至《发明》《广义》内三朝时事不可更易外,其议论诋毁之处,著交诸皇子及军机大臣量为删润,以符孔子《春秋》体例。"同前书,页829、1054—1055、1675—1676、1823。

[55] 陕甘总督勒尔谨奏称:"臣等到任后,节经严饬搜查,并将前后奉行查禁书目汇刊一册,按照各道府州并各府州县儒学颁发一本,令其加意搜访。"结果是"自奉行以来,边隅村塾,人人悉喻"。同前书,页198、1387。

我曾搜集清代各省禁书目录中对禁讳书的摘语,因为这些摘语提供当时人一套标准,知道什么是应该避开的,什么是被鼓励的。然而这些摘语往往语带含混,如果未将它们与原书比读,并不容易看出实指为何。但是一对一的比对工作并不容易做到,目前对禁书所作的各种系统研究,极少能一一比对并清楚指出触犯禁忌的具体内容[56]。然而我们还是可以大略看出除了真正涉及满汉种族思想之外,违犯正统的思想,对时代表示不满或愤激、不恰当的史论、随意诬蔑历史上的君主或圣贤,甚至有所感伤或想要遁世,也有可能被渲染成罪状。在这种气氛之下,才会有如下一个故事。朝鲜使臣柳得恭(1748—1807)在乾隆五十五年(1790)的燕行记录《滦阳录》中记载,在北京有一个士人吴照南请人画一幅画,上题"石湖渔隐图",翁方纲(1733—1818)一见即以为不可,写信给吴氏说"圣世安得有隐"[57]。

前面提到,乾隆最大的目的是在建立一个 regime of truth,而建立的方法一方面是"禁"一方面是"劝","禁"的部分主要就是透过官方的谕示及禁毁的案例所建立的"传讯系统"(Signalling System),传达哪些文化内容是应被禁止的,哪些是应被鼓励的。

由于罪状大多是勾稽归纳个案才能得到的,所以我将在本文(附录一)中将个案罪状作比较详细的整理,此处只是我从当时各种禁书目录归纳出的几个重点。

第一,注经、著史都是要非常小心的。当时常见的罪状之一是"割裂经史,违碍失体",意思是不能随便编排经史。在历史方面,牵涉到"辽东事迹""南宋及元末事迹""明初事迹"是危险的,如叙述这些历史而有所干碍,是不被允许的。至于史论、史鉴、年历、气运都是非常敏

---

[56] 如王彬,《清代禁书总述》(北京:中国书店,1999),《清代禁书解题》,页71—564。

[57] 柳得恭,《滦阳录》(沈阳:辽海书社,辽海丛书本,1934年重刊)卷二,11a。

感的话题。随意议论圣贤也有危险,江苏盐城县民周煌私自批注《纲鉴易知录》,被认为"痛诋先圣先贤,妄谈历朝气运",而被处死。而且史著中的褒贬最好要与钦定史书相合,如郭彦伯《通鉴明纪》便因卷内褒贬书法与钦定《明史纲目》不合而受罚[58]。

第二,妄谈望气占星之论,或用兵策略是有罪的。第三,诗文中"语多感悱""语多愤嫉",甚至对于特定历史有"感伤"也是有罪的。第四,以"遗民"自称是有罪的。第五,有"违碍"语句,甚至"语多狂吠",是有罪的[59]。第六是用字遣词不谨慎,如擅用"敕"字,如不用"大兵"或"王师",而用"清师"称呼入关军队,都是不对的。此外也不能乱用"汉""大业""清""日""月""夷""明"等字眼[60]。第七,语多诞妄、引用失伦是不行的。第八,语多鄙俚不堪,通常是涉及色情、词意媟狎。第九,"语涉不经"或造作宗教经典。第十,文本中"挖去字样甚多"。第十一是传抄谣言或猜测皇家私生活[61]。

前面这些罪状有一大部分有些含糊笼统,不直接摘引有忌讳的地方,这是清代官方文书共有的特质。其中有一类查禁理由,则指涉相当清楚,即凡是与晚明文人文化,或与明清易代之间的事件、人物有关的书籍,被大规模地禁制了。譬如与钱谦益、龚鼎孳(1615—1673)、顾炎武等人有关的文献;或与李贽(1527—1602)、陈继儒(1558—1639)、李

---

[58] 上述案例分别见雷梦辰,《清代各省禁书汇考》(北京:书目文献出版社,1989),页26、29—30;郭成康、林铁钧,《清朝文字狱》,页335;中国第一历史档案馆编,《纂修四库全书档案》,页777。

[59] 以上案例参见雷梦辰,《清代各省禁书汇考》,页12、19、28、30、32、34、37、61、83;中国第一历史档案馆编,《纂修四库全书档案》,页1528。

[60] 中国第一历史档案馆编,《纂修四库全书档案》,页937、1668;郭成康、林铁钧,《清朝文字狱》,页371。

[61] 上述案例分别见雷梦辰,《清代各省禁书汇考》,页28、32、34、36、40、61、82、83;中国第一历史档案馆编,《纂修四库全书档案》,页1224;郭成康、林铁钧,《清朝文字狱》,页335、349。

第八章 权力的毛细管作用

日华(1565—1635)、钟惺(1574—1624)、谭元春(1586—1637)、金堡、屈大均、陈恭尹(1631—1700)等人有关的著作,或吕留良直接所著,或间接提及他的篇章、著作,皆属于有问题,因为吕留良评选的书数量非常庞大,所以在各种禁书目录中屡屡被提到[62]。后来可能是因为晚明人的著作常常成为禁书,尤其是那些题目较为奇特的,所以造成有些人一见到晚明的书即径行缴禁的现象。

乾隆对于明季文人文化的态度,相当程度地影响了禁书政策。乾隆在各种文字中严厉斥责明季文人的行为,对于那些在现代人看来是具有"现代性"的思想成分相当厌恶,甚至连东林及晚明佛教活动都在痛斥范围。乾隆对明季以后具有突破倾向的文人、思想家,如李贽、李渔(1610—1680),都表示很大的好奇,所以有官员查到李贽的著作时,乾隆表示要送到北京亲览,但是同时也表现出极为厌恶的态度说:"议论乖僻,是非错谬。"[63]此外,对袁黄(1533—1606)、侯方域(1618—1654)等文人著作亦甚排斥。由此可以推测,他不欣赏逸出儒家正统的书。

由于这是一个包山包海的禁书运动,罪状也就无奇不有,有时候主

---

[62] 雷梦辰,《清代各省禁书汇考》,页1、30、54、68—69、91。

[63] 中国第一历史档案馆编,《纂修四库全书档案》,页809。又如"《千百年眼》《李氏藏书》《李氏焚书》三种,虽非野史,亦无悖逆讥毁之处,但立论诞妄,毁谤圣贤,甚有关于世道人心,应请一并销毁,以免遗祸后世"。而"据河南巡抚徐绩奏缴应毁书单内有李卓吾《焚书》一部,奉旨令臣舒赫德俟缴到时,随报进呈"。乾隆又谕令查到"吕留良《四书语录》及李卓吾《焚书》二种,令了解到时先行进呈"。一些禁书如《订正杂书》《明季遗闻》《酌中志略》《三藩纪事本末》《东夷考略》《启祯野乘》《天启实录》《陈眉公集》《莲须阁集》《匡时集》《备变集》《鸳鸯绦传奇》《明季甲乙事略》《白牛山人集》《吕晚村家训》《两朝从信录》《皇明从信录》《四夷考》《钱谦益尺牍》《幸存录》《存笥稿》等,书前有乾隆朱点,但后来被禁。乾隆认为"侯方域《壮悔堂集》内应试本朝策内尚沿明季恶习,语涉诞肆,……《天元玉历》,俟陈占验,附会多近怪异",应该禁毁。另外,《感应篇功过格》亦被禁。以上见中国第一历史档案馆编,《纂修四库全书档案》,页405、406、500、510、517、775、782、796、809。

其事者像改卷子的主考官一样,不但要纠正不正确的思想,同时也要纠正不正确的知识,譬如戏曲中扮演古代历史有的过当或失实,因怕将来"无识之徒"转以剧本所扮演的为真实,或是像《状元策》中所收历科状元的策文与原来的不合,也入于"摘毁"之列[64]。

(六) 四库之外的禁制活动

以上说的是与四库有关的,清代政治压力对文化的影响不限于编纂《四库全书》或其衍生出的文字狱案,乾隆朝还有许多大大小小的案件,有些实际上是误会,有些是希冀恩宠,有些只是批评地方官员或地方政事,更多的是在地方社会中因为各种原因而惹人厌恶,被安上思想有问题的罪状加以举发。许多地方社会透过这类办法筛掉"不合群"的人,以恢复在地的和谐或秩序。

这些案子中有的是因为个人利害冲突,而酿成文字狱。如安徽太平县民焦禄因奸情被逐出宗族,焦氏遂捏造揭帖,写入"清朝大不仁",陷害族众;有的是因为纯粹无知而获罪,如一位僧人心光说:"赵姓既为百家姓首,必是本朝皇帝姓氏",并将乾隆的名字及赵姓写入经卷[65]。更多的是挟怨报复,譬如湖南临湘县民妇黎李氏因其夫被监生黎大本欺负,因此诬告黎大本私刻的《资孝集》中,语多僭越;赣榆县民蔡嘉树因邻人徐食田不允许他赎田,所以挟嫌山告;丹徒县生员殷宝山则是因为乡里私怨而胡乱呈供;云南杨锦因为生意与人结怨,因此捏造揭帖陷害仇人;福建闽县人游光辉与潘朝霖因两人鸡奸最后起

---

[64] 中国第一历史档案馆编,《纂修四库全书档案》,页1228;雷梦辰,《清代各省禁书汇考》,页76。

[65] 郭成康、林铁钧,《清朝文字狱》,页362、369—370。

了仇恨,游光辉遂以文字案陷害潘朝霖[66]。

鲁迅(1881—1936)在读过清代文字狱档后,不无讽刺地说,他原以为这些人是如晚清革命宣传家所说的是为了反清复明,一读之下才知道他们多的是想歌颂皇帝,但歌颂的不得法,才触犯忌讳[67]。他说得不错,譬如山西人戎英平庸迂腐,写了《万年配天策》《天人平西策》呈献四库馆,被当作思想有问题而重办;有的人是为了求官[68],或是想陷害他人[69],或为女色、为财富而获罪[70],或是妄想考拔前列,向上级长官呈送著作而获罪的事。譬如河南生员郭良肱向学政呈送自己所写的书,内容虽无不妥,但乾隆认为其人"假附道学,……向学臣投递呈词,望希荐录,究属不安本分之人",因此斥革其衣帽,枷责发落。又如福建童生郭文亮捏造梦见雍正"谕以机密事查拿逆犯马朝柱",并作文呈递考官,希望获得考官纪昀(1724—1805)的鉴赏而入学。地方官因考虑"福建为海疆重地,斩候尚不足以警人心而彰国宪,特请旨正法"。[71]有的是为了报复恶徒,而被入罪[72]。有些是条陈对地方政事,如安徽

---

[66] 以上案例请见郭成康、林铁钧,《清朝文字狱》,页329、330、344、353;中国第一历史档案馆编,《纂修四库全书档案》,页938、940。另外如江苏宝山县职员范起凤因拥有《顾亭林集》而为人所控制。参见郭成康、林铁钧,《清朝文字狱》,页356。

[67] 鲁迅,《隔膜》,收入氏著,《且介亭杂文》(北京:人民文学出版社,1973),页31。

[68] 浙江常山县民林志功为求官职,将捏造的诸葛碑文投官而被拿获。以上案例见郭成康、林铁钧,《清朝文字狱》,页326、344。

[69] 另外如归安县人沈大章因与同县汤御龙结怨,因此诬赖汤氏收藏刻有兴复宋代、指斥清朝诗句的书册,经地方官查明后,反被凌迟处死。以上案例见同前书,页325、334。

[70] 江西人余豹明因与余腾蛟争田产结怨,而告发余腾蛟所做诗词讥讪。同前书,页327。

[71] 同前书,页330—331、333。

[72] 归安县人鲍体权为报复平常为恶乡里的屠雍若,乘县里发生逆书案件的时机,写诗陷害屠雍若,但仍被查获,判刑斩立决。同前书,页325。

婺源县民王大蕃条陈地方漕粮、考试、关税之弊[73];有的只是信口妄诞,批评地方官,最后竟然变成死罪。

因为发表政论而被当作文字狱案处理的例子,具有重要的历史意义。当时常见的案例不外几类:有人长期观察地方上的秕政,遂将之记录下来,准备呈给上级长官。或是有人主张恢复均田,有人主张整顿盐政,有人建议皇帝应该听谏、施德。有时地方官或者出于过敏,或是为了保护自己,把这类情事当成文字狱案来处理,使得自己免于受到批评,这大概是皇帝始料未及的。它使得地方上防止腐败的机制失灵。一些今天看起来其实是议论地方或中央政府的事件,却被当成违逆罪来处理,形成一种讯号,使人们视议政为畏途,久而久之,形成一种微妙的恐怖平衡,变成一个互相欺瞒以求互相保护的官僚体系。

文字狱是一顶人人提在手上的帽子,遇到不满意的人便把帽子往他头上一戴。乾隆虽然一再说诬告者要反坐,但实际上反坐的例子几乎没有,只要一告,常常见到的处罚是:发配伊犁效力、斩监候或斩立决,有的甚至要凌迟,而且相关人等常因连坐而家破人亡。这个忌讳文化是无边无际的,小至百姓大至官员都可以玩弄这个武器。

在乾隆朝,最常见的受害者是下层的识字人。在社会各地游走的识字人,算命的术士或走方的医生,受祸的频率较高,他们经常游走各地,社会关系比较复杂,比较容易在语言文词中惹下麻烦,尤其术士常常预言自己或他人的命格,如果预言过当,往往是一个很大的忌讳。有意思的是,他们被查出问题的时刻,往往是离开家乡,在经往某处的途中被拦寻查出,或是投宿旅店时被查出,可见人们对本地社会之外的游离人物有较高的警戒或敌意。此外,替人家写状子的人,地方上的监

---

[73] 另外如湖北宜昌生员艾家鉴在试卷中条陈征赋苛刻、广西南平生员吴英写奏稿抒发对于朝廷蠲免钱粮的政见等,都被判以重刑。郭成康、林铁钧,《清朝文字狱》,页362、366。

生、生员,或是被黜革的生员,或是进学不成的童生,也是常见的受害者。另外,还有一些略解文墨的疯子[74]。

前面已说过,文字狱案的处理一向非常严厉。康、雍两朝如此,在乾隆朝一百三十几个文字狱案中大部分的处罚也是如此。连一些鸡毛蒜皮的案子也动辄是死罪,有一部分甚至是凌迟。在当时这些案子透过各种管道到处传播,我们可以想象它们引起了多大的社会心理紧张了。

这个忌讳文化,不像大清律例,条文是写得清清楚楚的,它的标准是一个无边的海洋,虽然有许多漏网之鱼,然而禁网有时愈张愈大。乾隆动辄责罚查办官员警觉不够,甚至认为这方面的疏忽反映了他们的忠诚问题,也使得官员们宁可夸大,也不敢轻易放过任何一件可疑的案子。它造成一种"风",使得人们不敢往容易触罪的方向去从事思想、文化方面的活动,而且无时无刻不在检点自己,造成了无所不在的自我压抑、自我删窜的现象。在本文的下一节,便想集中讨论这个重要而时常被忽略的历史现象。

二、自我压抑的现象

(一)删窜者的身份

由于我在这里是以清代文献中所见到的自我删窜为例,来说明自

---

[74] 值得注意的是,雍正对疯子触犯忌讳时的处置与乾隆是截然不同的。雍正曾在一个案子中表示,如果犯人真是疯了,又何必理他。但是乾隆并不如此,他正式下令,即使疯子,也必须从重治罪。家属应报准地方官加以锁禁,而且不应该给予纸笔,以免其任意书写。乾隆朝疯子触犯忌讳数目相当多,成为一值得注意的现象。乾隆二十八年福建南安县民林时元罹患疯病后,曾写字帖"孔子张天师杨家府杨令公林家府即该犯是第一军师贤臣及龙翁龙母",被福建巡抚捉拿后,乾隆谕令必须严加刑讯。而乾隆二十八年,陈宏谋等官员曾上书奏请严加防范疯病,他们提出的办法是不给疯人纸笔,认为文字是祸源。郭成康、林铁钧,《清朝文字狱》,页329、332。

我禁抑的现象。因此,首先要问的第一个问题便是:是谁在私下进行这些工作?删窜勾涂者的身份是极堪研寻的,他可以是原作者,可以是刻书者,可以是编者,也可以是再版者,可以是后代子孙,可以是藏书家,更可以是读者。

在自我禁抑的过程中,几乎没有压迫者与被压迫者、受害者或加害者之分。我们原先以为,朝廷有一批高官亲贵可以自由自在地在禁区中驰骋,但从几条史料看来,似乎未必见得。乾隆皇帝身为太子时,也笼罩在这个氛围中。近人的研究发现,乾隆身为皇子时所写的史论,集中于汉、唐、宋三代而不及近代;也就是说即使是贵为皇子,也不敢肆无忌惮地议论明代和本朝历史。一直到了乾隆中晚期,乾隆本人才比较专心研究明清史[75]。所以统治者本身既是压迫者,也是被压迫者。在自己成为黑格尔(Hegel, 1770—1831)东方专制论所描述的唯一具有自由意志的人——皇帝之前,仍须小心翼翼地看管自己。

弘旿(1743—1811)批永忠吊曹雪芹(1715—1764)诗说:"第《红楼梦》非传世小说,余闻之久矣!而终不欲一见,恐其中有碍语也。"[76]此处"碍语"有人解释为绮语,不过我同意牟润孙(1909—1988)之诠释,"碍语"应是指政治上敏感的内容,因为后四十回涉及抄家之事[77]。弘旿是宗室子弟,还因怕《红楼梦》中有触犯忌讳的内容而"终不欲一见",足见他们也在自我禁制的范围内。

作者自删,或作者命人代删者,如钱仲联(1908—2003)《清诗纪

---

[75] 戴逸,《乾隆帝的青少年时代》,《戴逸自选集》(北京:中国人民大学出版社,2007),页115。

[76] 一粟编,《古典文学研究资料汇编·红楼梦卷》(北京:中华书局,1974),第1册卷一,页10。转引自牟润孙,《从〈红楼梦〉研究说到曹雪芹的反理学思想》,《海遗杂著》(香港:香港中文大学出版社,1990),页217。

[77] 同前注。

事》"陈玉齐"(雍正年间人士)条引王应奎(1683—?)《海虞诗苑》,提到何屺瞻(1661—1722)为陈氏将其《情味集》五卷付刻,陈氏门人周以宁(生卒年不详)曾对王应奎说:"《情味集》之刻,不佞实为校定,其中稍涉忌讳者,先生(陈玉齐)悉令删去,恐触文字禁,负屺瞻意。"[78] 这是由校定者代作者及刊刻者暗中进行删书的例子。这段话中"恐触及文字禁,负屺瞻意"甚堪玩味。为了不害及刻书人,他作主将有所触犯的内容都删去了。不过这是一条难得的史料,大部分在暗地里删涂改削的人并不会透露自己的身份。

(二)自我删窜内容之转变

接着我要谈自我删窜的内容是否有一变化的趋势。自我删窜之内容带有某种报导性,而这部分常未出现在官方明示的文件中,只能从各种蛛丝马迹推测。所以禁制的范围与内容有两种版本,一是官方的,一是民间发展出的,两者并非全无关系。

从雍正到乾隆之间,忌讳的范围有所不同,即雍正朝忌讳党争,乾隆朝忌讳种族及明清之间朝代兴替的史事。雍正朝的两件文字狱——查嗣庭(1653—1734)及钱名世(1660—1730)案都可以说明之。查嗣庭、钱名世遇祸,实际上都是因为党争的关系,前者是因为与雍正的兄弟结党,后者则与年羹尧有关,雍正甚至发动京师官员数百人写诗斥责钱名世,并编成一本《名教罪人》[79]。我们读当时人史申义(1661—1712)的《使滇集》《过江集》及《过江二集》时可以发现,诗中已删去查嗣庭、钱名世的名字,但后来在乾隆朝被认为触犯忌讳的钱谦益及屈大均的名字则尚未改去。他的《读史》六首中,对永历帝(1623—1662)露

---

[78] 钱仲联,《清诗纪事》(南京:江苏古籍出版社,1987),册七,《康熙朝卷》,页4085。
[79] 清世宗敕撰,《名教罪人》(台北:文海出版社,1971)。

出怀念之意,也并未削去[80]。曾静案是耸动全国的事,是直接关涉到种族大义的案子。此案后来以极戏剧的方式收场:雍正颁印《大义觉迷录》以驳斥曾静(1679—1735),但并未杀掉曾静。可是因为书中透露出太多的矛盾,所以其子乾隆即位后不但下令杀掉曾静等人,也立即将《大义觉迷录》禁掉。我们可以看到当时一些文献中凡与《大义觉迷录》有关的内容多被偷偷删去:如近代藏书家李盛铎(1895—1937)收藏的一部《永宪录》的清抄本,与后来的排印本相比,后者竟缺十六七万字,其中有《大义觉迷录》之上谕二万余字,依照抄本的《编修凡例》,这原是"雍正七年冬,颁发《大义觉迷录》,晓示天下……因缮录上谕并纪于篇",但是因为乾隆即位后宣布禁《觉迷录》,所以后来的印本乃赶紧将这些上谕删去[81]。但是删除的工作没能一致,所以此书在讲到康熙帝病危时"以所带念珠授雍亲王",便接着说"余详后《觉迷》上谕"[82],无意间留下一道尾巴,排印本的刊行者显然并未通读全书,故只删去显而易见的上谕。

在《大义觉迷录》案当时文集中,吕留良或废太子的名字,往往也被悄悄删去[83]。有意思的是,人们虽然手中不一定有禁书目录可查,也不可能像今天打电话到治安当局询问哪些人或书触犯了时讳,但却相当清楚整个牵连的网络。譬如直隶总督李维钧(？—1727)在雍正三年刻曹溶(1613—1685)的《静惕堂诗集》,但这年冬天,李氏便因党年羹尧而得罪,所以,书中李氏写的序及版末"李维钧校刊"的字样便

---

[80] 邓之诚,《清诗纪事初编》(上海:上海古籍出版社,1984)卷四,页503。

[81] 《永宪录》一书成于乾隆十七年。1912年,缪荃孙将一卷残本刊入《古学汇刊》中,约六七千字。后来邓之诚在东方文化事业总委员会中发现新抄本,于1959年排印出版。见李世愉,《李盛铎藏清钞本〈永宪录〉读后》,《清史研究通讯》,第1期(1986),页37。

[82] 李世愉,《李盛铎藏清钞本〈永宪录〉读后》,页38。

[83] 例如徐倬的《苹村集》,参见邓之诚,《清诗纪事初编》卷七,页818。

被删去了[84]。

乾隆朝的空气比先前紧张，原先不必删除的，现在往往成了大问题。譬如前述史申义集子中出现的钱谦益、屈大均及对永历帝的怀念，雍正朝并不觉得敏感，但在乾隆时代便成了大问题。忌讳的层面在扩大，紧张度在增强，民族问题成为急遽集中的论题之一。人们或许要问，当清代统治愈趋稳固之时，在文化政策上应日渐宽大松弛，在种族问题上理应更无所谓，何以竟然适得其反呢？元代历史显示，当蒙古势力越强，政局越稳，对汉人、南人的防范也越严[85]。可见有时候各种禁制措施的实行，是决定于有没有能力去执行。正因为天下太平，更方便把网收紧。

(三) 写作时的自我禁抑

以下我要分两部分写文献中自我删窜的现象。第一是避而不写的，第二是避而不刊的。

读清代种种历史、小说、戏曲，凡涉故事之林者，应注意其情节安排，尤其是其中回避不写的部分。在讨论这一问题时，必须先厘清一点：并不是所有未写的部分一定有寓意于其间，也并不是所有错误都是有意[86]，不过其中有一些确有深意。

以明代历史的书写为例，谷应泰(1620—1690)的《明史纪事本末》，因写李自成(1606—1645)死于何腾蛟(1592—1649)之手，以致与多尔衮(1612—1650)的口号——清兵入关是为明雪君父之仇相抵触，便引起了很多麻烦[87]。不过我很怀疑那原是一种疏忽，因为该书作者

---

[84] 曹溶《静惕堂诗集》一事，参见邓之诚，《清诗纪事初编》卷七，页741。

[85] 吴泽主编，《中国近代史学史》(南京：江苏古籍出版社，1989)，下册，页303。

[86] 如《清实录》中的许多错字，纯系错误，并无任何用意。见钱实甫，《读清史随笔——清代历朝〈实录〉的错字》，《中华文史论丛》，第一辑(1962)，页340。

[87] 参见谢国桢，《晚明史籍考》(上海：上海古籍出版社，1981)，页55。

已相当小心地避过一些情节，譬如说不提清兵在北方寇掠之事迹，只写甲申殉难，给人一种明朝败亡与清兵不相干的印象[88]。而在叙述这一段历史时，采取这种回避手笔的书不少，《明鉴易知录》是其中一例[89]。

《明史》从开始到成书颁布，前后经过八十年左右，在《明史》未颁定之前，关于这段历史的诠释格局尚未确定。在庄廷鑨《明史》狱案中，庄氏的书用了"明史"二字；后来这个案件株连七十余家，此后，"明史"二字相当敏感，这种紧张心情可以从谷应泰《明史纪事本末》之匆促改名看出。庄案发生时，谷应泰《明史纪事本末》已经刻板，但因庄案爆发，不知谁在该书上版刷印前紧急将"明史"二字剜去[90]。后来补《明史纪事本末》的海盐彭孙贻（1615—1673），名其书为《明朝纪事本末补编》，而不云《明史》，也是因"其时《明史》尚未刊定，故不云'明史'而云'明朝'"。[91]

---

[88]《明史纪事本末》附补遗、补编（上海：上海古籍出版社，1994）卷八十，页352。通行本《明史纪事本末》并非完本。谷应泰于书成之后，将《明史纪事本末》有问题的六篇收存未刻。傅以礼在氏编《华延年室题跋》卷上的《明史纪事本末跋》云："又此书尚有《补遗》六卷，藏书家罕见著录，惟吴寿旸《拜经楼藏书题跋记》载之，云：'旧钞本《纪事本末备遗》二册，不分卷，亦无序目，撰人名截去。首册为《辽左兵端》《熊王功罪》《插汉寇边》，二册为《毛帅东江》《锦宁战守》《东兵入口》凡六篇。'吴氏旧钞今归陆存斋心源，曩曾假读，录得副本。其书体例，全仿谷氏，只篇末无论，为小异耳。观卷中附注有'详《流寇之乱》《崇祯治乱》'等语，此两篇乃此书中子目，疑为一书。后以事关昭代龙兴，恐有嫌讳，授梓时始别而出之，如邹漪刻《绥寇纪略》特阙《虞渊沈》中、下两篇，未可知也。"谢国桢《晚明史籍考》第53页也重提此事。按，这六卷目前已出现，由上海古籍出版社刊于《明史纪事本末》之后，见同前书，页353—374。

[89] 朱国标钞、吴乘权辑，《明鉴易知录》，收入《四库禁毁书丛刊补编》（北京：北京出版社，2005），第15册卷十五，《明怀宗》，页9a—17a。

[90] 邓之诚便曾得到原刻本《明史纪事本末》，发现版心"明史"二字皆已剜去。参见邓之诚，《西河合集》，《桑园读书记》（北京：三联书店，1955），页82。

[91] 宁静，《略论明史纪事本末》，《艺林丛录》（香港：商务印书馆，1966），第六编，页46。亦可参见谢国桢，《增订晚明史籍考》，页55。

《明史》一经刊定,官方版本已然形成,则任何批评反对,或是要想提出另一种版本的历史,都必须格外小心,这也成了史家自我约束的一个领域。我们看到凡与官方颁定的《明史》有关的诗、评、论等往往悄悄删去了。如张永铨(康熙三十二年举人)的《闲存堂文集》,根据目录,在卷五应有《明史论》一篇,但是各本皆不见[92]。

官定《明史》不承认南明三帝延续明室之命脉,所以《明史纪事本末》亦不记南明三帝一监国之事。《明史》中凡有关女真之事皆不见,"甚至明代名臣,其事功,史应为之立传的,但因与当时建州女真事有关,《明史》便削其人而不为传,例如江苏南通顾养谦(1537—1604),曾督辽东,为当时经营边事的名臣,《明史》就无他的名和传"[93]。

清初各种文献中,常将清兵的横暴之事随意改写成流寇,如《桃花扇》只写流寇而不写清兵,李渔(1610—1680)《巧团圆》中将掠卖妇女的清兵改写成李自成军[94]。除此之外,像剧作家杨潮观(1710—1788)的《吟风阁》,"他写韩世忠、梁夫人,不直接写他们如何抗拒金兵,却写他们卸甲闲游",与一般人所习闻的韩世忠、梁夫人的事迹重点有十万八千里之别。极可能是因为作于乾隆年间绕过敏感地带不写的意思[95]。

在编纂地方志时,这种自我禁抑的情形也非常明显,我们一方面可以看到官方版本的潜在影响,同时也可以看到地方志中对敏感史事略而不写的情形。关于前者,可举地方志中照抄《明史》关于明季流寇李

---

[92] 邓之诚,《清诗纪事初编》卷四,页483。
[93] 宁静,《略论明史纪事本末》,页44。
[94] 《桃花扇》后人重编的通行本中则不避这些忌讳,如坊间流行的南方范所著《桃花扇》(台北:文化图书公司,1977),即是一例。
[95] 周妙中,《杨潮观和他的吟风阁》,收在周康燮主编,《宋元明清剧曲研究论丛》(香港:大东图书公司,1979),第四集,页247。亦见周妙中,《清代戏曲史》(河南:中州古籍出版社,1987),页233。

自成的军师牛金星(？—1652)的事迹为例。乾隆以后的方志,在涉及明代史实时,编撰者往往照抄官书,有时导致错误相沿。牛金星原籍河南宝丰县[96],但因为清代官定《绥寇纪略》上说他是卢氏县人,故道光《宝丰县志》卷十《选举志》举人项下,编者便记有"旧《志》内牛金星一名,考钦定《绥寇纪略》系卢氏县举人,故删"[97]。至于回避不写的例子更多。早在康熙十一年(1672),安徽钱澄之(1612—1693)到江阴,被约修志,当地县官便不许他记录守城诸人殉难的经过,钱澄之遂愤而拒绝这件工作[98]。这在清初还是零星的个案,到了乾隆朝却已然形成禁令,要求地方志中不可以登载有问题的书名及诗文。这个政策之形成有其背景,而在乾隆朝搜缴书籍的运动中,因为各地疆臣及士大夫邀功避祸心态,使得禁书运动一步一步深入扩大,禁制尺度一次比一次严。官吏及士大夫们为了表现忠诚,表现业绩,乃推波助澜,将禁区越画越广,将查缉工作越做越细,量刑的建议愈来愈重,以表示他们的忠诚与办差之仔细。所以许多新的禁制措施都是官员先提及,乾隆才跟进的。乾隆四十四年(1779),安徽巡抚奏云在地方志中发现登载应销毁的书目及诗文,乾隆才跟进,下令地方志须"详悉查明,概从剥削"[99]。

---

[96] 历史语言研究所编,《明清史料》(台北:维新印行,1972),丙编,第七本,页618,顺治四年八月十九日吏科给事中杭齐苏题本。

[97] 陈高华,《中国古代史史料学》(北京:北京出版社,1983),页401。

[98] 陈思等修、缪荃孙等纂,《江阴县续志》(台北:成文出版社,据民国九年刊本影印,1970)卷二十六,《杂识》,页1766—1767。

[99] 检阅郡邑志乘,起于安徽巡抚闵鹗元之奏:"各省郡邑志书内,如有登载应销各书名目,及悖妄著书人诗文者,请一概俱行铲削。"乾隆见后,谕曰:"所奏甚是。钱谦益、屈大均、金堡等,所撰诗文,久经饬禁,以裨益世教而正人心,今各省郡邑志书,往往于名胜古迹,编入伊等诗文,而人物艺文志门,并载其生平事实及所著书目,自应逐加剥削,以杜缪妄。……著传谕各督抚,将省志及府州县志书,悉心查核。其中如有应禁诗文,而志内尚复采录,并及其人事实书目者,均详悉查明,概从芟节。不得草率从事,致有疏漏。"见乾隆四十四年十一月十八日禁书总录,转引自吴哲夫,《清代禁毁书目研究》(台北:嘉新水泥公司文化基金会,1969),页92。

而在清朝初建立之时,关于朝代气运方面的文字是非常敏感的。譬如秦晓山(元朝人)"十二运"之说在清代官方眼中,即成为一个敏感的论题。近人在整理黄宗羲(1610—1695)《明夷待访录》及《破邪论》的版本时,曾作详细的《校记》,从《校记》中我们看到,黄氏在《待访录·题辞》中讨论到"十二运"那一段,语义模棱两可,可以解释为是对满清盛世的期待,故在清代通行的版本中,并未遭任何改动。但《破邪论》题辞中的"秦晓山十二运之言,无乃欺人"一句,在清代的《昭代丛书》等版本中便不知被谁悄悄删去,因为"无乃欺人"四字充分给人一种想象,认为作者黄宗羲是对清政权稳定下来感到失望,故即被小心地删去。由这一个小小例子,同样的东西,一处删,一处不删,都可见到自我删审者心思之细密[100]。

大抵我们阅读清代文献时,对于各种奇怪的字眼应该给予特别的注意。如果顺着滑过去,有时不觉异样,可是如果能得到祖本加以对勘,便会发现原来每一个字眼都经过一番仔细衡量评估,有时是代以意义相关但并不忌讳的字眼,有时是以形声相近者代替,有时则以韵目代字。

余英时先生在讨论方以智(1611—1671)的晚节时,曾提出明遗民有隐语系统。这个现象的确存在许多诗文之中,而且我认为清政府也相当清楚有一个隐语系统存在,所以把"一把心肠论浊清"也罗织入

---

[100] 黄宗羲,《黄宗羲全集》(杭州:浙江古籍出版社,1985),册1,页1、192、207。此处必须说明的是何以《明夷待访录》中提到"十二运"并未触及忌讳。在《待访录》中,他并未说他依胡翰《衡运》篇算气运时,以周敬王甲子为起点的计算方式究竟有何根据,而且他说他当时正处于革卦的时候,此后二十年才交入壮大之运,不过因为黄氏认为此下二十年乃交入大壮,不啻给清政权很大的期待。这应该是清廷所欢迎的。可是在《破邪论》的题辞中他却加了一句话说"无乃欺人",就使原先读起来有乐观期望的变得一无是处了。我在《〈明夷待访录〉〈题辞〉中的十二运》一文中对"十二运"有新的讨论,刊于《历史语言研究所集刊》,84.3(2013.9),页527—555。

狱。因为当时政治压力之下确实有一批流行的字眼。譬如明、清两字，必须极小心使用。清诗中常以"汉""宋"或"日""月"之类拟明代，汉朝也常是明朝的代称。至于"秦""金""胡""虏"等指清[101]。

在各种隐语系统中，当以韵目代字最难索解。譬如顾亭林诗，历来作注作解者如此之多，即如清季的徐嘉（1834—1913），研求顾诗数十年，其笺注中不能解或误解者不少，而且每每为求合于字面上的意思而方枘圆凿，多方曲解。清季大儒孙诒让（1848—1908）在作顾诗注时也无法完全破解，孙诒让的好友戴望（1837—1873）则开始怀疑可能是韵目代字（即以本韵或邻韵中的字，取代原来使用的敏感字眼）。他的怀疑给后来的读者一串开启秘密的锁匙[102]。

试想在顾亭林诗中谈到"正朔虽未同，变支有一人"的诗句究竟应如何解释？一定要知道"变支"即是"变夷"，才能了解顾炎武仍以变夷自任的豪气。又如读到该集卷五《哭归高士》诗的自注："君二十五年前，尝作诗，以鲁连一矢寓意，君没十旬，而文覃举庚。"历来校注家皆不能了解最后四字，其实是韵目代字的"云南举兵"。又如读该集卷四《杭州》诗"那肮召周军，匈奴王卫律"的自注"真东赚"，历来也不能解。潘重规发现这三字是广韵的韵目，乃陈洪范之代语——陈，真韵字；洪，东韵字；范，在范韵，与赚韵相邻。此外，如以愿州为建州、以东支代东夷、以冬虞代东胡、以阳庚代王城、以霁阳代桂王、以梗锡代永历等等，简直不胜枚举[103]。潘重规为此画了一张非常有用的亭林诗中所常见的韵目代字表[104]，有此一表，则亭林诗中一些莫名其妙的义句才能清楚。近人则已用校勘学方法，取原抄本为据，将亭林诗中以韵

---

[101] 朱则杰，《清诗史》（南京：江苏古籍出版社，1992），页129、140。

[102] 潘重规，《亭林诗考索》（台北：东大图书公司，1992），页22。

[103] 同前书，页4、12、22、93、162。

[104] 同前书，页16。

目代字者校出，例证之多，简直不胜枚举[105]。如果韵目代字是出于顾炎武[106]，则他为了怕有心人不能了解，在《日知录》中留下一条线索提醒后人。在该书卷二十一《古文未正之隐》条，顾氏说文天祥（1236—1283）《指南录》的《序》中凡"北"字皆"虏"字也，后人不知其意，故无法替他改正。顾氏又说谢翱（1249—1295）《西台恸哭记》中，"本当云文信公，而谬云颜鲁公，本当云季宋，而云季汉，凡此皆有待后人之改正也"[107]。

关于韵目代字的问题，我的推测是顾炎武本人在写作这些诗篇时，并未加以密码化或隐语化，处理这些工作最可能是他的编刊者所进行的，但是我们并无法指出是谁。

在清代的日常语言使用中，也有一些字在特别场合中须小心使用的，如"发"字便是。一些带有"发"字的成语，有时候就格外难用。如"一发千钧"是平常的，可是在薙发令后，这个成语便有敏感意味，如明临川王若之（明末天启崇祯年间人士）的《王湘客尺牍》一首诗上有读者批了八个字"狂澜砥柱，一□千钧"，空掉的字一定是"发"，可能是批者自己或他人涂抹[108]。因为它令人产生一种联想——以千钧之重来形容一发，似乎是对"薙发"政策的不满。这个假设在《明史》这一部修撰期前后达八十多年的书上得到印证，该书从头到尾未曾用过"一发千钧"或"千钧一发"[109]。

---

[105] 顾炎武著，王蘧常辑注，吴丕绩标校，《顾亭林诗集汇注》（台北：文海出版社，1986），例证极多，如上册页134、161、172。

[106] 对于顾氏作诗时即以韵目代字的问题，潘重规曾与饶宗颐有过争论，潘氏以为顾炎武一开始即用，后来可能由潘耒将之推及全书。潘说较可信，参见潘重规，《亭林诗考索》，页162。

[107] 转引自潘重规，《亭林诗考索》，页158。

[108] 周作人，《风雨谈》（台北：里仁书局，1982），页155。

[109] 查历史语言研究所"汉籍电子文献"之《明史》部分。不过查询《清实录》结果："千钧一发"在《清实录》中并未出现，"一发千钧"则在《清高宗实录》所录乾隆皇帝《四贤赞》中的《复圣颜子赞》中，曾出现过一次。参见《清高宗实录》卷308，乾隆十三年二月己巳条，页17b。

在官方行动之前，作者们通常在心中放置一把尺反复审量多时，而这一把尺的形成，常是透过各种耳语传播加上猜测形成的。广东陈恭尹（1631—1700）的《独漉堂诗集十五卷、文集十五卷、续编一卷》，其中独缺奏疏、启事、笺的部分，但注明"仅存此目录"[110]。陈恭尹自谓这一部分的稿子毁于火，依邓之诚（1887—1960）推测，"实惩于（屈）大均《军中草》，为大汕劫持，因畏祸不敢刻耳"[111]。如果是毁于火，何以火只选择奏疏、启事、笺的部分烧？可见这是作者自编理由以避刊。但是，他又要人知道他有这些东西，所以存下目录。

揣度到自己的某些文字可能触犯禁忌，而自行检点、自行删削的现象非常普遍，但是每个人的敏感度不同，如阎尔梅（1603—1679），他虽说"贾祸诗文尽数删"，可是显然删得不够，或是揣度得不恰当，他后来仍"以诗祸亡命"[112]。

不过也有的人在删窜之后，还要留一通消息给有心人。如陈梓（1683—1759）是生长在康、雍、乾盛世的人，却对满清得天下施以严词抨击，其内容与感情的强度，都很像是明遗民的风格。而且他在诗集的《删后诗存》的《自叙》中还指出："己酉秋，悉取箧中惬意者付之火，其他应酬诸作不足焚者，稍稍编次之，题之曰《删后诗存》，以示门下群从辈，精华去而渣滓仅存，余之诗良可哀也。"[113] 自己删窜而又以隐晦方式加以指引，好像留一通密码给后人。近代学者王重民（1903—1975）在美国国会图书馆中见到陈梓的《井心集》，对比之下才赫然知道何以陈氏所指的"精华"必须删去，但因为不知道所删的精华是什么，所以我们完全不知道陈梓太平歌诗之外的另一面。

---

[110] 见新校本《独漉堂集》（广州：中山大学出版社，1988），页773。

[111] 邓之诚，《清诗纪事初编》卷二，页303。

[112] 同前书，卷一，页89。

[113] 王重民，《冷庐文薮》（上海：上海古籍出版社，1992），页31—32。

又如李邺嗣(1622—1680)有《题〈甬上耆旧诗〉未刻十卷后》:"马火兵磷照眼时,谁从野墟拾遗词?鲁公故客争传句,翟氏门人亦有诗。斗过庚申文益妙,人存甲乙事俱奇。埋山沉井须臾出,岂待他年定是非!"这十卷未刻诗显然是明末抗清志士之作品。照理说他连有十卷未刻书都不应形之吟咏的,但是他又想让人们知道遗民的这一段心曲,所以仍留下一首诗点出其中隐曲。全祖望(1705—1755)在遍寻这十卷诗而不可得之后,乃辑《续甬上耆旧诗》。该书在清代也始终未刻,一直以抄本方式流传,直到辛亥革命后才排印[114]。

(四)紧张压力下的出版与编辑工作

接着我想从书稿的编排、印刷、发行、铲板等等一系列过程来探讨出版者自我禁抑的现象。

传统中国文献流传及印刷方式与现代颇不相同:第一,在书未雕版开印前及开印之后,抄本流传的情形非常普遍。传统中国并无现代意义的所谓学报,所以书信抄传是流通知识的重要形式。第二,并不一定一次印整部书,常常是以篇为单位印行,古代如此[115],在清代也常是如此[116]。第三,即使在活字印刷发明很久之后,雕版印书仍最普遍。许多书往往不一定是由书坊,而是由家族或私人所开雕。需要书的人,往往亲自到雕版所存的地方刷印。由于刷印的灵活性很高,剜改也相当容易,故而在很长的一段时间内很容易抽换、剜改或补板。近人卢前

---

[114] 路工,《全祖望手稿本〈续甬上耆旧诗〉》,《访书见闻录》(上海:上海古籍出版社,1985),页112—114。

[115] 参见傅斯年,《战国文籍中之篇式书体——一个短记》,《傅斯年全集》(台北:联经出版公司,1980),册二,页3—8;余嘉锡,《古书通例》(上海:上海古籍出版社,1985)卷三,《古书单篇别行之例》,页93—98。

[116] 如章学诚《文史通义》也是先以单篇抽印本方式流传。汪辟疆,《汪辟疆文集》(上海:上海古籍出版社,1988),页752。

(1905—1951)也这样说:"木刻自写样到刻成至少经过四、五校,错字当然少。就是成书发现一个错字,或者改动几个字,随时可以挖补。起首印过二、三十本红标本,认为满意再印它五、六十本,最多也可以印一百本,随时校订随时加印,在机器上是办不到的。"[117] 第四,抄本与印本并行,而且在印本流行之后,抄本仍然相当流行,许多藏书家都雇工抄写。旧抄本往往是相当名贵的,清代版本大家黄丕烈(1763—1825)便很重视旧抄本。许多三家村学究,无力买书,即使很平常的书,也用抄写[118]。而且因为过去印书,一刷往往只有几十部或上百部(最多两三百部),买书又不似现代方便,所以雇工抄写反而近便。

以上这些特色皆使得不断地自我删窜变得相当容易。在这里我要先从出版商及刻工的自我检点,到文稿付印前的编辑工作开始讨论。

出版商是承受不少压力的一群:首先,回避哪些书不出版就是一大考量。我们如果细考清代出版史,可以发现有些书中断相当长一段时间不"再制造"(reproduce),如文天祥(1236—1283)的集子从雍正到道光,一百二十多年没有刊本[119]。出版商在出版他们认为或有可能出问题的书时,也是尽量以各种方式乱人耳目。譬如:刻书时不注明刻书年代与刻书者,刻工也不留下名字[120],或是作者不署真名,署一些奇怪的别称别号。还有一些书坊主人在刊刻小说时标榜"京本",以示这是来自京师,有的则标明"本衙藏板",让人误以为是在某官府刻印的本

---

[117] 卢前,《卢前笔记杂钞》(北京:中华书局,2006),页66。

[118] 以上见毛春翔,《古书版本常谈》(台北:成文出版社,1978),页81—82。

[119] 这是由文天祥著,熊飞等点校之《文天祥全集》(南昌:江西人民出版社,1987)卷首《点校说明》第2页所列各种版本年代差异而得出的结论。又如全谢山的文集因多记明末清初抗清遗民,也是嘉庆年间才刊行。

[120] 因为在庄廷鑨《明史》案案发之后连刻工都被处死,所以在康、雍、乾时代刻工多不敢在书上留名。但是嘉庆、道光后,禁网稍疏,刻工在所刻书上留名的才渐多起来。程千帆、徐有富,《校雠广义·版本编》(济南:齐鲁书社,1998),页304—305。

子——有的是借以提高身份,但有些可能是为了躲避麻烦[121]。

编者与作者一样要在紧张压力下暗暗检点自己,从取舍内容到安排先后,到记叙的丰俭,都可以看出复杂的心理活动。

江藩(1761—1831)《国朝汉学师承记》以顾炎武、黄宗羲置于书末《补编》中,这个章节上的安排便与二人早年的抗清背景甚有关系。顾、黄在清初学术的地位以及他们与清学发展的关系不能在一本讲清朝学术发展的书上被遗漏,可是编书的人既要收入他们,又为了表示自己已留意到他们不仕于清的背景而有所处置,所以将他们置于卷末。

屈大均是明末清初岭南地区极为活跃的文人,当时有所谓"岭南三大家":屈大均、陈恭尹、梁佩兰(1629—1705),与"江左三家"钱谦益、吴伟业(1609—1671)、龚鼎孳遥相抗衡,而大均是不折不扣的首领。论诗文的成就,梁佩兰不能与屈大均、陈恭尹相比。可是他们的朋友王隼(1644—1700)编《岭南三大家诗选》时,竟置屈大均于末而以梁佩兰居首。屈、梁二人在清初的行动成强烈对比,一抗清、一仕清,则此一倒置意味深长矣。嘉庆年间,顺德罗学鹏(生卒年不详)辑《广东文献》,列了王邦畿(生卒年不详)、程可则(1624—1673)、梁佩兰、陈恭尹、方殿元(1636 —?)及方氏的两个儿子方朝、方还为清初岭南七子,并故意漏掉了屈大均[122]。这一个遗漏是很有用心的,王隼编书的时间在清初,当时屈大均因参与抗清,故被殿后。罗学鹏编书时已到了嘉庆,这时屈大均早已因雍正、乾隆朝的文字案的牵连,成为众矢之的,他与钱谦益的名字被人们从各种诗文集中抹除消失了,所以在罗氏书中,

---

[121] 敖堃,《清代禁毁小说述略》,《清史研究》,3(1991.9),页17。

[122] 以上见梁佩兰撰,吕永光点校补辑,《六莹堂集》(广州:中山大学出版社,1992),页22—23。

屈大均就连殿后的资格都失去了。可是到了咸丰年间李元度(1821—1887)在编《国朝先正事略》时，则是将岭南三大家放在一篇中，以陈恭尹居首，梁佩兰殿后，屈大均居中。但写到屈大均时仍然只有十六个字"翁山，屈姓，名大均，番禺人，著有《翁山诗集》"[123]。同一部《事略》中，并没有钱谦益的诗[124]。这时候文网渐宽，故李元度敢提屈大均的名字，但是文网并非全然不存在，所以他只敢用十六个字写屈氏。

清代黄澄量(乾隆年间人士)模仿黄宗羲《明文海》的体例，选录有明一代文集纂辑成《今文类体》，该书的目录即先将王守仁(1472—1529)、方孝孺(1357—1402)、张居正(1525—1582)等人的文章列于前，而把有触清代忌讳的文章隐藏于后[125]。即使到了道光年间阮元(1764—1849)编《皇清经解》时，在所收书中仍大动手脚。何佑森先生举《日知录》为例说，凡其中以史解经或以经论史，而涉及华夷之辨、春秋大义，如该书卷二锡土姓、王朝步自周、丰熙伪尚书，卷三楚吴诸国无诗、小人所腓等，都不收入[126]。

细察清人文集者，常会发现有些该有的文字不见了。尤其是文集中的志、传部分，因为志、传所载是各种事迹，而事实最易贾祸，所以编者动了手脚。有些书在目录上载有某些文章，但实际上删去了，有些则是有文无目。这里要举几个例子。我在《从曾静案看18世纪前期的社会心态》中曾举江苏太仓王时翔(1675—1744)的《小山诗初稿》这一部书为例。该书应该是随编随刻，所以整个出版完成的过程拖了许多

---

[123] 李元度，《国朝先正事略》(台北：文海出版社，1967)卷三十八，页12a。

[124] 李元度固可以说钱氏前半生活跃于明末，不全是"国朝"人物，但像钱氏这样重要的人物居然无传，毕竟说不过去。此外，金堡在该书中亦无传。

[125] 杭州浙江图书馆藏有《今文类体》，不分卷，一百三十八册。参见谢国桢，《江浙访书记》(北京：三联书店，1985)，页208。谢氏说这是该馆刘慎旃对他所说的。

[126] 何佑森，《阮元的经学及其治学方法》，《故宫文献》，2：1(1970)，页25。

年,前面的已发行,而后面的还在陆续刊刻。这部书开雕时,《大义觉迷录》已颁行天下士子诵读,作者有一首《宣读大义觉迷》诗,可是当它尚未全部刻完时,乾隆即位并且下令查禁《觉迷录》,所以原是要吹捧雍正的诗,现在变成禁忌了,乃急忙删去正文,可是目录早已刻成,不能刬改,因此形成有目无文的现象[127]。

因为发现政治气候的日趋紧张而在印刷前挖板、铲板的情形非常之多,以致常有铲挖之后面目全非、文义不通的例子。在曾静案中,吕留良被开棺戮尸,这使得全天下人的文字中凡有"吕留良"三字者都特别感到紧张。陆陇其(1630—1692)的后人即是其一。吕留良是清初江浙一带在王学盛行的空气中转而提倡朱子学的一位重要领袖,陆陇其自述他在遇见吕氏之后,坚定了自己衷心护持宣扬程朱学说的决心,所以吕氏是他思想发展最关键的一个人。可是这一层关系,在读《陆平湖文集》或其后人所编的《陆陇其年谱》时却看不出来。文集中或语焉不详,或以空格代替吕留良的名字,非真熟悉陆氏思想交涉之实况的人不能知其所以。而在《国初人传》中更告诉我们陆陇其之婿曹宗柱(生卒年不详)所辑年谱中,"述清献与石门(吕留良)投分最契,不啻一人。及石门事败,其家乃改修年谱,尽灭去之"[128]。从曹氏辑年谱到吕留良被曾静案所牵连,其间有相当长的时间,足见这份年谱曾经流传,但因吕氏事败,陆氏后人赶快重改年谱。《陆陇其年谱》的现代点校者在比对最早的年谱及吕留良事件发生后的修改本时,发现多处删窜,尤其康熙二十二年(1683)条,有"闻吕君晚邨之变,为文以哭之",接着是一篇长祭文,但雍正刻本自"闻吕君晚邨之变"以后全部空缺,一直到

---

[127] 参见王汎森,《从曾静案看18世纪前期的社会心态》,《大陆杂志》,85:4(1992.10),页10。已收入本书第七章。

[128] 《国初人传》不著撰人名氏,系乾隆中越人所作。此处转引自李慈铭,《越缦堂读书记》(台北:世界书局,1975),上册,页429。

出现"徐公青来邀酌"这一件不相干的事为止[129]。

关于吕陆之间还有一层是《国初人传》的作者所未言及的：陆氏所著《三鱼堂文集》，康熙间嘉会堂原刊本最为完整，经比对吕留良事件后的印本，可见删掉《答吕无党》《与吕无党及附答》《祭吕晚村先生文》等篇章[130]。

改书名或撕去封面是常见的办法，时人或许会在路上捡到一本没有头尾的书，即使通读了，还是不知是什么书。《贩书偶记》作者孙殿起(1894—1958)见过一部屈大均的《翁山文钞》，是康熙年间刊本，乃屈氏晚年所为之文，"翁山文钞"四字书名，及"番禺屈大均撰"六字在印书时俱已铲去[131]。使人读之，完全不知道是谁写的。

至于挖去内文的，则比比皆是。如李世熊(1602—1686)，他是明遗民中忠节之士，在《寒支初集》中有不少谴责仕清明臣，甚至以狗、以马喻之，将他们的事迹汇为《狗马史记》。李氏的《寒支二集》卷五中有一封康熙十五年(1676)的《答某》简，说："今庙算反是，意似据闽为基，辟海为户耳，与昔人争关中长安为万世基者，迹同而指异也。"[132] 这里缺了主词，究竟是谁的庙算？衡诸内容，应该是指耿藩的庙算。这一段话所以如此费猜测，是因为前面挖去了两行。很可能这本书刻毕尚未印行时，三藩乱平，所以急急忙忙，将原先与人讨论耿藩虽有所动作，但不可能成功的部分删去。

---

[129] 吴光酉、郭麟、周梁等撰，褚家伟、张文玲点校，《陆陇其年谱》(北京：中华书局，1993)，页94—96。

[130] 傅振伦，《邓师之诚先生行述》中记书贾雷梦水所言，此说可信。参见邓珂编，《邓之诚学术纪念文集》(北京：北京大学出版社，1991)，页37。

[131] 孙殿起，《贩书偶记》(北京：中华书局，1962)，页347。

[132] 李世熊《寒支初集十卷、二集六卷、附岁纪一卷》，收入《四库禁毁书丛刊》(据清初檀河精舍刻本影印；北京：北京出版社，2000)，集部第89册，页498—499。

读清人文集凡逢墨钉或阙字漫漶处，都值得留神。墨钉通常是表示缺文，或版本上不易确定的文字，不过在清代常是自行铲去的忌讳字眼或名字。我在阅读清初笔记小说时，最常见到以墨钉处理，或用蒙叟、牧翁、东涧老人等方式将钱谦益的名字蒙混过关的情形。周作人（1885—1967）说他有一部王士禛（1634—1711）的《带经堂诗话》，是原刻稍后印的，展卷常见墨钉，细审即知是剜除钱谦益的名氏[133]。乾隆以后，是否将钱谦益的名字铲去，成为判断士人是否遵守朝廷功令的一个标记。而钱氏在晚明文坛地位之高，交游之广，留下痕迹之多，又是无人可望其项背的，所以避起来特别厉害。屈大均的名字也是当时一大忌讳，故即使到了嘉庆文网渐弛，孙银槎（乾嘉时期人士）辑注的《曝书亭集笺注》里，"屈五"（即屈大均）的字样仍被挖去，代以"友人"二字[134]。所以清人集里种种隙漏中，常有极复杂的风雷与隐情。

明季以来流行一书多序，而且常常连篇累牍[135]，这种标榜之习常把一个人的交友圈一清二楚地呈现出来。在晚明这种标榜之习没有什么危险性，可是在清代政治压力下，它却变成瓜蔓抄的依据。雍正帝曾以汪景祺（1672—1726）的《读书堂西征随笔》中一些细小的问题作为借口诛杀汪景祺，《读书堂西征随笔》虽是一部毫无可观的少作，但却请了朱彝尊（1629—1709）、韩菼（1637—1704）等七八个人作序。然而根据观察，没有一篇序在作序者自身的文集中留存，只有朱彝尊的《曝书亭集》卷二十，还保留了与汪氏西湖唱和的五首诗。那是因为朱集刊成在汪景祺获罪之先，已追改不及。但在后来刊印的本子中，"景祺"两字就已经削去了。出于同样的原因，朱集卷二十三《春宫再建喜

---

[133] 周作人，《书房一角》（台北：里仁书局，1982），页163。
[134] 邓之诚，《清诗纪事初编》卷七，页749。
[135] 顾炎武，《日知录》（台北：唯一书业中心，1975），页560，有《书不当两序》条："今则有两序矣，有累三、四序而不止者矣。"

而赋诗》,在康熙五十一年(1712)再废太子以后,重印时也削去了。

有些书当板片刻好之后,出于经济或其他因素,等了相当久才刷印,就在等待的期间,却改朝换代了。敏感的人马上知道应该如何做。如明代张岳(1492—1552)的《小山类稿》,便是这样一本明刻清印本,王重民检视书样后,说"凡清讳多经剜改,因知犹是明刻原版"[136]。

书本既刊之后,发现空气不对而紧急将书收回、修改或秘不示人的例子也颇有所见。明末临沂王若之的《王湘客书牍》,大概雕版于清初,是按年而编的书信,自崇祯九年(1636)丙子至顺治二年(1636—1645)乙酉,共六十四封信,但甲申是何等敏感的年份,所以这年所收的三封信便铲去一封,以致读者翻开书本迎面而见七行的空白[137]。乾隆四十二年(1777),也正是文字狱空气大为紧张的时候,太仓陆时化(1714—1779)突然想起他的《吴越所见书画录》中有诋斥满洲的句子,赶紧将所存的板块焚毁,并尽量将所发的书追回焚弃[138]。陆时化是自己编辑、自己印行,而且自己发现,不曾有任何官方的力量介入,他就在神不知鬼不觉的时候,悄悄地完成了他的工作,可见"上有政策,下有对策",有时"下有对策"反而是帮助政府扩大其禁制的力量。

为什么陆时化会在乾隆四十二年才突然想起他的书中有违碍的问题呢?《四库全书》开修于乾隆三十七年(1772),乾隆三十九年(1774),令各地缴献明末清初违碍书籍,接着文字狱案迭起(如王锡侯《字贯》案),空气突然紧张起来,回顾过去的编纂工作,陆氏遂于不疑处有疑了。

---

[136] 王重民,《中国善本书提要》(上海:上海古籍出版社,1983),页598。

[137] 此外,说及庞、胡等处亦均空白。周作人,《风雨谈》,页154。

[138] 邓实,《吴越所见书画录跋》,收入陆时化,《吴越所见书画录》(北京:中国大百科全书出版社,1997),页1021—1022。

由于已刊发的书,在某种意思上来说就是授人把柄,所以徐乾学(1631—1694)兄弟后来因党争而垮台,便迟迟不肯刊行他们的文集,并为此编了种种的理由[139]。这或许并不是因为他们真的在文集中写了任何冒犯清廷的话,而是怕政敌在字面上作种种曲解。后代子孙也害怕祖先的书在外流传,遭人任意添改以致惹祸。愈是受人欢迎的书,愈有这种可能。这也难怪郑燮(1693—1765)的《板桥诗钞》,清晖书屋、西山堂书楼等翻刻本上都有这样一段话:

> 板桥诗刻止于此矣,死后如有托名翻版,将平日无聊应酬之作,改窜阑入,吾必为厉鬼以击其脑。[140]

显然是怕翻版后加入的作品万一有问题会引起祸端,故才如此申明。

(五)读者的自我禁抑

在研究自我约束、自我删窜的过程中,笔者也发现读者大量参与其事。这大多是为了保护读者自己。譬如魏裔介这位清初理学名臣所批读过的一部《赵高邑集》流传到清末革命志士张继(1882—1947)手中。张氏曾以之示章太炎(1869—1936),根据太炎描述,魏氏之评记皆以蓝笔书之,凡见胡虏建夷等字样,径为涂抹,或大书删字于其上。读者的删涂可能是表达一种态度,使得收藏该书不为罪过。

又如陈子龙(1608—1647)的诗文,在子龙殉国之后由其友人宋辕文(1618—1667)收集,因其中极多触清廷忌讳之处,"(宋)辕文所收并未能汇编成集。辕文卒后,文网日严,屡兴大狱,子龙遗文在禁忌极严的情况下,宋之后嗣,即使能为之藏匿,时日既久,亦难免残缺佚散。至于陈子龙生前所刻的诗文集,人多深藏不敢出,且往往为辗转传钞本,

---

[139] 邓之诚,《清诗纪事初编》卷三,页364。

[140] 卞孝萱,《〈诗钞〉铲版考》,收入氏著,《郑板桥丛考》(沈阳:辽海出版社,2003),页84。

其中触犯禁忌的字面，都被销除涂毁，不可通读"[141]。

苏州图书馆所藏一部刘若愚(1584—?)的《酌中志》，读者孙爵昌(二酉)也是"通体朱笔细改，并粘有小签三百四十二则。骤视之，似为详尽，细案之，乃商略次序，窜易违碍字样，甚至有钩乙涂点处，可谓枉用其心"[142]。又如来斯行(1567—1634)《槎庵小乘》，江苏图书馆的周愆在馆中见过一部，周氏骤看以为是黑口本，后来才知是书贾以其为禁书，将书名、著人姓氏、书口及终卷处加以涂黑。书中稍涉忌讳的字眼也用墨处理过[143]。足见官方有四库馆臣点定窜改，民间也一样有人在暗地里作四库馆臣的事。

黄彰健(1919—2009)先生在校勘《明实录》的各种版本时，曾频频指出广方言馆所藏《明实录》在许多涉及忌讳之处，以刀片割成空格，经与别种版本的《明实录》相校，割去前的字样皆能复原[144]。令我们感到好奇的是，何以广方言馆所藏《明实录》作这些死工夫，而且更令人纳闷的是，全书中还有许多犯讳字眼并未割成空格，如果割裂者是想有系统地清除这些字眼，何以未清除干净？

史语所的广方言馆实录系俞大维(1897—1993)任兵工署长时所移赠的。不过，该书的收藏史并不清楚，也无从知道这些空格是何代人所割。不过这份抄本上的空格似乎使人想起一位敏感的藏书家或他的仆从在偷偷地检查这份珍贵的抄本时，小心翼翼地以利刃割去忌讳字

---

[141] 陈子龙著，施蛰存、马祖熙标校，《陈子龙诗集》(上海：上海古籍出版社，1983)，《前言》，页7。

[142] 周愆，《馆藏清代禁书述略(上)》，《江苏省立国学图书馆第四年刊》(1931)，页39。

[143] 同前文，页43。这部书有相当清楚的收藏资料，据周愆说"细审收藏印识，最先得者为东方生，有白文方印，墨涂绕其缘而让之。次为李氏，有'李廷基印'。……其后乃归丁氏，有'八千卷楼藏阅书'朱文方印一，朱盖于涂墨之上，可知涂墨在丁氏收藏之前矣"，见同页。

[144] 黄彰健，《明太祖实录校勘记引据各本目录》，《明太祖实录校勘记》(台北：历史语言研究所，1984)，页7。

眼的情形。他或许不敢假手于他人,以免被告发,所以只能自己一面看一面割除;但他又不够细心,或是只看过几卷,故有漏网之鱼。也许他割空格可能是为了表示一下态度,以防他日被查或友朋翻阅时带来麻烦。

此处接着要谈藏书家自我约束的现象。清代许多藏书目录的编印者都刻意将禁毁书排除在录外,其一致性到了令人瞠目结舌的地步。有时候他们的藏书目录也有对外及对内两种。对外的目录回避得干干净净,自用的目录则不一定如此。如近人洪业(1893—1980)在北京国立清华大学图书馆曾发现一种稿本蚕豆华馆《琁笈小录》(一册,共九十六页),是汪适孙(1804—1843)个人私产之簿录(后来也成为汪家公产的记录),其中记汪氏所藏清代禁书,如钱谦益《列朝诗集小传》、吕留良《评钱吉士稿》,却不见于汪家所刊《振绮堂书目》,有可能是因为这些禁书是汪适孙私人之物,但不无可能是因涉及忌讳而只登在私人保存的簿录中[145]。

书目是各种书籍讯息的总汇之所,所以是一个特别敏感之所,许多书目一再改修,透露出收藏者及书志纂修者内心的压力。以最负盛名的天一阁为例,嘉庆八、九年(1803—1804),阮元命范氏后人范邦甸等就馆藏编印书目,不久便完成《天一阁书目》十卷、补遗一卷,但编目在乾隆禁书之后,所以像王世贞(1526—1590)的《纲鉴会纂》、钱肃乐(1606—1648)的《庚辰春偶吟》等属禁书范围的书,都不曾编入[146]。然当时移世变,禁风渐弛,则补编、续编,或各种重修本便纷纷出现。道光二十七年(1847),浙江布政使刘喜海(1794—1853)登阁看书,随手抄录,编成《天一阁现存书目》十二卷,便增出阮目所不载书籍共463

---

[145] 洪业,《跋汪又村藏书簿记抄》,《洪业论学集》(北京:中华书局,1981),页136—139。
[146] 骆兆平,《天一阁丛谈》(北京:中华书局,1993),页45。

种[147]，而各种禁书赫然在目。藏书可以秘而不出，但《书目》却是公开发行的，所以后者往往随着政治气候而变。从嘉庆八、九年到道光二十七年，前后有四十多年，正是政治空气改变得最厉害的一段时间，由天一阁两本书目的改变亦可以想见其一二。

讨论藏书目录中自我约束的现象，便不能省略钱谦益与屈大均这两个最敏感的人物。前面提到，钱氏在晚明清初是主持坛坫的人物，所以央他作序或收载其诗文的书非常多，然而这些序或诗文都在乾隆时代经政府的三令五申而被大量抽删。但是经钱氏题跋的一些宋元善本便比较难以处置，宋元善本价值很高，藏书家的目录上如不能多列，则有损令名，但是钱谦益的名字又得尽量除去，于是我们便在藏书目录上见到一些无头无尾的书或序跋。像嘉庆十年（1805）上板的《季沧苇藏书目》，因为当时文网尚密，我们便见到诸如：

抱朴子二十卷	五本	■翁跋
杨子方言六卷	四本	■翁跋
杨子法言十三卷附音义	一本	■翁跋
高诱注战国策三十三卷	八本	■翁跋[148]

这些墨涂究系原刻《书目》即有，或是拥有此书的人所涂，从《书目类编》的景印本上看不出来。■翁望而即知是牧翁，即钱谦益。这些宋本经牧翁题跋过，声价自高，所以如果《季沧苇藏书目》中这些墨涂是原刻所有，则可推测藏书者是既要人家不知道，又要人家知道■翁的身份；既要内行人知道此藏书中有几许钱谦益的跋，又要对外人表示书目已作过特殊处理，如有人告发，也可以有个说词。有意思的是这份藏书目录中几乎不载明人文集，因为它们最易触犯禁讳。我常怀疑，清代

---

[147] 骆兆平，《天一阁丛谈》，页46。

[148] 严灵峰编，《书目类编》（台北：成文书局，1978），册34，页14890、14891、14894。

第八章 权力的毛细管作用

书目之少载或不载晚明文集，如朱学勤(1823—1875)《结一庐书目》、杨绍和(1830—1875)《海源阁藏书目》无明人文集，《丰顺丁氏持静斋书目》只有宋元文集，潘祖荫(1830—1890)《滂喜斋宋元本书目》、瞿镛(1794—1846)《铁琴铜剑楼藏宋元本书目》，除了是因为宋元本价值较高故特别加以登录，是不是也可以从自我约束这一点去理解？

再者，钱谦益的名字在当时到处成为忌讳，此处仅举两例。以朱彝尊的《经义考》为例，书中讨论各种经学著作时每每称引钱谦益的观点，在《摛藻堂四库全书荟要本》的《经义考》中，凡引用钱谦益之说，一概改作"钱陆灿曰"，共有五十几条，这等于是把钱氏的见解一概送给明末清初的钱陆灿(1612—1698)。在《文渊阁四库全书》本中的《经义考》中，引用钱谦益的部分则随意套上各种名字：

(a) 改作"何景明曰"者，有王廷相《太极辨》一例

(b) 改作"钱陆灿曰"者，有赵汸《大易文诠》等十三例

(c) 改作"黄虞稷曰"者，有朱篁《铿铿斋易邮》一例

(d) 改作"陆元辅曰"者，有屠隆《读易便解》等二例

(e) 改作"毛奇龄曰"者，有杨慎《易解》一例

(f) 改作"陈子龙曰"者，有丰坊《古易世学》等三例

(g) 改作"何光远曰"者，有何楷《禹贡图注》一例

(h) 改作"谷应泰曰"者，有吴国伦《春秋世谱》一例

(i) 改作"高攀龙曰"者，有卓尔康《易学全书》一例

(j) 改作"罗喻义曰"者，有钱时俊《春秋胡传翼》等二例

(k) 改作"匡解原序"者，有邹德溥《春秋匡解》一例

(l) 改作"阙□□曰"者，有郭登《春秋左传直解》等三例

(m) 改作"私考驳正"者，有季本《春秋私考》一例

(n) 改作"江南通志"者，有申时行《书经讲义会编》等六例

(o) 改作"江西通志"者，有汤显祖《玉茗堂尚书儿训》一例

(p) 改作"浙江通志"者,有瞿佑《诗经正葩》等二例

(q) 改作"山东通志"者,有刘天民《洪范辨疑》等二例

其中当然也有漏改者,如:华时亨《周易笺注》及张仲次《周易玩辞困学记》等二例[149]。

藏书目录内容的变动自然是个温度计。当禁网松弛时,有些藏书家将涉及禁讳的书以"补录"的方式收列于原刊书目中,如赵宗建(1825—1900)《旧山楼书目》即是一例。旧山楼规模不大,叶昌炽(1847—1917)《藏书纪事诗》称之为"小藏家",但是因为《也是园古今杂剧》原藏其处而颇享令名。赵氏是同、光间藏书家,这个时候的文字狱压力已远不如乾隆、嘉庆时期,不过在此目正编中,我们看不到什么违禁之书。反倒是在光绪二十六年(1900)十月的"补录"中,见到连篇累牍的已禁或应禁之书,而且绝大部分是抄本。譬如《大义觉迷录》下注明"发学官原本,乾隆时已收回,可宝也",又如《吕氏正纲》下注"禁书,名号及图章门人题志均挖去,可恨"[150]。

(六) 民间的焚书运动

清修明史,在史料搜集上碰到很大的困难[151]。所以政府三令五申希望人们献书[152],但是愿意付诸行动的毕竟不多。毛西河(奇龄,1623—1716)为我们留下一封生动的信,告诉我们他如何说服张岱(1597—1679)将其所著史书稿本交给史馆作为修史之用。当时毛氏在史馆中负责有关南明史事,但是苦于材料严重阙漏,他写信给张岱说:

---

[149] 参见吴政上编,《经义考索引》(台北:汉学研究中心,1992),附录页3—4。此条由吴政上兄提供,特此铭谢。

[150] 赵宗健,《旧山楼书目》(上海:古典文学出版社,1957),页59。

[151] 关于当时碰到之困难,可参见吴晗,《谈迁和国榷》,氏著,《灯下集》(北京:三联书店,1960),页169—185;以及黄眉云等著,《明史编纂考》,台北:台湾学生书局,1968。

[152] 铁玉钦,《清实录教育科学文化史料辑要》(沈阳:辽沈书社,1991),页366—368。

> 若其中忌讳，一概不禁，只将本朝称谓一易便了，至其事则正无可顾虑也。……况此书既付过史馆，则此后正可示人，无庸再閟，尤为朗快。[153]

信上的意思是建议张岱，如果将史料借史馆使用，便可以取得正身，以免东躲西藏。但这种宽大的情形，似乎在庄廷鑨案发生之后便渐渐消失了。清初到中叶，有一个暗暗进行的民间焚书运动，其规模无法估计，但可以推测它一定比官方收缴焚毁的规模要大得多。即使不毁，也往往改易书名、作者或其他部分，以免引起注意[154]。而且在偷偷焚毁时，不敢留下记录，所以我们能得到的直接证据较少。前面提到即使是《明史》的编纂者，也不敢收藏明代史料，这里便要举朱彝尊（1629—1709）为例。朱彝尊曾被康熙任命为《明史》的编纂，收有许多晚明史料，他在旅途中陆续购买五箱书寄回贮存于家。庄廷鑨《明史》案发生时，其家人似未通知他，便将所存有关明代史事者一并焚毁[155]。

贵池吴应箕（1594—1645）的孙子吴铭道（1671—1738）跋《留都见闻录》说：

> 今年当事虑书狱滋蔓，密令体勘，而闻风心栗者，取其家有之书，稍涉疑似，无论兔园册子，悉举而畀之爨烬。[156]

此处所说的今年，正是庄廷鑨史案发生之时，吴铭道坦白说出人情汹汹，望风而栗的情形。事实上当时人每每自己偷偷查核，遇到可能触犯

---

[153] 张岱，《琅嬛文集》（长沙：岳麓书社，1985），附《毛西河寄张岱乞藏史书》，页315。

[154] 如《古今释疑》，见余英时，《方中履及其〈古今释疑〉》，《方以智晚节考》（台北：允晨文化公司，1986），页137—163。

[155] 朱彝尊，《曝书亭著录序》，《曝书亭集》，收入《景印文渊阁四库全书》，第1318册卷三十五，页55c—d。又朱氏写作此序的时间为康熙三十八年（1699）。

[156] 转引邓实跋清姚觐元《清代禁毁书目》，在《清代禁毁书目・清代禁毁知见录》（台北：成文出版社，1978），页341。

禁忌之处，轻者涂黑或挖空，重者付诸一炬，而且在焚烧时显然还不能让左邻右舍察知，以免告官[157]。由家人擅为作主代为焚书的例子，如何焯（1661—1722），他曾于康熙年间下狱，其门人惟恐他的《道古斋识小录》十数卷中有触忌之处，便擅自作主将书及板片烧了[158]。

当时士人之间口传的管道似乎相当畅通，所以在没有报纸或其他传播媒体的情况下，却能非常精确地焚弃因案被逮之人的著作，譬如遗民魏耕（1614—1662）的《息贤堂集》极为罕见，即使是流传的钞本也把书名径改为《雪翁诗集》，便可能是因为"比事败，人竞毁其书"之故[159]。

最容易引起人们紧张而自焚文稿及藏书的，莫若有本地人触忌被逮，在当地形成紧张空气之时。毛奇龄《西河集》卷十的《何毅庵墓志铭》为我们保留了一条可贵的材料。毛氏的朋友何之杰（1621—1699）的诗被告讽刺当地县官，县官得其诗，看不出任何辱己之处，但搜其旧稿，却发现一些可疑的字眼（如清戎、如夷），后来有按察使佟君出面主张："凡旧刻文卷，有国讳勿禁，其清、夷、虏等字，则在史馆奉上谕，无避忌者。"[160] 最后无罪开释。可是与此事有关的当地士人（包括毛奇龄），都将他们与何氏唱和抄存的诗焚去——所谓"俱于是时，里俗相戒，掷于爨"是也[161]。

---

[157]《清代文字狱档》中便有自焚板块时被邻人告官之例。见《陈希圣诬告邓譓收藏禁书案》（上海：上海书店出版社，2007），页236—239。

[158] 张慧剑编著，《明清江苏文人年表》（上海：上海古籍出版社，1986），页980，"1715乙未康熙五十四年"条下第三项："长洲何焯所著《道古斋识小录》于被捕时为门人焚毁。（《吴县志》）"另可参见何焯，《义门先生集》，《续修四库全书》（据道光三十年[1850]姑苏刻本影印，上海：上海古籍出版社，1995），第1420册，《附录》，总页267—268。

[159] 邓之诚，《清诗纪事初编》卷二，页248—249。

[160] 邓之诚，《桑园读书记》卷十四，页79—81。

[161] 同前书，页80。

删窜之事并不限于书籍。商务印书馆出版的《吕晚村墨迹》有吕留良的诗帖,近人发现卷中的款字和前面一段已被挖去,若非熟悉吕氏字迹,根本无法辨认作者。所幸有朱文小印"晚村"二字未被涂去,为后人留了一通消息[162]。

自我禁制并不局限在江浙人文高度发达的地区,即使远在云南,我们也发现人们暗地删书的例子。云南人赵河(生卒年不详)的《待焚草》二卷,据邓之诚表示"集中阙字尚隐隐可辨,必禁书时凡涉怨望及字面可曲解者,皆亟删去,云南去天万里,而禁忌若此"[163]。此本为乾隆七年(1742)所刻[164],当时还不是禁书空气最高涨的时候,但远在云南的士人也已经在暗自删书了。

对于士大夫自我禁制、自我删窜问题的探讨,应该挣脱旧格局的限制,不应只将眼光放在禁书目录上。事实上禁书目录有其局限性,许多犯禁讳的书根本不曾广泛流通,所以也不可能列名目录[165]。有些书始终以抄本方式存在,故不曾被注意。有些刊刻之后也因流传不广而未遭禁[166]。更重要的是一般人可能根本不知道有禁书目录,官方也始终未曾编出一本完完整整的目录。所以,尺度是在人们心中。他们可以自由自在,无限猜测、扩张,也自然会不分青红皂白地删焚,不管它们是不是在禁书目录上。

---

[162] 姚述,《吕留良诗帖》,在《艺林丛录》第二编(香港:商务印书馆,1962),页143。

[163] 邓之诚,《清诗纪事初编》卷八,页960—961。

[164] 同前书,页961。

[165] 邓之诚在《桑园读书记》页38说许重熙所编《历代大政纪要》:"此书今未见流行,亦未见禁书目,或未刻耶。"

[166] 如李渔《连城璧》刊刻后流传不广,故道光、同治年间浙江、江苏颁布查禁小说淫词的书目中,都只有他的《十二楼》,而无《连城璧》。参见安平秋、章培恒,《中国禁书大观》(上海:上海文化出版社,1990),页296。

(七）自我删窜的现象不能泛滥解释

我并不完全赞成列奥·施特劳斯（Leo Strauss，1899—1973）解读文献时,在空白地方过度作文章的风格[167]。自我删窜固然呈露一个不可言说的世界,但是并非所有空白缺漏处都有文章可做,也有一些空白阙漏是无心造成,或另有原因。

像昆山柴奇（明武宗正德六年进士）所著《黼庵遗稿》十卷,明嘉靖刻本（现藏北京图书馆,六册）,集末有柴奇的五世孙柴胤璧（生卒年不详）所作的跋,署"嘉靖乙亥",但嘉靖二字是剜补重写的,以甲子推算,则应是崇祯八年（1635）。将崇祯改为嘉靖不是想表达什么抗议,只不过是书贾欲以崇祯印本充嘉靖印本而已[168]。又如明代华容孙继芳（1483—1541）的《石矶集》（北京图书馆,一册）。在明嘉靖间刊本中,他的儿子于序中提到该集"凡十三卷,诗五卷,文三卷,杂著三卷"。读到这里,或许对这本书实际上只有诗集两卷（共一册）感到莫测高深,或许有不可说出的意见被刻意隐藏了,但一究其实就知是"因梓人告归,仅刻诗集二卷"[169]。又如顾可久（1485—1561）的《在涧集》（九卷,北京图书馆）,书题与卷次颇有出入。通常这种"文不对题"的现象可能是一面刻一面随政治气候转变改换内容所致。但这部《在涧集》根据王重民所说是:"盖是集按年编次,以一年为一卷,递有增刻,故书题与卷数,前后不同也。"[170] 随作随刊或花较长时间刊刻,都是旧日刻书

---

[167] Leo Strauss, *Persecution and the Art of Writing* (Chicago: University of Chicago Press, 1988), pp. 22-37.

[168] 王重民,《中国善本书提要》,页597。

[169] 同前书,页594。

[170] 同前书,页596。

第八章　权力的毛细管作用

常有的习惯[171]，有的则是限于财力、时间而未克刻完[172]。

有些书被删节，不是因为禁忌，而是因为当时人认为内容猥杂没有价值[173]。有些收入四库的本子或刊刻的本子内容不及原刻本丰富，纯粹只是因刊者偷懒敷衍[174]，或原本不易求，或节省刊刻费用，不一定有政治理由。即以书中常见的空缺或墨杠为例，李慈铭（1830—1894）《越缦堂日记》中出现了大量的墨杠。鲁迅曾指出因为李氏怕像何义门（焯，1661—1722）的日记，忽然被皇帝要求呈览，所以李氏在日记中动辄引上谕，并且有大量的墨杠。但我们细察其墨杠的前后文，便发现它们大多与政治无关，往往只是牵涉到一些琐碎的人事[175]。有许多书上的墨钉或空字，是因为无法确定内容，或原本泐缺[176]。无论如何，在印刷术大行之后，政治力量对文化领域的宰制能力是有限制的。私家刻书，板存于家，可随时刷印，也可以随时挖改，印刷工具的分散性及自主性极强，则任何政治禁制的效力都会受到限制。更何况统治者并非全知全能，他们对触讳之书

---

[171] 如邓之诚，《清诗纪事初编》卷四，陈玉璂条，页441。

[172] 如章性良的《种学堂诗文集》十卷，因为全书中诗的部分无绝句，故后人便怀疑它实际上并未刻完。同前书，页507。

[173] 如足本《五石瓠》较昭代丛书本多三分之二，然所多出者，有孙承泽（1592—1676）收藏书画法帖，乃钞撮《庚子销夏记》而成。《东林点将录》，已见他书，连篇累牍，仍以删去为宜。参见邓之诚，《足本五石瓠》，《桑园读书记》，页36。

[174] 黄宽重，《〈增订湖山类稿〉校异举隅——以文津阁本四库全书为例》，《大陆杂志》，95：5（1997），页43—45。黄宽重，《文津阁本宋代别集的价值及其相关问题——以〈文渊阁四库全书补遗〉为例的讨论》，《故宫学术季刊》，15：2（1998），页27—61；后转载《文献》（北京），77（1998），页181—194。

[175] 李慈铭的日记中，墨杠随处可见。如《孟学斋日记》（台北：文海出版社，1963），甲集上，页3b、5b、14b、32a。参见鲁迅，《怎么写——夜记之一》，《三闲集》，收入《鲁迅全集》（台北：唐山出版社，1989），第5册，页29。

[176] 如瞿冕良，《版刻质疑》（济南：齐鲁书社，1987）等书中有不少论述。

的了解仍然有其限度。

自我删窜也有其限制。有许多书从未引起读者的注意,那么谁去删它呢？许多藏书家不一定读书,又何从删起？而许多人读书,或心存侥幸,或懒惰,或根本没有政治敏感性,故未作任何删窜。这一类的例子甚多[177],不可忽视。

因为以上种种理由,有不少触犯禁忌的抄本、刊本保存下来。广东陈恭尹的咏古绝句《读秦纪》就指出"人间犹有未烧书"。他说：

> 谤声易弭怨难除,秦法虽严亦甚疏。夜半桥边呼孺子,人间犹有未烧书。[178]

名为《读秦纪》,恐怕是在说清初,而"秦法虽严亦甚疏"一句,恐怕也是当时的实情。

(八)影响

清代政治对文化领域之压制最大的影响,是因涟漪效应带来各种文化领域的萎缩、公共空间的萎缩、政治批判意识的萎缩、自我心灵的萎缩,形成一种万民退隐的心态,"非政治化"的心态。政治干预文化领域,不只是积极改造人们怎么想,而且要人们朝着其方向想,或是要人们什么都不想。此处只就有材料者进行讨论。

一个不明就里的人捧读一部经过官方删窜及自我删窜后的书,如果没有足够的敏感度,或是无法通晓某些书中的隐语系统[179],通常不会有异样的感觉。所以过一段时间后,历史记忆常被彻底扭曲或抹除而不自知。不只是对汉族历史的记忆,对满族历史亦复如此。在我们

---

[177] 以邓之诚所见者为例,见《清诗纪事初编》卷一,页12、19—20。

[178] 陈恭尹,《独漉堂诗集》,收入《续修四库全书》(上海:上海古籍出版社,2005),1413册卷二,《读秦纪》,页19a。

[179] 余英时,《方以智晚节考》,《增订版自序》,页5。

第八章　权力的毛细管作用

今天看来天经地义的事，在清末的人并非如此。譬如生于清末的钱穆（1895—1990）一度不知道满清皇帝不是中国人，《师友杂忆》中说有一天"伯圭师随又告余，汝知今天我们的皇帝不是中国人吗？余骤闻，大惊讶，云不知。归，询之先父，先父云：师言是也，今天我们的皇帝是满洲人，我们则是汉人"[180]。由这一段追忆，足见历史记忆中断使得最简单的事实都可能被彻底遗忘[181]。钱穆当时只是一个小孩，他的故事不能太过被夸张。一个不明就里的人如果读到删改后的任何有关明末清初的历史书籍，一定以为满洲与明朝不曾发生过任何关系，因为这些书中完全没有关于建州卫的事，他们甚至不会知道满洲究竟从何处冒出来，因为官私史书不言其事。所以不只汉人不清楚明代历史的真相，满人对自己的历史也不清楚，这也是为什么章太炎在民初写《清建国别记》时一再强调清代"官书之谬悠"了。前半生在清朝生活的人觉得这些历史知识相当新，因为他们是在空白的纸上一寸一寸填回历史记忆。

政治是最敏感的，所以自我约束之风在政治上的表现最为明显。李祖陶（1776—1858）说："今人之文，一涉笔惟恐触碍于天下国家。……消刚正之气，长柔媚之风。"[182] 恐触碍的柔媚之风有两种影响。第一是不敢论政，第二是不敢上书言时事。乾隆四十四年（1752），在黄检私刻奏疏案后，乾隆的上谕说：

---

[180]　钱穆，《师友杂忆》（台北：东大图书公司，1983），页34。

[181]　一如经过五十年统治之后，许多台湾人也自以为是日本人。譬如李远哲先生表示"台湾光复后，我才知道我不是日本人"。见李远哲，《李远哲访谈与言论集》（台北：远流出版社，1994），页6。

[182]　李祖陶，《与杨蓉诸明府书》，《迈堂文略》卷一，收录在李祖陶辑，《国朝文录》（道光十九年[1839]瑞州府凤仪书院刊本，傅斯年图书馆藏），第55册，页27b。

> 朕非不容直言之主,臣工亦从无以批鳞激切之言奏闻者。[183]

乾隆本人应该为"无以批鳞激切之言奏闻"之风负责,但他自己竟也如此感叹,足见内外臣工管束自己的程度。朝廷既然以前所未有的力量铲除人们自由评论时政的清刚之气,那么汪辉祖(1730—1807)《双节堂庸训》中《勿纪录时事》一则中劝人勿撰作日记、札记,且"不宜撦拾时事"以免"谬妄触忤,祸及身家",便非无的放矢[184]。而清季龚自珍(1792—1841)所形容的"避席畏闻文字狱,著书都为稻粱谋",便是很自然的现象了。比龚氏稍晚的曾国藩(1811—1872),在侍郎任上《应诏陈言疏》也说"十余年间,九卿无一人陈时政之得失,科道无一折言地方之利兴"。其实科道无一折言事的情形,并不只是"十余年间"之事。管同(道光五年举人)《拟言风俗书》说:

> 近年大臣无权,而率以畏愞;台谏不争,而习为缄默。门户之祸不作于时,而天下遂不言学问,清议之持无闻于下,而务科第营财货。节义经纶之事,漠然无与于其身。[185]

龚自珍于嘉庆二十年(1815)说:

> 人心混混而无口过也,似治世之不议,左无才相,右无才史。[186]

在这种风气之下,士风必受影响,所以,像洪亮吉(1746—1809)在嘉庆初年因言事获谴,直声震天下,在清代士大夫的历史中成为极罕见的特例,但如果与明代士大夫相比,则简直是小巫见大巫,足见两朝士气之

---

[183] 见中国第一历史档案馆编,《乾隆朝上谕档》(北京:档案出版社,1991),第9册,"二月二十二日上谕",页586。

[184] 汪辉祖,《双节堂庸训》,收入《汪龙庄遗书》(台北:华文书局,1970)卷五,页898—899。

[185] 管同,《拟言风俗书》,《因寄轩文初集》,收入《续修四库全书》,集部1504册卷四,页423d。

[186] 龚自珍,《龚自珍全集》(北京:中华书局,1959),《乙丙之际箸议第九》,页6。

不同。到了冯桂芬(1809—1874),中国已面临前所未有的危机,但在《校邠庐抗议》中他仍不敢直接提倡"上书"言政事,而只敢说是"陈诗",其实"陈诗"即是"上书"的一种不得已的曲折说法。

到了晚清,即使批评时政,也只敢出之以极隐晦的方式,譬如以批评明朝或其他朝代的方式出现。此处仅举一例。晚清洋务派刘锡鸿(1874—1918),他曾作为郭嵩焘(1818—1891)的副使出使英国。他在描述英国议会时曾说:

> 官政乖错,则舍之以从绅民。故其处事恒力争上游,不稍假人以践踏,而举办一切,莫不上下同心,以善从之。盖合众论以择其长,斯无不备,顺众志以行其令,斯力无不殚也。[187]

并说此制度与汉之三老,明之里老人相似。他并指出中国自明朝洪熙年间以后,里老人之制益衰,"仆隶匪人,滥竽相继,……贵官愈多,牵掣愈甚,供亿奔走愈繁,百姓之生路乃尽绝而无可逃免。"[188]其实刘氏所批评的是明清二代之历史,但他刻意提到明朝而避过清[189]。

清代(尤其是乾嘉)是经学考证盛行的时代,我们亦应有几段谈到自我压抑在经学考证上的影响。我必须承认要进入这个题目首先要说明两件事,第一,经学基本上是一个比较不会惹麻烦的领域,故章太炎说:"家有智慧,大凑于说经,亦以纾死。"第二,经学著作浩如烟海,我尚未能比较深入地发掘这方面的材料,此处仅举两个例子。

近人有关清代春秋学的若干研究中早已清楚地认识到,清初官方颁布《日讲春秋解义》《钦定春秋传记汇纂》《御纂春秋直解》等书,而

---

[187] 转引自钟叔河,《走向世界:近代中国知识分子考察西方的历史》(北京:中华书局,1985),页254。

[188] 同前书,页255。

[189] 同前引。

康熙也由尊《春秋胡氏传》到大力批评它,将其中牵涉到夷狄、变夷的文句加以删节或改易[190]。这里值得注意的是注经、解经的暗自删抑,而深刻影响到清代春秋学的讨论。

另外,黄节(1873—1935)在上世纪初即已透过对《春秋胡氏传》的细密比勘,发现其中凡是夷狄的地方,都有了偷梁换柱式的修改[191]。譬如:

---

[190] 以上见童正伦,《四库全书对春秋类的删改》,甘肃省图书馆编,《四库全书研究文集:2005年四库全书研讨会文选》(兰州:敦煌文艺出版社,2006);汪嘉玲,《胡安国〈春秋传〉研究》(台北:东吴大学中国文学研究所硕士论文,1998);康凯淋,《论清初官方对〈春秋胡氏传〉的批评》,《汉学研究》,28:1(2010.3),页295—323。童、汪之说见引于此文中。

[191] "僖公八年"条:
春秋:狄伐晋。
左氏传曰:晋里克帅师,梁由靡御,虢射为右,以败狄于采桑。梁由靡曰,狄无耻,从之必大克。
(狄无耻一语刊落)
"僖公二十一年"条:
春秋:楚人使宜申来献戎捷,公会诸侯盟于薄,释宋公。
公羊传曰:宋公与楚子期以乘车之会,公子目夷谏曰:"楚,夷国也,强而无义"。
(刊落夷国也三字)
"襄公二十九年"条:
春秋:吴子使札来聘。
公羊传曰:贤季子也。春秋贤者不名,此何以名?许夷狄者,不一而足也。
(以季子之贤,犹以其为夷狄而名之,此皆春秋攘夷大义也。而□□刊落之。则为之案曰:春秋书子以进之,札以名书,非褒贬所系也。)
"僖公三十三年"条:
春秋:晋人及姜戎败秦于殽。
公羊传曰:其谓之秦何?夷狄之也。
穀梁传曰:不言战而言败,何也?狄秦也。其狄之何也?秦越千里之险,入虚国,进不能守,退败其师,徒乱人子女之教,无男女之别,秦之为狄,自殽之战始也。此之狄秦,犹之狄楚,所以示吾种人,虽临制夷狄而有夷狄之行,亦夷狄之。
(刊落后面数语)
"文公九年条":
春秋:楚子使椒来聘。(转下页)

"闵公元年"条：

春秋,齐人救邢。

左氏传曰:戎狄豺狼,不可厌也,诸夏亲昵,不可弃也。

(今录左氏传文而缺此二句。)

"僖公四年"条：

春秋:楚屈完来盟于师,盟于召陵。

公羊传曰:喜服楚也。何言乎喜服楚?楚有王者则后服,无王者则先叛。夷狄也,而亟病中国,南夷与北狄交。中国不绝若线。桓公救中国,而攘夷狄,卒帖荆,以此为王者之事也。

(刊落者所言夷狄)

《左传》是一部攘斥夷狄思想非常浓厚的书,经此一刊削则清代人读《春秋胡氏传》时宛然见到一个不攘夷自大的文本,其影响之大可以想见。这些都是从《左传》中直接隐去本文,我们试着比较这两种,如果没有任何警觉,可以错漏到什么地步了。

清代学问往往有折向考古的倾向,这主要与学术发展的理路有关。另外,恐怕与清代文字狱压力不能完全分开。早在乾隆以前,其势力已成。譬如《读史方舆纪要》,原是一本历史地理之书,但它详古略今,于

(接上页)公羊传曰:椒者何?楚大夫也。楚无大夫,此何以书?始有大夫也。始有大夫,则何以不氏?许夷狄者不一而足也。

(□□刊落之而采之左氏传曰:越椒执币,傲其先君,神弗福也,忘华夷之限而张君权神权也。)

"宣公十五年"条：

春秋:晋师灭赤狄潞氏,以潞子婴儿归。

公羊传曰:离于夷狄,而未能合于中国,晋伐之,中国不救,狄人不有是以亡也。春秋喜潞子去俗归义,然而谓其未能与中国合同礼义相亲比也,故犹系赤狄。

(此春秋攘夷大义也而□□刊落之,则谓晋景公陵弱众强,不得至于楚而求得志于狄,是不知华与狄之别,孰为异族,孰为吾种人临制之国也。)参见黄节,《春秋攘夷大义发微》,《国粹学报》(台北:文海出版社,1970),第二十期(1906),页8a—9a。

明清之际的地理变化,竟然一字不述[192]。即使如此,收藏这部书仍然有危险,程廷祚(1691—1767)《青溪集》中的刘湘煃《读史方舆纪要》案即是一例[193]。乾隆以后,许多传统学问都有考古化的倾向,如地理学,本来最应与现代发生关系的,竟转向古地理之探究。清人笔记之有价值者,十九也属于考古方面[194]。我们自然可以说在清初诸大儒所带动的学术风气,本就有求古的倾向,但是,何以治经而专要考古?因为讲经学义理,不能不牵涉到人事政治,很容易与时政有牵缠。专考据古代的训诂、名物,反可以与当世绝缘。何以不著史而考史?因为史学家如果去著史,则很容易与御批或官修史书差异,更会惹来借古讽今,讥议时政的罪嫌。

政治压力对于一般人——尤其是下层读书人的影响也值得注意。在《鸣野山房书目》中有一篇《沈霞西墓表》透露了下层士人的心态:

> 乾隆中,东南收缴禁书,吾越相戒无藏笥,士竞趋举子业,故科目盛而学术微,其以余力读古书者,百不一、二焉。[195]

这一段话看来,政治压力给下层士人造成的最大影响不是转向考古,而是不读古书,专力追求功名。所以章太炎所谓"家有智慧,大凑于说经,亦以纾死"的说法,并不适用于一般士子。下层士子回应政治压力的办法是避免跨出科举考试外去追求学问,也避免作有危险性的思维

---

[192] 梁启超,《中国近三百年学术史》(台北:中华书局,1975),页318。

[193] 参程廷祚,《青溪文集·续编》(合肥:黄山书社,2004)卷三,《纪方舆纪要始末》,页331—333。

[194] 梁启超,《中国近三百年学术史》,页276。

[195] 沈复粲编、潘景郑校订,《鸣野山房书目》(上海:上海古籍出版社,2005),页5。按,此书原为清初祁理孙《奕庆藏书楼书目》,上海古籍出版社误题编者、书名。但所载《沈霞西墓表》则为真。

第八章　权力的毛细管作用

创造的工作,而是完全跟随科举考试起舞,故说"科目盛而学术微","以余力读古书者,百不一、二焉"。所以政治压力将士子逼向两个极端:一个是考古,一个是科名。

权力的毛细管作用所带来的影响不可轻视。章太炎敏感地发现《四库全书》中没有"谱系"一门,实含有重大意味。他说:"以余观之,《世本》《元和姓纂》《千家谱》《英贤传》《姓氏博考》五书,应立一谱系门。如云书少,不足为门类,则时令何以可别立一门耶?"(《四库全书》的时令类只有两部书)——"求其所以不立之故,殆以讲求谱系,即犯清室之忌。《广韵》每姓之下,注明汉姓虏姓,如立谱系一门必有汉姓虏姓之辨,故不如径删去耳"[196]。

政治压力也影响到文体的变化。诗的创作不可避免地要涉及时代观感,最保险的办法是称颂皇帝,而且称颂的内容最好是要大、要空,因为有内容的称颂固佳,但是如果不是详悉内情,而是道听途说的颂扬,则有被控捏造的危险。如曾静案中诸葛际盛称颂皇四子胤禛,如《清代文字狱档》中许多案件,依鲁迅看来,都是称颂不当而获罪[197]。要称颂,又要大、又要空,使得康熙中叶以后的诗,"承平雅诵,成为风气"[198]。

政治压力禁制太久,一般人表现出来的文学想象力,往往倾向于追随他所了解的政府要人们去想、去注意的方向。在戏剧方面,梁启超(1873—1929)《新民说》对清代内廷演剧即有这样一段观察:

> 昔乾隆间内廷演剧,剧曲之大部分则诲乱也,诲淫也,皆以触

---

[196] 章太炎,《国学略说》(高雄:复文图书出版社,1984),页105。太炎同时也说"清修四库,于史部特别注意,经部不甚犯忌,然皇侃《论语疏》犹须窜改,子部宋元明作者,亦有犯忌处。……不立谱系,即其隐衷可见也",同前引。

[197] 鲁迅,《隔膜》,收入氏著,《且介亭杂文》,页31。

[198] 邓之诚,《清诗纪事初编》,页514。

> 忌讳被诃谴不敢进,乃专演神怪幽灵牛鬼蛇神之事,既藉消遣,亦无悠尤。[199]

梁氏并未说出他的根据,但他的观察并不差。牛鬼蛇神之戏既有趣,又无事实,是一种比较安全的办法。

政治压力亦影响及于治史的方向,这主要可以分成两方面。第一是不同历史文类的升降,第二是治史者专注的时段之不同。这又可分官、私两方面说。清代官修史籍数目最富,其中有些部分与历史有关,提出了官方认可的历史版本。清初以来与史案有关的文字狱案最多,而庄廷鑨的修史案尤为著名,打击范围极大,连刻工都被牵连,所带来的涟漪效应极为可观。首先是造成私人不敢修史,即使撰史,也集中在明代以前,而且以古代为多。私人的历史活动以纂辑史料,或对传统史书进行补、考、注为主;是考订,而不是撰述[200]。即以元明两代所修正史为例,它们的体例完备,但谬漏甚多,而乾隆末期以前清代学者并未改写宋、辽、金、元、西夏的历史,多只从事补充与改编。

与明代后期相比,清代的私史与当代史极端衰落。"李贽的《续藏书》是专门记载明代人物的著作,作者以当代人写当代史,却能做到无所顾忌,仗义直书,特别是对当朝发生的两件大事,即'靖难之役'与'夺门之变',在书中不仅毫无回避,而且专列《逊国名臣》三卷,对建文遗臣的事迹一一加以介绍。'夺门之变'中的许多人物虽未专列类传,但对他们的贡献在各人的传记中,也都能如实记载和表彰。明末谈迁的著史态度严肃认真,《国榷》直书,首先表现为'著圣人之失';尽管作

---

[199] 梁启超,《新民说》(台北:台湾中华书局,1978),页126。此外,鲁迅指出清代小说内容也有一些微妙的变化。如光绪初年续《三侠五义》的几本书,皆由原来《三侠五义》的反抗官府变为帮助政府,而中间每以名臣大官总领一切,见鲁迅,《中国小说的历史的变迁》(香港:中流出版社,1957),页44。

[200] 梁启超,《中国近三百年学术史》,页271—298。

者对太祖开国功业推崇备至,却据实记述其屠戮功臣,广事株连。至于武宗之荒淫,神宗之贪婪,思宗之刚愎与伪善,弘光帝的愚昧腐朽,也都作了大量的揭露。"[201] 但在清代却看不到这样的著作。仅就《清史稿艺文志及补编》所录史部前三类之正史、编年、纪事本末百卷以上史书,作一粗略统计,官书多达六千六百四十五卷,私史则只有二千四百六十二卷[202],故而梁启超、胡适(1891—1962)都叹:自汉以来二千年,私家史料之缺乏,未有甚于清代[203]。

更有甚者,因为尹嘉铨案的影响,有关清代的传记文学极度贫乏,清朝的人物传记集也不敢编辑或出版。孟森《皇明遗民传序》说:"当乾隆间,尹嘉铨作《清名臣言行录》,高宗斥为标榜攀附,定谳杀身,列为罪状。以本朝之人,称颂本朝之先正,意固为本朝增重,何负于国家,而尚成文字之祸。故嘉、道以前,流风所被,传记文学,为传者所讳言……至钱仪吉撰《碑传集》,中间有遗逸一门,竟有表章遗民之意,无论事触时忌,即其广辑清代名人碑传,已为朝廷所不许,故其书久藏不出,至同治间,李元度之《先正事略》行世后,又久之,至光绪末乃获印行。盖咸、同军兴以后,禁网乃稍稍阔疏"[204]。从上面这段话可以看出,钱仪吉(1783—1850)的《碑传集》在编好后,隐抑再三,一直等到禁网松弛以后才出版,由此可见其艰难之一斑了。如果粗略统计现在较为通行的三十多种清代名人传记集成,我们便可以发现其中绝大部分都是在嘉庆、道光以后出版的[205]。

---

[201] 杨林,《试析庄氏史案对清初私家修史的影响》,《清史研究》,1992 年第 2 辑,页 55。

[202] 同前文,页 53。

[203] 梁启超,《中国近三百年学术史》,页 276。

[204] 孟森,《明清史论著集刊》,页 155。

[205] 哈佛燕京社编,《三十三种清代传记综合引得》(北平:燕京大学,1932),页 ii。

政治压力也造成年历学上的混乱，如汪曰桢（1813—1881）的《长术辑要》、李兆洛（1769—1841）的《纪元编》，都从明神宗万历四十四年（1616）以后即用清太祖天命、天聪等年号，好像天启、崇祯两个年号在历史上不曾存在一般[206]，而这都是受清代正统观念影响而变本加厉的结果。又张鉴（1761—1829）在比对《明季北略》的刊本及原抄本时便发现，原抄本卷首第一篇《建州之始》，全文达一千七百七十二字，是从来谈满洲发祥史者所未见，通行刊本既删此篇，使得全书之开始不得不从抄本卷首原来的万历二十三年（1595），推迟到万历四十四年[207]。

政治对文化领域的介入也反映在当时版本校雠之工夫。四库禁毁的行动广泛牵涉到中国古书的版本目录，这些作为在当时有关版本校雠的理论性著作中得到反映。章学诚（1738—1801）《校雠通义》完成于禁书高潮之时，所以在该书《外编》的《论修史籍考要略》中，他谈到《史籍考》所收史书的十五个要点，其中第十三、十四两条便如此叮咛：

> 十三曰：制书宜尊。列圣宝训，五朝实录，巡幸盛典，荡平方略，一切尊藏史宬者，不分类例，但照年月先后，恭编卷首。

> 十四曰：禁例宜明。凡违碍书籍，或销毁全书，或摘抽摘毁，其摘抽而尚听存留本书者，仍分别著录，如全书销毁者，著其违碍应禁之故，不分类例，另编卷末，以昭功令。[208]

《史籍考》分制度、纪传、编年、史学、稗史、星历、谱牒、地理、故事、目录、传记、小说，共十二部五十七目，至1796年完成十之八九。它既然是想仿朱彝尊《经义考》，那么在网罗史籍时，自然不能对当时列入禁

---

[206]　柴德赓，《史学丛考》（北京：中华书局，1982），页214—215。

[207]　计六奇，《明季北略》（北京：中华书局，1984），页748。

[208]　章学诚，《章学诚遗书》（北京：文物出版社，1985），页117。

书目录的大量史书闭目不视,他在这里强调要把官方制书恭存于卷首,把有问题的书或分别著录,或将它们违碍应禁之故汇存于卷末,即与《文史通义》中赞诵时王的君师合一论相符合[209]。

另外就是一种以历史上的一些非汉族作为中心的新正统观的形成。这种思想的形成与清代帝王之希望人们不要以辽金元为敌国有关。四库馆臣议定查办违碍书目条款中说,凡宋明人著作中称辽金元为敌国者,俱应酌量改正[210]。而禁毁目录中所列禁书理由中,也常有轻蔑辽金元或以辽金元为敌国的罪状,此外,在实际作为中,清代官书也出现了回避汉族的历史地位的观点。1937年陈垣(1880—1971)在《旧五代史辑本发覆》中,证实清代以来口耳相传殿本《旧五代史》曾经遭到改窜的说法。此书中指出不但虏、戎、胡、夷狄、蕃、伪、贼、犯阙等字眼是忌讳的,如刘邦项羽相争,项羽军的箭中刘邦胸,刘邦为安定军心,说"虏中吾足",《旧五代史·卢程传》引此故事时将"虏"字也删去[211]。但更值得注意的是,"汉"字也尽量加以删除或窜改(如"汉家宗社""遣使归汉")。

---

[209] 章学诚赞诵时王的权威主义倾向,余英时先生已阐发得相当清楚。"细推其说之涵义,则不啻谓清代一切政治措施皆如六经之足以垂法后世","实斋'权威主义'思想在'原道'上中下三篇中表现得最为清楚,'原道'谓集大成者乃周公而非孔子,因孔子有'德'无'位',即无从得制作之权"。余先生又发挥钱穆所论《文史通义》何以独缺《春秋教》之故,认为不只是因为实斋所说的"有德无位,不能制作",更重要的是其权威主义之思想倾向使然。见余英时,《论戴震与章学诚》(台北:华世出版社,1977),页77—78。

[210] 永瑢等,《四库全书简明目录》(台北:洪氏出版社,1982),页920,乾隆四十一年十一月十七日上谕:"或明人所刻类书,其边塞兵防等门,所有触碍字样,固不可存,然只须削去数卷,或削去数篇,或改定字句,亦不必因一、二卷帙,遂废全部。他如南宋人书之斥金,明初人书之斥元,其悖于义理者,自当从改,其书均不必毁。"乾隆四十六年二月十五日上谕痛斥持华夷之见最坚的胡安国,说他"华夷之见,芥蒂于心,右逆于而乱天经,诚所谓'胡说'也"(页927)。

[211] 陈垣,《励耘书屋丛刻(第二集)》(北京:北京师范大学出版社,1982),页1501—1614;方诗铭、周殿爵,《钱大昕》(上海:上海人民出版社,1986),页83。

禁抑的另一面是鼓励对功令采积极跟随的态度,哪怕政府的政策前后矛盾不一致,也要紧紧跟随,因为最保险的不是永远做或说对的事情,而是不说,或是紧跟着政府的方向,或一味歌颂。衡诸历史,这当然不是孤例。汉代士人颂汉的风气是很早就吸引史家注意的历史现象[212]。以"天子万万年"作为小说的结尾,在元代也甚普遍。但是清代文士那样大量颂圣、颂清的,则并不寻常,而且文字狱压力愈大,歌颂得越厉害。

龚炜在《巢林笔谈》歌颂雍正极为厉害[213],能举出作为歌颂理由的无不穷举。此外称颂清代远迈历朝的例子也极多见。章学诚在《丙辰札记》中有一条说"自唐、虞三代以还,得天下之正者,未有如我大清"[214]。一直到湘军曾国藩为其友孙芝房(1819—1959)的《刍论》所写《序》,也用了"圣清膺命,巨儒辈起"八个字[215],可能是为了替该书批评清代制度找掩护。赵翼(1727—1814)一方面在《廿二史札记》中写《长安地气》条,用地气转移,论证"至我朝不唯有天下之全,且又扩西北塞外数万里,皆控制于东北,此王气全结于东北之明证也"[216]。又在《檐曝札记》卷一《圣学》条中,力捧乾隆"御制诗文,如神龙行空,瞬息万里",并说乾隆平伊犁后花五刻钟写成的《告成大学碑》,"读者想见神动天随光景,真天下之奇作也"[217]。

清代也出现了一种歌颂历史上异族所建立之政权[218],并贬低汉人

---

[212] 参见徐复观,《王充论考》,《两汉思想史》(台北:台湾学生书局,1976)卷二,页573。

[213] 龚炜,《巢林笔谈》(北京:中华书局,1981),页30—32。

[214] 章学诚,《章学诚遗书》,外编,页390。章氏在这里还提到"而元自灭宋,虽未尝不正……"David Nivison 亦注意到这一现象,见其 *The Life and Thought of Chang Hsüch-ch'eng (1738-1801)* (Stanford, Calif.: Standford Univ. Press, 1966), p. 181。

[215] 孙鼎臣,《孙侍讲刍论》(咸丰十年刊本),页2a。

[216] 赵翼,《廿二史札记》(台北:鼎文书局,1975),页442—443。

[217] 赵翼,《瓯北全集》(清湛贻堂刊本),《檐曝札记》卷一,页7a。

[218] 如魏源之序其《元史》,力言元迈汉、唐。

政权的风气。史书上说刘因(1249—1293)作赋,庆幸南宋之亡[219]。在清代早期王鸿绪(1645—1723)也发出"元为正统,明为龙兴"[220],但这种论断在以前是孤例,而到了清代中期以后,逐渐成为气候。出现了一种新正统观,痛斥历史上之不以辽金元为正统者,如《禁毁书目》中大骂不以元史为正统者[221],因为不以元为正统即有不以清为正统的意味,譬如《四库全书总目提要》卷五十,史部六《宋史质》中,痛斥"以明继宋"之论为"荒唐悖谬""病狂丧心""其书可焚、其版可斧"[222]。有这样激烈的禁斥,便有人大动作地迎合[223]。因而出现了乾隆年间的凌廷堪(1757—1809)、黄文旸(1754—1809)之说。自从钱穆在《中国近三百年学术史》中摘引了凌廷堪正统观方面的言论后,这个观点已经渐渐引起注意[224]。凌氏附和黄文旸的《通史发凡》写了一篇《书黄氏

---

[219] 熊十力,《读经示要》(台北:洪氏出版社,1982)卷二,页25。

[220] 傅斯年,《傅斯年全集》(台北:联经出版公司,1980),册四,页1371。

[221] 如明代新安江应晓的《对问编》。此书卷七有"宋元统系"一条,但有目无文。

[222] 永瑢等撰,《四库全书总目提要》(台北:汉京出版社,1982),页295d—296a。

[223] 不过,我们必须注意明代王道(1487—1547)的《顺渠先生文录》(嘉靖年间尤麟的校本)卷二,《少微通鉴·元》中将宋不足为天下主,元定当兴起之理说得气盛言宜:"元之有天下,大略与拓跋氏相类,其君臣之贤亦正相当,(北)魏之国祚稍长,而未能混一海内,元能致一统之盛,而享国稍不及焉!……譬之人家,嫡子不肖,弗克负荷,而庶孽之中,适有继志述事之贤为之者,将谁付托也?宋自徽钦不道,崇信奸回,囚奴正士,招乱启衅,身辱国亡,已不足为中华之主矣。而中华之民,则未尝逐弃之也。……高宗……杀忠良以快仇敌之心……自绝于中华之人矣……人绝者,天亦绝之,此理势之自然也。……皇矣上帝眷求民主……何屑屑于华夷之辨哉。况元之有中华乃取之于金狄,非取之于宋也,元之帝中华乃用夏而变夷,非以夷而猾夏也。其立国经制之详,爱民恻怛之实,具在史册……譬之以孽代宗,乃权道也。历时之久,嫡复生子,既长而贤,则祖考所传之爵位、赀产;为孽子者,安得久假而不归哉……中国之圣人未生,而夷狄之贤豪偶出,天固不得已而付托之矣。"页21b—24b。

[224] 凌氏"胡虏本位"方面的见解实际上是得自黄文旸的启发。钱穆,《中国近三百年学术史》(台北:台湾商务印书馆,1968),页509—510。如张寿安,《凌廷堪(1755—1809)的正统观》,发表于《第二届清代学术研讨会论文集》(高雄:中山大学,1991),页175—193。

通史发凡后》。《通史发凡》主张中国历史中只有十代可为正统，分别是汉、魏、晋、后魏、周、隋、唐、辽、金、元。其中像把东晋说成是江南盗司马睿，而附在后魏纪，把宋齐梁陈说成江南盗刘裕、萧道成、萧衍、陈霸先，附书于周纪，把北宋说成是汴州盗赵匡胤附书于辽纪，把南宋说成是降附赵构，而附书于金纪，实是旷古以来未有之正统观。黄文旸是扬州人，他的生活背景与清代官方禁毁活动密切相关。乾隆四十五年（1780），伊龄阿奉命在扬州设局侦查古今戏曲并加以删改时，命黄文旸与李经主持其事。而凌廷堪也在乾隆四十五年被扬州词曲馆延揽襄助删订古今杂刊传奇中之违碍者[225]。他们在这样的工作环境中及工作目标下耳濡目染之余，很容易以一套清廷所想要的标准来说史。

凌廷堪在读完《通史发凡》后，力赞其论，说："自宋人正统之论兴，有明袭之，率以私意，独尊一国，其余则妄加贬削，不以帝制予之。黄氏矫其弊可也"[226]，并赋诗说：

> 史以载治乱，学者资考究。胡为攀麟经，师心失所守。拘拘论正统，脱口即纰缪。拓拔起北方，征诛翦群寇。干戈定中夏，岂曰无授受？蕞尔江介人，弑篡等禽兽。荒淫无一可，反居魏之右。金源有天下，四海尽稽首。世宗三十年，德共汉文懋。南渡小朝廷，北面表臣构。奈何纪宋元，坐令大纲覆。兔园迂老生，永被见闻囿。安得如椽笔，一洗贱儒陋。[227]

凌氏此诗主张黜晋而进北魏为正统，黜宋而以金为正统，而且还说出这样做是基于文化程度的高低，与种族无关。他的论点虽不像黄文旸那

---

[225] 参见陈万鼐，《凌廷堪传》，《故宫文献》，4:1（1972），页45。

[226] 凌廷堪，《书黄氏通史发凡后》，《校礼堂文集》，收入《丛书集成续编》（上海：上海书店出版社，1994），集部174册卷三十一，页385b。

[227] 凌廷堪，《学古诗二十章》，《校礼堂诗集》卷五，页97d—98a。

样激烈,但也令人啧啧称奇,这不由不使人推想这些论调与他(凌氏)在扬州词曲馆中删改古今说部的经验不能无关。

《通史发凡》大概曾经刊行,故道光年间朱雅在读完《通史发凡》后,曾发了如下一通议论:

> 后见黄文旸所著《通史发凡》,以汉及曹魏、西晋、后魏、北周、隋、唐、辽、金、元十代,系以正统,于北宋书汴州盗赵匡胤,与汴州盗朱温、广州盗刘隐,并附于辽纪之后。于南宋书降将赵构,与降将刘豫、张邦昌,并附于金纪之后。由其恶程朱,而并及其代,其肆妄如此。[228]

朱雅是把黄文旸黜宋的论点与乾嘉考据学中反宋学的情绪等同起来,认为黄氏反宋学故连带地"欲使有宋不得为代"。我认为这个看法,未必得其实情。因为反宋儒同时也反对宋代的正统地位之间或许有关联,不过最重要的恐怕还是在于前述的关系。嘉道年间的龚自珍似乎也不能免于凌廷堪痛骂宋明人正统论的论调。他在《五经大义终始答问七》上说:"宋明山林偏僻士,多言夷、夏之防,比附《春秋》,不知《春秋》者也。"[229]这一段看似平常的话,必须放在当时人的新正统观中看,才能了解其寓意。

三、结　论

首先我要对本文作一个简单的摘述,接着再谈本文另外的一些意涵。

---

〔228〕 方东树,《汉学商兑》,收入《丛书集成续编》(台北:新文丰出版公司,1989),哲学类 42 册,《题辞》,页 1。

〔229〕 龚自珍,《龚自珍全集》(北京:中华书局,1959),页 48。

(一) 自我禁抑之种种

本文主要探讨官方在思想禁制方面的作为所形成的巨大压力,如何形成毛细管作用,深入到各处,观察权力在私密的小空间作用,以及在无名文人身上运作的实况,尤其注重事情发生之前的压抑。这部全民大合唱的思想禁制活动,由作者、读者、书商等各种有关无关的人共同参与其中。而且透过对"自我压抑"的研究,当我们观察清代政治对思想文化的影响时,才不再局限于相关的谕令告示或官方发动的文字狱案件的范围来思考。对于这种压力的评估也不再局限于表面的物理力量,可能谕令告示与文字狱已经停止甚久,但透过"自我压抑",它仍然以较为稀薄、分散,而不固定的状态绵绵暧暧地在人们心中作用着。

本文大略分成四个部分:第一部分略述删窜者的身份,他可以是原作者、刻书者、编者、再版者、后代子孙、藏书家,更可以是读者。而且在这个过程中,即使贵为皇子、高官亲贵,也笼罩在这种高压的气氛中。

第二个部分讨论自我删窜内容的变化趋势。从雍正到乾隆之间,忌讳范围有所不同,雍正朝忌讳党争(查嗣庭、钱名世案),乾隆朝忌讳种族、明清之间朝代兴替史事(《大义觉迷录》案、忌讳钱谦益等人)。

第三部分探讨各种身份人的自我禁制。(一)作者:避而不写(如将清兵的横暴改写成流寇、有关朝廷气运、隐语系统)、避而不刊(抽掉奏疏,或是删窜后以隐晦文字留下密码);(二)出版者、刻工:有些书不出版、刻工不留名字、文字顺序的安排、有目无文或有文无目、改书名或撕去封面、挖去内文或以墨钉处理。另外还有书本既刊之后收回焚弃,或是毁板的例子。(三)读者、藏书家:阅读时删涂、藏书目录中将禁毁书排除在外(藏书家有对内、对外两种书目)、藏书目录上有墨涂的人名(如忌讳钱谦益)。

第四部分讨论民间有一个暗中进行的焚书运动,在紧张的空气下,将可能犯忌讳的部分涂黑、挖空或是焚弃,而且删窜的不限于书籍,还包括诗帖;地区上也不限于江南,远至云南也发生类似的事情。这些自我禁制或删窜往往是人们无限制地猜测、扩大的,不一定受限于禁书目录。

不过,并不能过度扩大解释自我删窜的政治意义,有些缺漏可能是无心造成的,或是只是因为内容猥杂而被删节,或是为节省刊印费用,使得后来的刻本在内容上不及原刻本丰富。

(二)意识形态运动

自我压抑是历史上恒常的现象,但是,它的强弱度、敏感主题的内容,及自我压抑的方式,都有极大的不同。而本文所讨论的恐怕是中国历史上力道最强的一波自我压抑。

我个人认为并不容易为这篇文章作一个负责任的结论。一切困难便在于本文所讨论的历史现象性质相当特殊:既然是自我压抑,则往往并未留下行为者、时间点及过程的记录,所以它欠缺构成史学叙述最重要的几个元素。我们比较确定的是,自我压抑从清初以来便已存在,在康雍乾时代为最强,尤其是乾隆以迄嘉庆中期以前。嘉庆中期以后一直到清亡,早先的自我压抑的现象虽然仍时时发生在帝国的许多角落,但是幅度与强度已大不如前,然而也有其他形式的自我压抑兴起。

"写作的历史"(history of writing)不只是写什么,而同时也是不写什么的历史。在英国,专业评论崛起之后,文坛创作起了许多变化。写什么、不写什么,本身即是文学史的一部分。文学如此,其他部分更是如此。或者我们可以说,在一个时代的政治、思想、文化氛围中会形成"网格"(grid),在再现(representation)的过程中[230],无所不在地筛选着

---

[230] 我观察到,在一个新闻事件中,即使事件本人尽力作了大量的陈述,可是隔天各个媒体表述的内容往往只有其中某几个部分,并有高度的一致性。在未经约定下形成一致性的再现(representation),是一个值得研究的现象。

不可以被表述及可以被表述出来的部分，使得人们是"用他的想法在呈现我的想法"。这些"网格"是由各种文化力量及政治力量形成的，它的范围非常广，譬如每一个时代的历史书写中都有一些潜在的"格套"或"网格"（忠义、名宦、循吏、节烈……），使得历史书写总是围绕在这些网格所筛选过的东西中。而与本文的讨论有关的部分，譬如他们形成一些网格，使得即使感受得到，也不能直接表达出来。

每一件文献都是一个"信息包"，有各种信息或动能藏于其间。每一次书写，每一次重刊，往往都有政治史、思想史、心态史、文化史的含义，同时也夹杂其个人的关怀与利益。

清代许多敏感的文献经长时期的改写、重编的过程中，往往折射了时代思潮及政治环境。每一个"自我压抑"的案例都是一面折射镜，它折射一个时代最重要的心理紧张。在晚清，当忠义意识被大规模地动员起来对抗内部动乱与西洋的侵略时，那些当年在文字狱压力最强时被刻意隐匿的材料，往往成为最能鼓舞忠义力量的来源，此时集体意识中自我压抑的主题便产生微妙的转变，开始对广大的文献世界进行重新编码、偷偷改换的工作。此处仅举两例。第一在1980年代，发现了王夫之（1619—1692）的《双鹤瑞舞赋》，这篇赋乍看之下，是王夫之为一位满清将军所写的歌颂清朝的文字。这一篇文献曾经在大陆学术界引起极大的争论，许多学者认为以王夫之的忠明反清立场，不可能写过这样一篇文字。但是在衡量各种证据之后，我们应该相信它的真实性。而且道光年间《船山全书》的编者们是见到过这篇文章的[231]，它之所以未被收入全书中，我推测最重要的原因是在于当时普遍动员起来的"忠义"意识下，这篇文章似乎有损于王夫之原先被认同的形象，故被

---

[231] 史展，《王夫之双鹤瑞舞赋卷书后》，收入《船山全书》，册16，页928。

刻意隐匿起来[232]。

另一个值得注意的例子是黄淳耀文集。在清代最晚出的一种本子中,编者居然删去两篇文字,因为它们反映了黄淳耀(1605—1645)这位自杀殉国的烈士,在情况危急之时一度有所迟疑,甚至有遁入空门的想法。在清季以"忠义"为号召的时代,这些文字并不利于黄氏一向的忠节烈士的形象,所以好心人士也以一种巧妙的方式将它藏匿起来[233]。

我仅举这两个例子来说明"自我压抑"内容之变迁,以及为何它是一部以"负面表列的方式"所表述的时代思潮的重要的材料。

此外这隐、显两面究竟以何种相对的关系而存在。自我压抑不是只有负面消极之意义,靠着自我压抑可以发生出许多东西来。譬如没有适度的自我压抑,共识难以形成,或一个群体难以维持其团结与秩序,或是某种价值、主张无法凸显而成就领导性的地位。譬如在本文中,可以看出乾隆"为万世臣子植纲常"[234]的种种作为,如何透过劝赏、禁制与人们自我压抑,发生不可思议的影响力。

在本文一开始即提到,本文是讨论清代政治压力所造成的隐秘性压抑,看广大的士人如何在不作声响的情况下回应官方的政治压力。本文想问的是:在勾勒清代思想学术的地图时,那些自动隐去的板块值得注意吗?空白的部分与其他部分的关系及其意义是什么?那些空白的部分是否正好发挥着支撑整个图像其他部分的作用,也就是说是否

---

[232] 陈祖武考证它事实上不是为满清将军所写,而是送给跟随吴三桂起兵反清的孙延龄。见陈祖武,《王船山〈双鹤瑞舞赋〉为尚善而作说辨》,《清史论丛》第六辑(北京:中华书局,1985),页252—266。但这是后人费尽心力考证的结果,对于该赋如未深考,乍看之下,是会有送给满州将军的感觉的。

[233] Lynn A. Struve, "Self-Struggles of a Martyr: Memories, Dreams, and Obsessions in the Extant Diary of Huang Chunyao," *Harvard Journal of Asiatic Studies*, 69.2(2009), p. 347.

[234] 中国第一历史档案馆编,《纂修四库全书档案》,页559。

借着压抑某些部分,使得官方正统的思想、态度得以更清楚、更一元、更纯粹、更有力地呈现。

"写作的历史"除了应该研究已表述的部分,还应拿它与未表述出来的部分相比较,看出一个时代集体潜在共识中巧妙回避之压抑,看隐去的部分相对的比例,空白的部分所传达的动机,甚至是借着回避而仍曲折地传达出的隐微意涵,也同样值得研究。譬如今天的台湾,为了怕用"日据"或"日治"而惹来麻烦,人们尽量在文字中避免提到这两个表述,或巧妙地用种种设计、代换将之回避过去的技巧,成为这一代人相当普遍的手法。因而使得人们乍读之下以为这些东西并不存在,然而,这些刻意空白的现象正是一个时代共同的印记,是一种值得关注的历史现象。

在学术史方面,前面的讨论中所触及的文学、历史等方面的例证即可以说明它的实际影响。至于乾嘉时代最核心的经学方面,其情形又是怎样呢?以前我们受到章太炎"家有智慧,大凑于说经,亦以纾死"这一段话的影响,认为在文字狱的压力之下,只要逃到经学领域,麻烦就解决了。但是在前面的讨论中,我们也可见到许多经学题目中,尤其涉及夷狄、尊王等方面的议题时,因为政治压力而产生了种种怪异的扭曲,尚未被充分探讨过[235]。

我们从这一页历史学到的是,要以一种新的、随时警觉的态度阅读清代或清代流传过的文献。如果没有足够警觉,用年历谱都可能犯错,以为清朝早在万历四十四年(1616)已经开始。如果对钱谦益的忌讳没有足够的了解,就不会注意在四库本《经义考》中有五十几种书,实际上是钱谦益著、纂或写过序的,竟然随意标以不相干的人名,又如《柳南随笔》等书中凡提到蒙叟或东涧老人等,实际上都是指钱谦益,

---

[235] 当然受到现实政治之影响而产生的情形也值得注意。

从这两个例子看,如果没有精细的觉知则将造成许多习焉不察的错误。对当时的写作如果没有足够的警觉,不能精细地了解写作或表达时刻意强调、放大、回避、代换,或以某种套语曲折加以处理,甚至可能只留下没有主词,没有受词的写作,将会错失这些追索时代心态的重要线索。

1. **"传讯系统"**(Signalling System)

从前面的研究可以发现对思想文化方面的宰制,可以分成两种模式,第一种模式是由上而下直接的指导,第二是制定一套指标,形成一套模式,或是一套由指标形成的传讯系统,使得权力或利益的竞争者,自由地施展最大的聪明智慧在它的框架下去表现、去创造。

这两种模式交叉出现在清代政治压力对思想文化的宰制中,一方面是官方大规模的搜缴及一个接一个的文字狱,另一方面是因为禁书运动及文字狱的内容所形成的"传讯系统",也就是透过某些讯号来传达特定价值与方向,使得官员及一般人皆尽一己之聪明才智去工作,以赢得帝王或其他长官的垂青。

谈到第一个模式,我认为它对文化领域最大的影响是由皇帝谕旨中涉及实际内容的高下评论、禁书目录中查禁的理由、层出不穷的文字狱案的理由,及四库总目中对各书的分级等所组成的一个庞大的"传讯系统"。以大规模,不分青红皂白的逮捕、株连、处决,甚至凌迟,所造成的震吓效应,以及由口传、耳语、推测所构成的庞大心理压力,使得众多的"不"围绕在日常生活及隐微情绪之中。

且让我们复习一下威廉·詹姆斯(William James,1842—1910)《宗教经验之种种》一书中对"不"的分析:"没有明白想过这件事的人很少能领会这个抑制因素多么不断地支配我们,这个因素如何以它的拘束的压力包围我们、模型我们,好像我们是关在瓶里的流质一样。这个因素的作用那么毫无间断,因之它变成潜意识的了。例如,你们此刻坐在这里,通通受一种拘束,但完全没有明知这件事。这是因为这个时会的影响。"[236]

从官僚机构的规模来说,明清属于小政府,政府编制的人力有限,许多县级衙门只有相当有限的正式人员[237],当它需要动员大量人力来搜缴时,只能以官方的功令恩宠来引诱大量士人、教官、佐杂等努力工作。而且在恐惧与奖励两种传讯系统下,臣工为了力求表现,往往刻意渲染扩大案情,以炫示自己的忠诚,争取皇帝对自己的青睐。因此各逞智慧,各显本事,发明的手法愈来愈多元而有创意,搜缴的手也愈探愈深。

接着谈到"传讯系统"。"传讯系统"是由"禁"与"劝"两面所构成的:一方面是透过种种禁毁打击的动作,而这些禁毁、打击又有一些特定理由,所以形成一个禁区,是人们尽量不要涉入的。另一方面是"劝"。"禁"与"劝"的管道是多元的。从《四库全书》的编纂到《四库全书总目》完成,即形成了一个"传讯系统"。四库总目中大致分为正编、存目、抽毁、全毁四种,它们形成了一个评价系统,使得人们知道古今的知识是有高下的;而各书的"提要"中对各书内容的抑扬,也形成一个更为细致的传讯系统,广大的读书人便在这套传讯系统下奋其心智,激发潜能,或趋或退,形成一套管理自己、调动自己的机制,并隐然形成一种"风"。在这一个"风"中,占优位的几乎取得"信仰"的地位(其情形一如新文化运动中的"民主"与"科学"两种思想的地位),其他的则自然要矮一截,不容有辩驳的余地,即使有不同意见者也不敢出面表述,即使勉强表达了,也是在先承认优位价值的前提下妥协性地表达。

---

[236] 威廉·詹姆斯著,唐钺译,《宗教经验之种种》(台北:万年青书局,出版时间不详),页279。

[237] T'ung-tsu Ch'u, *Local Government in China under the Ch'ing* (Stanford, Calif.: Stanford University Press, 1969), pp. 8-13.

第八章 权力的毛细管作用

当然,清廷还希望形成一套 regime of truth,动员人们在它的框架下奋力表现。在这方面,清代编成的大量官书是最好的代表。清代所编官书数量超过历史上各个朝代,而乾隆朝官书之多又为清代历朝之冠[238],其中许多是历史方面的书,它们被颁行到各地,也影响了人们相关知识的形塑。我们切勿轻视这件工作,依我对雍正朝颁发《大义觉迷录》相关档案的研究,发现除了中央颁发的刻本之外,还有各地照式翻刻。连当时台湾的官、绅、士人及兵丁也都领到了近万册的《大义觉迷录》[239],我们可以依此推想出它的扩散力。从清代各种地方志、书院志或藏书楼所记载各地的收藏,可以看到大量官书的踪影,它们告诉人们什么是应该传授的知识——尤其是历史知识,什么是该避开或不应被记录的。

清代官史与野史之间的竞争最厉害,乾隆想消除这些野史中的历史记忆,故不停地在编官史、官书,在生产历史知识的竞争中,官方占了上风。除了历史,清代某些举措也给人们一种印象,觉得官方想控制人们对经书的解释,譬如雍正朝的谢济世案,骨子里虽然是政治斗争,但表面上却说是注解《大学》失当。这类事件传递一种印象,即圣人之经是不能乱注的。

在《四库全书》抄成七份,分贮各地后,清廷下令允许士子进入南三阁读书、抄书,汪中(1745—1794)的《文宗阁杂记》便是一份读抄四库本的具体记录[240]。此后出现许多"抄阁本",士人或书商也大量翻刻四库本,其中有不少属于罕见秘本或是善本[241],但是我们也知道有

---

[238] 叶高树,《清朝前期的文化政策》(台北:稻乡出版社,2002),页125—132、311—325。
[239] 王汎森,《从曾静案看18世纪前期的社会心态》,见本书页298以下。
[240] 汪中,《文宗阁杂记》(台北:文海出版社,1974)。
[241] 谢国桢《明清笔记谈丛》中录有几种书,其书多自四库抄出。请见谢国桢,《明清笔记谈丛》,页214—215。

一部分是已经被删节过的版本——删除不一定要参照官方的版本才能动手,光透过揣想就可以非常有效地完成任务了,所以同一本书往往有各式各样的删节本。"抄阁本"因此发挥相当的影响力,值得注意。

此外就是通令各省翻刊聚珍版各书,譬如乾隆同意董诰(1740—1818)奏请将聚珍版排印各书发给江南等五省翻刊通行[242]。这些聚珍版书等于在向各地士人正面表示官方认可或鼓励的知识范围。

最后要附带说一下,这个大规模的查书运动也可能产生一个意想不到的结果:使得人们形成一种错误的安全感,以为从每一个角度来看未被查禁的书都是毫无疑问值得信赖的。

2. "无主体性的文化"或"私性的文化"

以下要谈的是一个传统中国的常态,但是在清代有增无已:在长期政治压力下形成一种结构性的"文化无主体性"。

这个命题应该仔细分疏,一方面是文化太容易受国家威权的支配,一方面是这种支配往往带着任意性,所以猜测、恐惧,导致在这样的文化土壤上难以发展出特定的文化主体性,而是随幡而动,看似多彩多姿,但却有如流行性感冒的症状,要来挡不住,要去留不住。我的观察是国家不干涉你时,或国家不干涉的范域中,人们的文化活动可以非常繁华、非常绚丽,可是当国家要来干涉时,往往变得毫无主体性。公共意见(public opinion)、民间社会、士大夫文化难以发展成一种制衡力量。

另外一种现象是私人领域的政治化。巨大的恐慌感使得人们自觉地将官方政策或对官方政策之想象内化为私人领域的一部分,要小心

---

[242] 中国第一历史档案馆编,《纂修四库全书档案》,页768。另外如福建巡抚富纲也说:"臣查聚珍板各书,边方士子罕得寓目,兹蒙皇上嘉惠士林,俯准翻刻,……其距省较远之处,亦即饬令各州县照依分颁部数,克日领回,发存各学,以便所属绅衿易于就近购备。"同前书,页1130。

地看守着自己不要触犯它,官方不必直接管束每个人,而是人们自动管制自己,使得人们自发地使自己的私人领域官方化、政治化。这个现象的另一面是私性的文化与政治。

虽然有灿烂的逸乐、有多彩多姿的文化活动,但它们的根本性质却是私性的,留有一个领域不去触碰,或是留有一个领域不使它具有公共性,或是不想碰触更高层次的反思,或是不以公共讨论的方式来处理政治相关的议题。

"私性政治"的形成还有另外一个原因,对官方的评论或彼此的敌对与倾轧随时都可能被无限上纲、转换成思想问题,人们因为害怕惹祸而小心翼翼地防止自己或防止他人以公开方式讨论政治,所以面临政治的议题时,也常常倾向于将它私化或隐匿,转译成别的方式处理[243]。

3. 正面的塑造

前面提到乾隆有三个目标,一是树立正学,二是确认并维系满族统治之正当性,三是树立万世的纲常名教。对于"正学"的制造,清代有许多人认为四库馆一开,对学风有重大的正面影响,如阮元《拟国史儒林传序》即说:"四库馆开,风气益精博矣。"[244] 此外,乾隆深受儒家文化之熏陶,并形成维护正统思想的使命感[245],所以他把禁毁运动视为整体教化活动的一环,是在树立"正学",故在上谕中屡言禁书是"端风俗,正人心"。他极力廓除异端,而打击明季山人或荒诞不负责任的著作,便是廓除异端、形塑正学的部分工作,清除批判或破坏传统儒家价值的书也是这个工作的重要一环。其中一个显著的例子是乾隆注意搜

---

[243] 参见丸山真男著,林明德译,《现代政治的思想与行动》(台北:联经出版公司,1984),页430—434。

[244] 阮元,《揅经室集》(北京:中华书局,2006)卷二,《拟国史儒林传序》,页37。

[245] Mark C. Elliott, *Emperor Qianlong: Son of Heaven, Man of the World* (New York: Longman, 2009), p.118.

缴李贽的著作并加以严厉谴责——在此之前,李贽的著作已被认为是读书人的常备书之一,明遗民朱舜水与人偶然的对话中提到十来种必读之书,李贽的《焚书》与《藏书》便在其中[246]。对于当时的卫道人士而言,这个意识形态运动确实实现"道一风同",道、学、政合一的理想[247]。而且,因为压制了历史上的异端或反传统思想,压抑了一些所谓轻佻、荒诞的思想言论,使得儒家正统的文化秩序得以更加强固。

第二,我们通常是以汉族中心主义的角度来思考这场禁毁运动,故只注意到它的破坏面。这个面当然是无可讳言的,不过,如果我们试着更换一个角度来思考,马上想得到的是,由于这种不以汉族为中心的历史观,而是对各种族采取比较平等的观点,会不会使得清朝能够摆脱旧的华夷观来处理周边种族的问题,而且也比以前更成功地处理这些问题[248]。如果从这一个角度看,那么这场大规模的扫荡、清整运动似乎造成了一些汉族中心主义者原先想象不到的结果。

第三,正如乾隆一再强调的,他的种种动作是"为万世臣子植纲

---

[246] 陈益源,《清代越南使节在中国的购书经验》,收入《越南汉籍文献述论》(北京:中华书局,2011),页1。

[247] 如章学诚。参见我的《对〈文史通义·言公〉的一个新认识》,《自由主义与人文传统:林毓生先生七秩寿庆论文集》(台北:允晨文化实业公司,2005),页229—255。本书第九章。

[248] James A. Millward 在其有关清朝统治下新疆地区发展的研究中,利用清朝皇帝对于不同语言中相同词汇的不同概念,探讨清廷与各族群的关系。他对于清朝统治者眼中国家想象的讨论,与传统清史学者的论述,在视角上有微妙的不同。如 Millward 通过对乾隆皇帝为《西域同文志》所作序言有关各族语言中"天"这一词的不同语言说法的引用,认为在乾隆的想象里,各族(甚至包括像瑶族、苗族那样的群体)地位在理论上是平等的。这种理论上的平等也意谓着汉人及其文化传统在清朝的内陆亚洲部分并没有特权地位。此外,在乾隆皇帝的观感中,无论就文化或是疆域而言,中国都是由五个主要的成员所构成,即满、蒙、汉、藏与回部。他进一步延伸其观点,指出这种民族平等(即使只是理论上的、极为抽象的一种平等),自然而然地在汉人王朝与清朝的满洲统治者处理它们与其他少数民族的关系时发挥了各种不同的作用。参见 James A. Millward, *Beyond the Pass: Economy, Ethnicity, and Empire in Qing Central Asia, 1759-1864* (Stanford: Stanford University Press, 1998), pp. 200-249。

常"[249]。透过《贰臣传》等书,乾隆传达了一种讯息:即使投降清朝的从龙功臣也是应该被谴责的;在《胜朝殉节诸臣传》中,再度确定君臣之忠节是凌驾一切之上的价值;在《御批通鉴辑览》则通过数量庞大的批语——虽然其中大部分是由臣下揣测皇帝意思所拟,但是都由皇帝本人审决,也是再三树立君臣纲常之义,而且比先前的中国帝王强调更具独占性、更任意性的忠诚政治,使得"忠"的内容比传统儒家所认知的程度更具压倒性,也使得它超越了种族之别,而强化异族统治的正当性。

第四,David S. Nivison 在他早期的一篇文章中说乾隆有一种两面的矛盾心态,想要遮掩帝国内部的种种错失,不愿人们拆穿其象,享受一种太平的感觉[250]。这个分析确实很有见地,我们如果不是只从帝王一人出发而看整个18世纪的场景,可以发现在庞大的文字压力之下,因为帽子抓在每个人的手上,形成互相欺瞒、粉饰太平的情况,这种恐怖平衡使得地方上得以维持一种"和谐",中央——尤其是大臣与皇帝们的关系,也是在这个氛围之下形成一个互相欺瞒的体系。我推测,清廷最关心的是如何维持社会秩序,面对好发议论或时常干扰地方秩序的"好事者",即使不真相信他们有任何不轨之意图,仍然加以严厉的处罚,其最终目的是为了维持社会秩序。

(三)自我禁抑的两面性

1. 双重写作

在有些时候"自我压抑"可能只是一种买保险的动作,即以表现出自我检查来形成保护作用。而且正如前面已经提到过的,有些人在写

---

[249] 中国第一历史档案馆编,《纂修四库全书档案》,页559。

[250] David S. Nivison, "Ho-shen and His Accusers: Ideology and Political Behavior in the Eighteenth Century," p. 235.

作中一方面压抑自己,一方面也暗留一通密码,隐隐希望读者最终还是能知道他的本意,顾炎武诗的"韵目代字"现象即是一个好例子。我个人判断将顾诗"韵目代字"化的不是顾氏本人,而是某一位编者,这位编辑者可以将有问题的诗完全删去,但是他没有这样做,他选择一种"双重写作",既传达又遮掩。

"双重写作"的方式非常多,在特定的语境之下,连沉默、压抑,或空白也可能是一种语言,是与知情人之间的一种无声的对话。何时空白是一种阻绝,何时是对话,情形非常复杂,往往与时代处境及读者心态有关。乾隆在进行大规模的查缴运动时,一度下令要查有空格的书[251],我推想即是着眼于这些空格的强大暗示性。到了晚清,许多文献中的空白或沉默,在被一一点明之后,往往产生庞大的现实爆发力量。

"双重写作"的现象提醒我们,应当如何看待明清鼎革之际一些敏感的写作,譬如方以智究竟是自沉还是病死,传述者似乎既想遮掩又想传达,把余英时先生在他的《方以智晚节考》中对隐语系统的分析放在这个脉络下来观看,就可以证实其洞见。对"双重写作"现象的把握有助于我们以更广大的文化视野来帮助解答有关方以智晚节考的争论,以及这类敏感文献的解读。

2. 漏网之鱼

前面提到"上有政策,下有对策"时,我曾强调"下有对策"的结果是人们帮助官方政策的深入化与扩大化。不过,我们仍然必须记得"下有对策"还有另一种结果,就是产生了许多漏网之鱼。

清代的城市文化十分发达,在敏感的忌讳范围之外,人们相当快乐地享受着商业文化的果实。应付、阳奉阴违,或享受不带政治意涵的自

---

[251] 中国第一历史档案馆编,《纂修四库全书档案》,页1296。

第八章　权力的毛细管作用

由与逸乐。与本题更为相关的是许多有问题的书也因各种原因而得以存留下来。从当时办理《四库全书》的档案看来，虽然有愈锁愈紧，搜缴范围愈来愈宽，愈来愈往下层挖掘的现象，但是望风呈缴，蒙混充数，或是技巧应付过关的例子也比比皆是[252]。没有人知道究竟有多少有问题的书，既然不知道就无法进行数字化的目标管理，就有各种应付办法，有的官员是将自己的藏书，或在外仕宦随身所携带的书送缴[253]，有的则是每次缴一点充数。教官是当时搜缴的主力，而利用闲职人员回故乡搜查的情况也不少，但是他们往往观望等待、盼望政策松弛下去。因此江西巡抚海成就曾经提到民间常常因朝廷一时停止查缴书籍而不再上缴，故他说必须不停地查下去[254]。而且因为官方作为的任意性，漏网的例子也不少。此外，不识字、不知道政令、糊里糊涂混过关的也大有人在。

此外，商业力量、利益动机始终是一个不可忽视的因素。在搜缴违碍书的过程中，有一段时间是以购代搜，由官方出钱收买禁书，效益还比搜缴更大[255]。恐怕也是因为商业利益，使得有些流行书商甘冒忌讳偷印禁书，譬如李贽的种种著作名列各种禁书目录，但是因为它们的议论尖新出奇，吸引大量读者，书商仍然愿意冒险刻售。商人为了获得利益，对时代境况及书市流行非常敏感，回应迅速，他们通常为书籍世界的变化起着重要的助缘力量。

我们在留存于东亚其他国家的文献中即能发现前述实例。以李贽

---

[252] 有些书籍如《明末诸臣奏疏》《同时尚论录》，因为书中多说明季秕政，被认为不需销毁，见中国第一历史档案馆编，《纂修四库全书档案》，页558。

[253] 如湖北巡抚陈辉祖呈缴自己旧藏的《天下郡国利病书》一部。同前书，页162。

[254] 同前书，页560。

[255] 两江总督高晋就提到他要求查缴人员看到书上有字句违碍的书籍、板片，要"不惜重价购觅呈缴"。同前书，页594—595。

的《焚书》《藏书》等著作为例,乾隆年间安南派来的一位北使在广州书店中将所有出售的书名抄下一份携回以待其主君之选择,在这份冗长的书单中,便有李贽各种被严格查禁的书[256]。此外像顾亭林的书虽然遭到查禁,但乾隆四十三年(1778),朝鲜使节李德懋(1741—1793)在琉璃厂中仍然见到它们的踪迹[257],足见官方禁制力量的限制。不过,私下流通与公开成为主流论述毕竟是有所不同的。

3. 公开的与私人的

从许多自我压抑的现象中我们也多少看出,许多人在"私"的部分分裂成两个部分,一部分是在从事压抑的,一部分是被压抑下去的。所以"私"的部分也分成两层,觉知的那一层一直在那里活动着。另外,借由藏匿,或私下传抄、口传、实物保存等各式各样的方式,被官方或自我压抑下去的部分成为底流,以稀薄、凌乱的方式存在着。我们尤其必须重视"抄本"的潜在力量,许多被禁毁的书以抄本方式潜在流传着,有些被删改得七零八落的书,也有完整的抄本暗暗流传(譬如原抄本《日知录》)。即使在印刷术大行之后,"抄本文化"仍然相当重要。清代收缴的书籍中当然包括不少抄本,但是因为抄本不须经刻板的过程及花费,所以它可以很小规模地、不公开流通,在私下形成一种零星而不大流动的底流,一旦统制力量松弛或人们对现实有重大的不满,便有浮现或发作的可能。

另外一个值得注意的部分是底层社会中不很起眼的人物,许多文字狱案件中的主角几乎都是地方上的识字者或下层读书人、做小生意的、蒙馆教书的、游走各地卜卦算命的、走方郎中、疯子等。这些人从出

---

[256] 陈益源,《清代越南使节在中国的购书经验》,文后附录《筠清行书目》。

[257] 李德懋在乾隆四十三年(1778)出使清朝,即曾购遭禁顾炎武文集于五柳居。李德懋,《青庄馆全书》(首尔市:民族文化推进会,2000)卷六十七,页231。

生就是清朝子民,他们显然也没有什么文化资源,对明清史事止于道听途说的程度。虽然绝大部分的案子与种族意识一点关系都没有,但是也有几个案子,尤其是疯子的案子——疯子有时候似乎说出人们想说而不能说的话,从官方来往文书的抄录中可以看出,是有人要把国家的严重挫败加上日常生活中的挫折与不满,和不同种族或明清易代这件事扯在一起。如果再有文献可资凭借,而不止于道听途说,就有可能组织成较有体系的看法。清季以来汉族意识的出现,有相当一部分便是这样的历程。

本文的讨论也可以联系到三种很有价值的论述。首先是余英时的《现代儒学的回顾与展望》一文[258],余先生在这篇文章中深入阐述晚明许多思维、活动在清末民初具体的展现。不过,从上述的研究可以发现,上述质素并不是两三百年来一脉相传延续下来的,它们在相当长的时间内曾经经历压抑、潜藏或几乎消失,到了清季才在时代的震荡下重现,进而造成在清末民初的影响。

第二是岛田虔次(1917—2000)的"近代思维挫折"论。由于许多禁讳的名目带有任意性,使得谨慎的读书人觉得压力范围很大。在四库之后,许多人印书时,往往要把四库提要刻在前面,以增加分量。虽然实际上刊刻的不一定是提要中的版本。反过来说,四库总目中往往只是对某部书的某方面稍加贬抑,那本书就不再受重视,减少流通,或是在重刻时刻意略去被贬抑的部分,甚至被压入潜流中。被禁抑或被贬低的部分大多数是从"正统思想"的角度下看来不值得流传或应该被批判的部分,而这些被认为"不经""荒诞"或"狂妄"之类的思想,往往就是20世纪学者所提到的"近代思维"。因此岛田虔次所提出的

---

[258] 余英时,《现代儒学的回顾与展望——从明清思想基调的转换看儒学的现代发展》,收入氏著,《现代儒学论》(香港:八方文化企业公司,1996),页1—60。

"中国近代思维之挫折"的原因,除了是他的名著中所指出的,中国未能形成类似近代欧洲的中产阶级之外,还有一个重要的理由,即清代文化与政治氛围下所造成的中断或挫折。

第三是在了解当时广大的忌讳文化之后,如何评论孔飞力(Philip Kuhn)的《叫魂》(Soulstealers: The Chinese Sorcery Scare of 1768)一书。《叫魂》一书的主要案件是发生在乾隆三十三年(1768),这件事其实不能独立于整个乾隆朝忌讳文化之外来看,否则会完全夸大其不应有的意义。首先,从本文的讨论可以看出,乾隆皇帝亲自过问过无数具有敏感性的案件,"叫魂案"只是其中的一个而已,乾隆对这一类的案子无不以最高的警觉心与注意力去鞭策、恫吓、责备、处罚各级官员,凡有不满之处,其责备、惩罚、教训可谓毫不留情,所以孔飞力引用韦伯(Max Weber, 1864—1920)有关官僚体系的理论,说乾隆借此案来刺激庞大、麻木的官僚体系,借体制外的案件来鞭策官僚体系的积极性。这个说法当然有道理,然而因为乾隆对任何思想上敏感的事都倾向如此处置,不独"叫魂案",所以我们应该由前述讨论中所勾勒的18世纪的广大的"忌讳文化"来观察这类案件的意义。

本文的探讨也得到一个结论,即"涟漪效应"无所不在,这里所指的是丢一颗石头进湖心,它的涟漪一圈一圈地扩散出去。在自我禁抑的部分,我们看到一种现象,用不着明文查禁,也一样会有涟漪效应而波及甚广。譬如《明夷待访录》,它并未出现在禁毁书目中,但是由于黄宗羲有别的书遭禁,加上《待访录》内容敏感,所以在很长一段时间,这本书便伏而不出,一直到道光十九年(1839)才有第一次的重印本。这种现象到处存在,人们与官方之间无止尽地进行着"无声的对话",因此有各种无所不在的涟漪效应发生。而《明夷待访录》中批判君权并带有近代自由民权色彩的激烈思想便在这种效应下隐褪了。这是我们只关注官方作为时所看不到的。

此外，我们也可以借着本文讨论的"自我压抑"现象，反思传统帝国进行意识形态运动时的可能性与局限，从而检讨黑格尔（1770—1831）《历史哲学》及东方专制论中对中国皇权的陈述。如果从官方来往文件看来，帝王的命令似乎都已经以最完美的方式执行了，但是它显然并没有达到斩草除根的目的。最直接的证明是许多书在晚清最后七八十年间被重刻或重现了，而且书籍"出土"的地方，往往就是在原来的家族、宗裔或宗祠中，它显示即使是透过挨家挨户寻搜的方式，仍然无法根绝。所以局限是存在的，问题是局限如何产生？

最简单的回答当然就是这本来就是一件不可能达成的任务，即使以现代国家的统治机器也不能达成，况且当时还有一种拖延应付战术。譬如江南河道总督萨载曾经开列搜访与呈缴的书单[259]，这一大堆有问题的书中，先前似多未呈缴，足见持有者是有意识地留住不交出来。有些官员则是每隔数日便查缴数种聊以塞责[260]。

除此之外，还有几个因素。首先，以当时的统治形式而言，并不能特别组成一支像现代警察系统那样庞大而又有组织的人力去完成任务。事实上，帝国在各个地方的公务人力是非常有限的，而这件差事又需要有相当的文化素养。所以，即使发动的人马一波又一波，教官、佐

---

[259] 它们分别是《皇明通纪辑要》《皇明通纪直解》《容台集》《白石樵真稿》《晚香堂集》《崇相集》《后场纪年》《隐秀轩集》《皇明实纪》《遍行堂正集》《遍行堂续集》《喜逢春传奇》《博物典汇》《孤树裒谈》《苍霞草》《吾学编》《玉镜新谭》《即山集》《屈翁山诗集》《左忠毅集》《公槐集》《皇明经济文录》《登坛必究》《潜确类书》《古今治平略》《媚幽阁文娱》《武备志》《皇明三朝法传录》《捷录大成》《七录斋稿》《亭林集》《独漉堂集》《钱谦益尺牍》《通纪会纂》《广东新语》《陈几亭集》《岭南三家诗》《群书备考》《酌中志》《三藩纪事本末》《天启实录》《陈眉公集》《莲须阁集》《匡时集》《备变集》《鸳鸯绦传奇》《明季甲乙事略》《白牟山人集》《吕晚村家训》《两朝从信录》《皇明从信录》《四夷考》《幸存录》《存笥稿》。见中国第一历史档案馆编，《纂修四库全书档案》，页 512—516。

[260] 同前书，页 94。

杂、地方绅士、贡生，一层一层往下扩散，可是人数毕竟有限。而且不管官方怎么发动，主要都还是传统地缘范围中的人，动员当地人的优点是了解门路，知道哪些家族可能收藏违碍书籍，缺点是人情顾虑，凡事可以打个商量，或睁一眼闭一眼，"上有政策，下有对策"。

另一个使得权力无法彻底下达的因素是宗族这一张保护伞。宗族成员固然可能为了保护整体家族利益而主动告发有问题的族人，但也可能借着合作或默契把这种干扰力量相当程度地阻挡在外。尤其是当有问题的书籍是出自本家族的祖先时，为了家族或地方的荣光，也可能出现这种磋商式的妥协[261]。而且值得注意的是，禁讳书的再度出现，地点大多是在宗族里面的公共空间，即祠堂、祖庙之类的，似乎这些地方成为一种三不管但又都管的贮藏所。

因为宗族的理由、商业利益，或根本就是无知、忽略、胆大等原因，许多书籍、抄本、文件、实物还是以各种方式流传下来[262]。其中有一部分在嘉庆后期、道光、咸丰之后一再被重印（不一定是与原来相同的样子），形成道咸以降思想文化、政治上的一股新力量。

（四）一种统治方式的衰落

从乾隆自己的著作中看来，他很少阅读当时人的著作，与他有直接接触的也以文人为多，学者较少——虽然为他捉刀的有赵翼（1727—1814）那样的学者。他的写作中，当然反映出他对士人圈流行的学问有所了解，而且他在皇子时代也和士人一样写八股文，后来也写性理文

---

[261] 此外，我猜想因为一旦有这类书被查得，势将罪及宗族中许多成员，所以也可能形成一种恐怖的平衡，诱使宗族成员保守其秘密。

[262] 就像司徒琳教授提到的，事实上，她检点数种禁书目录，发现在20世纪前半叶，名列禁书目录而当时已完全不能找到的只有10种。请见 Lynn A. Struve, *The Ming-Qing Conflict, 1619-1683: A Historiography and Source Guide* (Ann Arbor, Mich.: Association for Asian Studies, 1998), p. 68。

字、写经解、写语言考证的文章,但并不表示他与当时的学者有比较密切的对话,或是他想以任何一种方式支配学风。

以纂修《四库全书》为例,乾隆在任何文字中都未提到他想提倡汉学或宋学,他想树立的是一种实证的、带有严谨考证意味的学问标准——所以修书过程中,常常对一些书的事实发生疑问,要求回答。而这些治学态度当然会产生影响。它所引起的漩涡效应,加上各方的推测、揣摩、合作,形成了一套评论标准,并具体呈现在《四库全书总目提要》中。

本文最开始时曾提到,清代的康、雍、乾诸帝都比较有意识地认为皇权包括两种角色:统治者与教化者。乾隆的表现尤其突出,他对古代文学、艺术的广泛搜集,似乎也反映了他要在这方面树立一个标准。这种皇帝身兼两种身份的皇权意识,似乎在乾隆之后逐步退缩了。首先嘉庆皇帝把他父亲大量的珍玩封库,不再开启[263],即代表一种微妙的心态。他们仍然关心文化,苛刻而严格地执行偶发的思想案件,但只是偶发事件,而不是一种全面且持久的运动。再来是意识形态运动热潮的消退。在乾隆之后比较有规模的一次清整运动,应该是道光二十四年(1844)为了涤除小说、戏曲中有坏世道人心的成分所进行的禁毁运动,不过这一次运动的重点是道德教化,所清缴的重点是

---

[263] 庄严引溥仪《我的前半生》的话:"我看见满屋都是堆到天花板的大箱子,箱皮上有嘉庆年的封条……后来弄清楚了,这是当年乾隆自己最喜爱的珍玩,乾隆去世之后,嘉庆下令把那些珍宝玩物全部封存……"可见乾隆以后的皇帝再无人注意文玩书画,都束之高阁了。此外,各书画所在之处不是原来《石渠宝笈》中所著录之地方,亦因此故。庄严又说:"更奇怪的是这些木箱内的书画,根据石渠宝笈的著录,都应该是分属于乾清宫、重华宫和其他各宫殿,而不应该在景阳宫和钟粹宫里的。"因为乾清宫是乾隆生活之处。见庄严,《山堂清话》(台北:故宫博物院,1980),页83—85。

"诲淫诲盗"[264]。

最后我想引谢尔杜(Michel de Certeau, 1925—1986)在《做法》(*The Practice of Everyday Life*)一书中的一段话,谢尔杜在书中强调"从消费的角度来讲用途,而不从生产的角度看""从阳奉阴违的角度讲纪律与体制,而不从控制策略与技术的角度讲""由同床异梦来讲多数,而不从共识的角度讲",并强调在冰封的河面下,普通人活得比鱼虾快活自在。这些都是对统治权力运作方式的成说相当有力量的挑战,用通俗的话说,就是"上有政策,下有对策"[265]。以我们目前关心的这个问题来说,那就是,即使经过连番的自上而下的禁制,但下层百姓有各种办法将禁制的知识、记忆延续下来,在清末民初又大量出现。如果从这一个角度看,人们在冰河下的确也相当自在。

但是,下面的主动性及对策性,也常无限地扩大了上面政策的效力,靠着揣度、靠着某种程度的自主灵活性,扩大了上面政策的效力,也就是扩大清代官方无法达到的禁制面与打击面。譬如有许多书,四库馆臣只注明部分抽毁,可是民间反应过度,以致整部书长期深匿不出,将那些官方原来凭借物理力量绝对无法禁制的深度与广度,悄悄地完成了。本文所要说的便是这种自我约束、自我删窜的力量。这些"对策"原是为了避祸,但却使权力透过毛细管作用渗透到各处,使得上方的政策达到了原先所想象不到的广度与深度。

---

[264] 刘志琴编,《近代中国社会文化变迁录》(杭州:浙江人民出版社,1998)第一卷,页40。

[265] 蔡锦昌,《谢尔杜的〈做法〉》,《思与言》,32:2(1994),页235—240。

第九章　对《文史通义·言公》的一个新认识*

前　言

　　一个世纪以来,章学诚(1738—1801)已经被反复讨论过无数次了,想对他作一点新理解,并不是很容易的事。但是,章氏思想中也有一些特殊的论点,因为拜近几十年来学术的新发展,可以得到另一层次的了解,在我看来,《言公》篇便是个具体的例子。

　　在过去,《言公》篇并不常被单独提出来讨论。一般讲章氏,多集中在其史学、文学或校雠之学,即使像胡适(1891—1962)偶然提到《言公》篇,也斩钉截铁地说它是错误的[1],但是事实是否如此呢?

一

　　章学诚的《言公》篇作于1783年,共有上、中、下三篇,是他的得意之作[2]。在我看来,《言公》之旨扩散到他的《文史通义》及《校雠通

＊ 本文在史语所讲论会报告时,获黄进兴、林富士、李建民、李宗焜、颜世铉等同仁宝贵意见,特此致谢。

〔1〕 胡适著、姚名达订补,《章实斋先生年谱》(上海:商务印书馆,1934),页55。
〔2〕 同前引。

义》两书,是章氏整个理论建构的基础。《言公》篇一开始即说:

> 古人之言,所以为公也,未尝矜于文辞,而私据为己有也。志期于道,言以明志,文以足言,其道果明于天下,而所志无不申,不必其言之果为我有也。(文,言公上,35)〔3〕

这段话中指出,在上古时代文字著述之社会功能及由此衍生的文籍体例等层面,与后代截然相反。他说古人语言与思想皆是为了公共的使用,以实际见诸行事为其终极目的,而不是为了表现自己的聪明才智。苟能实际见诸行事而有益于国计民生,完全不在乎这是谁的思想、谁的著作——"苟足立政而敷治,君臣未尝分居立言之功"(文,言公上,35),"盖取足以明道而立教,而圣作明述,未尝分居立言之功也"(文,言公上,36)。

章氏认为,在古人心目中,高远的思辨是没有意义的,以著述逞聪明才智,更不是他们真正的目的。他说:

> 文字之用,为治为察,古人未尝取以为著述也,以文字为著述,起于官师之分职,治教之分途也。(文,原道下,28)

他认为思辨、著述,一旦脱离典章政教、人伦大用等公共的用途,是一种文化上的堕落,是"官""师"分职、"治""教"分途之后才发展出来的。他又说:

> 是故圣王书同文以平天下,未有不用之于政教典章,而以文字为一人之著述者也。(文,诗教上,14)

因为典章政教、人伦日用是众人的事,所以理想上,思想文字不是为一

---

〔3〕 本文所用《文史通义》《校雠通义》二书是台北盘庚出版社的合刊本,出版年代不明。为省篇幅,以下引文随文注明出处,其中"文"是《文史通义》,"校"是《校雠通义》,书名后为篇名,页码则是合刊本的页码。

第九章　对《文史通义·言公》的一个新认识

人所独有,一旦文字著述脱离了公共的用途,文字著述便失去了意义。

章氏认为上古以来的国家档案(史)才是一切学问之根源,后来的人都是以这些"史"作为学习、发挥的张本。

> 书吏所存之掌故,实国家之制度所存,亦即尧舜以来因革损益之实迹也。(文,史释,48)

古代的"史"皆典守历代以来的掌故,以存先王之道:

> 五史之于文字,犹太宰司会之于财货也。……非府史所守之外,别有先王之道也。(文,史释,47)

因为官守文献(史)是唯一的知识来源,所以孔子向他们问礼。章氏说:"有司贱役,巫祝百工,皆夫子之所师矣。问礼问官,岂非学于掌故者哉!"(文,史释,47)孔子删述这些官礼掌故成为六经,故章学诚说"六经皆史"。

由于官、礼是历代圣人实际施为的记录,这些记录平时由五史搜集记录,然后典守在官府,必须要有实际作为的人才能留下记录,所以章氏把古代圣人分成两个层次,能得到机会实践其抱负的人,比能著述的人要伟大,所以他说周公才是集大成的人,孔子并未集大成,他说"孔子有德无位,即无从得制作之权,不得列于一成,安有大成可集乎"(文,原道上,23—24),又说孔子"学周公而已矣"(文,原道上,24)。这并不表示孔子本人的才性不及周公,孔子未遇其时,未能施展抱负,虽"有德"却"无位",所以"无制作之权","空言不可以教人"(文,原道中,25)。

章氏认为,孔子所从事的只是将官守之文献加以整理纂辑并用以教人,这是不得已的工作,而孔子之后所谓"儒"的传统,是"不得已"的人所做不得已的工作,所以不是最根本最有价值的事。故章氏说"六经皆器也"(文,原道中,26),而不说六经皆"道"也,又说"六经不尽道"。但是章学诚也相当技巧地说官司典常，与师儒讲习(六经)，只是性质不同，不必然有优劣之分[4]，他说：

> 六经之文，皆周公之旧典，以其出于官守，而皆为宪章，故述之而无所用作，以其官守失传，而师儒习业，故尊奉而称经。圣人之徒岂有私意标目，强配经名，以炫后人之耳目哉。(校，汉志六艺第十三，248)

但实际上两者高下之分是相当清楚的。他说"经"之一名并不是尊称，只是官守失传后，拿来作为学习的教本而被尊称为"经"。认真地说，则六经恐怕还比不上官守之旧典，六经只是删述古代典章记录的成果。甚至可以说，六经跟"儒"一样，都是"官失其守"之后不得已的产物，所以章学诚对后人以六经为一种专门学问，不停地进行研究，也表达了不满之意，明白批判经师的工作，同时也严厉地批判清代的经典考证之学（文，原道下，28）。他也对人们迷恋上古三代而不能留意后代之事表示轻蔑，认为"六经"不能涵括后来的历史发展：

> 事变之出于后者，六经不能言，固贵约六经之旨，而随时撰述，以究大道也。(文，原道下，28)

他认为，理想上应该每一代的人都能秉着孔子删述六经之精神，随时取资于每一代之官礼而有所撰述。

前面已说过，章氏认为古人的言语著述，都是为了现实的目的，不是为了思想的创发与论辩，所以在整部《文史通义》中，我们见到章氏时时在区分两个时代，一个是战国以前，一个是战国以后。在前一个时代，"文"是公器，在后一个时代，"文"为私有；战国以前，"文"是用来

---

[4] 章学诚说："盖官司典常为经，而师儒讲习为传，其体判然有别，非谓圣人之书，有优有劣也。"章学诚，《校雠通义》，页248。

第九章　对《文史通义·言公》的一个新认识

行道的,战国以后,"文"是发挥个人才能的。章氏本人主张前者优于后者,前者是理想,后者是堕落。正因为章氏认为古代的世界是一个不重文辞、不重思辨、不重言语,而看重实际的"事""物"的世界,故他的书中充满一批相对的概念:声音重于文字(文,诗教下,15)、志识重于文辞(文,说林,75)、事重于言(文,书教上,7)、典章事实重于文章(因"器"以明"道")、质重于文("古之文质合于一",文,诗教上,13)、道重于文(道"公"文"私")、理重于辞("理重而辞轻,天下古今之通义",文,说林,76)、义理重于文辞(文,说林,76)等。

在这个世界里,文籍著述体例的情况是相当独特的,章氏讨论这个问题的文字散见《校雠通义》及《文史通义》两部书中,而且没有前者,便搭不成后者之"七宝楼台"[5]。我试着把他这方面的观点作一个整理:

第一,人可以随意"移置他人之书"(文,说林,77):

> 古人之言,所以为公也。未尝矜于文辞,而私据为己有也。志期于道,言以明志,文以足言,其道果明于天下,而所志无不申,不必其言之果为我有也。(文,言公上,35)

"道""志""言""文"四者之间,"道"是最上位的,"文"是最下位的。"文"的最终目的是要能明"道",只要"文"能明"道",便不在乎"文"是否出自我之手或是否为我所有。章氏又说,古人认为只要"道"是相同的,则别人的话只要得我心之所同然,便等于是我的,后人能得其说加以变通发挥,也等于是我的,只在乎是否可以明"道"、行"道"。他说:

> 古人有言,先得我心之同然者,即我之言也。何也?其道同

---

[5] 余英时,《章学诚文史校雠考论》,《历史语言研究所集刊》,64本1分(1993年3月),页205—229。

也。传之其人,能得我说而变通者,即我之言也。何也?其道同也。(文,言公中,38)

所以古人没有清楚地标示作者为某的观念,也没有"攘窃""抄袭"的想法,因为道是公的,言也是公的,能不能用才是重点之所在。能用,则窃不等于窃——"古未有窃人之言以为己有者"(文,言公中,38),所谓"窃"是因为"由于自私其才智,而不知归公于道也"(文,言公中,38),要等到世道衰微之后,"道"不行了,人们才争"文"的所有权,他说:"世教之衰也,道不足而争于文,则言可得而私矣!"(文,言公中,38)

第二,古代文籍有一个由"口耳之传"到"著于竹帛"的演化过程,在这个过程中,不断附益的情形相当普遍。因为"智财权"不重要,再加上上古书写材料稀少,所以提出某种学说到书于竹帛,往往需数百年之久。在书于竹帛之前,靠的是"口耳相传"之学,"口耳相传"是"道"重于"文"之时代,"竹帛之功"则是"文"胜于"道"的时代,故说"口耳之学既微,竹帛之功斯显"(文,言公下,41)。他说:

(田)何而上,未尝有书,然则所谓五传之际,岂无口耳受授之学乎?(校,汉志六艺第十三,249)

许多书被前儒怀疑是后人伪撰,托古人之名以行,章氏认为未必如此,应该是有一段由"口耳"到"竹帛"绵长的传衍过程:

兵家之有太公《阴符》,医家之有黄帝《素问》,农家之神农《野老》,先儒以谓后人伪撰,而依托乎古人,其言似是,而推究其旨,则亦有所未尽也。盖末数小技,造端皆始于圣人,苟无微言要旨之授受,则不能以利用千古也。三代盛时,各守人官物曲之世氏,是以相传以口耳;而孔孟以前,未尝得见其书也。至战国,而官守师传之道废,通其学者,述旧闻而著于竹帛焉,中或不能无得失,要其所自,不容遽昧也。(文,诗教上,14—15)

第九章　对《文史通义·言公》的一个新认识

同时他也提醒人们,在书本之外,还有口耳相授之心传,故可能在书本之外,同时还有种种口传的内容存在着:

> 古人书不尽言,言不尽意,竹帛之外,别有心传;口耳转授,必明所自,不啻宗支谱系不可乱也。(文,师说,65)

第三,古人不著书,古代文献以"篇"为单位,这些篇章或离或合,本无一定,而战国诸子其实是一种"文集"。他说:

> 故著书但当论篇。(文,篇卷,63)

又说:

> 且如韩非之《五蠹》《说林》,董子之《玉杯》《竹林》,当时并以篇名见行于当世,今皆会萃于全书之中,则古人著书,或离或合,校雠编次,本无一定之规也。《月令》之于《吕氏春秋》,《三年问》《乐记》《经解》之于《荀子》,尤其显焉者也。(校,焦竑误校汉志第十二,246)

所以他说《汉书·艺文志》多以"篇"来计书(校,汉志诸子第十四,258)。

第四,古无私家撰述,故其书常常是学派中人缀辑、发挥、补充、追记的结果,其中有一个发展变化的过程,以《管子》一书为例:

> 春秋之时,管子尝有书矣,然载一时之典章政教,则犹周公之有《官礼》也。记管子之言行,则习管氏法者所缀辑,而非管仲所著述也。(文,诗教上,14)

他接着批判清初大儒阎若璩(1636—1704),认为他并不懂得这一层,所以认为《管子》书中提到齐桓公之谥号,乃是"后人所加,非《管子》之本文"。在章学诚看来,阎氏认为《管子》有所谓"本文",即已透露了他并不了解"古人并无私自著书之事,皆是后人缀辑"这个事实(文,诗教上,14)。

第五,古人因为"言公",所以无意以著书为标榜,故古人著书不特意标篇名。他说"古人著书命篇",只是为了"取辨甲乙,非有深意也"(文,匡谬,90),因此常常引起后人的误解。章氏举一个例子说,他读《汉书·艺文志》,在儒家者流下竟有魏文侯与平原君之书,读者不察,以为战国诸侯公子何以入于儒家,不知这是著书之人自托儒家,"而述诸侯公子,请业质疑,因以所问之人,名篇居首,其书不传,后人误于标题之名,遂谓文侯、平原所自著也"(文,匡谬,91)〔6〕。所以是著书之人随意把请业质疑对象的名字放在篇首所引起的误会。

我们所见到的书名、篇名,往往是后人在校雠之时加上去的。篇名常是取篇章开头前几个字,书则常以其人为名:

> 古人著书,往往不标篇名,后人校雠,即以篇首字句名篇;不标书名,后世校雠,即以其人名书,此见古人无意为标榜也。(文,繁称,88)

一直要到后世,"人心好异",才"竞为标题"(文,繁称,89)。

第六,古人常随意称引他人之说,窜为己作,章学诚说:

> 或问:前人之文辞,可改窜为己作欤?答曰:何为而不可也。古者以文为公器,前人之辞如已尽,后人述而不必作也。(文,答问,110)

又说:

> 古人著书,援引称说,不拘于方。(校,汉志诸子第十四,254)

又说:

---

〔6〕 章太炎对此条有所辩证,参叶瑛《文史通义校注》(北京:中华书局,1994)所引章氏《与人论国学书》,页412。

第九章 对《文史通义·言公》的一个新认识

> 夫古人著书,即彼陈编,就我创制,所以成专门之业也。(文,释通,83)

以上是章氏的几点看法,从上面的引文中,我们可以看出,章氏时时在区分两个时代,一个是无私人著述的时代,也就是官师合一、政教合一、同文为治的理想时代;另一个是官失其守,官师分职之后的时代。在后面这个时代,人们才脱离了"言公",开始以著述自显,开始标榜自己的著述,而战国是其关键时刻。在这个时代,一方面是官师分职,一方面是因各国分裂,士人要表现其智慧争取各国君主的宠爱,著述遂成干禄的工具,著述遂逐渐成为私人之事、专门之业。战国时代诸子争鸣,在今人看来是思想的黄金时代,在章氏看来是文化堕落:

> 周衰文弊,六艺道息,而诸子争鸣,盖至战国而文章之变尽,至战国而著述之事专,至战国而后世之文体备;故论文于战国,而升降盛衰之故可知也。(文,诗教上,12)

这个文化堕落的时代,虽然发展出各式各样的文体,开启了各种多元的思想,但章氏一概说那是文化由"升"而"降",由"盛"而"衰"的时代。我们今天所盛称的百家竞鸣、思想的黄金时代,在章氏的笔下成了一个衰世:

> 官师既分,处士横议,诸子纷纷著书立说,而文字始有私家之言,不尽出于典章政教也。(文,经解上,18)

> 诸子百家,不衷大道。其所以持之有故,而言之成理者,则以本原所出,皆不外于周官之典守;其支离而不合道者,师失官守,末流之学,各以私意恣其说尔。(文,易教下,5)

> 以战国为文章之盛,而衰端亦已兆于战国也。(文,诗教上,15)

他常常用"周末贱儒"(文,匡谬,91)一词来形容这批以著书为业的

人物:

> 著书之盛,莫甚于战国,以著书而取给为干禄之资,盖亦始于战国也。(文,匡谬,91)

私家著述是从战国时代才开始出现,独立于官司掌故之外的文章学问也从此时才开始出现:

> 盖自官师治教分,而文字始有私门之著述,于是文章学问,乃与官司掌故为分途。(文,史释,47—48)

前面大致讨论了章氏对古代文籍体例的看法,那些看法在过去往往被忽略或认为是错的,但却与这几十年来出土简帛所揭示的古代文籍的实况若合符节(不过,只能限在汉代以前,隋唐以后则不同),我必须先声明:对于出土简帛,我虽然感到浓厚的兴趣,但涉猎甚浅。然而在有限的阅读中,却得到一个印象,即简帛中所见古代文籍的状况,并不接近汉、唐以后的情形,尤其是与我们今天的常识截然异趣,但却与章学诚的见解相近。

关于出土简帛中所见古籍的情况,近人李学勤、裘锡圭、李零等人已有讨论,我归纳所见为如下几点:

(一)古书不题撰人:李零说普遍题撰人是从《隋书·经籍志》才开始。他说:出土简帛书籍不仅从未发现题写撰人,而且像《孙子兵法》《孙膑兵法》,简文中出现的只是笼统的"孙子曰",从未见到孙武、孙膑之名[7]。

(二)古书多无大题:彭浩《郭店楚简〈缁衣〉的分章及相关问题》中,即指出郭店楚简《缁衣》原无标题[8],李零则说:"现已发现简帛书

---

[7] 李零,《出土发现与古书年代的再认识》,《九州学刊》3:1(1988年12月),页109。
[8] 彭浩,《郭店楚简〈缁衣〉的分章及相关问题》,收入李学勤主编,《简帛研究》(南宁:广西教育出版社,1998),第三辑,页44。

籍皆无大题,而只有小题,银雀山汉简有五方篇题木牍(相当于现在书籍封内的目录)、马王堆帛书间附目录,其中也未发现书题。"[9]

(三)古书存在大量后人增加、修改、重编,或合编成卷的现象。后人增加的现象,见于一种与《孔子家语》有关之竹简,又如银雀山出土的《孙子兵法·用间篇》,有"燕之兴也,苏秦在齐",乃后人所增。后人修改的例子,如张家山及马王堆出土的一种脉书,与后来《内经·灵枢》中的《经脉》篇之间的关系。后人重编的情形,如以马王堆帛书《周易》与今本《易传·十翼》相比,可以发现《十翼》中《系辞》《说卦》经过重新编写,和帛书本编次不同的现象。至于合编成卷,如马王堆帛书《老子》乙本,以《老子》和《五行》《九主》《明君》《德圣》四篇抄在一起成为一卷书[10]。

同时,研究者们也指出特定古书常为某一学派传习资料之汇编,裘锡圭便说:"银雀山汉墓出土的《孙子》除十三篇外,还有一些佚篇,其中有解释十三篇中的内容的,也有记孙子事迹、言论的,显然为弟子、后学所增。"[11]

(四)古书多单篇流行,篇数较多的古书带有丛编或文件集之性质:如《保傅》是贾谊《新书》的一篇,又收入《大戴礼记》,在定县八角廊竹简中,则出现了单行之《保傅》[12]。

(五)古书分合无定:如李零《银雀山简本〈孙子〉校读举例》一文,

---

[9] 李零,《出土发现与古书年代的再认识》,页110。骈宇骞,《出土简帛书籍题记述略》,《文史》,2003年第4辑,页26—56。

[10] 以上皆引自李学勤,《对古书的反思》,收在李氏的多种文集中,如《简帛佚籍与学术史》(台北:时报文化出版公司,1994),页30—31。

[11] 裘锡圭,《中国出土简帛古籍在文献学上的重要意义》,《中国出土资料研究》(东京:朋友书店,1999),第三号,页6。

[12] 李学勤,《对古书的反思》,页31。

可见在同一书之内的割裂、拼合[13]。古书常见各种书籍彼此抄来抄去的现象:如银雀山简中有一部书见于二号木牍,共十三篇,其中《守法》《守令》篇与今本《墨子》中讲城守之法的各篇相出入;《王兵》篇与《管子》的《参患》《七法》《地图》等篇相出入;《兵令》篇与今本《尉缭子》的《兵令》篇相出入[14]。银雀山的《唐勒》,经考定为宋玉的佚赋,而大量为《淮南子》《览冥篇》所采[15]。唐兰(1901—1979)发现马王堆帛书《黄帝四经》中多有与《鹖冠子》相同或类似的字句。他同时也发现今本《文子》与帛书的《黄帝四经》相同二十余处[16]。

以上五点并不是古代文籍体例之全貌,因为目前为止,考古出土大多是战国楚简(如郭店楚简、上博楚简)或西汉古书(如银雀山汉简、马王堆帛书),商、西周、春秋仍是一片空白[17],将来随着出土文物的陆续发现,说不定会对前述诸点有所修正。但是从常识判断,它们被全然推翻的可能性不大。

考古发现之古代文籍呈现了一个特质:古代文籍是流动的、是发展的,是抄来抄去、合来合去的,不大重视作者,也没有显著的标题。它们与后人所了解的每书、每篇皆有一个因意名篇的标题,都有清楚的作者,而且智慧财产权的观念非常清楚,动辄指斥别人抄袭的常识截然相反。而上述种种特质皆与章学诚的推断若合符节,使我们对《言公》的思想得到一种新的证实,知道它不但不是错了,而且相当符合

---

[13] 李零,《银雀山简本〈孙子〉校读举例》,《中华文史论丛》1981:4(总20期)(上海:上海古籍出版社,1981),页299—316。《老子》中有原来两章并为一章,甚至三章并为一章。《晏子》中有一章被分成两章。楚墓出土的《缁衣》章序与《礼记》中的今本有许多不同,分章亦有不同。裘锡圭,《中国出土简帛古籍在文献学上的重要意义》,页6。

[14] 李零,《出土发现与古书年代的再认识》,页111—112。

[15] 裘锡圭,《中国出土简帛古籍在文献学上的重要意义》,页5。

[16] 廖名春,《梁启超古书辨伪方法的再认识》,《汉学研究》16:1(1998年6月),页359。

[17] 李零,《简帛的埋藏与发现》,《中国典籍与文化》2003:2(总45期),页5。

第九章 对《文史通义·言公》的一个新认识

古代的实况。

在清代中期,章氏对古代文籍体例乃至于文字著述的社会功能的见解,是相当孤立的。我们当然可以在严可均(1762—1843)、孙星衍(1753—1818)、俞樾(1821—1906)等人的著作中,看到一些相近似的零星观点[18],但大体而言,乾嘉考证学兴盛之时,人们的观点与他大异其趣,最直接的例子是《四库全书总目提要》中对先秦诸子的讨论,即往往以汉唐之见议论古人[19]。所以像章氏那样有系统地见到古人文字著述是为"公",因而推论古书的形成,标举一套政治哲学,是绝无仅有的。他对这个发现沾沾自喜,认为自己是揭千古不传之秘,认为自己于史学如有天授。

章氏的发现显然是直接从古书推论所得,而不是从任何出土材料得到的结论。他的推论基础主要是刘歆的《七略》,益之以他对古代典籍校雠之学的心得。这可以从章氏治学历程推知。当章氏三十六岁,开始撰写《文史通义》的次年,他在给朋友的一封信中宣称自己想"思敛精神为校雠之学,上探班、刘,溯源官礼,下该《雕龙》、《史通》,甄别名实,品藻流别,为《文史通义》一书"[20],此处所谓"官礼",即周官典守之旧籍,也就是溯源于古代官师合一之时官守其籍之情状。章氏在《校雠通义》开宗明义也谈到他是从"官师合一"之旨出发,而基础是刘

---

[18] 严可均论《管子》《鹖子》,孙星衍论《晏子》《燕丹子》,孙诒让论《墨子》,皆说古书不必自著。见余嘉锡,《古书通例》卷四,《古书不皆手著》,收入氏著,《余嘉锡说文献学》(上海:上海古籍出版社,2001),页259—260。

[19] 《钦定四库全书总目》一书《管子》条目下说:"今考其文,大抵后人附会多于仲之本书。"见纪昀等原著、四库全书研究所整理,《钦定四库全书总目·子部·法家类》(北京:中华书局,1997),上册卷101,页1314。

[20] 章学诚,《与严冬友侍读》,《章学诚遗书》(北京:文物出版社,1985),页333。《章实斋先生年谱》将之系于乾隆三十八年,见该书页29。

歆"诸子出于王官"论[21]，他说："刘歆盖深明乎古人官师合一之道，而有以知乎私门初无著述之故也。"（校，原道第一，229）他又说："刘向校书、叙录诸子百家，皆云出于古者某官某氏之掌，是古无私门著述之征也。"（文，文集，60）不过，向、歆的"诸子出于王官"之说，与古人"言公"之间，仍需要一段很宽广的推论过程，不是简单的继承关系。

  但是，我们不禁要问，何以读过《汉书·艺文志》的人那么多，却未能得出与章氏相近之论，其中关键之一恐怕是诠释态度的不同。章氏是以古人读古人，而其他人是以今人读古人。因为汉、尤其是隋唐以后，书籍体例已经大变，成为天经地义的常识，所以人们并不觉得古代文籍体例与文字著述的社会功能，会与今人所知截然不同，也不会认为那是一个值得深论的问题。即使关注这个问题，也是以当时的常识投射回古人身上。而章氏往往是拿几段古书中的话，尝试与他们在同一个层次上，试着同情地理解上古之情状，故所得往往与他人不同。

  章氏处在考证学如日中天的时代，在这样一个时代"思"与"学"不能太过二分，没有学术考据为基础的"思"，是站不住脚的，故当时"思"与"学"的关系往往是以"学"之所得来推展"思"，否则不能取信时人，所以章氏也是先以弄清古代文籍体例的演变及著述的社会功能，来讲他那一套"官礼为治""官师合一""同文为治"的政治思想，而这也是考证学兴盛时代的人想讲一套哲学时常走的路。戴震（1724—1777）的《原善》《孟子字义疏证》也是如此。

  考证学的最终目的是恢复古代的遗意，但古代是一个朴拙的初民社会，愈能如实地把握其原意，也就愈束缚住现代性的思维，章氏力图

---

[21]　参见章学诚，《校雠通义》，页228："有官斯有法，故法具于官；有法斯有书，故官守其书；有书斯有学，故师传其学；有学斯有业，故弟子习其业。官守学业皆出于一，而天下以同文为治，故私门无著述文字；私门无著述文字，则官守之分职，即群书之部次，不复别有著录之法也。"

第九章　对《文史通义·言公》的一个新认识

回到古代"官师合一"的文化专制主义便是一个例子。我们在潜意识中,常常假设愈往近代,思想愈趋开通,但章氏的例子正好反其道而行。

二

章学诚区分"学古"与"古学",清代经师尊汉学,尚郑玄(127—200)、许慎,那是"学古",而不是"古学"(文,说林,77)。真正的"古学"是要能知"言公"之旨,留心当代之务,而不是以著述逞一己之聪明才辩而已(文,说林,77)。故章氏是一位"当世心态"非常浓厚的学者,他说"学业将以经世也"(文,天喻,64),"所贵君子之学术,为能持世而救偏"(文,原学下,32),"故学业者,所以辟风气也"(文,天喻,64)。

他的"当世心态"又与极端的"复古心态"套叠在一起。章学诚的《言公》等篇虽讲古代著述体例之变化,但其最终用意是希望他的时代能回到战国以前"文"与"道"合一的关系,再回到"治教合一""官师合一""同文为治""官、守、学、业皆出于一"的理想状态[22]。故他鼓吹回复到秦人以吏为师,认为这样才合于三代,也才真正合于孔子之理想(文,史释,48)。他为清代所开的药方,是书掌于官,禁止私人著述。在《校雠通义》他提到:

> 书掌于官,私门无许自匿著述,最为合古。然数千年无行之

---

[22] 参见章学诚,《校雠通义·原道第一》,页228:"有官斯有法,故法具于官;有法斯有书,故官守其书;有书斯有学,故师传其学;有学斯有业,故弟子习其业。官守学业皆出于一,而下以同文为治,故私门无著述文字;私门无著述文字,则官守之分职,即群书之部次。……〔秦人〕以吏为师则犹官守学业合一之谓也。由秦人以吏为师之言,想见三代盛时,礼以宗伯为师,乐以司乐为师,诗以太师为师,书以外史为师,三易春秋,亦若是则已矣!又安有私门之著述哉?"《校雠通义·宗刘第二》,页229又说:"使之恍然于古人官师合一之故,则文章之病可以稍救。"

者,……然法固待人而行,不可因一时难行,而不存其说也。(校,校雠条理第七,236)

书掌于官,则思想言论有所定:

> 则奇衺不衷之说,淫诐邪荡之词,无由伏匿,以干禁例。(校,校雠条理第七,236)

但是如此激烈的言论,在清代中期当然是行不通的。

章氏同时也提出一套时人看来极大胆,而他认为理所当然的校雠主张。章氏有互见、别裁之说[23],文廷式(1856—1904)指出,章氏并非孤明先发,而可能是袭自其同乡祁承㸁(1562—1628)的《书目略例》。这里所谓《书目略例》即是《庚申整书例略》,《例略》共有四则,其中一则是"一曰互,互者互见于四部之中也"[24]。章学诚因为发现古代文章以篇散见,离合无定,在同一个主题之下,不同书以篇为单位,依官守之不同编集在一起,所以提倡模仿古人裁篇互著的方法重编古书。他说:

> ……《月令》之于《吕氏春秋》,《三年问》《乐记》《经解》之于《荀子》,尤其显焉者也。然则裁篇别出之法,何为而不可以著录乎。(校,焦竑误校汉志第十二,246)

李慈铭(1830—1894)便嘲笑他想把《大小戴记》依类分编各部,甚至想将《周易》上、下经及十翼加以分载,"皆极谬妄"[25]。

---

[23] 文廷式,《纯常子枝语》卷二十六,收入赵铁寒编,《文廷式全集》(台北:大华印书馆,1969),第8册,总页1541。我是从钱锺书《谈艺录》中获此线索,参见钱锺书,《谈艺录》(北京:中华书局,1984),页264。

[24] 祁承㸁,《庚申整书例略》,收入《续修四库全书·史部·目录类》(上海:上海古籍出版社,1997),第919册,总页556。我不认为章氏只是因袭祁氏之说,因为祁说甚简略,而章说的层次要高出太多了。

[25] 李慈铭,《越缦堂读书记》(北京:中华书局,1963)卷八,《文学》,页782。

即使是章氏自著中,也是尽量求合"古雅",如《文史通义》即是随得随作,然后编入《通义》中。《通义》本身是一个开放的系统,用以涵括他所有的著作[26]。这种以篇为单位,随作随编的作法,可能也是师承战国以前的著述体例。

章氏力求"古雅"的思想,还表现在与洪亮吉(1746—1809)力争省的名称是否恰当,是否应该改称为"统部"的争论上(文,地志统部,135)[27]。戴震与章氏论方志意见不合,便讥其好为"古雅",汪辉祖(1730—1807)则说他是"古貌古心"[28]。章氏一心一意想致"用",可是在"用"的层次上,却过为"古雅"。一心想将三代的文化情状复返于当代,胶柱鼓瑟,加上其他许多原因,使得他在清代中期学术世界中相当孤立[29]。

三

晚清学人对章氏有两种态度。持极度批评态度的如李慈铭,他说:

> 盖实斋识有余而学不足,才又远逊。故其长在别体裁、核名实,空所依傍,自立家法;而其短则……不能明是非、究正变,泛持一切高论,凭臆进退,矜己自封,好为立异,驾空虚无实之言,动以道眇宗旨压人,而不知已陷于学究云雾之识。[30]

---

[26] 余英时,《章学诚文史校雠考论》,页205—229。

[27] 洪亮吉痛驳章氏的信,《与章学诚进士书》,见洪亮吉,《洪北江诗文集·卷施阁文甲集》(台北:世界书局,1964)卷八,页163—164。

[28] 转引自黄兆强,《同时代人论述章学诚及相关问题之编年研究》,《东吴文史学报》,第9期(1991年3月),页127。

[29] 关于章氏当时的孤立情况,见余英时,《论戴震与章学诚》(台北:华世出版社,1977)。

[30] 李慈铭,《越缦堂读书记》,页781。

但章氏之学在晚清却开始得到信从者,其中有一支特别欣赏其"官师合一""同文为治"的政治思想,由这一激烈的思想得到人们的欣赏,约略可以看出晚清政治思想的一个新动向。

这一派政治思想至少有两个意涵。第一是反对清代文献考证之学耽溺于考据,以著述求不朽,泥执于"文"而忘了行"道",忘了政治事功才是士人的本分。章氏说"专于诵读而言学,世儒之陋也"(文,原学上,30),又说"儒"是"不遇明良之盛,不得位而大行"(文,原道中,25),是"出于势之无可如何尔"(文,原道中,26),所以他们要重新定义"士"。值得注意的是,章学诚生当乾隆时代,乾隆后期已经出现颓局,但毕竟不如后来急迫。在章氏身后几十年间,时代危机加深,人们对如何解决社会、政治、文化上的混乱,如何挽救时局,感觉愈益迫切,章氏的思想开始得到一些人的共鸣。一群不满考据,关心时局,提倡经世,或想整顿失序社会的人,开始以章氏作为他们的模范(详后)。有人认为龚自珍(1792—1841)之学与章学有关,但龚氏著作从未提及章氏的名字,是否真受其影响,此处尚不能论定。不过他们二人至少是同调,即龚氏也想重新定义"士",认为"士"不是读书著述之"士","士"应该是关心现实而有实际作为的人[31]。

第二,清季这一波新思想的另一特色,就是前面提到过的,要回到今人看来带有强烈文化专制色彩的"官师合一""同文为治"的理想,借封闭多元思想之"淆乱",来重整思想与文化秩序。章学诚之所以力倡"官师合一"之哲学,或许有见于某种可能性,即乾隆发动编纂《四库全书》,使他觉得"官"与"学"可以合一,政治、思想、学术可以归纳于一途。如果这个猜测可以成立,则章氏在《黠陋》篇中对《四库全书》的肯

---

[31] 龚自珍,《乙丙之际箸议第六》,收入龚自珍著,王佩诤校,《龚自珍全集》(北京:中华书局,1959),上册,页4—5。

第九章 对《文史通义·言公》的一个新认识

定,便不能全然当作是颂扬当朝的话了(文,黜陋,96)。与章学诚年代相近的汪中(1745—1794)持相近看法。汪中有一个论三代学制兴废的研究,并不见于今存集中,但由他人抄下的草目可以看出他的见解与章学诚颇为相近。汪氏认为,从古代学制的演变看来,"官师合一"是最初状态,"古之为学士者,官师之长,但教之以其事,其所诵者诗书而已,其他典籍,则皆官府藏而世守之,民间无有也"。他与章学诚一样,认为"官师合一"的状态是好的,而悲夫"自辟雍之制无闻,太史之官失守,于是布衣有授业之徒,草野多载笔之事,教学之官,记载之职不在上而在下,及其衰也,诸子各以学鸣,而先王之道荒矣"。综合前述诸语,汪中显然认为"官师合一"是一种救时之良方[32]。龚自珍在《乙丙之际箸议第六》中,也表达了"治学合一"的思想[33]。他说:

> 自周而上,一代之治,即一代之学也;一代之学,皆一代王者开之也。有天下,更正朔,与天下相见,谓之王。佐王者,谓之宰。天下不可以口耳喻也,载之文字,谓之法,即谓之师、谓之礼,其事谓之史职。以其法载之文字而宣之士民者,谓之太史,谓之卿大夫。天下听从其言语,称为本朝。奉租税焉者,谓之民。民之识立法之意者,谓之士。士能推阐本朝之法意以相诫语者,谓之师儒。王之子孙大宗继为王者,谓之后王。后王之世之听言语奉租税者,谓之后王之民。王、若宰、若大夫、若民相与以有成者,谓之治,谓之道。若士、若师儒法则先王、先冢宰之书以相讲究者,谓之学。师儒所谓学有载之文者,亦谓之书。[34]

---

[32] (清)钱林辑,王藻编,《文献徵存录》,收入《清代传记丛刊》(台北:明文书局,1985),册11卷七,《汪中》,页23b—24a。

[33] 钱穆认为龚氏受章学诚的影响,见氏著,《中国近三百年学术史》(台北:台湾商务印书馆,1972),页392、535。

[34] 龚自珍,《乙丙之际箸议第六》,页4。

而在重新定义各种职分之后,其结论是:

> 是道也,是学也,是治也,则一而已矣![35]

也就是"道""学""治"合一的理想。这种定于"一"的思想与龚氏在《农宗》《明良论》等文中对当时社会文化秩序的崩解的反思是分不开的。与龚氏齐名的魏源(1794—1857),在《默觚上·学篇九》,也力阐"官师合一"的理想[36]。在晚清狂热宣传章学诚的谭献(1832—1901),也有类似的思想倾向。从《复堂日记》可以看到谭氏如何寻访章氏著作的实迹,因为章书并不易见,所以他花了很大力气寻访书板之所在,在得到一部比较完整的章氏集子时,他狂喜之余,说:"表方志为国史,深追官礼遗意,此实斋先生所独得者。……吾欲造《学论》曰:天下无私书,天下无私师,正以推阐绪言,敢云创获哉!"[37] 谭氏所标举的天下"无私书""无私师"的理想,正是章氏的论点。甚至到了清末,像郑观应(1842—1922)这样的开明思想家,也不能忘情于"官师合一"[38],这方面的例子还很多,此处不能尽举,可见这一政治哲学在当时曾蔚为新潮。他们自认为烛然有见于古代的实况,故振振有词地提出一套整顿当世乱局的方案。但是力图回到官师合一的古代理想,等于是取消了独立于政治之外的思想、学术的批判性力量的合法性,同时也封闭了思想多元发展的路子。在面临前所未有的新挑战的局面下,人们可以走两条路,一条是把松动的螺丝锁紧,一条是开放,寻求新的可能性,章学诚以下这一批思想精英选择了回到古代,以"古"为

---

[35] 龚自珍,《乙丙之际箸议第六》,页4。

[36] 魏源,《魏源集》(台北:鼎文书局,1978),页23。

[37] 谭献著、范旭仑等整理,《复堂日记》(石家庄:河北教育出版社,2000),页20。

[38] 郑观应,《道器篇》,收入夏东元编,《郑观应集》(上海:上海人民出版社,1982),上册,页244。

第九章　对《文史通义·言公》的一个新认识

"新",以实际上的"关门"为"开门",这是我们研究嘉、道以降的思想界的个别状况时值得深入玩味的。

民国以后,尊崇章学诚者,大致已经不再谈他那种"官师合一"、"同文为治"、"道""学""政"三位一体的政治哲学,一方面是知道其不可能,另方面是与近代的民主自由思想背道而驰。民国以后的信从者,主要是讨论他的史学思想。有意思的是,民国学术中的新派与保守派皆在大谈章氏,都宣称他们服膺章氏之学。胡适是新派之代表,主张"六经皆史",并积极阐发"古今凡涉著述之林皆史也"的"史"是"史料",将六经历史文献化,以贬抑"经"之地位。此外,胡适对章氏治史之把记注、撰述分开,认为撰述贵能"别识心裁""贵笔削独断之专家",以及重"通史"的观念等,都相当欣赏。然而胡适虽知"《言公》三篇为先生得意之作",却对章氏所说上古无私家著述的解释,认为是错的,激烈反对章氏之"诸子出于王官说"(胡适主张"诸子不出于王官说")。

保守派也在阐发章学诚的"言公"思想,他们一方面以章氏的经世思想批判胡适等人所提倡的"为学问为学问",从而忽略学问与现实的关系,同时认为古书自有其读法,不可执后人之见以疑辨之,其目的是用来打击当时甚嚣尘上的疑古之学。孙德谦(1869—1935)的《古书读法略例》、刘咸炘(1896—1932)《推十书》,大多围绕《言公》篇而续有阐述,其发言的目标皆是当时的疑古之学,故孙德谦说:"其纂述大旨,为前哲则在辨诬求真,为后贤则在息疑牖智。"[39]

值得注意的是,傅斯年(1896—1950)的《战国文籍中之篇式书体——一个短记》(1930),文中虽未直接提及章氏,但它最核心的观念显然与《言公》篇相互照映。他说如果要断言《管子》一书是假的,则便须先假定战国人已有精严的"著者观念",先假定当时的文章都写着某

---

[39] 孙德谦,《古书读法略例》(上海:商务印书馆,1936),《自序》,页2。

某人所撰,如果照此假定,则到处所见,无不是假书——

> 我们……可以确知我们切不可以后来人著书之观念论战国文籍。总而言之:(1)战国时"著作者"之观念不明了。(2)战国时记言书多不是说者自写,所托只是有远有近有切有不相干罢了。(3)战国书除《吕览》外,都只是些篇,没有成部的书。战国书之成部,是汉朝人集合的。[40]

而且他也提到古代的著作只是一些散篇而已,或是把散篇编成文件集。他还归纳古代从记言之书、到成篇之书、到成系统之书的演变历程。

傅斯年早年是疑古辨伪之前驱,但后来由疑古转向重建[41]。我个人认为,在这个过程中,这篇只有薄薄几页的短文,起了关键性的作用。事实上,他在古史辨论战中,曾提醒顾颉刚(1893—1980),辨古史要以书为单位,不应以人为单位[42]。细绎其意,即希望当时所争论某书是否为某人所作的疑古运动者,能认识到古书与作者之间极为复杂的情况。

此外,1931年罗根泽(1900—1960)的一篇长文《战国前无私家著作说》,便是发挥"言公"之旨。文章一开始,即引章实斋的话说"古人不著书,古人未尝离事而言理,六经皆先王之政典也",并说"余读之而韪焉","余不敏,遍考周、秦古书,参以后人议论,知离事言理之私家著作始于战国,前此无有也"[43]。在我看来,以上两篇文章已标志着疑古

---

[40] 傅斯年,《战国文籍中之篇式书体——一个短记》,《傅斯年全集》(台北:联经出版公司,1980),第三册,页740—741。

[41] 见 Wang, Fan-sen, *Fu Ssu-nien: A Life in Chinese History and Politics* (Cambridge: Cambridge University Press, 2000), pp. 116-117。

[42] 傅斯年,《评〈春秋时的孔子和汉代的孔子〉》,收入顾颉刚等编,《古史辨》(北京:朴社,1930),第2册,页141。

[43] 罗根泽,《战国前无私家著作说》,收入罗根泽等编,《古史辨》(北京:朴社,1933),第4册,页8。

第九章　对《文史通义·言公》的一个新认识

辨伪方向之转变了,而其根源皆来自章氏"言公"之思想。

余嘉锡(1884—1955)在1940年出版的《古书通例》,粗翻其目,即知大体继承自章学诚[44]。这本小书显然也是针对疑古辨伪风气而发的,他说:"后人习读汉以后书,又因《隋志》于古书皆题某人撰,妄求其人以实之,遂谓古人著书,亦如后世作文,必皆本人手著。于其中杂入后人之词者,辄指为伪作,而秦、汉以上无完书矣。"[45]而此书也成为近二十年来简帛大量出土之后,学者借以了解古代文籍体制的金锁匙。

每一个时代都有"强势论述"及"弱势论述",在地下实物未大量发现之前,尤其是在古史辨派强大的势力之下,以上诸文大多湮没不闻。孙德谦、刘咸炘、余嘉锡的书在它们刊成的年代,几乎不曾引起过任何注意,即使是属于新派的傅斯年、罗根泽,他们那两篇文章也没有得到足够的重视。这个现象本身相当值得注意,即在一种新学术典范当令时,除非有非常强大的实物证据,否则,如果还局限在古代文献上进行推论,它们只能存在于历史的角落罢了。

这里当然也牵涉到晚清今、古文之争的问题。晚清今文家菲薄刘向、歆之学,认为其《汉书·艺文志》不足信,而后来更激烈的像胡适的"诸子不出王官论",更是全盘挑战《汉书·艺文志》诸子出于王官之说,并在当时取得极大的胜利。而章学诚的根基便在"诸子出于王官"之说,所以前面提到的那些保守派思想家孙德谦、刘咸炘、余嘉锡等(傅斯年事实上也是反对胡适"诸子不出王官论"之说的人,只是未明白说出而已,见其所著《战国子家叙论》一文),便不可能在新说盛行时得到任何注意,如果我们细绎孙、刘、余等人之书,便可以发现这里事实

---

[44] 如《古书不题撰人》《秦汉诸子即后世之文集》《古书单篇别行之例》《古书不皆手著》等皆是。

[45] 余嘉锡,《古书通例》,收入《余嘉锡说文献学》,页259。

上牵涉到对古书两种不同层次的解读：保守派是要同情地理解古书中的旧说，而新派是要批判古书中的旧说。

四

正如前面所说，章氏"言公"思想，一方面是讲古代的文籍，一方面是鼓吹回复到古代理想，关于前者，过去或者被忽略，或者仅处于非常边缘的地位。胡适则一语带过，认为是错了，但是征诸近几十年来出土简帛的实况，却使我们对章氏这方面的见解得到一种新的认识，而这种认识是一反汉唐以来视为天经地义的书籍观念，另方面是提醒我们对近代新学术运动以"批判"古代为出发点所留下的庞大学术遗产进行反思。不过，"反思"并不代表着全然信古，在古代文献中仍存在真假的问题及时间的层次。不过，章学诚"言公"的观察似乎提醒我们，检讨古代文献的真假及年代时，不能纯然沿用胡适、顾颉刚、张心澂（1887—1973）等所立下的标准，而应该摸索另一套标准。

重新审视章学诚的《言公》篇及相关之政治思想，可以对他的思想有另一层次的解读。钱穆（1895—1990）似乎认为，《文史通义》主要便是为了针砭清代经学流弊而作[46]。这当然是一个重要的面相，但只是一个消极的面相。章氏并不只是为了针砭时代学风这个消极的意图而作《文史通义》，他想积极地标举一套自己的政治思想。而晚清章学诚政治思想之得到重视，也反映了当时人面对政治、社会、文化失序时，所开出的一剂将三者绑在一起，消弭多元、回到一元的、全盘整顿秩序的药方。这是晚清思想的一个重要动向。

此外，章氏的论点，可能对古代文明的研究产生进一步的启发。过

---

[46] 钱穆，《中国近三百年学术史》，页380—381。

第九章　对《文史通义·言公》的一个新认识

去倾向于将章氏的言论当作是他个人一己的玄思,所以忽略了其中可能蕴含着解释古代历史的意涵。细绎其《文史通义》《校雠通义》二书,可能对古书之形成,以及儒家典籍经典化的过程得到一些新的理解。章氏的推论并不一定全对,但是它们参照启发的价值仍然值得挖掘。

近一二十年来大量出土简帛等遗物,促使许多学者再三呼吁研读先秦古籍时,要注重地下出土的实物,这基本上是王国维(1877—1927)二重证据法之传统[47],确是一条正路。不过,此处要提出两点:第一,不只研究先秦时代需要重视地下遗物,研究清代思想学术史时,也应当重视出土文物,借以对思想文献获得深一层次的理解,了解其立言之根据,了解其多重套叠的层面,否则无法把握到其思想之主从,而只在与今人相近似、今人所能理解,或受今人欢迎的思想内容上作文章。第二,研究出土史料时,恐怕也要留心章学诚这一类人的著作,看看它们在什么地方可以起着引路的作用,在什么地方纯粹只是臆测。

最后,章氏的"言公"思想也促使我们考虑古代"作者"(authorship)观的问题。"言公"的现象能概括先秦各类文献吗?将文献"依托"某人所作代表什么样的"作者"观?现代严格定义下的作者观究竟何时兴起?从官师分到现代,"作者"的定义又经过几次微妙的变化?这类问题牵涉到文化、社会、政治、知识生产等面相,值得进一步研究[48]。

"言公"的现象似乎并未随着官师分而消失。在明代后期,即大量

---

[47] 参见裘锡圭的几篇文章:《考古发现秦汉文字资料对于校读古籍的重要性》《谈谈地下材料在先秦秦汉古籍整理工作中的作用》《阅读古籍要重视考古资料》,收于他的《古代文史研究新探》(南京:江苏古籍出版社,1992),页1—72。裘氏这些文章屡屡举出土材料增加先秦古籍之理解,修正错误之作用。

[48] 近来西方"作者"观的研究蔚为热潮,有谓西方的作者观到中古时代才出现者,如 Roland Barthes。

存在不分真假、任意移置、抄辑他人书的现象。在道教典籍中,汉、唐以后仍大量存在章氏所观察到的现象。若以文体论,则一向被轻视的小说戏曲,一直到明清时代,似乎仍大量存在着《言公》中所描述的现象。凡此种种,使得"作者"观的问题,成为一个相当广阔也相当具有研究价值的课题。

第十章　程廷祚与程云庄
——清代中期思想史的一个研究*

一、胡适所留下的公案

胡适（1891—1962）可能是近代中国最早注意程廷祚（1691—1767）在清代思想史之地位的人，他曾自述说，最早是因为研究吴敬梓（1701—1754）《儒林外史》，注意到《儒林外史》中的庄徵君即程廷祚，而"搜书案"的主角卢信侯即是《青溪集》中之刘湘煃[1]。第二层因缘是胡适在 1920 年代著《戴东原的哲学》时，曾推测戴震（1724—1777）之反程朱思想可能承自清初的颜李学派，而程廷祚是中间的媒介[2]。胡适后来写了《颜李学派的程廷祚》这篇长文，很系统地阐发程氏思想与颜李学派之关系。此外，胡适还为北大编辑出版了程廷祚的文集[3]。

---

* 本文承郑吉雄兄提供宝贵意见，特此致谢。

[1]　程廷祚，《青溪文集续编》卷三，《纪〈方舆纪要〉始末》；在《青溪集》（合肥：黄山书社，2004），页 331—333。

[2]　胡适，《戴东原的哲学》，第二章，收入季羡林主编，《胡适全集》（合肥：安徽教育出版社，2003），册六，页 353—354。

[3]　参见胡适，《北京大学新印程廷祚〈青溪全集〉序》，原载 1936 年 6 月 4 日天津《益世报·读书周刊》，第 51 期；收入《胡适全集》，册八，页 137—140。

现在回过头去看，胡适在讨论程氏与颜李学派的关系时，创发之功很多，事实上后来几篇有关程廷祚的论文，往往是正面发挥或反对胡适的论点〔4〕。

程廷祚原籍安徽歙县，康熙三十年（1691）生于江宁上元县，字启生，别号绵庄，晚年自号青溪居士。他早年即以文才闻名，旋识武进恽鹤生（皋闻、诚翁，1663—1741），接触颜、李之学，深深被它们吸引。

雍正十三年（1735），程氏举博学鸿词科，因为拒绝某要人希望以他为门生的提议，遂以此报罢，时年四十五。从此之后，他杜门却扫，专力于《易》，既不喜汉儒互卦、卦变、卦气，也痛斥宋元河洛图书、太极诸说。最有名的著作为《易通》及《大易择言》。程氏少年时曾读过毛西河（1623—1716）的《古文尚书冤词》袒护梅氏《古文尚书》，乃作《〈古文尚书〉冤冤词》以攻之。

乾隆十六年（1751），上特诏举经明行修之士，程氏以江苏巡抚推荐入都，仍报罢归。乾隆三十二年（1767）卒于家，年七十七〔5〕。

胡适说程廷祚早年（康熙五十三年，1714）曾经致书李塨（1659—1733），表示自己准备写《闲道录》来发扬颜李学说，这封来自金陵的信，给北方的李塨莫大的鼓励，觉得颜李学说兴盛有望〔6〕；李塨原先寄望方苞（1668—1749）发扬其说，但是方苞因为受到文字狱案的牵连（1711—1713入狱）而开始有所畏葸，尤其是程朱乃清代官方功令之学，而颜元（1635—1704）、李塨反宋儒的态度非常坚决，方苞为了避免

---

〔4〕 参见薛贞芳主编，何庆善审订，《清代徽人年谱合刊》（合肥：黄山书社，2006），下册，薛贞芳所辑之"附录一：《清代徽人年谱合刊》谱主研究论著索引（1900—2003）"，页1028 的九篇论文篇目。譬如山井涌即反对程廷祚与戴震思想的关系，见山井涌著，胡发贵译，《程廷祚的气的哲学：兼论朱熹、程廷祚、戴震思想的异同》，《中国哲学史研究》，第1期（1988），页71—78。

〔5〕 以上参用戴望，《徽君程先生廷祚传》，收入《青溪集》，"附录"，页408—410。

〔6〕 李塨针对此事之复函，在《恕谷后集》（《丛书集成初编》据畿辅丛书本排印；上海：商务印书馆，1936）卷四，《复程启生书》，页42—43；而程廷祚康熙五十三年（1714）致李塨函，并未收入程廷祚自己的文集，而附录于李塨之《复程启生书》后。

触犯功令,不再像先前那样热心宣扬颜李的学说,甚至有些退缩。不过我们从方苞的文章中仍可看出他对颜李之推崇,他的"敦崇堂四友"中有李塨、王源(1648—1710)二人,即是最好的证明[7]。在方苞之后,李塨一度把程廷祚当作传道的种子。康熙五十九年(1720)李塨南游金陵时,程氏曾与他密切讨论,并说颜元"盖五百年间一人而已"。但是,当程氏于雍正二年(1724)及雍正四年(1726)两次访问北京之后,可能被北京的程朱学风所惊吓而对颜李的态度渐变,从此以后,程氏便"不以颜、李之书示人"。胡适引程氏给袁蕙纕的信说明他的消极态度:"而当代名儒即有疑其以共诋程朱相唱和者,……然而闻共诋程朱之说,不可不为大惧也。某之惧,非敢不自立而甘于徇俗也。"[8]而李塨许为传道有望的名单中,也不再出现程廷祚的名字[9]。

胡适一眼便看出程廷祚与当时思想界种种复杂的牵涉。在《颜李学派的程廷祚》中,胡适显然对程廷祚评价宋儒的态度前后不一感到困惑,所以花了许多篇幅详论程氏何以时而攻击宋儒,说宋儒与三代圣人背道而驰;但又时而极度赞颂宋儒,说宋儒一反汉唐章句训诂之儒,使圣经贤传语语返向自己的身心而且又以圣人为必可学而至,其贡献不可小觑。胡适认为程氏"依违两可":在程朱作为朝廷功令之学的庞大压力之下,程廷祚不敢公开批评宋儒,其公开批评宋儒之处,多是宋儒的解经之疏,但宋儒本来就不以解经见长,而他私下对宋儒的人性理欲方面的观点则批判不遗余力,这些面相说明了程氏至死都仍然是一个颜李的信徒[10]。

[7] 方苞,《方望溪遗集》(合肥:黄山书社,1990),《与黄培山书》,页65。
[8] 程廷祚,《青溪文集续编》卷七,《与宣城袁蕙纕书》;在《青溪集》,页392。
[9] 上述内容请参见胡适,《颜李学派的程廷祚》,原载1935年7月北京大学《国学季刊》第5卷,第3号,收入《胡适全集》,册八,页91—136。
[10] 同前引。

胡适的论点呈现了几个问题。第一,胡适显然将清儒的几种思路视为一体:第一种思路是反宋儒的禁欲主义哲学,第二种思路是对日常生活世界的肯定,第三种思路是反宋儒。而他之所以认为"颜李→程廷祚→戴震"之间有一条直接的联系,是因为他误认为若有其中一种思路,则另外两者必同时兼具,意即只要看到某些人同样有着反宋儒的言论,胡适便认为其思想是同质的。但是清儒中反宋儒者真是车载斗量,故不必然可以根据这个特征即建立一个清楚的传承关系,而且并不一定反宋儒就必定主张"尊情达欲"。事实上,颜李既反宋儒、反禁欲,又以"礼"来进行最严格的节欲;而戴震的"通情遂欲"之学与颜李之学,实际差异极大[11]。他们相同之处是在反宋儒,以及在讲"欲"时有些表面的仿佛而已。程廷祚一方面与颜李学说关系密切,另一方面则相当尊重宋儒,而他与颜李相契之处并不在反宋儒这一点,而是颜李的一些"实"的观念,例如:"但当从事于实学,不得高言性命"、"乡三物,教万民"、礼乐思想、充分肯认日常生活世界而抛弃过度形上化或心性论的思维吸引了他。

第二,胡适说《儒林外史》是一部宣扬颜李哲学的小说,原因是《儒林外史》中批评宋儒的禁欲主义哲学。由这一个论断可以看出,胡适误以为清儒中只有颜李反宋儒,所以凡反宋儒者皆与颜李有关,因此他布置了一条线索,认为颜李经由程廷祚而影响到戴震,又因程氏与吴敬梓有来往,故又影响到《儒林外史》[12]。其实清代反宋儒的学者非常之多,绝非颜李之专利;因为反宋儒就把它们凑到一个系谱中,是一件相当危险的事。

---

[11] 参见我的《明末清初的一种道德严格主义》,收入郝延平、魏秀梅主编,《近世中国之传统与蜕变:刘广京院士七十五岁祝寿论文集》(台北:近代史研究所,1998),页69—81。

[12] 参见胡适,《颜李学派的程廷祚》,页110、124—126、133—134。

胡适对程廷祚与颜元的种种论断,受戴望《颜氏学记》的影响[13]。清儒冯煦(1842—1927)早已说过,他的朋友戴望(字子高,1837—1873)尚颜元之学,"尤服膺先生(程廷祚)",戴氏作《论语注》与朱熹(1130—1200)持论相异,"每引先生说以自助。然先生折衷理道,持之有故,不为已甚之辞,非夫子高伺瑕抵隙以求胜紫阳为名高者也",冯煦郑重提醒,"后之学者毋震于子高之说,并诬先生"[14]。

对于程廷祚与颜李及戴震的关系,我就先说到这里。本文的宗旨实别有所在,即程廷祚之学说除了颜李这个渊源之外,似乎与明末清初另一位思想家程智(云庄)有关。胡适在用力研治程廷祚之时,提出了一个重要问题,即程氏《青溪集》中一再提及的程云庄究竟是何许人[15]?他似乎觉得这个问题有其重要性,故马上写信请教清史权威孟森(1868—1938)[16]。孟森大概也从未读过程云庄的著作[17],而且也未能提供任何进一步的线索,所以我们并未见到胡适后来有任何进一步的工作[18]。

---

[13] 胡适,《颜李学派的程廷祚》,页124。另参见戴望,《颜氏学记》(台北:台湾商务印书馆,1970),页96—98。

[14] 冯煦,《程绵庄先生传》,收入《青溪集》,"附录",页414。

[15] 胡适在《颜李学派的程廷祚》中说:"他颇采用程颐的《易传》,也颇采纳王弼的说法,又受了明末一程云庄的易学的影响。"《胡适全集》,册八,页122。

[16] 信写于1936年6月23日,胡适说:"心史先生:……《心史丛刊》一集页十五有云:'其缘饰以儒学,出入于九流者,厥惟程云庄之大成教。今其流派尚有存者,虽经黄崖杀戮之惨,崇奉之信徒,曾不径绝,如毛庆蕃其人,固无人不知为大成教徒者也。'程绵庄之《青溪集》中屡提及程云庄之《易学》,我正想考研其书,但苦不得其线索。今读先生所论,似先生熟知此派(按:大成教)之掌故,亟盼示以应参考诸书,使我得稍知此一派之内容,不胜感谢。"见《胡适全集》,册廿四,页311。

[17] 孟森《朱方旦案》中那一段文字是从清代的笔记小说中所得,徐珂《清稗类钞》中即有类似的线索。

[18] 事实上非但孟森不曾见过程云庄的著作,黄宗羲乃至于全祖望显然都只曾读过程云庄极少的著作。

胡适之所以在研究程廷祚之时转而注意程云庄,是因为他注意到程氏几次提到程云庄的易学,因而开始留心这条线索,但是因为材料的限制而未能进一步开展研究。我评估《青溪集》中的若干材料之后,有充分理由推定颜李与程云庄是程廷祚思想的两大来源。程廷祚为其弟所著《明儒讲学考》写了一篇《序》,当谈完明代讲学的派别之后,他坚确地指出在明儒朱陆两派之后,明末清初亦见两派,他说:

> 崇祯之季,有吾家云庄先生起于新安;国朝康熙中,有习斋颜先生起于博野。习斋动必以礼,敦善行而不怠,率门弟子讲求礼乐兵农之实学,孟子有言,彼所谓豪杰之士也。云庄先生明睿挺出,以《大易》立教,独阐性命之微,而谓之极数,学者鲜能得其途径以入。天之生上智不数矣,故所著书具存,而至今无问津者。朱陆而后,又有两派。因附识于此,以俟夫尚论者焉。[19]

由上面这一段话可以看出程云庄在他心目中地位之高,简直是明末到清初最重要的思想家。我也发现程廷祚《青溪集》当中有关程云庄之史料尚未被充分了解,故值得摘出,作一个比较深入的讨论。

这个讨论之所以可能,与我近年从东京内阁文库得到程云庄的《程氏丛书》(孤本)有一定的关系。将来如有机会,我预备写一篇长文比较深入地讨论程云庄学说,此处则以程廷祚为主轴,初步介绍程云庄的思想大概,以及程廷祚与他的关涉,借以推测两位相去将近百年的程先生之间思想交涉的思想史意义。

二、程云庄的生平

在文章一开始,已经略为交代过程廷祚的生平了,此处要谈程云

---

[19] 程廷祚,《青溪文集》卷六,《〈明儒讲学考〉序》;在《青溪集》,页133。

庄。程云庄是中国近三百年学术思想史中最为神龙见首不见尾的思想家[20],过去三百多年中,提到他名字的人非常多,却大多未曾读过他的著作,故对他的思想风貌存在严重的误解。它们大致可以分为两波:第一波是从明末清初一直到清代中期,像黄宗羲(1610—1695)《林三教传》一文[21]及全祖望(1705—1755)《书〈程云庄语录〉后》[22]。第二波是近代中外学者,如:胡适、酒井忠夫(1912—)、余英时(1930—)。黄宗羲虽然提到程云庄,但表示云庄师承林兆恩(林三教,1517—1598)之说而加遮掩[23],现在看来,这一个推断是没有根据的。全祖望虽读过部分文集,但说:"予思见其书未得,雍正甲寅,长洲徐编修丈澄斋出其遗书示予,三篇之外,尚有《守白论》。"[24] 近人似乎只有酒井忠夫读过程氏文集,在《中国善书の研究》中有零星几段话稍稍叙及程氏学说,而且大抵不甚准确[25]。

因为读不到程氏文集或仓促过眼,所以对程云庄学说之描述大多倘恍迷离,因而出现一连串问题。譬如:程云庄是不是如黄宗羲所说的,是"修饰兆恩之余术,而抹杀兆恩,自出头地"[26]?或者,是不是如

---

[20] 我个人十多年前研究"太谷学派"时,即曾对程云庄产生莫大的兴趣,因为许多文章都提到程氏是大成教的创始者,而大成教似又与太谷学派有关。参见拙文《道咸年间民间性儒家学派:太谷学派研究的回顾》,《新史学》5 卷 4 期(1994),页 141—162。

[21] 黄宗羲,《林三教传》,原在《南雷文案》,收入《黄宗羲全集》(杭州:浙江古籍出版社,1985—1994),第十册,页 544—546。

[22] 全祖望,《鲒埼亭集外编》(台北:华世出版社,1977)卷三十四,《书〈程云庄语录〉后》,页 1153—1154。

[23] 黄宗羲,《林三教传》,页 546。

[24] 全祖望,《书〈程云庄语录〉后》,页 1154。

[25] 酒井忠夫,《中国善书の研究》(东京:国书刊行会,1960),第三章第八节,《林兆恩の三教思想》,页 281—283。

[26] 黄宗羲,《林三教传》,页 546。

酒井忠夫所说的,程云庄是明清之交三教合一的代表[27];或余英时先生所说,为商人哲学之代表者[28]?或者,是不是如全祖望所说的"正希晚年禅学,盖得于云庄"[29],言下之意,程云庄是以禅学为主体的学者?或是如孟森所说的,他是大成教的始创者[30]?

但是我们把新见的程云庄《程氏丛书》,和程廷祚《青溪集》中相关材料相比勘,可以看出程云庄在当时及身后影响最大的是易学——程氏生前即号"大易师",而与黄宗羲以来对他的种种说法不尽相合。我们现在因为得以看到程氏弟子为他所编的简单年谱[31],可以知道他的生平与易学、《河图》、《洛书》、《太极图》之纠缠及奋斗不能分开。

程智(1602—1651),字子尚,道号云庄,万历三十年(1602)出生于安徽徽州府休宁县,家里经营典当业。十七岁随父至杭州,后至苏州。自叙云"吾十七来苏,处商贾中,落落难合。内家以吾志在读书,甚喜"。《年谱》说其父曾携至杭州仲兄典当铺中,仲兄教其"持筹会计",但程氏"不觉泪下,又恐伤先君之心,泣则匿帐中"。由这一段自述,可见他虽然出身典当商人的家庭,但是他心中厌恶,不愿从商。其父恐其郁抑成疾,遂又带他到扬州,他自言"独立江干,见江涛秋涨,一望无际,此心旷然直与天地相通,岂惟商贾不足限量,即世之功名富贵亦如

---

[27] 酒井忠夫,《中国善书の研究》,页282。

[28] 余英时,《中国近世宗教伦理与商人精神》(台北:联经出版公司,1987),页125。

[29] 全祖望,《书〈程云庄语录〉后》,页1154。

[30] 孟森,《心史丛刊》一集(据1935年大东书局排印本影印;台北:华文书局,1969),《朱方旦案》,页15b。

[31] 汤二祐纂,袁二微等同纂,《大易师云庄亟士程子年谱》(以下简称《程子年谱》)一卷,收入《程氏丛书》坤编,日本内阁文库藏本。我必须感谢廖肇亨、蓝弘岳两位先生的帮助,使我能获读此书。

秋风之卷以筹耳"[32]。

程氏自云十八岁在扬州时有一老人教以学仙,学之半年弃去。自问既不愿学商贾以求富,又不愿事科举以求贵,决定"学宗孔孟,儒宗独辟,继往开来,如宋之周程张朱",是年(万历四十七年,1619)冬返新安[33]。此后长住新安家中[34]。

从二十二岁至二十七岁,程智都在为《易经》中《河图》《洛书》及《太极图》的问题挣扎。二十二岁时,程氏"读《易》有省,曰,此道之本也",但同时也产生关键性的反思,故接着说"惟于《太极》《河图》《洛书》等图合之经文,多不浃洽,乃以诸图缀于内衣,昼夜思维"。此间他曾徒步到河南拜谒邵雍(1011—1077)的祠像,并拜伏羲墓,取墓上的蓍草而归[35]。

徽俗以治生为要务,科第为次,程云庄既不治生,又不习举业,乡人"咸以痴狂目之",以至于他寄在诸兄处生利息的资本,他的兄长们都不交给程氏使用,幸赖他的夫人黄孺人将嫁妆变卖维生。他曾寄食于本郡之问政山房及径山僧舍,"坐处必悬缀诸图,昼夜穷究"[36]。由此可见,程氏在二十二三岁时,正是对《河图》《洛书》《太极图》等是否当存的问题进行严肃思考的关键期。

在二十五六岁时,程氏在苏州一带参禅。二十七岁(崇祯元年,1628)时在休宁问政山房闭关,"忽然大悟,如梦初觉","乃见伏羲画卦之故,始知易前诸图及《河图》《洛书》之所以谬,乃悉弃去"[37]。朱熹

---

[32] 汤二祐,《程子年谱》,"明神宗万历三十年"条,页1a;"万历四十六年"十七岁条,页4b—5a。

[33] 同前书,"万历四十七年"十八岁条,页5a—5b。

[34] 指万历四十七年冬返家后,自万历四十八年(十九岁)至天启五年(二十四岁)在家。

[35] 汤二祐,《程子年谱》,"天启三年"二十二岁条,页6b。

[36] 同前书,"天启四年"二十三岁条,页6b—7a。

[37] 同前书,"崇祯元年"二十七岁条,页8b—9a。

《易本义》及《易学启蒙》的图书之学在南宋、元、明都曾有人不信,在清初,批评易图成为一股重要的思想潮流[38],代表性的有毛奇龄、黄宗羲、黄宗炎(1616—1686)、胡渭(1633—1714)等,甚至颜元亦有批《太极图》之语,而程云庄决意弃去易图的觉悟发生在崇祯元年(1628),早在黄宗羲的《易学象数论》、黄宗炎的《图书辨惑》、胡渭的《易图明辨》之前。值得注意的是,在此年之后,辩儒佛之同异成为程氏思想的另一个主题,而它与程氏对易学的态度是分不开的。

从崇祯五年(1632)三十一岁起,程云庄与徽州的还古书院关系密切,还古书院是当地非常具代表性的书院,并开始与金声(字正希,1598—1645)定交。从崇祯六年(1633)三十二岁起,程氏在苏州有一批信从者,他在雍熙寺讲《大学》,衍易数、作《蓍法定序》等[39],后来便往返于新安与苏州、杭州之间,并以卖卜者的身份出现。崇祯十一年(1638),浙江名儒陆符(字文虎,1597—1646)一见程氏,极为钦服[40],说服吴闻诗(子含)延程氏于家,立梅溪学会教读。后来苏州学生联合请其移往苏州,程氏从三十九岁(崇祯十三年)起以苏州为主要居停讲学之所,讲学于"易堂"。"易堂"前有一池,名之为"易池",而名其地为"易池学舍"。程氏慨"井田既废,学校不兴,志学之士,无友、无师、无地,乃集同志仿井田凡八家",且正式将家庭移至此地。后来因崇祯十五年(1642)流寇甚炽,遂迁往洞庭西山,建学舍、"公所",立"震泽易廨"[41]。

---

[38] 周予同,《朱熹》(台北:台湾商务印书馆,1971),页56—57。亦可参郑吉雄,《易图明辨与儒道之辨》,收入氏著,《易图象与易诠释》(台北:台湾大学出版中心,2004),页83—126。

[39] 汤二祐,《程子年谱》,"崇祯五年"至"崇祯八年"条,页10a、11a、12b。

[40] 黄宗羲曾于丁巳年(康熙十六年,1677)为陆符写《陆文虎先生墓志铭》,原在《南雷文案》,收入《黄宗羲全集》,第十册,页338—341。

[41] 汤二祐,《程子年谱》,"崇祯十一年"至"崇祯十五年"条,页13a—15a。

在明清易代之际,程氏四十三岁(甲申,1644),当时他与弟子之间有一些值得一提的事。首先是他与弟子听闻北京陷落、帝后殉国之后,"率同学北向稽颡哭,尽哀,乃除冠帻网巾投之地,曰:'今而后勿复用此矣。'"《年谱》的编者说:"当时以为一时愤激之言,不意成大清入主之谶。"当时因为天下未定,其弟子问程氏将来继明而起者,是流寇?同姓诸侯?或异姓诸侯?但程氏回答弟子上述选项都不对,"将来继周者,其在西北乎",《年谱》编者说"后悉如师论"[42]。

明亡之后,程云庄携其门人到洞庭西山寻访旧日讲学之地,发现弟子星散,学舍杂草丛生,书籍什物仅有少许残留。后来他决定重新聚合诸弟子[43]。

顺治四年(1647)程氏四十六岁起,在苏州易(阳)山地区积极组织私人的讲学社群"研悦社"[44],这仍旧是一个融合治生与讲学为一体的社群,模仿井田,以八家为一个组织单位。明亡之后,孙奇逢(1584—1675)在河南、宁都三魏在江西也都有社群性的讲学组织,不过"研悦社"的生活组织及讲学方式更有古意[45]。

程氏接着似乎改称"研悦社"为"参两社",这一个阶段从学者最多,最多八十余人。"参两"是程云庄这一时期易学最重要的主张,他刻有《参两说》[46]。从顺治五年(1648)开始,程氏感到学生们生计上有很大压力,不能积极求道,故决心出访江宁,希望能遇到全力向学的人;顺治八年(1651)决定再访江宁,弟子们极力谏止,程氏不听,坚决

---

[42] 汤二祐,《程子年谱》,"崇祯十七年(大清顺治元年)"四十三岁条,页15b—16b。
[43] 同前书,"顺治三年"四十五岁条,页17b—18b。
[44] 易(阳)山在苏州西部浒墅关镇、通安镇、东渚镇交界处,参见明代岳岱的《阳山志》,收入明杨循吉等著,《吴中小志丛刊》(扬州:广陵书社,2004),页180—223。
[45] 汤二祐,《程子年谱》,"顺治四年"四十六岁条,页19a—20a。
[46] 同前书,"顺治四年"四十六岁条,页20a—b。

外出,到达江宁之后住在天界寺,接着欲渡江到扬州,后来未能成行,八月初,程氏痢疾发作而亡,年五十。死前他召集弟子们说明为何他坚决外出:"吾在山中时以兄等俱有家累,不得不以处馆糊口,不能担荷吾道,故欲出门求友,意旧京省会之地人文汇聚,必有豪杰非常之士,庶几一遇。岂意两番跋涉,不遇一人,乃思诸兄真豪杰,真有志者也。吾今若得不死归山,诸兄但觅几担米贮山中,吾当尽吾所得,日与诸兄商略,即吃薄粥,吾亦安心矣。"[47]

程氏如此珍惜其"大道",但是除了苏州一群穷弟子外,他两次到江宁都找不到一位"大道"的信从者,想必是因为某些理由,其"大道"并不易为人所接受。

三、程云庄思想的梗概

在这里须将程云庄的"大道"略作介绍。程氏思想非常复杂,故详细的分梳当待他日。

首先,程云庄并非如近人酒井忠夫等人所说的,是表现一种三教合一思想,或是以佛道为主体的思想,或是晚明清初商人思想的代表。我认为之所以造成这么重大的误解,恐怕是因为《程氏丛书》太过稀有,而书的内容又太艰深,所以如果匆匆寓目,确实会产生前述的几种误会。如果稍稍细看,我们可以发现他有一个很大的思想格局。程氏早年从佛、道入,但到了他思想稳定之后,佛、道之说在他的思想体系中反而退为辅助性的,甚至是枝节,而他的整体思想格局是不能从一枝一节去把握的。

程氏的思想最初显然从禅宗入手,但他的思想主体则是在苦思当佛

---

[47] 汤二祐,《程子年谱》,"顺治五年"及"顺治八年"条,页21b、22b—24a。

道二氏弥漫天下,而儒家又似乎全然无力应付的局面下,如何在一个全新的基础上建立"实"的根基？程氏的这个思想体系以"天< = >易"为基础,天是实的,易是实的,故等于是提出一个"实"的宇宙架构,以对抗二氏"虚"的天地。

程云庄在思想轮廓上与并世大儒其实相去不远。譬如有浓厚的"回向古代"的倾向,极力分别秦汉以前之局与秦汉以后之局之不同,极力痛斥老庄申韩之学之为害中国历史("混至道于申韩")。他与阳明心学以来的传统,似乎也不能完全无关。他常提到"自致",譬如说"盖不本于人心之所自致以兴礼乐、兴教化"之类的话[48],其原理类似阳明的"人本自天",强调人自能辨是非、自明利害,人人原是大人,人心原无不正,自知礼乐教化,关键在于能否"自致其心"。因此要靠此"心"来"辨物"(类似邵雍的观物说),故其《参两说》首先说"仁智(非仁义)其实即是'德(人心之得)'",而此心得即具备天知地能,故其心学即是反求自身之知能来辨物。

而程氏最常提到的几点,一是以至实的"易"来贞定宇宙的结构。譬如他与并世大儒都希望洗涤佛道二氏对中国思想之影响：

> 商韩者戕仁之贼也,戕天之贼也。若夫佛老之学,则乘民心之苦于商韩而旁出以招天下之归者也。……然而佛老又自有佛老之偏,则佛老又自有佛老之弊。[49]

他与并世大儒顾炎武(1613—1682)、黄宗羲、王夫之(1619—1692)等一样特重"礼",痛责佛道二氏"生无礼制以遂养生之心,死无礼制以安

---

[48] 程智,《与金太史论孝书》(收入《程氏丛书》坤编,日本内阁文库藏本),见页2a—b、8a—9a、19b—21a。

[49] 同前书,页11a。

既死之鬼"[50]。

他与并世大儒所不同之处,在于他透过非常繁难的论说,希望明天道以对抗佛老,而天道与易是互通的,故说"明天道而可不学易乎",以"易"来定出不同于佛、道的"天"[51]。这说明了何以《易》是他的思想最为关键之处,而他又为何被称为"大易师"。譬如说:

> 吾故曰本人心之所自致以求之,不可不明天道也。然明天道而不学易,则儒者言天矣,佛氏老氏亦言天矣,吾未知其所为天者,同乎?异乎?[52]

儒、佛、道皆言"天",但是唯有儒家由《易》以贞定的天,才是"有"的"天",不是"无"的"天",是有儒家的礼、乐及孝、悌等等的伦理纲常的"天"[53]。故他又说:

> 古之大孝者,未有不学《易》,学《易》而明天以报天,立人以报亲。[54]

但是他又不无狂妄地宣称二千年未有学《易》者[55]。为什么二千年未有学《易》者?因为五行生克,《河图》《洛书》《太极图》遮蔽了易学,两千年来学《易》者学此也,因此他要重新厘清易学之"大道"[56]。

因此,程氏的两篇文章《河图辨》《太极辩》在他的整个思想系统中便有极关键的意义。这两篇文章非常罕见,它们的意思不大好懂,但其

---

[50] 程智,《与金太史论孝书》,页10b—11a。
[51] 同前书,页19b—21a。
[52] 同前书,页21a。
[53] 同前书,页21a—25a。
[54] 同前书,页21a。
[55] 原文系:"然《易》书具存,而孔孟以后二千年,无有学之者。"同前书,页21a。
[56] 同前书,页21b。

基本用意都是在辩《河图》《洛书》《太极图》。

前面我们曾引《程子年谱》说明程云庄弱冠学《易》,曾因《河图》而崇拜邵雍,不远千里到其故乡拜谒邵氏祠像,而且多年来将《河图》的式样缝缀于其内衣,这段话即出自《河图辨》。他在这篇文章中也说明自己渐渐觉得《河图》"不合于自心,不通于己志。久之然后弃去"[57]。程氏在《河图辨》中说明自己对《河图》由狂信到放弃的几点理由:

(一)易卦言"乾天坤地",则其原本是天地,如必据易图以学《易》,则是致人之心知于图象,终不足以见"真天真地"之变化,则人心与天地不相通。如果圣人作《易》必须靠《河图》,则何以为圣人?如果是从《河图》才能见天地之变化,那么等于说天地之间(如风雷、山泽、禽兽、草木、男女)悉皆冥顽之物,皆不足以见天地之变化。

(二)易传明言,圣人仰观俯察,始作八卦,并未一及《河图》。在这篇长文中,程氏从《尚书》《礼记》《论语》等文献加以搜讨,认为从这些文献看不出任何易图与《易》有关的根据。

除了上述两点之外,程云庄责备邵雍的易学为"妄配数位、掩蔽象数,为绝参两于不传"[58]。我初步理解他援用张载(1020—1077)的看法,其《参两说》即是张载《正蒙·参两篇》的另一种说法,意思是强调在参(天)与两(地)之交[59],万物及人道生焉,佛氏只重天地之元而忽视天地之交,道家只重天地之交而忽视天地之元,而其大道则是两者兼备。但是如采信《河》《洛》之说,则将忽略《参两说》之真义。至于另外一点说"谬著生成、淆乱《连山》,为致方术以无本"[60],则我目前尚

---

[57] 程智,《河图辨》(收入《程氏丛书》乾编,日本内阁文库藏本),页1b。
[58] 同前书,页4a。
[59] 张载,《正蒙·参两篇》,收入《张载集》(北京:中华书局,1978),页10:"地所以两,分刚柔、男女而效之,法也;天所以参,一太极两仪而象之,性也。"
[60] 同前书,页10。

未能有较好的理解,只能暂时抄录于此。

程云庄认为《河图》《洛书》不过是术士占卜推算、运行生克之学,宋儒探求爻画之原而不可得,"以圣人言象言数,因知爻画之前有一象数,而不能研思以求、真知其说,偶遇术士此图,则茫然以为原本"[61]。他先是斥骂邵雍,接着又痛责朱子受邵雍(1011—1077)等人之惑,竟取其图以冠《大易》之首,为易学增一障蔽,而朱熹的《易本义》又风行数百年,他认为那是"学者之大不幸也"。

《太极辩》不像《河图辩》那样朗朗大言,这篇文章相当短。他说:

> 吾观佛氏子孙,不惟教家无知,即五宗大老,并未尝学《易》,并未尝学玄。乃欲轻判《易》玄,此皆所谓梦然者也。意彼判无因者,彼盖以两仪为彼之因缘,太极为彼之自然;以周子之无极,当彼之顽空;以太极为有因,故以无极为无因耳。若《易》之太极,果如是可以配观,则其判为无因也固宜。倘不如所云云,则是渠教自判因缘自然,自判有因无因,与太极无涉也。[62]

从以上引文看出他此文主要针对佛教,也针对周敦颐等宋代理学家的易学,他认为这两者相互为因,佛家以"两仪"为彼之"因缘",以"太极"为彼之"自然",以周敦颐(1017—1073)之"无极"为彼之"顽空",而这些都是把易学导向虚空的原因。程氏乃特别强调"极数"之说:

> 太极立而阴阳生,阴阳生而六十四卦生。六十四卦之中,万有一千五百二十之数存焉。万有一千五百二十,是为万物之数。其生物也如此,是之谓生生,是皆一本于太极。[63]

---

[61] 张载,《正蒙·参两篇》,页4a—b。

[62] 程智,《太极辩》(收入《程氏丛书》乾编,日本内阁文库藏本),页1a—b。

[63] 同前书,页2b。

程氏希望以"极数"来确定这个世界为"有",而不是"无",从而豁除《太极图》之"无极而太极"、以"无极"为一切根源之论。

程氏思想并不易了解,所以程廷祚在前面所引的《〈明儒讲学考〉序》中说他的学问太聪明、太深奥,所以传不下去。但在这繁杂的内容中有一些关键点,即重新建构"有"、重新肯定这个日常生活世界以对抗"无""空"。这个问题看似轻,但晚明以来"空""无"之说在士人圈中影响力太大,使得程云庄认为他的这项思想任务是非常急切的。程云庄建构了一个极为繁复的易理世界来证明圣人是非常平实的,根基于天地万物的实在,与任何形上之建构无关。所以既不是宋儒邵雍、朱熹所说的形而上之圣人,更不是佛道的"无""空"之圣人。

四、程廷祚思想受到云庄影响

这个圣人观在一百多年后,得到了共鸣。程廷祚在《书〈云庄先生年谱〉后》中,表达了自己对程云庄整体学说的了解,因为材料珍贵,故全录于此:

> 云庄先生明睿挺出,在汉、宋诸儒之上。其学不为禅,而其闻道则自禅入。盖自孔子没而微言绝,性天之蕴不可复闻,天下之学者既汩没于陋儒之章句,又鹘乱于俗士之记诵词章,与夫功令政事之束缚驱迫,由来尚矣。高明之士无所投足,释氏起而张云罗、顿天网以收纳之。其往而不反者,则为南、北二宗,阐空幻寂灭之教;其入而未深者,则为明道、横渠、晦庵、阳明,退而修儒门之职事。推其能洞窥儒、释之堂奥,直探造化之根柢,以泄圣经之秘,未有如云庄之盛者也。惜世无孔子,罔所取裁,既不肯席释氏偏安之余业,又不屑与群儒竞逐于中原,乃出其所心得,为极数之学以自名,而托于《大易》之所以冒天下之道者,其志岂不大哉!虽然,学有

源,教有统,古之立教者以尧、舜为宗,其他创立名号别开门户者皆为失中,而有乖性命之理。故唐、虞之钦明恭让、直宽刚简,成周之六德六行,孔子之四教,孟子之仁义,历数千百年而同出一揆者,何也?是皆人性之所同然,孩提所可与知,而愚夫愚妇所可与能,故不能舍之而他由也。若所谓极数者,则非尽乎仰观俯察之能,穷乎天地万物之变,不足以明道而明《易》。夫必如是,而后可以明道,可以明《易》,是以庖牺氏责天下之学道学《易》者矣,未闻孔子有是说也。云庄虽能独任,奈天下何?天下之学道与学《易》者,卒无庖牺氏,则云庄之学与皇极先天同归于无用,未见云庄与诸儒之优劣也。或称宋儒之言格物穷理者,曰上自太极无极,下至一草一木,此非为云庄之学者也,而何其似云庄也?则将何辞以谢之耶?客曰:何以知其自禅入也?曰:世之观物者,所见有明暗偏全,则其言有浅深离合。宋儒之论释氏,曰敬以直内则有之矣;又曰弥近理而大乱真。其与云庄之论果孰离而孰合哉?惟其入禅而造其深,故迹不能无近似焉,阅《年谱》者知之矣。[64]

程廷祚对云庄之"极数"之论有所批评,他说如果一定要先明了"极数"才能明道、明《易》,那就是以伏牺造《易》的标准来要求天下学道学《易》的学者,即使孔子恐怕也没有讲过这样的话,或许云庄自身能负此大任,但奈何天下人不能。但是程廷祚也表示非常欣赏云庄之学,尤其欣赏他辩斥《易经》的图书象数方面的言论,而当时人认为程廷祚最重要的学术贡献,便是他在易学方面的两部著作《易通》及《大易择言》,两书的一个重要宗旨都是要人们摒弃图书象数,以平正宽坦的路来讲《易》。胡适说他治经"是要切于人生实用,是要一个新的人生与社会",又说他的易学主张《易经》是"一部论人事的书,'易'的本意只

---

[64] 程廷祚,《青溪文集》卷八,《书〈云庄先生年谱〉后》;在《青溪集》,页179—180。

是'简易','易'的精义只是'生生之谓易'一句话"[65]。程廷祚在《大易择言》自序中说：

> 后之人不能以迂怪之说加之《诗》《书》，而于《易》则无所不至。……若舍其平易，就其艰深，周纳其似是，附着其本无，论说之繁兴，适以蔽经而已矣。……六经之中，惟《大易》有圣人之训诂，则后世说《易》或凿智强经，异说多端，不可致诘；或绘图立象，自命画前之秘，以相授受者，皆不可以不知所择也已。[66]

又在《寄家鱼门书》中说：

> 宋代诸君子出，而思有以胜之，然于《大易》刚柔易简之理全不能明，而顾取陈希夷之《太极》、邵康节之《先天》，及刘牧之《河图》《洛书》诸怪妄之说，以自矜微妙，此犹汉家之王霸杂用，而以为自有制度也，岂足以胜佛、老哉！[67]

从前面引文可以看出，程廷祚对宋儒易学图书象数方面的工作，极为反感，意见非常坚定。但这只是一面，他在《上督学翠庭雷公论宋儒书》中又说明宋儒思想的另一面，他说宋儒凡涉及天理人欲、公私义利，以及性理方面的见解，都是高不可及的：

> 审乎此，则两汉以后之儒与宋儒之得失，较然矣。而后人所以尊宋儒者，亦可得而识其轻重矣。未能察天理人欲之分，严义利公私之介，专务于存诚、主敬、致知、力行，孜孜然以圣人为必可学而至者，此诚宋儒之不可及者也。若夫解经之是非离合，则

---

[65] 胡适，《颜李学派的程廷祚》，页122。
[66] 程廷祚，《青溪文集》卷六，《〈大易择言〉自序》；在《青溪集》，页148—149。
[67] 同前书，卷十，《寄家鱼门书》，页229—230。

宋儒之末节也。[68]

因此在程氏心中有两个宋儒，宋儒在解经方面是不行的，在易学象术、先天方面之说，更是错误百出，但是宋儒发明的学为圣人之道，却又是非常了不起的。胡适以为这是程氏说两面话，但是事实上并非如此。程廷祚在《再上雷公论宋儒书》中又说：

> 六经之中，《易经》最为难言，以封锢之者，非一日之积也。康节、邵子人品最高，若其学则虽与焦、京邪正不同，而实不免于术数。《先天》诸图，昔人谓其设为衍数之用，而托于《周易》以自重尔；非作《易》之本指也。其援引《系辞》、《说卦》数章，察之未有明文。……彼《先天》，孔子无其名也；《太极》之图，亦孔子所未有也；斯二《图》者，何补于经训圣学，而见为日用之不可少？[69]

程廷祚认为圣人之学，是"易简"，是"浅近"，"不外于性命日用"，透过批判《易经》的图书象数说，正是要天下之人脱于"玄妙"，入于"浅

---

[68] 程廷祚，《青溪文集》卷十，《上督学翠庭雷公论宋儒书》，页234。

[69] 同前书，卷十，《再上雷公论宋儒书》，页237—238。此外，可参见程廷祚《青溪文集续编》里的相关文字如下：(一) 卷一，《救佛论》，页308—309："夫欲尽人道者，不可以不知性命；欲知性命者，不可不学《易》。……易简而不能得天下之理，非也；得天下之理而不本于易简，亦非也。……彼言心，吾亦言心，彼言性，吾亦言性，天下之人必曰圣人之言心、性，如此其大且正也。佛氏之言心、性，其小而偏如彼也。……惜乎，其不讲于《大易》之全也。"(二) 卷四，《上一斋晏公论〈易〉学书》，页350："今不举亟称之易简，而标一言之太极，且托于图以示人；《河图》虽见于《传》，而自古未有言其为何物者，今特表而出之；至圣经本无《先天》之说，今亦创而为图；皆以出于希夷为，为伏羲所手授，《易》之本教，固如是乎！"(三) 卷五，《与王从先司马论〈易〉象数书》，页357—358："有宋大儒辈出，学术醇正，乃其说《易》，则援希夷之《先天》、刘牧之《河图》以为原本，倡一和百，竞相推衍，以矜高妙。……然不知明公所谓象数，乃焦、京之象数乎？马、郑、荀、虞与陈希夷、刘牧之象数乎？抑孔子之象数乎？"

近",以"浅近"视圣人[70]。程廷祚在这几篇文章中,都说明了自己何以由早年的笃信图书象数,到后来极力排斥,因为他认识到受图书象数之学的遮蔽,人们便不能了解圣人作《易》的"浅近"之本意。

当时有一位许方亨读了程氏的著作,来信表示他认为程廷祚是受到程云庄的影响,但并未明白说出这一点。程廷祚遂在《与毗陵许方亨书》中清楚说出他本人是如何受到程云庄之影响的:

> 接望后手教,甚慰;兼蒙以家《云庄先生年谱》及《论孝书》见示。仆曾见此公著作,始末甚长,未获面悉,兹略及之。忆仆成童读《易》,壮岁以来,始求其说而茫然,乃广览汉、宋以来之注疏传义,而愈不得。且所最不解者,卦、爻之词作于文王,《十翼》作于孔子,故其书名《周易》,今乃冠以《河图》《先天》诸图,谓为作《易》之本原。若一奇一偶与六十四卦,犹非道之至者,则何也?退而自叹:天假以缘,我生于群经,或犹有窥见藩篱之日;而《易》则已矣,然心未服也。[71]

依我目前手上所搜集有关程云庄弟子及流衍的资料看来,程云庄故逝之后,他的著作在江苏、安徽等地区流传[72],许方亨是江苏人,故可能是程氏学派中人。程廷祚回答许方亨之问,说明自己接触程云庄易说之始末:他说自己儿时即知有程云庄这个人,雍正四年(1726)他旅食于北京的湘潭会馆,与一位马授畴共处数晨夕,始见程氏的《论孝书》

---

[70] 程廷祚在《复家鱼门》书中说:"以学者见其书以爻象为门户,以阴阳刚柔为体用,疑其玄妙不测,不得以浅近视之故也。殊不知天生圣人以立人道,人道不外于性命日用。……愚愿天下之学《易》者,视以浅近,则真玄妙矣。岂必求诸《河图》、《先天》之属哉?愚于此,虽稍有所见,而同志寥寥。"《青溪文集续编》卷八,页395。

[71] 程廷祚,《青溪文集》卷十一,《与毗陵许方亨书》;在《青溪集》,页253—254。

[72] 江西弟子如金正希。苏州一带弟子,见清代华渚尚《逸民传》(台北:广文书局,1974),页1—2。关于程云庄弟子及流衍,我将另文考证。

及一四、二三、参两诸说,汪洋叹息,莫测其高深,当时认为程云庄是"要其明睿挺出,三代以下一人而已"。他也提到马氏并未示以程氏注《易》之书,后来在江苏淮阴才得到《易说》二册,论乾坤、文言及泛谈《易》理,然而这两册书似未足以尽云庄学说之蕴,可能是门徒所纂录而非程云庄手撰,而且这两册书他也已经遗失了[73]。程廷祚接着说:

> 来教谓与拙著多所符契,岂足下曾见其《易解》全书耶?窃观云庄之于易学,直参造化,所见在画前之《易》,所得在意象之表,举以论《易》之大体全象,则近于所谓范围天地之化,弥纶天地之道者矣。若施之章句,以释一卦、一爻之词,尚未见其义之所安,而用之所当也。[74]

程廷祚的意思是,程云庄的易说是在辨《易》的根本的、整体的道理,不是在细节上诠释每一卦每一爻,与他的《易通》与《大易择言》不同。他说,"为云庄之学者,有云庄之力与智则可也",但是我们何曾看到孔子用一四、二三这些抽象的原理教导七十子?程廷祚接着提到程云庄死前嘱咐"送终不以棺椁,及令其子与门人服缌",又说"《(程子)年谱》不为之讳,云庄之门可谓无人矣"[75]。这段话应该是指《程子年谱》所说的"吾死不用棺,用龛,然要与佛氏别,上刻八卦"这件事[76]。程廷祚又说:

> 宋儒谓文王有文王之《易》,孔子有孔子之《易》,仆亦谓云庄有云庄之《易》,怀此已非一日,既不敢与授畴言,他人又无可语者,因与吾兄私论之,幸垂教焉。至仆不揣梼昧,所著多出管窥,其

---

[73] 程廷祚,《与毗陵许方亨书》,页254。
[74] 同前书,页254—255。
[75] 这三段引文见前文,页255。
[76] 汤二祐,《程子年谱》,"顺治八年"条,页24b。

> 廓清大指,具于《部首要论》二卷、《精义》一卷。间有蓝本云庄者,亦颇融会,未尝直用其说,统祈惠赐订正为幸。余不悉。[77]

他承认自己的易学著作"间有蓝本云庄者,亦颇融会",但"未尝直用其说"[78]。

毗陵许方亨质疑程廷祚的易论与程云庄太过相似,甚至怀疑他有剽窃之嫌,逼得程廷祚要写一长篇文字来说明他的学思历程,说明他在自己的易学著作中确曾"融会"程氏之说,但并"未尝直用其说"。然而就我目前所知,《易通》及《大易择言》并未提到程云庄[79]。我们看不到许方亨的原信或其他相关材料,不能够判断许氏是否直接读过《易通》及《大易择言》二书,但无论如何,程廷祚这两部书未提程云庄,恐怕是引来许方亨质疑的主要原因。许方亨的挑战对程廷祚来说似乎颇严重,所以他在给族侄程晋芳(字鱼门,1718—1784)的信中还详论此事:

> 毗陵许方亨,愚三十年旧友也;近走札索拙著《易通》观之,谓与云庄先生之言多所符契,渠盖疑愚之易学出于云庄,而不知其否也。兹录复札稿并《书云庄年谱》之作呈阅,以足下为愚易学知己之最故耳。……赵宋说《易》之家有《河图》《太极》《先天》诸图,即使义蕴宏深,果不谬于庖牺画卦之指,而要与《周易》无涉,不足以解一卦一爻之义,则皆赘疣涂附也。[80]

---

[77] 程廷祚,《与毗陵许方亨书》,页255。
[78] 同前注。
[79] 参见程廷祚,《易通》十四卷(《续修四库全书》据北京大学图书馆藏清乾隆十二年道宁堂刻本影印;上海:上海古籍出版社,1995);《大易择言》三十六卷(《景印文渊阁四库全书》,第52册;台北:台湾商务印书馆,1983)。
[80] 程廷祚,《青溪文集》卷十一、《与家鱼门书》,页256。

此信的最末段说"吾恐云庄本有所自得,而托于《大易》之极数以为墙壁,则其用心仍与邵氏无异",也就是说程云庄反对邵雍,但是他的"极数"之说仍与邵氏的体系相仿佛。而程廷祚说"要之,学之不可施于日用而与天下共由者,非圣人之学也",可以看出程廷祚认为自己虽受程云庄之启发而排斥图书象数,可是他认为程云庄最重视的"极数"之说,仍然与邵雍作风近似,仍然不能"施于日用",也仍然不是圣人作《易》之本旨[81]。我认为有许方亨这一逼问,程廷祚才把他自己与程云庄的同异之处说得更清楚。

从前面的讨论看来,程云庄之易学是程廷祚思想的重要资源,而程廷祚之所以同时为颜、李与程云庄思想所吸引,是因为两种学说都呈现了一个特点:它们想摆脱形上玄远之学(或是"去形上化"),希望回到实德实行与实学实习。两种学说在这一条路上发展程度有所不同,程云庄走得近而颜、李走得远,由于程廷祚主张充分肯定日用人生,故在上述两派中,程廷祚更近于颜、李。

先说颜李。颜元的学说甚广,"实"之一字可概括之。颜元说"尧舜之道而必以事名,周孔之学而必以物名"[82],他举六府、三事、三物、四教、九容为学,而极力反对宋儒主静与诵读为大之论。《青溪集》里程廷祚最常提到颜李的几件事,(一)躬行礼乐兵农之实学[83];(二)辟宋明儒之主静诵读,不周世用;(三)归乎实际、实用。统而言之,《青

---

[81] 程廷祚,《与家鱼门书》,页256—257。另参见《青溪文集》卷八,《书〈云庄先生年谱〉后》,页179:"(云庄先生)乃出其所心得,为极数之学以自名,而托于《大易》之所以冒天下之道者,其志岂不大哉!"

[82] 颜元,《习斋记余》卷三,《寄桐乡钱生晓城》,收入《颜元集》(北京:中华书局,1987),页439。

[83] 程廷祚,《〈明儒讲学考〉序》,页133:"习斋动必以礼,教善行而不息,率门弟子讲求礼乐兵农之实学。"

溪集》中的一段话可为总括："以博文约礼为进德居业之功,以修己治人为格物致知之要,礼乐兵农、天文舆地、食货河渠之事,莫不穷委探原,……而皆归于实用。"[84] 故其特质皆是破除形上及书册之虚文,亦破除过度高远精微的性命之学,而归于"实际"或"实用"。程云庄并没有像颜李那样明白的兵农礼乐治平天下之学说,但他引导程廷祚破除宋代以来思想中的形上建构,其共同趋势也是归向"实际"。前面已经引用胡适的一段话说,程廷祚主张《周易》是一部论人事的书,"易"的本意只是"简易","易"的精义只是"生生之谓易"[85]。

程廷祚反对图书象数与明末清初的黄宗羲《易学象数论》、黄宗炎《图书辨惑》、胡渭《易图明辨》等论点相近[86]。而程廷祚写《〈古文尚书冤词〉辨》上下篇、《〈尚书古文疏证〉辨》,以及《晚书订疑》等文章,主张《古文尚书》是晚出之伪书,与阎若璩(1636—1704)的《古文尚书疏证》论点亦相近。

值得注意的是,与程廷祚交往密切的程晋芳[87],在频繁的信件往还之后,显然也接受了程云庄的思路[88]。在程晋芳的《正学论》第五篇中,他历数"国朝"以来的大儒时,有三大儒"汤斌(1627—1687)、陆陇其(1630—1692)、杨名时(1661—1737)"、三学人"顾炎武、黄宗羲、

---

[84] 戴望,《徵君程先生廷祚传》,页408。

[85] 胡适,《颜李学派的程廷祚》,页122。

[86] 关于黄、胡之书的学术史意义,参见余英时的《清代思想史的一个新解释》一文精彩的分析,该文收入氏著,《历史与思想》(台北:联经出版公司,1976),页121—156。又可参考郑吉雄的《易图象与易诠释》、汪学群的《清初易学》(北京:商务印书馆,2004),第三章,页294—380。

[87] 按:程晋芳为程廷祚之族侄,两人在乾隆元年(1736)相识。参见程晋芳,《勉行堂文集》(《续修四库全书》据嘉庆二十五年冀兰泰吴鸣捷刻本影印;上海:上海古籍出版社,1995)卷六,《绵庄先生墓志铭》,页355。

[88] 程廷祚曾写信给程晋芳说:"知足下向慕云庄久,偶检得《语录》一册寄阅。"见《青溪文集续编》卷八,《与家鱼门》;在《青溪集》,页399。

李光地(1642—1718)"之目,但对他们都有所批评,讲顾亭林时说:"亭林生于明末,目击宽弛之弊,思以严厉矫之,说近申韩,几不自觉,使其术行,必有硁确不安处,幸而不试,故人宝其言。"讲黄宗羲时说:"而其主意以为不封建、不井田则世不可以治,此则迂生习见,不宜出于学人之口。"然后说:"前乎三人者有程云庄焉,金正希、蔡维立之师也。当时如念台(即刘宗周,1578—1645)、石斋(即黄道周,1585—1646)辈皆尊服之,谓是三代以下第一人。鼎革之后,逃于禅,今其书具在,其高明广大之识,信乎为旷世材。"[89] 程晋芳对众人皆有微辞,独以"旷世材"许程云庄,足见其推崇之高。推崇的理由之一恐怕是与他受程廷祚影响之"去形上化",而归于"实际""实用"有关。

程晋芳提倡"有用之学"、文武合一[90],他认为《古文尚书》真伪这个公案,是"我朝阎伯诗、程绵庄、惠定宇(即惠栋,1697—1758)辈出,始抉摘无遗蕴"[91]。他坚决排斥《易》的图书象数,在《勉行堂文集》中到处可寻此踪迹。他极力张扬胡渭的《易图明辨》,在《跋》该书时说:"东樵于此旁搜博考,极辨难之力而无矜张矫厉之气,可谓精醇之至矣。"[92] 又极力揄扬黄宗炎的《图书辨惑》说:"盖与胡氏之《易图明辨》、程氏之《易通》,皆能拨云雾于晦昧之余,使白日青天昭垂于千古矣。"[93] 他显然是把程廷祚算作清代辨图书象数大传统的几个要将之一。

不过他与程廷祚在尊宋学的分量上略有轩轾。前面已说到过,程

---

[89] 程晋芳,《勉行堂文集》卷一,《正学论五》,页294。程氏在二人之后,读蕺山集亦未见称及程氏者,鱼门此说恐是信口开河。

[90] 同前书,卷一,《正学论七》,页296。

[91] 同前书,卷二,《〈尚书古文解略〉序》,页303。

[92] 同前书,卷五,《〈易图明辨〉跋》,页335。

[93] 同前书,卷五,《〈图学辨惑〉跋》,页334。

廷祚一方面反宋、一方面赞宋,他反对宋学中图书象数的部分,却从不废对宋学心性之学的尊重。至于程晋芳,《碑传集》中收录翁方纲(1733—1818)为他写的《墓志铭》说,程氏在与友人书中赞扬宋儒"至于天道人纪,节心制行,务为有用之学,百世师之可也"[94]。程晋芳尊宋的成分似更重些,《正学论一》说"宋贤出而圣学大明",对于"而世之人辄以程朱为迂缓之儒"[95] 感到不可解;又大谈宋学之可贵[96],并且不满颜李之痛斥程朱[97]。由对颜李态度之不同,我们可以看到程廷祚与程晋芳之间思想的出入。

五、结　论

第一,首先,我们必须说明,胡适首先提出程云庄与程廷祚的思想交涉这件公案,他点出了程廷祚可能受程云庄易学之影响,但是因为找不到程氏著作,所以他只能用寥寥几句话提到程廷祚受到程云庄易学的影响。本文运用了极罕见的《程氏丛书》以及《青溪集》中的若干材料,说明了这个相当具有关键性的思想交涉。受到程云庄的影响,程廷祚摒去宋易图书象数的世界,透过他的《易通》《大易择言》等书来宣扬一种切近于人生日用、植基于现实实感世界的哲学观点:圣人是平实的、浅近的、贴近人事的,既没有图书象数所架构出的形上世界,也没有极尽精微的性命之理。

第二,从明末清初以来,人们都对程云庄之学既好奇但又不能清楚

---

[94] 翁方纲,《翰林院编修程君晋芳墓志铭》,《碑传集》卷五〇;收入《清代碑传全集》(上海:上海古籍出版社,1987),上册,页264。

[95] 程晋芳,《勉行堂文集》卷一,《正学论一》,页291。

[96] 同前书,卷一,《正学论四》,页293。

[97] 同前书,卷三,《与绵庄家书三》,页323。

把握。不管从三教合一或是从代表商人阶层思想的角度去了解他,都可能模糊了程云庄的思想面目。事实上,我在披览《程氏丛书》之后的感觉,程云庄对自己的商人背景非但不愿多谈,而且表示厌恶之意,他的思想也未表现出任何商人的特质。他虽然大量吸纳了二氏之学,以致程廷祚说他最初是从禅学入手,但是他的思想体系是希望经过理论改造之后,能以"礼""易"为主干,建构一个庞大有力的儒家体系来取代二氏之学。他对后人最大的影响,也就是他的思想最具影响力的部分,是一种新的易学。在这个新的易学体系中,他对以朱熹《易本义》为代表的宋代图书象数之学持激烈批判的态度。

经过这个考察,我们也才注意到,明末清初这一波反图书象数的学风当中,程云庄的两篇文章是早在黄宗羲、黄宗炎、胡渭等人之前。前述诸人不约而同地形成了一个借易学讨论以去除形上化的潮流,而后来的程廷祚、邵晋涵(1743—1796)等人仍在延续这个传统。而且值得注意的是,程廷祚对程云庄仍不满意,程廷祚认为程云庄虽然铲除了《易》的图书象数,但是他太聪明了,仍然想用一套整齐的系统("极数")来解释这个世界,故尽其所有力量构造一个太过复杂的、符号象征的世界。所以程廷祚既推扬程云庄、既承认受到他的影响,又指斥他的"极数",由此可以看出程廷祚走得比晚明清初的程云庄彻底,清代中期的程廷祚代表一种更平实、更贴近活生生的现实世界的儒家哲学。

在《清初思想中形上玄远之学的没落》一文中,我曾提到清代思想学问有一个特色是"去形上化",将宋明理学所构建的形上世界尽量地摆落,而在构建形上世界的过程中,《易经》的图书象数扮演一个重要的角色,它们使得现实生活世界之上更有一个形上世界,形下/形上、后天/先天等两层式的思维,皆或多或少与此有关。而"去形上化"的另一层意义即是对日常生活世界的肯认(the affirmation of everyday life world），用当时的人的话说是"但当从事于实际,不得高言性命"[98]。从二程之间的思想交涉看来,清初这一个思想趋势比原先所知道的影响更为长远,在清代中期仍是一个令人瞩目的议题。

第三,胡适《戴东原的哲学》中所提到的清代中期的思想人物戴震、洪榜(1745—1780)等人,他们年辈稍晚于程廷祚,也都表现了清代中期思想界的一个特质,即寻找"平实、浅近"的圣人。"平实、浅近"的圣人至少有两种特征:第一是没有明显的宇宙论的关怀、不执迷于形上的世界;第二是在心性论上提倡自然人性论、提倡通情达欲之哲学。在此思想脉络之下,圣人的形象不再像宋明理学那样高度超越、惩忿窒欲,甚至不近人情,戴震的《孟子字义疏证》即为这一路思想之代表。经过戴震的诠释,孟子亦成为平实的、浅近的,而非高调的圣人。程廷祚则从易学的角度去彰显圣人的平实、浅近面。

第四,清代的"宋学",与宋代的"宋学"及明代的"宋学"有别,而清代宋学有一部分的特质,可以从前面的讨论中看出。胡适认为程廷祚自我矛盾之处,以及胡适认为从"颜李→程廷祚→戴震"有一相承的系谱,恐怕是认为凡属"宋学"必然带有若干因素绾合一致的特质,故当他看到程廷祚一方面极力推崇宋儒身心性命之学,却又同时贬抑图书象数之学时,便直接认为程廷祚对宋儒的议论如此矛盾,反映了程氏在政治功令压力之下的表里不一。但是,这两者并不矛盾,它们被分开处理,正是清代中期宋学的特色之一:人们尽可以用心阐明身心性命之学,同时几乎不理会宋儒精心构建的形上世界,而且也不再过分热情地探索太过精微高妙的性理精蕴,倾向于贴近日常生活的实践性的宋学。

第五,如所周知,摒弃图书象数之学的风气在明末、尤其是清初已

---

[98] 王汎森,《清初思想中形上玄远之学的没落》,《历史语言研究所集刊》69.3(1998),页557—587。本书第一章。

经热烈展开,但雍、乾年间的程廷祚仍然以极大的热情在编纂《易通》与《大易择言》。这个案例提醒我们,思想的改变不是一个事件,而是一系列的事件,它必须经过一次又一次地再说服与再制造(reproduce)。在黄宗羲、黄宗炎、胡渭、阎若璩等一批学者的著作面世之后,易图与《古文尚书》的争论并未"大功告成"、成为一定不易之论,即使他们知道前辈学者的工作,并且知道他们之间的思想旨趣相近,却仍然从不同角度、不同材料、不同思路上继续工作。以《古文尚书》公案为例,在阎若璩的《古文尚书疏证》出现之后,毛西河随即坚持异见提出反驳,此后两端意见此起彼落,一直到同治光绪年间还未停止。这是一个不停"再制造(reproduce)"的过程,思想对现实的影响力也要靠不断的再制造才能延续下去。

第十一章　清代儒者的全神堂

——《国史儒林传》与道光年间顾祠祭的成立*

清代国史馆修儒林传是从清嘉庆中期阮元（1764—1849）编辑《拟儒林传稿》才开始的〔1〕，我们可以说他开始了清代儒者"全神堂"（pantheon）的安排。谁被收入这个全神堂以及他们在这个全神堂中的位次，一方面反映了时代的情状及士人世界的舆论，另方面也对学风的发展起着推波助澜的作用。

在全神堂的位次中，最引起各方面瞩目的是对顾炎武（1613—1682）的安排，他的地位如何？人们从何种角度推崇他？对清代后期的士人世界具有很高的指标性意义。我最初是想探讨道光二十三年（1843）北京士人的一个突出的举动——一群对时局非常敏感的读书人合力建造顾炎武祠，定期会祭，这个会祭行动持续超过七十年。推动建祠的一群京官用来说服时人的一个主要论据是，当代大儒阮元在他所编的《国史儒林传》中以顾炎武为清朝儒者第一。但事实上那只是一个传言，为了厘清这个传言的形成，并推敲道光年间在内忧外患的新局面下，士人世界如何凭借官方权威，标举他们所期望塑造的英雄人

---

* 此文曾经陈鸿森兄提供许多宝贵的修改意见，特此致谢。

〔1〕 在此之前，陈寿祺曾一度着手纂辑，但因嘉庆十五年秋陈氏丁大父忧，去职中辍，其已纂修传记若干，今已不得而详。

物,故先撰此篇,作为将来写顾祠会祭考的引子。

一

在清初,不管是三大儒或四大儒的名号,都不包括顾炎武[2](当然顾氏的著作很快地就被各方士人所崇重)。值得注意的是在道光年间,也就是距明清易代约两百年的时间,兴起了一股声势浩大的顾炎武崇拜;道光二十三年一群京官在北京慈仁寺为顾炎武建祠,每年祭祀三次。顾祠祭祀活动持续逾七十年,一直到民国初年祭祀活动仍然在进行。

发起建造顾炎武祠的主将是何绍基(1799—1873)等一批在北京相当活跃的京官,促使他们建祠崇拜的原因相当多,譬如清朝在鸦片战争的挫败使得士人们渴想摸索一个新的学术方向,此外还有一个很重要的原因:他们听说阮元在他纂修的《国史儒林传》中以顾炎武居首,这代表官方——而不是一般士人——对顾氏的最高肯定。此后,阮元的《国史儒林传》以顾炎武居首之说便一而再、再而三地被重复述说,作为支持顾炎武崇拜的重要案据。

何绍基的《顾先生祠》诗中是这样说的:

> 钦惟纯庙年,四库盛编纂。万轴归文渊,千士萃秘院。仪征实后至,草创儒林传。论学采源流,全编有冕弁。诸儒始相惊,乙览大称善阮师撰《国史儒林传》,以先生居首。元气入人心,史笔非私擅。……先生冠儒林,狂澜植崖堰。……[3]

---

[2] 何冠彪,《黄宗羲、顾炎武、王夫之合称清初三大儒考——兼说清初四大儒及五大儒的成员》,氏著,《明清人物与著述》(香港:香港教育图书公司,1996),页49—63。

[3] 张穆,《顾亭林先生年谱》(台北:台湾商务印书馆,1969),页113—114。案:此诗在《年谱》中作《何绍基顾先生祠诗》,在《东洲草堂诗钞》(收入《何绍基诗文集》[长沙:岳麓书社,1992])中作《别顾先生祠》。本文皆引《年谱》,故通篇题作《顾先生祠》诗。

第十一章　清代儒者的全神堂

此处应特别强调由诗中"诸儒始相惊"一句,可以看出当时士人们对顾炎武是本朝儒林之首这个论断何等的惊讶。

清代国史之有儒林传由阮元开始(畴人传、文苑传亦然)。清嘉庆十四年(1809)九月,时任浙江巡抚的阮元因为刘凤诰(1760—1830)科场案被控包庇而解职返京,静待发落,担任翰林院侍讲。阮元在此之前两度担任浙江巡抚,前后长达十年,在当时的士人世界享有极高的声望,我们可以说,他是继朱筠(1729—1781)、毕沅(1730—1797)等人之后,学术世界的宗主人物。阮元建议,国史中的儒林、文苑传不应只取皇史宬中所收藏的资料作为编修的依据,应该移文各省,求草泽遗佚,以广未备〔4〕。来年十月,阮元自愿兼国史馆总纂,辑儒林传。在阮元着手儒林传之前一百多年,史馆曾经几度作辍。乾隆三十年(1765)重开史馆,此后成为常设机构〔5〕,但是儒林传始终未有纂辑。原因之一是国史传记按例要引据官书档案,而儒者通常没有这些材料可为案据,故清初以来,名儒辈出,但儒林传无从修纂。阮元为了克服这一个先天的困难,提倡不应当拘守官书档案之有无,而应向各方征求材料。为了做到像其他国史馆本传之言必有据,他决定模仿全祖望(1705—1755)集句成篇的办法,每段文字皆注明出处,表示言必有据。国史馆总裁同意这个作法,遂奏明开办〔6〕。

阮元纂《拟儒林传稿》时,持一个相当重要的宗旨。他认为讲经者不可不立品行,讲学者不能不治经史,故不再划分儒林与道学,而是将二者合而为一,这与当时独重经学考证而菲薄宋儒道学的风气,大有不

---

〔4〕　王章涛,《阮元年谱》(合肥:黄山书社,2003),页527。
〔5〕　乔治忠,《清代国史馆考述》,《文史》(北京:中华书局)39(1994):183。
〔6〕　缪荃孙,《国史儒林文苑两传始末》,收入《艺风堂文漫存》(台北:文史哲出版社,1973),稿三,页16—18。

同。故龚自珍《阮尚书年谱第一序》中说阮氏"固已汇汉宋之全"[7]。不过阮氏早、晚年对宋学的态度,仍有微妙不同,大抵他愈到后期,愈能正面肯定宋学。阮元在决定编纂儒林传时,颇与臧庸(1766—1834)、焦循(1763—1820)等他所熟悉的学者商酌撰写义例。焦循在《国史儒林文苑传议》中提出七条原则:一曰征实,二曰长编,三曰兼收,四曰鉴别,五曰详载,六曰公论,七曰附见[8]。臧庸也提出了一些看法。焦循提出的"征实""公论"原则,被阮元所采纳,此后阮元不断地与师友往返通信,讨论撰写儒林、文苑两传应该收纳的对象及其他事宜。譬如他在《与陈恭甫书》上问:"生近到史馆,总辑儒林、文苑两传,闽中宜入传者何人(度可入十余人耳),望录寄,切切。"[9] 傅增湘(1872—1949)藏《朱少河杂著稿本》便收有嘉庆十七年(1812)《与阮伯元阁学论修儒林传书》[10]。嘉庆十六年(1811)八月,阮元被任命为漕运总督而离开北京,当时儒林传仍未完全定稿,文苑传则只创稿而尚未完成,阮元将稿本交给国史馆[11],但此后他仍然不断关心此事,而且也不时有人给他出各种意见[12]。

在清朝,能被宣付国史馆立传,本身即是一种至高的荣誉(事实上

---

[7] 龚自珍著,王佩诤校,《龚自珍全集》(北京:中华书局,1959),页227。
[8] 焦循,《雕菰集》(台北:鼎文书局,1977)卷一二,页181—186。
[9] 陈鸿森,《阮元揅经室遗文辑存》,《大陆杂志》103.5(2001):18。
[10] 见傅增湘,《藏园群书题记》卷一七;转引自王章涛,《阮元年谱》,页528。
[11] 王章涛,《阮元年谱》,页554。
[12] 同前书,页557记载,嘉庆十七年九月,"张其锦拜谒阮元于淮安,将凌廷堪部分遗稿呈交阮元,阮元亲加校订,谋付刊刻"。张氏编凌氏遗书,原拟携往北京献诸史馆,以备儒林传之采择,中途呈阮元。页570提到:阮元向张鉴出示《儒林传稿》本,经商榷应增入应潜斋、张简庵诸人。但是阮元主意时时改变,"是秋,再至蓟门,吾友林太史茗斋同年告余,公前议已变易,然则若(郑)芷畦诸人不入,未可知,其不遇于生前者,且将不遇于身后欤!"而且儒林传可以随时补材料,如明末清初之严衍,张鉴购得严衍题陈松圆画卷,以为可补《儒林传》中严衍传之未备,故跋寄阮元;见同前书,页659。

有不少宣付立传的人来不及立传）。因为阮元的儒林传是清代的创举，是清代官方第一次为本朝儒者排定他们在"全神堂"中的位次，是否被排入这个"全神堂"，以及在这个全神堂中居何种地位，很自然地成为士人世界所关心的焦点，因此不断地有人给阮元写信表示意见，而且在谁入谁出之间，意见杂出。臧庸在嘉庆十六年写信给阮元，从信的意思看来，臧庸高祖臧琳原先是被考虑纳入儒林传的，但因有人向阮元表示臧琳的《经义杂记》曾经子孙润色，故阮氏对是否将臧琳列入儒林传，颇感踌躇。臧庸则上书阮元，认为"子孙润色之说乃忌者有意中伤"，臧氏信中劝阮元勿轻信外间流言，亟盼史馆仍将臧琳列入[13]。臧庸与阮氏关系很深，《经籍籑诂》事实上是由臧氏担任总纂，对其先祖能否被收入儒林传之事犹需如此争辩，足见当时人对于是否采"公论"一事相当认真。臧庸的抗议是有效的。后来阮元将臧琳写入儒林传，以臧庸为附[14]。

另一个有趣的例子是张惠言（1761—1802）。阮元的《儒林传稿》中收有张惠言，但当他将《传稿》交出之后，某尚书认为张惠言的著作显悖宋注，而将《张惠言传》删去，一时士论大为不平，主张要与张惠言之弟张宛邻（琦）遍诣诸史官抗争，宛邻不肯，说："先兄宜入儒林与否，将来自有定论，若为此求入，即与奔竞何异，非先兄意也。"[15] 由臧琳及张惠言之是否收入儒林传，不但引来子孙的抗议，甚至要联合士人集体抗争，可见能否进入这个"全神堂"在当时士大夫心目中的重要性！

---

[13] 臧庸，《上阮云台侍讲书》，见《拜经堂文集》（收入《续修四库全书》[上海：上海古籍出版社，1995—1997]，集部，别集类，第1491册），页579—580。按：有关臧琳《经义杂记》是否为"子孙润色"一事，近来陈鸿森《臧庸年谱》嘉庆十五、十六年条有详细的讨论，文载《中国经学》第二辑（桂林：广西师范大学出版社，2006），页305、308—309。

[14] 阮元，《儒林传稿》（收入《续修四库全书·史部》，第537册），《目录》，页2。

[15] 缪荃孙，《国史儒林文苑两传始末》，收入《艺风堂文漫存·稿三》，页17。

赵翼(1727—1814)说"男儿生堕地,例须一篇传"[16],在国史馆能有一篇传,扬名后世,对子孙而言是莫大的光荣,有些子孙便将国史馆中的本传依科举朱卷式样刊印,在亲友之间散发[17]。仪征刘氏因为祖孙三代皆列名儒林传,大门屏风上题有一联曰:"红豆三传,儒门趾美。青藜四照,宝树联芳。"[18]

在清代士人眼中,儒林传的地位远远高于文苑传,故当时人很在意先人究竟被收入儒林传还是文苑传。汪喜孙(1786—1848)曾寄函王念孙(1744—1832),请求王氏写信给阮元,将乃父汪中(1745—1794)由文苑传改列儒林传。汪氏《致王念孙书二》记载:

> 以史馆纂录文苑传,先君行事与袁江宁、蒋苕生太史同列,恩无以定千秋之公论,哀求老伯大人,寄书漕督阮公辨正之。……阮公及史馆从事俱诸公,莫不信从执事,倘蒙致书阮公,属其改入儒林,庶几先君身后之名,自执事一言论定,可以信今,可以传后。[19]

汪喜孙不欲乃父与袁枚(1716—1797)、蒋士铨(1725—1784)同列,仅以文士传名,致其学术湮没不彰。因此阮元当时虽已离任馆职,改官漕督,但汪喜孙仍盼借由王念孙对阮元的影响力,由阮元嘱史馆将汪中改列儒林。因为阮元辑《儒林传稿》是一件众所瞩目的工作,所以它的内

---

[16] 赵翼,《瓯北集》(上海:上海古籍出版社,1997)卷二三,《偶书》,页476。

[17] 梅鹤孙《青溪旧屋仪征刘氏五世小记》说:"刘氏自孟瞻先生并恭甫先生,三世朴学传家,劬学之士,无不奉为大师,比之高邮王氏,吴门惠氏,祖孙三世皆由清廷宣付国史馆,列入儒林传,士林莫不荣之。记得在外家书架上,检到当时印刷的《儒林传稿》数册,黄面朱书,其格式与朱卷类似,是分赠世、姻、年、学、谊各家未用完的,……内容先刻上谕,后附《儒林传稿》一长篇,俱是印红色的,并无其他记载。"见梅鹤孙著,梅英超整理,《青溪旧屋仪征刘氏五世小记》(上海:上海古籍出版社,2004),页68—69。

[18] 同前书,页70。

[19] 杨晋龙主编,《汪喜孙著作集》(台北:中国文哲研究所,2003),上册,页184。

容、它在史馆中的情形,似乎颇由史官私自谈论传述而为外人所知,否则便不能解释有关臧琳、张惠言、汪中的三件争论了。我们所知道的是当时已经有人开始传播此稿。参与儒林传分纂的钱昌龄(恬斋)即曾将所录《儒林传稿》借给钱泰吉(1791—1863)抄写:

> 嘉庆甲戌(1814),族子恬斋由翰林出守澄江,过家上冢,泰吉钞得《儒林传稿》,主其事者仪征阮公,恬斋亦与分纂也。文苑则尚未汇稿。后数年于汪小米处见之,潘梧君蔼人因借钞其副。昨岁梧君下世,其册归唐氏,泰吉乃属钟署香、潘稻孙为钞此本。[20]

从前引文可以看出,除了钱泰吉的抄本外,陆续还有其他人传抄录副。

阮元动手纂辑儒林传是在嘉庆中期,当时清廷对明清易代的忌讳处在一个相当模糊的状态。这种模糊状态是由三种力量交织而成。乾隆四十一年(1776)颁布过《胜朝殉节诸臣录》,正式公开褒奖殉明的忠良,这个举动的功用不可小看,许多原先深讳不彰的前明殉节忠臣文集重新出版,并且经常在书前引用《胜朝殉节诸臣录》前的那一道上谕作为护身符。但是紧张的空气仍然存在,许多人害怕政治气候不知什么时候还会变化。有意思的是,嘉庆皇帝竟然不知道乾隆曾有过前述的宽松政策。

《水窗春呓》记载嘉庆中修《明鉴》,编纂者为戚容台,其中述及明清易代兵事时偶犯忌讳,嘉庆阅后大怒,将戚氏下狱。松筠(1754—1835)召对之时,嘉庆谈及此事,松筠遂上奏曰:"纯皇帝有明谕以前明之事宜直书,不当避忌。"嘉庆大为惊异说:"先帝果有是书?"于是命检

---

[20] 钱泰吉,《甘泉乡人稿》(收入《续修四库全书·集部·别集类》,第1519册)卷五,《文苑传跋》,页19—20。

《乾隆实录》，果然发现这一道谕旨，其怒始息[21]。由此一例可以看出官方历史记忆传递之不易，在父子两代统治者之间，如非经大臣提醒，儿子已经不复记忆父亲一代对明清之际的政治忌讳所采取的态度了，更何况是一般士人。经过乾隆后期的几道上谕，及《胜朝殉节诸臣录》《贰臣传》《逆臣传》等的洗礼，人们逐渐确立一种评论清初人物的新标准：能始终坚持志节者为高，投降或仕清者为下，而不管他们是否对清朝有过重大的贡献。但是政治世界的奇诡之处在于不确定性所带来的恐惧，谁知道在异族政权之下，统治者何时要翻脸。纂辑清代儒林传时，自然不能略过清初儒者，所以也就不能不接触到政治忌讳的问题。帮助阮元搜集史料的张鉴（1768—1850）在一封信中提醒他的老师："宁都三魏当归文苑，敬闻命矣。但魏礼诸人事迹可无碍否？"[22]可见张鉴对此仍然相当犹豫。

关于阮元的《儒林传稿》，我先写到这里。现在我们回到本文一开头所说的：阮元的《儒林传稿》究竟是不是以顾亭林为首？如果不是，何以后来人们一而再、再而三地宣称顾亭林为《国史儒林传》之首？为什么《国史儒林传》是否以顾氏为首在当时士林中如此重要？

清代官方的权威有一个升降的历史，在嘉、道年间，官方仍有很大的权威，官定文书的影响力仍然非常大，当时士人常用来判断一位儒者分量的权威，是《四库全书》所收著作数量之大小，以及《四库全书总目提要》（以下简称《四库提要》）中之评论。在道光以后，《国史儒林传》中是否有传？评价如何？则至为重要。《国史儒林传》一方面是以国

---

[21] 欧阳兆熊、金安清，《水窗春呓》（北京：中华书局，1984），页58。

[22] 张鉴，《答阮侍郎师书》，见《冬青馆甲集》（收入《续修四库全书·集部·别集类》，第1492册）卷五，页5—6。魏礼、魏禧拒不应试仕清，参见谢正光、范金民，《明遗民录汇辑》（南京：南京大学出版社，1995），下册，页1186—1187。

史馆之名义纂辑,一方面是出自当时已获学界宗主地位的大儒之手,其重要性更高。

二

然而,阮元《儒林传稿》的刊本事实上并未以顾亭林居首。嘉庆十七年阮元《儒林传稿》其实是以顾栋高(1679—1759)居首,接着才按清初以来诸儒的年代先后排列,顾炎武被排到第八的位置[23]。这个刻本确实是阮元出任漕运总督前匆匆移交史馆的,故《凡例》中言"嘉庆壬申(1812)八月,漕运总督阮元交出前在翰林院侍讲任内撰稿"[24]。

阮元一开始在《凡例》中即说明他的基本态度是不收入贰臣及行止可议的儒者。至于王夫之(1619—1692)、黄宗羲(1610—1695)等曾在南明任职且清代未曾入仕者,因为其著作被收入《四库全书》,"列为国朝之书",而且多受四库馆臣的褒扬,故决定收入。他并一再强调这只是一份未定稿,"如同馆诸友所见者,不妨酌补"。他强调在纂辑过程中,"凡各儒传语皆采之载籍,接续成文,双注各句之下,以记来历,不敢杜撰一字。……私家状述,涉于私誉者,谨遵馆例,一字不录。至于各句双注,将来进呈御览时,应否删去,候总裁核定"[25]。

但是最值得注意的是他的"出奇料理",把乾隆年间的顾栋高列为传首,附以陈祖范、吴鼎、梁锡玙,因为乾隆三十年(1765)九月十五日

---

[23] 《儒林传稿》,《目录》,页1。
[24] 同前书,《凡例》,页3。
[25] 同前书,《凡例》,页1—2。

降谕办儒林传时曾说:"且如儒林,亦史传之所必及,果其经明学粹,虽韦布不遗,又岂可拘于品位,使近日如顾栋高辈,终于淹没无闻耶!"[26]阮元这个特殊的安排除了为表示尊重乾隆办理儒林传之上谕外,还有一个重要原因,即顾、陈、吴、梁都是乾隆办理经学特科所取人物[27],把他们放在一起,更隆重地表示尊重朝廷功令之意。除顾栋高及其附传诸人,其余入传者悉依生卒年先后排列,故在这份《儒林传稿》中,顾炎武的位次还在孙奇逢(1584—1675)、李颙(1627—1705)、黄宗羲、王夫之、高愈、谢文洊(1612—1682)等人之后。这个排列方式阮元曾征询僚友意见,故张鉴在一封信中说"以顾作传首,而附吴、梁以下,此千古不刊定论"[28]。张氏所言之顾即顾栋高,吴为吴鼎,梁为梁锡玙。这么奇特的安排,张鉴却认为是"千古不刊定论",足见乾隆三十年那一道谕旨的威力。

从这份《传稿》实在看不出当时及后来士人一再宣称的:本朝儒林传之首是顾炎武。但是通读《传稿》,我们还是可以看到在《顾炎武传》中有两句不寻常的评价,即"国朝称学有根柢者,以炎武为最",并注明出于"提要"[29],也就是说它是依据《四库提要》中的评价,并非出于阮氏杜撰。而通览《传稿》,只有《顾炎武传》有如此高的评价。

《四库提要》中究竟是怎么说的?《四库提要》中收入顾炎武的著作二十二种,有的收入正编,有的则列于存目。我通检这些提要,馆臣

---

[26] 《儒林传稿》卷一,《顾栋高传》,页1。

[27] 《大清十朝圣训·高宗纯皇帝》卷三五,《文教》;转引自林存阳,《清初三礼学》(北京:社会科学文献出版社,2002),页302。

[28] 张鉴,《答阮侍郎师书》,《冬青馆甲集》卷五,页5b。

[29] 《儒林传稿》,页22b 所引"提要"在永瑢、纪昀等撰,《四库全书总目提要·经部·春秋类》卷二八。

们确实对顾氏的考证著作大加赞赏,但顾氏后来为人们所称美的经世之书,却大遭贬抑[30]。可以看出在考证学如日中天时,顾炎武为人们所看重的是考证之书而非经济之论,其中尤以《左传杜解补正》三卷最被称道,而阮元那两句话便是从《左传杜解补正》的"提要"而来。那一条提要是这样说的:

> 炎武一名绛,字宁人,昆山人,博极群书,精于考证,国初称学有根柢者,以炎武为最。[31]

细心的读者会很快地发现,《四库提要》中作"国初",而阮元作"国朝",一字之差,颇具意义,此后各种版本的列传皆用"清朝"(如《清史列传》),一直到民国的《清史稿·顾炎武传》才又改回"清初"[32]。由这一字之异,我们可以推测阮元同时在做两件事:尊崇官方的功令,如引乾隆上谕而以顾栋高为传首,如引《四库提要》的评价,以《四库全书》是否收存为去取之断,而且在编辑《皇清经解》时,以四库馆臣一再称道的《左传杜解补正》为第一部书。但是他也同时加入自己的评价,把顾炎武由"国初"的第一大儒改为"国朝"第一大儒。

由阮元的种种安排可以看出他显然有两重考虑:第一是谁的学问与道德水准够资格放进儒林传?第二是怎样安排比较符合政治正确?关于第二个问题,积极的方面是最高统治者怎么指示,消极的方面是如

---

[30] 如对《日知录》评道:"惟炎武生于明末,喜谈经世之务,激于时事,慨然以复古为志。其说或迂而难行,或骤而过锐。观所作《音学五书后序》,至谓'圣人复起,必举今日之音而还之淳古。'是岂可行之事乎?潘耒作是书序,乃盛称其经济,而以考据精详为末务,殆非笃论矣。"见《四库全书总目提要》(简称《四库提要》,台北:汉京出版事业公司,1981),子部,杂家类卷一一九,总页645。

[31] 《四库提要·经部·春秋类》卷二九,总页162。

[32] 赵尔巽等撰,启功等点校,《清史稿》(北京:中华书局,1976—1977)卷四八一,页13168。

何处理政治忌讳的问题,尤其是对那些生长于明清易代时期,不仕清朝,甚至反抗过清朝的人。阮元在《传稿》中讲到这些人时,对他们忠明抗清的行为要多作一番解释,说明他是采取乾隆《贰臣传》及《逆臣传》的立场。阮元的思考过程我们并不了解,但他将《传稿》送交史馆时,心中显然非常清楚,此稿只能代表他个人的意思,最后国史馆还是要进呈皇帝御览。想通过这道手续,当然不能不注意政治的忌讳。阮元当时仍属戴罪之身,对官方之功令自然更加谨慎小心,所以他宁可依据乾隆上谕,将从任何标准出发皆不宜放在传首的顾栋高放在最前面。

阮元的《儒林传稿》传本极稀,目前比较容易见到的是《续修四库全书》中用南京图书馆所藏的影印本[33],但是从道光年间开始,坊肆之间又出现了一种两卷本的《国史儒林传》,两者之间到底有什么关系?从道光以后,凡提到两卷本的《国史儒林传》,大抵认为即是阮元所撰[34],但是也有人觉察到两者的关系相当复杂。署名仰弥所撰的《阮文达学述》中说,道光间所刊《国史儒林传》,"然未谙即其(阮元)原稿否?"[35]孟森(1868—1938)《清国史馆列传统编序》:"又儒林、文苑两传,前无刊本,虽有一不甚明显之国朝文苑儒林传,亦简略游疑,传者亦不敢标为国史馆稿,盖早期未勘定之馆传也。"[36]孟森在《清史传目通检序》中又说:"考清之有儒林传,创意之者为阮文达公,……今坊刻国史旧儒林传,虽未必即阮氏原文,犹可见初立儒林传之义例。"[37]

---

[33] 关于这个刊本,《续修四库全书》的编者注明是嘉庆刊本,但查考南京清凉山《续修四库全书》据以影印的南京图书馆古籍部所藏原本(分为线装两册,第一册是卷一、二,第二册是卷三、四),并没有任何出版资料及收藏印记,只有一"南京图书馆藏"朱印,并无任何确证可以判定为嘉庆刊本,编者极可能是根据该书序于嘉庆十七年,故遽定为嘉庆刊本。

[34] 如周予同注皮锡瑞《经学历史》,反复引两卷本阮元《国史儒林传》。

[35] 周康燮编,《中国近三百年学术思想论集》(香港:存粹学社,1978),页308。

[36] 孟森,《明清史论著集刊》(北京:中华书局,1959),页631。

[37] 孟森,《明清史论著集刊续编》(北京:中华书局,1986),页485—486。

孟森用"有一不甚明显之国朝文苑儒林传"一语,最有斟酌。我推测是因为这部儒林文苑传无作者、无刊者、无年代,在当时如一无头公案,故说"不甚明显"。连见闻广博的孙殿起(1894—1958),都在《贩书偶记》中的"《国史儒林传》二卷,《文苑传》二卷,《循吏传》一卷,《贤良传》二卷"条下注明"扬州阮元撰,无刻书年月,约同治年间刊"[38]。从书名及卷数看来,孟森与孙殿起所提到的是同一部书,只是孙氏所见到的是《国史四传》本,将儒林、文苑与循吏、贤良传合刊。当时这类抄自国史馆的书,常常分合不定。

两卷本《国史儒林传》传本不丰,台湾目前未闻有藏本,我在日本关西大学增田涉文库及内藤湖南文库中则曾见到。一部是内藤(1866—1934)于1902年购自北京,书名为"《国史儒林传》二卷,《国史文苑传》二卷",封面为内藤本人所书,书背上注明"内藤湖南旧藏",则应是增田涉(1903—1977)所书;另一部在内藤本人的藏书中,只有"《国史儒林传》二卷",核对两书,格式及内容完全一样。此外,我在东京大学东洋文化研究所见到的两种儒林传,则是与循吏、文苑、贤良合刊的《国史四传》本,但其儒林传的版本与他处所见是一样的。以上所见的《国史儒林传》都未署作者,没有刊者及刊刻年代,唯一的线索是书前都有阮元的《拟国史儒林传序》,下注"国史传无此序,今从《揅经室集》钞出",显然是刻书者据阮集逐录刻入,而非其所依据的传抄本所有[39]。

---

[38] 孙殿起,《贩书偶记》(台北:汉京文化事业公司,1984),页149—150。
[39] 在阮元之后,国史馆臣对儒林传续有增删,在阮常生编《揅经室续集》(收入《丛书集成简编》[台北:台湾商务印书馆,1966],第593册)卷二,页59—82中,有《集传录存》,是毛奇龄、沈国模、钱澄之、臧庸、阎循观、汪绂、王鸣盛、丁杰、任大椿、孔广森、张惠言、孔兴燮、孔继涵、颜光猷等人的传,被史臣所删去,阮常生将之收入《揅经室续集》中。而这些被删的传,在两卷本《国史儒林传》中,除阎循观之外,都未收入。

这部两卷本《国史儒林传》究竟刊于何时？孙殿起推测为同治刊本，关西大学的内藤湖南藏书编目者判断为"清末—民初"刊本，恐怕是跟缪荃孙的《国史儒林传》联想在一起而有此判断。但是也有人判断是道光年间刻本。看来最早的刻本不能早于道光二十四年（1844），但此后屡有刊刻。

如果认真比对阮元的《儒林传稿》与两卷本《国史儒林传》，便会发现这一部被孙殿起定为阮撰的两卷本，其实与《儒林传稿》有同有不同。两卷本显然是以阮撰本为基础修改而成，故内容字句大体相同，但在许多个别地方有修改[40]。两种本子比较明显的差异是：第一，阮元的《儒林传稿》，无"国史"二字，且声明为拟稿，表明它并非国史馆的定本，但两卷本则径名为"《国史儒林传》"。第二，两卷本完全删去阮元原稿大量的引据出处，而且篇次有不同，人物有增减，内容有润饰、有增删，而以删去为多，当然也有比较大幅的增改(《孙奇逢传》)。第三，两卷本的《顾栋高传》有了大幅的删改，完全删去阮元在传前所引的一大段清高宗的上谕，并依生卒年为顾栋高重新排序。第四，两卷本将《传稿》改为两卷。第五，也是最重要的，两卷本以顾炎武作为传首，并对其他传记的顺序有所调动，不再完全依时代先后排列。在两卷本《国史儒林传》中，顾炎武才是名副其实地居清朝儒林传之首。

从阮元的《儒林传稿》到两卷本《国史儒林传》，有一个复杂的过程：阮元将《传稿》交出之后，即不曾再回到史馆任职。后来顾莼

---

[40] 以顾炎武传为例，如《儒林传稿》有"明赞善绍芳孙"，而《国史儒林传》中删去。《丛书集成续编》的《国史儒林传》中有份缪荃孙的《国史儒林传》，一开始列了三种儒林传目录：第一种与阮元的《儒林传稿》同，第二种是前面提到的两卷本《国史儒林传》目录，第三种是光绪庚辰（1880）奏请派员重修的目录，孙诒让的跋尾显示这一点，并指出这一次重修增加嘉庆之后学者，且大幅改动所收名单。见缪荃孙，《国史儒林传》（收入《丛书集成续编》[上海：上海书店出版社，1994]，史部，第36册），总页87。

(1765—1832)到史馆担任提调，始将阮稿修改进呈，缪荃孙(1844—1919)说时间当在嘉庆末年，但是何绍基的《顾先生祠》诗的改订本说是嘉庆初年。案，顾蒓于嘉庆七年(1802)中进士，而且阮元的《传稿》是嘉庆十六年才交出，故何说显然错误[41]。顾蒓据稿立传，改以顾炎武居首，史馆总裁进呈时，将毛奇龄(1623—1713)由儒林传改入文苑传，并删去沈国模(1575—1656)等十七人。因阮元所撰诸传被史馆删弃后已非官书，故其子将被删诸人的传记收入阮元文集《揅经室续集》。

顾蒓进呈本目前尚未得见，我在台北故宫博物院的档案中见到一种题为《儒林顾炎武传》[42]，上面有"旧传"字样，当是依据顾蒓进呈本所抄立的，此传的编排、内容，皆与两卷本《国史儒林传》相同，尤其值得注意的是封面的注记确实是以顾炎武居卷一的第一位，符合顾蒓改以顾炎武居首之说。不过此传中已经删去《儒林传稿》中的资料与出处，应该是后来改抄过的本子。

但是目前坊间所见两卷本却与此本又有微妙的不同，而这些不同正好都见之于故宫所藏的另一种《儒林顾炎武传》[43]。这一种传稿对前者作了两种工作：第一是将部分字句用白纸贴上，第二是以签条对部分内容加以改正，而修改之后的内容即与今天所见两卷本中之《顾传》相符。在此一改定本的背面有两方小圆印，印文为"方印""蔡印"，显然是姓方及姓蔡的两位馆臣所改。

这个发现与缪荃孙在《国史儒林文苑两传始末》一文中的描述一致。我推测缪荃孙因为在国史馆多年，主修儒林等传，熟悉相关档案，故所言多有根据：

---

[41] 何绍基撰，龙震球等校点，《何绍基诗文集》，页184。
[42] 台北：故宫博物院藏传稿，编号4945。
[43] 台北：故宫博物院藏传稿，编号8157。

道光甲辰(1844),方俊、蔡宗茂为提调,另行删并,去表字出处,复收朱鹤龄、阎循观、汪绂三人,即坊间所刻四传是也。[44]

据此,两方小印中,方即方俊,蔡即蔡宗茂[45],他们将原稿中的表字改为本名,故前述"旧传"中提到杨雪臣及路安卿处的签条,有一条将"雪臣"改为"瑀","将"安卿"改为"泽浓",这些删去或改动的地方,一一皆与今传两卷本相合[46]。因此今传两卷本已经不是顾莼所进呈的原本,而是方、蔡改定之后的本子。而其刊行的时间便不能早于道光二十四年。

清代国史馆成例,每年进呈列传十六篇[47]。不管是何绍基或缪荃孙,皆曾坚定地表示,顾莼的改定本曾进呈皇帝乙览,故何绍基在前面所引的《顾先生祠》诗中说"乙览大称善"。

综合上述:《国史儒林传》以顾炎武居首是顾莼进呈本的状况,而两卷本的内容则是方、蔡的改定本。方、蔡可能因为扩大编纂儒林传,把顾炎武移到卷一一,坊间的两卷本则用了顾本的顺序,但用了方、蔡本的内容。

三

　　从阮元到顾莼,也就是从嘉庆十七年到嘉庆末,政治空气当然已经有所变化。顾炎武死后,其遗书文稿均被外甥徐乾学(1631—1694)兄

---

[44] 缪荃孙,《国史儒林文苑两传始末》,收入《艺风堂文漫存·稿三》,页17。

[45] 缪荃孙这段话应是有根据的。方俊是江苏江宁人,道光十六年进士,授编修,故道光二十四年时为国史馆提调,是合理的。方俊之履历,见钱仲联,《清诗纪事》(南京:江苏古籍出版社,1989),第14册,页9975。

[46] 不过台北故宫的方、蔡改定本,将顾炎武传列于卷一一的第一位,与坊间两卷本不同。

[47] 朱师辙,《清史述闻》(台北:乐天出版社,1971),页198。

弟取走,秘不示人,恐即害怕其中内容触犯忌讳。乾隆年间大规模的禁书运动中,顾炎武集被列为禁书,出现在多种禁毁书目中,乾隆四十三年(1778)范起凤的案子,其罪状便是收藏了顾炎武的文集[48]。阮元处理他的案子,不能不更加小心翼翼。如果我们对照前面所引《水窗春呓》中嘉庆对偶犯忌讳者之震怒,多少可以看出当时处理这类问题仍处在模糊、紧张的状态。道光一朝对言论的钳制比嘉庆朝松弛,所以不再需要像阮元那样大费心思以顾栋高居首。至于顾莼为何以顾炎武居首,从目前所能见到的资料还找不出确切解答。顾莼是顾炎武的小同乡,我们只知道顾莼在史馆以秉笔直书闻名。嘉庆初期,史馆写和珅(1750—1799)的传记时出现了两种不同的写法。由于清高宗曾经数次公开责备和珅,一种写法是掩盖不提,一种是顾莼的秉笔直书,但史馆进呈的是前一种版本,仁宗阅后大怒,认为史官有意为和珅掩饰,史馆才又将顾莼的本子上呈,因而得到仁宗的赞誉。这一件秉笔直书的故事载在《清实录》,后来道光帝偶然读到《仁宗实录》,遂刻意提拔顾莼为侍讲学士[49]。

这里有必要简单介绍一下顾莼。顾莼是江苏吴县人,嘉庆七年进士。在北京官场中以耿介、直言著称,而且以工书画闻名。嘉庆九年(1804)北京京官组成宣南诗社,顾莼即为最初成员之一,他与徐松、陶澍等经世派亦相熟。我们通读顾莼的《思无邪室遗集》[50],并未见到

---

[48] 华忱之,《关于顾炎武的蒋山佣残稿》,《顾亭林诗文集》(北京:中华书局,1959),页174。关于查禁《日知录》《顾亭林诗文集》一事,见雷梦辰,《清代各省禁书汇考》(北京:书目文献出版社,1989),页113—114。范起凤家藏《顾亭林集》案,见郭成康、林铁钧,《清代文字狱》(北京:群众出版社,1990),页356。

[49] 谢鸿轩"谢述德堂鸿轩氏藏名贤翰墨"(光碟版)中有一件题为顾莼给"竹盦亲家大人"的顾莼书信,上面写"上阅仁宗实录,故有此超擢"。

[50] 顾莼,《思无邪室遗集》(京都:京都大学人文科学研究所藏道光十九年刊本)。

与《国史儒林传》相关的内容,在该书卷四中有《顾亭林先生传》一篇,撰写的形式是国史馆传中每段话皆有案据的体例,可以判断也是他所纂的国史馆本传。国史馆常常一人有许多篇传记,而顾莼这篇传与《国史儒林传》中之亭林传不同。显然两卷本《国史儒林传》的编刊者决定仍大体维持阮元的《传稿》的规模,而不取顾氏这一篇,但由他特意为顾氏写传,加上与阮元相稔,可能熟悉阮氏的本衷,故他取顾传为首上奏之举似乎并不意外。这样一位以秉笔直书闻名的史官,在平情衡量过《儒林传稿》中的实际内容后,决定调动顾栋高不合理的位置,并将"国初称学有根柢"第一名的顾炎武放在儒林传之首,并不太令人意外。不过,我在通读《思无邪室遗集》之后,仍未见到任何进一步的线索,可以说明他如此更动的理由。

阮元的《儒林传稿》虽有刊本,而且不只一种[51],但是直接提到此书的人很少。值得注意的是,张穆(1805—1849)于道光二十三年刊行的《顾亭林先生年谱》后面所附《国史儒林传》中的《顾炎武传》,即是出自《儒林传稿》,但却题为"《国史儒林传》"。它应是何绍基道光末期与修史职,自国史馆抄录的。相较于《儒林传稿》的隐晦,两卷本则较为流通。道光朝以后,人们所提到的,几乎清一色是两卷本的《国史儒林传》。

两卷本《国史儒林传》的成书过程已如上述,它牵涉到与顾祠会祭有关的两个问题。

正如我在文章一开头所提到的,何绍基、张穆等人发起顾祠会祭时,很重要的一个动机是因为阮元的《国史儒林传》以顾炎武为首,而

---

[51] 除了南京图书馆所藏本之外,依上海图书馆编《中国丛书综录》(上海:上海古籍出版社,1982—1983),《儒林传稿》还有两种刻本,一是《榕园丛书》续刻(1885)中的本子,一是道光中甘泉黄奭的《知足斋丛书》;见该书第1册,页173、196。但《丛书集成三编》(台北:新文丰出版公司,1997)中的《知足斋丛书》,并无阮稿。

第十一章　清代儒者的全神堂

且这个说法一再地被复述(尤其是参与顾祠会祭者的诗文中),这一点本文一开始所引何绍基的《顾先生祠》诗已经说得很清楚了。何绍基在史馆的时间是从道光十九年(1839)至二十九年,他在诗中说"洎与修史职,读传生叹羡",表示他在史馆时曾经见过《传稿》。当时读此传的不只何氏一人,许瀚(1797—1866)《龙泉寺检书图记》中说他见到"龙泉寺检书图"时,"恍遇先生(阮元)于楮墨间,又不啻昔之读顾先生传也"[52]。但是何绍基并不知道把顾炎武定为儒林传首的不是阮元。

何绍基于道光十六年中进士,寻选授庶吉士,入庶常馆学习,当时阮元与穆彰阿(1782—1856)是教习,何氏深为阮元所欣赏,他和阮元、许瀚(1797—1866)等常见面讨论金石。阮元于道光十八年五月致仕,何绍基有序送他归里。阮元从道光十八年离京到二十九年病卒之前都住在南方,此间阮、何二人似只见过一次面,即道光二十年何绍基扶父柩过扬州,请阮元为其父撰神道碑铭,此外未曾见面[53]。由上面的年历可以看出,从道光十八年到二十九年,阮、何只有一次短晤,而何绍基等人起意为顾炎武建祠是在鸦片战争之后,后于阮、何二人最后一次见面,则何绍基误以为阮氏以顾亭林为儒林之首,似乎可以理解。

我不无惊讶地发现,前引的《顾先生祠》诗,与收入《东洲草堂诗钞》中的内容有所不同。《诗钞》由何氏刊于同治六年(1867)[54],它说:

> 仪征实后至,草创儒林传。论学采源流,全编有冕弁。奏御当先皇,乙览大称善。

《诗钞》把"诸儒始相惊"一句改为"奏御当先皇"。尤其值得注意的是"乙览大称善"之下的双行夹注——由"阮师撰《国史儒林传》,以先生

---

[52]　许瀚,《龙泉寺检书图记》(北京图书馆藏残稿);转引自王章涛,《阮元年谱》,页915。
[53]　王章涛,《阮元年谱》,页903—960。
[54]　《何绍基诗文集》所附《年谱简编》,页1134—1135。

居首",后来改为:"阮师撰《拟史馆儒林传稿》,以先生居首,至嘉庆初年,顾丈蒓据稿立传,进书时即依原次。"[55] 前者是"撰《国史儒林传》",后者改成"撰《拟史馆儒林传稿》",尤其值得注意的是后面加的一段话,即"至嘉庆初年,顾丈蒓据稿立传,进书时即依原次"。前文已指出此处的嘉庆初年显然错误,因为阮元的《传稿》成于嘉庆十七年。顾蒓进呈较可能发生在嘉庆末年。从这些微妙的改变可以看出,何绍基在道光二十四年后发现《儒林传稿》中关于顾炎武的位次另有曲折,故他的《顾先生祠》诗前后表述有所不同。

四

在清理这一段公案时,出现了不少疑点。前面已经提到,何绍基与阮元非常熟悉,何氏在诗文中总是自称为阮元的门生,而且他们的交往是在《儒林传稿》完成之后,他为何不了解阮元在《传稿》中所作的安排?况且何绍基本人从道光十九年至二十九年(1849)有将近十年时间在史馆工作(其间曾几度出典乡试),写《顾先生祠》诗时,人也是在史馆,目前所存的何绍基日记,便有当时纂辑国史列传的记录[56],何以他对阮元的《传稿》及后来顾蒓改动进呈等情实却懵无所知?而且,《儒林传稿》当时可能已有抄本,道光二十四年的《顾亭林先生年谱》即收入了其中顾炎武一篇,而且其他收入《传稿》中的传状者都清楚知道这是《拟国史儒林传》,何以何绍基等人却忽视"拟"这个字?前面提到《东洲草堂诗钞》中的《顾先生祠》诗对双行夹注作了修改,但何以仍说

---

[55] 《东洲草堂诗钞》(收入《何绍基诗文集》),页184。
[56] 何绍基,《何绍基未刊日记》,道光二十三年部分,收藏于湖南省博物馆,承陈松长先生影印寄示。

阮元拟传是"以先生居首",而顾莼据稿立传,"进书时即依原次"?这个公案究竟应该如何解释?从目前所掌握的文献资料当然没有办法得到确解,以下只是一些推论。

首先,当阮元纂《儒林传稿》时,知识界对于顾炎武的评价虽颇稳定,但在阮元友人中即有持贬抑意见之人,如江藩(1761—1831)的《汉学师承记》,该书成稿时间约为嘉庆十六、七年,与《儒林传稿》相较[57],书中不但把顾炎武放在最后一卷,而且借着答客问的方式透露一些他对顾炎武、黄宗羲的不满:其一,

> 两家之学,皆深入宋儒之室,但以汉学为不可废耳,多骑墙之见,依违之言,岂真知灼见者哉!

其二,

> 不顺天命,强挽人心,发蛙黾之怒,奋螳螂之臂,以乌合之众,当王者之师,未有不败者矣。逮夫故土焦原,横流毒浪之后,尚自负东林之党人,犹效西台之恸哭,虽前朝之遗老,实周室之顽民,当名编薰胥之条,岂能入儒林之传?[58]

一条是学术的,一条是政治的。江藩接着说,顾、黄二人之所以能勉强放入全书的最末一卷,全因受到乾隆《御批通鉴辑览》中对于明遗民烈士的宽大处理方式的影响,以上几点,透露出时代空气中,除了不满意顾、黄二人的学术之外,政治忌讳依旧是一个不能完全去除的因素,江藩答客问的最后几句,正是引用乾隆来合法化自己,这种手法在当时非常普遍。

阮元处理谁应居儒林传首这个问题时显然经过再三考量。咸丰四

---

[57] 汪喜孙为此书所作的跋写于嘉庆十七年。

[58] 以上两段引文见江藩,《汉学师承记》(台北:台湾商务印书馆,1970),页135。

年(1854),伍崇曜(1810—1863)跋《汉学师承记》时说:"郑堂(江藩)久在阮文达幕府,文达撰《国史儒林传稿》,第一次顾亭林居首,第二次黄梨洲居首。"[59] 伍氏之说想必不是空穴来风,阮元对清朝第一本儒林传中应该把谁放在第一的问题必然有过一段酝酿期,而且到处与人谈论,故与他熟悉的人知道阮元在顾、黄二人之间徘徊。但是在将《传稿》交付史馆时,却又考虑到政治忌讳的问题,所以他也像江藩一样,引一段乾隆的上谕,依功令刻意将顾栋高调到最前面,后来顾莼调动次序,改以顾炎武居首,应是阮元原来想作而最后未作的。由此或可以窥见嘉庆末年以后政治尺度日渐宽松之实况。

何绍基在入史馆前显然没有见过《儒林传稿》的稿本或刻本,所以才说"洎与修史职,读传生叹羡",表示他先前未曾读过。我推测,他在道光十九年进入史馆之后,始终犯了一个关键错误,误以为他在史馆所见到的儒林传便是阮元留存的原本,而不知道他所见到的其实是顾莼重新排定次序进呈过的本子,而阮元在道光十八年已致仕离京,故无从质正。因此何绍基在道光二十三年《顾先生祠》诗中敢说"洎与修史职,读传生叹羡",强调"阮师撰《国史儒林传》",而不是"《儒林传稿》"。他也误以为阮稿当时即已进呈嘉庆皇帝,所以诗中说"乙览大称善";而且当时张穆所编《顾亭林先生年谱》收入顾氏本传时也堂而皇之地称之为"《国史儒林传》"。

他在道光二十三年以后的某一时间,开始知道这件事别有曲折,所以《顾先生祠》诗后来收入《东洲草堂诗钞》前作了改动,但是从改动之后的版本看来,他仍然误以为先前所见到的《传稿》及排序即是阮元的旧貌,不过后来知道该稿曾经顾莼进呈,因此《顾先生祠》诗的新版有几个新元素:一、他把"诸儒始相惊"改为"奏御当先皇"。二、他加上了

---

[59] 江藩,《汉学师承记》,页151。

嘉庆初年，顾莼即依阮稿进呈。三、他把"阮师撰《国史儒林传》"改为"阮师撰《拟史馆儒林传稿》"。但是有一个基本元素仍然未变：他仍主张阮元以顾炎武居首，而顾莼进呈时即依原定次序。

同时我们也应注意，道光二十三年何绍基、张穆等人筹建顾祠、修撰顾亭林年谱等活动热烈进行时，他们抄来的顾炎武本传即是阮元《传稿》中的原本，后来两卷本《国史儒林传》所删去的部分（如"明赞善绍芳孙"）都还保留着。道光二十四年，方俊、蔡宗茂修改经顾莼进呈的儒林传时，主要删去引用书名及表字，并对内容作轻微的改动，但这些都是细微末节，不影响儒林传为阮传之印象。

此处牵涉到与顾祠会祭有关的第二个公案。何绍基在发起顾祠会祭时一再宣称当时学界大宗师阮元已经有一篇《祠记》很快就会寄来，故《顾先生祠》诗中说"阮相国师《记》文尚未寄到"[60]。但是阮元的文集及其他传世材料中，却见不到这篇重要文字。北京图书馆所藏的《顾祠小志》前有一篇董康（1867—1947）的序文，认为此文始终未曾寄到。董康推测当时阮元已经老迈，所以未能成文[61]。在顾祠祭开始时，阮元已经退休家居，确实常请人代笔，但是自成的文章仍然不少，衰老而艰于为文恐非实情。

前述两个公案有一个共同的特质，即阮元始终在犹豫中。对于是否正式把顾炎武摆在第一位常在游移中，对于如何为顾炎武的形象定调，也处于犹豫状态。阮元当然推崇顾氏，《皇清经解》即从《左传杜解补正》一书开始，但究竟是不是完全同意顾祠发起者们的宗旨？

阮元的这篇《祠记》事实上存在，并收入刘师培（1884—1919）《左盦题跋》中，而为陈鸿森所辑录。刘师培为这篇《祠记》加了一段案语：

---

[60] 张穆，《顾亭林先生年谱》，页113。
[61] 董康，《序》，吴昌绶，《顾祠小志》（北京：北京图书馆藏民国十一年木刻本），页1。

> 案：芸台先生此文作于道光二十四年后，时《揅经室集》已刻成，未及增入，今检出先生原稿，因亟录之，以补《揅经室集》之缺。[62]

刘师培说明所据为阮氏"原稿"，疑是此稿原存于刘家，盖刘师培为刘文淇（1789—1854）曾孙，阮元晚年致仕返里，刘文淇以乡里后进时相过从，故刘文淇《青溪旧屋文集》中颇有为阮元代笔之作，刘家颇存乡邦故老的遗稿，故《刘申叔先生遗书》中有不少扬州地区人物的手稿及外人所罕知的事迹[63]。

首先，文章的主调与阮元的《顾亭林先生肇域志跋》是一致的，不满当时有一大批人推崇顾氏的经济之学胜于经史之学，阮元认为那是错误的，说"徒以经济赞颂者，非笃论也"[64]。阮元先前跋《肇域志》时说：

> 故世之推亭林者，以为经济胜于经史，然天下政治随时措宜，史志县志，可变通而不可拘泥，观《日知录》所论，已或有矫枉过中之处，若其见于设施，果百利无一弊欤？《四库书提要》论亭林之学，经史为长，此至论，未可为腐儒道。[65]

---

[62] 刘师培，《刘申叔先生遗书》（台北：京华书局，1970），第4册，页2240。修订时按：在沈莹莹《〈揅经室集〉版本续考》（收入北京大学《儒藏》编纂与研究中心编，《儒家典籍与思想研究》第2辑［北京：北京大学出版社，2010］，页341—362）一文中，作者考证《揅经室集》各种版本，发现国图与北大图书馆中尚存一种相当稀见的七卷本《揅经室集再续集》。我们赫然可以从所列的目录看到，在该书卷七中有《京师慈仁寺新立顾亭林先生祠堂碑记》一文，及阮元道光二十六年识语，可见这篇文章是阮元生前刊刻过的。

[63] 其中阮元的三封信，即"敝纸数页，存于先人旧簏"；见《刘申叔先生遗书》，页2239。在《左盦题跋》中，还有阮元其他篇什。此文题为《京师慈仁寺西新立顾亭林先生祠堂记》，收入陈鸿森，《阮元揅经室遗文辑存（二）》，《大陆杂志》103.5（2001）：38。

[64] 同前注。

[65] 阮元，《顾亭林先生肇域志跋》，《揅经室三集》卷四，页627。

语气激烈直截,认为顾氏经济之论多矫枉过中,不切实际,其至讽刺大力推阐顾氏经济之学者是"腐儒"。《祠记》中的语气虽然比较委婉,但是仍然带有浓厚的劝告意味。他与何绍基、张穆等顾祠的创建者怀抱有所不同,何、张等人认为顾氏兼包经史与经济,在《顾先生祠》诗中,何绍基说,顾氏"经心执圣权,首启熙朝彦。兵刑礼乐尊,九数六书衍。汉宋包群流,周孔接一线"。又说"先生冠儒林,狂澜植崖堰。君亲鉴吾身,学行须贯穿。愿从实践入,敢恃虚谈便"[66]。而张穆的顾炎武年谱的《序》中也说:"而洞古今,明治安,学识赅贯,卒亦无能及先生之大者。"[67]

接着还有一个问题:阮元的《祠记》是不是曾经寄发?如已寄发,何、张诸人为何只字不提?

阮元逝于道光二十九年,上距顾炎武祠之落成还有若干年,他如果愿意寄发《祠记》,时间相当宽裕。我推测阮元未将《祠记》寄发,主要原因是他与顾祠会祭人物之间看法仍然有所出入,他在《祠记》中一上来就先反驳"世之推亭林者,以为经济胜于经史",而且强调"先生之经济,皆学术为之",不欲后进徒空言经济,而不根柢于学。在这篇《祠记》中有两个明显的重点:第一,阮元认为顾氏之学以经史为长,经济方面多不切实际,当时人只赞颂其经济之学,并非笃论。第二,阮元认为经济要根柢于学术。第二点与何绍基、张穆的看法相近,但第一点则与当时士人之论显然有出入。阮元当然是非常推崇顾炎武的,他综合了《四库提要》中的评语,高度推崇顾氏的学术。在考证学如日中天的当时,他们所重视的是顾氏考证方面的业绩。但是乾隆末年以来,随着社会、政治、经济问题的恶化,有另一种顾炎武崇敬在缓缓崛起,它突出

---

[66] 张穆,《顾亭林先生年谱》,页113—114。
[67] 同前书,《序》,无页码。

的是顾氏的经济面。当时持这方面议论的人很多,譬如,孙星衍(1753—1818)《平津馆文稿》卷上《呈安徽初抚部书》说:"又顾宁人先生所撰《天下郡国利病书》,是未就之稿,如能增补成书,实为经济要务。"[68] 又如李兆洛(1769—1841)说"(《日知录》)中言时务八卷,此为有用,乃全书之精华,亭林所云,为王者取法者也"[69]。而道光六年魏源编成的《皇朝经世文编》收了顾炎武九十几篇文章。由阮元的迟疑不寄,可以看出两种顾炎武形象之间的出入,此后顾炎武形象的转变,事实上也就与清代中期经史考证不再垄断全局,出现了松动,多元的声音开始隐然萌现,思想世界出现了由重考证向"经济""明道救世"倾斜的新动向有关。当然,顾祠会的人还刻意突出顾炎武的忠孝、气节,来针砭嘉、道年间的官场与士习,对此,我将另作讨论。

五

《国史儒林传》以顾炎武居首,代表有清一代儒者的全神堂位次的确立。清代嘉、道年间是学术全神堂开始变化的时刻,乾嘉考据仍然盛行,但它作为唯一权威的地位开始出现杂音,有一些新的学问起来争衡,不同版本的全神堂的安排即是这种表示,此处仅以顾炎武在几种不同的全神堂中的位次说明之。

嘉、道年间代表考证学正统派的全神堂是江藩的《汉学师承记》,《师承记》的成书,至迟应在嘉庆十六年十月至翌年五月之间[70]。在他排定的全神堂中专治考证的学者占有最核心的地位,为首的是阎若

---

[68] 孙星衍,《孙渊如先生全集》(台北:台湾商务印书馆,1968),页286。

[69] 蒋彤,《清李申耆先生兆洛年谱》(台北:台湾商务印书馆,1981),道光十三年录,页147。

[70] 陈祖武,《中国学案史》(台北:文津出版社,1994),页221。

璩(1636—1704)、胡渭(1633—1714)、张尔岐(1612—1678)、马骕(1620—1673)等人,而治染佛学或宋明理学者,或遭排斥、或处于边缘地位[71]。在江藩的全神堂中,仰慕朱子的顾炎武及受阳明心学影响的黄宗羲只居最末一卷,前面说过,江藩除了不满他们的学问外,还责备他们在明清易代之际,"不顺天命,强挽人心"[72]。

道光年间出现了一波重整全神堂运动。这个运动显然与嘉、道年间内、外动乱有关,故激荡士人世界提出新的标准来评价本朝儒者,唐鉴(1778—1861)《清学案小识》是其代表。《清学案小识》自道光二十三年开始撰稿,成稿、刊行于道光二十五年(1845)夏。这一个新全神堂的安排宗旨非常清楚:"天下之患,莫大于不顾防检,不敦节概,不修礼义廉耻,不遵规矩准绳……"而认为"还吾程朱真途辙,即还吾颜曾思孟真授受"[73]。故完全以程、朱理学为评判位次的中心,全书依序是"传道学案""翼道学案""守道学案",然后是"经学学案""心宗学案",为首的是陆陇其(1630—1692)、张履祥(1612—1674)、陆世仪(1611—1672)等人,顾炎武则在"翼道学案"中分得一席。

另外一个全神堂是《国史儒林传》。前面已经提到,它经历了一个发展的过程,从嘉庆中期的《儒林传稿》,到嘉庆末顾莼重定次序。顾炎武由原先的位居第八,到后来居于清朝儒林之首。在三种嘉庆到道光的全神堂位次中,顾炎武在《国史儒林传》中得到最高的评价,以致道光二十三年,以何绍基、张穆为首的一群京官,以儒林传中顾氏为首作依据,在北京慈仁寺建顾炎武祠,联合同志进行祭拜,这个崇拜行动

---

[71] 方东树在《汉学商兑》认为,清代考证学者反对宋代理学的激烈程度甚至到"使有宋不得为代";见朱雅,《汉学商兑题辞》,收入方东树,《汉学商兑》(台北:台湾商务印书馆,1978),页1。

[72] 江藩,《汉学师承记》,页135。

[73] 唐鉴撰辑,《清学案小识》(台北:台湾商务印书馆,1975),《叙》,页213。

一直延续到清末民初,超过七十年的时间。这是相当不寻常的举动。

道光年间,顾炎武仍旧是一个敏感的名字,参与顾祠祭的鲁一同(1805—1863)在回顾当日情景的一首诗中这样写:

> 朝士或不与,与者疑登仙,以兹盛传播,亦复遭讥弹。[74]

它说明不少京官不敢或不愿涉足参加祠祭,孙衣言(孙诒让之父,1814—1894)也在顾祠祭的题名卷子上记下当时的实况:

> 始顾先生祠初成,余实在京师,予友孔绣山、叶润臣、朱伯韩,屡要予一拜先生,予未敢往也。[75]

甚至到了光绪十年(1884),当陈宝琛(1848—1935)提出顾炎武、黄宗羲、王夫之从祀孔庙时,我们还见到这样一条史料说礼部尚书毕道远(1810—1889)"发愤语诸司曰:三人学问,我所不知,但以品行言,二人在康熙时皆抗不出俗,尚得从祀耶?"[76]

前面所引的材料告诉我们,在清代前期的顾炎武不但不是第一大儒,而且是一个忌讳人物。但是他在全神堂中的地位正默默地改变着。到了嘉庆、道光年间,一群读书人逐渐塑造出一种顾炎武崇拜,它强调汉宋兼采、强调学问与经济并重、强调明道救世之学。同时值得注意的是,人们正在逐步突破清代前期的政治忌讳。《国史儒林传》收入顾炎武、王夫之(乾隆年间王夫之有九种书被查禁)等有犯忌讳的人,并给

---

[74] 鲁一同,《四月三日同人祀顾亭林先生于报国寺遂为展禊之会赋五十韵》,《通父诗存》(见《通甫类稿》[收入《近代中国史料丛刊》,台北:文海出版社,无出版年代,第368册])卷四,页15。

[75]《顾先生祠会祭题名第一卷子》(台北:历史语言研究所傅斯年图书馆藏光绪年间刊本),同治七年条,页37a。

[76] 见李慈铭,《越缦堂日记》,页305;转引自翁同龢等记,《近代人物志》(台北:新文丰出版公司,1980),马蔺林条,页305。

予很高的位置,多少反映了清代文网钳制力量的松弛。《国史儒林传》也合法化了一些原先触犯政治忌讳的人物,触发了纪念或其他文化活动,道光二十四年的北京京官为顾炎武建祠,乃至道光二十年至二十三年(1840—1843)湖南邓显鹤(1777—1851)主持刊印的王刻本《船山遗书》[77],都与这个新全神堂的安排有分不开的关系。

六

清代国史馆成稿一向存档,并不刊刻,那么我们所见到的儒林传,是如何出现的? 当时人动辄说《国史儒林传》如何如何,又是怎么知道的?

嘉庆年间的钱仪吉(1783—1850)说国史馆的列传"外人弗得而见,曩承乏会典之役,幸获展观,亦不敢私有写录"。钱仪吉因为参与会典的修纂而得以见到国史馆的传记,却未敢抄录向外流传[78]。同治年间,李元度(1821—1887)编《国朝先正事略》,序上也抱怨草野之士无由获睹国史馆传[79]。李桓(1827—1891)编《国朝耆献类徵初编》年代稍后(始于同治六年[1867],成于光绪十六年[1890]),他在《述意》中说该书的材料来源:"本人有国史馆本传者,均将史传首列,次及诸家文字。惟史馆故事,止准史官就馆抄录,不得将原本携归私寓,先文恭公、先编修兄叠直史局,均不过二、三年,就钞无多。嗣属在馆戚友续钞,仍属无几,是以应有史传而阙载者甚夥,海内故家如将先世传本钞寄,当归补编。"[80] 由此可见史馆列传一般不能得见,史官也不可携回

---

[77] 见刘志盛、刘萍,《王船山著作丛考》(长沙:湖南人民出版社,1999),页28—35。
[78] 钱仪吉,《碑传集》(收入《清代碑传全集》[上海:上海古籍出版社,1997]),《序》,页1。
[79] 李元度,《国朝先正事略》(长沙:岳麓书社,1991),页1。
[80] 李桓,《国朝耆献类徵初编》(收入周骏富辑,《清代传记丛刊》[台北:明文书局,1985],第127册),《述意》,页6。

私寓，但是可以就馆抄录。李桓书中国史本传的数量其实已经很大，那是他父兄两代及他本人陆续请托在馆戚友抄录所得。

清代从史馆抄辑列传成稿并加刊刻的例子并不在少，乾隆、嘉庆间《满汉名臣传》等书即是。这类书的出版者往往并不明显，有时不具名或是安上一个化名，而出版者亦多不挂名，或挂上厂甸书铺的名字。

另外也有一种情形，即抄录国史馆本传但并不出版。冯尔康见过一种《清人传记·志铭·杂文钞》，内有浙江沈炳垣（1819—1857）"校读于崇明官舍"字样。他又见过宁波徐时栋（1814—1873）所藏钞本《满汉列臣传》，上面有徐氏于同治五年（1866）整理时所写题记，说道：《满汉名臣传》有印本，但《列臣传》不知有无印本，"将写札与都中故人问之"。又讲到该本缺四卷，有些史实弄不清楚——"俟问故人之在史馆者当知之也"。由此可知从史馆抄辑各种列传是当时常见之事，而且国史馆传记抄出流传的数量相当之多[81]。一直到清末民初，书商仍然大量从史馆抄出印行，如卷帙庞大的《清史列传》，便是清末中华书局雇人长期抄写的成果[82]。而国史馆经费之困窘，可能是允许书商付钱抄辑馆传出版的原因之一[83]。

国史馆本传拥有很高的权威，所以编书的人常常强调某某篇"依国史抄录"或申明为"国史馆原本"[84]。李桓《国朝耆献类徵初编》的《述意》中便一再声明私家传状不如国史本传[85]，故何绍基《顾先生祠》诗中强调他见到国史馆的顾炎武本传时感觉，"元气入人心，史笔非私擅"。

---

［81］ 以上见冯尔康，《清代人物传记史料研究》（北京：商务印书馆，2000），页48、50、51。

［82］ 王钟翰，《我和清史列传》，《清史续考》（台北：华世出版社，1993），页364。

［83］ 关于清代国史馆待遇之薄、经费之窘，参见乔治忠，《清代国史馆考述》，页186。

［84］ 冯尔康，《清代人物传记史料研究》，页48。

［85］ 李桓，《国朝耆献类徵初编》，《述意》，页6。

两卷本《国史儒林传》极可能是史馆人员抄录之本,辗转传抄,为厂肆书贾所得,故私印之,以满足学界殷望[86]。而一旦刻印,一般读者即径奉为官方定论。官版的全神堂很快就取得优势,超过其他私人纂述,如江藩《汉学师承记》、唐鉴《清学案小识》等书,创始顾祠会祭中的何绍基等人便抓紧这一点,到处宣扬"先生(顾炎武)冠儒林"。

我们绝不能以辛亥革命以后的观点去想象清代官方文化权威的力量。从康熙以来,能得到皇帝的青睐,不管是著作得以进呈御览(如胡渭的《禹贡锥指》、朱彝尊(1629—1709)的《经义考》)、蒙皇帝赐匾,或是其他今人看来微不足道的赏赐,都是无上的荣耀[87]。趁着康熙南巡,在运河两岸跪迎,希望呈书献诗的例子不胜枚举。康熙四十二年(1704)胡渭诣行在献《平成颂》及所著《禹贡锥指》,皇帝特书"耆年笃学"四大字赐之。当康熙到淮安时,因为近臣的推荐,皇帝传旨召见阎若璩,但因御舟前进的速度太快,等阎若璩赶到的时候,已经不能面见天颜,阎氏大失所望,他念兹在兹希望像胡渭一样求得御书的渴切之情,真是难以形容。后来皇四子传谕:"闻先生志求御书,盍不自来馆我斋中,皇上万几之暇,我得乘闲代先生请。"谕到,阎氏正值小恙,竟霍然而起,然后赶赴北京住在王府等待,未几而卒。他在死前对儿子说:"夫人有生必有死,何足悲。但此来御书未得,贤王崇礼未得报称,汝当谨衔吾训,服任遂功,亦归语诸子若孙,皆志吾志。"[88]

从乾隆中期以降,士人世界有三份指导性的文献,第一是乾隆四十一年的《胜朝殉节诸臣录》,它重估拒清殉明者的历史地位,并宣示节

---

[86] 上海图书馆藏抄本《儒林传拟稿》一卷,有秦更年跋,跋语中说,闻两卷本《国史儒林传》乃厂甸所刻,但他从未见其书;见王章涛,《阮元年谱》,页555。

[87] 而皇帝对学问也表示相当的兴趣,康熙指名购读马骕《绎史》的书校印是一例;见张穆,《阎潜邱先生年谱》(台北:台湾商务印书馆,1966),页104、120。

[88] 同前书,页122、124。

义是一个重要的标准。这份文件也提供了一道挡箭牌，使得许多禁毁或长期藏匿的殉节诸臣的著作，在修改之后得以流传，那些书籍常在书首安放乾隆的谕旨作为护符。第二份有力的文献是《四库提要》，只要留心清代中期以后的著述，便可以发现它如何深入影响士人们知识世界的图像，如何设下了一个稳当的标准。在道光以后，出现的第三份文献即是《国史儒林传》，它被一再称引，成为儒林全神堂。前两件文献是官方颁布、印行，第三份文献虽经御览，但却是由民间的书商所刊印。

　　问题接着而来，究竟谁是"官方"，谁是"民间"？"官方"与"民间"是截然两分，还是有色彩浓淡的差异？在以上三份文献中，第一份出自乾隆个人的意旨，第二份是四库馆臣通力合作，最后由皇帝"钦定"，第三份基本上是出自阮元、顾莼等人之手，最后经过皇帝钦定，官方有时是皇帝，有时是士大夫与皇帝的合体。在《国史儒林传》的案例中，我们看到阮元作为一个大官，自愿修《国史儒林传》，在编纂过程中，用心采集了学界的公论，他可能认真想过要以顾亭林为传首，但他的传稿还要通过国史馆层层的审检才可能进呈钦定，而他必须先猜测这几道审检的可能标准，预作自我过滤。

　　另外一个值得思考的问题是：官方的权威究竟如何发挥影响？有很多时候恐怕是靠着人们对它的推测与想象。以本文的讨论为例，清代国史馆的列传照例不印，那么它如何流通，又如何产生影响力？似乎一旦被宣付国史馆立传，即使传本只是贮存在国史馆内，一般人无法读到，仍然可以产生很大的权威；也就是说传统中国官方权威的实际运作情形相当复杂，值得进一步探讨。

　　清光绪六年（1880），缪荃孙奏请派员重修儒林传，这一次重修本中，彻底打散两卷本对先贤的安排，上卷为讲学，下卷为经学，黄宗羲、顾炎武落在下卷,而且黄在顾前[89]。不过这个新版本显然未能取代前面一个官方全神堂在士人心目中的位置。全神堂是复数的,孔庙与《国史儒林传》位阶便有所不同,前者是万世之典,后者是一代之书,内容未必一致。在我们讨论的这一个个案中,《国史儒林传》的全神堂的位次与孔庙并不一致。孔庙作为官方全神堂最高阶的代表,黄道周(1585—1646)、刘宗周、孙奇逢、张履祥、陆世仪早已入祀孔庙——黄道周在道光五年(1825)、孙奇逢在道光八年(1828)、张履祥在同治十年(1871)、陆世仪在光绪元年(1875)入祀;然而顾炎武、黄宗羲、王夫之等在《国史儒林传》位居前列的人,却一直要到光绪三十四年(1908)才得入祀孔庙。两者相比,便可发现其不一致,也可以发现在所谓"官方"之中两个陆块正滑移开来。

结　论

本文主要是借《国史儒林传》成书过程及顾炎武学术地位的转变,来探讨嘉、道年间思想文化历史中,官方意识形态、学术、思想、社会几种力量互相交织、转变的情形。兹简略撮述文中要点如下:

一、道光二十三年,北京一群京官建立了顾炎武祠,并定时会祭,这个会祭活动一直持续到民国初年,前后参与者多达数百人,而且多为道、咸以来的精英。但是在清初"三大儒"或"四大儒"的名目中并没有顾炎武的名字,故本文一开始是以顾祠的建立为引子,讨论了阮元《儒林传稿》修纂的过程,重新检讨清代官方以顾炎武为清朝第一儒者的论断是如何形成的,同时也讨论了在形成顾炎武崇拜的过程中,士大夫圈中的传说、期望等,情绪交杂其间,编织了一个似有若无的"全神堂"

---

[89]　这个安排恐怕在此之前史臣已经在酝酿了。

的情形。

二、本文考证了阮元是否曾为顾祠撰写《祠记》的疑案，认为这篇《祠记》已经写成但似未寄出。而从这个公案中，可以看出道光中期两种顾炎武形象之间的推移，一种是纯粹的经史考证，一种是结合经史、经济以明道救世，这个现象其实反映了当时士人两种学风的竞逐，阮元与他的下一代之间分别代表两种理想。明道救世的一派渐渐胜过了经史考证的一派，而阮元迟迟不肯将《祠记》寄发，即表示他与倡建顾祠的那一群京官们所表达的新动向，看法有所出入。

三、本文试着厘清《国史儒林传》形成的过程。这部书面目相当模糊，既无编者，亦无出版者，却标明为"国史"，且径视为阮元所纂。但是阮元所纂的是《儒林传稿》，并不是《国史儒林传》。然而从另一方面说，《国史儒林传》是以《儒林传稿》为基础改修而成，故本文的结论是：一般认为两卷本《国史儒林传》是阮元所纂，这是错误的。阮元所纂是《儒林传稿》，但是两卷本《国史儒林传》虽非阮元所纂，其内容大幅承袭了《儒林传稿》，所以人们笼统地称之为阮撰也是有道理的。

四、顾祠会祭发起人到处宣称他们发起顾炎武崇拜的主要根据是，因为官方的《国史儒林传》以顾氏为清朝儒者第一。实则阮元的《儒林传稿》中并未以顾氏居首，一直到嘉庆末年，顾莼才将他排在清代儒林之首进呈皇帝，后来《国史儒林传》以顾氏为首的安排才告确定。今传《国史儒林传》并非官方所刊印，应是馆臣抄录，辗转传抄于外，由厂甸书贾私印之，但是并未因此损害它在士人世界的权威地位。

五、本文讨论了官方功令、政治忌讳如何影响清代儒者全神堂的安排，并看出从嘉庆到道光，政治忌讳逐步松弛的情况，阮元在嘉庆中期纂修《儒林传稿》，将顾炎武、王夫之等在乾隆年间仍犯忌讳的敏感人物收入，并在行文中推崇顾氏为清初儒者之首，已经是一种突破，但另一方面，他却非常奇诡地把顾栋高排在卷首，一直到嘉庆末年顾莼才调整位次，将顾氏放在首位，从这些细微的变化可以看出，政治忌讳之逐步松弛与士人世界相应的变化。

在顾炎武崇拜形成的过程中，阮元转开了门把，一大群人便冲开大门蜂拥而入。从道光、咸丰两朝的诗文集看来，崇顾的调子愈弹愈高，成了千人大合唱，以致忘了阮元的犹豫与矛盾。整个发展的过程，反映出当时广大士人世界顾氏崇拜的动能，当然也反映了时代思潮的新变化。

第十二章　道、咸以降思想界的新现象
——禁书复出及其意义

目前学术界有一种意见,认为晚明曾经发展出具有"现代性"的思想,诸如:民间社会的组织、富民论的发展、新公私观的出现,或是批判君权、宣扬带有异端色彩的思想,而晚清人士又往往援引清初诸遗老的立说为根据,如黄宗羲(1610—1695)《明夷待访录》、王夫之(1619—1692)《黄书》、唐甄(1630—1704)《潜书》等[1]。不过这里有一个问题:明末清初带有"现代性"的思想,在清代往往并未得到持续的发展。以《明夷待访录》为例,近人每每将之比为卢梭(Jean Jacques Rousseau, 1712—1778)的《社会契约论》,可是在卢梭《社会契约论》之后,追随者继踵而出,而《明夷待访录》非但没有继承发展,反而销声匿迹,一直到道光以后才又浮现在出版界,逐渐引起注意。因此,讨论清代思想史时,不能忽略政治压力对思想、文化无所不在的影响,这种压力在不同时期力道不同,表现的方式也是形形色色,它形成了一种公开的或潜在的禁制,造成思想、知识、历史记忆的巨大空白。故讨论清代思想发展,不能不考虑其建国以来一直到乾隆为高峰之禁书运动,许多书被禁被毁,还有许多不在禁毁目录而潜伏不出的书所造成的影响。它相当程

---

[1] 余英时,《现代儒学的回顾与展望——从明清思想基调的转换看儒学的现代发展》,收入氏著,《现代儒学论》(上海:上海人民出版社,1998),页1—57。

度上决定了清代思想的特质,也决定了明清文化究竟有无始终不断的连续性。晚明出现的所谓"现代性"思维在清代是否曾经一度潜伏不出,还是由明一路通贯到整个清朝?这个问题的另一个重要面相是,这些文献在道咸以降复出。当然所谓的"复出"并不一定是原样出现,有时候是以各种意想不到的变貌,甚至带有虚构性,或带有杂糅附会的成分出现。它们究竟如何复现,并为清以降的思想言论界带来何种新面貌,值得探讨。而且它们也不是过去旧东西的简单重现,而是被统一于每一个时代(当时)的思想世界中,成为其中一个因素而产生新的意义。

一、禁毁的"涟漪效应"

在此想以在清代曾遭全部或部分禁毁书籍为主,探讨它们的复活对道咸以下思想界的冲击。此处要提醒,因为禁制是一种涟漪效应,有许多根本不在禁毁目录中的书,由于涟漪效应——譬如某人有部分著作出现在目录上,或仅是因为猜测(权威常常是建立在猜测上),或只是《四库总目提要》将之列入"存目",或是在《提要》中有指斥之语等等,其书便因此或被遮掩、或被暗改、或被以意想不到的方式销声匿迹。

从清初到乾隆时代进行的大规模禁毁书籍的工作,以修《四库全书》为高峰,关于这方面的著作已经相当多,当时办理这件工作的相关档案也已整理出版[2]。

不管是零星或大规模禁书运动,都产生程度不等的震慑作用,大量的知识与记忆被压抑下去了,尤其是已经刻印的书,这是大家所最注意

---

[2] 譬如 R. Kent Guy, *The Emperor's Four Treasuries: Scholars and the State in the Late Ch'ien-lung Era*(Cambridge, Mass.: Harvard University Press, 1987)以及中国第一历史档案馆编,《纂修四库全书档案》(上海:上海古籍出版社,1997)等书。

的部分。但事实上,我们不能忽略抄本流传的力量[3],有不少从未刊刻的稿本,因为政治的压力而长期沉埋,而且不只是文献,包括一些碑铭、画像、遗址或带有纪念意味的实物也因压抑而消失,或进入不被人知的角落。故整体的结果是一种大规模的集体遗忘,人们的知识与记忆空间被重新规范了,使得人们的记忆世界与知识世界出现了一大片空白,而占据主要位置的是另一些知识与记忆。

被压抑下去的东西是具有敏感性的,但如何来定义敏感呢?敏感的范围极宽,而且有很多难以捉摸、想象,但是这里可以至少归纳出五种:

(一)提到满汉之间的战争、种族差异,或不管任何时代、任何形式的作品,其内容足以提醒人们华夷种族意识者。

(二)有关兵略战术者。

(三)讨论、记载明清改朝换代之史事者,或记载明末清初忠臣烈士事迹者。

(四)思想或文章有异端倾向,或是在清代正统意识下被认为"不恰当者"。例如李贽(1517—1602)的著作,或任何与钱谦益(1582—1664)有关的书籍。

(五)内容中有诲淫诲盗色彩者。

除了禁毁的实际动作外,我们不可忽略一份总括性的《四库全书总目提要》,它对古今各种书籍进行评价,并以列入《正编》或《存目》来区别各种书籍的品级。在《四库全书总目提要》中,人们可以从馆臣的按语归纳出什么是当时认为是核心的、什么是边陲的,什么是正统的、什么是异端的、什么是有意义的、什么是没有价值的,什么是应该被注意的、什么是应该被忽略的。此书完成之后,它一直是广大士人的重要

---

[3] Joseph P. McDermott, *A Social History of the Chinese Book: Books and Literati Culture in Late Imperial China* (Hong Kong: Hong Kong University Press, 2006), pp. 43-81.

第十二章 道、咸以降思想界的新现象

参考书。

在思想文化方面,统治者不一定总是赤裸裸地操控,而往往还定出一个层级井然的品级,在这个品级架构中,表述了何者为上、何者为下、何者应排除,让人们在这个架构的前提下自在地竞逐,即使没有政治力量的介入,也能自然达到文化支配的目的。

在乾隆时代的新价值层级中,晚明思想文化中那些被我们所欣赏的、具有创新、异端或启蒙色彩的因子,都很仔细地被编入最低层级,或是排除在这个架构之外。由各省提出的禁毁书目中简单的评语,或是后来由四库馆臣所精心结撰的"提要"中,可以看出许多有关这方面的书被排除在《四库》之外,至于那些勉强留在《四库全书总目》"存目"类的书,我们也可以清楚看到馆臣们往往以批判或不屑的口吻在评论着。《四库全书总目》对乾隆以后广大的士人世界起着强大的指导作用,许多人购书、读书、印书、藏书往往以它作为参考依据。

我们现在当然没有一个庞大的电子文献资料库来精确计算当时明季思想文化因子的活跃性,不过据我个人阅读所得,那些清季以来又逐渐复出的尖锐思想,在很长的时间内几乎销声匿迹,即使被提到,也往往是负面表述,而不见正面的引申。

当时官方对于书籍的讯息显然所知有限,故在官方的禁书目录之外,还有许多有忌讳之书伏而不出。近年来我在阅读谢国桢(1901—1982)、郑振铎(1898—1958)、黄裳(1919—2012)等人的序跋语与许多藏书志[4],粗略得到一个结论:有许许多多的文献,因为政治空气的紧张,即使并未列名禁毁书目中,也销声匿迹两百多年。所以这是一个

---

[4] 如谢国桢,《江浙访书记》(北京:三联书店,1985);郑振铎,《西谛书跋》(北京:文物出版社,1998);黄裳,《来燕榭书跋》(上海:上海古籍出版社,1999);阿英,《阿英书话》(北京:北京出版社,1996)等。

"涟漪效应",向湖心丢下一颗石头,它的涟漪会一圈一圈往外扩散,使得"忌讳"不只限于官方所认定的范围,而是广大百姓心中对此"忌讳性"的无限想象及扩大诠释。

当时人们为了避祸,必须尽可能回避,但是因为他们手头不能总是有禁毁目录这一类的参考书,也不大能公然到处打听,往往靠着猜测忖度而将尺度缩得更窄更严。"上有政策,下有对策",而这时"下有对策"的结果,往往是扩大了官方政策的影响。

因为上述的理由,讨论清代后期禁毁文献的复返时,也不该只注意到列名禁毁目录中书的复返,而应注意到更广泛的层面。譬如有些不在目录上的抄本,是在清代后期第一次付印,而先前则以抄本形式暗中流传许久,如计六奇(1622—?)《明季南北略》成书于康熙年间,直到嘉庆、道光间才有北京琉璃厂半松居士的木活字刊本。也有原非禁毁书,并已收入《四库》,但在清季出现内容更为完整的重刊本[5]。但是我们的注意力常常到此为止,往往以为许多书就这样不见了[6],而忽略了有许多被禁毁的书籍在嘉庆后期以后逐渐回到历史舞台上。本文即是对道、咸以后残明遗献复活的一个简略的讨论。在过去十几年中,我已经对这个问题作过不少研究,但因为累积的史料太多,一时不可能作比较满意的梳理,目前先以概述的方式对此研究作一清理。

二、褒诛并行的手法

满清是一个异族政权,所以"忠"始终是一个两难的问题,它既要

---

[5] 如《冯少墟集》,四库全书中别集类第二十五有收,而道光年间亦有重刊本。关于相关现象,参考刘乾,《论道光年间的重刻禁书》,《文物》,1986 年第 6 期,页 61—67。

[6] 例如 Jonathan D. Spence, *The Search for Modern China* (New York: W. W. Norton, 1999), p. 101。

第十二章　道、咸以降思想界的新现象

奖忠,又要斥忠——因为不奖励"忠"的精神,则政权难以维持;如果奖励忠,对明清之际的忠臣志士又要如何处理? 想同时顾及这两方面,则需要有两面的手法,但这两面手法间的宗旨是一贯的。士大夫似乎也清楚政府的手法,温睿临(康熙四十四年举人,生卒年待考)在广泛搜集明末清初的史事时,在《南疆逸史·凡例》中便拿"褒"与"诛"并行,作为他搜集史料工作的挡箭牌[7]。

明季遗献复活的第一个契机便是"褒""诛"并行手法的结果。乾隆四十年(1775)左右后,也就是征书禁书的活动正值高潮时,清廷积极奖励忠义,凡拒敌不屈、抗拒清廷之人,编入乾隆四十一年(1776)敕撰的《胜朝殉节诸臣录》[8]。在乾隆四十一年十二月上谕中进一步钦定《国史贰臣传》,以羞辱投降清朝的明臣[9],这些人大都是清朝定鼎中原的功臣。同时在地方上也有类似的书出现,如周广业(1730—1798)撰《海昌五臣殉节轶事》一卷,辑海昌一地明季殉节诸臣祝渊(1614—1645)等五人事迹,并在乾隆六十年(1795)呈请将这五人入祠乡贤奉祀[10]。此外有《锡金殉节诸臣录》十二卷(刊于乾隆四十一年)、《越殉义传》六卷(刊于乾隆三年)等,不一而足。俞忠孙(生卒年不详)为《越殉义传》所写的《序》上说"杀其身未尝不高其义也"[11],这也是温睿临所谓"褒"与"诛"并行的意思。乾隆曾题咏史可法(1602—1645),并要臣下和诗,可以看出公与私、褒与诛

---

[7] 温睿临,《南疆逸史》(香港:崇文书店,1971),《凡例》,页3:"本朝初定鼎,首褒殉国诸臣,以示激扬,其在外者,不暇及尔,褒与诛可并行也。且方开史局时,已奉有各种野史悉行送部,不必以忌讳为嫌之令矣,采而辑之,何伤。"

[8] 谢国桢,《增订晚明史籍考》(上海:上海古籍出版社,1981),页748—749。

[9] 同前书,页775—777。

[10] 谢氏所见是北京图书馆藏种松书塾钞本,同前书,页772—773。

[11] 转引自:同前书,页747—748。

交换运用的情形,它变化莫测,使得一般人只有随着统治者的棒子起落才能完全符合功令。原来那种有你无我的关系,到这时已变成两线平行存在的关系。明代忠臣的事迹也可以用来奖励清代忠臣,而士大夫也已自然而然地表现出忠清意识,如戴东原(1724—1777)在《郑之文传》中称郑成功(1624—1662)为"海寇"[12],如章学诚(1738—1801)、赵翼(1727—1814)、凌廷堪(1755—1809)、江藩(1761—1831)著作中的颂清言论都是。

褒与禁是不相矛盾的。像袁继咸(1593—1646)虽然被清帝谥为忠义,其文集仍被查禁;殉节诸臣被收入《四库》的著作,主要仍以经部为主,因为经部最不会触犯禁讳。值得注意的是,在《胜朝殉节诸臣录》等书的保护下重新刊印的书,往往已将内容违碍的地方或删或改,成为奖忠义而又不致犯清讳的本子。当晚清比较完整的文集出现时,人们常常恍然大悟,原来通行百年的本子是经过重删的[13]。

前面所谈的,大多发生在乾隆后期,尤其是乾隆四十年以后,因为朝廷奖励忠义而重现的一些文籍,此下则进入本文的重点,即嘉庆后期,尤其是道光、咸丰以后的情形。

在我过去这些年的研究中,发现在经过清初以来,尤其是乾隆中期以来的大力摧销禁毁,许许多多有问题的书其实还保留在私人手里。为何禁毁的效力有明显的局限,我认为这是一个值得深入研究

---

[12] 戴震,《戴震文集·原善·孟子字义疏证》(台北:河洛图书出版社,1975),页187。
[13] 如《陈子龙诗集》原有乾隆十三、四年间娄县吴光裕的辑集,据王昶的《陈忠裕全集序》文中说:"乾隆丁卯、戊辰间,娄县吴君光裕零星掇拾,或得之江湖书贾,或得之旧家僧舍,丛残缺轶,以致章亡其句,句亡其字,字失偏旁点画。积有多篇,授之剞劂,未几,吴君客死,板亦散失。"吴刻已不传,陈子龙诗文则在乾隆四十一年明文解禁,与史可法等人集子一样,是在乾隆四十一年《胜朝殉国诸录》颁行,追谥忠裕之后。不过编者仍遵乾隆意旨,改掉许多违碍字句。参见:陈子龙著,施蛰存、马祖熙标校,《陈子龙诗集》(上海:上海古籍出版社,1983),页8。同前书,附录三,王昶,《陈忠裕全集序》,页773。

的问题,目前只能初步说:在现代警察制度尚未形成之前,大量运用教官、佐杂,乃至同乡的人去帮忙查搜,一方面是人力有限,另方面是以同乡甚至同族的力量去查搜,很快便遇到地缘、亲缘所形成的人际网络的阻挡。

保留这些文献的,尤其是后来提供重印者,最大的来源是著者的族裔,而刊印它们的往往是当地的有力士绅,或前往该地作官的人。关于重新刊布或流传这些文献的原因及过程,我将在另一篇文章中讨论。此处要说明的是当时相当常见的现象是,地方官员来到一个地方之后,风闻某一家族是某一作者的后裔之后,经过探询,而其族裔——通常是识字的读书人,毕竟只有他们知道家里有些什么书——乃将收藏的遗籍拿出来请地方官员评定,然后募资重刊。

从这一点可以看出家族的力量,它们在帝国发动大规模的搜缴书籍运动时,或出于有意,或出于无心,保留不为帝国法律功令所容许的文献。家族像一个深不见底的囊袋,留存了各式各样的东西,它们似乎说明帝国穿透力的局限;到了家族的层次,帝国常须透过协议的方式,而不能渗入到底层。

除了家族后裔之外,里人通常也是重要的保存者。从许多资料中(譬如谢国桢《晚明史籍考》),我们发现里人保存禁毁文献占有第二高的比例,而且里人常常也是重刊者,他们重刊这类书籍常常是因为强烈的"乡邦意识",以彰显乡邦的杰出人物而凸显地方的光荣。

抄本的流通是另外一个难以估计的保存力量,传抄比刊印要方便而且便宜,不需印刷的材料与设备,随时随地可以抄录,也使得禁毁的功效打了很大的折扣。虽然官方搜缴禁书时往往连板片一起收缴销毁,可是抄录的工作不择地点皆可进行,"野火烧不尽,春风吹又生",有不少禁书系借抄本形式传续下来。

三、文网的松弛

在嘉庆后期、道、咸、同,也就是清朝开始出现大规模内乱,统治秩序渐形松弛之际,遗献复出经历了一个逐步摸索的过程。这个过程本身颇有意义。大体而言,忠节烈士的文集,或与学术考证有关者常先重刊,而史部的书,或因易触忌讳,或因篇幅太大而较后刊。

道光、咸丰年间出书较多,其中木活字印行的一部丛书《荆驼逸史》最具里程碑意义。许多揭露明清之际史事的书都包括在其间,引起士大夫广泛注意。咸、同年间,士大夫中也出现了抄辑或收藏禁书的圈子,这时他们常在日记或书信中谈禁书及清代的文字狱(譬如杨凤苞〔1754—1816〕《秋室集》)。而且在谈到原是悬为厉禁的史事及书籍时,口气中似乎全无种族情感的激动。如咸丰乙卯(1855)四月十九日,李慈铭(1829—1894)读到《荆驼逸史》本的《扬州十日记》时,只说"悚然增沟壑性命之感"[14]。这种对种族意识的冷漠态度,使人不禁要问道,如无西洋进逼,而清廷招架无力,种族意识是否会被挑起?汉族自觉意识是否会成为一个替代选项(alternative)而在清末浮现?

明季遗献中涉及地理兵略的书在清代初、中期被大量禁毁,可是当清政权受到内外挑战而不安时,过去认为危险的东西这时却成为重要的资源。明季士大夫经世之学及各种士人结社,在盛清时期是不许可

---

〔14〕 李慈铭,《越缦堂读书记》(台北:世界书局,1975),上册,"清陈湖逸士辑《荆驼逸史》"咸丰乙卯(1855)四月十九日条,页391。

的,但此时却被当成激发关怀现实、有益时政而大量复苏[15]。

因为人民久不习兵,而国家又面临内部动乱及西方武力的挑战,人们第一个念头便是回到传统,竭尽可能地去搜讨可用的资源,而不再问它出自何人之手笔。王芑孙(1755—1817)《洴澼百金方序》:

> 自朝廷开四库全书馆,天下秘书稍稍出见,而书禁亦严,告讦频起,士民葸慎。凡天文、地理、言兵、言数之书,有干于家,惟恐召祸,无问禁与不禁,往往拉杂摧烧之。比岁兵兴东南,海患日出,士大夫习享承平,仓皇迷闷,颇欲访寻囊牒,以为前事之师,而书之存者无几。[16]

王芑孙说"无问禁与不禁,往往拉杂烧之"到"欲寻访囊牒,以为前事之师",最能形容人们的渴求。所以兵书中如茅元仪(1594—1644?)《武备志》在清初遭禁,但道光年间便出现活字刻本,后来又有湖南刻本行世[17]。

而讨论本朝史事风气的复活,也与对付外夷有关,魏源(1794—1857)《圣武记叙》充分表达此一心情。他说因为在京师任官而得以接

---

[15] 如李慈铭等结言社于浙中,见黄濬,《花随人圣庵摭忆》(上海:上海古籍出版社,1983),页149。如后来陈虬(1851—1904)等人结"求志社"。他们本来想取名"安乐村",但是后来竟因这个名字可以引发不同联想,即是否表示在大清天下不安不乐,故改为"求志社"。陈虬《求志社记》中自述道:"虬维吾侪生长天朝,践土食毛垂三百年,值此车书大同,而欲长守浑噩,非计也。请改其名曰:'求志',取隐居求志义,而仿古法以二十五家为一社。众皆曰善。"陈虬,《治平通议》(《续修四库全书·子部·儒家类》册952;上海:上海古籍出版社,1997)卷八,《求志社记》,页619c。另见:胡珠生辑,《陈虬集》(杭州:浙江人民出版社,1992),《求志社记》,页202。

[16] 王芑孙,《渊雅堂全集·惕甫未定稿》(《续修四库全书·集部·别集》,册1480)卷三,《洴澼百金方序》,页656a—b。

[17] 见邵懿辰、邵章,《增订四库简明目录标注》(台北:世界书局,1961)卷九,页413;戚继光《纪效新书》道光年间亦有刊本,《练兵实纪》道光年间亦有刊本,同前书,页414。

触到许多掌故,使他可以更清楚地了解清朝衰弱之由及除弊之方:

> 京师,掌故海也,得借观史馆秘阁官书及士大夫私家著述、故老传说。于是我生以后数大事,及我生以前上迄国初数十大事,磊落乎耳目,旁薄乎胸臆。……晚侨江淮,海警沓至,忾然触其中之所积,乃尽发其椟藏,排比经纬,驰骋往覆。先出其专涉兵事及尝所论议若干篇。……告成于海夷就款江宁之日。[18]

《圣武记》是研究清朝军事史第一本最重要的书,其中有许多超出当时言论范围许可的内容。如非海警飙忽,兵事迭兴,魏源是不大可能写这一部书的。

至于明季史乘的大量出现,也与川楚教乱及鸦片战争之后忧时之士欲以明季史乘及各种文献来激励关心现实、发扬气节有关。刊印这些书的几乎都是效忠清室的士大夫。这一看起来矛盾的逻辑其实不矛盾,因为作为效忠的目标,明朝早就不成为对象了,而作为激励发扬士气节操的工具,明季史乘是最有效的。所以,像姚莹(1785—1853)与顾沅(1799—1851)将明人文集七十二家选为《乾坤正气集》,其目的绝不是要反清,而是要激励忠清的志节。出钱资助刊印《乾坤正气集》的潘锡恩(?—1867)是河道总督,赞助此书并未影响其宦途,足见当时的政治气候之实况了。王船山(1619—1692)著作的大量刊刻,尤其是遭禁毁部分的重新问世,也与维持世教有关[19]。曾国藩(1811—1872)曾说刊行船山之书,是希望以船山所阐发之仁义道德维持世教。如果曾氏之言可信,那么我们可以从中得到这样的消息:维持世教秩序的考

---

[18] 魏源,《圣武记》(北京:中华书局,1984),《圣武记叙》,页1。

[19] 在完成本文初稿之后,我读到 Lynn A. Struve, *The Ming-Qing Conflict, 1619-1683: A Historiography and Source Guide* (Ann Arbor, Mich.:Association for Asian Studies, 1998),注意到她也有这方面的论点,见页72—73。

第十二章　道、咸以降思想界的新现象

虑已经压过对思想忌讳的注意。为了维持世教，哪怕是先朝明令禁毁的书也可以重刊，而且是以总督的身份去刊刻宣扬。不过我们也应该注意，即使曾氏贵为总督、中兴大臣，在刊刻前朝的违禁书籍时，仍然依照揣度的标准进行删改[20]。

清代法律规定收藏禁书有罪[21]，彭家屏（康熙六十年进士，？—1757）收藏明季野史，罪至父子大辟。连藏书都有罪，何况是将它刊行发布？我们发现明季遗献重新出现过程有一个共同的特色，即它的"匿名性"。如几种明季野史的丛书皆为匿名者所辑——《海甸野史》，□□辑；《明末稗史钞》，□□辑；《陆沉丛书》，□□辑；而《明季野史汇编》则无编辑者。有时候是编造一个别名，如《荆驼逸史》是陈湖逸士所辑，《明季稗史汇编》是留云居士所辑[22]。

这些编辑者通常宣称他们发现遗籍的地方是目前无人居住的园址。我们可以想象如果他们宣称这些书是他们有意访求所得，则容易被人拿来作为入罪的理由，故最理想状态是没有任何主体，没有任何动机，而是因偶然缘故自然出现。《荆驼逸史》的《序》便是表现出各种特点的一篇文字。徐珂（1869—1928）《清稗类钞》中钞存此序并加以评论说：

> 今世所传《嘉定屠城》《扬州十日》等记，皆见之于《荆驼逸史》。此书自《三朝野记》至《平台纪略》，凡五十种，四十八册，编辑者称陈湖居士，盖当日书禁例严，故深自隐匿其名姓。其序中详述所由得之者，颇类怪诞。序云："无梦园者，明宫詹陈文庄公之

---

[20] 关于王船山著作曾氏刊本删窜的情形，参考周调阳，《王船山著述考略》，《王船山学术讨论集》（北京：中华书局，1965），页524—525。

[21] 姚雨芗纂，胡仰山增辑，《大清律例会通新纂》（台北：文海出版社，1964）卷十六，页1437—1439。

[22] 见王重民，《中国丛书综录》（上海：上海古籍出版社，1986），册一，页644。

别墅也。……是时公尝与周忠介、文文肃、姚文毅日相倡和于其间。园故为陈氏世居,家多藏书,所刻书籍碑板,多系以无梦园者,公故有《无梦园文集》行于世。闻诸故老传云,书板多藏于兹园之四飞阁上。迨入清朝,卉木废,湖石圮,颓垣零落,已成荒园矣。即书籍碑板亦散失不复存。壬癸之交,予寓居于园之水阁,敝庐数椽,足蔽风雨,昼耕夜诵,人事都绝。庭阴有枯松一株,虽枝干蜿蜒,而萧然无复生意,命人劂而去之。不数尺,下有石板,叩之铿然有声,启视之,得铜柜一具,不敢轻亵,疑其中有异物藏焉。再拜稽首而开之,无他,乃残书一束耳,字迹潦草,复多漫漶,读书之暇,挑镫细阅,俱系故国遗闻,约有数十种,不忍散弃,爰录而存之。用昭劝惩,以备正史所未逮,可与《天宝遗事》并垂不朽。裒帙既成,命之曰《荆驼逸史》。"[23]

李慈铭读完这篇序后,便直觉认为它是骗人的,故在日记上写"盖䆺言也"[24]。

也有人宣称是在冷摊中买得禁书,如傅以礼(1826—1898)《华延年室题跋》中说他所藏《明末忠烈纪实》(二十卷)这一部抄本,是"己未岁,吾友孙苓峙有从军之役,道出袁浦,于市摊得见是书,以重值购归"[25]。

另外,也有从日本回流的本子。在江户时代,明清文集大量流入日本[26],其中有一部分书在中国长期遭到禁抑,或者消失,或者深藏不

---

[23] 徐珂,《清稗类钞》(北京:中华书局,1986),页3750。

[24] 李慈铭,《越缦堂读书记》,上册,"清陈湖逸士辑《荆驼逸史》"同治乙丑(1865)十月廿七日条,页397。

[25] 傅以礼,《华延年室题跋》(台北:广文书局,1969)卷上,页71b。案:傅以礼说:"此本卷末有嘉庆五年温纯跋,称将谋剞劂,以广其传,而钞本误字尚多,俟觅他本校正。"

[26] 有关这方面的资料,参考:大庭修,《江戸時代における唐船持渡書の研究》(吹田市:关西大学东西学术研究所,1967)及《舶载书目》(大阪:关西大学东西学术研究所,1972)。

出,反而在日本得到完整保存。在清季遗献复活过程中,日本回流的书籍颇不乏见,如廖燕(1644—1705)《二十七松堂文集》,李慈铭所读到的,便是日本刻本,说"此为去年何学士如璋使彼得之,归以赠铁香,铁香以粤中久无板,谋更刻之"[27]。

四、"国论"与"乡评"

章太炎(1869—1936)的文章中常强调清代官学与民间之学的不同,官学属于追求功名的士大夫,民间之学属于老百姓,是章氏所谓的"国学"。在种族意识方面,他在《军人贵贱论》中强调被功令所束缚的"士大夫"与"闾巷百姓"之间有所不同:

> 夫闾巷细民,尚知黄炎遗胄之可贵,而贱夫翼戴他族以反噬同种者,士大夫乃欲倒行而挽回之。……曾闾巷细民之不若也。[28]

章太炎是位强烈的种族革命主义者,他在评论清代历史人物时往往从"后见之明"投射太多个人想当然耳的解释,所以他会认为像江声(1721—1799)、余萧客(1729—1777)终生未仕是能守住汉族之志节,其实在清代承平之世,这种思维大概是不存在的。不过,章氏在《军人贵贱论》中划分"士大夫"与"闾巷细民"种族意识之差别,恐怕不全是夸张,甚至是他那一辈人所亲见的。

此外,我们也可以想象当时碰到忌讳的问题,会出现不同文字书写形式之间的分流,或文字书写与口耳相传分开的情形,夏燮(1800—1875)曾说:"季野当鼎革之际,嫌忌颇多,其不尽者,属之温哂园,别成

---

[27] 李慈铭,《越缦堂读书记》,中册,"清廖燕《二十七松堂文集》"光绪壬午(1882)十月十五日条,页729。

[28] 章太炎,《军人贵贱论》,汤志钧编,《章太炎政论选集》(北京:中华书局,1977),页349。

《绎史》。"[29] 谢国桢也有这样一段生动的描述："自乾隆中收缴禁书之后，遗黎私记，复壁秘藏，抽毁既完，残剩百一，幸故乡耆旧，犹及见此者，每酒酣耳热，间述旧闻，犹存口说。"[30] 指出地方口传的历史记忆的力量不可忽视。

在探讨明季遗献复出的过程时，我们发现乡贤及族裔扮演重要角色，家族的口传或沿承的文献与地方意识常是传递历史记忆的重要媒介[31]。首先，正如前面所说的，乡邦闾巷之人的次文化中常有与士大夫不同的版本。譬如明季王季重（名思任，1575—1646）究竟是否殉国，后人便注意到当时存有"国论"与"乡评"两种版本，李慈铭说"季重之死，国论已定，惟乡评尚在疑信间"[32]。

清代在官方功令之学的鼓励与千钧压力禁忌之下，公开流行的书籍，与乡邦里巷之间所藏的，似乎存在相当距离。当时虽三令五申呈缴禁书，甚至怕藏有禁书的子孙不识字[33]，还广下命令，让士人到这些家去代为清缴，可是仍有不少人以家族的力量，用"复壁深藏"的方式保存下来。清末民初当这些书重见天日时，我们查索其来源时，便会发现有许多皆出自族裔之手，足见不管是有意的藏匿或无意的存留，地方家族力量之不可忽视。

---

[29] 夏燮，《明通鉴》（上海：上海古籍出版社，1990）卷首《与朱莲洋明经论修明通鉴书》，页8。

[30] 谢国桢，《增订晚明史籍考·自序》，页9。

[31] 即使到了民国时代，大藏书家傅增湘在收藏书籍时，也带有浓厚的乡贤意识，他说："乡邦名帙，虽举债亦愿为之。"见张元济，《张元济·傅增湘论书尺牍》（北京：商务印书馆，1983），页41。

[32] 李慈铭，《越缦堂读书记》，中册，"王弘撰《砥斋集》"同治己巳（1869）七月廿二日条，页728。

[33] 如阎尔梅的后代，见故宫博物院文献馆编，《清代文字狱档》（上海：上海书店出版社，2007），《阎大镛〈俣俣集〉案》，页479—482。

第十二章　道、咸以降思想界的新现象

以下是几个族裔重刻先人文集的例子。侯方域(1618—1654)的文集是嘉庆十九年(1814)他的裔孙侯资灿重刻[34]。杨凤苞《秋室集》卷四中的《张茂公传》说他于张氏之事未得其详,"访诸张氏后裔,得其家乘,并狱中书,虽残编漫灭,而楮墨间尚存生气,犹可想见其为人"[35]。又如彭士望(1610—1683)的《耻躬堂诗文集》四十卷,也是消失了很长的时间,在道、咸年间才由裔孙彭玉雯刊出文录十卷、诗钞十六卷[36]。明人谢德溥(1591—1657)的《谢文贞公集》四卷,是光绪二十四年(1898)间,他的后人谢甘盘才为之编辑刊行的[37]。张镜心(1590—1656)的《云隐堂集》四十五卷原刻于康熙六年(1667),但是在整个清代却无人提及,一直到民国时期才由后人纂辑其诗六卷刻行[38]。

乡邦邑人往往扮演着保存传递的角色。邑人代为保藏文献的例子,如明季遗民范荃(1633—1705)的文集是"邑人陈素村藏之,以授焦理堂(1763—1820)。故焦氏得见其全书"[39]。而搜集或刊布乡贤文献也是一种相当普遍的情感。如平景荪(名步青,1832—1895)辑了一些禁书,其动机也是为了留存乡邦文献[40]。杨凤苞这一位搜集明季遗献之先驱者,其思想动机也是因"吾乡自上林之沈,南浔之庄,思溪之钱,屡陷于法,因之遗臣佚老之行踪,莫有为之载笔者,桑海见闻,半归

---

[34] 邓之诚,《清诗纪事初编》(台北:鼎文书局,1971)卷八,"侯方域《壮悔堂文集》十卷补遗一卷《四忆堂诗集》八卷"条,页921—922。

[35] 杨凤苞,《秋室集》(《续修四库全集·集部·别集》,册1476)卷四,《张茂公传》,页57a。

[36] 邓之诚,《清诗纪事初编》卷二,"彭士望《耻躬堂文钞》十卷诗钞十六卷"条,页229—230。

[37] 谢国桢,《增订晚明史籍考》,页855。

[38] 邓之诚,《清诗纪事初编》卷二,"张镜心《云隐堂集》四十五卷"条,页163。

[39] 孙静庵,《明遗民录》(杭州:浙江古籍出版社,1985),页11。

[40] 谢国桢,《明清笔记谈丛》(上海:上海古籍出版社,1981),页329。

脱落，余竭力搜访，不过千百之一、二耳"[41]。瞿式耜(1590—1650)的集子也是经其孙瞿昌之整理，到道光十四年(1834)才由邑人许氏将之校梓刊行[42]。又如钱肃乐(1606—1648)的《钱忠介公集》，先是其犹子钱瀎慕所藏，后由全谢山(1705—1555)编定，但在整个清代复壁深藏，一直到民国二十年(1931)，才由邑人张寿镛(1876—1945)刊入《四明丛书》中[43]。

五、明季遗献的复活

同、光年间，士大夫间形成了一些搜集明季遗献的圈子，其中以钱映江(名琦，1798—1858)、戴望(1837—1873)、李慈铭、傅以礼等人的圈子最为著名，道咸年间也有以抄明季遗事为职志[44]。他们互通消息，互相借阅，互相传抄禁书，他们一步一步地探测这禁区的深度与广度，而且明目张胆地用"禁书"等字样，以咸丰年间徐鼒(1810—1862)所纂《小腆纪年》为例，根据这本书的序，可以看出徐鼒是为了鼓舞兵士的忠义之气，故纂集大量明末忠臣义士之事迹而成《小腆纪年》，但因该书触及敏感的禁区，所以当时人在谈论这本书时显得相当犹疑困惑，李慈铭日记中写道："《小腆纪年》，傅节子去年书来，言已购得之，则诸书皆非虚目矣。"[45]《小腆纪年》的书名及内容在今天是常识，但

---

[41] 杨凤苞，《秋室集》卷一，《钱瞻百河渭间集选序》，页7c—d。

[42] 江苏师范学院历史系苏州地方史研究室整理，《瞿式耜集》(上海：上海古籍出版社，1981)，《前言》，页3。

[43] 参见谢国桢，《增订晚明史籍考》，页859。

[44] 例如钱泰吉，《曝书杂记》(《国家图书馆藏古籍题跋丛刊》，第10册；北京：北京图书馆出版社，2002)卷二，页146："陈节亭名欣时，专钞明季遗事，不下数十种。"

[45] 李慈铭，《越缦堂读书记》，中册，"徐鼒《未灰斋文集》"同治壬申(1872)九月初三日条，页902。

在咸、同年间，其书是否真正存在，都是难以印证的。所以李慈铭才会松一口气说《小腆纪年》等书"非虚目"。

这个圈子中人已经以考证学的方法在研究这些稀见文献，傅以礼便以校勘的工夫寻找删改之痕迹。如他说《幸存录》《明季稗史》汇编本，"全谢山谓是书尝经东涧之客芟削，于兹益信。己巳伏日，借周季贶太守《胜朝遗事》本覆校一过，《遗事》阙《国运盛衰》《辽事杂志》《东夷大略》三篇。盖以有所嫌讳而去之，非足本也"[46]。

这一个圈子的人相互馈赠禁书。如傅以礼记《豫变纪略残本》说："此本为上虞徐鹿苑大令藏书，卷中眉批即其手笔，其嗣子宝彝明经与叔兄为同年友，知余搜罗胜国野史，并因明季遗闻写本见贻。"[47]他所藏《幸存录》也是"存斋观察以此见贻"[48]。他也到处借人禁书，如李慈铭同治四年(1865)十月廿日在日记上写"得节子书(傅以礼)，以《明季稗史汇编》借阅"，并注明《稗史》包括文秉《烈皇小识》、王秀楚《扬州十日记》等十八种书[49]。而李氏在咸丰庚申十年(1860)二月初二日记他自书肆携禁书《壮悔堂集》两册归，以一册借给傅以礼，并说"不知叔子观之，当作何语？"[50]

如傅以礼在谈到曾遭查禁的《劫灰录》时，对如何得到此书并不忌讳，说"此为侯官陈氏带经堂旧钞，己巳秋日，购得上册，陈氏称下册久失，越三载，又以他书出售，余于残帙中检得，复为完书"[51]。可见当时

---

[46]　傅以礼，《华延年室题跋》卷上，页48b。

[47]　同前书，卷上，页56a。

[48]　同前书，卷上，页49a。

[49]　李慈铭，《越缦堂读书记》，上册，"《明季稗史汇编》"同治乙丑(1865)十月二十日条，页405。

[50]　同前书，中册，"清侯方域《壮悔堂集》"咸丰庚申(1860)二月初二日条，页728。

[51]　傅以礼，《华延年室题跋》卷上，页55a。

文网已不密,有人也在日记中大胆写购买或阅读禁书的事。如同治四年(1865)十月二十四日,李慈铭在日记上写:

> 邵念鲁集《荆驼逸史》起李逊之肤公《三朝野纪》至锁绿山人《明亡述略》共五十种,道光中,吴中以聚珍版印行。乙卯春,周素人自京口购归,予借得遍阅之。素人将行,以此寄予架上,后为节子借去,今遂归节子矣。[52]

李慈铭日记中对购读禁书都有记载。有些书其实列在禁毁目录中,但是从日记中的语气,看不出李氏知情。如"旧有吴枚庵笺注《梅村集》,此予十七岁购书第一部也"[53],"阅《袁中郎全集》,系明季浙中所刻"[54],读"《天佣子集》"[55],读"《谭友夏合集》"[56]。以上皆曾遭禁,但李氏日记只字未提其事,不像他在读《东华录》等书时的紧张心情,可见咸丰、同治年间政治文化之气氛。

从晚清大僚张之洞(1827—1909)的《书目答问》所推荐的书,则多少可以看出到了光绪年间,连张氏这样的大官也不大忌讳了。如:

> 《明季北略》二十四卷、《南略》十八卷　计六奇,通行本。
> 《绥寇纪略》十二卷,补遗三卷　　　　吴伟业,学津本。
> 《明季稗史》十六种二十七卷　　　　　通行本。[57]

张之洞注了"通行本"字样,因为原抄本有大量忌讳而通行本中尽可能

---

[52] 李慈铭,《越缦堂读书记》,上册,"清陈湖逸士辑《荆驼逸史》"同治乙丑(1865)十月二十四日条,页392。

[53] 同前书,中册,"清吴伟业《梅村集》"同治辛未(1871)九月二十六日条,页722。

[54] 同前书,中册,"明袁宏道《袁中郎全集》"咸丰辛酉(1861)九月初七日条,页701。

[55] 同前书,中册,"明艾南英《天佣子集》"咸丰丙辰(1856)三月十六日条,页704。

[56] 同前书,中册,"明谭元春《谭友夏合集》"同治乙丑(1865)九月二十三日条,页705。

[57] 张之洞,《书目答问》(台北:台湾商务印书馆,1986),《史部》,页61。

删去[58],所以推荐人读的本子应该是消毒过了的。即使如此,敢于公开推荐,也可以看出当时人对此事的态度了。

伴随遗献复活而来的,是道、咸年间对明代历史知识的复活。明史知识的活络与魏源、徐鼒等人分不开。而这个园地又可以分成两个部分。第一是一般问题,第二是明清史事。魏源是首度大规模挑战钦定《明史》的人。《海国图志》中大量反驳《明史》中存在的种种错误,而且语气相当不敬(譬如该书卷三十中说"《明史》之外国沿革,无一不谬")。在《明代食兵二政录叙》中,魏氏对《明史》亦无赞许,不过,魏氏在处理明清之交辽东史事时仍声明要依钦定《明史》。足见在涉及外交、财政、军事等层次的历史时他还敢有所突破,但在涉及清代意识形态最敏感的问题时,他还是得公开声明自己是遵照官方版本。即使如此,当时士大夫已对魏氏的著作感到相当震惊。周寿昌(1814—1884)在得到魏氏的《书明史稿》时,因为了解到它的敏感性,怕湮没失

---

[58] 1956年,张崟协助杭州大学图书馆往上海访书,在来薰阁得到吴县潘介祉原藏之《明季南北略》旧抄本全部。见张崟,《计六奇与〈明季南北略〉》,在《明季北略》新校本(北京:中华书局,1984),页729。张氏早期即写过一些与文澜阁藏书有关文字,其注意此本之删节问题久矣。他经过多年比勘后,发现"《北略》抄本比通行本多出二十三篇一万五六千字,再加通行本避讳芟削的一万四、五千字,综计不下四、五万字。《南略》抄本多于通行本的有四十二篇约二万字左右,外加避讳芟削一万六、七千字,共达三万五、六千字之多"(同前书,页747)。

张崟比对的结果发现通行本避讳删去个别字眼为敌、虏、鲁、胡儿、鞑子、夷氛等,"至于大段的删节,则往往隐晦了清军烧杀掳掠的暴行"(同前书,页747),如《卢象观谋攻宜兴城》末,删去"又闻己丑春,宜兴演精忠,有清兵登台,见正生装岳武穆败金兀朮,即杀之,众大怒,杀六兵"。又如卷十二《万元吉固守赣州》末,删"清兵入屠城,室舍焚毁,一椽不遗"。如卷十五《贞女绝命诗》,在"顺治十一年甲午秋,兵旋,被掳"和"女郎抗志不辱"之间删"淫污者不胜数,独此"八字(同前书,页747)。又卷九《闫陈二公守江阴城》,有江阴城陷时清兵"纵兵大杀,尸骸满道,家无虚井"被删(同前书,页748)。关于此类问题,另可参见:张崟,《西湖文澜阁规制征故》,《浙江省立图书馆馆刊》第3卷第2期(1934.4),页1—8;张崟,《文澜阁四库全书浅说》,《浙江省立图书馆馆刊》第2卷第1期(1933.2),页39—46。

传，赶紧抄录[59]。

魏源《明史》方面的工作大多成于鸦片战争之前。在鸦片战争后，清代内忧外患更甚，官方禁制的力量减弱了，先前被冰封文献与记忆渐出。另方面是因内外动乱，士大夫提倡"忠节"的热情变得非常强烈。有些人大胆要求忠实地记录明清易代的节烈事迹，他们这样作只是为了历史求真，以提倡千秋之义来帮助并巩固清朝统治。夏燮（1800—1875）的《明通鉴》要为《明史》中不曾立传的张煌言（1620—1664）立传，即是一例。夏氏说张煌言在明亡以后坚持抗清，失败后"流离海上，与宋之陆秀夫相似，就刑杭城，与宋之文天祥相似，若其身膏斧锧，距我大清定鼎已二十年，疾风劲草，足以收拾残明之局，为史可法以后之一人。列之忠义传，犹非其例，况无传乎"[60]，又说"如太湖义旅，但载云间，山寨殷顽，不登只字。以及沈寿民不附《黄道周传》中，顾杲不列《吴应箕传》后，此则不无可议者耳"[61]，夏氏又主张应该从一批禁书《明季北略》等及甲申以后之野史采集史料，"必使身殉社稷之大小臣工，悉取而登之简策，以劝千秋之义"[62]，足见提倡忠节是他重写这段历史的首要考虑。值得注意的是他之所以能跳出钦定《明史》，重写这一段历史，正如他在给朋友的一封信上说是因年来"搜辑明季野史无虑数百种"之故[63]。

夏燮在冲出重围的同时，也做了许多回避与藏匿。首先，《明通鉴》的史评绝大部分直接转引官书《御撰资治通鉴纲目三编》及《御批

---

[59]　以上见刘寅生，《论"钦定明史"的"一统"和魏源对明史学的贡献》，收入吴泽等主编，《中国近代史学史论集》（上海：华东师范大学出版社，1984），上册，页164—179。

[60]　夏燮，《明通鉴》卷首，《义例》，页13。

[61]　同前注。

[62]　同前书，《与朱莲洋明经论修明通鉴书》，页9。

[63]　同前文，页8。

通鉴辑览》，所以在价值判断上不致出问题。在史实方面，他以史著体例的不同为理由，将南明史，尤其是抗清斗争的史实作为"附编"列入《明通鉴》中，也是一种精心的安排。不过，夏燮仍与魏源一样，不敢踏进清代官方意识形态的禁区——也就是明清之间关系以及清灭明的事实。在这一方面，夏氏基本上仍然遵照清代官书落笔[64]。

在夏氏之后的徐鼒才逐渐步入满清意识形态的禁区。徐氏之所以步入这个禁区，也不是为了推翻满清，相反地，是因为目睹太平天国之乱，伦纪丧尽，觉得有必要出面大声疾呼，以"正人心，维世运"。徐氏说他写《小腆纪年》是因为读了乾隆表彰史可法、刘宗周（1578—1645）、黄道周（1585—1646），及嘉庆称赞郑成功（1624—1662）的文字，觉得有必要表彰明清之间抗清的"忠臣""义士"。尤其是当清廷处于内外危机时，一方面要以明亡的史实告诫时人，另方面要提倡忠君[65]。作这一段历史是为了教训人们"国亡君死，为人臣者，仗戈匡复，宏济艰难，计之上也"[66]。无论如何，他为了教忠教孝所写出来的，常是前人所不敢碰的史事。清人林鹗（1792—1874）、宋光伯（道光十八年[1838]进士，生卒年不详）在徐氏《小腆纪年》的《参校诸同人跋语》中说徐书有许多《明史》所未及载，而其人其事不容湮没而不彰者，固人人所欲目而睹之，而又不敢笔而书之者[67]。而要写这段历史，没有几十种原先被深禁锢藏的史料是不可能的，徐鼒在《小腆纪年附考·自叙》中开了一张他写作时使用的参考书，大部分都是名列禁毁

---

[64] 以上有关夏燮的部分，参考袁英光，《夏燮与〈明通鉴〉》，收入《中国近代史学史论集》，上册，页250—270。

[65] 有意思的是徐氏所表彰的人物（如李定国），也是后来章太炎所表彰之人。徐氏是着眼于其抗清，章氏亦着眼于抗清，但一个是为提倡忠清，一个是为倒满。

[66] 徐鼒，《小腆纪年附考》（北京：中华书局，1957），页126。

[67] 同前书，页795—796。

书目或久藏不出的文献[68]。由此亦可知遗献复活与明史知识复兴的密切关联了，也由此可知在当时，这些文献并不犯忌讳了。

六、辛亥革命与禁书复出的关系

接着要讨论禁讲之书的复出与辛亥革命的关系。在进入这个主题前，须先作一些澄清。所谓统治松弛、文网渐开，是政府方面的情形，至于民间则胆大者敢于作为、胆小者仍拘畏如故，因为官方从未颁布任何确定的命令或标准，人们只能猜测其底线，故极拘畏与禁网松弛两种现象同时并存。

关于禁书复出的现象，可以在这里作一些推论：一、对各种复出的文献应作分疏，看来经部的敏感性最小，集部与史部较大，尤以史部为甚；而在史部之中，又以关涉到明清易代之战争与杀戮的历史最为敏感。这类文籍又可细分为二：偏重清兵之凶残屠杀者，偏重忠臣烈士殉节成仁的惨烈者。后者是清代后期奖励忠义的上好材料，而前者则是可能激发汉族敌对意识的火药，这两种材料在文字狱最盛时都有敏感性，但是随着禁网日疏，内外政治环境之变动，两者开始分流。一直到清末，这两者又有部分合流的情形，不管前者或后者，都在这一部分中与种族革命意识产生关联。

道光年间的三部大书，《荆驼逸史》《明季稗史汇编》及《乾坤正气集》正好代表两种不同面相。《乾坤正气集》以忠臣烈士为主题，其中血淋淋的场面虽然也很多，端看读者要从哪一面去阅读。随着阅读的态度、着重的角度之不同，得到的意义与感觉也有异，这是一个非常复

---

[68] 以上见袁英光，《徐鼒的封建正统主义史学》，收入《中国近代史学史论集》，上册，页315—333。

杂的问题,被整个时代政治、经济、思想等方面所左右。在道、咸、同年间,人们主要还是从"忠义"的角度去看这些文献。《荆驼逸史》及《明季稗史汇编》中有好些部书是大规模屠杀的历史,后来在晚清革命中起过大作用的《扬州十日记》,即收入《荆驼逸史》中,而《明季稗史汇编》中则收有《嘉定屠城纪略》。

上面三套书的编者一明(《乾坤正气集》光明正大署上姚莹、顾沅的名字)、二暗(《荆驼逸史》只署了一个陈湖居士,《明季稗史汇编》署名留云居士,实在看不出他们的真实身份),这三套书的编者都非常清楚他们所进行的是敏感度完全不同的工作。

在道、咸、同时期,人们对两系复出的禁书,还是分得相当清楚的,提到涉及忠义的《乾坤正气集》等书,虽然有时也意识到其敏感性,但通常态度公开而且振振有词,提到《荆驼逸史》这一系书时,则比较秘密而带犹疑。在咸丰年间读到《荆驼逸史》的李慈铭,只说"悚然增沟壑性命之感",却未明白表示读后引起任何种族之想[69]。这里当然牵涉到一个非常难以解决的问题:李慈铭日记是否隐藏了他心中最真实的想法?除了"增沟壑性命之感",是不是还有更深一层的情绪?这个问题从目前的李慈铭著作中得不到确切的解答。事实上,晚清的著述除外,在我所读过的清代文集中,直接讨论种族问题的文字非常罕见。

因为清代中土士人不敢讨论这方面的问题,所以我转向异域史料。我曾经泛读清代朝鲜使者所留下的各种"燕行录",从大量朝鲜使者与老百姓谈话的记录,得到的整体印象是:汉人对满、汉之间的差异感觉始终存在[70],其间当然有强弱之别,不过不管是强是弱,与清末那种

---

[69] 上册,咸丰乙卯(1855)四月十九日条,页391。

[70] 王汎森,《从〈燕行录〉所见之清代的敏感问题》(未刊稿)。

种族敌对意识之间,仍有复杂的转换过程。人们形成意见时往往除了念头之外,还凭借说理、论述的资源,流通规模越来越大的禁讳之书,以及对明清易代史知识的增加,确实会扩大满、汉之间的差异感。但是要进一步为这种差异感赋予现实行动的意义,仍待晚清的革命潮流。

另外,还有一个问题:嘉、道、咸以来复活或复出之残明遗献会自动传递下去,还是必须由有心人来积极发掘,它才会成为清末历史舞台中活跃的分子?我的观察倾向于后者。"传统"不必然会自动传递下去,而要透过艰苦的学习才能获得[71]。代与代之间的隔绝性远远超过我们的想象,在每一代人们都将手边存有的资源、现实的关心、生活的需要等,重新整合成一个有意义的方案,也就是说许多历史记忆资源必须透过"再发现"或"再制造",才可能在一个时代活跃起来。每一次的活化都是"再发现"或"再制造",而每次"再发现"的内容重点及编码意义并不完全相同。但是话说回来,如果没有原先所准备的条件,如《扬州十日记》《嘉定屠城纪略》《明季稗史汇编》等遗献之复出,即使有一把火种也引燃不了大火。

关于清末革命与道咸以来遗献复活之关系,刘声木(1878—1959)《苌楚斋随笔》中有一段相当犀利但不尽准确的记忆:

> 自光绪末造,种族革命之说兴,一人倡之,千百人和之,遂至酿成宣统辛亥之变,而清社易屋。论者遂谓种族之见创自泰西,流被东瀛,四十年内,其说盛行于时。不知此种心理,其渊源早发见于三四百年以前,是当时之人,早已有此心理。其与近世相应者,盖亦有故。我朝入关之后,禁忌各书,检查毁灭尤甚严,难保无流入

---

[71] T. S. Eliot, "Tradition and the Individual Talent, " *Selected Essays* (London: Faber and Faber, 1951), pp. 13-22.

东瀛者。东瀛得以因之鼓荡中国人心,助成其事。[72]

这一段话说得不是很清楚,但他指出在清末有两种因素交织形成了革命意识,一是西方新传入的种族学说,一是复活的禁讳文献。

清末中国流行的种族主义有几种面相,有些我们今日视为当然,在当时则是前所未闻。譬如以"民族""种族"为一种"主义",便是一种新的表述方式。以《民报》中的材料为例,我们可以大致理出当时种族学说的轮廓。

一、清朝因为严禁华夷种族之辨,故《民报》说是"种界荡没"[73]。但晚清西方及日本流行人种学说,要把人种之差异区分出来,要在不同颜色的种族之间分出优劣,以及把社会进化论导入种族竞争的思想等,被大幅引介进入中国的思想世界。

二、晚清流行一种以单一民族组成一个国家的思想:譬如《民报》中说"仅知为一国民,不知为两种族","国家有两民族以上,利害相反"[74],认为处于现代世界,最理想的情况是形成"民族帝国主义",而且认为种族问题未解决之前,则政治问题也无从解决。

刘声木指出引发革命的第二个重要资源是残明遗献的复出。这是当时许多人共有的观察,梁启超即提到"残明遗献思想之复活"[75],刘声木因晚清言论界充斥晚明文献,而发出"这不是晚明人的复活吗?"的讶叹。刘声木对残明遗献的来源作了推测,他认为这些东西在中国早已被禁绝,所以是新从日本回流的。这个观察有一部分是对的,几种

---

[72] 见刘声木,《苌楚斋随笔:续笔、三笔、四笔、五笔》(北京:中华书局,1998),上册,《明王洙宋史质》,页349—350。

[73] 武灵,《直隶省宣告革命檄》,《民报》合订本(北京:科学出版社,1957),第2册"天讨专号",页77。

[74] 精卫,《斥为满洲辩护者之无耻》,《民报》合订本,第2册第12号,页183。

[75] 梁启超,《中国近三百年学术史》(台北:台湾中华书局,1975),页29。

影响革命最大的刊物确实刊载了不少明清易代的血泪史迹。不过道咸以降禁书的复出同样不可忽视，譬如《国粹学报》《南社丛刊》中许多材料即是来自本土的收藏。

革命人物并不是学问家、藏书家，除了少数例外（如邓实[1877—1951]、柳亚子[1887—1958]等），他们通常只在宣传的层次上流通、扩散这类资源。革命不是作研究，凡涉及大规模行动的宣传工作，必然是先靠大量印刷的小册子。而《扬州十日记》《嘉定屠城纪略》《黄书》，便是三部传印数目难以计数、影响最大的小册子。此外，雕版或活字的印数通常不多（通常是一百部以内，多则两三百部），当时又没有现代公共图书馆，人们往往是东一本西一本地访求这些材料，他们不像我们能有机会比较全面了解禁书复出的总体状况及大致规模。

从目前的研究看来，一直要到光绪后期及宣统年间，对于这些原先具有高度种族敏感性的文献，因两种截然不同的政治团体的出现而产生两种分裂，一种是忠清的，一种是反满的，即使读的是同样的文献，也可能出现完全不同的结果。

用什么态度解读古书，或阅读之后所产生的意义及心理反应，每每与日常生活中的感受分不开。如果没有清廷对内、对外不断的挫败，使得人们将挫败感与异族统治结合起来思考，这个二分是没有现实行动意义的。因为现实的挫折，人们开始用历史记忆来诠释日常生活，经验与历史记忆互相套叠，才逐渐将历史的记忆转译成现实的种族意识。

七、结　论

我们生存世界的时间是由过去、现在、未来三种时间所组成，但三者密不能分,像是一个漩涡般运动着[76]。我们对清末革命者脑海中的"现在"及"未来"了解较多,与我们所要讨论的主题最相关的是,他们当时脑海中"过去"的世界与乾、嘉或是道、咸时代的"过去"有何不同。我们固然不应夸大因为禁书及自我禁制所造成的失忆程度,但是也不能过度轻视。以顾炎武的《日知录》为例,章太炎这位敏感精细的读者在晚清读通行本《日知录》时,非常惊讶地发现其中竟无任何华夷种族的表示,直到后来"原抄本"出现之后,才憬悟此书不但经过四库馆臣删改,早就经过私人偷偷的删改,问题是时间一久,连通体删改这件事也被忘得一干二净了[77]。因此这一代人正在一步步揭开无知的面纱。

一旦集体历史记忆中断,则原先拥有此等记忆的族群便会在相当长的时间内因失去共同记忆而失去认同,从而也失去凝聚成为一股政治力量的可能。但是,一旦久已逝去的历史镜头忽然再现,通常便有相当深的意涵。对执政者来说,如果不能成功地消除不利于彼群的集体记忆资源,而致使它与官方认可的记忆资源平行并列,甚至转居主流地位时,往往带来重大的政治变动。

章太炎很早便看出这个现象。他曾为大部分清代汉学考据工作找到现实政治意义,认为清代学者的"反古复始"工作与他所从事的光复运动相合,而且也认为顾炎武(1613—1682)以整理国粹来保持汉族的自我认同:"顾亭林要想排斥满洲,却无兵力,就到各处去访那古碑古碣传示后人。"[78]他的意思是说,顾炎武等借着保持对民族文化的集体记忆,俾与异族政权对照,来彰显出我群与他群之不同,以待时变。

清季革命刊物中,常把历史记忆资源与异常激烈的"我群""你群"

---

[76] 这一个论点,我可能受到京都学派哲学家田边元的影响。
[77] 我曾作过相关的比勘,并留下相当多的札记,但并未写成论文。
[78] 章太炎,《东京留学生欢迎会演说辞》,汤志钧编,《章太炎政论选集》,页280。

的划分联系在一起。以《民报》为例,他们以一种"我群""你群"的强烈对立意识在解读历史,故读后每每出现"堕泪""拔发大叫"的情绪。明末清初大量抗清殉难者的人名,血腥屠杀的事件(扬州、嘉定)交织在文章的论述中,虽然东一鳞、西一爪,但是仍然表达出一种强烈的意象。值得注意的是,他们正在与明代取得一种带有虚构性质的、新的、紧密的认同感,故谈到明代时每每加上"我"字(如"我庄烈帝")。而在虚构或重新复活历史记忆来推动仇满这一件事上,他们相当程度借助了原先被禁毁或伏而不出的文献。

《扬州十日记》、《嘉定屠城纪略》、王夫之著作(尤其是《黄书》)、《南疆逸史》、顾炎武的《日知录》及《天下郡国利病书》被热烈地讨论着。人们(如陈去病,1874—1933)成篇累牍地讨论明清递嬗之间的史事或搜集遗文,《民报》第十八至二十三号的"桑瀣遗征"一栏,即由汉思(陶成章,1878—1912)负责,热切地搜集、刊登各式各样的敏感文献〔79〕。

晚清革命团体常常与国粹、国学保存、刊印宋明遗民文献,或纪念某些明季殉难人物的活动相连。这是因为集体历史记忆的重塑乃与汉族的新认同之建立同步。这层关系在清末各种革命刊物也可以看得很清楚。湖北留日学生在东京所办的《湖北学生界》,后来改名为《汉帜》,于1906年编印出版宋、明两朝遗民中与湖北有关者的诗文。而《云南杂志》于1908年则编印收有南明桂王及明末云南地区人民抗清文学为《滇粹》。至于《国粹学报》中所刊的大量遗民文字,国学保存会所保存并刊刻的大批明季遗献,更使得这些古色古香的文献及记忆,扮演全新的历史使命。当时地方士大夫生活中的一些小事,也反映汉族集体历史记忆复返的实况:周作人(1885—1967)《知堂回想录》中所记

---

〔79〕《民报》合订本,第3、4册。

第十二章　道、咸以降思想界的新现象

晚清活跃于绍兴的乡绅孙德卿(1866—1932)——"他曾经拿明朝人的照片去分送给农民。我看到的一张是明太祖的像,总共三寸来长,分明是从画像上照下来的",接着是"他并且向农民说明,清朝的政府是外面侵入的人组成的,我们应当把他们打出去"[80]。周作人又说北大的马隅卿(1893—1935)"专门研究是明清的小说戏曲,此外又搜集四明的明末文献,末了的这件事是受了清末的民族革命运动的影响,大抵现今的中年人都有过这种经验"[81]。

在这一波明季遗献复活的现象中,我们也看到人们对某些带有历史纪念意义的地方、古迹、遗物等出现特有的兴趣。譬如说苏州的虎丘便是三百多年来承负明清历史递嬗记忆的重要媒介。明季关心国事之士人常流连虎丘,谈兵论剑,并留下不少刻石,虎丘遂自然而然成了寄寓某种历史意义的地方。故当清末士人大规模集会虎丘时,其行动本身便含有某种象征。像南社于宣统元年(1909)雅集虎丘时,便宣称要冒清廷之大不韪,以江南人士为主体联络全国文人论交讲学。它宣示了一种与过去的历史相联结而又对现状不满的情绪。有意思的是,在这一次行动中,他们还祭了虎丘附近的张公祠,该祠所祀的就是明末兵败投水自尽的张国维(1595—1646)[82]。南社诸人也校印整理了一批久不流通的宋、明遗民文集:如陈去病印《扬州十日记》《嘉定屠城记》等为《陆沉丛书》,如印行宋末烈士谢翱(1249—1295)的《晞发集》、夏完淳(1631—1647)的遗集,编纂以太湖为基地抗清之吴易(1612—1646)的文集,并重印东林复社人物的手迹等[83]。

---

[80] 周作人,《知堂回想录》(香港:三育图书有限公司,1980),页253。

[81] 周作人,《隅卿纪念》,《苦茶随笔》(收入《周作人先生文集》;台北:里仁书局,1982),页168。

[82] 杨天石,《南社》(北京:中华书局,1980),页17。

[83] 同前书,页7。

更露骨的是，他们开始虚构一些与明室早已不存在的亲缘或臣属关系。如南社成员叶楚伧(1887—1946)宣称他作梦梦到身处明朝，周旋于明廷[84]。这些高度象征性的举动，都说明他们企图超越当前而与一个早已不存在两百六十年以上的时空记忆相连接，以否定实际统治两百六十多年的异族政权。

清季集体历史记忆的重塑不只影响了政治(倒满)，同时也重新"发现"中国的传统。譬如李卓吾等过去两三百年来被视为异端且不齿道及的人物，竟被标举为"国粹"的一部分。又如《国粹学报》中以"国学"与"君学"相对，将专制意识形态解释成不是中国文化传统的重要成分，并反复说儒家是"诈伪"、湛心利禄[85]。此外，则是反映晚明多元文化气息或所谓具有思想"现代性"的书籍重新出现在历史舞台。这些书至少包括三个方面，一种是具有异端倾向的书，如李贽、唐甄等人的著作。另一类是晚明的戏曲小说、笔记杂书，反映生活情趣及真实感受的书。这一批书有许多不在禁抑的范围，但是因为清代官方意识形态及学术主流气氛的影响而被压在箱底，这些书籍重新获得重视或重印，并成为市场上的宠儿。原先在清帝国潜伏不活动的晚明文化因子逐渐复活，在舞台上扮演一个活跃的角色。第三类书是在禁书运动中因为"涟漪效应"而长期隐匿不出的书，像黄宗羲《明夷待访录》。黄宗羲的《南雷文约》出现在禁毁目录上，许多人恍兮惚兮地以为《明夷待访录》也是一本禁书，故从乾隆初期刊印之后，《明夷待访录》有将近一百年并未被刊印，最多可能只有依赖过去的印本及抄本少量地流通。有意思的是，这本书再度以印本出现，是在道光十九年(1839)，也就是本文所讨论的禁书复出的时期。它在长期失踪之后再度复活，出现在

---

[84] 杨天石，《南社》，页39—40。

[85] 章太炎，《诸子学略说》，《国粹学报》，第20期(1905)，广陵书社重印本，册五，页2166。

士大夫世界,在最初半世纪它的影响不大,但在清末梁启超等人节录其中几篇文章印成几万册,为晚清政治及思想界带来了掀天揭地的影响,尤其是自由、民主、平等思想的启蒙,及推倒君主制度的影响[86]。

值得注意的是这批文献的复活,如何与现实局势相互激荡,最后将清代历朝官定的君臣之分高于华夷之分的顺序颠倒过来,回到顾炎武在《日知录》"管仲不死子纠"条所说的"君臣之分犹不敌夷夏之防"[87]。而汉人食满洲之毛践满洲之土的官定说法,如何变成在晚清《人镜画报》上的一幅嘲讽画上的对白:"我所践的都是土,故便于火黑籍耳","我所食的是茅,故弄得一肚子里草耳"[88]。

对不少革命家——尤其是与南社有渊源者——而言,整个革命的奋斗过程是与残明文献的搜集与刊行相平行。这在南社的相关著作,及《国粹学报》等刊物中可以看得非常清楚。《国粹学报》中搜刊这类敏感文献的种类、篇幅,更是极为可观,此处不详述[89]。他们四处访书,抉发其种族思想上的意义,并设法抄存或刊行,其行动就好像章太炎笔下的顾炎武,到处抄碑访墓,看似没用,其实寓有深意。像南社的柳亚子在他的羿楼藏书中收聚大量晚明的禁毁书,这些书的内容在今天只有历史学的价值,但在当日因为久藏不出,人们对前朝史事极陌生,所以它们兼有政治行动的意义。清兵入关后不久,即有"乡人话前朝掌故,似是而非,动成笑柄"[90]的情况,何况是过了两三百年在接触

---

[86] 梁启超,《清代学术概论》(台北:台湾中华书局,1989),页62。

[87] 顾炎武,《原抄本日知录》(台北:明伦出版社,1970)卷九,页201。

[88] 人镜画报社编,《人镜画报》(台北:中国研究资料中心,1967),页28。案:所谓"黑籍"有两个意思。第一是指抽鸦片烟的人。第二是英文blacklist,指那些捣蛋生事的工人。雇主将他们的名字列入黑籍,并与其他雇主交换,以避免雇用。依此处文义判断,是以"土"指烟土,"火黑籍"即烧鸦片。一方面把"茅"与"土"作最粗俗解释,一方面讽刺当时吸鸦片者之众。

[89] 可参考 Lynn A. Struve, *The Ming-Qing Conflict* 以及书中对个别书籍的描述。

[90] 邓之诚,《清诗纪事初编》,页331。

到这些与官方历史版本不同的文献时,其震动不可轻估。

章太炎与张继(1882—1947)是具有无政府倾向的革命家,但这并不减少他们搜集残明文献之热情。太炎到处为新见晚明文集写跋,并刊《张苍水文集》,民国成立后还撰成《清建国别记》等研究清史的开山之作。而张继所搜集禁毁文献也值得专门讨论,其中严从简《使职文献汇编》一书更是太炎写《清建国别记》一书的重要根据。张氏所访得的原抄本《日知录》,更曾引起学界的广泛注意[91]。

历史记忆的复活与现实行动之间的关系可以以罗家伦(1896—1969)对张继的一段追述为例:"他(张继)幼年在保定莲池书院读书的时候,经过高阳的荒郊,看见明末孙承宗的祠堂,便为高阳守城如九边诸镇英勇抵抗清兵的史实所感动。……这是他的民族思想的来源,也是他中国学问的基础。"[92]像苏曼殊(1884—1918)便对故乡广东的金堡遗迹流连再三,《曼殊遗集》中有如下一段:"金堡祝发后,居吾粤丹霞寺,著有《遍行堂集》。昔予行脚至红梅驿破寺龛旁,见手抄澹归和尚诗词三卷,心窃爱之。想是行者暂为寄存,余不敢携去,犹记其贻吴梅村一律,大义凛然,想见其为人矣。"[93]

许多晚清知识分子对搜读明季文献有极大热忱,有些是倒满的支持者,有些则只是跟随时代风潮。这一类材料极多,此处只引两条。周作人《知堂乙酉文编》中《五十年前之杭州府狱》记其祖父在牢房中堆叠的几部书,其中有"《明季南略》《北略》《明季稗史汇编》《徐灵胎四

---

[91] 参见顾炎武,《原抄本日知录》,附录一,页 957—1010 中黄侃、章太炎、崔震华、徐文珊等人文章。

[92] 罗家伦,《抱任侠之气存赤子之心:为纪念张溥泉先生而作》,《逝者如斯集》(台北:传记文学,1967),页 139—140。

[93] 单士元,《故宫札记》(北京:紫禁城出版社,1990),页 87。

种》"[94]，从牢房中这一堆书的内容可以看出当时热爱明季文献的风气。夏丏尊(1886—1946)《平屋杂文》中《我的中学生时代》也回忆道："又因排满之呼声已起，我也向朋友那里借了《新民丛报》等来看，由是对于明末清初的故事与文章很有兴味，《明季稗史》《明夷待访录》《吴梅村集》《虞初新志》等书都是我所耽读的。"[95]而陈寅恪(1890—1969)记他年少的一件重要事情便是于光绪二十五年(1899)随父夜访书肆，购得尚有钱牧斋序文之《吴梅村集》[96]，夏、陈生年相近，读明季书的年代亦相仿佛，足见当时之风潮。

明季遗献复活的最后一个阶段便是过去二三百年间躲躲藏藏的书，都变得洛阳纸贵。以禁书目录的刻印为例，周作人说先前有《咫进斋丛书本》，这是为了讲掌故、讲学术；后来有《国粹学报》的排印本，这是为了讲排满革命；杭州影印本，上海改编索引式本，这是为了查考，乃商业性质的，这时"禁的效力一半还是等于劝"，"只要是榜上有名的，在旧书目的顶上便标明禁书字样，价钱便特别地贵"[97]。所以过去为了避祸而作的涂黑、墨钉或剜板，这时都成了求索高价的依据。《旧山楼书目》在光绪二十六年(1900)补录了一批禁书，无意间留下了一段批语，竟表示禁书比宋元本还难得[98]。

---

[94] 周作人，《知堂乙酉文编》(台北：里仁书局，1982)，页91。

[95] 夏丏尊，《平屋杂文》(台北：台湾开明书店，1977)，页113。

[96] 蒋天枢，《陈寅恪先生编年事辑》(台北：弘文馆，1985)，页20。至于王夫之、顾炎武的书更是流行，几乎新一代知识分子都读，如周恩来在1908年便大读《国粹学报》及顾、王著作。见许芥昱，《周恩来传》(香港：明报，1976)，页17。

[97] 以上见：周作人，《苦竹杂记》(台北：里仁书局，1982)，页71—72。周作人不只一次提到这一时期凡在坊刻禁书目中列名的，皆甚昂贵，如周作人，《书房一角》(台北：里仁书局，1982)，页21—22。

[98] 《旧山楼书目》中有一批涉及禁讳的书是光绪廿六年十月才补录的，而补录者记曰："此中书已有归别姓者，最可惜。石斋未刻稿，牧斋杂诗文日记等，较宋元本尤难得。"赵宗建，《旧山楼书目》(影印1957年排印本；台北：成文出版社，1978)，页57。

在辛亥革命成功之后，残明遗献逐步脱离政治的需要，而成为学术研究的兴趣。政治与学问当然不能完全分割，有些革命者后来成为晚明文献专家（如黄节［1873—1935］、朱希祖［1879—1944］）。有些革命家在民国时期仍表现出搜集明季遗献极大的热忱，如《邵元冲日记》中，便到处有访寻明季文集的记载[99]。

从民初出版家张元济（1867—1959）与大藏书家傅增湘（1872—1949）的来往书信可以看出，曩昔深藏复壁的抄本或印本大量出现，价格昂贵，而且这些重见天日的书本缺页缺卷的情形相当普遍。傅、张二人对于与乡邦有关的文献搜集不遗余力，虽索价昂贵亦常勉力为之[100]。

不过，真正受到遗献及种族思想波动之影响的，只是大清帝国的一部分人——甚至是相当少的一部分。大多数人民，尤其是士大夫，即使接触到大量禁毁文献仍然非常忠于满清。民初《清史稿》修撰过程中，清遗老们前赴后继，以偷梁换柱的办法将清代正统观念植入该书，并尽其可能为满清忌讳——如有清历代帝后失德者，讳略不载，又随处可见反对汉族及反对民国的用意及措辞。甚至连康雍乾时代整肃汉人最为厉害的文字狱，也都尽可能避而不写[101]，就可以了解清遗民的心

---

[99]　邵元冲，《邵元冲日记》（上海：上海人民出版社，1990），如页162、1415、1416。

[100]　以上见张元济，《张元济傅增湘论书尺牍》，页27、39、40、41、51、53、55、57。张元济曾为商务主持编校影印百衲本二十四史、四部丛刊、续古逸丛书、孤本元明杂剧等书，他同时在与傅增湘的书信往返中讨论购买明季遗献的事，如傅增湘于1912年5月13日信中说："有旧钞《甲申小纪》初、二、三编，……皆纂辑明末遗闻逸事，……四函、二十册，索值百元，不肯减，此亦方今流行书。"（《张元济傅增湘论书尺牍》，页3）1912年5月17日傅氏给张的信中又说："又购得《诗观》初、二、三集，亦禁书也，六函，邓汉仪选，皆国初人。"（同前书，页6）同年6月7日，傅氏信又说："在厂市又见钞本《九朝谈纂》，亦明代野史，蓝格旧钞，索八十元，禁书也，未还价。又钞本《殷顽录》六卷，缺第五卷，明季书，价数元。"（同前书，页12）

[101]　马金科、洪京陵，《中国近代史学发展叙论》（北京：中国人民大学出版社，1994），页315。

态了[102]。章太炎在革命成功后,又写了一系列研究满洲早期史事的文章,除了纯学术兴趣外,主要便是针对当时清史馆中的一批遗老。革命不是一个单独的事件,它是一连串的事件。就如同在诺曼底登陆之后,盟军的士兵仍要花许多力量继续肃清敌人,才能算赢得大战。

王国维(1877—1927)说"道咸以降之学新",这个"新"字表现在许多方面,其中一面即新思想资源的加入。这至少包括两方面,一方面是从道光、咸丰以降,逐渐加入西方思想的成分;另一方面是在清代政治压力下禁讳的书籍文献的复出,它们被再创造、再意义化、再脉络化,而产生了很大的冲击。本文是对道咸以下思想界这个新现象的研究。

在文章一开始我提到,清代士人世界的禁讳活动是一个"涟漪效应",一颗石头投到湖心,涟漪往外一层一层地扩散出去,所以影响的并不只限于文字狱案件中所涉及的书籍,也不只限于在禁书目录中所列举的书,或是在《四库全书总目提要》中受到贬抑、批评的书,其影响力往往扩散到许多我们想象不到的层面,政治压力的禁讳作用造成一种"集体性的遗忘"。因为许多文献被销毁、被自我压抑,或潜伏不出,以致原先在晚明清初发展的形形色色新鲜刺激的、带有"现代性"意味的内容,往往不再成为思想世界活跃的成分。

这些禁讳的文献,尤其是列名禁书目录者,并不像史景迁(Jonathan Spence, 1936—)等学者所说的从此完全消失。事实上,其中有

---

[102] 在汪辟疆《光宣诗坛点将录》中我们可以看到大量的清遗民对辛亥革命抱敌视态度。譬如周树模,《石遗室诗话》说他旧刻诗集两册,但"辛亥后不复行世";如陈曾寿,汪辟疆说他"辛亥国变以后流寓沪滨,乃自托黄冠,时有梦断觚棱之感";又如梁鼎芬,"辛亥后,种树崇陵,弥深故国之思,民国八年卒,死前手自摧烧其诗文稿";又如陈三立序《俞恪士诗集》说"余尝以为辛亥之乱兴,绝羲纽、沸禹甸、天维人纪,浸以坏灭"。以上见:高拜石,《光宣诗坛点将录斠注》(台北:河洛图书出版社,1976),页25、29、43、48。另外林纾《畏庐文集》亦多清遗民史料。关于清遗民的研究,可参考:林志宏,《民国乃敌国也:政治文化转型下的清遗民》(台北:联经出版公司,2009)。

不少在嘉庆末年,尤其是道光、咸丰以降逐渐重刊或重新流通,许多原先被"涟漪效应"波及的文献、实物……逐渐浮现、流通——当然所谓的"浮现"有时候是以意想不到的变貌,甚至带有虚构性或杂糅附会的方式出现。在长期的"集体性遗忘"及"集体性遗落"之后,它们成为一批重大的新资源。在本文一开始我已经提到过,这批资源并不是简单地"重现",而是被整合到当时的思想言论世界中,成为其中一个因素而得到新的意义。所以它们所产生的意义也随道咸以降时代环境的不同而有异。

本文也花费了一些篇幅,试着说明这些禁讳文献复出的原因。由于我将在另一篇论文中较详细地讨论这个问题,所以本文只强调关心现实事务、奖励忠义、乡邦意识、官员为了求得政声、地方或家族的自炫意识,以及商业利益、好异炫奇等等,都是不可或缺的动机。不过,本文特别强调清廷系统有计划地以《胜朝殉节诸臣录》之类具有指标性的官方文书来表达对忠诚政治的鼓励,也是一个重要的原因。而儒家士人的道德激情,尤其是为了激发"忠义",使许多人开始编纂明清之间殉节人物的历史事迹或出版他们的文集,用来激发效忠本朝的热情。

嘉庆后期的内乱,以及道咸之后一波又一波的内外动乱,使得"忠义"与经世关怀具有极强的现实感。加上清廷统治力衰弱、禁网松懈以及地方秩序的动摇,原先伏而不出的禁讳之书大量复现,这些文献中所含的种族意识或种族之间的差别感又随着局势的变化而加剧,因此逐渐形成两种分流的意识:一种偏于鼓舞忠义之气,一种偏于揭露满人的残酷与罪恶;前者如《乾坤正气集》,后者如《荆驼逸史》——许多后来在清季激发种族革命最有力量的小册子如《扬州十日记》《嘉定屠城纪略》等都在这套丛书中。

本文对当时抄写、刊刻、复活文献的士人身份、活动、团体及流通的情形也略作了勾勒,同时从"读者反应"的角度考察人们对这些文献的态度及阅读时生发的意义。我们注意到清廷局势尚未大坏之前,阅读《扬州十日记》之类的文本产生的感想与清末最后一二十年间的截然不同。同时本文也指出,清末的世局激化了阅读这些文献所产生的感想及意义,成了激发清末种族意识及种族革命的重要因素。

本文当然也提到,禁讳文献复活的影响是多方面的。不仅是种族意识,同时也包括晚明激烈的异端思想、对欲望与物质的强调、带有解放及现代意味的观念等。以黄宗羲《明夷待访录》为例,它在道光以后一次又一次被刊刻,书中广泛的批判精神,不管是重视民权批判君权,或以学校为舆论中心及监督政府的机构等理念,都逐渐扩散并产生影响,而对晚清的变法及革命产生重大的影响。

本文最后一部分是以《南社》《国粹学报》《民报》等刊物中的晚明遗献材料,讨论它们塑造了一个略带虚构的记忆世界,它与种族革命套叠在一起,发挥巨大的历史影响。

附录　从东亚交涉史料看中国

由于我对文化交涉学不曾作过专门研究,严格说来,对于这个主题我是没有任何资格发言的。但是在我的研究经验中,又对异域史料的价值有一些体会,所以试着以提要的方式将它们写下来。

首先,我觉得研究任何中国历史问题,如果能抱持着"东亚交涉"这一个理论自觉,所看到的现象必定有所不同。譬如注意到原先所不曾留意的、复杂的交涉现象,或不再抱持以中国为中心向四周扩散的观点,而忽略了其他重要的现象。近年来,已经有人从哲学、语言、历史、思想、艺术等特定角度进行研究。以艺术史为例,我的同事石守谦教授正在领导一个大型研究计划探索相关问题。在石教授的《中国与亚洲艺术的再定义》这份研究提案中,他提到以13世纪以后的肖像画及水墨画为例,可以透过中国部分的还原,一方面显示日本具有选择性的引进以及其后的变化与发展,另一方面也发现中国内部不同区域因此交流之进行而产生的对应发展。其中13、14世纪日本所引入的禅师肖像基本上来自文化中心的杭州与苏州,罗汉图等仪式所需的道具则取自宁波。它意谓着日本在选择时确有品级的考虑,而且不同品级在日本所起的影响也有所不同。石守谦教授的提案中又说,如果把水墨画的交流放在东亚的视域中,也可以得到新的了解。虽然在13、14世纪因为中日贸易而带动了宁波职业画坊的蓬勃,但15世纪日本水墨画最大的改变却与宁波无关,而系因日方重新取得与杭州、北京等文化中心的联系而来,16世纪福建地区新兴贸易港的出现,则增添了新的管道。但因为中国方面与日本密切交流的几个地区皆非文人画的重镇,所以在17世纪以前的日本水墨画中,文人画并未产生明显的作用。

我长篇引用了石守谦先生的提案之后,还想说明一点:我们过去通常只关心强势的、输出方对于接受方的影响,但我们似乎不能忽略,接受方透过接受或购买的偏好,在受容过程中,替输出方的文化产业或其他层面进行细微复杂的筛选、改进、重新编码,或重新创造等形形色色的作用,同时也引起输出方文化地景(cultural landscapes)的调整或重组。

英国史家John H. Elliott(1930—)在一本很小的书 *The Old World and the New, 1492-1650* 中提到,大英帝国向外扩张殖民的过程中,大幅改变了它的新辟殖民地,不过新辟殖民地的经验也回过头来影响英国[1]。中国与当时东亚各国的关系与大英帝国不同,但是J. H. Elliott所提到的现象,是不是也发生在当时的中国与东亚各国? 也值得深入探考。

我始终牢记着中央研究院历史语言研究所创始人傅斯年(1896—1950)的名言,研究、史学能扩充史料则得进步,不能扩充史料则不得进步。在东亚交涉学方面,我也想从扩充史料的角度出发,谈谈新的可能性。

以朝鲜方面的材料为例,过去吴晗(1909—1969)的《朝鲜李朝实录中的中国史料》已经为从异域文献中搜罗中国史料立下模范。近年来我翻阅《韩国文集丛刊》《韩国历代文集丛书》《燕行录》等套书,也

---

[1] John H. Elliott, *The Old World and the New, 1492-1650* (Cambridge [Eng.]: Cambridge University Press, 1970).

发现了许多中土所不载、而朝鲜文献所独详的历史材料[2]。其中又以到过中国的学者文人所留下的记录,最为可观。这方面的史料已经被从外交史、文化交流史等角度做过不少研究。以下所要谈的是针对目前仍在做的两项研究,说明东亚交涉史料对研究中国史的其他意义。

近十几年来,我一直在研究清代政治与文化的问题,迫切需要了解在清代盛世时期士大夫及一般百姓对满汉之间种族意识的实况。我曾翻查不少清人著作,但因为清代文字狱的压力太大,一般人对此问题避之唯恐不及,所以几乎找不到任何直接的材料。在经过一段寻思之后,我将注意力投向朝鲜使者的文集及各式各样的《燕行录》。因为朝鲜使者们曾广泛地与他们所遇到的北方士大夫或平民对话,一般人对外来的陌生人讲话比较直接,而朝鲜使者下笔时又没有清朝臣民的政治忌讳,所以我推测,如果他们谈话的主题与我的关心相近,朝鲜使者们就像是在替我作田野调查一般。如果我们不用文化交流史或政治外交史的角度阅读这些文献,而是改换一个角度,用田野调查的角度读它们,一定可以捕捉到一些迫切需要的信息。在过去几年,我已经从各种《燕行录》及朝鲜文人文集中抄录了不少材料,大致可以解答这个在清代中国既敏感而又充满忌讳的问题。

在探讨同一个问题时,我也曾阅读关西大学松浦章教授所整理出版的几册《江户时代漂着唐船资料集》,其中有一些非常有意思的问答,如果把这些对话转成人类学的田野问答,可以看出许多在中土史料中所看不到的面相。我相信在清代东亚其他国家(如越南等地)的相关文献中也可以得到这类材料,而这些都是清代中国文献中几乎完全找不到的。

我的另一个经验是这样的:在过去十几年中,我曾陆续写过几篇文

---

[2] 最近我注意到已有《韩国文集中的蒙元史料》及《韩国文集中的明代史料》出版。

章讨论近世中国公开省过的传统,并提到这个传统的来源之一,是宋代以来"乡约"中所实行的一种公开记过、省过的方式。宋朝大儒朱熹(1130—1200)的《增损吕氏乡约》中就这样记载着:

> 过失可规者,书于一籍。
>
> 于是约中有善者众推之,有过者直月纠之,约正询其实状于众,无异辞,乃命直月书之。直月遂读记善籍一过,命执事以记过籍遍呈在坐。[3]

中国的乡约有各式各样的变型,但其中公开彰善纠过的部分,是相当稳定的成分。能否谨守约规而被留在约内,是一件事关个人荣耀感及社会地位的事。各式各样约规的内容及其流变,反映不同地区及不同时代的思潮,非常值得从思想、社会史的角度进行研究。但是我也注意到,过去研究中国乡约的历史往往碰到一个瓶颈:即我们很容易看到约条,但很不容易看到实行的记录,尤其是其中公开彰善纠过的部分。我常将此现象形容是"食谱"很多,但看不到实际作出的"菜";连篇累牍的各种约条,只能算是"食谱"而已。

但是我在韩国的乡约史料中,却可以找到这方面的资料,此处仅举一例。在《朝鲜后期乡约资料集成——灵岩、海南、罗州》中,我读到《大同稧行罚录》,是一种"记过籍"[4],例如:

> 郑淳芳氏沮败家产,事系官府,故出契事。有司宋正焕,公事员郑有铉,壬子十二月十日。[5]

---

[3] 朱熹著,朱杰人等主编,《朱子全书》(上海:上海古籍出版社、合肥:安徽教育出版社,2002),第24册,页3594、3603。

[4] 金镐逸、朴京夏、朴焞、朴钟彩合编,《朝鲜后期乡约资料集成——灵岩、海南、罗州》(韩国:国史编纂委员会,1997),《I.灵严:大同稧行罚录》,页307—313皆为相关案例。

[5] 同前书,页307。

> 崔秉性氏所逋夥多,故出契事。乙卯十二月十日,有司郑淳璟,公事员朴钟绪。[6]
>
> 崔秉植氏、宋喆焕氏室内丧礼时,护丧未恭,故行酒罚事。李钟氏上仝,朱安顺上仝,金南洙上仝。己未四月十六日,有司郑淳化,公事员宋奎焕。[7]
>
> 宋喆焕氏讲信之日被酒无礼,动作无仪,故行损徒事。李哲钦氏讲信之日,与宋喆焕氏喧哗失礼,故行酒罚事。崔鹤吉氏讲信之日与宋喆焕氏喧哗,故行笞奴十度事。庚申四月初四日,禊长崔基模,公事员郑泰铉,有司宋在基。[8]
>
> 崔致铉氏心志放荡,沮败家产,放卖先山,欺人取物而逃在外处,故不可同籍,故行黜契事。辛酉四月十八,公事员郑淳璟,有司宋在默。[9]
>
> 宋在默氏当其有司,不察契规,郑奎采氏承重丧,哀赗不当给而出给,故行酒罚事。壬戌十一月二十七,公事员崔启洪,有司郑得采。[10]

《大同禊行罚录》提供了一种参照性的材料,让我们知道宋以下中国乡约中的"记过籍"及在约众面前公开彰善纠过的情形大概是什么样子。

在我个人的研究经验中,还涉及两种尴尬的场合,而异域史料可以替我解围。第一是对中国人习而不察的日常生活的观察与记录。法国史家米什莱(Jules Michelet, 1798—1874)说到"历史的缄默"(the null of history),我的理解是指生活于其中的人,因为缺乏一种有意义的距

---

[6]《大同禊行罚录》,页307—308。

[7] 同前书,页308。

[8] 同前书,页309—310。

[9] 同前书,页310—311。

[10] 同前书,页312。

离感,故把生活中的许多东西视为当然,不觉得有记录的必要。可是对于"他者"而言,往往对它们感到新鲜宝贵,反而提供许多珍贵的记录。《清俗纪闻》[11]中巨细靡遗的图画,即是一例。第二,异域史料中有时保留一些精英士大夫所不记录的地方性文化史料。多年前我在写一篇论文时,触及明季江南文化界的一位所谓"妄人"丰坊(约1500—1570),在评估各种零星史料之后,我发现我相当倚赖日本僧人策彦周良(1501—1579)的《初渡集》,他不但记丰坊,还记当时地方上的一批小文人小画家,当时中国的文献好像不大愿意提这些小读书人[12]。

东亚诸国的文化交涉史中,往往为他国保留重要的佚籍、佚文,清末杨守敬(1839—1914)编纂《古逸丛书》,发掘了大量中土久已不存的要籍。最近韩国学中央研究院出版的大元《至正条格》,也是一个惊动元史学界的案例。而我在古胜隆一的《中国中古の学术》书中,也看到对唐朝贾大隐《老子述义》之类佚籍的讨论。佚文、佚籍的数量一定比我们想象的多,将来亦必不断有新的发现。我个人认为,关西大学故教授大庭修(1927—2002)的《舶载书目》及《江户时代における唐船持渡书の研究》还留有不少进一步探索的线索。

最后我要提到,东亚诸国间讯息传递网络的形成,是一个饶有趣味的问题。我观察当时东亚诸国之间的文献流通、学术思潮之传播,觉得远比我过去想象的要快速。我读吉川幸次郎(1904—1980)的《元明诗概说》,即颇惊讶于明代中国文坛与日本文坛之密切对话关系。我读《燕行录》也发现朝鲜对清朝发生的敏感事件(如吕留良事件),获得讯息之快速。如果能对这一类现象有更深的探讨,必能更清楚地建构近

---

[11] 由日本中川忠英(1753—1830)所辑。

[12] 请参看王汎森,《明代后期的造伪与思想争论:丰坊与〈大学〉石经》,《新史学》6:4(1995),页1—19。"The 'Daring Fool' Feng Fang(1500-1570) and His Ink Rubbing of the Stone-Inscribed Great Learning," *Ming Studies*, 35(1995), pp. 74-91.

世东亚文化交涉史的面貌。

附记:2007年10月,应日本关西大学文化交涉学教育研究中心之邀,参加"文化交涉学的可能性:东亚新文化像的构筑"第一届国际学术研讨会发表演讲,并参与该校授予余英时教授名誉博士典礼,本文是当时的发言稿。